Schriften zum Recht der Digitalisierung

Herausgegeben von

Florian Möslein, Sebastian Omlor und Martin Will

21

Iva Kostov

Nichtwissen bei maschinellem Lernen

Mohr Siebeck

Iva Kostov, geb. Simeonova, 1993 in Veliko Tarnovo, Bulgarien; 2012–17 Studium der Rechtswissenschaften in Hamburg; 2023 Promotion; Rechtsreferendariat beim Hanseatischen Oberlandesgericht Hamburg.
orcid.org/0000-0002-4110-4602

Zugl.: Hamburg, Univ., Diss., 2023

ISBN 978-3-16-162609-8 / eISBN 978-3-16-162610-4
DOI 10.1628/978-3-16-162610-4

ISSN 2700-1288 / eISSN 2700-1296 (Schriften zum Recht der Digitalisierung)

Die Deutsche Nationalbibliothek verzeichnet diese Publikation in der Deutschen Nationalbibliographie; detaillierte bibliographische Daten sind über *https://dnb.de* abrufbar.

Das Buch wurde von Gulde Druck aus der Schrift Times gesetzt, auf alterungsbeständiges Werkdruckpapier gedruckt und von der Buchbinderei Nädele in Nehren gebunden.

Printed in Germany.

Vorwort

Die vorliegende Arbeit wurde im Wintersemester 2022/2023 von der Fakultät für Rechtswissenschaft an der Universität Hamburg als Dissertation angenommen. Sie entstand während meiner Zeit als wissenschaftliche Mitarbeiterin bei Herrn Prof. Dr. Hans-Heinrich Trute am Lehrstuhl für öffentliches Recht, Medien- und Telekommunikationsrecht. Die Arbeit wurde Anfang 2022 fertiggestellt und für die Drucklegung punktuell überarbeitet und aktualisiert.

Für die lehrreiche, geduldige und stets wohlwollende Betreuung der Arbeit bedanke ich mich bei Herrn Prof. Dr. Hans-Heinrich Trute. Ebenso bin ich ihm für die gewährten Freiräume bei der Themenwahl und ihrer Bearbeitung dankbar; sie erwiesen sich als gleichermaßen produktiv wie notwendig. Frau Prof. Dr. iur. Dipl.-Soz. Marion Albers danke ich für die konstruktive Befassung mit der Arbeit im Rahmen ihres zügig erstellten Zweitgutachtens. Bedanken möchte ich mich auch bei Prof. Dr. Roland Broemel für die Anregung zum wissenschaftlichen Arbeiten.

Die Kosten der Drucklegung der Arbeit wurden dankenswerterweise von der Johanna und Fritz Buch Gedächtnis-Stiftung, der FAZIT-Stiftung und dem ZeRdiT-Projekt „Das Recht und seine Lehre in der digitalen Transformation“, finanziert durch die Landesforschungsförderung (LFF-GK 08), bezuschusst. Ohne diese großzügige Unterstützung wäre die Publikation der Arbeit im Open-Access-Format nicht möglich gewesen.

Dankbar bin ich auch für jeden Rat und kritischen Blick auf die Arbeit über die Jahre. Jochen Kolterer und Yuri Zach möchte ich hier besonders erwähnen. Ohne unseren zahlreichen Diskussionen, den gründlichen Korrekturlektüren und den Ermutigungsgesprächen wäre die Arbeit so nicht möglich gewesen. In Ermutigung bleibt allerdings Nikolay Kostov unübertroffen.

Berlin, Mai 2023 — Iva Kostov

Inhaltsübersicht

Inhaltsverzeichnis

Abkürzungen

Die verwendeten juristischen Abkürzungen sind nachgewiesen im Werk „Abkürzungsverzeichnis der Rechtssprache“ von *Hildebert Kirchner*, 10., neu bearbeitete und erweiterte Auflage, Berlin 2021, und im Übrigen im Inhaltsverzeichnis oder im Literaturverzeichnis ausgeschrieben. Vereinzelt oder einmalig verwendete Abkürzungen werden an entsprechender Stelle im Text erläutert. Sonstige gebräuchliche Abkürzungen können unter www.abkuerzungen.de nachgeschlagen werden.

A. Einführung

Als besonders leistungsfähige Technologie für automatisierte Datenverarbeitung zeichnet sich derzeit maschinelles Lernen ab. Indem diese Technologie generalisierbare Muster innerhalb von Datenbeständen identifiziert, ermöglicht sie die Entstehung von Wissen, insbesondere auch solchem, das anderenfalls schwer generierbar wäre. Zugleich wird der Technologie eine mittlerweile kaum überschaubare Menge an Bezeichnungen zugeschrieben, die allesamt signalisieren, dass etwas über sie selbst nicht gewusst wird. Zunehmend wird das Nichtwissen bei maschinellem Lernen auch in der Rechtswissenschaft thematisiert und dabei meist als ein rechtliches Problem oder eine Herausforderung für das Recht bewertet. Diese Arbeit widmet sich der Bestimmung und Analyse des rechtlich bedeutsamen Ausschnitts aus dem Thema: Nichtwissen bei maschinellem Lernen.

Die hinter Begrifflichkeiten wie „Blackbox“, „Intransparenz“, „Opazität“ und ihren Derivaten steckende Nichtwissensthematik kann sowohl einen staatlichen als auch einen privaten Einsatz maschinellen Lernens begleiten. Jedoch bietet der Einsatzbereich der staatlichen Datenverarbeitung eine besonders aufschlussreiche Grundlage für die juristische Behandlung dieses Themas, sowohl mit Blick auf die Grundrechtsbindung als auch mit Blick auf Erwartungen an Transparenz, Kompetenz, Steuerung, Nachvollziehbarkeit und Rationalität staatlicher Entscheidungsverfahren. Dies gilt insbesondere für den Einsatz maschinellen Lernens durch Sicherheitsbehörden, der unter dem Stichwort „predictive policing“ vermehrt Aufmerksamkeit erfährt. Als Datenverarbeitungstechnologie rückt maschinelles Lernen den Fokus auf die internen wissens- und entscheidungsgenerierenden Verfahren der sie einsetzenden Akteure, während das die Technologie begleitende Nichtwissen Fragen über das „Wie“ und „Warum“ der auf die Verarbeitungsergebnisse gestützten Entscheidungen aufkommen lässt.

I. Forschungsfrage

In der vorliegenden Arbeit geht es also um die Beantwortung der Frage, inwieweit Nichtwissen, welches mit einem Einsatz maschinellen Lernens einhergehen kann, eine Bedeutung für das Recht hat. Zentraler Ansatz der Arbeit ist daher, ausgehend vom Einsatzkontext einer konkreten sicherheitsrechtlichen Datenverarbeitungsmaßnahme verschiedene Ursachen, die zum Entstehen und Aufrechterhalten von Nichtwissen über Einsatz, Implementierungsdetails, Entwicklungskontexte, Funktion und Verarbeitungsergebnisse maschinellen Lernens führen, zu identifizieren, um anschließend zu untersuchen, inwieweit solches Nichtwissen in Konflikt mit dem Rechtssystem geraten kann, und insoweit gebotene rechtliche Mechanismen zum Umgang damit zu identifizieren. Als erstes wird dadurch die Frage nach der *rechtlichen Bedeutung* einer bestimmten Nichtwissensausprägung aufgeworfen. Im Fall der Feststellung einer solchen wird als nächstes auf den *rechtlichen Umgang* damit eingegangen. Zentrale, sich dabei stellende Rechtsfragen sind solche nach dem Bestand und der Reichweite eines sicherheitsrechtlichen Gebotes algorithmischer Transparenz und eines Erfordernisses zur rechtlichen Steuerung algorithmischer Entwicklungsverfahren bei Behörden, sowie solche nach rechtlich problematischen Wirkungen technologischer Komplexität und der rechtlichen Verarbeitung algorithmengestützter Wissensgrundlagen.

Erforderlich ist zunächst eine Präzisierung der Herangehensweise an Nichtwissen als Ausgangspunkt der Fragestellung. Dabei ist als erstes auf die Begriffswahl einzugehen und anschließend auf die Fragen, warum das Thema Nichtwissen bei maschinellem Lernen rechtlich relevant ist, warum dabei eine Ausdifferenzierung von Nichtwissensausprägungen angebracht ist und warum dafür gerade bei den Ursachen von Nichtwissen bei maschinellem Lernen angesetzt wird.

Nichtwissen bei maschinellem Lernen hängt eng mit den Rahmenbedingungen des spezifischen Einsatzkontextes zusammen, weshalb die Untersuchung der Forschungsfrage anhand einer konkreten Datenverarbeitungsmaßnahme erfolgt – der sicherheitsbehördlichen Verarbeitung von Fluggastdaten nach dem Fluggastdatengesetz. Dabei stellt sich vorweg die Frage, welche Voraussetzungen dieses Feld bereithält, die es für Nichtwissensfragen bei einem Einsatz maschinellen Lernens repräsentativ machen und inwieweit dabei gewonnene Erkenntnisse für weitere (sicherheits-)behördliche Einsatzbereiche maschinellen Lernens anschlussfähig sein können.

Als erstes ist danach zu untersuchen, wie ein Einsatz der Technologie zur Fluggastdatenverarbeitung ausgestaltet werden kann, mithin also, was die entsprechenden normativen, institutionellen und technologischen Rahmenbedingungen des Feldes sind. Dabei stellen sich Fragen nach der gesetzgeberischen Motivation, der Rolle und den Kompetenzen verschiedener institutioneller Akteure und den vorhandenen technologischen und kognitiven Ressourcen des Staates bei der automatisierten Fluggastdatenverarbeitung. Es geht bei solchen Fragen um die Ermittlung derjenigen Bedingungen, die den konkreten technologischen Einsatz und die ihm zugrunde liegende Problemstellung mitgestalten.

Dadurch sind sowohl diejenigen Strukturen zu ermitteln, die Nichtwissen bei maschinellem Lernen entstehen lassen und aufrechterhalten als auch diejenigen, die einen Beitrag im späteren Umgang damit leisten können.

Ausgehend von der Frage, wodurch und bei wem Nichtwissen über maschinelles Lernen entstehen kann, geht die Arbeit im nächsten und zentralen Schritt auf seine rechtliche Bedeutung ein. Dabei dienen die zu identifizierenden Nichtwissensursachen als Ausgangspunkt für die Erkennung von sich dabei stellenden rechtlichen Fragen. Beispielsweise wirft Nichtwissen aufgrund der Geheimhaltung des Einsatzes maschinellen Lernens die Frage nach einem Rechtsgebot der Offenlegung auf (algorithmische Transparenz), was wiederum eine Auseinandersetzung mit datenschutzrechtlichen, gleichheitsrechtlichen, rechtsstaatlichen und demokratischen Fragen erfordert. Soweit eine rechtliche Bedeutung festgestellt wird, sind im Rahmen einer sich daran anschließenden Auseinandersetzung mit dem rechtlichen Umgang mit solchem Nichtwissen Möglichkeiten zur Ausgestaltung einschlägiger rechtlicher Mechanismen zu identifizieren. Sowohl bei der Auseinandersetzung mit der rechtlichen Bedeutung von Nichtwissen als auch bei der anschließenden Identifizierung und Analyse von rechtlichen Mechanismen zum Umgang damit gewinnt die Frage nach dem Unterschied zwischen menschlicher und algorithmischer Entscheidungsfindung immer wieder an Bedeutung.

Die Beantwortung der Forschungsfrage soll die Reichweite und Funktion des Rechts beim Thema des Nichtwissens bei maschinellem Lernen verdeutlichen, für seine rechtliche Bedeutung sensibilisieren und verschiedene, auch auf andere behördliche Einsatzbereiche dieser Technologie übertragbare rechtliche Mechanismen zum Umgang damit aufzeigen.

II. Forschungsstand

Eine vertiefte systematische Auseinandersetzung mit dem Zusammenhang zwischen Nichtwissen, maschinellem Lernen und dem Recht ist im deutschen Schrifttum bislang weder allgemein noch bereichsspezifisch vorgenommen worden. Nichtwissen wird in nationaler, internationaler, rechtlicher und interdisziplinärer Literatur zu maschinellem Lernen implizit und explizit angesprochen. Aus der Fülle an Bezeichnungen, die eine Abwesenheit von Wissen bei maschinellem Lernen signalisieren, sind die Begriffe „Blackbox“[1] und „Opazität“[2] bzw.

---

[1] So etwa bei *Wischmeyer*, in: Wischmeyer/Rademacher (Hrsg.), 2020, 75; *Martini*, 2019; *Pasquale*, 2015; *Fink*, ZGE 9 (2019), 288, 296; *Coglianese/Lehr*, Penn Law: Legal Scholarship Repository 2017, 1147, 1159; *Alpaydin*, 2021, 195 u. 234.

[2] So etwa bei *A. Kaminski/Resch/Küster*, in: Friedrich/Gehring/Hubig/Kaminski/Nordmann (Hrsg.), 2018, 253, 263.

„opacity"[3] besonders ausgeprägt. Häufig finden sich Negativbezeichnungen wie „mangelnde Transparenz"[4], bzw. „Intransparenz"[5], „mangelnde Nachvollziehbarkeit"[6], „Undurchdringbarkeit"[7], „Unergründlichkeit"[8] und „Unsichtbarkeit"[9]. Ebenfalls finden sich die Begrifflichkeiten „Nichtwissen"[10], „Unberechenbarkeit"[11] und „Ungewissheit"[12]. Die Bezeichnungen werden oft weiter präzisiert und ausdifferenziert. Beispielsweise wird von „operativer Unsichtbarkeit" und „technischem Nichtwissen" gesprochen.[13] Es wird zwischen „intentional", „illiterate" und „intrinsic" opacity,[14] „system" und „tool" opacity,[15] oder auch zwischen einer „sozialen", „technischen" und „mathematischen" Opazität[16] unterschieden. Innerhalb der Differenzierungen werden teilweise weitere Unterteilungen vorgenommen. Auch das Wort „Komplexität" fällt häufig und deutet ebenfalls auf Nichtwissen hin.[17]

---

[3] So etwa bei *Burrell*, Big Data & Society 3 (2016), 1 ff.; *Cobbe*, SSRN Journal 2018, 1 ff.; *Price II/Rai*, Iowa L. Rev. 106 (2021), 775 ff.

[4] *Djeffal*, HIIG Discussion Paper Series 2018, 1, 8. Besonders ausgeprägt bei maschinellem Lernen ist die Transparenz-Debatte, s. dazu *Wischmeyer*, in: Kulick/Goldhammer (Hrsg.), 2020, 193, 210 mit zahlreichen weiteren Nachweisen in Fn. 80.

[5] *Kment/Borchert*, 2022, 49; *Sommerer*, 2020, 198; *Wischmeyer*, in: Kulick/Goldhammer (Hrsg.), 2020, 193, 209 f.; *Meyer*, ZRP 2018, 221, 235; *Burkhardt*, in: Friedrich/Gehring/Hubig/Kaminski/Nordmann (Hrsg.), 2017, 55, 62.

[6] *Djeffal*, HIIG Discussion Paper Series 2018, 1, 8; *Kment/Borchert*, 2022, 45.

[7] *Martini*, 2019, 41 ff. *Kment/Borchert*, 2022, 41, sprechen in ähnlicher Weise von „Undurchschaubarkeit".

[8] *Orrù*, 2021, 255.

[9] *Burkhardt*, in: Friedrich/Gehring/Hubig/Kaminski/Nordmann (Hrsg.), 2017, 55, 62. *Mainzer*, in: Friedrich/Gehring/Hubig (Hrsg.), 2020, 117, 131, spricht von einer „Undurchsichtigkeit" und „blinden Flecken" maschinellen Lernens.

[10] *A. Kaminski/Resch/Küster*, in: Friedrich/Gehring/Hubig/Kaminski/Nordmann (Hrsg.), 2018, 253, 275. *Burkhardt*, in: Friedrich/Gehring/Hubig/Kaminski/Nordmann (Hrsg.), 2017, 55, 66.

[11] Für die Verwendung dieses Begriffes im Kontext von maschinellem Lernen anstatt des Begriffes „Ungewissheit" argumentiert *Pravica*, in: Friedrich/Gehring/Hubig/Kaminski/Nordmann (Hrsg.), 2017, 123, 144.

[12] *Djeffal*, in: Mohabbat-Kar/Thapa/Parycek (Hrsg.), 2018, 493, 494.

[13] *Burkhardt*, in: Friedrich/Gehring/Hubig/Kaminski/Nordmann (Hrsg.), 2017, 55, 62 u. 66.

[14] *Cobbe*, SSRN Journal 2018, 1, 5.

[15] *Price II/Rai*, Iowa L. Rev. 106 (2021), 775, 779.

[16] *A. Kaminski/Resch/Küster*, in: Friedrich/Gehring/Hubig/Kaminski/Nordmann (Hrsg.), 2018, 253, 257.

[17] Allg. zur Rolle von Komplexität im Kontext von Nichtwissen *Spiecker gen. Döhmann*, in: Darnaculleta i Gardella/Esteve Pardo/Spiecker gen. Döhmann (Hrsg.), 2015, 43, 49. Zu Komplexität bei maschinellem Lernen s. *Seaver*, Media in Transition 8 (2013), 1, 6; *Selbst/Barocas*, Fordham L. Rev. 2018, 1085, 1094 ff.; *Solow-Niederman*, S. Cal. L. Rev. 93 (2020), 633, 656 ff.; *Price II/Rai*, Iowa L. Rev. 106 (2021), 775, 784.

Die verschiedenen Bezeichnungen werden teilweise ohne Wertung und somit schlicht zwecks Auseinandersetzung mit der Technologie verwendet. Oft, und insbesondere in juristischer Literatur zu maschinellem Lernen, werden sie jedoch als Herausforderung, (Kern-)Problem oder sogar Hindernis effektiver Rechtsdurchsetzung wahrgenommen.[18] Die Rechtswissenschaft wird teilweise auch direkt aufgefordert, Anforderungen und Erwartungen in Bezug auf den Blackbox-Charakter maschinellen Lernens und deren Auswirkungen zu formulieren.[19] Allerdings findet sich im deutschen Schrifttum keine darüber hinausgehende, vertiefte Auseinandersetzung mit dem Zusammenhang zwischen Nichtwissen bei maschinellem Lernen und dem Recht.[20] Dass maschinelles Lernen zum Teil opak bzw. ungewiss sein kann, wird größtenteils anerkannt. Dass dies eine rechtliche Bedeutung haben könnte, auch. Die Systematisierung und vertiefte Auseinandersetzung mit der Thematik aus einer juristischen Perspektive erscheint deshalb angebracht.[21]

---

[18] Laut *Kment/Borchert*, 2022, 41, führt die „Intransparenz […] besonders in persönlichkeitssensiblen Bereichen zu großen verfassungsrechtlichen Schwierigkeiten und einem hohen Diskriminierungspotenzial". *Hoffmann-Riem*, in: Wischmeyer/Rademacher (Hrsg.), 2020, 1, 14 ff., spricht von „obstacles to the effective application of law" und adressiert dabei auf S. 17 den „lack of transparency". *Rademacher*, AöR 142 (2017), 366, 377 behauptet, dass „bei grundrechtsrelevanten Entscheidungen […] der Verlust an Nachvollziehbarkeit […] in Richtung Unzulässigkeit eines Einsatzes der Technik [hinweist]". Ähnlich auch *Djeffal*, in: Mohabbat-Kar/Thapa/Parycek (Hrsg.), 2018, 493, 494; *Price II/Rai*, Iowa L. Rev. 106 (2021), 775, 779, m. w. N.; *Martini*, 2019, 43 ff.; *Meyer*, ZRP 2018, 221, 235; *Hermstrüwer*, in: Hoffmann-Riem (Hrsg.), 2018, 102 f.; *Dreyer*, in: Hoffmann-Riem (Hrsg.), 2018, 135 f; *Mohabbat-Kar/Thapa/Parycek*, (Un)berechenbar?, 2018; *Wischmeyer*, AöR 143 (2018), 1, 43 f. m. w. N.; *Coglianese/Lehr*, Penn Law: Legal Scholarship Repository 2017, 1147, 1167; *Gless*, in: Wolter/Herzog/Schlothauer/Wohlers (Hrsg.), 2016, 171 f.

[19] *Käde/Maltzan*, CR 2020, 66, 72.

[20] Ansätze einer Systematisierung der Abwesenheit von Wissen unter dem Begriff der Intransparenz finden sich bei *Sommerer*, 2020, 198–205, allerdings ohne eine vertiefte Aufarbeitung und kritische Diskussion eines rechtlichen Gebotes von Transparenz bei maschinellem Lernen, sondern lediglich mit Vorschlägen zur Herstellung von Transparenz im Kontext von personenbezogenem predictive policing.

[21] Vgl. auch *Burkhardt*, in: Friedrich/Gehring/Hubig/Kaminski/Nordmann (Hrsg.), 2017, 55, 60: „Für eine Algorithmenkritik erweist sich das Wissen darum, was nicht durch Algorithmen gewusst werden kann, als zentral". *A. Kaminski/Resch/Küster*, in: Friedrich/Gehring/Hubig/Kaminski/Nordmann (Hrsg.), 2018, 253, 264 weisen darauf hin, dass die Unterscheidung zwischen verschiedenen Arten der Opazität maschinellen Lernens einen ersten Schritt der Klärung darstellt (der jedoch nicht in ihrer Auflösung mündet). Vgl. zu Auseinandersetzungen mit Nichtwissen allgemein *Wehling*, 2006, 109, der das Ziel einer Systematisierung von Nichtwissen auch darin sieht, zu adäquateren Strategien des Umgangs mit Nichtwissen zu kommen.

Rechtswissenschaftliche Auseinandersetzungen mit dem Fluggastdatengesetz finden sich bei *Rademacher*[22], *Arzt*[23] und punktuell bei *Sommerer*[24], *Guckelberger*[25] und *Thüne*[26]. Dabei wird seitens *Rademacher, Sommerer* und *Thüne* ein Schwerpunkt auf Technologien wie maschinelles Lernen gelegt, dies jedoch überwiegend auf einer allgemeineren Ebene unter punktueller Bezugnahme auf das Fluggastdatengesetz. Bereichsspezifische Auseinandersetzungen mit konkreten technologischen Ansätzen für die Zwecke des Gesetzes liegen kaum vor.[27] Vielmehr drehen sich die damit zusammenhängenden juristischen Diskussionen um grundlegendere Fragen, wie die Verfassungsmäßigkeit polizeilicher Vorfeldmaßnahmen,[28] die Disruption polizeirechtlicher Dogmatik[29] und insbesondere den Schutz personenbezogener Daten[30].

III. Zu Nichtwissen als Ausgangspunkt der Fragestellung

Hinter den soeben aufgelisteten Bezeichnungen wie etwa „Blackbox“, „Opazität“, „Intransparenz“, „Komplexität“ und ihren Derivaten, stehen mehrere verschiedene Argumentationslinien. So ist mit dem Begriff „Blackbox“ mal die sehr komplexe mathematische Funktionsweise maschinellen Lernens gemeint, mal die Schwierigkeit zu erkennen, ob maschinelles Lernen in einem bestimmten Kontext überhaupt eingesetzt wird. Vor einer rechtlichen Auseinandersetzung damit müssen die verschiedenen Argumentationslinien systematisierend aufgegriffen und auf den konkreten Einsatzkontext maschinellen Lernens bezogen werden, denn nicht jeder Einsatz der Technologie ist gleich komplex, gleich intransparent, etc. Anderenfalls können die Argumentationslinien nur schwer als strukturierender Ausgangspunkt rechtlicher Ausführungen dienen. Angesichts der Tatsache, dass sie allesamt signalisieren sollen, dass etwas über die Technolo-

---

22 *Rademacher*, AöR 142 (2017), 366.

23 *Arzt*, DÖV 2017, 1023.

24 *Sommerer*, 2020.

25 *Guckelberger*, 2019.

26 *Thüne*, 2020.

27 Siehe jedoch *Kostov*, in: Yayilgan/Bajwa/Sanfilippo (Hrsg.), 2021, 392 ff.; *Kostov*, GSZ 5 (2022), 267, 268 f.; *Kostov*, GSZ 6 (2023), 14 ff.

28 S. Stellungnahme des Deutschen Richterbundes zum Referentenentwurf eines Gesetzes über die Verarbeitung von Fluggastdaten zur Umsetzung der Richtlinie (EU) 2016/681 (Fluggastdatengesetz – FlugDaG) vom 12.2016, Nr. 22/16, 2. VG Wiesbaden, 21.8.2019 – 6 L 807/19.WI, Rn. 10 f.

29 *Arzt*, DÖV 2017, 1023.

30 Ausführlich zu datenschutzrechtlichen Aspekten der dem FlugDaG zugrunde liegenden europäischen Richtlinie, *Fiedler*, 2016.

gie nicht gewusst wird, wird die Auseinandersetzung aus der Perspektive des Nichtwissens vorgenommen. Ziel dabei ist es nicht, etwaige konzeptionelle Unterschiede der Bezeichnungen durch die Verwendung eines generalisierenden Begriffs auszublenden, sondern einen Rahmen für eine zumindest im Ansatz einheitliche Betrachtung zu schaffen. Angesichts dessen wird an dieser Stelle der Begriff des Nichtwissens, so wie er im nachfolgenden Kontext verwendet wird, erörtert. Erörtert wird auch seine Verwendung in diesem Kontext mit Blick auf Verwendungen in anderen rechtswissenschaftlichen Kontexten. Zuletzt wird die Herangehensweise der Arbeit an das Thema des Nichtwissens im Kontext maschinellen Lernens dargelegt und begründet. Diese Schritte werden bereits an dieser Stelle der Arbeit vorgenommen, um zum einen die Belastbarkeit des Begriffs für die Zwecke der Untersuchung und seine Anschlussfähigkeit für die Rechtswissenschaft zu veranschaulichen, zum anderen etwaige Missverständnisse, die durch die vielfachen unterschiedlichen (rechts-)wissenschaftlichen Herangehensweisen an die Nichtwissensthematik entstehen könnten, vorweg auszuräumen.

1. Zur Begriffswahl

Die Auseinandersetzung und der Umgang mit Nichtwissen sind Gegenstand mehrerer Disziplinen.[31] Innerhalb der Diskussionen fällt die Verwendung weiterer Begrifflichkeiten auf, insbesondere: Ungewissheit, Unsicherheit und Risiko. Stellenweise wird Nichtwissen davon begrifflich abgegrenzt,[32] die Begrifflich-

---

31 Für einen Überblick über interdisziplinäre Bestimmungen und Differenzierungen der Thematik s. *Wehling*, 2006, 109, m. w. N. Für einen Überblick über die historische Entwicklung der verschiedenen Perspektiven auf Nichtwissen mit Schwerpunkt auf Philosophie und Soziologie s. *Wehling*, EWE 20 (2009), 95 ff. Eine Sammlung interdisziplinärer Perspektiven findet sich bei *Engel/Halfmann/Schulte*, Wissen – Nichtwissen – Unsicheres Wissen, 2002; *Jeschke/Jakobs/Dröge*, Exploring Uncertainty, 2013. Zu Nichtwissen als Thema der Soziologie, *Wehling*, in: Schützeichel (Hrsg.), 2007, 485, 486 f.; *Wehling*, in: Brüsemeister/Eubel (Hrsg.), 2008, 17, 19 ff. Zu aktuelleren Diskussionen über Nichtwissen in der Soziologie mit Schwerpunkt auf Big Data s. *Bernard/M. Koch/Leeker*, Non-knowledge and digital cultures, 2018. Zu aktuelleren Diskussionen über Nichtwissen in der Philosophie mit Schwerpunkt auf Technik s. *Friedrich/Gehring/Hubig/Kaminski/Nordmann*, Technisches Nichtwissen, 2017 und daraus insbesondere die Beiträge von *Burkhardt* und *Pravica*, die sich mit Nichtwissen bei maschinellem Lernen befassen. Zu allgemeineren rechtswissenschaftlichen Untersuchungen s. die Beiträge in *Röhl*, Wissen – Zur kognitiven Dimension des Rechts, 2010; *Augsberg*, Ungewissheit als Chance, 2009; *Darnaculleta i Gardella/Esteve Pardo/Spiecker gen. Döhmann*, Strategien des Rechts im Angesicht von Ungewissheit und Globalisierung, 2015; *Hill/Schliesky*, Management von Unsicherheit und Nichtwissen, 2016; *Münkler*, Dimensionen des Wissens im Recht, 2019.

32 *Wehling*, EWE 20 (2009), 95, 99. Ausf. *Wehling*, 2006, 110 ff. mit dem Hinweis, dass die Abgrenzung von Risiko, Ungewissheit und Nichtwissen eine der am stärksten umstrittenen Fragen ist.

keiten werden aber auch oft synonym verwendet.[33] Auch die rechtswissenschaftliche Literatur setzt sich mit Nichtwissen auseinander und thematisiert es insbesondere im Kontext neuer technischer Entwicklungen. Allerdings lässt sich auch dort keine einheitliche begriffliche Verwendung beobachten. Von allgemeinen Definitionen kann bei dieser Thematik daher weder inter- noch intradisziplinär die Rede sein.[34] Der nachfolgende kurze Überblick über verschiedene Begriffsverwendungen soll lediglich die Beweggründe für die Wahl des Nichtwissensbegriffs für die Zwecke dieser Arbeit illustrieren, nicht hingegen ist damit die Wiedergabe des Standes der umfangreichen Forschung zu den jeweiligen Thematiken bezweckt.[35]

a) Risiko

Mit dem Begriff Risiko wird meist folgenbezogenes und zumindest grob berechenbares Nichtwissen ausgedrückt.[36] Aus einer folgenbezogenen Perspektive ließe sich mit Unsicherheit oder Ungewissheit wiederum ein nicht-quantitativ berechenbares Nichtwissen beschreiben.[37] Ungewissheit oder Unsicherheit werden aber teilweise auch in die Risikodefinition integriert und auf Ausmaß, Art oder Wahrscheinlichkeit von nichtwissensbedingten Folgen bezogen.[38] Die in dieser Arbeit eingenommene Perspektive knüpft allerdings nicht direkt an die Folgen von Nichtwissen an, sondern an einer früheren Stelle. Nachfolgend wird

---

[33] So aus Gründen der Vereinfachung bei „Nicht-Wissen", „unsicherem Wissen" und „Unsicherheit" *Spiecker gen. Döhmann*, in: Hill/Schliesky (Hrsg.), 2016, 89, 90 f. Wiederum diskutiert *Spieker* unter dem Begriff „Unsicherheit" auch Situationen, in denen der Entscheider über „kein Wissen", „nicht sicheres" oder „nicht ausreichendes Wissen" verfügt, *Spiecker gen. Döhmann*, in: Darnaculleta i Gardella/Esteve Pardo/Spiecker gen. Döhmann (Hrsg.), 2015, 43, 46.

[34] S. *Friedrich/Gehring/Hubig/Kaminski/Nordmann*, Technisches Nichtwissen, 2017, Editorial, 5, die zugleich die Pluralität der Begriffsbezeichnungen im Kontext von Technik darstellen. Vgl. auch *Boeckelmann/Mildner*, SWP-Zeitschriftenschau 2011, 1 ff.; *Wehling*, in: Brüsemeister/Eubel (Hrsg.), 2008, 17, 24 f.

[35] Siehe dazu *Germann*, 2021, 9 ff.

[36] Vgl. die in dieser Hinsicht übereinstimmenden Definitionen von *Boeckelmann/Mildner*, SWP-Zeitschriftenschau 2011, 1 ff. und *Aven/Renn*, Risk Analysis 29 (2009), 587, 588. Weitere Unterscheidungen des Begriffs von Nichtwissen bei *Wehling*, 2006, 110 ff., der jedenfalls eine Unterscheidung auf einem Kontinuum zwischen niedrig (Risiko) und hoch (Nichtwissen) ablehnt und vor allzu stark vereinfachenden Vorstellungen über das Verhältnis warnt.

[37] *Boeckelmann/Mildner*, SWP-Zeitschriftenschau 2011, 1, 2.

[38] IRGC. (2017), *Introduction to the IRGC Risk Governance Framework*, revised version. Lausanne: EPFL International Risk Governance Center, 5: „Risk refers to the uncertainty about and the severity of the consequences of an activity or event with respect to something that humans value. Uncertainty can pertain to the type of consequences, the likelihood of these occurring (often expressed in probabilities), the severity of the consequences or the time or location where and when these consequences may occur."

bereits bei den Ursprüngen bzw. Ursachen von Nichtwissen angesetzt, unter Berufung auf die Pluralität von Wissensansprüchen und Nichtwissensbezeichnungen in dem Bereich maschinellen Lernens, die aus einer folgenbezogenen Perspektive schwer zu erfassen sind.

Wird der Begriff des Risikos, ähnlich wie jener der Gefahr, an einen objektiven, bzw. subjektiven (Nicht-)Wissenshorizont geknüpft[39] oder wie ein (Nicht-) Wissenszustand verstanden,[40] so bietet er sich für eine Auseinandersetzung mit Nichtwissensursachen nicht an. Der hier gewählte Ansatz an den Ursachen von Nichtwissen bei maschinellem Lernen soll die Identifikation von etwaigen nichtwissensbedingten rechtlichen Konsequenzen eines Einsatzes, sei es in Form von Risiken oder Gefahren für rechtliche Schutzgüter und Garantien, erst ermöglichen. Weiterhin soll dies eine Auseinandersetzung mit der Frage erlauben, welche der die verschiedenen Nichtwissensbezeichnungen begleitenden Wissensansprüche überhaupt und inwieweit erfüllt werden können. So ist bspw. zweifelhaft, inwiefern Nichtwissen, das auf einige mathematische Eigenschaften der Technologie zurückzuführen ist, praktisch beseitigt werden kann. Die Klärung solcher Fragen vor einer Auseinandersetzung mit den Folgen von Nichtwissen und einem etwaig gebotenen rechtlichen Umgang damit, bietet sich allein schon deshalb an, um dessen praktische Grenzen vorab zu bestimmen.[41] Schließlich wird dadurch die Untersuchung der Frage ermöglicht, ob Nichtwissen und etwaige nichtwissensbedingte Folgen auf maschinelles Lernen als Technologie, oder vielmehr auf bestimmte, ihren Einsatz begleitende, soziale Praktiken zurückzuführen sind; Erkenntnisse, die für die Zusammenhänge zwischen Nichtwissen und maschinellem Lernen sensibilisieren sollen.

b) Ungewissheit und Unsicherheit

Die Begriffe Ungewissheit oder Unsicherheit können allerdings auch losgelöst von einer folgenbezogenen Perspektive verwendet werden. Dabei können sie begrifflich von Nichtwissen abgegrenzt werden, wenn mit ihnen eine Form von wie auch immer begrenztem, hypothetischem, unsicherem oder unvollständigem Wissen bezeichnet wird, während mit Nichtwissen die Abwesenheit von jeglichem Wissen, sicher oder unsicher bezeichnet wird.[42] Mit der Verwendung dieser Begriffe muss jedoch nicht zwingend ein qualitativer Unterschied zu Nichtwis-

---

39 So *Jaeckel*, 2012, 287 ff.

40 So *Germann*, 2021, 16 ff.; *Silveira Marques*, 2018, 58.

41 Vgl. auch *Spiecker gen. Döhmann*, in: Darnaculleta i Gardella/Esteve Pardo/Spiecker gen. Döhmann (Hrsg.), 2015, 43, 48, wonach die Instrumentengestaltung und damit der rechtliche Umgang mit Unsicherheit auch davon abhängt, welche Ursachen die Unsicherheit hat.

42 *Wehling*, 2006, 110.

sen gemeint sein.[43] Bei einer Perspektive auf Wissen, die auch noch unsicheres Wissen als Wissen und nicht als Ungewissheit versteht, erübrigt sich eine Unterscheidung zwischen Ungewissheit und Nichtwissen.

c) Wissen und Nichtwissen

Mit der Wahl des Begriffs „Nichtwissen" ist angesichts der Dimensionen der wissenschaftlichen Diskussionen über seine Bedeutung noch nicht viel Klarheit gewonnen. Ein überzeugender Ansatz sowohl innerhalb der Philosophie als auch der Soziologie versteht Nichtwissen als die Abwesenheit von Wissen und nähert sich dadurch dem Begriff an.[44] Um Nichtwissen definieren zu können, stellt sich somit die Frage nach dem nachfolgend zugrunde gelegten Verständnis von Wissen. Pragmatische Modelle in der Soziologie verstehen Wissen als temporär stabilisiertes Ergebnis einer dynamischen Praxis der Plausibilisierung, Begründung und Bewertung von Wissensansprüchen.[45] Ein solches Verständnis von Wissen hat auch in der Rechtswissenschaft Anerkennung erfahren[46] und erweist sich insbesondere für die Betrachtung behördlicher Wissensgenerierungsprozesse als praktikabler als einige philosophische Modelle, die Wissen weniger als einen temporär stabilisierten Anspruch auf Plausibilität, sondern als einen Wahrheitsanspruch verstehen.[47] Vielmehr ist Wissen als erfahrungsbasierte kognitive Erwartung zu verstehen, deren Wahrheitsgehalt klärungsbedürftig ist und die von vagen Ahnungen und bloßen Vermutungen bis zu allgemein anerkannten, „unumstößlichen" Gewissheiten reichen kann.[48]

---

43 *Trute*, Ewha J Soc Sci 32 (2016), 5, 24: „uncertainty may be just another word for ignorance or non-knowledge."

44 *Wehling*, EWE 20 (2009), 95, 98. Ausführlich zur Negationsthese *Kraft/Rott*, in: Duttge/Lenk (Hrsg.), 2019, 21 ff.

45 *Wehling*, EWE 20 (2009), 95, 98, m. w. N.

46 *Trute*, Ewha J Soc Sci 32 (2016), 5, 10 ff. m. w. N.: „knowledge is not seen as something concrete in the minds of people but as the result of a continuing process of generation, stabilization, and variation of signs and meaning." In dieser Richtung auch *Grosche*, in: Münkler (Hrsg.), 2019, 27, 30, der Wissen als Bestand von Erkenntnissen bezeichnet, der in dem jeweiligen sozialen Kontext der Wissensgenerierung und -verwendung aufgrund der dort angewendeten Deutungsmuster und Verwendungsverfahren als bekannt und hinreichend bewährt vorausgesetzt werden kann. So im Grunde auch *Voßkuhle*, in: Schuppert/Voßkuhle (Hrsg.), 2008, 13, 18 f., der Wissen als Gewissheit bis auf Widerruf versteht, also als permanent stattfindenden handlungsorientierten Auswahl- und Verknüpfungsprozess von Daten und Informationen, der seinerseits ständig neuen Kontextualisierungen und Revisionen unterworfen ist.

47 Zum philosophischen Modell des Wissens s. *Walton*, American Philosophical Quarterly 42 (2005), 59 ff., m. w. N.; *Bouillon*, EWE 20 (2009), 109 f.; *Kraft/Rott*, in: Duttge/Lenk (Hrsg.), 2019, 21, 22. Für eine Aufarbeitung des historischen Konflikts zwischen dem soziologischen und philosophischen Modell s. *Law*, The Sociological Review 38 (1990), 1, 3 ff.

48 *Wehling*, in: Schützeichel (Hrsg.), 2007, 485, 487. Zur Relativierung der Annahme, dass

Auch und gerade für die rechtliche Auseinandersetzung mit maschinellem Lernen bietet sich ein dergestalt pragmatisches Verständnis von Wissen an. Die Frage, welche Rolle die Technologie bei Verfahren der Wissensgenerierung konkret spielen kann, wird an späterer Stelle ausführlich erörtert.[49] An dieser Stelle ist lediglich darauf hinzuweisen, dass Verfahren des maschinellen Lernens nachfolgend als *wissens*generierende Verfahren betrachtet werden, also als Verfahren, mit deren Unterstützung im Ergebnis ebendies entstehen kann – Wissen.[50] Das auf der Grundlage solcher Verfahren entstehende Wissen kann eine unterschiedliche Qualität und einen unterschiedlichen Neuigkeitswert aufweisen.[51] Es kann konstruktiv, oft komplex, selektiv, partiell, temporär und kontingent sein.[52] Vor allem um diese Kontingenz als potenzielle Nichtwissensursache maschinellen Lernens analysieren zu können, werden solche Verfahren nachfolgend, jedenfalls ab ihrer Einbindung in behördliche Entscheidungskontexte, als eine neue Form der Wissensgenerierung betrachtet.[53]

Im Anschluss an dieses Verständnis von Wissen wird nachfolgend folgendes Verständnis von Nichtwissen zugrunde gelegt: Mit Nichtwissen wird die *Abwesenheit von Wissen* bezeichnet und auch *die Abwesenheit von Wissen über die Plausibilität von Wissen*, so wie sie bei dem als letztes in dieser Arbeit erläuterten korrelationsbedingten Nichtwissen[54] zu beobachten ist. Dadurch soll ein Vergleich zwischen Wissen, das mit der Unterstützung maschinellen Lernens generiert werden kann, und Wissen, das mit herkömmlichen – im Abschnitt C. als theoriegeleitet bezeichneten – Methoden generiert werden kann, ermöglicht werden. Dies erlaubt wiederum eine Annäherung an die rechtliche Bedeutung der Ungewissheiten, die eine algorithmenbasierte Wissensgenerierung begleiten. Denn wenngleich die Erkenntnis, dass ein Nichtwissenszuwachs jeder Wissens-

---

auch bloße Vermutungen Wissen darstellen, zwecks der rechtswissenschaftlichen Instrumentalisierung des soziologischen Nichtwissensverständnisses, siehe Kap. D. Fn. 6.

49 C.IV.

50 Zu einem solchen Verständnis algorithmischer Verfahren s. auch *Trute*, in: Horatschek (Hrsg.), 2020, 119 f.; *Broemel/Trute*, BDI 27 (2016), 50, 53. Die Betrachtung als wissensgenerierende Verfahren verneint *Harrach*, 2014, 282, jedenfalls bei unüberwachtem Lernen. Demnach können solche Lernmodelle lediglich eine Möglichkeit des Umgangs mit Nichtwissen bieten, jedoch „nicht in dem Sinne, dass Nichtwissensbestände in Wissensbestände transformiert werden, sondern dass Nichtwissensbestände höherstufig strukturiert und zur Interpretation präsentiert werden." Dies erscheint nur aus einer philosophischen Perspektive auf Wissen nachvollziehbar.

51 *Broemel/Trute*, BDI 27 (2016), 50, 53.

52 *Trute*, Journal of Law & Economic Regulation 2015, 62, 84.

53 Zu dieser Bezeichnung s. *Trute*, in: Bär/Grädler/Mayr (Hrsg.), 2018, 313, 315.

54 Die einzelnen Nichtwissensausprägungen bei maschinellem Lernen werden sogleich unter 3. dargestellt. Ausführlich wird auf korrelationsbedingtes Nichtwissen in Abschnitt E.II. eingegangen.

generierung inhärent ist, nicht neu ist,[55] wird maschinellem Lernen – etwas überspitzt – eine radikale Erhöhung des Nichtwissens, das dem generierten Wissen zugrunde liegt, attestiert.[56] Insbesondere dies macht die Nichtwissensthematik bei maschinellem Lernen und Fragen ihrer rechtlichen Verarbeitung interessant.

2. Nichtwissen als Thema der Rechtswissenschaft

Rechtswissenschaftliche Untersuchungen zum Thema Nichtwissen und Umgang mit Nichtwissen befassen sich allgemein oder bereichsspezifisch mit der Frage, welche rechtlichen Konsequenzen es hat, wenn Entscheidungen unter Nichtwissensbedingungen, die beispielsweise aufgrund von gesellschaftlicher oder naturwissenschaftlicher Komplexität bestehen, getroffen werden (müssen).[57] Im Folgenden soll es jedoch unter anderem darum gehen, welche rechtlichen Konsequenzen es hat, wenn eine Wissensgrundlage für Entscheidungen zwar vorhanden ist, die Einzelheiten der Entstehung dieser Wissensgrundlage oder ihre Plausibilität als solche aber ungewiss sind. Gewissermaßen ist dies eine mit dem Themenkomplex „Entscheidungen unter Nichtwissensbedingungen" ineinandergreifende Frage, sie verlagert den Schwerpunkt der Untersuchung jedoch vor und richtet den Blick auf die Bedingungen innerbehördlicher Wissens- und Entscheidungsgenerierungsprozesse und die Frage, wie *diese* Nichtwissen erzeugen und verarbeiten. Diese Vorverlagerung heißt nicht, dass Nichtwissen bei einem behördlichen Einsatz maschinellen Lernens keine Konsequenzen für die Rechte des Einzelnen haben kann. Ein Ansetzen direkt bei solchen Konsequenzen erschwert jedoch deren Verknüpfung zum Nichtwissen bei maschinellem Lernen, da es

---

55 Vgl. *Böschen/M. Schneider/Lerf*, in: Böschen/Schneider/Lerf (Hrsg.), 2004, 7, 9, mit Blick auf Unsicherheit und Unvollständigkeit wissenschaftlichen Wissens. Dazu auch *Wehling*, in: Schützeichel (Hrsg.), 2007, 485, 490 f.; *Augsberg*, 2014, 238 f.

56 So eine der grundlegenden Prämissen von *Weinberger*, 2019, 151 ff. mit Blick auf Wissen und technologischen Fortschritt, nämlich, dass maschinelles Lernen eine Technologie ist, die Fortschritt in Form von Wissen bietet, aber keine dazugehörige Geschichte erzählt.

57 *Germann*, 2021, mit Blick auf Publikationsbeschränkungen aus Biosecurity-Erwägungen. *Trute*, GSZ 4 (2020), 93 ff., mit Blick auf die Ungewissheit in einer Pandemie als Herausforderung für Handlungen und Entscheidungen und daraus resultierende wissenschaftliche, politische und rechtliche Konsequenzen. *Jaeckel*, 2012, mit Blick auf Entscheidungen in typischen polizeirechtlichen Gefahrensituationen und naturwissenschaftlich-technischen Risikolagen. *Schulte*, in: Engel/Halfmann/Schulte (Hrsg.), 2002, 351 ff., mit Blick auf den Umgang mit Nichtwissen bei Entscheidungen der Gesetzgebungs- und Verwaltungspraxis in Fällen der Ausbreitung von Tierseuchen. Allgemeiner mit Blick auf die rechtsnormative Verarbeitung von Ungewissheit im Rahmen administrativer Entscheidungsfindung, *Scherzberg*, in: Engel/Halfmann/Schulte (Hrsg.), 2002, 113, 124 ff. Mit Blick auf Regelanwendung und Regelbildung bei ungewissen Sachverhalten und nicht vollständig determinierten Normen, *Engel*, in: Engel/Halfmann/Schulte (Hrsg.), 2002, 305 ff.

ebendiese Bedingungen innerbehördlicher Wissens- und Entscheidungsgenerierung vernachlässigt, die Nichtwissen erst entstehen lassen und aufrechterhalten.

Das fehlende Wissen über die Folgen des Einsatzes bestimmter Technologien wurde in der Rechtswissenschaft als mögliches Korrelat von Risiken und Gefahren selbiger berücksichtigt.[58] Das Recht hat in dem Fall auf Nichtwissen zu reagieren, das aus einem – aus der Perspektive des Gesetzgebers und der Regulierungsbehörden – „fremden" Einsatz von Technologien resultiert. Nun stellt sich die Frage, ob und wie das Recht auf einen *behördlichen* Einsatz einer ungewissen Technologie zu reagieren hat. Entscheidungsträger müssen in einem solchen Fall nicht mehr allein mit einem aus gesellschaftlichen und naturwissenschaftlichen Komplexitäten herrührenden Nichtwissen „von außen" umgehen,[59] sondern auch mit einem aufgrund von im Rahmen ihrer eigenen, internen wissens- und entscheidungsgenerierenden Verfahren eingesetzten Technologien entstehenden Nichtwissen.[60] Maßgeblich werden dabei an erster Stelle nicht Begriffe wie Gefahr oder Risiko, sondern Fragen nach Transparenz, Steuerung, Nachvollziehbarkeit und Rationalität behördlichen Handelns, in deren Rahmen erst Fragen nach Risiken und Gefahren für Rechte des Einzelnen wie Datenschutz und Gleichbehandlung, oder auch für rechtsstaatliche Grundsätze wie einem effektiven Rechtsschutz und der Bestimmtheit von Normen entstehen.

3. *Nichtwissen im Kontext maschinellen Lernens*

Das zunehmende wissenschaftliche Interesse an Nichtwissen hat nicht zuletzt auch zu einer Ausdifferenzierung der Thematik geführt.[61] Über Nichtwissen lässt

58 Vgl. *Scherzberg*, in: Engel/Halfmann/Schulte (Hrsg.), 2002, 113, 121 ff., der die rechtlichen Herausforderungen, welche aus einem Nichtwissen über Gefahren und der Aufgabe der Bewältigung von Risiken für den „die Technikentwicklung regulierenden […] Staat" entstehen, adressiert. Zum Management von Unsicherheit und Nichtwissen insbesondere mit Blick auf Gentechnik s. *Appel*, in: Hill/Schliesky (Hrsg.), 2016, 113, 127. Mit Blick auf Nanotechnologien, *Scherzberg*, in: Hoffmann-Riem (Hrsg.), 2016, 218 ff., 223 f. Allg. weist *Augsberg*, 2014, 240, darauf hin, dass Nichtwissen im juristischen Kontext insbesondere Fragen nach Gefahren oder Risiken aufwirft. Zu der disruptiven Innovationskraft neuer ungewisser Technologien und den dadurch entstehenden Risiken, *Martini*, 2019, 114 ff.

59 Vgl. auch *Reiling*, 2016, 65, die bei Wissensdefiziten der Risikoverwaltung über die „Verwaltung als Outsider" spricht. Damit wird nicht zugleich impliziert, dass solches Nichtwissen nicht auch einen Blick „nach innen" auf strukturelle Veränderungen des Rechtssystems und seiner spezifischen Funktionslogik erfordern kann, siehe dazu *Augsberg*, in: Augsberg (Hrsg.), 2009, 1, 7, m. w. N.

60 Zu Wechselwirkungen zwischen bereichsspezifischem Nichtwissen und Nichtwissen bei maschinellem Lernen s. weiter unten IV.2.

61 *Wehling*, in: Schützeichel (Hrsg.), 2007, 485 ff. Siehe auch die Nachweise in Fn. 31.

sich viel mehr sagen, als dass etwas nicht gewusst wird.[62] So existieren viele verschiedene Herangehensweisen an die Differenzierung und Systematisierung von Nichtwissen, bspw. nach Ausmaß, Ursachen, Folgen, etc.[63] Nicht in jedem Fall bietet sich jedoch eine Differenzierung zum Zwecke der Auseinandersetzung mit Nichtwissen an. Dies könnte beispielsweise dann entbehrlich sein, wenn in einem konkreten Kontext klar ist, was nicht gewusst wird und wo diesbezügliche Probleme entstehen können.[64] Auch im gegenteiligen Fall können sich Differenzierungen als unergiebig erweisen, nämlich wenn ein Bereich (noch) zu dynamisch und unergründet ist, weshalb noch gar nicht klar ist, was genau nicht gewusst wird, wie stabil dieser Nichtwissenszustand ist und ob er überhaupt (rechtlich) problematisch sein kann.[65] Der Bereich des maschinellen Lernens bewegt sich zwischen diesen beiden Fällen: Das Nichtwissensthema wird hier zunehmend erkannt und diskutiert, verschiedene Nichtwissensarten werden bereits benannt,[66] auch eine rechtliche Bedeutung oder gar Problematik von Nichtwissen wird erkannt oder jedenfalls vermutet.[67] Eine Diskussion darüber, ob und wo nichtwissensbedingte Probleme für das Recht genau (vor)liegen und auf welche Ursachen diese letztendlich zurückzuführen sind, befindet sich noch allenfalls in ihren unstrukturierten Anfängen. Insbesondere die fehlende Struktur regt dazu an, im Rahmen der folgenden Auseinandersetzungen mit Nichtwissen, dessen verschiedene Ausprägungen zu differenzieren und sich von dort aus deren rechtlicher Bedeutung und Problematik anzunähern. Denn weder

---

[62] *A. Kaminski/Resch/Küster*, in: Friedrich/Gehring/Hubig/Kaminski/Nordmann (Hrsg.), 2018, 253, 256.

[63] Zu Klassifikations- und Differenzierungsversuchen in verschiedenen Disziplinen s. *Wehling*, 2006, 109, m. w. N. *Böschen/M. Schneider/Lerf*, in: Böschen/Schneider/Lerf (Hrsg.), 2004, 7, 8. In der Rechtswissenschaft wird bei *Appel*, in: Hill/Schliesky (Hrsg.), 2016, 113, 122 ff. nach Ursachen, Arten, Ausmaß und Akteuren differenziert und weiter unterteilt. *Spiecker gen. Döhmann*, in: Darnaculleta i Gardella/Esteve Pardo/Spiecker gen. Döhmann (Hrsg.), 2015, 43, 46 ff. differenziert nach Arten und Ursachen von Unsicherheit. In gewissem Maß unterscheidet auch *Scherzberg*, in: Engel/Halfmann/Schulte (Hrsg.), 2002, 114 ff., nach Ursachen, indem er zwischen erkenntnistheoretischer, wissenschaftstheoretischer, sicherheitstechnischer und informationstechnischer Ungewissheit differenziert.

[64] *Germann*, 2021, 15, argumentiert, dass die Problematik im Fall der Publikationsbeschränkungen aus Biosecurity-Erwägungen bekannt ist (Missbrauch von Forschungsergebnissen) und es weiterhin bekannt ist, dass man sie nicht näher feststellen kann (Nichtwissen). In diesem Fall sei die Kategorisierung dieses Nichtwissens weder möglich noch für die praktische Beurteilung der Biosecurityproblematik weiterbringend.

[65] So zu Nanomaterialien, *Scherzberg*, in: Hoffmann-Riem (Hrsg.), 2016, 203, 221: „Ob und nach welchen Parametern Nanomaterialien auf ihre Gefährlichkeit hin geprüft werden können, ist derzeit aber noch völlig ungeklärt."

[66] Siehe dazu die Nachweise oben beim Forschungsstand.

[67] Siehe Fn. 18.

muss alles, was in dem Bereich maschinellen Lernens nicht gewusst wird, rechtlich problematisch sein, noch erscheint eine Auseinandersetzung einfach mit *dem* Nichtwissen für die Identifizierung konkreter rechtlicher Fragestellungen weiterbringend.

Auf der höchsten Ebene[68] der dieser Arbeit zugrunde gelegten Differenzierung wird mit der von *Wehling* vorgeschlagenen Dimension der Intentionalität des Nichtwissens gearbeitet.[69] Hauptgrund dafür ist, dass intendiertes Nichtwissen und sein Gegensatz – unabsichtliches Nichtwissen – sich für die Darstellung der vielseits angesprochenen Besonderheit von maschinellem Lernen eignen, dass nicht allein menschliche Intention, sondern auch die Eigenart der Funktionsweise der Technologie maßgeblich zum Entstehen von Nichtwissen beiträgt. Aus diesem Grund differenziert die Arbeit zunächst zwischen Nichtwissen, das hauptsächlich sozialen Akteuren zurechenbar ist (*intendiertes Nichtwissen*) und Nichtwissen, das hauptsächlich auf die Funktionsweise der Technologie zurückzuführen ist (*unabsichtliches Nichtwissen*). Der weitere Grund für die Arbeit mit dieser Dimension des Nichtwissens ist, dass sie weitere produktive Unterteilungen innerhalb ihrer beiden Ausprägungen ermöglicht.

So kann im Rahmen des intendierten Nichtwissens Fragen nach der Perspektive des jeweils Nichtwissenden Rechnung getragen werden. Fragen nach der Perspektive sind für das Recht von Interesse,[70] da Nichtwissen erst dann eine rechtliche Bedeutung erlangen kann, wenn berechtigte Gründe für seine Beseitigung bestehen, was wiederum als erstes die Fragen entstehen lässt, welche Personen(gruppen) etwas über die Technologie nicht wissen, und ob sich dabei berechtigte Nichtwissensbeseitigungsgründe erkennen lassen. Ferner werden bei der Annahme einer rechtlichen Bedeutung von Nichtwissen weitere Rechtsfragen relevant, nämlich solche nach der konkreten Ausgestaltung von rechtlichen Mechanismen zum Umgang mit Nichtwissen und nach der Bestimmung der Adressaten solcher Mechanismen. Freilich ist bei solchen Fragen die Perspektive

---

[68] Für eine bildliche Darstellung der verschiedenen Ausprägungen des Nichtwissens bei maschinellem Lernen siehe die Abb. 1 am Ende dieses Abschnitts.

[69] *Wehling*, EWE 20 (2009), 95, 99 f.; *Wehling*, in: Schützeichel (Hrsg.), 2007, 485, 488 f.; Ausf. *Wehling*, 2006, 127 ff. Zur Produktivität der Arbeit mit Nichtwissens*dimensionen* s. ebd., 116: „Der Blick auf Unterscheidungsdimensionen hat erstens den Vorteil, die Analyse nicht auf vermeintlich eindeutige und polarisierte Extremformen (wie etwa *grundsätzlich* unauflösbares Nichtwissen) festzulegen, sondern darüber hinaus ein weites Spektrum von Zwischen- und Übergangsformen zu erfassen. Dadurch kann zweitens dem nicht nur fließenden und „unscharfen", sondern ebenso sehr sozial umstrittenen Charakter von Nichtwissens-Unterscheidungen wesentlich besser Rechnung getragen werden."

[70] Jedenfalls von größerem Interesse als sie in einigen soziologischen Befassungen mit Nichtwissen zu sein scheinen. Im Unterschied dazu kann sich das Recht selten auf die der Soziologie vertrauten Perspektive des Beobachters beschränken.

des Nichtwissenden von Bedeutung. Deshalb wird innerhalb der Dimension der Intentionalität zunächst die Gruppe von Personen abgegrenzt, bei der Nichtwissen über maschinelles Lernen aufgrund einer menschlichen Intention entsteht. Dabei ist zwischen den einem technischen System gegenüber außenstehenden Personen einerseits und den an der Systementwicklung und -Kontrolle beteiligten Personen andererseits zu differenzieren (*intendiertes Nichtwissen bei Systemoutsidern bzw. -Insidern*). Für das Recht ist dies eine wichtige Frage, denn je nachdem, bei wem Nichtwissen entsteht, können verschiedene Mechanismen zu seiner Beseitigung geeignet sein. So stellen sich bei Outsidernichtwissen Rechtsfragen über algorithmische Transparenz, bei Insidernichtwissen wiederum Rechtsfragen über algorithmische Steuerung.

Die zweite Unterteilung, die die von *Wehling* vorgeschlagene Dimension der Intentionalität ermöglicht, bietet sich innerhalb des Outsidernichtwissens an. So kann das Nichtwissen über maschinelles Lernen eines Systemoutsiders sowohl auf eine *fremde* als auch auf eine *eigene* Intention rückführbar sein. Dies ermöglicht es wiederum, zwischen Fragen algorithmischer Transparenz und algorithmischer Kompetenz zu unterscheiden und die Grenzen der rechtlichen Bedeutung von Outsidernichtwissen präziser zu bestimmen.

Schließlich steht auch der Gegensatz der Intention in dieser Dimension der Unterscheidung von Nichtwissen, das unabsichtliche Nichtwissen, für zwei produktive Unterteilungen von Nichtwissensursachen bei maschinellem Lernen offen – *komplexitätsbedingtes* und *korrelationsbedingtes* Nichtwissen. So wird die rechtliche Auseinandersetzung mit diesen Dimensionen von vornherein mit einem, nach *Wehling*, vollkommen unbeabsichtigten und insofern schwer vermeidbaren Nichtwissen konfrontiert.[71] Als Ausgangspunkt rechtlicher Überlegungen könnten sich diese Dimensionen insoweit produktiv erweisen, als dass bei der Annahme eines Gebots des rechtlichen Umgangs mit derartigem Nichtwissen schnell deutlich wird, dass Beseitigungsmechanismen wenig erfolgversprechend sind und ein rechtlicher Umgang vielmehr über Berücksichtigungsmechanismen zu suchen ist.

Auf die einzelnen, hier lediglich angerissenen Nichtwissensausprägungen bei maschinellem Lernen wird in den Abschnitten D. und E. im Detail eingegangen. Zur weiteren Beschreibung und Präzisierung werden innerhalb dieser Differenzierungen teilweise auch andere Dimensionen herangezogen, wie die Akteursdimension von Nichtwissen (objektives und subjektives Nichtwissen) und die zeitliche Stabilität von Nichtwissen (überwindbares und unüberwindbares Nichtwissen).

---

[71] *Wehling*, EWE 20 (2009), 95, 100.

Zu bemerken ist, dass zwischen den Differenzierungen innerhalb der nachfolgenden Systematisierung kein Alternativitätsverhältnis besteht. Mehrere dieser Nichtwissensausprägungen können und werden in der Regel bei einem Einsatz maschinellen Lernens gleichzeitig vorliegen. Auch weisen die Gesichtspunkte, von denen ausgehend die Entstehung von Nichtwissen hier thematisiert wird, keinen Ausschließlichkeitscharakter auf. Nichtwissen bei maschinellem Lernen lässt sich sicherlich für verschiedene wissenschaftliche Zwecke auch anderweitig differenzieren. Mit dieser Arbeit wird also nicht ein Anspruch auf eine umfassende und in sich geschlossenen Klassifikation erhoben.[72] Die hier vorgenommenen Nichtwissensunterscheidungen sind lediglich Gesichtspunkte, von denen ausgehend sich das Thema für die Zwecke der Arbeit produktiv untersuchen lässt.[73] Dennoch geht die Arbeit davon aus, dass die hier gewählten analytischen Differenzierungen für rechtswissenschaftliche Fragestellungen besonders geeignet sind. Darauf wird in den einzelnen Abschnitten zur rechtlichen Bedeutung der jeweiligen Nichtwissensausprägung immer wieder gesondert eingegangen.

Schließlich ist darauf hinzuweisen, dass Nichtwissen bei maschinellem Lernen insoweit vertieft behandelt wird, als dies für die Auseinandersetzung mit einem sicherheitsbehördlichen Einsatz, konkretisiert durch den Einsatzbereich der Fluggastdatenverarbeitung, notwendig ist. Nichtsdestotrotz schöpfen die Argumentationslinien hinter den einzelnen Differenzierungen aus einer Vielzahl an wissenschaftlichen Diskussionen über maschinelles Lernen und Nichtwissen, die unterschiedliche Abstraktionsgrade aufweisen und auch Verallgemeinerungsansprüche erheben. Es wird daher davon ausgegangen, dass die der Arbeit zugrunde gelegte Differenzierung sämtliche aktuell erkennbaren Ausprägungen von Nichtwissen, die bei dieser Technologie in Betracht kommen, erfasst. Deshalb können jedenfalls die Ausführungen zu Nichtwissen und die daraus gefolgerten rechtlichen Fragestellungen auch für andere staatliche Einsatzbereiche der Technologie instruktiv sein, wie das nächste Kapitel näher ausführt.

---

[72] Generell kritisch zu einer solchen Herangehensweise an die Arbeit mit Nichtwissen steht *Wehling*, 2006, 116 f., der in seiner Fn. 115 auf die Gefahren und Schwierigkeiten solcher Ansprüche hinweist. Vgl. auch *Wehling*, in: Karafyllis (Hrsg.), 2002, 255, 267 f.: „Es handelt sich bei diesen Unterscheidungen nicht um ‚ontologische' Gegenstandsbestimmungen, sondern um soziale Konstrukte und Zuschreibungen, die immer auch anders ausfallen können und häufig gesellschaftlich stark umstritten sind."

[73] Ähnlich arbeiten auch, *A. Kaminski/Resch/Küster*, in: Friedrich/Gehring/Hubig/Kaminski/Nordmann (Hrsg.), 2018, 253, 264 u. Fn. 25, mit dem Begriff der „Opazität" und beschreiben solche Systematisierungen als aspektual statt sortal. Ähnlich verfährt auch *Cobbe*, SSRN Journal 2018, 1, 5.

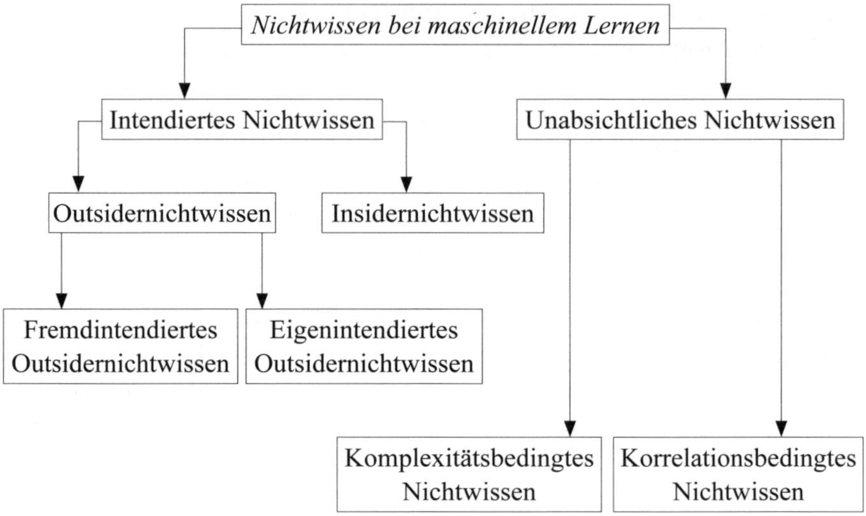

Abb. 1: Nichtwissensausprägungen bei maschinellem Lernen

IV. Das Sicherheitsrecht als Referenzfeld

In ihrem Ansatz möchte sich die Arbeit mit dem Zusammenhang zwischen maschinellem Lernen, Nichtwissen und dem Sicherheitsrecht[74] auseinandersetzen. Ziel dabei ist es, Strukturen für die Untersuchung der rechtlichen Bedeutung von Nichtwissen beim sicherheitsbehördlichen Einsatz der Technologie sowie Mechanismen für die Gestaltung eines insoweit gebotenen rechtlichen Umgangs mit solchem Nichtwissen zu identifizieren. Die am Beispiel des Sicherheitsrechts gewonnenen Erkenntnisse können auch auf andere behördliche Einsatzbereiche maschinellen

[74] Mit Sicherheitsrecht ist nachfolgend das Recht der Sicherheitsgewährleistung durch staatliche Sicherheitsbehörden insbesondere im Sinne einer Verhütung von Straftaten gemeint. Angesichts der dogmatischen Uneinigkeiten mit Blick auf das Verhältnis von Straftatenverhütung und Gefahrenabwehr (siehe dazu etwa *Kremer*, in: Augsberg (Hrsg.), 2013, 195, 205. Grundlegend, *Albers*, 2001, 19 ff.), wird „Sicherheitsrecht" als die weniger dogmatisch aufgeladene Bezeichnung gewählt. „Sicherheitsrecht" wird zudem teilweise als eine Bezeichnung für bundesrechtliche Sicherheitsgewährleistung in Abgrenzung zur landesrechtlichen verwendet, vgl. das Vorwort von *Schenke/Graulich/Ruthig*, Sicherheitsrecht des Bundes, ²2019. Angesichts des Fokus der Arbeit auf dem Fluggastdatengesetz als bundesrechtliche Norm erscheint die Bezeichnung „Sicherheitsrecht" daher treffender als „Polizeirecht", welches als eine Bezeichnung sowohl von Landesrecht für die Polizeien der Länder als auch von Bundesrecht für die Bundespolizei, das Bundeskriminalamt und die Zollfahndung verwendet wird, s. *Borsdorff*, in: Möllers (Hrsg.), ³2018, „Polizeirecht", 1732.

Lernens übertragbar oder jedenfalls zum Teil anschlussfähig sein, soweit sich einige der Voraussetzungen, die sich für die Wahl des Sicherheitsrechts als Referenzfeld als tragend erwiesen haben, dort kumulativ wiederfinden.[75]

Zunächst müssen die behördlichen Handlungs- und Entscheidungspraktiken in einem Rechtsbereich die Voraussetzungen für einen Einsatz maschinellen Lernens schaffen, was in der Regel dann der Fall ist, wenn Behörden das zur Anwendung der für sie maßgeblichen Normen erforderliche Wissen größtenteils eigenständig generieren müssen[76] und insbesondere in einem gewissen Ausmaß typisieren wollen. Dabei muss weiterhin die Möglichkeit bestehen, zu diesem Zweck Daten zu verarbeiten und der Einsatz von Automatisierungstechnologien muss sich, angesichts der Anzahl oder Struktur der vorhandenen Daten, für die Verarbeitung anbieten (1.). Weiterhin muss Nichtwissen in einem Bereich (bereichsspezifisches Nichtwissen) dergestalt ausgeprägt sein, dass die Frage seiner rechtlichen Verarbeitung auch unabhängig von einem Einsatz maschinellen Lernens und eines dadurch entstehenden Nichtwissens besteht, was unter anderem dann der Fall ist, wenn behördliche Entscheidungen in einem Bereich getroffen werden *müssen*, obwohl keine gefestigten Entscheidungsregeln etabliert sind (2.). Schließlich muss ein Rechtsbereich einen hinreichend anschlussfähigen Rechtsrahmen bieten, der die Analyse von einschlägigen technologischen Ansätzen sowie konkreten rechtlichen Mechanismen zum Umgang mit damit zusammenhängendem Nichtwissen überhaupt erst ermöglicht. Damit ist ein Mindestmaß an Kodifizierung von für den Einsatz der Technologie wesentlichen Aspekten gemeint, wie bspw. die zu verarbeitenden Datenkategorien, der Zweck der Verarbeitung, die möglichen Alternativen der Verarbeitungsergebnisse und gegebenenfalls Details zur Gestaltung des Verarbeitungsverfahrens, wie beispielsweise die Möglichkeit seiner Automatisierung (3.).

1. Daten, Wissen und Automatisierung innerhalb der Sicherheitsbehörden

Neue und ungewisse Gefährdungslagen tragen zu einer Ausweitung und Ausdifferenzierung der staatlichen Sicherheitsarchitektur bei.[77] Gerade bei solchen Lagen ist die Forderung nach präventiver Kontrolle und Beherrschung an die

---

[75] Im Abschnitt F.III. geht die Arbeit überblicksartig auf die Sammlung und Auswertung von Verdachtsmeldungen zu illegalen Finanztransaktionen seitens der deutschen Financial Intelligence Unit (1.), die sozialhilferechtliche Betrugsprävention (2.) und das steuerrechtliche Risikomanagement (3.) als Beispiele für solche Einsatzbereiche ein.

[76] Im Unterschied zu Situationen, in denen Wissen als in der staatlichen Organisation vorhanden oder jedenfalls für ihren Zugriff bereitstehend vorausgesetzt werden kann, siehe dazu *Röhl*, in: Voßkuhle/Eifert/Möllers (Hrsg.), ^{3}2022, 30, Rn. 1.

[77] *Würtenberger*, in: Ehlers/Fehling/Pünder/Achterberg/Axer (Hrsg.), ^{3}2013, § 69, Rn. 2 ff.

Sicherheitsbehörden ausgesprochen stark.[78] Deshalb weiten sich begleitend dazu die Aufgaben und Befugnisse im Sicherheitsbereich aus, insbesondere auf solche der Datenerhebung, mit dem Ziel einer Erzeugung des erforderlichen Wissens zur Aufgabenerfüllung. Damit geht die Notwendigkeit einer Verarbeitung von immer größeren Mengen an Daten einher. Zugleich steigen die Anforderungen an den staatlichen Umgang mit Daten: Darauf beruhende Informations- und Wissensgenerierung soll schneller und idealerweise besser erfolgen. All dies hat zur Folge, dass Verfahren behördlicher Wissensgenerierung zunehmend auch zu einem Thema des Sicherheitsrechts[79] werden.[80]

Anschaulich lassen sich solche Entwicklungen etwa im Bereich der internationalen Terrorismusbekämpfung beobachten:[81] Als Alternative zu der Suche nach konkreten Beweisen für sich abzeichnende oder laufende Terroranschläge zum Zwecke der Verhütung und Verfolgung terroristischer Straftaten (sog. evidenzbasierte Strategien) wird der sicherheitsbehördliche Akzent zunehmend auf regelbasierte Strategien gesetzt.[82] Bei regelbasierten Strategien wird der Fokus der Sicherheitsbehörden – anstatt auf eine Suche nach konkreten Beweisen terroristischer Aktivitäten – auf Wissensmanagement gelegt. Wissensmanagement kann allgemein als ein Prozess verstanden werden, der die Sammlung relevanter Informationen, die verständnisorientierte Analyse und Interpretation solcher Informationen, die lernorientierte Revision bestehenden Wissens und die anschließende Nutzung von Wissen umfasst.[83] Der Prozess soll unter anderem die syste-

---

[78] *Kolliarakis*, in: Jeschke/Jakobs/Dröge (Hrsg.), 2013, 313, 319.

[79] Zu Verfahren der Wissensgenerierung als Thema vor allem des Risiko- und Regulierungsrechts s. *Röhl*, in: Voßkuhle/Eifert/Möllers (Hrsg.), ^{3}2022, § 30, Rn. 20ff. So auch *Rusteberg*, in: Münkler (Hrsg.), 2019, 233, der zugleich „eine erste Annäherung an die Frage [vornimmt], wie sich die Wissensgenerierung innerhalb des verwaltungsrechtlichen Teilbereichs Sicherheitsrecht gestaltet."

[80] Vgl. auch *Egbert/Leese*, 2021, 47, m.w.N.: „the profession of the police officer took a turn toward ‚knowledge work' and ‚rationalization' that was characterized by the ability to exploit data and quantify decision-making processes and ensuing action".

[81] Siehe insb. COM(2020) 795 final, v. 9.12.2020, A Counter-Terrorim Agenda for the EU: Anticipate, Prevent, Protect, Respond, 2–5, 14. Bereits früh auf diese Entwicklungen hinweisend, *Koc-Menard*, JHSEM 6 (2009), 1ff. Siehe auch *Tsoukala*, in: Salter (Hrsg.), 2010, 41, 44ff., die solche, als „risk-focused security polices" bezeichneten Entwicklungen zugleich kritisiert. Weitere Hinweise auf solche Entwicklungen auch bei *Pravica*, in: Friedrich/Gehring/Hubig/Kaminski/Nordmann (Hrsg.), 2017, 123, 130f. m.w.N.; *McKendrick*, Chatham House Research Papers 2019, 1, 9.

[82] Zu dieser Abgrenzung s. *Koc-Menard*, JHSEM 6 (2009), 1.

[83] *A.-B. Kaiser*, in: Schuppert/Voßkuhle (Hrsg.), 2008, 217, 221, m.w.N.: „information acquisition", „knowledge assimilation", „knowledge transformation" und „knowledge exploitation". Die Unterscheidung der vier Phasen des Wissensmanagements bei *Kaiser* ist an die Unterscheidung bei *Zahra/George*, The Academy of Management Review 27 (2002), 185, 189, angelehnt. *Zahara/George* führen die Unterscheidung für den Kontext des Wissensmanage-

matische, von sporadischen Beweissuchen unabhängige Generierung neuen Wissens ermöglichen.[84] Mit Rücksicht darauf lässt sich das regelbasierte Vorgehen der Sicherheitsbehörden wie folgt betrachten: Vorgenommen wird eine Mobilisierung und Analyse der sicherheitsbehördlichen Wissensbestände über Terrorismus mit dem Ziel der Entdeckung, Formulierung und Revision von Annahmen über regelhaftes Verhalten mit Terrorismusbezug, bspw. in Form von verdächtigen Verhaltensmustern, woraufhin menschliches Verhalten ins Verhältnis zu solchen Mustern gesetzt wird, um dadurch auf die Verdächtigkeit solchen Verhaltens mit Blick auf terroristische Straftatenbegehung zu schließen.[85] Diese Vorgehensweise ist also auf die Person und das Verhalten des mutmaßlichen Terroristen[86] fokussiert. Dadurch steht sie zugleich im Einklang mit dem in der Rechtswissenschaft beobachteten „Trend der Personalisierung" in der Terrorismusabwehr und der diesem zugrunde liegenden Annahme, dass nationale und internationale Strategien zur Terrorismusbekämpfung zunehmend die Person des Terroristen in den Fokus stellen.[87]

---

ments von Unternehmen zum Zwecke der Verschaffung von Wettbewerbsvorteilen ein. Insofern leuchtet ihr Verständnis von *information acquisition* als eine Identifizierung und Sammlung von *externen* Informationen ein. Bei den nachfolgend betrachteten Wissensgenerierungspraktiken der Sicherheitsbehörden wird diese Phase nicht allein auf externe Informationen beschränkt, sondern umfasst auch die mit nicht unerheblichen Schwierigkeiten verbundene Mobilisierung relevanter behörden*interner* Informations- und Wissensressourcen.

[84] *Zahra/George*, The Academy of Management Review 27 (2002), 185, 190, m. w. N. Freilich stellen solche durch „Wissensmanagement" umschriebenen Verfahren eine Vereinfachung der Wissensthematik dar, insbesondere, soweit sie Wissen als etwas „bestehendes" präsentieren, das sich innerhalb von Institutionen „auffinden" lässt, also insgesamt als etwas, dass „gemanaged" werden kann. Wissen ist vielmehr als eine Struktur, als kognitive Erwartungshaltung zu verstehen, das in Kommunikationsprozessen verfügbar, jedoch im Endeffekt immer in Bewegung ist, siehe *Trute*, in: Röhl (Hrsg.), 2010, 11, 15. Dennoch sind solche Vereinfachungen geeignet für eine greifbare Umschreibung von auf Wissensgenerierung gerichteten behördlichen Praktiken im Sicherheitsbereich und insbesondere treffend mit Blick auf die Betonung von Lern- und Verstehensprozessen sowie die Darstellung von Daten und Informationen als Wissensgrundlagen.

[85] Vgl. *Koc-Menard*, JHSEM 6 (2009), 1.

[86] Zur besseren Lesbarkeit wird im Folgenden bei Personengruppen in der Regel nur die männliche Form verwendet. Sämtliche Personenbezeichnungen gelten für alle Geschlechter.

[87] *Goldhammer/Kulick*, in: Kulick/Goldhammer (Hrsg.), 2020, 7, 10 ff. Dieser und die weiteren Beiträgen im Sammelband *Kulick/Goldhammer*, Der Terrorist als Feind?, 2020, stellen die These auf, dass in jüngeren Reaktionen des Rechts auf Entwicklungen des internationalen Terrorismus eine Personalisierungsstrategie im Sinne einer Wendung von der Tat zum Täter erkennbar wird, die sachlich einleuchtet, jedoch fundamentalen Grundsätzen des nationalen wie internationalen Rechts zu widersprechen droht. Frühere Hinweise auf diese Entwicklung von „impersonal principles to person-based approaches" auf internationaler Ebene bei *Tsoukala*, in: Salter (Hrsg.), 2010, 41, 55 f.

Mit der Suche und Formulierung von verdachtsindizierenden Verhaltensmustern terroristischer Aktivitäten geht eine weitere Entwicklung im Bereich der Terrorismusdetektion einher, nämlich eine Abkehr von der Beobachtung tatsächlichen menschlichen Verhaltens zugunsten der Analyse elektronischer Spuren menschlichen Verhaltens in Form von Daten.[88] Davon umfasst sind zwei dem Wissensmanagement vorgelagerte bzw. es begleitende Prozesse: die Erhebung von Daten über menschliches Verhalten und die Gewinnung der für ein spezifisches sicherheitsbehördliches Interesse relevanten Informationen daraus.[89]

Die „technologisch zwingende Antwort“[90] auf die Mobilisierung und Analyse staatlicher Wissensbestände und die Erhebung und Verarbeitung von Daten zum Zwecke der Entwicklung von Entscheidungsregeln zur Terrorismusdetektion ist die Entwicklung und der Einsatz von automatisierten Datenverarbeitungstechnologien und insbesondere solchen, die eine mehr oder weniger automationsgestützte Wissensgenerierung ermöglichen, wie Technologien aus dem Bereich des maschinellen Lernens. Bereits deshalb eignet sich das Sicherheitsrecht und dabei insbesondere Maßnahmen zur Terrorismusverhütung für die Auseinandersetzung mit einem Einsatz maschinellen Lernens.

2. Der Bezug des Sicherheitsrechts zu Nichtwissen

Ausschlaggebend für die Wahl des Referenzgebiets ist jedoch vor allem sein besonderer Bezug zum Nichtwissen. Freilich sind sicherheitsbehördliche Handlungspraktiken wenig transparent, insbesondere im Rahmen der Bekämpfung von Terrorismus und schwerer Kriminalität. Nichtdestotrotz muss behördliches Handeln auch in solchen Fällen gewissen rechtsstaatlichen Transparenzanforderungen genügen, nicht zuletzt aufgrund der potenziell hohen Eingriffsintensität. Weiterhin besteht in dem Bereich der Bekämpfung von Terrorismus und schwerer Kriminalität, ebenso wie im allgemeinen Polizeirecht, die Notwendigkeit, Entscheidungen trotz Nichtwissens zu treffen und damit die Notwendigkeit der

---

[88] *Koc-Menard*, JHSEM 6 (2009), 1, 4.

[89] Nach der Differenzierung von *A.-B. Kaiser*, in: Schuppert/Voßkuhle (Hrsg.), 2008, 217, 220, würden solche Prozesse *(data acquisition* und *information extraction)* eher unter den Begriff des Informationsmanagements fallen, das als Prozess zur Veredelung von Daten zu Informationen verstanden wird, während Wissensmanagement regelmäßig als Prozess zur Gewinnung von Wissen aus Informationen verstanden wird. Zu Daten als Grundlage der Generierung von Informationen und Wissen sowie zum Verhältnis der Begriffe zueinander s. *Trute*, in: Röhl (Hrsg.), 2010, 13 ff.; *Albers*, 2005, 87 ff.

[90] So allg. *Simitis/Hornung/Spiecker gen. Döhmann*, in: Simitis/Hornung/Spiecker gen. Döhmann (Hrsg.), 2019, Einleitung, Rn. 9, mit Blick auf die Erfassung und Verarbeitung großer Datenmengen durch die öffentliche Verwaltung aufgrund steigender Informationsanforderungen ihrer Aufgabenstruktur.

Bildung von und Handlung nach Wahrscheinlichkeitsprognosen über verdächtiges Verhalten.[91] Gewiss steckt in jeder Wahrscheinlichkeitsprognose immer auch ein verbleibendes Maß an (jedenfalls subjektiver) Ungewissheit, das in weiteren Entscheidungskontexten verarbeitet werden muss.[92] Im Unterschied zum allgemeinen Polizeirecht, wo für die Wahrscheinlichkeitsprognose auf einigermaßen bekannte und stabile Entscheidungsregeln zurückgegriffen werden kann,[93] liegen auf dem Gebiet der Detektion von Terrorismus und komplexeren Delikten der schweren Kriminalität selten gefestigte Entscheidungsregeln und eindeutig erkennbare Kausalitäten vor. In der soziologischen Risikoforschung werden Terroranschläge als Situationen betrachtet, die durch hohe Ungewissheit und normative Ambiguität gekennzeichnet sind.[94] Die Bedingungen, unter denen sich etwa eine terroristische Gefährdung realisieren kann, sind demnach komplex und empirisch unterbeleuchtet. Argumentiert wird, dass terrorismusbezogenes Verhalten sich einer zuverlässigen Typisierung entzieht.[95] Entsprechend steigt das der in diesem Bereich gebildeten Wahrscheinlichkeitsprognosen zugrunde liegende Nichtwissen, und den Sicherheitsbehörden wird zunehmend eine „I know it when I see it" Haltung attestiert, die sich genauerer Bestimmung entzieht.[96] In dem Bereich der Verhütung von Terrorismus und schwerer Kriminalität ist Nichtwissen somit prävalent und vielschichtig. Trotzdem muss solches bereichsspezifische Nichtwissen dergestalt verarbeitet werden, dass Entscheidungen mit Bezug zu staatlich gewährleisteten Rechtspositionen und Rechtsgrundsätzen rechtmäßig getroffen werden. Insoweit gestaltet sich der Umgang mit Nichtwissen als eine entscheidende Voraussetzung effektiver Verhütung solcher Straftaten und als eine Aufgabe des Rechts.

Gleichzeitig, und dies wird als These noch auszuführen sein, führt der besondere Bezug des Sicherheitsrechts zum Nichtwissen dazu, dass auch der Einsatz maschinellen Lernens in dem Bereich besondere Ungewissheiten mit sich bringen kann. Müssen sicherheitsbehördliche Handlungspraktiken gewissen rechtsstaatlichen Transparenzanforderungen genügen, so stellt sich die Frage, ob nicht

---

[91] Siehe etwa *Kremer*, in: Augsberg (Hrsg.), 2013, 195, 198 ff. So zum allg. Polizeirecht vgl. auch *Rademacher*, AöR 142 (2017), 366, 369.

[92] Zum Handeln unter Unsicherheit und zur Wahrscheinlichkeitstheorie s. *Russell/Norvig*, ^{4}2022, 404 ff. Anknüpfend an den wahrscheinlichkeitstheoretischen Argumentationsstrang geht *Jaeckel*, 2012, 107 ff., 287 f., angesichts der Wissensgebundenheit von Urteilen, von einer (normativ-)subjektiven Ungewissheit des allgemeinen Polizeirechts aus.

[93] Vgl. *Wollenschläger*, 2009, 11; *Reiling*, 2016, 28 ff. S. auch *Jaeckel*, 2012, 319, der zufolge das klassische Polizeirecht in seinen Grundsätzen durch lineare Strukturen und klare Kausalzusammenhänge geprägt wird.

[94] *Aven/Renn*, Risk Analysis 29 (2009), 587, 590, m. w. N.

[95] *Pravica*, in: Friedrich/Gehring/Hubig/Kaminski/Nordmann (Hrsg.), 2017, 123, 133.

[96] *C. Binder/Jackson*, in: Kulick/Goldhammer (Hrsg.), 2020, 123.

deshalb auch an den behördlichen Einsatz von Technologien wie maschinellem Lernen gewisse Transparenzanforderungen zu stellen sind. Wird maschinelles Lernen zur Terrorismusbekämpfung und auch zur Bekämpfung von Straftaten mit komplexen und wenig ergründeten Hintergrundstrukturen eingesetzt, so geht diesbezügliches bereichsspezifisches Nichtwissen in die Entwicklung der Technologie und ihrer Ergebnisse über, denn ihre Funktion besteht letzten Endes darin, Entscheidungen in dem Bereich zu unterstützen. Der Mangel an gefestigten Entscheidungsregeln kann bei der Entwicklung entscheidungsunterstützender Technologien aber nicht umgangen werden. Mithin produziert, oder genauer, reproduziert die Technologie bereichsspezifisches Nichtwissen, indem sicherheitsbehördliche Entscheidungen nicht mehr auf unsicheren Kausalitäts- sondern auf unsicheren Korrelationsannahmen beruhen. Ebenso nimmt maschinelles Lernen die Komplexität gesellschaftlicher Zusammenhänge auf und reproduziert auch diese, indem gesellschaftliche Komplexität algorithmisch modelliert und so zu einer mathematischen wird.[97] Somit ist das mit dem Einsatz maschinellen Lernens einhergehende Nichtwissen zwar verknüpft, jedoch nicht deckungsgleich mit bereichsspezifischem Nichtwissen. Einmal durch maschinelles Lernen reproduziert, erfährt bereichsspezifisches Nichtwissen eine technologiebedingte Umgestaltung, eine Modifikation und bekommt eine Eigendynamik. Ein solches, nunmehr dem maschinellen Lernen zuzuschreibendes, technisches Nichtwissen ist in Bereichen, die ohnehin verstärkt mit Nichtwissen umgehen müssen, besonders ausgeprägt. Auch deshalb wird ein solcher Bereich zur Untersuchung der Forschungsfrage gewählt.

3. Das Fluggastdatengesetz als Rechtsrahmen

Die Wahl des Sicherheitsrechts als Referenzfeld für die Untersuchung der Forschungsfrage ist schließlich auch von praktischen Gesichtspunkten geleitet. Das im Juni 2017 in Kraft getretene Gesetz über die Verarbeitung von Fluggastdaten (Fluggastdatengesetz: FlugDaG) bietet einen rechtlichen Rahmen, anhand dessen die Analyse der Forschungsfrage konkret erfolgen kann. Das Gesetz dient der Umsetzung der europäischen Richtlinie (EU) 2016/681 (nachfolgend: PNR-RL), welche als Reaktion auf den Anstieg schwerer und organisierter Kriminalität beschlossen wurde,[98] und ermöglicht die Verarbeitung von Fluggastdaten

[97] Von einer technologiebedingten Steigerung gesellschaftlicher Komplexität spricht auch *Nassehi*, 2019, 324.

[98] Europäische Kommission, Vorschlag für eine Richtlinie des Europäischen Parlaments und des Rates über die Verwendung von Fluggastdatensätzen zu Zwecken der Verhütung, Aufdeckung, Aufklärung und strafrechtlichen Verfolgung von terroristischen Straftaten und schwerer Kriminalität, KOM(2011) 32 endg., 2.

(Passenger Name Record, nachfolgend auch: PNR) zum Zwecke der Identifizierung von Personen, bei denen tatsächliche Anhaltspunkte für die Begehung terroristischer Straftaten und schwerer Kriminalität vorliegen, § 1 Abs. 2 FlugDaG. Kongruent mit den bereits nachgezeichneten Entwicklungen liegt der Fokus des Gesetzes auf Wissensmanagement und automatisierter Datenverarbeitung.

In einer *Fallstudie zur PNR-RL*[99] setzt sich die Agentur der europäischen Union für Grundrechte mit durch in diesem Bereich vorgenommene Datenverarbeitungspraktiken entstehenden grundrechtlichen Risiken auseinander und erwägt dabei potenziell geeignete grundrechtliche Schutzkonzepte. In ihrem später erschienenen *Handbuch zu Profiling in der Polizei*[100] beruft sich die Agentur auf die Erkenntnisse aus der PNR-Fallstudie und erhebt diesbezüglich einen Verallgemeinerungsanspruch auf algorithmische Profiling-Praktiken im gesamten Sicherheitsbereich. Die Fluggastdatenverarbeitung diente als Referenzbereich auch einer weiteren Studie, welche aktuelle Entwicklungen im Bereich des Einsatzes künstlicher Intelligenz im Sicherheitsbereich untersuchte, um die Auswirkungen der Technologie auf europäische Grundrechte zu überprüfen und auf dieser Grundlage Regulierungsempfehlungen auszusprechen.[101] Der Bereich der Fluggastdatenverarbeitung wurde ferner in der Literatur auf nationaler und internationaler Ebene mit Blick auf grundlegende polizeirechtliche Fragestellungen in Bezug auf predictive policing-Praktiken mehrfach referiert.[102] Neben der Beobachtung, dass dieser Rechtsbereich sich mit einigen im Sicherheitsrecht generell abzeichnenden Tendenzen auf einer Linie bewegt, zeigen auch solche Untersuchungen und Beiträge, dass es sich bei dem Fluggastdatengesetz um einen Rechtsrahmen handelt, dessen Analyse für weitere sicherheitsbehördliche Einsatzbereiche maschinellen Lernens und sich dabei stellende Fragen zu Nichtwissen und Recht besonders anschlussfähig sein kann.

---

[99] *FRA*, 2014.

[100] *FRA*, 2018b, 116: „While developed in the specific context of PNR data processing, some of these considerations are more generally applicable, and can be considered as safeguards mitigating the risks arising from algorithmic profling."

[101] *Fuster*, Artificial Intelligence and Law Enforcement, Impact on Fundamental Rights, 2020.

[102] Auf nationaler Ebene siehe *Rademacher*, AöR 142 (2017), 366, 410 ff.; *Sommerer*, 2020; *Guckelberger*, 2019, Rn. 584; *Orrù*, 2021, 251; *Bug/Bukow*, German Politics 26 (2017), 292, 297: „PNR is still an expert issue, but it exemplifies the idea of the new digital and preventive security policy in an ideal way." Auf internationaler Ebene siehe *Leese*, Security Dialogue 45 (2014), 494, 495: „the […] EU PNR Directive serves […] as an example for broader shifts in knowledge creation." *Maruhashi*, in: Kreps/Komukai/Gopal/Ishii (Hrsg.), 2020, 100, 101: „If we find problems or shortcomings in [PNR] processing, that could generally be applicable to other kind of data similarly situated and the way of their regulation."

V. Gang der Untersuchung

Auf die Erläuterung der für das weitere Verständnis der Arbeit wesentlichen Herangehensweise an die Nichtwissensthematik und die Wahl des Referenzfeldes folgt die Untersuchung der Forschungsfrage. Dabei befasst sich die Arbeit als erstes mit den rechtlichen und institutionellen Rahmenbedingungen der Fluggastdatenverarbeitung (B. Regelungsstrukturen). Denn einerseits gestalten diese die Wissens- und Nichtwissensgenerierungsprozesse in diesem Bereich mit, andererseits leiten die in diesem Rahmen herauszuarbeitenden (rechts-)politischen und organisatorischen Motive sowie praktischen Erwägungen die Entwicklung konkreter technologischer Anwendungen und werden während der Entwicklung und Optimierung in diese auch eingeschrieben. Die Auseinandersetzung mit den Regelungsstrukturen der Fluggastdatenverarbeitung dient also der Ermittlung derjenigen Bedingungen, welche die Entwicklung und den Einsatz maschinellen Lernens mitgestalten, und auch derjenigen Kontingenzen, die die Technologie mitverarbeiten muss und entsprechend reproduzieren wird.

Daran anschließend wird der Fokus auf automatisierte Datenverarbeitungsansätze gelegt, indem die technologischen Rahmenbedingungen der gesetzlich normierten Verarbeitung von Fluggastdaten betrachtet werden (C. Technologischer Rahmen). Dabei eröffnet sich die Möglichkeit der Analyse automationsgestützter Wissensgenerierungsprozesse in diesem Bereich, sowie der Rollen, die verschiedene Technologien, insbesondere maschinelles Lernen, dabei spielen können.

Die Aufbereitung der rechtlichen, institutionellen und technologischen Rahmenbedingungen der Fluggastdatenverarbeitung bildet die Grundlage für die in den nächsten und zentralen Abschnitten der Arbeit (D. Intendiertes Nichtwissen und E. Unabsichtliches Nichtwissen) erfolgende Auseinandersetzung mit einzelnen Nichtwissensausprägungen beim Einsatz maschinellen Lernens im Kontext der Fluggastdatenverarbeitung sowie die Analyse deren rechtlicher Bedeutung und – soweit eine solche festgestellt wird – der Mechanismen, die zum Umgang damit in Frage kommen.

Im letzten Abschnitt (F. Rechtliche Bedeutung) werden diese Erkenntnisse zusammengefasst, abstrahiert und auf den Sicherheitsbereich sowie auf einige strukturell ähnliche behördliche Einsatzbereiche übertragen.

B. Regelungsstrukturen der Fluggastdatenverarbeitung

Bei der Analyse maschinellen Lernens verspricht allein die Betrachtung der technischen Komponente eines Einsatzes noch keine sachgerechte Erfassung des Untersuchungsgegenstandes. Algorithmische Systeme spiegeln mehr als nur Programmcode und technisch-mathematische Formalität wider. Es handelt sich dabei um keine eigenständige, von ihrem Umgebungskontext abgekoppelte Einheit, sondern um massive, vernetzte Systeme, in die Hunderte von Händen eingreifen, sie laufend optimieren, Komponenten austauschen und mit neuen experimentieren.[1] Eine Analyse solcher Systeme erfordert somit auch die Erfassung der sozialen Komponente, die die Entwicklung steuert, bestimmte Algorithmen eher als andere auswählt, spezifische Datenkategorien zusammenstellt und Ideen und Problemstellungen in Code übersetzt.[2] Diese soziale Komponente setzt sich aus bestimmten gesellschaftlichen, kulturellen, politischen, wirtschaftlichen, rechtlichen und institutionellen Kontexten zusammen.[3] Algorithmische Systeme werden nachfolgend daher als soziotechnische Systeme,[4] bzw. Ensembles[5] betrachtet, nicht zuletzt, weil dabei soziale Details zugleich auch technische Details

---

[1] *Seaver*, Media in Transition 8 (2013), 1, 10.

[2] Ebd.

[3] Ebd. Vgl. auch *Burkhardt*, in: Friedrich/Gehring/Hubig/Kaminski/Nordmann (Hrsg.), 2017, 55, 61; *Egbert/Leese*, 2021, 55.

[4] *Wieringa*, in: Hildebrandt/Castillo/Celis/Ruggieri/Taylor/Zanfir-Fortuna (Hrsg.), 2020, 1, 2: „technical constructs that are simultaneously deeply social and cultural […] socio-technical systems, which are embedded in culture(s) and can be viewed, used, and approached from different perspectives (e. g. legal, technological, cultural, social)." S. auch *Hälterlein*, Big Data & Society 8 (2021), 1, 2. Zu den Ursprüngen der sozio-technischen Betrachtungsweise mit Schwerpunkt auf ihre Produktivität für die Soziologie, s. *Law*, The Sociological Review 38 (1990), 1, 7 ff.

[5] Vgl. *Egbert/Krasmann*, Policing and Society 30 (2020), 905, 908: „socio-technical prediction assemblage". Direkt bezogen auf Wissensaspekte algorithmischer Systeme spricht *Hayles*, Critical Inquiry 43 (2016), 32, 50 und passim, von human-technical cognitive assemblages. S. auch *Egbert/Leese*, 2021, 189: „Any kind of predictive policing, […] is a highly selective assembly of data, theories, modelling, organizational practices, and operational crime prevention measures". *Babuta/Oswald/Rinik*, Whitehall Report, Machine Learning Algorithms and Police Decision-Making, 2019, 12 f., m. w. N.

sind.[6] Solche Details sind auch für die Gestaltung anderer in Betracht kommender technologischer Ansätze maßgeblich, die als Vergleichsmaßstab bei der Auseinandersetzung mit maschinellem Lernen laufend herangezogen werden. Schließlich bestimmen solche Details auch die sicherheitsbehördliche Handlungsrationalität in dem Bereich der Fluggastdatenverarbeitung, indem sie den Blick auf sicherheitspolitische Hintergrundannahmen, ausgewählte Institutionen, eingebundene Expertise und deren Vernetzung richten. All dies erfordert einen Blick auf die Regelungsstrukturen der Fluggastdatenverarbeitung.

Das Konzept der Regelungsstrukturen kann als ein analytischer Rahmen für rechtswissenschaftliche Ansätze hinsichtlich der Erfassung eines bestimmten Sachbereichs angesehen werden.[7] Der Begriff der Regelungsstrukturen bildet die Brücke der Rechtswissenschaft zu dem aus den Sozialwissenschaften stammenden Governance-Ansatz.[8] Eine wichtige Leistung dieses Ansatzes besteht in dem Angebot einer Perspektive für die Analyse der institutionellen und organisatorischen Strukturen eines bestimmten Sachbereichs mit dem Ziel einer ganzheitlichen Erfassung verschiedener Formen der Handlungskoordinierung und deren kognitiver Voraussetzungen.[9] Durch den Begriff der Regelungsstrukturen kann die Rechtswissenschaft an diesen Rahmen anknüpfen und ihre Untersuchungsperspektive in einer Art erweitern, die es ermöglicht, Strukturen eines Regelungsbereichs jenseits einzelner Rechtssätze oder Einzelakte zu thematisieren, dabei die Pluralisierung wissens- und rechtsproduzierender Akteure und ihre Verknüpfung zu untersuchen und normativ zu verarbeiten.[10]

Regelungsstrukturen umfassen die für die Regelung eines bestimmten Sachbereichs wichtigen Regelungsinstanzen, Maßstäbe, Formen und Instrumente.[11] Sie fragen nach den institutionellen Strukturen,[12] in denen Akteure handeln, wie diese ihre Handlungen prägen und ob damit das gewollte Ziel zu den gegebenen

---

[6] Vgl. auch *Seaver*, Media in Transition 8 (2013), 1, 10.

[7] *Trute/Denkhaus/Kühlers*, DV 2004, 451, 458; *Trute/Kühlers/Pilniok*, in: Benz/Lütz/Schimank/Simonis (Hrsg.), 2007, 240, 245; *Trute/Kühlers/Pilniok*, in: Schuppert/Zürn (Hrsg.), 2008, 173, 175. Zu entsprechenden analytischen Herangehensweisen in der Rechtswissenschaft s. *Trute/Denkhaus/Basian/Hoffmann*, in: Jansen (Hrsg.), 2007; *Broemel*, 2010; *Pilniok*, 2012; *Westermann*, 2017.

[8] *Trute/Kühlers/Pilniok*, in: Schuppert/Zürn (Hrsg.), 2008, 173, 175. Zur Entwicklung des Governance-Konzepts in den Sozialwissenschaften s. *Trute/Denkhaus/Kühlers*, DV 2004, 451, 453. Zum sozialwissenschaftlichen Diskurs s. die Beiträge in *Benz/Lütz/Schimank/Simonis*, Handbuch Governance, 2007.

[9] *Trute/Pilniok*, in: Mehde/Ramsauer/Seckelmann (Hrsg.), 2011, 849, 854 u. 858.

[10] *Trute/Kühlers/Pilniok*, in: Schuppert/Zürn (Hrsg.), 2008, 173, 187.

[11] *Trute/Kühlers/Pilniok*, in: Schuppert/Zürn (Hrsg.), 2008, 173, 175.

[12] Strukturen meint hierbei vor allem Organisation, Verfahren und Personal, *Trute/Denkhaus/Kühlers*, DV 2004, 451, 468.

rechtlichen Rahmenbedingungen erreicht werden kann.[13] Einmal herausgearbeitet, leiten die Regelungsstrukturen weitere analytische Schritte ständig an, indem sie den übergreifenden Zusammenhang einzelner Regelungen immer wieder präsent halten. Dadurch wird beschreibbar, wie Regelungen und die darauf beruhenden Entscheidungen und Maßnahmen sich in diesen Zusammenhang einfügen und ihn auch mitgestalten, wo sie im Verhältnis zu sonstigen Regelungen stehen und welche Rolle sie im Gesamtkontext eines Sachbereichs spielen. Vor dem Hintergrund eines so herausgearbeiteten Gesamtkomplexes von Handlungsmaßstäben, Akteuren und Instrumenten, können die einfach- und verfassungsrechtlichen Rahmenbedingungen von Regelungen, Entscheidungen und Maßnahmen differenzierter thematisiert werden.[14]

Diese analytische Perspektive ist gerade auch für die Untersuchung von klassischen Formen staatlichen Handelns, wie Maßnahmen der Sicherheitsbehörden, geeignet und bezieht auch die Einflüsse einer Europäisierung und Internationalisierung des Sachbereichs mit ein.[15] Die Verarbeitung von Fluggastdaten durch die Sicherheitsbehörden wird im Rahmen eines komplexen institutionellen Arrangements vollzogen, an dem eine Mehrzahl von Behörden in verschiedenen Kooperationsstrukturen beteiligt ist. Insbesondere die Analyse der kognitiven Voraussetzungen dieses Arrangements schafft den Boden für die Auseinandersetzung mit Nichtwissen bei maschinellem Lernen. Denn indem Regelungsstrukturen die Analyse kognitiver Voraussetzungen eines Sachbereichs ermöglichen, erlauben sie auch die Analyse ihrer Abwesenheit. Ferner bestimmen die Beteiligung bestimmter Institutionen und die Wahl von Organisations- und Kooperationsstrukturen die Ausgestaltung von Handlungs- und Entscheidungsstrukturen in dem Bereich der Fluggastdatenverarbeitung, beispielsweise indem spezifische fachliche Expertise in bestimmten Verarbeitungsschritten eingebettet wird. Dadurch werden zugleich die Bedingungen zum Umgang mit Nichtwissen und zum Auffangen etwaiger, dadurch bedingter negativer Auswirkungen mitgestaltet, denn Ungewissheit ist letztendlich eine unumgehbare Voraussetzung von Handeln und Entscheiden.[16] So gesehen können Voraussetzungen zum Umgang mit Nichtwissen bereits innerhalb der Regelungsstrukturen der Fluggastdatenverarbeitung eingebettet sein und für die anschließenden Fragen des Nichtwissens bei maschinellem Lernen fruchtbar gemacht werden.

---

[13] *Trute/Kühlers/Pilniok*, in: Benz/Lütz/Schimank/Simonis (Hrsg.), 2007, 240, 246.
[14] *Trute/Kühlers/Pilniok*, in: Schuppert/Zürn (Hrsg.), 2008, 173, 177.
[15] *Trute/Kühlers/Pilniok*, in: Benz/Lütz/Schimank/Simonis (Hrsg.), 2007, 240, 241.
[16] Vgl. *Vesting*, in: Voßkuhle/Eifert/Möllers (Hrsg.), [3]2022, § 20, Rn. 9, m. w. N.

I. Rechtsrahmen

Die ursprüngliche Initiative zur Verarbeitung von Fluggastdaten zu staatlichen Sicherheitszwecken geht auf den „Aviation and Transportation Security Act“ der US-Regierung zurück,[17] mit welchem Fluggesellschaften, die von und in die USA fliegen, darunter auch europäische Fluggesellschaften, zur Bereitstellung von Fluggastdaten verpflichtet wurden. Daraufhin nahm die EU eine Reihe von Schritten zur Entwicklung eines eigenen Rechtsrahmens vor,[18] welche aus einer soziologisch-institutionalistischen Perspektive, jedenfalls in der Anfangsphase, als ein Versuch der EU wahrgenommen wurden, europarechtskonforme Rahmenbedingungen für amerikanische Sicherheitspolitik zu schaffen.[19] Mag die EU auch sukzessiv die Vorteile einer Nutzung von Fluggastdaten zu Sicherheitszwecken eingesehen haben, war eine solche Initiative ursprünglich weder ein Teil des europäischen Maßnahmenplans zur Terrorismusbekämpfung, noch wurde sie vorher in Sitzungen des Rats für Justiz und Inneres diskutiert.[20] Die Entwicklung eines europäischen Rechtsrahmens für die Fluggastdatenverarbeitung kann daher auch als Entscheidung zur Herstellung von Reziprozität im Rahmen von ansonsten asymmetrischen, internationalen Regelungsstrukturen im Bereich der Fluggastdatenverarbeitung angesehen werden.

1. Die Fluggastdatenrichtlinie (PNR-RL)

Die Union ist zu dem Schluss gekommen, dass eine Beibehaltung des bis zum Jahr 2007 geltenden *status quo*, wonach einzelne Mitgliedstaaten unabhängig voneinander eigene nationale Verarbeitungssysteme errichtet hatten, den kollektiven Zielen der Union nicht ausreichend Rechnung tragen konnte.[21] Auf Auffor-

---

[17] 107th Congress (2001–2002), 1447 – Aviation and Transportation Security Act.

[18] Im Einzelnen nachgezeichnet bei *Fiedler*, 2016, 36 ff.

[19] *Argomaniz*, Journal of European Integration 31 (2009), 119, 125.

[20] *Argomaniz*, Journal of European Integration 31 (2009), 119, 125 f., spricht daher von „Unilateral Policy Promotion“ seitens der USA: „The fact that the US authorities did not contemplate negotiating an agreement with European authorities before announcing the measure, or even consult sufficiently in advance with their counterparts considering the significant costs that the scheme would represent for European airlines, signalled a general reluctance from US authorities to engage with their European allies in this area and a preference for unconstrained and extraterritorial action. […] negotiating a solution became indispensable as the *status quo* would have resulted in a legal limbo and the severe disruption of transatlantic travel.“ Aus einer Governance-Perspektive lässt sich die Vorgehensweise der USA als ein „Policy-Transfer durch Hierarchie“ bezeichnen, siehe dazu *Lütz*, in: Benz/Lütz/Schimank/Simonis (Hrsg.), 2007, 132, 136 f.

[21] KOM(2011) 32 endg., 14.

derung des Europäischen Rates schlug die Kommission im Jahr 2011 die Verarbeitung von Fluggastdaten vor,[22] nachdem ein diesbezüglicher Rahmenbeschlussvorschlag der Kommission aus dem Jahr 2007[23] mit Inkrafttreten des Vertrags von Lissabon hinfällig geworden war.[24]

Im Rahmen der Folgenabschätzung der Richtlinie wurden unterschiedliche Konstellationen für die Ausgestaltung des Rechtsrahmens der Fluggastdatenverarbeitung berücksichtigt, darunter die zentrale Verarbeitung auf EU-Ebene und die dezentrale Verarbeitung durch die Mitgliedstaaten.[25] Entschieden wurde, dass eine *dezentrale* Erfassung von Fluggastdaten zu Zwecken der Verhütung, Aufdeckung, Aufklärung und strafrechtlichen Verfolgung von terroristischen Straftaten und schwerer Kriminalität die beste Option darstellt, da ein solcher Vorschlag zu mehr Sicherheit in der EU führen würde, gleichzeitig die Auswirkungen auf den Schutz personenbezogener Daten auf ein Mindestmaß begrenze und auch die Kosten auf ein akzeptables Niveau beschränke. Im Jahr 2016 wurde der Richtlinienvorschlag angenommen, woraufhin die PNR-RL in ihrer bis heute geltenden Fassung erlassen wurde.[26] Die Richtlinie legt die Grundlagen für den rechtlichen Rahmen der Fluggastdatenverarbeitung.

Die Richtlinie enthält in Art. 4 Vorgaben für die *institutionellen Strukturen* der Fluggastdatenverarbeitung. Mitgliedstaaten müssen demnach eine Behörde oder eine Behördenabteilung als Zentralstelle für sämtliche Verarbeitungsprozesse der Fluggastdaten errichten oder benennen (PNR-Zentralstelle).[27] Bei der Ausgestaltung der Zentralstelle sind die Mitgliedstaaten grundsätzlich frei; dabei kann es sich um eine neue oder eine bereits bestehende Behörde handeln, sie kann über verschiedene Zweigstellen in einem Mitgliedstaat verfügen, auch können mehrere Mitgliedstaaten gemeinsam eine Zentralstelle errichten. Art. 7 enthält weiterhin Kriterien für die Bestimmung der für die weitere Überprüfung und Maßnahmenergreifung aufgrund von Ergebnissen der Verarbeitung von Fluggastdaten zuständigen inländischen Behörden.[28] Darüber hinaus benennt die Richtlinie die verschiedenen Stellen innerhalb und außerhalb der Union, mit de-

---

[22] KOM(2011) 32 endg.

[23] KOM(2007) 654 endg.

[24] *Fiedler*, 2016, 64, argumentiert, dass der Vorschlag auch aufgrund von verschiedenen Kritikpunkten an seiner Ausgestaltung auf Eis gelegt wurde.

[25] KOM(2011) 32 endg., 12 f.

[26] Richtlinie (EU) 2016/681 des Europäischen Parlaments und des Rates von 27. April 2017 über die Verwendung von Fluggastdatensätzen (PNR-Daten) zur Verhütung, Aufdeckung, Ermittlung und Verfolgung von terroristischen Straftaten und schwerer Kriminalität, im Folgenden: PNR-RL.

[27] Für eine Liste der Zentralstellen der Mitgliedstaaten s. EU Amtsblatt 2018/C 230/05.

[28] Für eine Liste der zuständigen Behörden der Mitgliedstaaten s. EU Amtsblatt 2018/C 194/01.

nen einen Austausch von Fluggastdaten stattzufinden hat: Europol sowie Zentralstellen anderer Mitgliedstaaten und Drittstaaten.

Die Richtlinie etabliert globale Bedingungen für den einheitlichen Umgang mit Fluggastdaten, indem sie auf Standards der Internationalen Zivilluftfahrt-Organisation (ICAO) hinsichtlich Datenformaten, Übermittlungsprotokollen und technischen Standards wie bspw. der Methode der Datenübermittlung setzt.[29] Damit wird auf Unionsebene ein gemeinsamer *prozeduraler Rechtsrahmen* für die Übermittlung und Verarbeitung von Fluggastdaten geschaffen.[30]

In *materieller Hinsicht* benennt die Richtlinie die sicherheitspolitischen Ziele, die den Ausgangspunkt für die Fluggastdatenverarbeitung bilden, sowie bestimmte Grundsätze und Schutzniveaus, die zu gewährleisten sind, wie das Recht auf Schutz personenbezogener Daten und auf Nichtdiskriminierung sowie den Grundsatz der Verhältnismäßigkeit. Art. 6, 12 sowie Anhang I und II enthalten abschließende Vorgaben hinsichtlich der einzelnen Straftaten, die mit den Fluggastdaten verhütet, aufgedeckt, ermittelt und verfolgt werden sollen, der Kategorien von Daten, die als Fluggastdaten gelten, der einzelnen Verarbeitungsschritte, denen sie unterliegen und der Speicherfrist.

Die Richtlinie verpflichtet zu einer Datenübermittlung lediglich bei Drittländerflügen. Die EU-Innenminister hatten diesbezüglich einen weitergehenden, gegenseitigen Policy-Transfer verhandelt,[31] indem sie sich untereinander dazu verpflichteten, von den Öffnungen in EG 33 und Art. 2 der PNR-RL Gebrauch zu machen, wonach auch Daten aus innereuropäischen Flügen, die zudem auch noch von Reisebüros oder Reiseveranstaltern erfasst wurden, Gegenstand der Übermittlungspflicht sein könnten.[32] Die so beschlossene Verarbeitung innereuropäischer Fluggastdaten resultierte somit aus einer kollektiven Vereinbarung auf Basis gegenseitiger Abwägung der Sicherheitsinteressen der Mitgliedstaaten in Anbetracht der Sicherheitslage in Europa. In seiner Entscheidung zur PNR-RL legte der EuGH diesen mitgliedstaatlichen Spielraum jedoch deutlich enger aus und verlangte, dass eine Ausweitung der Fluggastdatenverarbeitung auch auf innereuropäische Flüge nur für eine begrenzte Zeit, bei konkreten Anhaltspunkten einer Bedrohung und nur auf das absolut Notwendige beschränkt bleibt.[33]

---

[29] PNR-RL, EG (17).

[30] PNR-RL, EG (35).

[31] Zum Policy-Transfer durch Verhandlung s. *Lütz*, in: Benz/Lütz/Schimank/Simonis (Hrsg.), 2007, 132, 137. Ob eine darüber hinausgehende Policy-Konvergenz i. S. d. zunehmenden Ähnlichkeit zwischen einem oder mehreren Merkmalen der Fluggastdatenpolitik über verschiedene Rechtsräume hinweg angestrebt ist (S. 135), lässt sich wiederum bezweifeln, wie der Zwischenevaluation der PNR-RL zu entnehmen ist, s. dazu SWD(2020) 128 final, 15, 19, 34 f., 44, 47 über Unterschiede in Umsetzung und Praxis der Mitgliedstaaten.

[32] Ratsdokument 7829/16 ADD 1, v. 18.4.2016; BT-Drs. 18/12516, 5 f.

[33] EuGH C-817/19, Rn. 171 ff. Näher dazu, *Kostov*, GSZ 5 (2022), 267, 271 f.

2. Das Fluggastdatengesetz (FlugDaG)

Rechtsgrundlage für die Fluggastdatenverarbeitung in Deutschland ist das im Juni 2017 in Kraft getretene Fluggastdatengesetz.[34] Laut des nationalen Normenkontrollrats setzt das nationale Gesetz die PNR-RL eins zu eins um.[35] Dennoch regelt das Fluggastdatengesetz viele Bestimmungen der Richtlinie detaillierter, und insbesondere Einzelheiten des in Art. 6 Abs. 3 b) PNR-RL normierten Abgleichs von PNR-Daten anhand im Voraus festgelegter Kriterien, der im nationalen Recht unter der Bezeichnung „automatisierter Abgleich mit Mustern" in § 4 Abs. 2 Satz 1, Nr. 2 bis Abs. 4 FlugDaG ausführlich normiert ist und nachfolgend von zentraler Bedeutung sein wird. Vorgaben an das institutionelle Arrangement der Fluggastdatenverarbeitung sind auf nationaler Ebene in §§ 1 und 6 FlugDaG und auf internationaler in §§ 7–10 FlugDaG enthalten. Im Einzelnen wird darauf im nachfolgenden Abschnitt II. eingegangen.

3. Sicherheitsresolutionen der Vereinten Nationen (VN)

Der VN-Sicherheitsrat hat in zwei Resolutionen in den Jahren 2017 und 2019 entschieden, dass Mitgliedstaaten einen Rahmen für die Fluggastdatenverarbeitung zum Zwecke der Verhütung, Aufdeckung und Untersuchung terroristischer Straftaten, damit zusammenhängender Reiseaktivitäten[36] und organisierter Kriminalität[37] entwickeln sollen. Der Standpunkt der EU im Kontext der Fluggastdatenverarbeitung wird durch seine Mitgliedstaaten vertreten, die die Aufgabe haben, für die mit der Übermittlung von Fluggastdaten zusammenhängenden Richtlinien und Grundsätze der Union, die sich aus dem einschlägigen Unionsrecht und der Rechtsprechung des Gerichtshofs der Europäischen Union ergeben, auf internationaler Ebene zu sensibilisieren.[38] Das Verhältnis von Resolutionen des VN-Sicherheitsrats zu europäischem Recht ist unklar; überwiegend wird eine indirekte Bindungswirkung angenommen.[39] Die Resolutionen sind für Deutschland als VN-Mitgliedstaat nach Art. 25 GG bindend.

---

[34] BGBl. I: Nr. 34 (2017), 1484.

[35] Stellungahme des Nationalen Normenkontrollrates gemäß § 6 Absatz 1 NKRG zum Entwurf eines Gesetzes über die Verarbeitung von Fluggastdaten zur Umsetzung der Richtlinie (EU) 2016/681 (NKR-Nummer 3976, BMI).

[36] S/RES/2396 (2017), 7.

[37] S/RES/2482 (2019), 5.

[38] Beschluss (EU) 2019/2107 des Rates vom 28. November 2019 über den Standpunkt, der im Namen der Europäischen Union im Rat der Internationalen Zivilluftfahrt-Organisation bezüglich der Überarbeitung des Anhangs 9 („Erleichterungen") Kapitel 9 des Abkommens über die internationale Zivilluftfahrt im Hinblick auf Richtlinien und Empfehlungen für Fluggastdatensätze zu vertreten ist.

[39] *Niestedt*, in: Krenzler/Herrmann/Niestedt (Hrsg.), [20]2022, Kap. V, Rn. 24 f.

Der Rat fordert die Mitgliedstaaten, die Vereinten Nationen und andere internationale, regionale und subregionale Einrichtungen auf, den Mitgliedstaaten technische Unterstützung, Ressourcen und Kapazitäten bei der Umsetzung der Resolutionen zur Verfügung zu stellen. Entsprechende Initiativen sind durch die VN bereits ergriffen worden, darunter insbesondere eine Initiative zur Unterstützung beim Aufbau technischer Infrastrukturen zur Fluggastdatenverarbeitung und dabei dem Utilisieren technologischer Ansätze wie künstlicher Intelligenz.[40] Im Jahr 2019 unterzeichneten die VN und die EU das Framework on Counter-Terrorism. Diese Rahmenstruktur für die VN-EU-Zusammenarbeit soll unter anderem den Aufbau von PNR-Systemen fördern.[41] 2020 hat die ICAO auf nachdrückliche Aufforderung des VN-Sicherheitsrates[42] Standards and Recommended Practices (SARPs) für die Erhebung, Verarbeitung und den Schutz von Fluggastdaten erlassen, die Datenschutzbestimmungen festlegen, insbesondere hinsichtlich der Rechte der betroffenen Personen, der Aufsicht durch eine unabhängige Behörde, sensibler Daten, der automatisierten Verarbeitung von Fluggastdatensätzen und der Nichtdiskriminierung, der Zwecke zu denen Fluggastdatensätze verarbeitet werden dürfen, sowie deren Speicherung, Verwendung, Weitergabe und Übermittlung.[43] Die SARPs wurden von der EU begrüßt, bleiben nach Einschätzung des Rates jedoch unter dem Schutzniveau der PNR-RL und europäischer Datenschutzvorschriften.[44]

4. Weitere Verarbeitungskontexte von Fluggastdaten

Im Zuge der Corona-Krise wurde in Deutschland eine weitere Verwendungsmöglichkeit für Fluggastdaten geschaffen. Nach § 12 Abs. 5a IGV DurchführungsG konnten die Daten für die Identifikation von Personen, die einer Infektion mit dem Virus verdächtig sind, und deren Kontaktpersonen genutzt werden.

---

40 VN Homepage: https://perma.cc/8E5Q-KE2W.

41 Pressemitteilung des EEAS vom 24.4.2019, UNIQUE ID: 190424_14.

42 S/RES/2396 (2017), 4.

43 Convention on International Civil Aviation (Chicago Convention), Amendment 28 to Annex 9, Section D, Chapter 9, SARPs 9.23–9.38. Zum Hintergrund der Aufforderung des VN-Sicherheitsrates siehe BVA-International 2020/2, 9: „das Abkommen [enthielte] hinsichtlich PNR nur zwei Standards und eine Empfehlung. Da UN-Mitgliedstaaten aber verpflichtet sind, die Standards soweit wie möglich umzusetzen, hat der Mangel an Rechtsvorschriften in einigen Teilen der Welt zur Folge, dass der Transfer von PNR-Daten zwischen Fluggesellschaften und staatlichen Behörden behindert wird und viele bilaterale Vereinbarungen geschlossen werden müssen."

44 Siehe Beschl. (EU) 2021/121 des Rates v. 28.1.2021 über den im Namen der Europäischen Union in Beantwortung des Rundschreibens der Internationalen Zivilluftfahrt-Organisation bezüglich Änderung 28 zu Anhang 9 Kapitel 9 Abschnitt D des Abkommens über die internationale Zivilluftfahrt zu vertretenden Standpunkt, EG (18).

Soweit keine weiteren Identifikationsmöglichkeiten bestanden, konnten die Daten von der PNR-Zentralstelle angefordert werden. In diesem Verarbeitungskontext hätte die Verwendung von Informationen über den Sitzplatz oder Kontaktinformationen von Fluggästen es ermöglicht, zu ermitteln ob Passagiere aus Risikogebieten anreisen, Risikobewertungen von Passagieren und Reiserouten vorzunehmen sowie Maßnahmen wie Quarantäne- bzw. Isolationsgebote in Echtzeit zu ergreifen. Wenngleich dieser Verwendungskontext von der Fluggastdatenverarbeitung zu Sicherheitszwecken abgekoppelt war, zeigte eine solche Weitergestaltung der Verwendungszusammenhänge, dass die Regelungsstrukturen in dem Bereich nicht von vornherein abschließend ausgestaltet waren. Vielmehr konnten Erfahrungen staatlicher Akteure mit der Verarbeitung von Fluggastdaten Verarbeitungsmöglichkeiten und institutionelle Praktiken in weiteren Kontexten mitgestalten, soweit gesellschaftlicher Handlungsbedarf bestand, die Daten sich hierfür anboten und die rechtlichen Rahmenbedingungen dies zuließen. Im Juni 2022 hat der Europäische Gerichtshof die Verarbeitung von im Einklang mit der PNR-RL erhobenen Fluggastdaten zu anderen als den in Art. 1 Abs. 2 der Richtlinie ausdrücklich genannten Zwecken untersagt.[45]

II. Institutioneller Rahmen

Das FlugDaG bezieht sich bei den einzelnen Verarbeitungsvorgängen von Fluggastdaten vorwiegend auf die nationale PNR-Zentralstelle (Fluggastdatenzentralstelle), enthält aber auch Bestimmungen, aus denen sich die Beteiligung weiterer institutioneller Akteure ergibt. Darüber hinaus lassen zahlreiche weitere Dokumente wie etwa Drucksachen, Behördenberichte und Stellungnahmen verschiedene Vernetzungs- und Kooperationsarrangements erkennen.[46]

1. Luftfahrtunternehmen und andere Unternehmen

Erste Akteure im Kontext der Fluggastdatenverarbeitung nach dem FlugDaG sind Luftfahrtunternehmen (§ 2 FlugDaG), bzw. sonstige Unternehmen, die an der Reservierung oder Buchung von Flügen oder an der Ausstellung von Flugscheinen beteiligt sind, wie bspw. Reiseagenturen (§ 3 FlugDaG). Fluggastdaten werden seitens der Luftfahrtunternehmen erhoben und an die Fluggastdatenzentralstelle[47] übermittelt. Die Unternehmen sind zur Übermittlung gesetzlich ver-

[45] EuGH C-817/19, Rn. 237 u. Rn. 288.

[46] Für ein Schaubild der wesentlichen Akteure und Aufgaben auf dem Bereich der Fluggastdatenverarbeitung siehe Abb. 2 am Ende dieses Abschnitts.

[47] Mehr dazu sogleich unter 2.

pflichtet und zur Einhaltung dieser Verpflichtung mit Zwangsmitteln wie Sanktionen und Geldbußen angehalten.[48] Im Rahmen verschiedener Arbeitsgruppen[49] haben die zur Übermittlung verpflichteten Unternehmen dennoch die Möglichkeit, Einzelheiten im Rahmen der Übermittlungsverpflichtung gemeinschaftlich mitzugestalten. Bspw. wurden Datenformate und Protokolle für die Übertragung von Fluggastdaten unter der Federführung des Internationalen Luftverkehrsverbands (IATA), der Internationalen Zivilluftfahrtorganisation (ICAO) und der Weltzollorganisation (WZO) gemeinsam mit Regierungen, Fluggesellschaften und Dienstleistern entwickelt.[50] Freilich legt die Verpflichtung der Fluggesellschaften zur Datenübermittlung einen gewissen Zwang zu Kooperation und Austausch im Rahmen solcher Arbeitsgruppen nahe.

2. Das Bundeskriminalamt als nationale Fluggastdatenzentralstelle (PIU)

Das Bundeskriminalamt (BKA) ist die nationale Sicherheitsbehörde, die die Rolle der Zentralstelle für die Verarbeitung von Fluggastdaten in Deutschland übernimmt (Fluggastdatenzentralstelle, bzw. Passenger Information Unit, nachfolgend: PIU). Das BKA ist eine dem Bundesministerium des Inneren (BMI) nachgeordnete, multifunktionale, polizeiliche Bundesoberbehörde mit verschiedenen Aufgaben.[51] Aus der Vielzahl ihrer Aufgabenbereiche sind für den Kontext der Fluggastdatenverarbeitung insbesondere drei relevant: Im Rahmen ihrer Zentralstellenfunktion für das polizeiliche Auskunfts- und Nachrichtenwesen und für die Kriminalpolizei, § 2 BKAG, versteht sich das BKA als *Informationsknotenpunkt*, an den alle wichtigen Meldungen über Straftaten und Straftäter, die nicht nur lokalen oder regionalen Charakter haben, übermittelt werden. In dieser Funktion verfügt das BKA über Informationen und Wissen, die für eine übergreifende Zusammenarbeit notwendig sind, und steht diesbezüglich den weiteren Polizeibehörden zur Verfügung.[52] Zu

[48] Die Verpflichtung zur Übermittlung von Fluggastdaten führt zur Etablierung neuer Geschäftsmodelle, die darauf spezialisiert sind, unstrukturierte oder nicht rechtskonform formatierte Fluggastdaten von Luftfahrtunternehmen entgegenzunehmen, an die Übermittlungsstandards des europäischen Regelungsrahmens anzupassen und an die Sicherheitsbehörden einzelner Mitgliedstaaten zu übermitteln. S. bspw. https://perma.cc/GJT6-L223. Weiterhin bieten private Anbieter diesbezügliche Schulungen und Leitfäden für Luftfahrt- oder Reiseunternehmen an, s. bspw. https://perma.cc/F325-QUMG.

[49] Etwa die PNRGOV Working Group, s. dazu unten bei 6.

[50] Durchführungsbeschluss (EU) 2017/759, EG (5). Siehe auch das diesbezügliche Schreiben verschiedener Stakeholder, https://tinyurl.com/y5gn4loj, zuletzt abgerufen am 1.5.2023.

[51] *Denninger/Bäcker/Lisken*, in: Lisken/Denninger (Hrsg.), 72021, B., Rn. 126. Die folgenden Informationen über das BKA sind größtenteils aus der Internetpräsenz des BKA gewonnen: https://www.bka.de, zuletzt abgerufen am 1.5.2023.

[52] S. dazu auch *Sommerfeld*, 2015, 169.

diesem Zweck ist das BKA in §§ 9–28 BKAG mit Befugnissen zur Erhebung, Weiterverarbeitung und Übermittlung von Daten ausgestattet. Weiterhin ist das BKA nach § 5 BKAG für die *Abwehr von Gefahren des internationalen Terrorismus* zuständig, soweit keine Länderzuständigkeit erkennbar ist. Die Behörde ist zu diesem Zweck nach §§ 38–62 BKAG mit verschiedenen Gefahrenabwehrbefugnissen ausgestattet. Das BKA ist auch *forschend tätig*, § 2 Abs. 6 Nr. 2 und Nr. 3, § 21 BKAG. Zu diesem Zweck sind in der Behörde verschiedene Forschungs- und Beratungsstellen eingerichtet. Hervorzuheben ist mit Blick auf seine Rolle als PIU zum einen die Forschungs- und Beratungsstelle „Organisierte Kriminalität, Wirtschaftskriminalität und Kriminalprävention", die vor allem anwendungsbezogene Forschung in den Bereichen der organisierten Kriminalität, des Menschenhandels, der Schleusungskriminalität sowie der Wirtschafts- und Finanzkriminalität betreibt. Weiterhin hervorzugeben ist die Forschungs- und Beratungsstelle „Terrorismus/Extremismus (FTE)", die mit dem Ziel forscht, die Effizienz von Anti-Terror-Maßnahmen zu verbessern und weiterzuentwickeln. Zum Zwecke der Ermöglichung von nationalem und internationalem Wissensaustausch auf dem komplexen Feld des Terrorismus wurde seitens der FTE das „European Expert-Network on Terrorism Issues" (EENeT) als Kooperationsplattform zwischen Sicherheitsbehörden und Forschern aus Hochschulen und Universitäten gegründet.

Innerhalb des BKA wird somit theoretisches Wissen, z. B. aus der Terrorismusforschung, für die polizeiliche Praxis generiert und auch erschlossen, da ein Teil der Aufgaben polizeilicher Forschungsinstitutionen auch in der Bündelung, Übersetzung und damit Nutzbarmachung theoretischer Erkenntnisse besteht, die für den Kontext polizeilicher Praxis anderenfalls nicht ohne Weiteres zugänglich wären.[53] Bei diesen Prozessen findet eine Transformation theoretischer Expertise in behördlichen Entscheidungszusammenhängen statt. Wiederum können Forschungsstellen des BKA unmittelbar aus den Erfahrungen der Praxis schöpfen und dadurch neue und/oder bestehende Forschungsergebnisse (weiter-)entwickeln, sodass von einem stetigen Rückkopplungsprozess zwischen theoretischer und praktischer Expertise ausgegangen werden kann.[54] Innerhalb des BKA findet sich somit praktische wie auch theoretische Expertise, die sowohl konkretes, einzelfallbezogenes Wissen als auch Theorie- und Methodenwissen über kriminologische Ansätze, Probleme und Sicherheitsmaßnahen umfasst. So gesehen kann das BKA als Wissensgenerierungsbehörde im Sicherheitsbereich mit ausgewählten Schwerpunkten begriffen werden.

---

[53] *Pollich*, in: Hermann/Pöge (Hrsg.), 2018, 127, 133 u. 136, beschreibt diesen Vorgang als „Transformation" des Wissens. Zu dieser Funktion von Forschungsarbeit s. auch *A.-B. Kaiser*, in: Schuppert/Voßkuhle (Hrsg.), 2008, 217, 221, m. w. N.

[54] *Pollich*, in: Hermann/Pöge (Hrsg.), 2018, 127, 132, m. w. N.

Die PIU ist das Herzstück der nationalen Regelungsstrukturen über Fluggastdaten. Sie ist als Organisationseinheit in das BKA eingegliedert. Sie gehört der Fachabteilung ZI (Zentraler Informations- und Fahndungsdienst) an und befindet sich dort in zwei Referaten.[55] Für die organisatorische Eingliederung der PIU in das BKA wurden zwei weitere Referate für die Bereiche „Früherkennung, Anomalien, Suchverfahren" und „Trefferverifikation, Folgemaßnahmen" eingerichtet[56] und die Abteilung IT mit dem technischen Aufbau und Betrieb beschäftigt. Die Aufgaben der PIU bestehen in der Erhebung, dem Abgleich, der Speicherung, Analyse, Übermittlung, Depersonalisierung und Löschung von Fluggastdaten zum Zwecke der Verhütung und Verfolgung von schweren und terroristischen Straftaten.

In ihrer Rolle als nationale PIU ist das BKA zu keiner Ergreifung von operativen Maßnahmen befugt. Es ist der PIU also nicht gestattet auf der Grundlage von Fluggastdaten und Ergebnissen ihrer Verarbeitung in Kausalverläufe einzugreifen. Vielmehr besteht ihr Auftrag darin, die für solche Maßnahmen erforderliche Informationsgrundlage in Form von „tatsächlichen Anhaltspunkten" zu beschaffen und den zuständigen Behörden weiterzuleiten, die wiederum unter Berücksichtigung der Ergebnisse über das Ergreifen von Folgemaßnahmen entscheiden, § 4 Abs. 1 i. V. m. § 6 Abs. 1 und 2 FlugDaG. Im Rahmen dieses Aufgabenbereichs ist die PIU fachlich eigenständig und unabhängig.[57] Auf ihre umfassende Vernetzung mit weiteren, zur operativen Maßnahmenergreifung befugten Sicherheitsbehörden wird sogleich (unter 5.) eingegangen.

3. Die Rolle des Bundesverwaltungsamts (BVA)

Die Fluggastdatenverarbeitung findet im Rahmen des von der PIU zu unterhaltenden Fluggastdaten-Informationssystems (PNR-System) statt. Mit dem Aufbau und Betrieb des PNR-Systems ist das Bundesverwaltungsamt beauftragt.[58] Bei dem PNR-System handelt es sich um eine IT-Eigenentwicklung des Bun-

55 ZI 12 und ZI 13 in Gruppe ZI 1, siehe BKA-Organisationsprogramm, Stand 1.5.2023.

56 BT-Drs. 18/11501, 23.

57 Auch das BVerfG betrachtet das BKA mit Blick auf seine operative Maßnahmenbefugnis unterschiedlich, je nachdem, ob es als Gefahrenabwehrbehörde nach § 5 BKAG oder in seiner Zentralstellenfunktion nach § 2 BKAG tätig wird, siehe BVerfG, Beschl. v. 10.11.2020 – 1 BvR 3214/15, Rn. 123. In letzterem Fall sieht das Gericht das BKA als eine Behörde, die Informationen sammelt und auswertet, und behandelt es insoweit entsprechend den Nachrichtendiensten, s. Rn. 126. Dass das BKA in seiner Rolle als Gefahrenabwehrbehörde von seiner Rolle als PIU zu unterscheiden ist, belegt auch § 6 Abs. 1 Nr. 1 FlugDaG, wonach die PIU Verarbeitungsergebnisse an das BKA erst nach einem Treffer und eigenem Ermessen übermitteln kann. Die Vorschrift behandelt das BKA als eine Sicherheitsbehörde, die von der PIU genauso getrennt ist, wie die anderen in § 6 FlugDaG aufgezählten Sicherheitsbehörden.

58 Dafür wurden beim BVA 256 Stellen eingeplant, BT-Drs. 19/9536, 2.

des,[59] die beim BVA im Auftrag und nach Weisung der PIU errichtet und betrieben wird, § 1 Abs. 3 FlugDaG.[60] Datenverarbeitungen erfolgen daher selbstständig durch das BVA und ausschließlich für die Zwecke der PIU, was allerdings einen Konkretisierungsspielraum des BVA hinsichtlich der Mittel der Verarbeitung nicht ausschließt.[61]

Das BVA ist eine selbstständige Bundesoberbehörde im Geschäftsbereich des BMI, die sich als Dienstleistungsbehörde des Bundes versteht.[62] Im Rahmen ihrer Dienstleisterfunktion wurde die Behörde bereits mit mehreren IT-Projekten im Zusammenhang mit der öffentlichen Sicherheit beauftragt.[63] Dementsprechend verfügt das BVA über eine umfangreiche organisatorische und technische Infrastruktur sowie Erfahrung mit bereits entwickelten Systemen.[64] In Zusammenhang mit früheren IT-Projekten stand die Behörde bereits im Austausch mit anderen Ländern, die PNR-Systeme implementiert haben.[65] Deshalb verfügt das BVA über einschlägige Erfahrung und Expertise für den Aufbau des PNR-Systems.[66]

Konkret ist das BVA mit der technischen Zusammenführung der Datenlieferungen und Weiterleitung an die PIU sowie der technischen Entwicklung und Weiterentwicklung des PNR-Systems beschäftigt.[67] Es nimmt die Fluggastdaten zentral von den Luftfahrtunternehmen entgegen, bereitet sie technisch auf, gleicht sie nach den fachlichen Vorgaben der PIU automatisiert ab und sichtet sie

---

59 Das hätte es aber nicht zwingend sein müssen. Ähnlich wie in der Luftverkehrsbranche führte die mit der Fluggastdatenverarbeitung einhergehende Notwendigkeit eines PNR-Systems zur Etablierung neuer Geschäftsmodelle, die auch an Regierungen gerichtet sind. Private Unternehmen, spezialisiert in Entwicklung, Management und Betrieb von PNR-Systemen, stehen diesbezüglich im Austausch mit mehreren Regierungen. S. bspw. die Webseite von SITA, https://perma.cc/G6Y7-7KR4, ein Unternehmen dessen Stellungnahme auch beim FlugDaG-Entwurf eingeholt wurde, sowie die Webseite von Unisys zum LineSight-System, https://perma.cc/QVQ7-AXTY.

60 BT-Drs. 19/4755, 5.

61 *Spoerr*, in: Wolff/Brink (Hrsg.), [43]2023, § 62 BDSG, Rn. 9.

62 *Städler*, DÖV 2007, 469, 470.

63 Siehe die Informationen auf der Webseite des BVA zur Abteilung S „Öffentliche Sicherheit“.

64 BVA-International 1/2017, 5.

65 Zur aktuellen und frühen internationalen Zusammenarbeit des BVA s. BVA-International 1/2017, 6 f. Von einem Erfahrungsaustausch mit Australien zum Zwecke der Implementierung künstlicher Intelligenz im Rahmen des Systems wird in BVA-International 2019/1, 12, berichtet.

66 Ein grober Überblick über die verschiedenen Experten des BVA, die an der Entwicklung des PNR-Systems arbeiten, verschaffen das Organisationsprogramm des BVA, Stand 15.6.2022, sowie die Halbjahresberichte der Behörde, BVA-International Nr. 1/2017, 2/2018 und 1/2019. Involviert sind unter anderem Computerlinguisten, Informationsingenieure und Softwareentwickler.

67 BT-Drs. 19/9536, 3.

in technischer Hinsicht.[68] Alle Datensätze, bei denen sich keine Treffer ergeben, verbleiben beim BVA und werden nach den Maßgaben des FlugDaG gespeichert, nach Ablauf von sechs Monaten depersonalisiert und nach Ablauf der fünfjährigen Speicherfrist gelöscht. An die PIU werden allein Abgleichtreffer weitergeleitet, die dort fachlich validiert und weiter verdichtet werden können.[69]

Die Arbeit des BVA mit Fluggastdaten findet in zwei Abteilungen statt:[70] In der Abteilung Öffentliche Sicherheit befindet sich die Referatsgruppe „Fluggastdatenregister". Die Referate dieser Gruppe beschäftigen sich mit der Architektur, Datenanlieferung, internationalen Zusammenarbeit, Vorgangsverwaltung und dem Datenabgleichverfahren. In der Abteilung IT arbeitet im Fachbereich „IT-Verfahren; Öffentliche Sicherheit" ein Referat an der PNR Datenlogistik und der PNR PSZ Technik, sowie ein Referat am PNR-Register und PNR-Vorgangsbearbeitungssystem. In derselben Abteilung ist auch eine Projektgruppe PNR angesiedelt, die mit dem Fluggastdatenregister beschäftigt ist. Mit den weiteren informationstechnischen Komponenten des PNR-Systems ist das Informationstechnikzentrum Bund beauftragt.

4. Die Rolle des Informationstechnikzentrums Bund (ITZBund)

Das ITZBund ist eine dem Bundesministerium der Finanzen (BMF) im Rahmen seines Geschäftsbereichs unmittelbar nachgeordnete eigenständige Behörde, die aus der Fusion von drei Vorgängerbehörden[71] entstanden ist und das gesamte Aufgabenspektrum an IT-Dienstleistungen für die öffentliche Verwaltung abdeckt. Der technische Aufbau und Betrieb des PNR-Systems wird durch das ITZBund in einem Unterauftragsverhältnis zum BVA wahrgenommen.[72] Die Systemplattform wird in Rechenzentren des ITZBund betrieben,[73] sodass die Fluggastdatenspeicherung physisch beim ITZBund angesiedelt ist.

5. Die PIU innerhalb des institutionellen Arrangements des Sicherheitssektors

Die Fluggastdatenverarbeitung ergänzt das vorhandene Sicherheitsinstrumentarium in dem Bereich der Verhütung und Verfolgung von terroristischen Straftaten

---

[68] BVA-International 2017/1, 6.

[69] BVA-International 2017/1, 6.

[70] Siehe Organisationsprogramm des BVA, Stand 1.5.2023.

[71] Bundesstelle für Informationstechnik (BIT), Bundesanstalt für IT-Dienstleistungen (DLZ-IT), Zentrum für Informationsverarbeitung und Informationstechnik (ZIVIT).

[72] BT-Drs. 19/4755, 7.

[73] BT-Drs. 19/4755, 7.

und schwerer Kriminalität.[74] Auf internationaler Ebene ist die PIU eine der 26 auf Grundlage der PNR-RL zu errichtenden PIUs[75] und Teil mehrerer *informeller Vernetzungen und Kooperationen.*[76] Auf nationaler Ebene fügt sich die PIU als Organisationseinheit des BKA in verschiedene Informations- und Kooperationsplattformen der Sicherheitsbehörden ein, wie etwa das Gemeinsame Terrorismusabwehrzentrum,[77] ein Verwaltungsnetzwerk,[78] das mit dem Zusammentragen des aufgrund polizeilicher und nachrichtendienstlicher Ermittlungstätigkeit gewonnenen Informations- und Datenmaterials in dem Bereich beschäftigt ist.

Andere nationale kriminalitäts- und speziell terrorismusbezogene Datenbanken wie INPOL oder die Anti-Terror-Datei sind mit der Fluggastdatensammlung nicht vergleichbar. Im Unterschied zu der Anti-Terror-Datei, in der Daten über Personen mit bereits festgestelltem Bezug zu Straftaten gespeichert werden, befinden sich im PNR-System die Daten von sämtlichen Flugpassagieren, die nach oder aus Deutschland führende Flüge gebucht haben, unabhängig von einem etwaigen kriminellen Bezug. Ein Zugriff auf die Fluggastdaten seitens anderer staatlicher Stellen ist nicht erlaubt; vielmehr kann nur die PIU Fluggastdaten und die Ergebnisse ihrer Verarbeitung unter bestimmten Voraussetzungen nach eigenem Ermessen an die einzelnen Behörden weiterleiten. Aus diesem Grund sind auch Vergleiche der Fluggastdatenspeicherung zu einer Vorratsdatenspeicherung, bei der Sicherheitsbehörden die gespeicherten Daten selbst abfragen können, nicht ganz zutreffend.[79]

In der PIU sind *Mitarbeiter verschiedener Sicherheitsbehörden* tätig.[80] Der Aufgabenbereich der PIU-Mitarbeiter umfasst die Erstellung der Grundlage für den Fluggastdatenabgleich mit Mustern (§ 4 Abs. 3 FlugDaG), die fachliche Bewertung der Ergebnisse des Fluggastdatenabgleichs (§ 4 Abs. 2 Satz 2 FlugDaG), ggf. ihre Verdichtung mit weiteren Informationen und die Ermessensentscheidung über eine Weiterleitung der Ergebnisse, welche in den Zuständigkeitsbereich der verschiedenen Sicherheitsbehörden fallen könnten, zum Zwecke weiterer Überprüfung oder Maßnahmenergreifung (§ 6 Abs. 1 und Abs. 2 FlugDaG).

---

74 BT-Drs. 19/9536, 5.

75 Zum Stand der PIU-Errichtung verschiedener Mitgliedstaaten zum 2.7.2018, s. EU C 230/6 v. 2.7.2018, (2018/C 230/05). Zum 24.7.2020-Stand, s. COM(2020) 305 final, 5. Zum Stand der weltweit operierenden PNR Programme siehe *Kostov*, GSZ 5 (2022), 267, Fn. 9.

76 Dazu sogleich unter 6.

77 Ausführlich zum GTAZ, *Sommerfeld*, 2015, 150 ff.

78 Ausführlich zum GTAZ als Verwaltungsnetzwerk *Sommerfeld*, 2015, 226 ff.

79 Beide Maßnahmen werden auch in der Bevölkerung unterschiedlich betrachtet, siehe dazu die Studie von *Bug*, DIW Wochenbericht 34/2014, 783 ff., welche das Bevölkerungsvertrauen in beide Maßnahmen vergleicht.

80 Zum April 2019 waren dort sechs Mitarbeiter der Bundespolizei und fünf des Zollkriminalamts abgeordnet.

Im Rahmen der PIU findet daher eine Allokation von verschiedentlich spezialisierten und zielgerichtet in der Arbeit der PIU ausgebildeten[81] Fachexperten[82] statt. Diese personelle Besetzung trägt dem Umstand Rechnung, dass Ergebnisse der Fluggastdatenverarbeitung tatsächliche Anhaltspunkte zu verschiedenen Straftaten liefern können, deren Überprüfung, Einordnung in komplexe Sachverhalte und Überführung in Entscheidungskontexte jeweils verschiedene Expertise und eine Betrachtung aus unterschiedlichen Blickwinkeln erfordern kann.

Da die Arbeit der PIU vor dem Ergreifen etwaiger polizeilicher Maßnahmen gegenüber Einzelpersonen ansetzt und auch davor aufhört, hängt die Wirksamkeit ihres Auftrages von der Wirksamkeit ihrer *Vernetzung und Kooperation mit den maßnahmenbefugten Sicherheitsbehörden* Deutschlands ab. Nach § 6 FlugDaG können verschiedene Sicherheitsbehörden die Ergebnisse der Datenverarbeitung erhalten und daraufhin weitere Überprüfungen durchführen oder Maßnahmen ergreifen, die in ihren Zuständigkeitsbereich fallen. Einige der Behörden wurden für diesen Zweck mit zusätzlichen Personal- und Leitstellen versehen.[83] Die in § 6 FlugDaG genannten Sicherheitsbehörden sind allerdings weder Teil der PIU noch sind sie an das von ihr betriebene PNR-System angebunden und können daher keine eigenständigen Abfragen im Fluggastdatenbestand vornehmen.[84] Die PIU ist außerdem nicht zur Übermittlung sämtlicher Verarbeitungsergebnisse befugt, die in einem Treffer resultieren,[85] sondern lediglich derjenigen, die nach ihrem Ermessen zur Erfüllung der Aufgaben der empfangenden Behörden im Zusammenhang mit den zu verhütenden Straftaten geeignet und erforderlich sind. Freilich dürften einige der in § 6 FlugDaG aufgelisteten Sicherheitsbehörden es häufiger mit Verdachtsmeldungen der PIU zu tun haben als andere. Diesbezüglich werden nachfolgend die Bundespolizei und die Zollverwaltung kurz hervorgehoben.

a) Die Rolle der Bundespolizei (BPol)

Die Bundespolizei ist für die Passagier- und Gepäckkontrollen (§ 5 Abs. 1 LuftSiG) an allen deutschen Flughäfen und für alle Flugverbindungen zuständig, § 4

[81] Zu den Personalausstattungserfordernissen an die PIU inkl. Schulungserfordernissen s. SWD(2016) 426 final 8.

[82] Mit Experten sind Akteure mit extensivem Wissen und Fähigkeiten in einem spezifischen Bereich gemeint, denen im Prozess der Wissensproduktion eine auf Sachverstand beruhende, funktionale Autorität zugesprochen, sowie Kompetenzerwartungen im Sinne einer Verantwortungszuschreibung entgegengebracht werden. Die hier gewählte Definition beruht auf den Ausführungen von *Schützeichel*, in: Schützeichel (Hrsg.), 2007, 546, 549 und *Straßheim*, in: Schuppert/Zürn (Hrsg.), 2008, 49, 62.

[83] Zu den jeweiligen Stellen bei den einzelnen Behörden auf dem Stand 17.4.2019, s. BT-Drs. 19/9536, 2 u. 4

[84] BT-Drs. 19/10431, 2.

[85] BT-Drs. 18/12516, 6

BPolG.[86] Die BPol ist nach § 1 LuftSiG für den Schutz vor Angriffen auf die Sicherheit des zivilen Luftverkehrs, insbesondere vor Flugzeugentführungen, Sabotageakten und terroristischen Anschlägen zuständig. Die Ergebnisse der Verarbeitung von Fluggastdaten, die nach § 6 Abs. 1 FlugDaG unter anderem der BPol übermittelt werden können, können der Auslöser von bundespolizeilichen Maßnahmen sein, soweit solche zur Erfüllung der Aufgaben der BPol zur Verhütung und Verfolgung von Straftaten nach § 4 Abs. 1 FlugDaG erforderlich sind, § 6 Abs. 1 Nr. 4 FlugDaG. Da solche Maßnahmen (bspw. Identitätsfeststellungen, Festnahmen, Aufenthaltsermittlungen) in der Regel zeitlich unmittelbar auf eine Verarbeitung bereits am Flughafen folgen müssen, sind bundespolizeiliche IT-Anwendungen mit dem PNR-System zum Zwecke von grenzpolizeilichen Kontrollprozessen, die seitens der PIU ausgelöst werden, vernetzt.[87] Bei der Bundespolizei sind 210 Personalstellen vorgesehen und eine durchgängig besetzte „Leitstelle für PNR-Folgemaßnahmen" eingerichtet, die insbesondere für die Entgegennahme von Datenübermittlungen gemäß § 6 Abs. 1 Nr. 4 FlugDaG zuständig ist.[88] Sie ist zentraler Ansprechpartner für nachgeordnete und benachbarte Behörden im bundespolizeilichen Kontext der Fluggastdaten.

b) Die Rolle der Zollverwaltung[89]

Die Zollverwaltung ist für die Überwachung der Ein- und Ausfuhr im Rahmen des Waren- und Zahlungsverkehrs zuständig, § 1 ZollVG. Ähnlich wie die BPol, kann die Zollverwaltung Maßnahmen bereits am Flughafen ergreifen, bspw. die Überprüfung der Gepäckstücke von Flugpassagieren. Für die Bearbeitung der von den Ergebnissen der Fluggastdatenverarbeitung ausgelösten Folgemaßnahmen sind bei der Zollverwaltung 41 Personalstellen vorgesehen.[90] Schnittstelle für den Informationsaustausch mit der PIU ist das Zollkriminalamt (ZKA),[91] eine funk-

---

[86] *Hofmann*, in: Oberreuter (Hrsg.), [8]2017, „Bundespolizei", 815.

[87] BT-Drs. 18/11501, 24.

[88] BT-Drs. 19/9536, 5.

[89] „Zollverwaltung" ist eine Sammelbezeichnung für eine Vielzahl an Behörden mit verschiedenen Aufgabenschwerpunkten im Rahmen des Zollwesens. Nachfolgend wird mit der Begriffsverwendung, im Einklang mit § 6 Abs. 1 Satz 1 Nr. 3 FlugDaG, nicht zwischen den einzelnen Behörden des Zollwesens differenziert, außer wenn einzelne Zollbehörden im Text explizit benannt werden. Zur Organisation der Zollverwaltung s. *Küchenhoff*, in: Bannenberg/Wabnitz/Janovsky (Hrsg.), [5]2020, 23. Kapitel, Rn. 39–42.

[90] BT-Drs. 19/9536, 2. Über die Einbindung der Zollbehörden bei den PIUs wird im Rahmen von Kooperationsplattformen auf europäischer Ebene diskutiert. Diesbezüglich ist die GZD in der Zollexpertengruppe nach Art. 290 AEUV und in der Ratsarbeitsgruppe „Zusammenarbeit im Zollwesen" (Customs Cooperation Working Party, CCWP) vertreten, BT-Drs. 18/12516, 4 u. BT-Drs. 18/10735, 8.

[91] *Töpfer*, CILIP 120 (2019).

tionale Einheit in der Generalzolldirektion (GZD), das ähnlich wie das BKA mehrere Aufgaben wahrnimmt, darunter auch Datenerhebung, Prävention sowie Forschung, §§ 3 Abs. 8, 37 ZFdG. Straftaten im Zuständigkeitsbereich der Zollverwaltung, die im Zusammenhang mit dem FlugDaG stehen, sind insbesondere die Bekämpfung von Geldwäsche[92] und Terrorismusfinanzierung[93]. Die Erkennung solcher Straftaten obliegt der bei dem ZKA angesiedelten Financial Intelligence Unit (FIU), einer multidisziplinär besetzten, auf die Sammlung und Auswertung von Verdachtsmeldungen zu illegalen Finanztransaktionen spezialisierten nationalen Zentralstelle, die insbesondere für die Entgegennahme, Analyse und ggf. Weiterleitung von Verdachtsmeldungen illegaler Zahlungsflüsse zuständig ist.[94] Ähnlich wie das BKA kann das ZKA zum Teil als Wissensgenerierungseinheit im Sicherheitssektor mit dem Schwerpunkt des Zollwesens betrachtet werden.[95] Tatsächliche Anhaltspunkte für Straftaten nach § 4 Abs. 1 FlugDaG, welche die PIU dem ZKA nach § 6 Abs. 1 Nr. 3 FlugDaG weiterübermittelt, werden somit von Experten des Zolls weiterüberprüft, verifiziert, verdichtet oder widerlegt.

c) Die Rolle der weiteren Sicherheitsbehörden in § 6 FlugDaG

Soweit eine Fluggastdatenverarbeitung tatsächliche Anhaltspunkte für Straftaten liefert, die in den örtlichen und sachlichen Zuständigkeitsbereich der Landeskriminalämter, des Bundesamts für Verfassungsschutz, der Verfassungsschutzbehörden der Länder, des Militärischen Abschirmdiensts oder des Bundesnachrichtendienstes fallen, werden die Ergebnisse der Verarbeitung an die jeweils einschlägige Behörde zur weiteren Überprüfung oder zur Veranlassung geeigneter Maßnahmen übermittelt, § 6 Abs. 1 Nr. 3, Abs. 2 Nr. 1–3 FlugDaG. Sämtliche der in Abs. 1 und 2 genannten Behörden dürfen die übermittelten Daten nur zu den Zwecken, zu denen sie ihnen übermittelt worden sind, verarbeiten, § 6 Abs. 3 FlugDaG.

6. Kooperative Formen der Zusammenarbeit auf europäischer und internationaler Ebene

Die Entscheidung der EU für eine dezentrale Erfassung von Fluggastdaten macht die Gewährleistung und Koordinierung eines Austauschs zwischen den Mitgliedstaaten zu einer wesentlichen Aufgabe. Gesetzlich ist ein Datenaustausch

---

[92] § 4 Abs. 1 Nr. 6, i. V. m. EU-RL 2016/681, Anhang II, Nr. 8.

[93] § 4 Abs. 1 Nr. 4, i. V. m. § 89c StGB.

[94] *Küchenhoff*, in: Bannenberg/Wabnitz/Janovsky (Hrsg.), [5]2020, 23. Kapitel, Rn. 5. Personell ist die FIU mit Experten des Zolls, verschiedener Bundes- und Landesbehörden sowie der freien Wirtschaft besetzt, s. Zoll Aktuell 4/2017, 8, 9.

[95] Ähnlich auch zur bei der ZKA angesiedelten FIU, Zoll Aktuell, 4/2017, 8, 9.

zwischen der nationalen PIU und den PIUs der Mitgliedstaaten in § 7 FlugDaG, eine Datenübermittlung an Europol in § 9 FlugDaG und eine Datenübermittlung an Drittstaaten in § 10 FlugDaG normiert. Systematische Kooperation ist in § 8 FlugDaG geregelt, wonach die PIU an gemeinsamen Verfahren der Zusammenarbeit mit anderen PIUs der Mitgliedstaaten zum Zwecke der Sachaufklärung, die einer Bekämpfung von terroristischen Straftaten und schwerer Kriminalität vorgelagert ist, teilnehmen kann.[96] Neben dieser gesetzlich normierten Zusammenarbeit findet ein umfassender Austausch im Rahmen zahlreicher informeller Arrangements statt:

IWG-PNR (Informal Working Group-PNR): Die Gründung der IWG-PNR war der erste zentrale Schritt zur Förderung einer möglichst breiten Zusammenarbeit und eines Informationsaustauschs zwischen den PIUs.[97] Während die Kommission die Umsetzung der PNR-RL beaufsichtigt und unterstützt, hat die IWG-PNR einen eher praktischen und operativen Schwerpunkt.[98] Ziel der Arbeitsgruppe ist es, den Austausch von Expertenwissen und Erfahrung hinsichtlich der Umsetzung der PNR-RL zwischen den Mitgliedstaaten und auch interessierten Drittstaaten zu unterstützen und die Ausrichtung entsprechender Initiativen zu ermöglichen.[99] Im Rahmen der Arbeitsgruppe sollen sowohl ein anwendungsorientierter Erfahrungsaustausch als auch Absprachen im Hinblick auf die künftige operative Zusammenarbeit der PIUs stattfinden. Ferner tauschen die Mitglieder ihre technischen Lösungen und Expertise untereinander aus.[100] Im Rahmen der IWG-PNR wurden weitere Unterarbeitsgruppen mit dem Ziel gegründet, Erfahrungen und bewährte Praktiken der Implementierung der PNR-RL zusammenzutragen und zu präsentieren, darunter: Carrier Connections, Operational, Interoperability und Legal.[101] Im Rahmen der unter dem Deutschen Vorsitz der IWG-PNR gegründeten Unterarbeitsgruppe IWG-Legal werden unter anderem gesetzliche Unklarheiten und rechtliche Fragestellungen in Bezug auf den Umsetzungsprozess des PNR-RL besprochen.[102] In der IWG-PNR sind das BKA und das BVA vertreten.

TWG-PNR (Technical Working Group-PNR): Ziel dieser seitens des BVA veranstalteten Arbeitsgruppe war es internationalen Partnern ein Forum zu bieten, in

---

96 BT-Drs. 18/11501, 35.

97 EU Council 13323/1/16 REV 1, v. 23.11.2016, 3.

98 EU Council 13323/1/16 REV 1, v. 23.11.2016, 6.

99 BT-Drs. 18/13684 5.

100 EU Council 13323/1/16 REV 1, v. 23.11.2016, 4.

101 Zu den Arbeitsschwerpunkten der Gruppen s. EU Council 7930/17 v. 3.4.2017, 3 ff.; EU Council 10139/18 v. 21.6.2018, 2 ff.; EU Council 12329/17 v. 28.9.2017, 2 ff.; EU Council 12825/18 v. 17.10.2018, 4 ff.

102 BT-Drs. 19/4755, 6 f.; BVA-International 2/2018, S. 13.

dem technische Themen im PNR-Kontext losgelöst von Berichtspflichten an EU-Institutionen diskutiert werden können.[103]

EPE Rover (Europol Platform for Experts): Die Online-Plattform dient als zentrales Austausch- und Diskussionsforum über PNR-bezogene Erfahrungen und Updates.[104] Der Zugang ist grundsätzlich auf IWG-PNR-Mitglieder und Mitarbeiter der Sicherheitsbehörden der Mitgliedstaaten beschränkt, die direkt an der Implementierung von Fluggastdatenprojekten beteiligt sind.

PNRGOV Working Group: Bei der PNRGOV handelt es sich um eine von dem Dach- und Interessenverband der Fluggesellschaften (International Air Transport Association [IATA]) eingerichtete Arbeitsgruppe zur Weiterentwicklung der technischen Übermittlungsstandards für Fluggastdaten.[105] Innerhalb der Gruppe vollzieht sich ein Wissensaustausch über Datenformate und Standards zum Datenaustausch zwischen Wirtschaftsteilnehmern und Regierungsmitgliedern. Im Rahmen dieser Gruppe ist das BVA vertreten und an der Evaluierung und Etablierung offener Übertragungsprotokolle beteiligt.[106] Eine Untergruppe der PNRGOV Working Group namens „Protocols“ ist speziell mit der Arbeit an offenen Kommunikations- und Übertragungsprotokollen beschäftigt.[107]

DAPIX (Working Party on Data Protection and Information Exchange): Die Arbeitsgruppe befasst sich mit der Umsetzung des rechtlichen Rahmens zum Informationsaustausch und zum Schutz personenbezogener Daten bei der Arbeit der Sicherheitsbehörden. Schwerpunkte liegen bei der Verbesserung des Informationsaustauschs und der Gewährleistung eines Datenaustauschs in Übereinstimmung mit dem geltenden Rechtsrahmen. DAPIX befasst sich auch mit praktischen Umsetzungsfragen der grenzüberschreitenden Zusammenarbeit bei der Bekämpfung von Terrorismus und grenzüberschreitender Kriminalität,[108] und beaufsichtigt deshalb auch die Tätigkeit der verschiedenen informellen Arbeitsgruppen zur Umsetzung der PNR-RL.[109] Sie setzt sich aus Experten für den Informationsaustausch zusammen.[110] In der Arbeitsgruppe ist auch das BMI ist vertreten.

High Level Expert Group (HLEG) on information systems and interoperability: Die Expertengruppe „Informationssysteme und Interoperabilität“ wurde für einen begrenzten Zeitraum bis Mitte 2017 eingesetzt und umfasste Behörden der

---

103 BVA-International, 2/2020, 8 f.

104 BVA-International 2/2018, 13.

105 BT-Drs. 18/13326, 6.

106 BVA-International 1/2017, S. 6; BT-Drs. 18/12516, 4.

107 BT-Drs. 19/4755, 6; EU Council 7920/17 v. 3.4.2017, 4.

108 EU Council 9208/08 REV 1, v. 26.5.2008, 2.

109 BT-Drs. 18/10735, 8. Insofern erscheint DAPIX wie eine Arbeitsgruppe, die sich mit der Arbeit weiterer Arbeitsgruppen befasst.

110 EU Council 6259/4/06 REV 4, v. 25.4.2006, 3.

Schengen-Staaten, das Counter-Terrorismuszentrum (ECTC) und den Europäischen Datenschutzbeauftragten.[111] Die Gruppe hatte das übergreifende Ziel, die Funktionsweise von europäischen Informationssystemen, darunter auch PNR-Systemen, zu verbessern und verschiedene Aufgaben im Zusammenhang mit der Interoperabilität zu untersuchen.[112] Innerhalb der Gruppe bestanden drei Untergruppen: existierende Systeme, neue Systeme und Interoperabilität.[113]

Erwähnenswert sind auch folgende Projekte: *PNRDEP*:[114] ein Forschungsprojekt, das sich mit dem besseren Verständnis von PNR-Daten und deren Austausch beschäftigte;[115] das *Data Injector Tool*: ein Fluggastdaten-Generator für PNR-Systemtests;[116] weiterhin auch PIU.net, das auf eine EU-weite technische Lösung für die Interoperabilität zwischen PIUs abzielende Nachfolgerprojekt von PNRDEP;[117] ein durch Ungarn geleitetes Projekt, das sich mit dem Training von PIU Personal beschäftigt;[118] sowie ein durch Deutschland koordiniertes Projekt, das die Interoperabilitätsverbesserung zwischen Fluggastdaten und IT-Systemen erforscht.[119]

Diese nicht abschließende Auflistung von Arbeits- und Expertengruppen, Kommunikationsplattformen und Projekten mit Bezug zur Fluggastdatenverarbeitung zeigt verschiedene Koordinations- und Kooperationsstrukturen auf, die sich aus einer Governance-Perspektive auch als ein Netzwerk bezeichnen lassen (nachfolgend: PNR-Netzwerk).[120] Netzwerke sollen das Handeln ihrer grundsätzlich gleichrangigen und autonomen Akteure im Hinblick auf ein gemeinsames Ziel beeinflussen,[121] indem sie die Weitergabe von bestehendem und das

---

[111] C(2016) 3780 final.

[112] C(2016) 3780 final, 7; *Mitsilegas/Vavoula*, in: Hofmann/Rowe/Türk (Hrsg.), 2018, 153, 172.

[113] C(2016) 3780 final, 7; BT-Drs. 18/10735, 8.

[114] „Pilot programme for data exchange of the Passenger Information Units", s. dazu SWD (2020) 128 final, 8; BT-Drs. 19/4755, 7.

[115] EU Council 7930/17 v. 3.4.2017, 6.

[116] EU Council 10139/18 v. 21.6.2018, 3.

[117] EU Council 12329/17 v. 28.9.2017, 4.

[118] SWD(2020) 128 final, 8.

[119] Ebd.

[120] Zur hier verwendeten Netzwerkdefinition s. *Wild/Jansen*, in: Benz/Lütz/Schimank/Simonis (Hrsg.), 2007, 93: „eine Menge von Akteuren […], die über eine Menge von Beziehungen mit einem bestimmbaren Inhalt verbunden sind.". Die Kommission spricht diesbezüglich in SWD(2020) 128 final, 34 jedoch von einer europäischen Fluggastdatengemeinschaft: „The regular meetings on the application of the PNR Directive, organised by the Commission, as well as the IWG-PNR, led by the Member States, have allowed for the creation of a ‚EU PNR community', where national authorities can discuss, exchange ideas, share best practices and address the issues arising from the practical application of the Directive."

[121] *Wild/Jansen*, in: Benz/Lütz/Schimank/Simonis (Hrsg.), 2007, 93, 94 ff.

Auffinden von neuem Wissen ermöglichen.[122] Sie sollen zur Lösung von Koordinations-, Informations- und Motivationsproblemen beitragen, die bei der Zusammenarbeit in komplexen Sachbereichen entstehen können.[123] Aus einer wissenstheoretischen Perspektive bestimmen die sozialen Austauschprozesse innerhalb von Netzwerken, welches Wissen als beachtenswert und bewahrenswert, als gerechtfertigt und verbreitungswürdig gilt, und welche Problemlösungen oder Entscheidungsmotive demgegenüber an Wert und Bedeutung verlieren.[124] Das überwiegend als transnationales Behördennetzwerk ausgestaltete PNR-Netzwerk kann für deutsche Sicherheitsbehörden insofern zu einer „horizontalen Begrenzung eines Beurteilungsspielraums durch prozedurale Kooperationsgebote" führen,[125] und somit einen maßgeblichen Einfluss auf die Gestaltung der Fluggastdatenverarbeitung in Deutschland haben. Gerade auch die Vielzahl an technikbezogenen Austauscharrangements deutet auf eine zwar informelle, jedoch einflussreiche Wirkung des PNR-Netzwerks auf die Gestaltung des nationalen technologischen Rahmens des PNR-Systems hin. Das PNR-Netzwerk ist dynamisch und flexibel, kann und hat sich schnell ausdifferenziert und ist grundsätzlich für sämtliche Akteure im Bereich der Fluggastdatenverarbeitung offen.[126] Es handelt sich dabei um ein auf Dauer angelegtes Verhandlungssystem, das einen freiwilligen Bei- und Austritt interessierter Stakeholder erlaubt und zu keinem koordinierten Verhalten verpflichtet.[127] Vielmehr stellt das Netzwerk einen Rahmen für Wissensfindung dar, der von der Einflussnahme auf die nationalen und internationalen Regelungsstrukturen der Fluggastdatenverarbeitung durch Einzelinteressen, Gruppendynamiken, Wissensvorsprüngen und Machtverhältnissen seiner Akteure geprägt ist.

III. Wissensgenerierung und Komplexitätsbewältigung

Die Analyse der Regelungsstrukturen der Fluggastdatenverarbeitung zeigt ein heterogenes institutionelles Arrangement auf, das aus einer Mischung von hierarchischer Handlungskoordination und informeller Kooperation besteht. Der

[122] Vgl. *Wild/Jansen*, in: Benz/Lütz/Schimank/Simonis (Hrsg.), 2007, 93, 100.

[123] *Wild/Jansen*, in: Benz/Lütz/Schimank/Simonis (Hrsg.), 2007, 93, 94.

[124] *Straßheim*, 2011, 140.

[125] So zu transnationalen Behördennetzwerken *Ladeur*, in: Mehde/Ramsauer/Seckelmann (Hrsg.), 2011, 639, 652, m.w.N.

[126] Zu diesen charakteristischen Merkmalen von Netzwerken s. *Ladeur*, in: Mehde/Ramsauer/Seckelmann (Hrsg.), 2011, 639, 650 u. 652.

[127] Zur Unterscheidung nach Zwangsverhandlungssystemen und solchen, die einen freiwilligen Austritt und unkoordiniertes Verhalten ermöglichen s. *Benz*, in: Bogumil/Jann/Nullmeier (Hrsg.), 2006, 29, 33.

Rechtsrahmen der Fluggastdatenverarbeitung sieht mehrere Organisations- und Verfahrensvorschriften vor, die auf Über- und Unterordnungen zwischen Funktionen und Organisationen beruhen,[128] bspw. Sanktionsmaßnahmen für Luftfahrtunternehmen, Auftragsverarbeitungen und Unterauftragsverhältnisse von nationalen Behörden, sowie Datenübermittlungsverpflichtungen und Zusammenarbeitsgebote für PIUs. Das PNR-Netzwerk setzt weitgehend auf freiwillige und unverbindliche Kooperationsmechanismen, wie beispielsweise den wechselseitigen Austausch von Expertise.

Die Regelungsstrukturen weisen zwei Hauptfunktionen auf. Zum einen soll dadurch die organisatorische, fachliche und technische *Komplexität des Sachbereichs* aufgenommen und verarbeitet werden. So bündelt das institutionelle Arrangement auf nationaler Ebene die theoretische und praktische Expertise des BKA, die organisatorische und technische Expertise des BVA und die technologischen Infrastrukturkapazitäten des ITZBund. Im PNR-Netzwerk werden komplexe Themen untergliedert und in getrennten, spezialisierten Untergruppen behandelt. Zum anderen zeigen die Regelungsstrukturen ein vorwiegend auf *Wissensproduktion* ausgerichtetes institutionelles Arrangement auf. So sollen die Kooperationsmechanismen auf europäischer Ebene in erster Linie Wissen über verschiedene Aspekte der Implementierung der PNR-RL generieren. Dabei ist eine Einbindung von Expertise aus unterschiedlichen Richtungen zu beobachten. So unterstützen Informationsaustauschexperten die systematische Verbreitung von technischer und kriminologischer Expertise, die vorwiegend innerhalb wissensgenerierender Einheiten der nationalen oder europäischen Sicherheitsinstitutionen oder von speziell eingerichteten Expertengruppen erzeugt und über das PNR-Netzwerk an interessierte Akteure weitergegeben wird. Der Austausch im Rahmen der einzelnen Arbeitsgruppen soll ein kontrolliertes Diskussions- und Lernforum[129] für technische und kriminologische Expertise bieten. Der Austausch soll nicht nur anfangs und während der Implementation der PNR-RL, sondern, unter Berücksichtigung der Fluggastdatenverarbeitung als ein auf Dauer angelegtes Verfahren, auf einer kontinuierlichen Basis stattfinden. Somit können nicht nur formelle, sondern auch materielle Voraussetzungen der Fluggastdatenverarbeitung über mehrere Ebenen hinweg zielbezogen konkretisiert werden und es kann dabei die Expertise mehrerer öffentlicher Akteure an verschiedenen Stellen integriert werden. Ein für die nachfolgenden Ausführungen instruktives Beispiel dafür ist die in § 4 Abs. 3 Satz 1 und Satz 3 FlugDaG normierte Konzentrierung interbehördlicher und interdisziplinärer Expertise bei der Erstellung und Überprüfung von Mustern für einen

128 Zu dieser Definition von Hierarchie s. *Döhler*, in: Benz/Lütz/Schimank/Simonis (Hrsg.), 2007, 46, m. w. N.

129 *Straßheim*, 2011, 136 f. betont allerdings, dass „Lernen" bei Netzwerken immer als eine Praxis zu verstehen ist, die an die selektiven Orientierungen ihrer Akteure gebunden bleibt.

Abgleich mit Fluggastdaten. Diese Regelung spricht einer Reihe von Akteuren eine Rechtsproduktionsfunktion zu, indem diese in die Mustererstellung einbezogen werden; im Einzelnen: den in § 6 FlugDaG normierten Sicherheitsbehörden, den Datenschutzbeauftragten, dem BVA und der PIU, welche personell mit Experten der Sicherheitsbehörden besetzt sind, die wiederum durch EU-finanzierte Trainingsprojekte in der Entwicklung von Mustern ausgebildet wurden.[130] Die Rechtsgestaltungs- und Rechtskonkretisierungsfunktion dieser Akteure ist im Zweifelsfall zusätzlich durch den Austausch im Rahmen des PNR-Netzwerks und der daran beteiligten Akteure mitgeprägt. Somit gestalten die Regelungsstrukturen der Fluggastdatenverarbeitung die Entscheidungs- und Handlungsmöglichkeiten der PIU durch eine kontinuierliche, rekursive, langfristig angelegte Distribution von Wissensressourcen mit. Solche Regelungsstrukturen tragen auch dem Umstand Rechnung, dass in komplexen Bereichen der Sicherheitsgewährleistung sowohl dem Gesetzgeber als auch der Verwaltungsspitze grundsätzlich das nötige Wissen fehlt, um die Sicherheitsbehörden über allgemeine Normen vorab materiell zu steuern, was in einem „Zusammenspiel von legislativer Fremd- und administrativer Selbststeuerung“[131] resultiert.

Zentrale Maßnahme des FlugDaG ist der automatisierte Abgleich der Daten mit Mustern zum Zwecke der Generierung tatsächlicher Anhaltspunkte über die Begehung terroristischer Straftaten und Straftaten der schweren Kriminalität. Dadurch soll in zweifacher Weise Wissen erzeugt werden. Einerseits durch die Erstellung der Abgleichbasis – ein Prozess der Mobilisierung, Auswertung und Nutzung von vorhandenen Daten und Informationen. Andererseits durch die kontextualisierte, einzelfallbezogene Betrachtung der Abgleichergebnisse – ein Prozess der Analyse und Interpretation von Informationen, sowie der Revision bereits vorliegenden einzelfallbezogenen Wissens. Unter Berücksichtigung der in diesem Abschnitt herausgearbeiteten Regelungsstrukturen werden diese Formen der Wissensgenerierung im nächsten Abschnitt unter Automatisierungsgesichtspunkten analysiert. Hierbei wird überprüft, welchen konkreten Nutzen ihre Automatisierung für die Sicherheitsbehörden hat sowie welche technologischen Umsetzungsmöglichkeiten dabei bestehen. Der Schwerpunkt liegt dabei auf Technologien des maschinellen Lernens.

---

[130] Über ein solches Trainingsprogramm berichtet die EU-Kommission in SWD(2020) 128 final, S. 12.

[131] *Trute/Kühlers/Pilniok*, in: Benz/Lütz/Schimank/Simonis (Hrsg.), 2007, 240, 243.

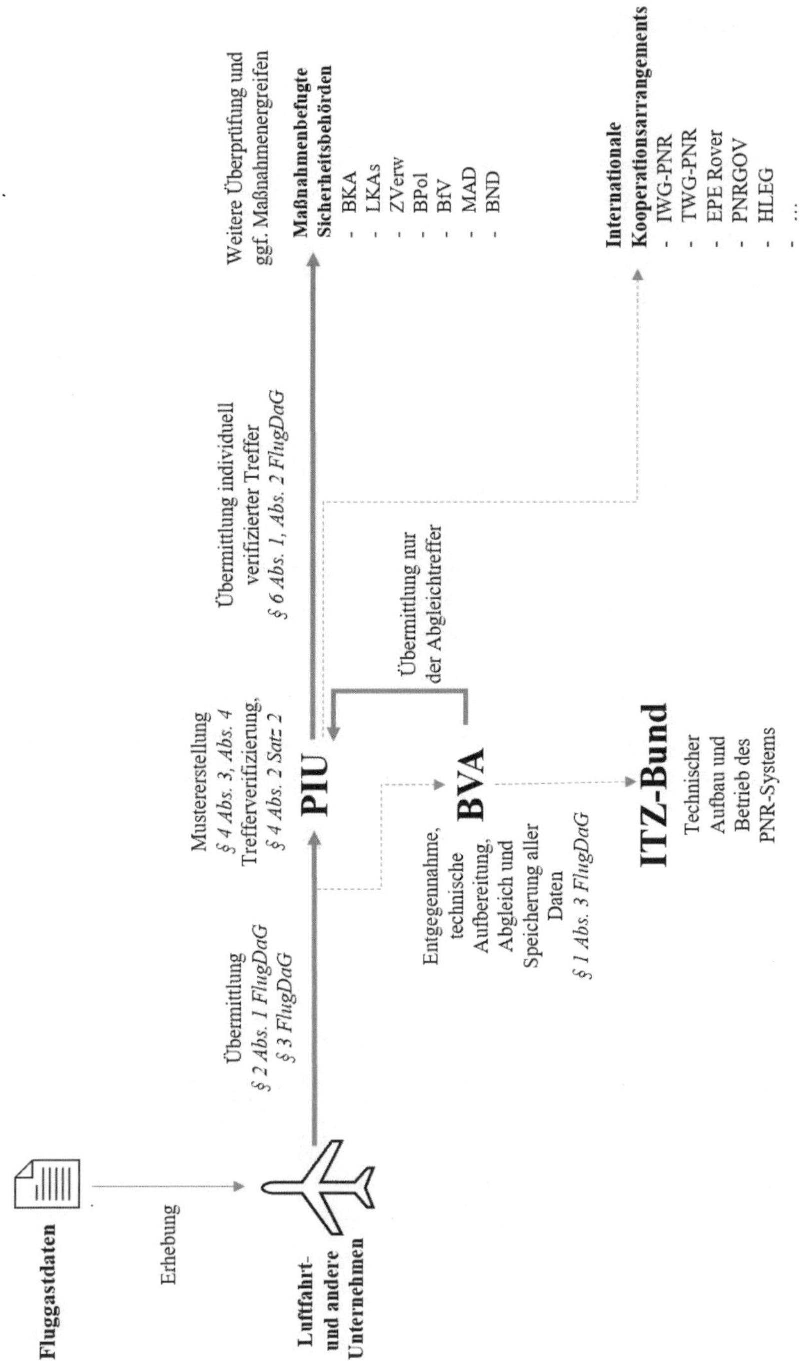

Abb. 2: Wesentliche Akteure und Aufgaben im Bereich der Fluggastdatenverarbeitung

C. Technologischer Rahmen

Die Verhütung und Verfolgung von Straftaten, welche zunehmend in einem internationalen Setting vorbereitet und durchgeführt werden, stellt sowohl einzelne Sicherheitsbehörden als auch Kooperationsnetzwerke aus mehreren Sicherheitsbehörden vor kognitive Herausforderungen. Dies gilt umso mehr, wenn ihr Ansatz nicht allein darin besteht, bereits bekannte Straftäter und bereits begangene Straftaten zu ermitteln, sondern auch und gerade darin, noch unbekannte Personen, die Straftaten noch nicht begangen haben, jedoch innerhalb eines übersehbaren Zeitraumes begehen könnten, zu ermitteln. Diesen Herausforderungen versucht das Fluggastdatengesetz anhand verschiedener Verarbeitungsmöglichkeiten der Fluggastdaten zu begegnen.

Die Verarbeitung von Fluggastdaten kann in einer reaktiven, aktiven oder proaktiven Weise erfolgen.[1] Von einer reaktiven Verarbeitung ist auszugehen, wenn die Datenverwendung *nach einer Straftatbegehung* zu Ermittlungszwecken und zur Strafverfolgung stattfindet. Aktiv, beziehungsweise in Echtzeit kann auf Fluggastdaten zum Zwecke eines Datenabgleichs *vor Ankunft in oder Abflug aus* Deutschland zugegriffen werden, um Fluggäste für eine Überprüfung zwecks Verhinderung, bzw. Unterbrechung der Begehung von Straftaten zu identifizieren. Eine proaktive Verwendung der Fluggastdaten kann *zum Zwecke der Analyse, Bestimmung und Aktualisierung von Prüfkriterien* erfolgen, die als Abgleichbasis für eine Überprüfung der Fluggäste herangezogen werden können. Alle drei Arten der Datenverarbeitung sind in der zentralen Vorschrift des Gesetzes, § 4 FlugDaG geregelt.

Der Datenabgleich mit Fahndungsdatenbeständen nach § 4 Abs. 2 Nr. 1 FlugDaG dient dem Aufspüren solcher Personen, die bereits im Zusammenhang mit den in Abs. 1 benannten Straftaten in Erscheinung getreten sind.[2] Bei einem Abgleich mit Fahndungsdatenbeständen handelt es sich um eine Maßnahme, die grundsätzlich als effektiver Ermittlungsansatz anerkannt ist.[3] Automatisierte Abgleiche mit Fahndungsdatenbeständen sind gleichwohl bereits mehrfach von

---

[1] SWD(2020) 128 final, 11; KOM(2011) 32 endg., 4. Die hier als „aktiv" bezeichnete Verwendung nennt die Kommission eine Verwendung „in Echtzeit".

[2] BT-Drs. 18/11501, 28.

[3] *Ruthig*, in: Schenke/Graulich/Ruthig (Hrsg.), [2]2019, § 4 FlugDaG, Rn. 4.

der Rechtsprechung kritisiert und in ihrer gesetzlichen Ausgestaltung korrigiert worden.[4]

Der automatisierte Abgleich mit Mustern nach § 4 Abs. 2 Nr. 2 FlugDaG steht in keinem Konkurrenzverhältnis zum Datenbankabgleich nach Nr. 1. Der Musterabgleich gilt als eine eigenständige Sicherheitsmaßnahme und wird als notwendige Ergänzung zum Gesetzesinstrumentarium angesehen.[5] Die Maßnahme wird als eine neue und innovative Methode zur Bekämpfung der in § 4 Abs. 1 FlugDaG aufgezählten Straftaten,[6] teilweise sogar als der „wichtigste Mehrwert der Verarbeitung der PNR-Daten" bezeichnet.[7] Sie erfolgt primär zum Zwecke der Identifizierung von den Sicherheitsbehörden bisher unbekannten Personen, die im Zusammenhang mit den in § 4 Abs. 1 FlugDaG genannten Straftaten stehen könnten.[8] Dies geschieht mittels eines Abgleichs von Fluggastdaten anhand zuvor festgelegter, verdachtsbegründender und verdachtsentlastender Prüfungsmerkmale, die zusammen bestimmte Abgleichmuster bilden. Der Abgleich sämtlicher Fluggastdaten mit verschiedenen, auch verdachtsindizierenden Prüfungsmerkmalen hat der Maßnahme nach § 4 Abs. 2 Nr. 2 FlugDaG den Ruf einer „Rasterfahndung am Himmel" eingebracht.[9] Dementsprechend wird der Musterabgleich teilweise mit der präventiven Rasterfahndung und der sie begleitenden Rechtsprechung[10] assoziiert.[11]

---

[4] BVerfGE 120, 378 – Automatisierte Kennzeichenerfassung I; BVerfGE 150, 244 – Automatisierte Kennzeichenerfassung II.

[5] BT-Drs. 18/11501, 28 f.

[6] So S. 28 der Gesetzesentwurfsbegründung (BT-Drs. 18/11501), die den Abgleich mit Mustern als eine andere, neue Art und Weise zur Bekämpfung der genannten Straftaten bezeichnet. In der Gesetzesentwurfsstellungnahme von SITA, einem auf den Luftverkehr spezialisierten IT- und Kommunikationsunternehmen, werden die Maßnahmen im FlugDaG als „neue Geschäftsprozesse für Regierungen und die nachgelagerten Organisationen" bezeichnet, Stellungnahme zum FlugDaG vom 21.4.2017, 2. So auch *Orrù*, 2021, 237.

[7] GA *Mengozzi*, in: EuGH, Gutachten 1/15, EU:C:2016:656, Rn. 252.

[8] BT-Drs. 18/11501, 28.

[9] Siehe etwa *Prantl* in: SZ Süddeutsche Zeitung, Nr. 172 v. 2.8.2019, abrufbar unter: https://perma.cc/HJ6X-HUAM; *Brühl* in: SZ Süddeutsche.de v. 14.5.2019, abrufbar unter: https://perma.cc/8E4D-9WEA.

[10] Insb. BVerfGE 115, 320 – Rasterfahndungsbeschluss; BVerfGE 141, 220 – BKAG.

[11] Als „eine Form des Predictive Policing mittels Rasterfahndung in allen Fluggästen" beschrieben seitens *Arzt/M. W. Müller/Schwabenbauer*, in: Lisken/Denninger (Hrsg.), ^{7}2021, G, Rn. 1330. Als eine „Weiterentwicklung präventiver Rasterfahndung" seitens *Sommerer*, 2020, 40. Als „faktisch eine anlasslose Rasterfahndung in Massendaten" seitens *Guckelberger*, 2019, 97 und *Arzt*, DÖV 2017, 1023, 1026. Auf den Vergleich mit der Rasterfahndung hinweisend auch *Ruthig*, in: Schenke/Graulich/Ruthig (Hrsg.), ^{2}2019, § 4, Rn. 1. Vgl. auch *Krasmann*, 2014, Fn. 48 m. w. N. Den Vergleich der Rasterfahndung zu Maßnahmen wie den Musterabgleich ablehnend, *Pravica*, in: Friedrich/Gehring/Hubig/Kaminski/Nordmann (Hrsg.), 2017, 123, 136 f. m. w. N.

Die Maßnahme in § 4 Abs. 2 Nr. 2 FlugDaG und ihre technologischen Umsetzungsmöglichkeiten stehen im Zentrum der nachfolgenden Untersuchung. Denn der automatisierte Musterabgleich ist im Grunde eine Klassifikationsaufgabe; die dafür benötigten Muster werden auf der Grundlage sicherheitsbehördlicher Erkenntnisse oder durch Analyse von Fluggastdaten erstellt. Damit ist die Möglichkeit des Einsatzes verschiedener Technologien zu einer automatisierten Datenverarbeitung, darunter des maschinellen Lernens, grundsätzlich eröffnet.[12] Am Beispiel des automatisierten Musterabgleichs mit Fluggastdaten wird deshalb die der Arbeit zugrunde gelegte Forschungsfrage, ob und inwieweit Nichtwissen bei maschinellem Lernen eine rechtliche Bedeutung erlangen kann, überprüft.

I. Muster

Im Kontext der PNR-RL definiert die EU-Kommission Muster als regelmäßig neu programmierte und verfeinerte Suchkriterien, die auf vergangenen oder laufenden Ermittlungserkenntnissen basieren.[13] Beim Abgleich mit Fluggastdaten soll die Arbeit mit Mustern es ermöglichen, Passagiere zu entdecken, deren Flugverhalten bestimmten, in solchen Mustern enthaltenen abstrakten Verhaltensprofilen entspricht.[14] Dadurch wird der Verdacht einer bevorstehenden Straftatbegehung nahegelegt. Dieses Vorgehen soll automatisiert anhand einer Software des PNR-Systems geschehen, die in der Lage sein muss, „normale" von „risikobehafteten" Verhaltensweisen zu unterscheiden.[15]

Die automatisierte Vorhersage von menschlichem Verhalten für die Zwecke der Sicherheitsbehörden wird unter dem Stichwort der „vorausschauenden, bzw. vorhersagebasierten Polizeiarbeit" (predictive policing) diskutiert. Ziel dabei ist die Ermöglichung eines präventiven Eingreifens und einer strategischen Allokation von Sicherheitskräften, was im besten Fall zur Kriminalitätssenkung beitragen und gleichzeitig Ressourceneffizienz gewährleisten soll.[16] Im weitesten Sinne steht der Begriff der vorausschauenden Polizeiarbeit für einen Softwareeinsatz seitens der Sicherheitsbehörden zum Zwecke der Vorhersage. Dabei ist der

---

[12] Wie sich ein solcher Einsatz für die Zwecke der Fluggastdatenverarbeitung im Einklang mit dem FlugDaG konkreter ausgestalten lässt, wird in sogleich in diesem Abschnitt unter IV.3. im Detail untersucht.

[13] SWD(2020) 104, 11 u. 31.

[14] Ebd.

[15] SWD(2020) 104, 31.

[16] Vgl. *Singelnstein*, NStZ 2018, 1, 3; *Knobloch*, 2018, Vor die Lage kommen: Predictive Policing in Deutschland, 10.

Begriff hinsichtlich der Einzelheiten und Modalitäten der eingesetzten Software grundsätzlich technologieoffen.[17] Grundannahme vorausschauender Polizeiarbeit ist, dass anstehendes kriminelles Verhalten vergangenem kriminellen Verhalten strukturell ähnlich ist, weshalb Vorhersagen in der Regel auf Erfahrungen und/oder Daten aus der Vergangenheit basieren. Es können dabei verschiedene Typen von Vorhersagen angestrebt sein, darunter solche von zukünftigen Verbrechensarealen (raumbezogen) oder – im Fall von § 4 Abs. 2 Nr. 2 FlugDaG – zukünftigen Straftatverdächtigen (personenbezogen).[18] Werden solche Vorhersagen automatisiert durchgeführt, so wie dies in § 4 Abs. 2 FlugDaG normiert ist, eröffnet sich die Möglichkeit des Einsatzes verschiedener prädiktiver Technologien.

Bei der Analyse des Einsatzes solcher Technologien zum Zwecke des Musterabgleichs ist an erster Stelle zu beachten, dass die Arbeit mit Mustern aus zwei Schritten besteht: der Mustererstellung und dem Musterabgleich. An die Umsetzung beider Schritte kann unterschiedlich herangegangen werden. Es können jeweils verschiedene technologische Ansätze eingesetzt werden oder auch teilweise auf Technologien zur Automatisierung verzichtet werden. Zunächst werden daher beide Schritte und deren Einzelheiten losgelöst von etwaigen technologischen Ansätzen dargestellt, um herauszuarbeiten, welche konkreten Zwecke damit verfolgt werden und inwieweit dabei generell mit Technologien gearbeitet werden kann.

I. Musterabgleich

Der Musterabgleich mit Fluggastdaten erfolgt nicht primär zur Sicherung des Flugverkehrs. Die Flugreise ist nur die Gelegenheit, jedoch nicht der Bezugspunkt der Maßnahme.[19] Bei den Fluggastdaten handelt es sich um Verhaltensdaten, welche in verschiedenen Kontexten zu verschiedenen Zwecken genutzt werden können – von Werbung bis zu Sicherheit.[20] Der Musterabgleich könnte zwar zu einem sichereren Flugverkehr beitragen, das Gesetz hat jedoch einen deutlich weitergehenden Zweck – die Verhütung und Verfolgung von terroristischen Straftaten und schwerer Kriminalität. Die Verwendung von Fluggastdaten zu diesem Zweck wird damit begründet, dass Täter und Tätergruppierungen häufig

---

[17] *Wischmeyer*, in: Kulick/Goldhammer (Hrsg.), 2020, 195 f.

[18] *Rademacher*, AöR 142 (2017), 366, 411; *Knobloch*, 2018, 9 und 13. Zu weiteren (Unter-)Typen von Vorhersagen, *Belina*, MschKrim 99 (2016), 85, 88: „[…] zukünftige Verbrechensrisiken in Raum und Zeit, zukünftige individuelle Verbrecher, die Identität einzelner gesuchter (Serien-)Straftäter oder zukünftige (Typen von) Kriminalitätsopfer(n).“

[19] KOM(2011) 32 endg., 9; *Rademacher*, AöR 142 (2017), 366, 412; *Ulbricht*, Eur J Secur Res 3 (2018), 139, 140; *Olsen/Wiesener*, Law, Innovation and Technology 13 (2021), 398, 410.

[20] *Ulbricht*, Eur J Secur Res 3 (2018), 139, 140.

grenzüberschreitend agieren und im Rahmen ihrer illegalen Aktivitäten in andere Staaten reisen.[21] Ferner wird argumentiert, dass Netzwerke organisierter und schwerer Kriminalität sowie terroristische Aktivitäten über Landesgrenzen hinausgehen und daher oft mit Reisen in andere Länder verbunden sind.[22] So ließe sich etwa ein grundsätzlicher Zusammenhang zwischen Fliegen und einigen terroristischen Straftaten deshalb annehmen, weil eine terroristische Straftat in der Regel viel Vorbereitung und Planung erfordert: Die Täter sind grundsätzlich auf Finanzierung durch terroristische Vereinigungen angewiesen,[23] bei denen sie regelmäßig zur Anweisung an verschiedenen Orten erscheinen müssen; anschließend müssen sie in das anzugreifende Land (mindestens einmal) einreisen, Ziele identifizieren und den geplanten Terroranschlag – sei es eine Flugzeugentführung oder ein ortsgebundener Bombenangriff – weiterhin organisieren.[24]

So gesehen können die in § 4 Abs. 1 FlugDaG aufgezählten Straftaten in einem unmittelbaren Zusammenhang mit der Flugreise stehen, müssen dies aber nicht. Allerdings hat der EuGH inzwischen festgehalten, dass zumindest ein mittelbarer Zusammenhang zwischen den zu verhütenden Straftaten und einer Flugreise bestehen muss, was insbesondere dann der Fall sei, wenn die Beförderung auf dem Luftweg als Mittel zur Vorbereitung solcher strafbaren Handlungen dient oder dazu, sich nach deren Begehung der strafrechtlichen Verfolgung zu entziehen.[25] Jedenfalls werden die Flugreise oder ihre Einzelheiten zunächst lediglich als ein Baustein innerhalb komplexer Verhaltensstrukturen betrachtet, die mit bestimmten, im Voraus festgelegten, verdachtsindizierenden Prüfungsmerkmalen der in § 4 Abs. 2 Nr. 2 FlugDaG normierten Muster übereinstimmen könnten. Grundvoraussetzungen für eine solche Herangehensweise an Fluggastdaten ist, dass das Flugverhalten von Straftatverdächtigen – im weitesten Sinne – irregulär ist, dass diese Irregularitäten sich in den Daten über das Flugverhalten manifestieren,[26] und dass sie mit Mustern irregulären Verhaltens korrelieren.[27]

---

[21] BT-Drs. 18/11501, 1.

[22] Vgl. das Informationsportal des österreichischen BMI zur Fluggastdatenverarbeitung: https://perma.cc/D98X-DAPM.

[23] *Teichmann/Park*, NK 30 (2018), 419, 420 f. u. 428 mit dem Hinweis, dass es sich dabei nicht zwingend um hohe Beiträge handeln muss, insb. bei den sog. „einsamen Wölfen".

[24] *Sales*, Big Data at the border, 2015, https://perma.cc/WK8G-C95V, 3.

[25] EuGH C-817/19, Rn. 156. Näher dazu, *Kostov*, GSZ 5 (2022), 267, 271.

[26] Vgl. *Koc-Menard*, JHSEM 6 (2009), 1, 4.

[27] Vgl. zur amerikanischen Fluggastdatenverarbeitung, *Kuşkonmaz*, 2021, 158: „The use of PNR data indicates that state authorities' objective is […] to reveal people's travel and behavioural patterns, and relationships with other people. The fact that PNR data can reveal those patterns and relations is the reason why airlines collect those data in the first place. However, while airlines collect PNR data to monitor people's behaviour in order to adjust their service offerings, state authorities rely on those patterns and relations in order to identify the most risky

Sind diese Voraussetzungen erfüllt, könnte ein Musterabgleich Daten, die lediglich neutrale Alltagshandlungen beschreiben und anderenfalls nicht auffällig wären (bspw. Daten über die Buchung oder den Antritt eines Fluges), in Zusammenhang mit den in § 4 Abs. 1 FlugDaG aufgezählten Straftaten bringen.

Beim Musterabgleich handelt es sich um eine automatisierte Klassifikationsaufgabe,[28] die im Ergebnis tatsächliche Anhaltspunkte über die Begehung der in § 4 Abs. 1 FlugDaG aufgelisteten Straftaten generieren und im Endeffekt die in § 6 FlugDaG aufzählten Behörden informieren soll. Ein Abgleich von Fluggastdaten mit Mustern soll in der Zuordnung eines Fluggastes zu einer bestimmten verdachtsbezogenen Klasse resultieren. Im FlugDaG ist nicht ausdrücklich normiert, in welche und in wie vielen Klassen Fluggäste nach einem Abgleich aufgeteilt werden sollen. In § 4 Abs. 3 Satz 3 FlugDaG ist allerdings normiert, dass Muster verdachtsbegründende und verdachtsentlastende Prüfungsmerkale enthalten. Dieser Norm lässt sich entnehmen, dass die Klassifikationsaufgabe sich mathematisch als ein binäres Klassifikationsproblem modellieren ließe – die Klassifizierung von Personen in die Klassen „verdächtig“ und „unverdächtig“. Ob innerhalb dieser Klassen weitere Unterklassen gebildet werden, ändert die Grundstruktur eines solchen Zwei-Klassen-Klassifikators nicht. Jedenfalls enthält das FlugDaG keine Anhaltspunkte dafür, dass eine Klassifizierung auch in eine dritte, neutrale Klasse, mit Fluggästen, bei denen sich ein Verdachtsgrad nicht eindeutig ermitteln lässt, vorgesehen ist. Eine Klassifikationsaufgabe wie die des Musterabgleichs lässt sich nur anhand von Technologien zur automatisierten Datenverarbeitung bewältigen. Entsprechend ist in § 4 Abs. 2 FlugDaG die Automatisierung auch ausdrücklich normiert.

2. *Mustererstellung*

Die Annahme hinter dem Musterabgleich ist also, dass ein Zusammenhang zwischen der Begehung bestimmter Straftaten und den Flugverhaltensdaten der Beteiligten besteht, und dass, wenngleich ein potenzieller Straftäter seine Identität verbergen kann, seine Fluggastdaten für sich sprechen können.[29] Dafür müssen die Daten eines verdächtigen Fluggastes bestimmte, im Vorfeld festgelegte Prüfungsmerkmale erfüllen. Prüfungsmerkmale sind nach § 4 Abs. 3 Satz 2 FlugDaG die Bestandteile eines Musters. Sie kommen demnach in zwei Ausprägungen vor. Die erste Ausprägung sind verdachtsentlastende Prüfungsmerkmale, die,

individuals for security reasons by virtue of searching for a correlation between individuals and government officials' analyses of patterns of suspicious behaviour.“

[28] Zu Klassifikationsaufgaben *Alpaydin*, 2021, 229: „Assignment of a given instance to one of a set of classes.“ S. dazu auch weiter unten IV.2.

[29] *Ulbricht*, Eur J Secur Res 3 (2018), 139, 140.

soweit sie in einer bestimmten Zusammensetzung und Anzahl vorkommen, die Unverdächtigkeit des Flugverhaltens indizieren. Die zweite Ausprägung sind verdachtsbegründende Prüfungsmerkmale, die verschiedene Zusammensetzungen von Merkmalen enthalten, deren Vorkommen die Verdächtigkeit des Flugverhaltens indiziert. Beispiele für verdachtsbegründende Prüfungsmerkmale von Mustern, die seitens des BKA und der EU-Kommission angeführt werden, sind: bisher nicht alleinreisend, jetzt aber alleinreisend und unter achtzehn, Zielflughafen ist günstig zum Weiterflug oder befindet sich in der Nähe eines besonderen Gebiets, Rückflug folgt kurz nach dem Hinflug, kurzfristige Buchung, mehrere Umbuchungen, Barkauf von Tickets, Wahl von längeren oder teureren Flugrouten als notwendig, wenig oder kein Gepäck, ein Missverhältnis zwischen Gepäckgröße und Aufenthaltsdauer, Buchung bei Reiseagenturen oder Nutzung von Reiserouten, die in Zusammenhang mit Drogenkuriertätigkeit stehen, Zahlung mit gestohlenen Kreditkarten.[30] Eine geschickte Zusammensetzung verschiedener solcher Merkmale soll es ermöglichen, künftige Straftäter rechtzeitig zu erkennen.

Nach § 4 Abs. 3 und Abs. 4 FlugDaG werden Muster seitens der PIU zusammen mit dem Datenschutzbeauftragten der PIU und den in § 6 FlugDaG aufgezählten Sicherheitsbehörden, oder mittels einer Analyse von Fluggastdaten erstellt. Muster und ihre Prüfungsmerkmale sind so festzulegen, dass sie speziell auf die Identifizierung von Personen abzielen, bei denen der begründete Verdacht einer Beteiligung an terroristischen Straftaten oder schwerer Kriminalität bestehen könnte.[31] Sowohl die Regelung des § 4 Abs. 4 FlugDaG, als auch die soeben aufgezählten Beispiele lassen darauf schließen, dass die Prüfungsmerkmale von Mustern auf dem Inhalt und der Struktur der in § 2 Abs. 2 FlugDaG aufgezählten Kategorien von Fluggastdaten basieren.[32] Das Gesetz enthält allerdings keine eindeutige Regelung über die Art der Erstellung der Muster. Weder wird ein bestimmter technologischer Ansatz erwähnt noch darauf eingegangen, ob die Mustererstellung, so wie der Musterabgleich, auch automatisiert erfolgen kann. Betont wird im Rahmen der Gesetzesentwurfsbegründung lediglich, dass eine gewisse Flexibilität bei der Erstellung der Muster erforderlich ist, um den ver-

---

30 *Münch* im Innenausschuss, Protokoll der 114. Sitzung vom 24.4.2017, 26; KOM(2011) 32 endg., 5 f.; SWD(2020) 104, 24.

31 So der EuGH, C-817/19, Rn. 198, der dies insbesondere aus dem in Art. 6 Abs. 4 Satz 2 der PNR-RL aufgestellten Erfordernis herleitet, wonach die im Voraus festgelegten Kriterien zielgerichtet, verhältnismäßig und bestimmt sein müssen.

32 Dies bestätigt auch der internationale Vergleich, so etwa die Angaben des Office of Privacy Commissioner of Canada, s. 2016–17 Annual Report to Parliament on the Personal Information Protection and electronic Documents Act and the Privacy Act, 59: „The Scenario Based Targeting (SBT) program uses advanced analytics to evaluate [PNR] data against a set of conditions of scenarios. Scenarios are made up of personal characteristics derived from API/PNR."

schiedenen Dynamiken im Bereich der Terrorismus- und Kriminalitätsverhütung gerecht werden zu können.[33] Somit käme bei der Mustererstellung sowohl eine automatisierte als auch eine manuelle Erstellung der Muster in Betracht.

II. Annäherung an die einschlägigen technologischen Ansätze

Technologische Vorgaben des FlugDaG beschränken sich derzeit auf die Verwendung gemeinsamer Protokolle und unterstützter Datenformate für den Datentransfer. Dadurch soll sichergestellt werden, dass die PIU in der Regel strukturierte und qualitative Datensätze erhält.[34] Die PIU nimmt Daten von Fluggesellschaften und Reiseveranstaltern täglich entgegen. Seit Beginn ihres eingeschränkten Betriebs am 29.8.2018 bis zum 19.8.2019 hatte sie insgesamt 31.617.068 Fluggastdatensätze entgegengenommen und verarbeitet.[35] Das auftragsverarbeitende BVA hat nach Schätzung des Ressorts jährlich mit bis zu 340 Millionen Datensätzen umzugehen, die die Luftfahrtunternehmen für rund 170 Millionen Passagiere anliefern.[36] Datenverarbeitungstechnologien, die im PNR-System eingesetzt werden, müssen in der Lage sein, täglich mit entsprechend großen Datenmengen produktiv umzugehen.

Bereits frühe Diskussionen zur europäischen PNR-Initiative betonen, dass ein Rechtsrahmen zur Fluggastdatenverarbeitung die Möglichkeit eröffnen muss, eine große Anzahl von kriminologischen Methoden und Technologien frei anzuwenden, um das gewünschte Ergebnis und ein hohes Maß an Sicherheit zu erreichen.[37] Entsprechend enthält weder der europäische, noch der deutsche Rechtsrahmen konkrete Informationen bezüglich bestimmter Arten von Technologien, die für die Datenverarbeitung und Datenanalyse eingesetzt werden sollen. Konkrete Aussagen über verwendete Technologien seitens nationaler oder internationaler staatlicher Stellen, die mit der Fluggastdatenverarbeitung befasst sind, finden sich bis dato auch kaum. Hypothetisch kommen zahlreiche verschiedene Variationen der technologischen Ausgestaltung des Musterabgleichs und der Mustererstellung in Betracht, sodass die konkrete Ausgestaltung ohne eine entsprechende Offenlegung seitens des Staates nicht sicher gewusst werden kann.

---

[33] BT-Drs. 18/11501, 29 f.

[34] Die EU-Kommission stellte bei der ersten Überprüfung der Umsetzung der Richtlinie dennoch die Notwendigkeit einer Zuverlässigkeits- und Qualitätssteigerung der Daten, wenn eine noch gezieltere und effizientere Verarbeitung sichergestellt werden soll, fest, SWD(2020) 104, 41 ff.

[35] BT-Drs. 19/12858, 4

[36] BT-Drs. 18/11501, 43.

[37] European Commission, High Level Conference protecting civil aviation against terrorism, Brussels 27.9.2011, Conclusions and Recommendations.

Schon an dieser Stelle zeigt sich die Auswirkung von intendiertem Nichtwissen über die technologischen Einzelheiten sicherheitsbehördlicher Maßnahmen, allerdings mit einer Folge, die nicht unmittelbarer Gegenstand der Arbeit ist, sondern sie fortlaufend mittelbar prägt, nämlich die Erschwerung von Forschung.[38] Weiterführend erweist sich hierbei eine Herangehensweise an die Analyse von Technologien wie die von *Burkhardt* vorgeschlagene und nachfolgend im Wesentlichen übernommene Perspektive der Arbeit im Spannungsfeld von Konkretheit und Abstraktion.[39] „Konkret" ist im Sinne der Arbeit mit vorhandenen Informationen des konkreten Gebrauchs- und Anwendungskontextes, „abstrakt" im Sinne der Arbeit mit Informationen über die abstrakten Funktionsweisen von Technologien zu verstehen.

Zweck der nachfolgenden Analyse ist es somit, die Logik und die grundsätzliche Funktionsweise von technologischen Ansätzen, die für die Maßnahme nach § 4 Abs. 2 Nr. 2 FlugDaG in Frage kommen, darzustellen. Dafür sind Informationen über die konkret verwendeten Technologien im Rahmen des PNR-Systems zwar hilfreich, jedoch nicht unbedingt notwendig. Die nachfolgende Auseinandersetzung mit technologischen Ansätzen nähert sich der Frage einschlägiger Technologien durch eine Art „reverse-engineering" des FlugDaG und der Gesetzesentwurfsbegründung. Denn es sind viele Maßgaben des Musterabgleichs gesetzlich normiert: so ist bspw. bekannt, dass der Musterabgleich automatisiert erfolgt, zu welchem Zweck die Maßnahme erfolgt, mit welcher Datengrundlage und Datenmenge gearbeitet wird, wie lange sie in welchem Zustand vorliegt, wie Muster abstrakt erstellt werden können, was die angestrebten Ergebnisse eines Abgleichs sind und wie damit anschließend umgegangen wird. Anhand solcher Informationen sowie der im ersten Abschnitt herausgearbeiteten Informationen über das politische und institutionelle Umfeld der Maßnahme lassen sich gewis-

---

[38] Thematisiert etwa bei *Price II/Rai*, Iowa L. Rev. 106 (2021), 775; *Seaver*, Media in Transition 8 (2013), 1–12; *Burkhardt*, in: Friedrich/Gehring/Hubig/Kaminski/Nordmann (Hrsg.), 2017, 55–67.

[39] *Burkhardt*, in: Friedrich/Gehring/Hubig/Kaminski/Nordmann (Hrsg.), 2017, 55, 64: „[…] eine Kritik der Algorithmen [muss] sich zwar einerseits an konkreten Gebrauchs- und Anwendungskontexten orientieren, [kann] andererseits aber nicht zu den genauen Algorithmen vordringen, die von gesellschaftlichem und kulturellem Interesse sind. Im Spannungsfeld von Konkretheit und Abstraktion müssen Strategien gefunden werden, um die Funktionsschemata algorithmischer Systeme theoretisch beschreiben und empirisch erforschen zu können. […] Das technische Nichtwissen, welches dieser kritischen Annäherung an algorithmische Systeme innewohnt, gilt es dabei nicht zu überwinden. Vielmehr sollte man es sich zum Ziel machen, dem Nichtwissen, in dessen Horizont algorithmische Systeme funktionieren, ein Wissen der abstrakten Funktionsschemata von Algorithmen ergänzend gegenüberzustellen."

se Hypothesen über einschlägige Technologien aufstellen und mit theoretischen Beschreibungen ihrer Funktionsweise anreichern.[40]

Im Wesentlichen können zwei Obergruppen von technologischen Ansätzen für die Mustererstellung und den automatisierten Musterabgleich unterschieden werden: theoriegeleitete und maschinell-lernende Ansätze.[41]

III. Theoriegeleitete Ansätze

Die grundlegende Annahme sowohl theoriegeleiteter als auch lernender Ansätze ist, dass bestimmte Straftaten- und Straftäterprofile bestimmten (Verdachts-) Mustern folgen.[42] Muster werden generell durch die Zusammensetzung bestimmter Merkmale, Merkmalshäufungen oder Merkmalskombinationen gebildet, die ein Tat- oder Täterprofil ausmachen.[43] Ohne die Identifizierung von Mustern bestünden diesbezüglich nur „zufällige Informationen", sodass das Ziel jeder Mustererstellung, unabhängig von der technologischen Herangehensweise, in der Generierung von anwendungsorientiertem, prognostischem Wissen gesehen werden kann.[44]

---

[40] Zu technischen Details beider Ansätze ist detailreiche Literatur aus dem IT-Bereich vorhanden, worauf nachfolgend auch verwiesen wird. Die nachfolgenden Ausführungen haben nicht den Anspruch, beide Ansätze und die ihnen zugrunde liegenden mathematischen, statistischen und informationstechnologischen Aspekte umfassend darzustellen und durchgehend in Fachsprache zu erklären. Allerdings sind einige grundlegende Erläuterungen und Fachbegriffe für das Verständnis, wie sich diese Methoden sowohl grundsätzlich als auch konkret im Kontext der Fluggastdatenverarbeitung voneinander unterscheiden, notwendig und werden nachfolgend insoweit aufgeführt.

[41] Zu dieser Unterscheidung im Kontext der Fluggastdatenverarbeitung vgl. auch *Leese*, Security Dialogue 45 (2014), 494, 503 und passim; *Hälterlein*, Big Data & Society 8 (2021), 1, 7; *Wischmeyer*, in: Kulick/Goldhammer (Hrsg.), 2020, 193, 196 f.; *Knobloch*, 2018, 8 f. und 17 ff. Zur selbigen Unterscheidung in einem anderen Kontext *L. Neumann*, 2016 – Stellungnahme des CCC zum Gesetzesentwurf zur Modernisierung des Besteuerungsverfahrens, 5 ff. In der Sache ähnlich auch *Hildebrandt*, 2016, 23 f. Darüber hinaus finden sich verschiedene Bezeichnungen der beiden technologischen Ansätze, darunter: „regelbasiert"/„expertenbasiert" und „datengetrieben"/„intelligent", sowie „traditionelle/herkömmliche Algorithmen/Programmierung" und „selbstlernende Algorithmen/Programmierung".

[42] Vgl. *Knobloch*, 2018, 16; *Hälterlein*, Big Data & Society 8 (2021), 1, 7; Kleine Anfrage der FDP-Fraktion, BT-Drs. 19/1513, 1; *Kaufmann/Egbert/Leese*, The British Journal of Criminology 59 (2019), 674, 676: „The assumption, that criminal behaviour shows forms of regularity over time, and that these patterns can be identified and used for predictive analytics, is a universal driver for the development of policing software."

[43] Vgl. *Clages/Zeitner*, ³2016, 37.

[44] *Kaufmann/Egbert/Leese*, The British Journal of Criminology 59 (2019), 674, 683.

1. Mustererstellung

Theoriegeleitete Ansätze zur Mustererstellung sind ursachenorientiert: Sie bauen auf Kausalitätsannahmen[45] zwischen Tat- bzw. Tätermerkmalen und Straftaten auf[46] und sind dabei nicht darauf beschränkt, Ursachen lediglich additiv zu benennen, sondern können miteinbeziehen, wie einzelne Ursachen ineinandergreifen, um zu einem Ereignis beizutragen. Dadurch wird auf den ersten Blick schwer verständlichen Phänomenen eine Struktur und eine innere Logik zugewiesen, die das ihnen zugrunde liegende Verhalten als einigermaßen logische Folge von Ursachen und Handlungen erscheinen lässt.[47]

Ausgangspunkt theoriegeleiteter Ansätze zur Mustererstellung sind kriminologische Theorien.[48] Eine „kriminologische Theorie" wird nachfolgend als der Versuch verstanden, konkrete kriminologische Phänomene auf ihre Gemeinsamkeiten hin zu systematisieren und auf dieser Basis allgemeine Aussagen über die ihnen zugrunde liegende Logik, Struktur oder Verhaltensweisen zu gewinnen.[49]

---

[45] Kausalität wird in dem Kontext nicht als eine zwingende Kausalverbindung zwischen Ursache und Ereignis verstanden, so wie der Begriff in den Naturwissenschaften bekannt ist, vgl. die Ausführungen von *Goldhammer*, 2021, 145, über Kausalität im (Gefahrenabwehr-) Recht: „Kausalität ist daher ungeachtet ihrer Nähe zur exakten Wissenschaft ein normativer Begriff und von konventionalisierten gesellschaftlichen Vorstellungen durchdrungen". Zu Kausalität bei kriminologischen Theorien, *G. Kaiser/Schöch/Kinzig*, [8]2015, 4: „Keine der bekannten kriminologischen Theorien ist bisher ernsthaft als deterministische Aussage im streng kausalgesetzlichen Sinne verstanden oder gar bestätigt worden. Soweit sie überhaupt in die Form empirisch prüfbarer Hypothesen gebracht wurden, handelt es sich lediglich um statistische oder probabilistische Aussagen." Vorliegend wird daher ein eingeschränkter Kausalitätsbegriff verwendet, der für eine beobachtete Regelmäßigkeit zwischen bestimmten Merkmalen und bestimmten Straftaten i. S. v. plausiblen Ursache-Wirkungs-Zusammenhängen steht, vgl. dazu auch *Rademacher*, AöR 142 (2017), 366, 375. Kausalität meint hier also die Annahme, dass bestimmte Ursachen das Auftreten eines Ereignisses *wahrscheinlicher* machen und wird insofern ähnlich probabilistischer Kausalität verstanden, vgl. dazu *Hüttemann*, [2]2018, 87–97. Bei der Analyse der Ursachen menschlichen Verhaltens, ist die Arbeit mit strengeren Kausalitätsbegriffen schwer, vgl. dazu m. w. N. *Selbst/Barocas*, Fordham L. Rev. 2018, 1085, 1098.

[46] *Baur*, ZIS 15 (2020), 275, 284; *Kaufmann/Egbert/Leese*, The British Journal of Criminology 59 (2019), 674, 682.

[47] *Christe-Zeyse*, Die Polizei 2005, 135, 137.

[48] So auch *Wischmeyer*, in: Kulick/Goldhammer (Hrsg.), 2020, 193, 196; *Hälterlein*, Big Data & Society 8 (2021), 1, 3. Für Beispiele einzelner Theorien, die theoriegeleitetem predictive policing zugrunde gelegt werden, s. ebd., 3 ff., wo „rational choice", „routine activities, „near repeat", „risk terrain modelling" und weitere Ansätze der „environmental criminology", sowie „theories about the spread of infectious diseases and seismic activities", dargestellt sind.

[49] Dieses Verständnis von kriminologischen Theorien ist an die Ausführungen bei *Christe-Zeyse*, Die Polizei 2005, 135, 137 ff. angelehnt. Vgl. auch *Hälterlein*, Big Data & Society 8 (2021), 1, 7: „This approach can be referred to as theory-driven because the hypothesis and hence the model is informed by subject-matter theories".

Im Kontext theoriegeleiteter Mustererstellung können einzelne kriminologische Theorien daher auch als eigenständige Muster verstanden werden, soweit ihre Annahmen entsprechend modelliert werden. Kriminologische Theorien könnten theoretisch fundiert sein oder durch die praktische Auseinandersetzung mit Einzelfällen gewonnen werden.[50] Im besten Fall werden für eine theoriegeleitete Mustererstellung – unbeschadet der Bezeichnung als *theorie*geleitet – beide Herangehensweisen, trotz der damit verbundenen Schwierigkeiten,[51] kombiniert.[52] Kriminalitätsbezogene theoretische Annahmen generieren die Kriminalwissenschaften[53] und insbesondere die Kriminologie[54]. Theoretische Durchbrüche sind selbst in dem – lange Zeit als „undertheorized" bezeichneten – Bereich der kriminologischen Forschung zum Terrorismus zu verzeichnen.[55] Zunehmend wird jedoch auf die mangelnde Praxisrelevanz der kriminologischen Grundlagenforschung bei der Generierung von für die Umsetzung konkreter sicherheitsbehördlicher Maßnahmen produktivem Wissen aufmerksam gemacht und stattdessen auf die wachsende praktische Bedeutung außeruniversitärer, und insbesondere

---

[50] So *Baur*, ZIS 15 (2020), 275, 283: „Kriminalprävention in ihrem klassischen Sinne […] baut auf theoretischen und im besten Fall empirisch geprüften Entstehungsannahmen auf". Vgl. auch *Kaufmann/Egbert/Leese*, The British Journal of Criminology 59 (2019), 674, die diesbezüglich von „empirical experience" und „theory" sprechen. Konkret im Kontext der Fluggastdatenverarbeitung spricht *Leese*, Security Dialogue 45 (2014), 494, 498, mit Blick auf theoriegeleitete Ansätze allein von „expert knowledge" und „professional expertise".

[51] Siehe dazu *Pollich*, in: Hermann/Pöge (Hrsg.), 2018, 127, 128 ff., die Wissenschaft und polizeiliche Praxis als zwei Systeme beschreibt, die grundsätzlich unterschiedlichen Motiven für Wissenserzeugung folgen, demzufolge der Wissensaustausch erschwert wird. Bekannt und diskutiert sind solche Schwierigkeiten auch innerhalb des BKA, vgl. *Gatzke*, Kriminalistisch-kriminologische Forschung im Spannungsfeld von polizeilicher Praxis, kriminalpolitischen Erwartungen und wissenschaftlicher Freiheit, 60 Jahre KI – Forschung für die Innere Sicherheit, BKA.

[52] So auch *Hälterlein*, Big Data & Society 8 (2021), 1, 5, spezifisch zu risk terrain modelling: „risk factors need to be identified through a meta-analysis of empirical studies, literature review, professional experience and practitioner knowledge". *Seidensticker/Bode*, der kriminalist 2018, 22 f., spezifisch zu raumzeitlichen Kriminalitätsprognosen: „Die Prüfung der Methodik erfolgte im Rahmen eines hypothesengestützten Vorgehens, sodass auf der Grundlage theoretischer Überlegungen, empirischer Ergebnisse aus der Forschung und polizeilichem Expertenwissen zunächst wissenschaftlich-theoriegeleitete Hypothesen […] erstellt wurden."

[53] Zum System der Kriminalwissenschaften überblicksartig *Neuhaus*, in: Müller/Schlothauer/Knauer (Hrsg.), ^{3}2022, § 61, Rn. 4.

[54] Dabei dürften insbesondere die Teilgebiete der Tätertypologie, Kriminalstatistik und Kriminalprognose eine wichtige Rolle für theoriegeleitete Ansätze zur Mustererstellung spielen, s. dazu *Clages/Zeitner*, ^{3}2016, 37 ff.

[55] S. die Beiträge in *LaFree/Freilich*, The handbook of the criminology of terrorism, 2017. Zum Stand der theoretischen Forschung über Terrorismus s. *LaFree/Freilich*, in: LaFree/Freilich (Hrsg.), 2017, 3, 6.

behördlicher Forschungsstellen hingewiesen.[56] Bei der Erstellung von Mustern für die Arbeit der PIU ist diesbezüglich insbesondere an die Forschungsstellen des BKA zu denken. Naheliegend erscheint deshalb, dass theoretische Annahmen im Kontext der Mustererstellung primär im Rahmen der Forschungsstellen der Sicherheitsbehörden generiert und transformiert werden,[57] denn die dort stattfindenden Wissensgenerierungspraktiken sind stark an Praxisnähe und Anwendungsbezug hinsichtlich des sicherheitsbehördlichen Bedarfs und Nutzens ausgerichtet.[58] Praktische Expertise als weitere Wissensgrundlage für theoriegeleitete Mustererstellungsansätze, verstanden hier primär als professionelles Erfahrungswissen,[59] ist ebenfalls vorwiegend innerhalb der Sicherheitsbehörden zu finden.[60]

Auf dem Gebiet der Verhütung von Terrorismus und schwerer Kriminalität erscheint polizeiliches Alltags- bzw. Allgemeinwissen angesichts der Komplexität und Dynamik der Materie weniger einschlägig für eine Mustererstellung.[61] Beispielsweise wäre für eine Mustererstellung im Bereich der Wirtschaftskriminalität (§ 4 Abs. 1 Nr. 6 FlugDaG i. V. m. Anhang II zur EU-RL 2016/681, Nr. 6, 7, 8, 17, 18, 26) Expertenwissen in den Bereichen Finanzen, Organisation, Management, Psychologie, Recht, Kommunikation und Soziologie notwendig.[62] Die institutionellen Regelungsstrukturen der Fluggastdatenverarbeitung nehmen darauf Rücksicht, indem sie das Entsenden von Experten aus den Zollbehörden in die PIU gewährleisten, was bspw. eine Zusammenarbeit zwischen der multi-

[56] *Pollich*, in: Hermann/Pöge (Hrsg.), 2018, 127, 134 ff. m. w. N.; *Gatzke*, Kriminalistisch-kriminologische Forschung im Spannungsfeld von polizeilicher Praxis, kriminalpolitischen Erwartungen und wissenschaftlicher Freiheit, 60 Jahre KI – Forschung für die Innere Sicherheit, BKA.

[57] Zur wissenschaftlichen Expertise des BKA als PIU s. oben B.II.2.

[58] *Pollich*, in: Hermann/Pöge (Hrsg.), 2018, 127, 136, m. w. N., mit dem Hinweis, dass solches Wissen sich deshalb gelegentlich dem – angesichts der Transformationsfunktion behördlicher Forschungsstellen bzgl. auch universitärer Forschung pauschal kaum zu begründenden – Vorwurf ausgesetzt sieht, eine mangelnde Distanz zu staatlichen Einrichtungen bzw. zur Politik aufzuweisen.

[59] So auch *Schützeichel*, in: Schützeichel (Hrsg.), 2007, 546, 561.

[60] *Rusteberg*, in: Münkler (Hrsg.), 2019, 233, 248. Allg. zur Entdeckung von Mustern während der polizeilichen Praxis siehe *Asmus*, in: Liebl (Hrsg.), 2004, 209, 218: „Der Beamte entdeckt z. B. nicht das einzelne Merkmal oder die vielen Merkmale des Verhaltens einer Person, sondern er entdeckt das generative Muster, welches typische Handlungsabfolgen zeitigt. Er wird durch die Erfahrungen mit den Fällen und die nachträgliche theoretische Interpretation von vielen erlebten typischen Fällen kumulativ an sozialer Kompetenz gewinnen, die Fälle zu entdecken, die einem bestimmten Typus entsprechen." Zur praktischen Expertise innerhalb des BKA als PIU s. oben B.II.2.

[61] Vgl. *Rusteberg*, in: Münkler (Hrsg.), 2019, 233, 248 f.

[62] *Filstad/Gottschalk*, in: Örtenblad (Hrsg.), 2014, 69, 80.

disziplinär besetzten FIU[63] und der PIU bei der Mustererstellung ermögliche. Die Regelungsstrukturen legen also die Annahme nahe, dass theoriegeleitete Ansätze zur Mustererstellung zwar auf einem flexiblen Zusammenspiel von verschiedenen Wissensgrundlagen aufbauen würden. Unbeschadet der theoretischen oder praktischen Fundierung stünde aber jedenfalls die bereichsspezifische Expertise und nicht die alltägliche praktische Erfahrung innerhalb der Sicherheitsbehörden im Vordergrund. So gesehen können Muster, die auf theoriegeleiteten Erstellungsansätzen basieren, als ein Sortiment ausgewählter und strukturierter kollektiver Erfahrung der Sicherheitsbehörden betrachtet werden.[64] Angesichts der Falsifizierbarkeit und Wiederlegbarkeit ihrer zugrunde liegenden Wissensquellen müssen Muster allerdings als eine Wissensbasis begriffen werden, die konstanten Revisions- und Anpassungsprozessen unterliegt. Das Ergebnis einer theoriegeleiteten Mustererstellung sind also stets vorläufige, menschlich erdachte, theoretisch und/oder praktisch fundierte Muster.

Das FlugDaG eröffnet die Möglichkeit der Verwertung solcher Ansätze, indem es in § 4 Abs. 3 Satz 4 FlugDaG normiert, dass den Sicherheitsbehörden vorliegende Tatsachen zu bestimmten Straftaten bei der Erstellung der verdachtsbegründenden Prüfungsmerkmale von Mustern miteinfließen. Laut der Gesetzesentwurfsbegründung soll bei dieser Art der Mustererstellung die kriminalistische Erfahrung der Sicherheitsbehörden objektiviert und auf eine breitere Basis von Erkenntnissen gestellt werden.[65] Dies lässt zunächst einen stärkeren Akzent auf praktisches als auf theoretisches Wissen bei der Mustererstellung vermuten. Jedoch können die den Sicherheitsbehörden vorliegenden Tatsachen und kriminalistischen Erfahrungen auch eine nicht zu überblickende Vielfalt und Widersprüchlichkeit aufweisen, deren strukturierte Wahrnehmung zwecks Fokussierung auf die relevanten Tatsachen und Erfahrungen erst mithilfe theoretisch fundierter Annahmen möglich wird.[66] Nach § 4 Abs. 4 FlugDaG können auch Fluggastdaten analysiert werden, um Muster für den Datenabgleich mit Fluggastdaten zu erstellen oder zu aktualisieren. Die Analyse von Fluggastdaten ist

---

[63] S. dazu oben bei B.5.b).

[64] So bei Handlungsmustern und Erfahrungswissen der handarbeitenden Polizei, vgl. *Rusteberg*, in: Münkler (Hrsg.), 2019, 233, 250 m.w.N. Ähnlich auch *Rich*, U. Pa. L. Rev. 164 (2016), 871, 903: „Taken in their best light, profiles consolidate and perpetuate the experience of numerous officers".

[65] BT-Drs. 18/11501, 29.

[66] Vgl. auch *Christe-Zeyse*, Die Polizei 2005, 135, 140 f. Auch der internationale Vergleich zur Mustererstellung bestätigt, dass Muster nicht allein auf praktischem Wissen basieren, s. U.S. Department of Homeland Security, Privacy Impact Assessment Update, DHS/CPB/PIA-006(e) Automated Targeting System, 2017, 1: „The Patterns are based on […] Officer experience, trend analysis of suspicious activity, law enforcement cases, and raw intelligence."

insbesondere als Ergänzung und Korrektiv bereits erstellter Muster konzipiert.[67] Dadurch können Prüfungsmerkmale, die auf Basis der bisherigen Erkenntnisse der deutschen Sicherheitsbehörden zustande gekommen sind, bestätigt oder widerlegt werden, woraufhin neue Prüfungsmerkmale festgelegt und neue Muster erstellt werden können.[68] Angesichts der Menge an Fluggastdaten, die täglich an die PIU übermittelt werden, sowie der personellen Ressourcen der verarbeitenden Behörde[69] erscheint eine – vom Einzelfall abgelöste – manuelle Analyse von Fluggastdaten zum Zwecke der Musteraktualisierung und Mustererstellung eher fernliegend. Naheliegender ist, dass eine solche Analyse mittels automatisierter Datenanalysetechnologien durchgeführt wird. Dabei würden sich am ehesten solche anbieten, die in der Lage sind, entsprechend große und komplexe Datenmengen produktiv auszuwerten, wie die im nächsten Abschnitt (IV.) dargestellten maschinellen Lernmethoden.[70]

2. *Musterabgleich*

Die theoriegeleitete Mustererstellung macht an sich noch keinen „technologischen" Ansatz aus. Es handelt sich dabei um die expertenbasierte Erstellung der Wissensgrundlage für den Musterabgleich, die erst im nächsten Schritt technologisch automatisiert wird. Nachdem die Prüfungsmerkmale der Muster erstellt sind, werden sie zum Zwecke des automatisierten Abgleichs codiert.[71] Der theo-

[67] BT-Drs. 18/11501, 30.

[68] Ebd.

[69] Bei dem für die technische Zusammenführung der Datenlieferungen und Weiterleitung an die PIU sowie für die technische Entwicklung und Weiterentwicklung des PNR-Systems verantwortlichen BVA waren zum 17.4.2019 insgesamt 124,5 von den 256 vorgesehenen Stellen für den Aufbau und Betrieb des PNR-Systems besetzt. Zugang zu den gespeicherten Fluggastdaten haben 41 Mitarbeiter, BT-Drs. 19/9536, 2 u. 4.

[70] Automatisierte Datenauswertung ist auch mit statistischen Methoden möglich, die nicht dem Bereich des maschinellen Lernens zugeordnet werden. Solche Methoden sind beispielsweise in der Lage, den Mittelwert eines großen Datensatzes, die Varianz (die Streuung um den Mittelwert), oder auch die Korrelation zwischen verschiedenen Werten zu berechnen. Dies sind allerdings häufig sehr schwache Indikatoren in großen und komplexen Datenmengen. Für solche Auswertungen ist zudem keine große Auswertungsdatenmenge notwendig, da eine statistische Auswertung sich nicht beliebig mit der Größe der Datenmenge verbessert.

[71] Die klassische Vorgehensweise bei einem theoriegeleiteten Musterabgleich ist die Repräsentation einzelner Muster als Vektoren mit bestimmten Zahlenwerten, welche die Ausprägung der Prüfungsmerkmale repräsentieren. Dabei bestimmt die Anzahl der Prüfungsmerkmale die Anzahl der Dimensionen des vektoriellen Raums. Auf dieser Basis kann eine Ähnlichkeit einzelner Muster zu Fluggastdatensätzen einzelner Fluggäste berechnet werden, indem die zwei strukturierten Datensätze gegenübergestellt werden. Das Ergebnis eines Abgleichs ist ein Maß für die Ähnlichkeit der Muster zu dem Fluggastdatensatz und somit ein numerischer Wert. Ausgehend von diesem Wert, der einen vorbestimmten Schwellenwert entweder über- oder

riegeleitete automatisierte Abgleich funktioniert anhand einer Software, deren Verarbeitungsregeln bei jedem Schritt abschließend menschlich festgelegt sind.[72] Sowohl die möglichen Eingaben und Ausgaben eines Abgleichs als auch die entsprechend vorzunehmenden Schritte der Überführung eines Inputs in einen Output sind in Form von Wenn-Dann-Regeln abschließend vordefiniert. Ein solcher Ansatz ermöglicht einen breit gestreuten, gleichmäßigen und beschleunigten Abgleich von Fluggastdaten mit Mustern, die auf bereits vorhandenem kriminologischem Wissen aufbauen. Dabei erlaubt der Abgleich mit Mustern nur so gute Vorhersagen, wie das seinen Mustern zugrunde liegende Wissen und seine programmtechnische Umsetzung dies erlauben.[73] Prüfungsmaßstab der Leistungsfähigkeit des sodann entstandenen Abgleichmodells ist die zuverlässige Reproduktion bekannter Ergebnisse.[74] Im Fall von § 4 Abs. 2 Nr. 2 FlugDaG könnte dies getestet werden, indem ein Abgleich mit Fluggastdaten von bereits als verdächtig und unverdächtig bekannten Personen durchgeführt wird. Je nach Ergebnis wären die Prüfungsmerkmale der Muster manuell nachzujustieren und das Modell neu zu testen, bis es anschließend validiert werden kann.

Da die Verarbeitungsgrundlage des Abgleichmodels menschlich entworfen ist, sind auch die möglichen Ablaufschritte von Datenabgleichen im Vorfeld bekannt. Die Funktionsweise eines theoriegeleiteten Abgleichmodells ist mithin genau vorhersehbar und erklärbar. Auch die einzelnen Gründe für die Erzeugung eines bestimmten Abgleichergebnisses können nachträglich nachvollzogen werden. Das liegt daran, dass die Motive hinter der Erstellung der dem Abgleich zugrunde liegenden Muster begründet werden können und mithin gewusst werden kann, warum ein Muster aus bestimmten Prüfungsmerkmalen in einer bestimmten Art zusammengestellt wurde.[75]

---

unterschreitet, wird eine Verdächtigkeit oder Unverdächtigkeit des Fluggastdatensatzes ausgegeben.

[72] Zu solcher „standard software" und deren Abgrenzung zu maschinellem Lernen vgl. auch *Price II/Rai*, Iowa L. Rev. 106 (2021), 775, 777.

[73] Vgl. *Hildebrandt*, 2016, 23.

[74] *Knobloch*, 2018, 8, Abb. 1; *L. Neumann*, 2016, 5.

[75] Eine Begründung kann auch lediglich die Aussage beinhalten, dass keine theoretisch oder praktisch belegten Annahmen bei einer Mustererstellung eine Rolle gespielt haben, sondern polizeiliche Intuition, bzw. ein Bauchgefühl. Allerdings dürfte sich Intuition in dem vom FlugDaG adressierten Bereich der Straftatenverhütung – anders als bei der Arbeit der sog. „handarbeitenden" Polizei – schwer als eine besonders plausible Wissensquelle durchsetzen können, dazu ausführlich unter E.II.1.c). Zur Rolle der Intuition bei der „handarbeitenden" Polizei s. *Rusteberg*, in: Münkler (Hrsg.), 2019, 233, 253 u. 260 mit dem Hinweis, dass „intuitive Entscheidungen, die auf der Grundlage von ggf. auch implizitem Erfahrungswissen gefällt werden, keineswegs per se als irrational anzusehen sind."

IV. Ansätze des maschinellen Lernens

Die andere Möglichkeit der technologischen Umsetzung des Vorhabens im FlugDaG, ist die Mustererstellung und Abgleichdurchführung mittels lernender[76] Ansätze. Maschinelles Lernen – ein Teilgebiet der Informatik mit starker Fundierung in der mathematischen Statistik – ist der Sammelbegriff für eine Vielzahl[77] von Verfahren zur algorithmischen Verarbeitung von Daten, bspw. zum Zwecke der Klassifikation. Im Gegensatz zu herkömmlichen (theoriegeleiteten) Ansätzen zur automatisierten Datenverarbeitung sind maschinelle Lernverfahren weniger an konkrete Regeln hinsichtlich der Einzelheiten der Verarbeitung von Daten gebunden. Stattdessen werden Algorithmen mit einem gewissen Spielraum erstellt und anschließend codiert, sodass sie auf verschiedenen Wegen eigenständig Regeln für eine Datenverarbeitung automatisiert generieren und diese auch eigenständig laufend anpassen können. Dies ist es, was als „lernen" bezeichnet wird. Dadurch ermöglicht maschinelles Lernen neue, mehr oder weniger automationsgestützte Herangehensweisen an die Generierung von Informationen und Wissen aus Daten. Dabei handelt es sich um Wissen mit unterschiedlicher Qualität und unterschiedlichem Neuigkeitswert.[78]

Wissensgenerierung anhand maschinellen Lernens findet statt, indem generalisierbare Strukturen wie bestimmte Muster und Zusammenhänge innerhalb von, in der Regel, großen Datenbeständen entdeckt werden. Auch für sich genommen können solche Strukturen zur Generierung neuen Wissens auf einem bestimmten Gebiet beitragen. Werden sie zur Beschreibung anderer Daten verwendet, entsteht zudem noch Wissen über diese Daten. Weiterhin können lernende Ansätze eine bereits bestehende Wissensgrundlage für Entscheidungen verändern, indem sie die ihr zugrunde liegende Informationsgrundlage optimieren.[79] Die Funktionsweise der Technologie baut auf einer der Grundideen der Statistik auf, nämlich dass von konkreten Beobachtungen generalisierbare Beschreibungen abgeleitet werden können.[80] Dementsprechend bauen viele maschinelle Lernverfahren auf statistischen Modellen auf.[81] Im Unterschied zur Statistik, welche ihren Ursprung

---

76 Teilweise findet sich auch die Bezeichnung „selbstlernend". Krit. zu dieser Wortwahl, *Martini*, 2019, 20.

77 Mittlerweile dürften bereits mehr als hundert verschiedene maschinelle Lernalgorithmen existieren, *P. Hahn*, HaMiPla 51 (2019), 62, 65.

78 *Broemel/Trute*, BDI 27 (2016), 50, 53.

79 Ebd.

80 *Alpaydin*, 2021, 32. Dieser Ansatz wird Induktion, induktive Logik oder induktives Schließen genannt, vgl. *Russell/Norvig*, ^{4}2022, 670.

81 Die Quintessenz der Debatte über den Unterschied zwischen maschinellem Lernen und Statistik ist, dass Statistik zur Datenbeschreibung und zum reproduzierbaren Schlussfolgern über Daten eingesetzt wird (inference), während maschinelles Lernen für generalisierbare Vor-

in der Mathematik findet, ist maschinelles Lernen im Rahmen des Forschungsfeldes der künstlichen Intelligenz entstanden, ein Feld das sich mit der Entwicklung intelligenter technischer Systeme beschäftigt.[82] Erhebliche Schnittstellen bestehen somit auch zwischen den Feldern des maschinellen Lernens und der künstlichen Intelligenz.[83] Maschinelles Lernen beschäftigt sich jedoch ausschließlich mit der Entwicklung lernfähiger technischer Systeme.[84]

---

hersagen anhand von Daten eingesetzt wird (prediction), vgl. *Dunson*, Statistics & Probability Letters 136 (2018), 4 f.; *Bzdok/Altman/Krzywinski*, Nature Methods 15 (2018), 233; *Schutt/O'Neil*, 2014, 52 f.; *Stewart*, The Actual Diffenrence Between Statistics and Machine Learning, https://perma.cc/SF44-D7L4; *Coglianese/Lehr*, Penn Law: Legal Scholarship Repository 2017, 1147, 1156; *Agrawal/Gans/Goldfarb*, 2018, 40 f.; *Wysotzki*, at – Automatisierungstechnik 45 (1997), 526, 526 beschreibt maschinelles Lernen als eine Weiterentwicklung klassischer statistischer Entscheidungs- und Klassifizierungsmethoden, arbeitet aber gleichwohl dieselben Unterschiede heraus. Somit lässt sich festhalten, dass maschinelles Lernen und Statistik zwar methodisch verwandt sind, jedoch verschiedene Schwerpunkte bei der Analyse von Daten legen und sich auch in den Zielen der ihnen zugrunde liegenden analytischen Ansätze unterscheiden können.

82 Siehe zu den verschiedenen Perspektiven auf Intelligenz und den unterschiedlichen Definitionen von künstlicher Intelligenz, *Russell/Norvig*, 4 2022, 21 ff.; *Ertel*, 5 2021, 1 ff.

83 Der Unterschied zwischen künstlicher Intelligenz und maschinellem Lernen wird viel diskutiert. Im Wesentlichen gibt es drei Haltungen dazu: Größtenteils wird maschinelles Lernen als eine Teildisziplin von künstlicher Intelligenz angesehen, s. etwa *Ertel*, 5 2021, 201; *Gausling*, in: Taeger (Hrsg.), 2018, 523. Teilweise wird erwogen, dass maschinelles Lernen zwar zur Entwicklung von künstlicher Intelligenz beiträgt, jedoch auch Ansätze inkorporiert, die nicht dem Forschungsfeld der künstlichen Intelligenz unterfallen und sich somit mittlerweile zu einem eigenständigen und umfangreicheren Forschungsfeld als künstliche Intelligenz entwickelt hat, s. etwa *Dunson*, Statistics & Probability Letters 136 (2018), 4; *Plasek*, IEEE Annals Hist. Comput. 38 (2016), 6; *Raschka*, https://perma.cc/HR99-54KN. In die Richtung auch *Alpaydin*, 3 2022, 15, demzufolge maschinelles Lernen „mit dem Gebiet der künstlichen Intelligenz verwandt [ist], da ein intelligentes System in der Lage sein sollte, sich an Veränderungen seiner Umwelt anzupassen." Schließlich werden die Begriffe manchmal auch für Synonyme gehalten, s. etwa *Dullien*, DuD 42 (2018), 618 ff. Die letzte Haltung überzeugt nicht, da maschinelles Lernen eine, aber nicht die einzige Möglichkeit ist, künstliche Intelligenz zu entwickeln, und zudem auch in Feldern zum Einsatz kommt, die andere Ziele als das Feld der künstlichen Intelligenz verfolgen. Hinsichtlich der ersten zwei Haltungen bleibt diese Arbeit, mangels Auswirkung der Diskussion auf den Inhalt der folgenden Darstellung, ähnlich wie *Agrawal/Gans/Goldfarb*, 2018, 41 – agnostisch.

84 Gelungen ist die Abgrenzung zwischen maschinellem Lernen, künstlicher Intelligenz, sowie weiteren verwandten Begriffen wie „data mining", „knowledge discovery in databases" und „big data" auch bei *Rich*, U. Pa. L. Rev. 164 (2016), 871, 880, m. w. N., der zu diesem Zweck wie folgt definiert: „‚machine learning' refers to the study of algorithms that analyze data in order to help computer systems become more accurate over time when completing a task."

1. Lernende Algorithmen

Algorithmen sind ein Kernstück der Informatik und werden auch als Technologien bezeichnet.[85] Ein Algorithmus wird überwiegend als eine Folge von Rechenschritten – oder Regeln – verstanden, die eine (zulässige) Eingabe in eine (eindeutige) Ausgabe transformiert.[86] Lernende Algorithmen sind eine bestimmte Klasse von Algorithmen, bei denen die Rechenschritte für die Transformation von Eingaben in Ausgaben im Vorfeld nicht abschließend festgelegt sind, sondern im Rahmen von maschinellen Lernverfahren ausgestaltet werden. Je nach Art des Algorithmus können die gewünschten Ausgaben im Voraus bezeichnet werden, zum Beispiel als (Output-)Kategorien, in die ein Algorithmus Inputdaten einzuteilen hat, oder es kann als Ziel der Verarbeitung allein vorgegeben worden sein, dass der algorithmische Output die Struktur der Inputdaten repräsentieren muss (bspw. anhand von Ballungen oder Clustern). Während des Lernverfahrens ist ein Algorithmus in der Lage, die genauen Regeln für die Umwandlung von Eingaben in Ausgaben selbst festzulegen und gegebenenfalls auch zu optimieren.[87]

Für einen entscheidungsunterstützenden Einsatz von Lernalgorithmen zu den Zwecken des FlugDaG kann sich eine Vielzahl von Algorithmen eignen.[88] Ein solcher Einsatz könnte auch von den Vorteilen verschiedener Modelle Gebrauch machen und diese komplementär zueinander kombinieren, um möglichst genaue Ergebnisse zu erzeugen. Solche Lernmodelle werden als „Ensemble-Modelle“ bezeichnet.[89]

---

[85] Vgl. *Cormen/Leiserson/Rivest/Stein*, ⁴2013, 13. Zwar sind Algorithmen nicht nur technologische Verfahren, sondern generell Entscheidungsregeln des Alltages, vgl. *Treusch*, CON 28 (2016), 533. Nachfolgend wird jedoch nur die technologische Implementierung von Algorithmen thematisiert.

[86] Vgl. *Cormen/Leiserson/Rivest/Stein*, ⁴2013, 5; *Alpaydin*, 2021, 16. Häufig wird ein Algorithmus auch ein Modell genannt. *Schutt/O'Neil*, 2014, 56, erkennen diese auswechselbare Begriffsverwendung an, weisen jedoch auf die unterschiedlichen Definitionen hin: „an algorithm is a set of rules or steps to follow to accomplish some task, and a model is an attempt to describe or capture the world“. So auch *Barocas/Selbst*, CLR 104 (2016), 671, 677 „The accumulated set of discovered relationships is commonly called a ‚model‘“.

[87] Vgl. *Coglianese/Lehr*, Penn Law: Legal Scholarship Repository 2017, 1147, 1156.

[88] Bspw. demonstrieren *Zheng/Sheng/Sun/S.-Y. Chen*, IEEE Trans Neural Netw Learn Syst 28 (2017), 2911 ff. in diesem Kontext eine deep Bolzman machine, die bei der Konstruktion eines tiefen neuronalen Netzes verwendet wird. *Domingues/Buonora/Senesi/Thonnard*, 2016, IEEE/IFIP Conference, 54, 55 diskutieren verschiedene Algorithmen zur Erkennung von Betrug anhand Fluggastdaten, darunter Gaussian Mixture models, Hidden Markov models und Density-Clustering.

[89] *Džeroski/Panov/Ženko*, in: Meyers (Hrsg.), 2009, 5317 ff.

2. *Maschinelle Lernverfahren*

Das Lernverfahren ist das Verfahren, in dem ein Algorithmus die Schritte für die Erledigung einer zuvor spezifizierten Aufgabe lernt. Dabei werden einem Algorithmus Informationen über die zu lösende Aufgabenstellung (Lernregeln) zugeführt, bspw. eine Anzahl von Klassen oder Clustern, in welche die Daten eingeteilt werden müssen. Anschließend werden dem Algorithmus Daten zugeführt.

Ist die Lösung (Label) einer Lernaufgabe im Rahmen der Daten (dann: Trainingsdaten) enthalten, handelt es sich um *überwachtes Lernen*. Der Algorithmus analysiert Daten und Lösung (Ein-/Ausgabe bzw. In-/Output Paare) und lernt eine mathematische Funktion, die das Verhältnis dazwischen in Form von Rechenschritten für die Transformation von Eingaben in Ausgaben abbildet.[90] Dabei handelt es sich um eine Hypothese, die geeignet sein muss, die richtigen Ausgaben auch für Eingaben zu finden, die über die Trainingsbeispiele hinaus gehen. Die Hypothese muss also generalisierbar sein.[91] Sobald ein Algorithmus dies kann, was anhand von Validierungs- und anschließend Testdaten überprüft wird, ist das Lernverfahren beendet.[92] Algorithmen, die mittels überwachten Lernens trainiert wurden, eignen sich unter anderem für Aufgaben, bei denen die Eingabedaten in eine endliche Anzahl von im Vorfeld festgelegten Kategorien einzuordnen sind (Klassifikationsaufgaben). Ein Modell, welches mit Daten über das Flugverhalten und ggf. die weiteren Verhaltensdaten von Flugpassagieren, darunter Straftäter und Nichttäter, trainiert wurde, könnte Flugpassagieren, bei denen die Strafanfälligkeit noch nicht bekannt ist, einen numerischen Wert zuordnen. Sobald dieser Wert einen vordefinierten Schwellenwert überschreitet, wäre der Passagier in einer von zwei Kategorien zu klassifizieren: „wird Straftaten möglicherweise begehen" und „wird keine Straftaten begehen".[93]

---

90 *Russell/Norvig*, ^{4}2022, 671.

91 *Russell/Norvig*, ^{4}2022, 671 f.

92 Ist ein Lernmodell fertig entwickelt, bzw. ist die algorithmische Lernphase beendet, spricht man in der Informatik von einer Terminiertheit bzw. Terminierung. Ein Algorithmus terminiert, wenn er für jede Eingabe nach endlich vielen Arbeitsschritten und in endlicher Zeit zu einer Ausgabe kommt.

93 Ein solches Modell, trainiert und getestet mit einem Dataset von über 12000 Passagieren von Air China, entwickeln *Zheng/Sheng/Sun/S.-Y. Chen*, IEEE Trans Neural Netw Learn Syst 28 (2017), 2911, 2917. Klassifikationsmodelle können auch in mehr als zwei Kategorien klassifizieren. In der USA wurde die Entwicklung eines solchen Modells durch die IRS in Auftrag gegeben s. *J. Martin/Stephenson*, in: IRS (Hrsg.), 2006, 141 ff. Dabei wurde ein Entscheidungsbaumalgorithmus zunächst mithilfe von anderen Entscheidungsbaumalgorithmen konstruiert, welche größere Datensets analysiert und die wichtigsten Merkmale, auf die bei der Vorhersage abzustellen ist, extrahiert hatten. Dadurch wurde die Basis für die Konstruktion eines neuen Entscheidungsbaums geschaffen, dessen Struktur nunmehr durch diese Merkmale bestimmt war. Das Modell klassifizierte die Zahlungsfähigkeit von Steuerpflichtigen in eine von drei

Liegen im Rahmen des Lernverfahrens eines Algorithmus nur Eingabedaten ohne deren entsprechende Ausgabeergebnisse vor, handelt es sich um *unüberwachtes Lernen*.[94] Der Algorithmus betrachtet die Struktur der Inputdaten und versucht, Merkmale, die die einzelnen Datensätze voneinander unterscheiden, zu erkennen. Während der Lernphase testet er verschiedene Merkmale für eine Unterscheidung aus, bis er diejenigen findet, die die Eingaben am besten voneinander unterscheiden. Da jedoch keine Ausgabebeispiele in Form von Lösungen vorliegen, kann die Leistungsfähigkeit solcher Lernmodelle nicht anhand von Fehlerraten getestet werden, da die „richtige Lösung" nicht bekannt ist. Vielmehr bestimmt der Algorithmus im Rahmen der Lernphase selbst, was als „richtige Lösung" zu gelten hat. Anhaltspunkt für die Leistungsfähigkeit eines solchen Algorithmus kann sodann nur der Grad der Ähnlichkeit oder Unähnlichkeit zwischen verschiedenen Daten sein. Die Verwertbarkeit des Outputs erfordert deshalb stets eine menschliche Interpretationsleistung.[95] Häufigste Aufgabe solcher Verfahren ist das Erkennen möglicherweise aufschlussreicher Verteilungen innerhalb einer Datenbasis – Clustern.[96] Ferner können sie zur Erkennung von Unregelmäßigkeiten in Daten (Ausreißern) eingesetzt werden.[97] Dadurch eignen sich solche Verfahren für die Generierung von qualitativ neuem Wissen, indem sie auf vorher unbekannte Merkmale oder Gruppierungen innerhalb von Daten hinweisen.[98] Allerdings bleibt solches Wissen von der Interpretationsfähigkeit von Menschen und der Interpretierbarkeit von Clustern abhängig.[99] Somit ist eine Gewinnung neuen Wissens mittels unüberwachten Lernens erst in einer der Datenverarbeitung nachgelagerten Phase möglich, soweit das Vorliegen von etwas Neuartigem oder Überraschendem konstatiert und analysiert werden kann.[100] Clustern könnte zum Beispiel als Vorbereitungsschritt von vorausschauender Polizeiarbeit eingesetzt werden, um einzelne Täter innerhalb eines großen Daten-

Kategorien: „wird Steuerpflicht nachkommen", „wird nicht nachkommen" und „nicht einschätzbar".

94 *Russell/Norvig*, ^{4}2022, 671.

95 *Anastasopoulos/Whitford*, Journal of Public Administration Research and Theory 29 (2019), 491, 493; *Coglianese/Lehr*, Penn Law: Legal Scholarship Repository 2017, 1147, 1158, Fn. 37; *Pegarkov*, 2006, 201.

96 *Russell/Norvig*, ^{4}2022, 671.

97 *Alpaydin*, ^{3}2022, 213 f.

98 *Broemel/Trute*, BDI 27 (2016), 50, 55; *Anastasopoulos/Whitford*, Journal of Public Administration Research and Theory 29 (2019), 491, 493.

99 *Anastasopoulos/Whitford*, Journal of Public Administration Research and Theory 29 (2019), 491, 493; *Coglianese/Lehr*, Penn Law: Legal Scholarship Repository 2017, 1147, 1158, Fn. 37; *Pegarkov*, 2006, 201.

100 *Harrach*, 2014, 167; *Schutt/O'Neil*, 2014, 84 beschreiben die Interpretationsbedürftigkeit als eins der größten Probleme von Clusteralgorithmen: „Interpretability can be a problem – sometimes the answer isn't at all useful."

bestands in verschiedene Täterkategorien zu unterteilen,[101] eine Aufgabe, die einen Analysten in der Regel einen hohen Zeitaufwand kosten würde und auch deutlich schwieriger und langwieriger ausfiele.[102]

Viele praktische Anwendungen von maschinellem Lernen setzen mehrere Lernmethoden ein, um ein mathematisches Modell der Daten zu entwickeln. Häufig wird unüberwachtes Lernen als vorbereitender Schritt für überwachtes Lernen eingesetzt. Solches *halbüberwachte Lernen* funktioniert auch andersherum: Es können auch nur einige wenige der vielen Trainingsbeispiele ein Label besitzen,[103] sodass ein dadurch einleitend trainiertes Lernmodell die restlichen Daten eigenständig mit Labeln versieht und wiederum daraus lernt. So wird der Algorithmus zunächst durch überwachtes Lernen angeleitet und lernt anschließend unüberwacht. Dies führt oft zu besseren Ergebnissen als bei ausschließlich unüberwachtem Lernen,[104] zugleich werden weniger menschlich annotierte Daten als beim überwachten Lernen benötigt.[105]

3. *Einsatz lernender Ansätze im PNR-System*

Im Bereich der Fluggastdatenverarbeitung sind Überlegungen und Konzepte zum Einsatz maschinellen Lernens vermehrt zu registrieren. Im Rahmen internationaler Forschung über maschinelles Lernen wurden bereits einige Lernmodelle zur Fluggastdatenverarbeitung präsentiert.[106] Solche Forschung erweist sich auch für die Analyse der technischen Möglichkeiten für die Umsetzung des nationalen PNR-Systems als instruktiv. Auch innerhalb des BVA wird an den Möglichkeiten eines Einsatzes maschinellen Lernen für die Zwecke des PNR-Systems gearbeitet.[107] Annahmen hinsichtlich eines Einsatzes kursieren auch auf nationaler und internationaler Ebene, im rechtswissenschaftlichen Diskurs und darüber hinaus.[108] Inzwischen äußerte sich auch der EuGH anhand einiger weni-

[101] Einen solchen Einsatz demonstriert *Nath*, in: Butz (Hrsg.), 2006, 41 ff.

[102] *Nath*, in: Butz (Hrsg.), 2006, 41, 43.

[103] *Ertel*, [5]2021, 273.

[104] *Basu/Banerjee Arindam, Mooney, Raymond*, in: Sammut (Hrsg.), 2002, 19; *Wagstaff/Cardie/Rogers/Schroedl*, in: Brodley (Hrsg.), 2001, 577.

[105] Zu halbüberwachtem Lernen für vorausschauende Polizeiarbeit vgl. *Nath*, in: Butz (Hrsg.), 2006, 41, 43.

[106] *Romero Morales/J. Wang*, Eur. J. Oper. Res. 2010, 554 ff.; *Sales*, Big Data at the border, 2015, https://perma.cc/WK8G-C95V; *Ariyawansa/Aponso*, in: ICIM 2016 (Hrsg.), 2016, 134 ff.; *Domingues/Buonora/Senesi/Thonnard*, 2016, IEEE/IFIP Conference, 54 ff.; *Zheng/Sheng/Sun/S.-Y. Chen*, IEEE Trans Neural Netw Learn Syst 28 (2017), 2911 ff.

[107] Zu Erwägungen seitens des BVA, künstliche Intelligenz und maschinelles Lernen im Rahmen des PNR-Systems einzusetzen, BVA-International Nr. 1/2019, 12 f.

[108] Entsprechende Annahmen bei *Olsen/Wiesener*, Law, Innovation and Technology 13

ger Aussagen zu dieser Frage, indem er die PNR-RL als mit dem Einsatz bestimmter lernender Ansätze unvereinbar auslegte.[109] Darauf wird sogleich in diesem Abschnitt unter Punkt „c) Einschlägige Lernverfahren" eingegangen.[110]

Lernende Ansätze würden die behördliche Herangehensweise an eine Verdachtsvorhersage verändern.[111] Das Modell zur Datenanalyse, also im Falle von § 4 Abs. 2 Nr. 2 FlugDaG die Abgleichmuster, würde (voll oder teilweise) automatisiert erstellt werden. Dafür stützen sich solche Ansätze nicht auf theoretische oder praktische Annahmen über kausale Zusammenhänge zwischen Tat- bzw. Tätermerkmalen und Straftaten, werden dadurch aber auch nicht eingeschränkt.[112] Stattdessen sind lernende Ansätze auf Daten angewiesen – Korrelationen[113] innerhalb von Datenbeständen stellen die Grundlage der algorithmischen Mustererstellung dar.[114] Das Resultat lernender Ansätze sind somit maschinell erstellte, induktiv erschlossene Muster. Eine Mustererstellung und die Möglichkeit der Anpassung bereits erstellter Muster anhand von Fluggastdatenanalyse ist in § 4 Abs. 4 FlugDaG ausdrücklich normiert. Der Umfang der Datengrundlage ist in § 2 Abs. 2 FlugDaG vorgegeben.

(2021), 398, 412; *Orrù*, 2021, 253 f.; *Sommerer*, 2020, 96 ff.; *Guckelberger*, 2019, Rn. 584; *Ulbricht*, in: Klenk/Nullmeier/Wewer (Hrsg.), 2020, 6; *Ulbricht*, Eur J Secur Res 3 (2018), 139, 140; *Rademacher*, AöR 142 (2017), 366, 410; *Leese*, Security Dialogue 45 (2014), 494, 503. S. auch die Vermutung des Einsatzes der Technologie in BT-Drs. 19/4755, 2.

109 EuGH C-817/19. Rn. 194 f.

110 Siehe C.IV.3.c).bb).

111 Vgl. auch *Singelnstein*, NStZ 2018, 1, 3.

112 Vgl. *Knobloch*, 2018, 17; *Hälterlein*, Big Data & Society 8 (2021), 1, 7 f. *Chan/Bennett Moses*, Theoretical Criminology 20 (2016), 21, 29, betonen, dass nichtsdestotrotz auch lernende Ansätze für predictive policing nicht theoriebefreit sind, sondern Entscheidungen über die zu sammelnden Daten, Datenformate, Labels, erforderliche Speicherdauer und Algorithmenwahl alle auf Theorien basieren, wenngleich oft ungeprüften oder nicht vollständig entwickelten. Auf Gefahren, die aus einem unreflektierten oder unkritischen Umgang mit solchen Entscheidungen resultieren hinweisend etwa *Adensamer/Klausner*, juridikum 2019, 419, 420; *Rademacher*, in: Galetta/Ziller (Hrsg.), 2018, 179, 181; *Broemel/Trute*, BDI 27 (2016), 50, 54.

113 Korrelationen werden meist als statistische Beziehungen zwischen zwei oder mehreren Merkmalen, Zuständen oder Funktionen definiert, siehe etwa *Käde/Maltzan*, CR 2020, 66, 71. Informell lässt sich eine Korrelation als „a departure from statistical independence" beschreiben.

114 Zur Unterscheidung beider Ansätze s. auch *Hälterlein*, Big Data & Society 8 (2021), 1, 8: „This difference between the two approaches (theoretical explanations of otherwise meaningless data vs. atheoretical meaningfulness of data) may also be categorized as top-down vs bottom-up: top-down refers to a theory-driven approach where an expert in criminology uses his knowledge to create a predictive model which is then translated into code and applied to a given data set; bottom-up refers to the data-driven approach where a data scientist provides an algorithm with the training data and guides the algorithmic process of learning from the data and creating the predictive model accordingly."

a) Datengrundlage für die Modellbildung

Die personenbezogenen Datensätze, mit denen die PIU arbeitet, sind in § 2 Abs. 2 FlugDaG abschließend aufgezählt.[115] Dabei handelt es sich um Daten, die Luftfahrtunternehmen für die Abwicklung der Flüge bereits erhoben und in ihren Buchungs-, Abfertigungs- oder sonstigen vergleichbaren Systemen erfasst und gespeichert haben.[116] Die in Nr. 1–20 aufgezählten Datensätze umfassen Informationen wie Namen und Kontaktdaten, Buchungs- und Abflugdaten, Gepäckangaben, Informationen über Identitätsdokumente, Zahlungsinformationen, Reiseverläufe, Vielflieger-Einträge, Begleitpersonen und Sitzplatzinformationen.[117] Selten erhebt ein Luftfahrtunternehmen sämtliche der in § 2 Abs. 2 FlugDaG aufgezählten Datenkategorien.[118] Zu einer über die eigenen Geschäftszwecke hinausgehenden Erhebung sind Luftfahrtunternehmen nicht verpflichtet.[119] Auf dem ersten Blick könnten die Daten als vergleichbar trivial erscheinen, bei einer genauen Betrachtung wird allerdings erkennbar, dass sie eine leistungsstarke analytische Ressource sein können. Auf der einfachsten analytischen Ebene ermöglichen Fluggastdaten Fahndungsabgleiche wie den in § 4 Abs. 2 Nr. 1 FlugDaG normierten. Je anspruchsvoller die Analysemethode, desto leistungsstärker können die Analyseergebnisse dabei sein.[120]

Über die Verwendung personenbezogener Daten hinaus könnten auch nichtpersonenbezogene Daten im Rahmen der Modellierung eine wichtige Rolle spielen. Ein Lernmodell könnte Daten über das Wetter, über Feiertage oder bestimmte Events in einzelnen Ländern sowie sonstige Faktoren, die das Flug- und Buchungsverhalten von Personen beeinflussen können (bspw. Rabattaktionen von Hotels oder Fluggesellschaften), berücksichtigen und dadurch zuverlässigere Vorhersagen generieren. Solche Daten würden es dem Modell erlauben, kurzfris-

---

[115] Bemerkenswert ist die Aussage von *Münch* im Wortprotokoll der 75. Sitzung des BT, Protokoll-Nr. 18/75, 26, wonach eine Fahndung nach § 4 Abs. 2 Nr. 1 FlugDaG grundsätzlich auch mit deutlich weniger Daten (API-Daten) als in § 2 Abs. 2 FlugDaG vorgesehen, durchgeführt werden kann. Daraus lässt sich schließen, dass die Übermittlung der meisten in § 2 Abs. 2 FlugDaG aufgezählten Datenkategorien hauptsächlich der Ermöglichung des Musterabgleichs dienen soll.

[116] BT-Drs. 18/11501, 26.

[117] Für eine Präzisierung einiger der Datenkategorien (PNR-RL, Anhang I, Nr. 5, 6, 8, 12 und 18) siehe nun EuGH C-817/19, Rn. 130 ff.

[118] EU-Parlament, Parliamentary questions, 11 December 2008, E-5061/08.

[119] BT-Drs. 18/11501, 19.

[120] *Sales*, Big Data at the border, 2015, https://perma.cc/WK8G-C95V, 4: „By using simple forms of link analysis or contact chaining, PNR makes it possible to discover hidden connections between known terrorists and their previously unknown associates. If a traveler has used the same phone number or mailing address as Khalid Shaikh Mohammed, the mastermind of the September 11 plot, he probably merits a closer look than a typical airline passenger."

tige Buchungen, eine Vielzahl von Buchungen, für eine bestimmte Jahreszeit untypische Buchungen, mehrfache Umbuchungen usw. auszuwerten, ohne solches Verhalten zugleich als auffällig einzustufen. Durch die Nutzung nichtpersonenbezogener Daten bei der Konstruktion von Lernmodellen wird diesen ferner ermöglicht, die saisonale Natur einiger Straftaten zu berücksichtigen.[121]

b) Output des Modells (Abgleichergebnisse)

Als Ergebnis der Verarbeitung generiert der Musterabgleich für jeden Fluggastdatensatz Treffer oder Nichttreffer mit Blick auf die ihm zugrunde liegenden Verdachtsmuster (Klassifizierung). Die Muster, mit denen die Fluggastdaten abzugleichen sind, müssen daher grundsätzlich geeignet sein, tatsächliche Anhaltspunkte für die (künftige) Begehung von Straftaten nach § 4 Abs. 1 Nr. 1–6 FlugDaG zu entdecken. Bei den gesuchten Straftaten handelt es sich um schwere Kriminalität wie den illegalen Handel mit Kulturgütern, Drogen, Waffen, Organen, Menschenhandel, Betrugsdelikte, Cyberkriminalität oder Waffendiebstahl und terroristische Straftaten wie die Bildung einer kriminellen Vereinigung, Flugzeug- und Schiffsentführung und Terrorismusfinanzierung. Bedeutsam für die Modellierung von Verdachtsindizien erscheint, dass einige der Katalogstraftaten erfahrungsgemäß mit anderen verknüpft sind, weshalb auch die zugrunde liegenden Verhaltensstrukturen sich zum Teil überlappen oder auch einem gemeinsamen übergeordneten Gesamtkontext angehören können. Bspw. wurden der betrügerische Handel mit CO2-Zertifikaten, der Mehrwertsteuerbetrug, Entführungen, Versicherungs- und Onlinebetrug, sowie der Drogen-, Waffen- und Menschenhandel als übliche illegale Finanzierungsquellen von Terrorismus nachgewiesen.[122] Ebenso ist ein Zusammenhang zwischen den aufgezählten Schmuggel- und den illegalen Handelsdelikten naheliegend. Um in den Anwendungsbereich des FlugDaG zu fallen, müssen die Straftaten in Nr. 1–6 allerdings mit einer Höchstfreiheitsstrafe von mindestens drei Jahren bedroht sein und einen (auch nur mittelbaren) Zusammenhang mit dem Flugverkehr aufweisen.[123]

Bei den genannten Straftaten handelt es sich um Delikte, die größtenteils durch unauffälliges menschliches Verhalten sowie Vorbereitung und Planung gekennzeichnet sind.[124] Die Komplexität der deliktischen Hintergrundstrukturen,

---

[121] Auf die saisonale Natur einzelner Straftaten aus dem § 4 Abs. 1 FlugDaG-Katalog weißt die EU-Kommission in SWD(2020) 128 final, 30, hin.

[122] *Teichmann/Park*, NK 30 (2018), 419, 424 f. stellen dies anhand von Interviews mit illegalen Finanzdienstleistern fest. Zum Zusammenhang zwischen Drogenkriminalität und Terrorismus siehe auch *LaFree/Freilich*, in: LaFree/Freilich (Hrsg.), 2017, 3, 9, m. w. N.

[123] EuGH C-817/19, Rn. 153 ff.

[124] Gerade die inhärente Planungsnotwendigkeit einiger Delikte wird als Voraussetzung für deren Typisierung mittels Mustern hervorgehoben, s. *Kaufmann/Egbert/Leese*, The British

zu denen einzelne, scheinbar alltägliche Handlungsbestandteile wie ein Flug, oder eine Geldtransaktion gehören können, kann eine Mustererkennung für den Menschen schwer bis unmöglich machen. Manche Delikte sind kaum sinnlich wahrnehmbar. Die Planung und Begehung von Delikten wie Geldwäsche[125] oder Terrorismusfinanzierung[126] lebt gerade davon, dass eine Mehrzahl von Verhaltensweisen einer Mehrzahl von Personen an einer Mehrzahl von Kontrollinstrumenten, seien es Institutionen oder Personen, unbemerkt vorbeigehen.[127] Dabei ist Unauffälligkeit im höchsten Maße bezweckt. Während solche Verhaltensweisen erfolgreich damit spekulieren können, was ein Mensch wahrnehmen würde, könnte dies schwieriger sein, wenn das Kontrollinstrument ein maschinelles Modell ist, welches gerade dafür erstellt wurde, das Unauffällige einer Verhaltensweise einem auffälligen Gesamtzusammenhang zuzuordnen.[128]

c) Einschlägige Lernverfahren

aa) Mustererstellung

Mehrere Lernansätze kommen in Betracht für die Erstellung von Mustern für einen Abgleich. *Unüberwachtes Lernen* käme in Betracht, um Auffälligkeiten, etwa statistische (Ir-)Regularitäten, innerhalb der Datenflut zu identifizieren und die Daten von Fluggästen darauf basierend in mehrere Cluster zu unterteilen. Anschließend könnten die verschiedenen Cluster durch Fachexperten analysiert werden, um die Gründe für die Aufteilung zu interpretieren und zu entscheiden,

---

Journal of Criminology 59 (2019), 674, 684 f.: „Patterns can only capture offences, that follow rules. […] any behaviour that does not follow a pattern cannot be detected. […] some crimes of violence are often considered off the limits of reasonable modelling due to their emotional and spontaneous nature. […] those are by and large impulsive crimes, they are not well thought-out and it's not as if there is some plan that the offender is putting together on how to beat the system. These are much more emotional and impulsive acts". Im Gegensatz dazu zeichnen sich komplexere Straftaten aus dem FlugDaG-Katalog oft durch hohe Intelligenz, gute Ausbildung und einen Zugang zu Fachliteratur ihrer Täter aus, vgl. *Teichmann/Park*, NK 30 (2018), 419, 425 f.

[125] § 4 Abs. 1 Nr. 6, i. V. m. EU-RL 2016/681, Anhang II, Nr. 8.

[126] § 4 Abs. 1 Nr. 4, i. V. m. § 89c StGB.

[127] Vgl. *Baur*, ZIS 15 (2020), 275, 278: „So sind etwa Steuerhinterziehungs-, Korruptions- und Geldwäschenetzwerke selten auf einen Blick zu erkennen und meist nur über einzelne ‚red flags' aufzuspüren."

[128] Siehe auch *Baur*, ZIS 15 (2020), 275, 278 m. w. N., der diesbezüglich von einer „gestalttheoretischen Herausforderung" spricht. Zu den verschiedenen Wahrnehmungstheorien, die im Rahmen von lernenden Modellen eine Rolle spielen können, s. *Sester*, 1995, 18: „Die angenommenen Merkmale können sehr elementar und einfach sein, oder auch komplexe Reizmuster darstellen. Dieses Mosaik von Einzelinformationen wird durch die Gestaltprinzipien zu höheren Einheiten organisiert."

um was für Auffälligkeiten es sich dabei handelt und ob ihnen Bedeutung zuzumessen ist. Dies kann ein hilfreicher Ansatz für die Auswahl von Prüfungsmerkmalen[129] von Mustern sein. Durch unüberwachtes Lernen können daher Prüfungsmerkmale mit besonders hoher Vorhersagekraft leichter identifiziert werden. Für eine solche Analyse ist § 4 Abs. 4 FlugDaG offen.[130] Die Identifizierung von Prüfungsmerkmalen ist allerdings nur ein anfänglicher Schritt bei der Mustererstellung. Anschließend muss entschieden werden, wie sie am sinnvollsten zu kombinieren und gewichten sind, damit daraus einzelne verdachtsindizierende Muster entstehen.

Der Einsatz von *überwachtem Lernen* zur Mustererstellung wäre möglich, soweit der PIU Daten über das Flugverhalten von Straftätern vorliegen. Anhand solcher Daten (Trainingsdaten) könnten überwacht lernende Algorithmen trainiert werden, um zu ermitteln welche Merkmale aus einem Datensatz bei einer Entscheidung wie zu berücksichtigen sind. Beispielsweise könnten Angaben zum Vielfliegerstatus oder Gepäck besonders aussagekräftig über den Verdachtsgrad einer Person sein. Dies würde ein Algorithmus lernen und solche Merkmale entsprechend bei anschließenden Entscheidungen stärker berücksichtigen. Anhand laufenden Trainings könnte ein solcher Algorithmus die Anzahl und Gewichtung der Prüfungsmerkmale immer weiter präzisieren.[131] Ein lernender Algorithmus könnte dadurch eine Entscheidungsstruktur aufbauen, die viele Muster enthält. Ob und wie viele Daten und Informationen über das Flugverhalten von Straftätern der PIU bereits vorliegen, ist unklar. Bezüglich terroristischer

---

[129] In der Informatik wird häufig mit den Begriffen „Features" oder „Attribute" gearbeitet, um die Eigenschaften eines Lernmodells zu beschreiben. In der Mathematik lässt sich dafür manchmal wiederum die Verwendung des Begriffs „Variable" finden. Vgl. dazu die Begriffsverwendungen bei *Ertel*, [5]2021, 212. Nachfolgend wird mit dem Begriff „Merkmal", der auch in § 4 Abs. 3 Satz 2 FlugDaG (Prüfungsmerkmal) gewählt ist, gearbeitet.

[130] Einen solchen Ansatz im Rahmen der – dem FlugDaG zugrunde liegenden – EU-RL 2016/681 vermutet auch *Fiedler*, 2016, 200 f. Dabei definiert sie in Fn. 600: „a program involving […] analyses of 1 or more electronic databases, where […] a department or agency of the Federal Government, or a non-Federal entity acting on behalf of the Federal Government, is conducting […] analyses, to discover or locate a predictive pattern or anomaly indicative of terrorist or criminal activity on the part of any individual or individuals."

[131] Überwachtes Lernen könnte nicht nur dafür eingesetzt werden, bereits vorhandene Prüfungsmerkmale mit verschiedenen Gewichtungen zu versehen, sondern auch zur eigenständigen Entwicklung von Merkmalen. Dabei kann es grundsätzlich vorkommen, dass derartig erstellte Merkmale keine Entsprechung in der menschlichen Wahrnehmung haben und sich daher einer Beschreibung entziehen. Allerdings dürften die meisten Methoden, die sich zur Unterstützung staatlicher Entscheidungen eignen würden, Merkmale beinhalten, die von Experten auf dem Gebiet ausgesucht wurden, sodass das Problem solcher selbstentwickelten Merkmale – anders als bei der Bilderkennung – im folgenden Kontext nicht auftreten dürfte, vgl. dazu auch *Selbst/Barocas*, Fordham L. Rev. 2018, 1085, 1096, Fn. 68.

Straftaten wird erwogen, dass generell weniger Daten vorliegen als bei sonstigen Kriminalitätserscheinungen, weshalb überwacht lernende prädiktive Modelle für den Bereich wenig geeignet sein könnten.[132] Mit Blick auf in den letzten Jahren registrierte Entwicklungen terrorismusbezogener Datenbanken, Informations- und Analysesysteme auf europäischer und internationaler Ebene muss dies nicht zwingend der Fall sein.[133] Zudem mag grundsätzlich eine höhere Quantität von Trainingsbeispielen zur höheren Leistungsfähigkeit überwacht lernender Systeme beitragen, jedoch nicht in dem Ausmaß, in dem wenigere, dafür aber hochqualitative Trainingsdaten dies tun können. Bei strukturierten und im Umfang begrenzten Datenbeständen, wie Fluggastdatensätzen, könnte die Qualität der Quantität vorgehen. Dies gilt insbesondere bei Berücksichtigung der gesetzlichen Vorgabe in § 4 Abs. 3 Satz 6 FlugDaG wonach das PNR-System so zu gestalten ist, dass möglichst wenige Personen einen Treffer erzeugen (in ML-Terminologie: high precision, low recall).[134] Dennoch, solange nur wenige, lückenhafte (sparce) oder unausgewogene (imbalanced) Trainingsdatensätze vorliegen, wäre allein der Einsatz von überwachten Klassifikationsalgorithmen zur Mustererstellung, jedenfalls am Anfang der Implementierung des PNR-Systems, nicht erfolgversprechend. Zielführender wäre in einem solchen Fall eine Kombination mehrerer Lernansätze, sowohl überwacht als auch unüberwacht.

Da die PIU nach § 13 Abs. 4 Satz 1 FlugDaG verpflichtet ist, Treffer aus einem Abgleich nach der Übermittlung an die Sicherheitsbehörden zu löschen, lässt die

---

[132] *Pravica*, in: Friedrich/Gehring/Hubig/Kaminski/Nordmann (Hrsg.), 2017, 123, 133, m. w. N.; *Zweig*, Analysen und Argumente, Konrad Adenauer Stiftung 2019, 1, 6. Differenzierter *Verhelst/Stannat/Mecacci*, Sci Eng Ethics 26 (2020), 2975, 2978 u. 2982, die sowohl die Herausforderungen als auch den Nutzen eines Einsatzes in dem Bereich anerkennen und für regelmäßige Evaluationen der Effektivität der Systeme mit Blick auf Fehltreffer plädieren. Auf die im Beitrag angesprochenen komplexitäts- und korrelationsbedingten Herausforderungen der Modellierung terroristischer Straftaten wird in der Arbeit unter E.I. und II. noch im Detail eingegangen.

[133] Eine Bestandsaufnahme solcher Datenbanken mit Zahlen findet sich bei *Monroy/Busch*, CILIP 112 (2017). Hervorzuheben ist der bei Europol eingerichtete Focal Point „Travellers", in dem im Jahr 2016, 33.911 foreign terrorist fighters (FTF), darunter 5.877 verifizierte FTF erfasst waren. Soweit die verifizierten Datensätze von FTF auch deren Fluggastdaten erfassen, was bei „Travellers" nicht unwahrscheinlich ist, wären sie geeignete Trainingsbeispiele für überwachte Lernalgorithmen. Zur Rolle von Europol bei der Mustererstellung s. weiter unten in diesem Abschnitt. Weiterhin enthält die Datenbank von INTERPOL Daten zu ca. 48.700 FTF. Solche Daten werden durch INTERPOL-Experten analysiert und die daraus gewonnenen Erkenntnisse, z. B. Erkenntnisse über aufkommende Trends im Zusammenhang mit ausländischen Terrorkämpfern, den Mitgliedern von INTERPOL weitergegeben, s. https://perma.cc/DWK9-7SY2.

[134] Auf Deutsch: Sensitivität und Spezifität. S. dazu *Baur*, ZIS 15 (2020), 275, 283: „Verteilungsquoten zwischen entdeckten Treffern (richtig-positiv und richtig-negativ) und Fehlalarmen (falsch-positive und falsch-negative)."

Gesetzeskonzeption die Nutzung von Treffern als Trainingsbeispiele nicht unmittelbar zu. Treffer würden sich zunächst auch nicht als Trainingsbeispiele anbieten, da sie erst im Rahmen von Folgemaßnahmen der Sicherheitsbehörden endgültig verifiziert und entsprechend annotiert werden können. Mit Blick auf Trainingsdaten ist allerdings § 4 Abs. 3 Satz 3 FlugDaG zu berücksichtigen, wonach die verdachtsbegründenden Prüfungsmerkmale der Muster auf „Tatsachen zu bestimmten Straftaten" beruhen, die den Sicherheitsbehörden vorliegen. Diese Vorschrift deutet nicht allein auf eine theoriegeleitete Herangehensweise an die Mustererstellung. Solche Tatsachen könnten vielmehr auch für eine algorithmenbasierte Mustererstellung herangezogen werden, indem sie der PIU in Form von Trainingsdaten zu verdächtigem Flugverhalten mitgeteilt werden. Trainingsdaten zu unverdächtigem Flugverhalten entsprächen verdachtsentlastenden Prüfungsmerkmalen nach § 4 Abs. 3 Satz 5 FlugDaG, die dazu dienen, Personen, die unter verdachtsbegründende Prüfungsmerkmalen fallen, als nichtverdächtig auszuschließen. Sobald ein Abgleichtreffer der PIU durch Folgemaßnahmen der Sicherheitsbehörden verifiziert werden kann, können Sicherheitsbehörden diesen der PIU nach § 4 Abs. 3 Satz 3 FlugDaG zurückübermitteln.[135] Da er verifiziert wurde, würde es sich dabei um eine „Tatsache zu einer bestimmten Straftat" handeln. Soweit in weiteren behördeninternen Dateien, wie bspw. der Anti-Terror-Datei, auch das Flugverhalten von Straftätern abgebildet ist, ließen sich auch solche Dateien für die Mustererstellung im FlugDaG nutzen.[136] So könnten aus einer Personenakte nur die Datensätze extrahiert werden, die der Datenstruktur nach § 2 Abs. 2 FlugDaG entsprechen. Ein solcher Datensatz wäre ein verdachtsbegründender Trainingsdatensatz. Ob solche Datenübermittlungen nach § 4 Abs. 3 Satz 3 FlugDaG tatsächlich stattfinden (werden), lässt sich aufgrund der Offenheit der Formulierung weder eindeutig bestätigen noch eindeutig ausschließen.

---

135 Die Zurückübermittlung von Treffern würde aber voraussetzen, dass die Sicherheitsbehörden nach Abschluss von durch Abgleichtreffer veranlassten Folgemaßnahmen die Fluggastdaten nicht löschen, sondern zur Weitergabe an die PIU befugt sind. Dies richtet sich nach dem Fachrecht der jeweiligen Behörden und erfordert grds. eine eigenständige Ermächtigungsgrundlage (siehe auch Fn. 136). Laut der EU-Kommission, SWD(2020) 128 final, 14, scheitert das – für die Funktionsfähigkeit des Datenverarbeitungssystems essentielle – Feedback über Treffer an die PIU gerade am Mangel solcher Ermächtigungsgrundlagen. Weitere Schwierigkeiten stellen Vertraulichkeits- und Datenschutzbedenken dar, sowie die Tatsache, dass viele Ermittlungen nicht unmittelbar nach der Übermittlung von Fluggastdaten abgeschlossen werden.

136 Nach der Rechtsprechung des BVerfG zur weiteren Nutzung von Daten und ihrer Übermittlung an Behörden zu anderen Zwecken als jenen der ursprünglichen Datenerhebung muss der Gesetzgeber für solche Übermittlungen eine eigene Rechtsgrundlage schaffen, BVerfGE 141, 220, 324. Er hat dabei sicherzustellen, dass dem Eingriffsgewicht der Datenerhebung auch hinsichtlich der neuen Nutzung Rechnung getragen wird, BVerfGE 141, 220, 326 f.

Für die Erhöhung der Trainingsdatenmenge ist weiterhin der im Gesetz vorgesehene Datenaustausch mit Mitgliedstaaten, Europol und Drittstaaten in § 7, § 9 und § 10 FlugDaG zu beachten. Bereits in Bezug auf die ersten Initiativen zur Fluggastdatenverarbeitung wurde auf den Transfer von terroristischen Erkenntnissen, die seitens der USA bei der Fluggastdatenanalyse gewonnen wurden, an Europol, Eurojust und die Sicherheitsbehörden der Mitgliedstaaten hingewiesen.[137] Im Rahmen der Working Party on Information Exchange and Data Protection (DAPIX) wurde die Einbeziehung von Europol sowie die Einbeziehung der Expertise von und die Zusammenarbeit mit anderen Mitgliedstaaten bei der Entwicklung von Mustern mehrheitlich befürwortet.[138] Auf global-internationaler Ebene sind ähnliche unterstützende Initiativen seitens der VN zu beobachten, die über den Einsatz von künstlicher Intelligenz bei der Identifikation von noch unbekannten Verdächtigen (m. a. W. dem Musterabgleich) berichten.[139] Experten der Sicherheitsbehörden können zudem synthetische Fluggastdaten generieren, um eine hinreichend große Trainings-, bzw. Testdatenmenge zu erreichen. Synthetische Daten haben sich im Kontext der Forschung zu Fluggastanalysen als eine wirksame Datenquelle erwiesen.[140] Ein „Data Injector Tool“, ein Testdatengenerierungsverfahren, wurde von den Niederlanden bereits eingeführt und in der IWG-PNR auf europäischer Ebene diskutiert.[141] Eine weitere Möglichkeit für die Erstellung von Mustern bietet der Ansatz des Transferlernens (transfer learning). Dieser Ansatz ermöglicht die Erstellung eines Klassifikationsmodells mit hoher Trefferquote zur Personenidentifikation, das anhand ganz anderer personenbezogener Daten trainiert werden könnte (bspw. Verbraucherdaten, Wählerdaten). Die Architektur eines solchen Modells ließe sich für ein Klassifikationsmodell für das FlugDaG übernehmen, soweit anzunehmen ist, dass die Modelle im Grundsatz ähnliche Probleme in einer ähnlichen Art lösen können.[142]

---

[137] *Argomaniz*, Journal of European Integration 31 (2009), 119, 129.

[138] EU Council 6300/19, 15.2.2019, 8 ff.: „EUROPOL could contribute to the developing of good rules and indicators, due to its central position and its important role in gathering and sharing information on targeting rules and/or risk profiles. […] EUROPOL might act as depository for the sets of indicators/targeting rules. The Member States are also willing to work together with EUROPOL for the definition of targeting rules.“

[139] VN Homepage: https://perma.cc/8E5Q-KE2W.

[140] Im Kontext der Terrorismusprävention demonstrieren dies *Zheng/Sheng/Sun/S.-Y. Chen*, IEEE Trans Neural Netw Learn Syst 28 (2017), 2911, 2918. Zur Generierung synthetischer Fluggastdaten für Kundensegmentierung und die Vorhersage der Nationalität von Fluggästen, s. *Mottini/Lheritier/Acuna-Agost*, 2018, ICML workshop.

[141] EU Council 10139/18, 21.6.2018, 3.

[142] Beispiele für den Einsatz von Transferlernen seitens der Ordnungsbehörden bei *Sherer/Sterling/Burger/Banaschik/Taal*, in: Jahankhani (Hrsg.), 2018, 251, 264.

bb) Musterabgleich

Die *Abgleichdurchführung* stellt eine Klassifikationsaufgabe dar, die sich mit überwachten Lernmodellen durchführen lässt. Nachdem ein lernendes Modell erstellt wurde, wird es so wie theoriegeleitete Modelle anhand seiner Eignung, bekannte Ergebnisse zu reproduzieren, auf Leistungsfähigkeit überprüft. Nach Abschluss der Validierungs- und Testphase gilt das Modell als „gelernt", sodass danach in der Regel vorerst keine aktiven Lernverfahren laufen. Die Modelle und die darin enthaltenen Muster werden sodann statisch, also ohne die Möglichkeit weiter zu lernen und sich dabei zu ändern, ins Abgleichsystem übernommen.

Grundsätzlich besteht die Möglichkeit, dass die Modelle auch nach Übernahme ins Abgleichsystem laufend, also „in Echtzeit", anhand der täglich auszuwertenden Fluggastdatensätze „weiterlernen" und sich, und in der Folge auch die Abgleichergebnisse während des Abgleichs, zunächst ohne menschliche Einflussnahme dadurch verändern. Diese Vorgehensweise kommt allerdings praktisch in den wenigsten Fällen vor, da sie dazu führen könnte, dass bereits verifizierte Modelle sich anhand des Weiterlernens mit nicht vorher verifizierten Datensätzen in einer kaum überschaubaren und mithin auch unerwünschten Weise verändern. Gerade im Kontext des FlugDaG erscheint eine solche Modellierungstaktik ausgeschlossen, auch aufgrund des Wortlauts des Art. 6 Abs. 3 Buchst. b) PNR-RL, wonach die Abgleichkriterien (Muster) „im Voraus festgelegt" sein müssen. Dies stellte zuletzt auch der EuGH fest.[143] Implizit ergibt sich dies auch aus § 4 Abs. 3 Satz 1 FlugDaG, denn käme echtzeitlernendes maschinelles Lernen zum Einsatz, wären die Muster nicht „unter Einbeziehung" von anderen Sicherheitsakteuren erstellt worden. Deshalb, aber doch insbesondere, weil sie bereits aus praktischen Gesichtspunkten für den Zweck des Musterabgleichs nicht in Betracht kommen, sind echtzeitlernende Ansätze in diesem Kontext ausgeschlossen. „Fertiggelernte", also bereits im Voraus getestete und validierte, maschinell erstellte Muster wären statisch ins Abgleichsystem zu übernehmen und erst nach einer gewissen Zeit, laut § 4 Abs. 3 Satz 1 FlugDaG spätestens nach sechs Monaten, zu überprüfen und gegebenenfalls anhand weiterer Trainingsdaten neu zu trainieren.[144] Nach jeder erneuten Trainingsphase wä-

---

[143] EuGH C-817/19, Rn. 194: „Zu den Kriterien, die die PNR-Zentralstelle dabei heranziehen kann, ist zunächst festzustellen, dass sie nach dem Wortlaut von Art. 6 Abs. 3 Buchst. b der PNR-Richtlinie ‚im Voraus festgelegt' worden sein müssen. […] dieses Erfordernis [steht] der Heranziehung von Technologien der künstlichen Intelligenz im Rahmen selbstlernender Systeme (‚machine learning') entgegen, die – ohne menschliche Einwirkung und Kontrolle – den Bewertungsprozess und insbesondere die Bewertungskriterien, auf denen das Ergebnis der Anwendung dieses Prozesses beruht, sowie die Gewichtung der Kriterien ändern können." Näher zu diesen Aussagen des Gerichtshofs, *Kostov*, GSZ 6 (2023), 14, 15.

[144] Diese Abgrenzung zwischen echtzeitlernenden und sonstigen lernenden Ansätzen wird

ren die Muster in der jeweiligen abgewandelten Version erneut zu validieren und zu testen, um im Anschluss – erneut statisch – ins Abgleichsystem übernommen zu werden. Während dieses gesamten Zyklus unterliegen Muster der mehrfachen menschlichen Einwirkung und Kontrolle.

Einmal ins Abgleichsystem übernommen, unterscheiden sich solche maschinell erstellten Muster im Hinblick auf ihre Rolle als Abgleichkomponenten innerhalb des PNR-Systems nicht wesentlich von theoriegeleiteten. Der Unterschied beider Ansätze liegt vielmehr in der Art der Mustererstellung und dem dadurch bedingten Grad an Komplexität, der dazu führen kann, dass lernende Modelle zwar genauere Vorhersagen treffen könnten als theoriegeleitete Modelle, dies jedoch auf Kosten der Nachvollziehbarkeit der Gesamtheit ihrer Funktionsweise und der Interpretierbarkeit ihrer Ergebnisse.[145] Insoweit bedeutet die Arbeit mit maschinellem Lernen, dass die Sicherheitsbehörden beim Einsatz auch mit Nichtwissen konfrontiert sein könnten und gegebenenfalls einen entsprechenden Umgang suchen müssen.

V. Kombination theoriegeleiteter und lernender Ansätze

Das Fluggastdatengesetz ist hinsichtlich technologischer Einzelheiten zur Mustererstellung und zur Durchführung des Musterabgleichs offen formuliert. Die Unterstellung der Verwendung eines bestimmten technologischen Ansatzes ist anhand des Gesetzestextes somit nicht möglich.[146] Dies mag aus rechtlicher Perspektive an bestimmten Stellen Anlass für Kritik geben, bei einer Berücksichtigung der Schwächen und Stärken verschiedener technologischer Ansätze erscheint es aber durchaus angebracht. Angesichts der Menge an Optionen, die innerhalb von theoriegeleiteten und lernenden Ansätzen bestehen, erscheint eine gesetzliche Festlegung für den einen oder anderen Ansatz derzeit nicht sinnvoll.

---

oft vernachlässigt, auch im Kontext der Fluggastdatenverarbeitung. In der Folge werden der Maßnahme in § 4 Abs. 2 Nr. 2 FlugDaG oft unbegründete Vorwürfe gemacht, insbesondere in Hinblick auf Diskriminierung und fehlende Nachvollziehbarkeit sowie fehlende Kontrollierbarkeit ihrer Ergebnisse, siehe etwa *Leese*, Security Dialogue 45 (2014), 494, 503 f., 505 f. Auch der EuGH erhebt in C-817/19, Rn. 195, Diskriminierungsvorwürfe gegenüber lernenden Algorithmen, jedoch dürften sich diese vornehmlich auf echtzeitlernende Ansätze beziehen, auf die das Gericht in Rn. 194 eingeht. Näher dazu *Kostov*, GSZ 6 (2023), 14, 15 f.

[145] Diese Unterschiede zwischen beiden Ansätzen auch feststellend, *Rich*, U. Pa. L. Rev. 164 (2016), 871, 905 ff.

[146] So auch *Ulbricht*, Eur J Secur Res 3 (2018), 139, 154, für das FlugDaG und *Wojnowska-Radzińska*, Ruch Prawniczy, Ekonomiczny i Socjologiczny 83 (2021), 115, 123, für die PNR-RL.

Sowohl theoriegeleitete als auch lernende Ansätze haben Vorteile. Maschinell erstellte Muster können nach der Gesetzeskonzeption einerseits kriminologische Annahmen bestätigen oder widerlegen und andererseits als Grundlage für die Entwicklung neuer Annahmen dienen. Sich nur maschinellen Lernens zu bedienen wäre jedoch, beim Vorhandensein von Erträgen aus längst erforschten und bewährten kriminologischen Ansätzen, geradezu technikgläubig und würde die Schwächen algorithmischer Datenanalyse ignorieren.[147] Dies könnte dem Einsatz dieser neuen Technologie für die Zwecke des Musterabgleichs bereits im Anfangsstadium einen schlechten Ruf eintragen. Allein bei bekannten und bewährten theoretischen Annahmen zu bleiben erscheint aber angesichts deren Anfälligkeit für Vereinfachungen und Scheinkausalitäten ebenfalls nicht optimal,[148] zumal solche Annahmen bei einigen komplexen Straftaten, mit denen die PIU befasst ist, gerade auch nicht vorhanden sein können. Die Notwenigkeit von Flexibilität bei der Erstellung von Mustern betont auch die Gesetzesentwurfsbegründung mit dem Hinweis, dass Täter „flexibel und hochmobil", „deliktsübergreifend und vorrangig international" agieren und vermehrt weniger erforschte Delikttypen wie Cyberkriminalität begehen.[149] Flexibilität ist also notwendig, um mit den Entwicklungen auf Täterseite Schritt halten zu können, da Täter anderenfalls ihre Vorgehensweisen so an Muster anpassen können, dass diese aufgrund starrer gesetzlicher Vorgaben ins Leere liefen.[150] Solche Dynamik sowie die Größe und Komplexität der Datenmenge legen die Annahme nahe, dass nicht allein auf herkömmliche theoriegeleitete Ansätze zur Mustererstellung gesetzt werden sollte, da solche Ansätze allein schwer damit mithalten könnten. Vielmehr erfordert dies auch die Möglichkeit des Einsatzes von Technologien wie den soeben beschriebenen lernenden Ansätzen und insbesondere die Möglichkeit der Kombination mehrerer Ansätze, dic ihre Schwächen wechselseitig ausbalancieren.

Deshalb erscheint auch die Bezeichnung des PNR-Systems als ein „technisch und fachlich außerordentlich komplexes Verfahren, insbesondere aufgrund der hohen Anforderungen an die Aktualität, Richtigkeit und Verfügbarkeit der Daten, des Datenvolumens und der hohen datenschutzrechtlichen Anforderungen",[151] nicht überspitzt. Ein Abgleichsystem, welches die Aufgaben des Fluggastdatengesetzes bewältigen soll, stellt eine dimensional massive technische Komponente dar. Neben der eigentlichen Abgleichdurchführung soll das PNR-System unter

---

147 Im Detail dazu siehe Kapitel E.

148 Zu dieser Kritik theoriegeleiteter Mustererstellung im Kontext der PNR-RL s. *Leese*, Security Dialogue 45 (2014), 494, 499.

149 BT-Drs. 18/11501, 18.

150 BT-Drs. 18/11501, 29 f.; Wortprotokoll der 114. BT-Sitzung, Protokoll-Nr 18/114, 35.

151 BT-Drs. 18/11501, 25.

anderem auch für die Entgegennahme von Fluggastdaten nach spezifischen Protokollen, die Ver- und Entschlüsselung, die technische Aufbereitung, die technische Sicherung, die Weiterübermittlung, die De- und Entpersonalisierung, Speicherung und Löschung der Daten ausgerüstet sein. Der tatsächliche Abgleich macht nur einen Bruchteil der Verarbeitungsprozesse des Gesamtsystems aus, stellt aber auch schon für sich genommen ein hochkomplexes technologisches Vorhaben dar. In der Abgleichkomponente des PNR-Systems wären lernende Ansätze als weitere Subsysteme integriert.[152]

Würden für die Mustererstellung theoriegeleitete und lernende Ansätze kombiniert, so wären innerhalb der Abgleichkomponente eine nicht unerhebliche Anzahl an verschiedenen Mustern mitsamt ihrer verschiedenen Erstellungsansätze implementiert. Wahrscheinlich erscheint auch die Arbeit mit Ensemble-Modellen – einer Vielzahl an Lernalgorithmen, die auf die Lösung desselben Problems mit den gleichen Trainingsdatensätzen trainiert wurden und die Ergebnisse ihrer Klassifikation gegeneinander abwägen, um die geringstmögliche Fehlerquote zu erzielen. Dabei könnten sich anspruchsvolle Modelle wie neuronale Netze für die Detektion von Fluggastdatensätzen als Ausreißern gut eignen, während lineare Klassifikatoren die statistische Verortung eines Fluggastdatensatzes vornehmen könnten. Mehrere Ensemble-Modelle könnten für verschiedene Muster von jeweils verschiedenen Straftaten erstellt werden. Je nach Datenzufluss und Verifikation, beziehungsweise je nach Zufluss neuer Informationen, wären sowohl maschinell erstellte als auch theoriegeleitete Muster ständig zu aktualisieren. Dies könnte in sechsmonatigen, jedoch auch in wöchentlichen Abständen geschehen und hängt von kurzfristigen Entwicklungen aktueller Geschehnisse oder langfristigen Herausbildungen kriminologischer Trends ab.

Die technologische und fachliche Komplexität des Abgleichsystems ist daher kein Selbstzweck. Sie bildet den Charakter der dem System zugrunde liegenden Aufgabe und mithin diesen der Straftatenverhütung und der Voraussage menschlichen Verhaltens ab. Bei einer solchen Betrachtung erscheint die zusätzliche Komplexität, bedingt durch den Einsatz von vielen, sich gegenseitig ergänzenden technologischen Ansätzen, nicht nur unvermeidbar, sondern gerade notwendig für die Bewältigung der Aufgabe der PIU. Somit zeigt sich der Musterabgleich nach dem Fluggastdatengesetz auch gerade aufgrund der technologieoffenen Formulierungen als eine Maßnahme mit Potenzial, die mit bewährten kriminologischen Ansätzen operieren und gleichzeitig von den Vorteilen innovativer Technologien profitieren kann. Nun widmet sich die Arbeit den rechtlichen Implikationen solcher Technologien aus einer Perspektive auf das sie begleitende Nichtwissen.

---

[152] Allg. zu „Lernende[n] Maschinen“ als Subsysteme in technischen Systeme, *A. Kaminski*, in: Wiegerling/Nerurkar/Wadephul (Hrsg.), 2020, 151, 154.

D. Intendiertes Nichtwissen

Auf der obersten Ebene der Differenzierung von Nichtwissen bei maschinellem Lernen wird mit der Dimension der Intentionalität gearbeitet. Im Rahmen dieser Dimension befindet sich an einem Pol das intendierte Nichtwissen. Dieses kann sowohl auf Seiten der dem Lernsystem außenstehenden Personen (*I. Systemoutsider*) als auch auf Seiten der an der Systementwicklung und -Kontrolle beteiligten Personen (*II. Systeminsider*) bestehen und kann insofern auch als subjektives Nichtwissen begriffen werden.[1]

I. Nichtwissen bei Systemoutsidern

Intendiertes Nichtwissen wird nachfolgend mit *Wehling* als Nichtwissen, das auf das Handeln oder Unterlassen sozialer Akteure zurückführbar ist, verstanden.[2] Dabei soll Intentionalität nicht lediglich als eine ausdrückliche Absicht verstanden werden,[3] sondern als die Zurechenbarkeit der Gründe für das Bestehen von Nichtwissen auf das Handeln oder Unterlassen sozialer Akteure.[4] Auf diesem Verständnis von Intentionalität beruht die nächste Ebene der Differenzierung von Nichtwissen bei *Wehling*. Er unterscheidet zwischen dem Bestreben, *andere* unwissend zu halten, etwa durch Geheimhaltung, Verschleierungstechniken oder selektive Informationsweitergabe, und dem gewollten *eigenen* Nichtwissen.[5]

---

[1] Eine ähnliche Unterscheidung zwischen Insidern und Outsidern algorithmischer Prozesse findet sich bei *Seaver*, Media in Transition 8 (2013), 1, 2 ff., der sich mit den Unterschieden des algorithmenbezogenen Wissens von Technologieingenieuren als „Insider" und Sozialwissenschaftlern und Humanisten als „Outsider" auseinandersetzt und dabei auch das gemeinsame Nichtwissen beider Gruppen adressiert. Ähnlich auch *Enni/Assent*, https://arxiv.org/abs/2105.00687, 2021, 2.

[2] *Wehling*, EWE 20 (2009), 95, 100.

[3] So wie etwa bei *Selbst/Barocas*, Fordham L. Rev. 2018, 1085, 1091. Auch *Burrell*, Big Data & Society 3 (2016), 1, 3 adressiert lediglich die absichtliche Geheimhaltung von maschinellem Lernen und seinen Implementierungsdetails, wenn sie die *„Opacity as intentional corporate or state secrecy"* als eine eigenständige Nichtwissensausprägung präsentiert.

[4] *Wehling*, EWE 20 (2009), 95, 100.

[5] Ebd.

Der Akteur, dem das Bestehen von Nichtwissen über maschinelles Lernen zurechenbar ist, kann sich also vom Akteur, bei dem Nichtwissen besteht, unterscheiden. In diesem Fall ist die Entstehung von Nichtwissen bei einem Systemoutsider auf eine externe Intention zurückzuführen *(Nichtwissen als Resultat fremder Intention)*. Solches Nichtwissen liegt in denjenigen Situationen vor, in denen Systemoutsider dieses ohne das Handeln oder Unterlassen anderer Personen nicht beseitigen können, sondern ihnen gegenüber entsprechende Informationen erst offengelegt bzw. nicht mehr aktiv geheim gehalten werden müssen. Im Fall des Musterabgleichs nach dem Fluggastdatengesetz besteht ein solches Nichtwissen über den Einsatz und die Implementierungsdetails maschinellen Lernens bei Systemoutsidern – sei es als potenzielle Maßnahmenadressaten oder als Teil der Öffentlichkeit.[6] Dieser Nichtwissenszustand kann erst dann beseitigt werden, wenn der Staat – sei es der Gesetzgeber, die Bundesregierung oder die Sicherheitsbehörden – entsprechende Informationen gegenüber Systemoutsidern offenlegt; es handelt sich dabei somit um überwindbares Nichtwissen.[7] Darum soll es im folgenden Abschnitt gehen.

Ein Akteur, dem das Bestehen von Nichtwissen über maschinelles Lernen zurechenbar ist, kann zugleich derjenige sein, bei dem Nichtwissen besteht. In diesem Fall wird Nichtwissen eines Systemoutsiders seiner eigenen, internen Intention zugerechnet *(Nichtwissen als Resultat eigener Intention)*. Solches Nichtwissen liegt in Situationen vor, in denen Systemoutsider Nichtwissen über maschinelles Lernen im Wesentlichen selbst beseitigen können, bspw. anhand von

[6] Wenngleich nach *Wehling*, in: Schützeichel (Hrsg.), 2007, 485, 487, auch „bloße Vermutungen" noch als Wissen gelten, während Nichtwissen „die Abwesenheit kognitiver Erwartungen, also selbst von Ahnungen und Vermutungen" ist, wird nachfolgend die Vermutung eines Einsatzes maschinellen Lernens, so wie sie sich in einigen wissenschaftlichen Publikationen und gesellschaftlichen Diskussionen verzeichnen lässt (siehe Kap. C. Fn. 108), dennoch als Nichtwissen behandelt. Für eine rechtswissenschaftliche Analyse erscheint dies angebracht, denn rechtliche Offenlegungsinstrumente unterscheiden auch nicht zwischen Nichtwissen und Vermutung. Vielmehr dürften gerade gewisse Vermutungen über den Gehalt der ersuchten Informationen der Geltendmachung von Offenlegungsansprüchen zugrunde liegen.

[7] Zur Unterscheidung von Nichtwissensformen hinsichtlich der Möglichkeit oder Unmöglichkeit, Nichtwissen in Wissen zu überführen *Wehling*, EWE 20 (2009), 95, 100. Im Kontext maschinellen Lernens zweifeln *Veale/Brass*, SSRN Journal 12 (2019), 1, 16, wiederum an der vollständigen Überwindbarkeit solchen Nichtwissens: „While public sector organisations might be able to provide general information about the data used or model built in a transparent manner, either to the public or to third parties, it is unlikely that they will be able to transparently evidence the broader process, of which machine learning is only a part, through which policy options or prediction mechanisms were supported. Proposals for 'algorithmic transparency' often go beyond explaining individual actions of a model to call for information about intentions of the individuals and teams involved, and the environment a system was trained and tested in". Damit adressieren die Autoren zugleich das unter F.II. erläuterte intendierte Nichtwissen bei Systeminsidern.

Informationen aus allgemeinzugänglichen Quellen. Meist wird hierdurch im Bereich maschinellen Lernens ein Mangel an technischen Kompetenzen angesprochen, dem zufolge Systemoutsider nicht wissen, wie die Technologie in ihren Grundzügen funktioniert und somit auch nicht, wie diese eine (sie betreffende) Entscheidungsgrundlage und -findung mitgestalten könnte. In Diskussionen über maschinelles Lernen wird diese Nichtwissensausprägung oft als „technical illiteracy" adressiert.[8] Technical illiteracy kann auch im Fall des Musterabgleichs mit Fluggastdaten eine einschlägige Nichtwissensursache sein, deren rechtliche Bedeutung in diesem Kontext im nächsten Abschnitt untersucht wird (2.).

1. Nichtwissen als Resultat fremder Intention

Dass *Wehling* auf eine Zurechenbarkeit und nicht auf eine Absicht abstellt, ist eine wichtige Erweiterung der Konzeption intendierten Nichtwissens.[9] Denn im Kontext einiger staatlicher Maßnahmen, darunter insbesondere solche der Sicherheitsbehörden, ist die Absicht einer Geheimhaltung in erster Linie auf andere Aspekte von Maßnahmen bezogen und führt nur mittelbar zu einem Nichtwissen über bestimmte Technologien. So legt die Gesetzesentwurfsbegründung des FlugDaG fest, dass eine über die im Gesetz enthaltenen Informationen zum Inhalt und zu der Erstellung von Mustern hinausgehende gesetzliche Festlegung nicht erfolgen kann.[10] Diese bewusste inhaltliche Unvollständigkeit des Normprogramms ist ein gezieltes Aufrechterhalten von Nichtwissen, eine gesetzgeberische Absicht. Dadurch wird jedoch nicht unbedingt die Geheimhaltung eines etwaigen Einsatzes maschinellen Lernens bezweckt, sondern allgemeiner die Herstellung von Flexibilität der Sicherheitsbehörden bei der Erstellung von Mustern.[11] Der Gesetzgeber beruft sich auf die dynamische Entwicklung der Vorgehensweisen von Tätern und die damit verbundene Schnelllebigkeit von Mustern, die Notwendigkeit, mit den Entwicklungen auf Täterseite Schritt halten zu können und die Notwendigkeit zu verhindern, dass sie ihre Vorgehensweise so an Muster anpassen können, dass diese aufgrund starrer gesetzlicher Vorgaben ins Leere laufen.[12] Die dadurch bedingte Offenheit von Gesetzen ist ein bewährtes Mittel zur Ermöglichung von Flexibilität und Innovationsfähigkeit sowie zur

---

[8] *Burrell*, Big Data & Society 3 (2016), 1, 4; *Cobbe*, SSRN Journal 2018, 1, 5; *Selbst/Barocas*, Fordham L. Rev. 2018, 1085, 1093.

[9] *Wehling*, 2006, 128: „‚Intentionalität' ist in diesem Kontext nicht in einem naiv-realistischen Sinn als die ‚tatsächliche' Kausalursache des Nichtwissens zu verstehen. Der Begriff bezeichnet vielmehr eine Form der mehr oder weniger gut begründeten, aber prinzipiell strittigen *Zurechnung* von Nichtwissen auf das Handeln oder Unterlassen sozialer Akteure".

[10] BT-Drs. 18/11501, 29.

[11] Ebd.

[12] BT-Drs. 18/11501, 29 f.

Vorbeugung von Umgehungsgefahren, gerade auch mit Blick auf neue technische Entwicklungen.[13] Stellt man bei der Intentionalität als Ursache von Nichtwissen jedoch nicht auf zielgerichtete Absichten, sondern auf die Zurechenbarkeit der Gründe für Nichtwissen auf staatliches Handeln oder Unterlassen ab, ist gerade diese Offenheit der Grund, weshalb Systemoutsider nichts über die für den Musterabgleich verwendeten Technologien wissen.

Diese Nichtangabe von Informationen über Einzelheiten des Musterabgleichs führt zu einem *Nichtwissen über das „ob" und „wie" eines Einsatzes maschinellen Lernens*. Weder ist mit Sicherheit bekannt, ob für die Mustererstellung und die Automatisierung des Musterabgleichs maschinelles Lernen eingesetzt wird, noch lassen sich zu den Implementierungsdetails der Technologie mehr als Hypothesen aufstellen.[14] Da jedoch Maßgaben der Maßnahme im FlugDaG normiert sind, kann über das „wie" eines (potenziellen) Einsatzes dennoch einiges erschlossen werden.[15] Aus § 4 Abs. 4 i. V. m. § 2 Abs. 2 FlugDaG ergibt sich, mit welcher Datengrundlage im Rahmen einer maschinellen Analyse nach § 4 Abs. 4 FlugDaG gearbeitet wird, woraus auf die Grundstruktur von sowohl Trainings- als auch Testdatensätzen geschlossen werden kann. Ferner lässt § 4 Abs. 3 Sätze 2 bis 6 FlugDaG auf die Outputklassen eines Abgleichmodells schließen: „verdächtig" und „unverdächtig". § 4 Abs. 3 Satz 6 FlugDaG gibt das grundsätzliche precision und recall Verhältnis vor.[16] Allgemeiner betrachtet gibt die Zweckbestimmung des Gesetzes Aufschluss über das Ziel eines etwaigen Einsatzes maschinellen Lernens und lässt auch dadurch gewisse Hypothesen über die Modellierung zu. Aus der Gesetzesentwurfsbegründung wird auch deutlich, dass das PNR-System eine Eigenentwicklung des Staates ist,[17] was im Rahmen der Literatur zu maschinellem Lernen ebenfalls von Interesse ist, da argumentiert wird, dass eine enge behördliche Einbindung in den Entwicklungsprozess zur Sensibilisierung für technologische Herausforderungen und höheren Legitimität algorithmischer Entscheidungen führt.[18]

---

[13] Vgl. *Schmidt-Aßmann*, 2006, 195.

[14] Vgl. auch *Coglianese/Lehr*, Admin. L. Rev. 71 (2019), 1, 33: „Governmental use of machine learning generates a broad range of potentially disclosable information, including the algorithm's source code, its objective function, its specifications and tuning parameters, its training and test data set, and the programming details of any ancillary computer programs that translate its predictions into actions."

[15] Zu dieser „reverse engineering"-Herangehensweise s. bereits oben C.II.

[16] Siehe dazu bereits oben, Kap. C. Fn. 134 mit dazugehörigem Text.

[17] BT-Drs. 18/11501, 3.

[18] Innerhalb der Literatur zu maschinellem Lernen wird der Entwicklung von lernenden Systemen für staatliche Maßnahmen durch Private primär mit datenschutzrechtlichen und qualitätsbezogenen Bedenken begegnet, vgl. *Sherer/Sterling/Burger/Banaschik/Taal*, in: Jahankhani (Hrsg.), 2018, 251, 263; *Lucke*, in: Mohabbat-Kar/Thapa/Parycek (Hrsg.), 2018, 97, 107.

Da intendiertes Nichtwissen bei Outsidern auf eine bewusste menschliche Entscheidung zurückzuführen ist, unterliegt es auch am ehesten einer rechtlichen Intervention.[19] Sofern Nichtwissen über das „ob" eines Einsatzes maschinellen Lernens behoben würde, bestünde zwar nach wie vor ein Nichtwissen über das „wie". Angesichts einiger Informationen, die anhand des Gesetzes und der Gesetzesentwurfsbegründung erschlossen werden können, bestünde dieses jedoch nicht hinsichtlich sämtlicher Implementierungsaspekte. Es bestünde hinsichtlich der genauen Rolle(n) der Technologie bei der Mustererstellung (Datensegmentierung als Vorschritt der Mustererstellung, Prüfungsmerkmalsselektion, Prüfungsmerkmalsgewichtung, Aussortierung von versehentlich erhobenen sensitiven Daten, Detektion von Alias-Persönlichkeiten, Ungleichbehandlungen, etc.), hinsichtlich der Wahl von konkreten Algorithmen und Lernverfahren, der Ausgestaltung von Test- und Trainingsdatenmengen sowie der konkreten Implementierungsdetails wie Programmcode, Zielfunktionen und Lernzyklen.[20]

a) Sicherheitsbehördliche Interessen am Aufrechthalten von Nichtwissen

Dass Behörden interne Entscheidungsverfahren haben, die von denjenigen, die davon betroffen sein könnten, nicht vollständig durchschaut werden, ist nichts Unübliches, auch dann nicht, wenn es sich dabei um algorithmengestützte Entscheidungsverfahren handelt.[21] Bei Maßnahmen der Sicherheitsbehörden ist dies gerade typisch und nicht per se verwerflich.[22] Sicherheitsmaßnahmen, insbeson-

---

Wischmeyer, in: Kulick/Goldhammer (Hrsg.), 2020, 193, 211 argumentiert für eine rechtliche Verpflichtung, „dass sensible Systeme ‚in-house' entwickelt werden – oder zumindest dort intensiv nachgeprüft werden." Laut *Deeks*, CLR 119 (2019), 1829, 1841 kann der exekutivische Einsatz von privat entwickelten und ungewissen Lernmodellen mit einem Verlust argumentativer Überzeugungskraft einhergehen: „a court could reduce its level of deference to an agency decision when the agency deploys a black-box algorithm purchased from the private sector, because the court concludes that the agency is making a prediction on private sector expertise, not its own." Vgl. auch *Herold*, DÖV 2020, 181, 187 f., die im Kontext von Vollzugssoftware die Verantwortung für den Einsatz und die inhaltliche Ausgestaltung bei der Verwaltung sieht und sich dabei auf die demokratische Legitimation sowie die Rechtsstaatlichkeit der automatisierten Entscheidung beruft.

[19] Vgl. *Price II/Rai*, Iowa L. Rev. 106 (2021), 775, 790.

[20] Jeder Einsatz von Technologien erzeugt ein breites Spektrum an potenziell offenzulegenden Informationen, wie bspw. Details über alle zusätzlichen Computerprogramme in der Abgleichkomponente des PNR-Systems, die Muster in das Abgleichsystem einbinden und Abgleiche durchführen. Dabei handelt es sich jedoch um Verarbeitungsprozesse, die streng genommen nicht Teil von maschinellen Lernverfahren sind. Entsprechendes Nichtwissen wird nachfolgend deshalb nicht thematisiert.

[21] *Burrell*, Big Data & Society 3 (2016), 1, 2; *Selbst/Barocas*, Fordham L. Rev. 2018, 1085, 1092.

[22] *Martini*, 2019, 40 f.; *Burkhardt*, in: Friedrich/Gehring/Hubig/Kaminski/Nordmann (Hrsg.),

dere solche im Bereich der Terrorprävention, sind grundsätzlich in einem hohen Maße von intendiertem Nichtwissen geprägt.[23] Das liegt primär daran, dass in solchen Kontexten Umgehungsgefahren und Angriffe auf die entscheidungsunterstützenden Systeme und deren Inhalte reale Herausforderungen sind.[24] Letzteres belegen nicht zuletzt auch gesetzliche Sicherheitsstandards für sicherheitsbehördliche Verarbeitungssysteme, wie diejenigen in Art. 29 ff. JI-RL[25] über die Sicherheit personenbezogener Daten. Daraus wird deutlich, dass das Aufrechterhalten von Nichtwissen über Einzelheiten und Details einer technologiegetriebenen sicherheitsbehördlichen Maßnahme generell keine Praxis ist, die spezifisch mit einem etwaigen Einsatz maschinellen Lernens zusammenhängt.[26]

Unter welchen Bedingungen ein Verhaltensmerkmal als Teil eines gesuchten Verhaltensmusters erkannt werden könnte, soll für den Einzelnen nicht absehbar sein. Die Effektivität von Mustern hängt entscheidend davon ab, dass nicht offengelegt wird, welche einzelnen Verhaltenskomponenten musterrelevant sind, denn wäre dies transparent, könnten sie leicht umgangen werden, indem eine einzelne Handlung durch eine andere, funktional äquivalente ersetzt wird.[27] Nichtwissen

2017, 55, 62; *Pravica*, in: Friedrich/Gehring/Hubig/Kaminski/Nordmann (Hrsg.), 2017, 123; *Rusteberg*, in: Münkler (Hrsg.), 2019, 233, 246.

[23] *Pravica*, in: Friedrich/Gehring/Hubig/Kaminski/Nordmann (Hrsg.), 2017, 123.

[24] *Kroll/Huey/Barocas/Felten/Reidenberg/Robinson/H. Yu*, U. Pa. L. Rev. 165 (2017), 633, 639: „The process of deciding which tax returns to audit, or whom to pull aside for secondary security screening at the airport, may need to be partly opaque to prevent tax cheats or terrorists from gaming the system." Vgl. auch *Price II/Rai*, Iowa L. Rev. 106 (2021), 775, 782; *Wischmeyer*, in: Wischmeyer/Rademacher (Hrsg.), 2020, 75, 84; *Selbst/Barocas*, Fordham L. Rev. 2018, 1085, 1093. Nachfolgend wird der Fokus eher auf Umgehungsgefahren als auf feindliche Angriffe gelegt.

[25] Richtlinie (EU) 2016/680 des Europäischen Parlaments und des Rates vom 27. April 2016 zum Schutz natürlicher Personen bei der Verarbeitung personenbezogener Daten durch die zuständigen Behörden zum Zwecke der Verhütung, Ermittlung, Aufdeckung oder Verfolgung von Straftaten oder der Strafvollstreckung sowie zum freien Datenverkehr und zur Aufhebung des Rahmenbeschlusses 2008/977/JI des Rates (nachf.: JI-RL).

[26] So auch *Selbst/Barocas*, Fordham L. Rev. 2018, 1085, 1092. Dadurch werden zugleich Vorwürfe darüber, dass die Regierung maschinelles Lernen zum Anlass nehme um besonders unbestimmte Gesetze zu erlassen, so wie etwa bei *Ulbricht*, Eur J Secur Res 3 (2018), 139, 154, relativiert.

[27] *Baur*, ZIS 15 (2020), 275, 278. So auch *Rich*, U. Pa. L. Rev. 164 (2016), 871, 923, m. w. N.: „information regarding specific relevant facts and their weight is the most deserving of protection on this ground". *Hermstrüwer*, in: Wischmeyer/Rademacher (Hrsg.), 2020, 199, 217 argumentiert sogar in die Richtung, dass Informationsoffenlegung über maschinelles Lernen Anreize zum rechtswidrigen Verhalten setzen könnte: „[T]oo much predictability may result in behavioral adaptation. Predictable predictions and decisions based on such predictions alter strategic incentives. If a person anticipates that she faces a lower probability of being monitored than others she will likely reduce her efforts to comply with the law."

ist in solchen Fällen für die Funktionsfähigkeit sicherheitsbehördlicher Maßnahmen konstitutiv, unabhängig davon, ob sie anhand lernender Algorithmen funktionieren oder nicht, weshalb auch die Offenlegung des Inhalts von Mustern nachfolgend nicht als eine realistische Option in Erwägung gezogen wird.[28] Neben der Notwendigkeit der Vorbeugung etwaiger Umgehungsgefahren tritt auch das Bedürfnis nach Flexibilität und Innovationsoffenheit beim Einsatz von Technologien hervor, was letztlich ebenso die Effektivität der Maßnahme gewährleisten soll.[29] Beides – Funktionsfähigkeit und Effektivität – lässt sich auf das staatliche Interesse an der Gewährleistung der öffentlichen Sicherheit stützen und findet eine normative Basis in den aus den Grundrechten hergeleiteten Schutzpflichten.[30] Somit besteht grundsätzlich ein schutzwürdiges sicherheitsbehördliches Interesse am Aufrechthalten von Nichtwissen bei Maßnahmenoutsidern.

aa) Umgehungsunterschiede bei theoriegeleiteten und lernenden Ansätzen

Dieses Interesse lässt sich auch spezifisch auf den Einsatz maschinellen Lernens im Rahmen des Musterabgleichs beziehen. Im Kern dürfte es einem potenziellen Straftatverdächtigen darauf ankommen, dass seine Fluggastdaten keinen Treffer mit Mustern erzeugen, und somit auf die Umgehung der Muster des Abgleichsystems. Grundsätzlich gilt, dass je mehr über ein technisches System öffentlich bekannt ist, es umso leichter ist, dieses zu umgehen. Dies gilt bereits für die Offenlegung des (Nicht)Einsatzes einer bestimmten Technologie im Rahmen des Musterabgleichs und der Mustererstellung.[31] Denn die Herangehensweisen an

[28] Siehe dazu auch Nr. 228 aus den Schlussanträgen des Generalanwalts *Giovanni Pitruzzella*, v. 27.1.2022 zur Rechtssache C-817/19 (nachf. Schlussanträge zur Rechtssache C-817/19), wonach Transparenzerfordernisse im PNR-Kontext „natürlich nicht [bedeuten], dass die verwendeten ‚Profile' veröffentlicht werden müssen."

[29] So im Grunde auch die Antwort der Bundesregierung auf eine Offenlegungsanfrage in BT-Drs. 20/6862, 3: „Die insoweit erbetenen Informationen zum Einsatz von Künstlicher Intelligenz zielen auf die kriminaltaktischen oder nachrichtendienstlichen Ermittlungs- bzw. Informationsgewinnungsinstrumente der betroffenen Sicherheitsbehörden ab. Mit der Beantwortung würden mittelbar bestimmte Arbeitsmethoden und Vorgehensweisen offengelegt oder Rückschlüsse darauf ermöglicht. Hierdurch würden die Arbeitsfähigkeit und Aufgabenerfüllung und somit die Erfüllung des gesetzlichen Auftrags der betroffenen Sicherheits- und Strafverfolgungsbehörden sowie Nachrichtendienste erheblich gefährdet."

[30] Vgl. auch *Golla*, KrimJ 2020, 149, 151.

[31] Vgl. dazu auch BT-Drs. 20/6862, 3. *L. Neumann*, 2016, in: Stellungnahme zum Gesetz zur Modernisierung des Besteuerungsverfahrens, 13.4.2016, 6, erwägt, dass Systeme, die lernende Ansätze inkorporieren, aufgrund ihrer Komplexität und Anpassungsfähigkeit gegenüber externen Angriffen resilienter seien als solche, die lediglich theoriegeleitete Ansätze inkorporieren. Daraus folgert er, dass im Fall des maschinellen Lernens grundsätzlich mehr über die Systeme nach außen offenbart werden könne, ohne dass dadurch ein signifikantes Missbrauchspotenzial entstünde. Eine solche Aussage kann jedoch nicht generalisiert getroffen werden,

die Umgehung einer Detektion durch das PNR-System könnten sich danach unterscheiden, ob das System theoriegeleitet oder anhand maschinellen Lernens operiert.[32] Beispielsweise würde, wenn Muster bekanntermaßen theoriegeleitet erstellt werden, deren Umgehung eine Auseinandersetzung mit aktuellen Straftatentrends, kriminologischen Annahmen und ein Hineinversetzen in die logische Denkart von Sicherheitsexperten erfordern. So betrachtet erscheint die Rekonstruktion von theoriegeleitet erstellten Mustern je nach Sachnähe, Expertise und Erfahrung der an der Umgehung interessierten Personen mit einer gewissen Wahrscheinlichkeit möglich. Der Versuch der Umgehung erfordert im Fall theoriegeleiteter Ansätze also einen Versuch, die Logiken hinter dem PNR-System zu verstehen.

Anders liegt dies, wenn Muster auf die maschinelle Analyse vieler Datenbestände zurückzuführen sind. So erstellte Muster können sehr treffgenau sein, müssen aber weder naheliegend noch logisch sein. Ein Flugverhalten, das auf Recherchen und logischer Rekonstruktionsarbeit von sicherheitsbehördlichen Präventionsstrategien beruht und dementsprechend strategisch-unauffällig arrangiert wurde, muss beim Abgleich mit maschinell erstellten Mustern keineswegs mit einer erhöhten Wahrscheinlichkeit in einer Unauffälligkeit resultieren, denn die mathematisch-statistischen Rationalitäten maschineller Mustererstellung sind nicht ohne Weiteres menschlich (re)konstruierbar. Mit anderen Worten sind die Erfolgschancen einer verständnisorientierten Rekonstruktion von maschinell erstellten Mustern gering. Für diese Konstellationen bieten sich andere, auf maschinelles Lernen speziell ausgerichtete Umgehungsstrategien an. Demzufolge kann bereits die Offenlegung eines wie auch immer gearteten (Nicht)Einsatzes maschinellen Lernens im PNR-System die Umgehungswahrscheinlichkeit erhöhen, indem sie die Auswahl der jeweiligen Umgehungsstrategie erleichtert und entsprechende Handlungen zielgerichteter gestalten lässt.[33]

bb) Umgehungsstrategien bei maschinell-erstellten Mustern

„Klassische" Hackerangriffe wie das Eindringen in das PNR-System mit technischen Mitteln dürften bei komplexen Lernmodellen seltener Mittel der Wahl sein. Denn anders als bei theoriegeleitet erstellten Mustern verspricht der Zugriff auf die

---

sondern hängt vielmehr von der konkreten Ausgestaltung des (lernenden) Systems ab, vgl. *Selbst/Barocas*, Fordham L. Rev. 2018, 1085, 1093.

32 Ebenso unterscheiden sich auch die Angriffsstrategien bei beiden Ansätzen; zu den Unterschieden zwischen Angriffen auf lernende und „traditionelle" Systeme siehe *Comiter*, Belfer Center Paper 2019, 47 ff.

33 Insofern kann auch nicht generell behauptet werden, dass die Offenlegung des lediglichen Einsatzes wenig kontrovers sei, so aber: *Wischmeyer*, in: Wischmeyer/Rademacher (Hrsg.), 2020, Rn. 44.

Inhalte eines komplexen Lernsystems keinen klaren Einblick in die internen Entscheidungsregeln und die dahinterstehenden Muster. Umgehungstaktiken bei lernenden Ansätzen bestehen vielmehr in der Konstruktion verschiedener Lernmodelle auf der Basis von den Angreifern vorliegenden Informationen über das PNR-System und auf der Basis von ihnen gegebenenfalls vorliegenden Fluggastdaten. Solche Modelle lassen sich als Gegenmodelle (sog. Adversarial Models) bezeichnen und können je nach Ähnlichkeitsgrad zu den PIU-Modellen als Testmodelle für die Einschätzung der Verdächtigkeit eines Flugverhaltens verwendet werden. Nach mehreren dadurch ermöglichten Abgleichsimulationen mit verschiedenen Flugverhaltenskonstellationen und der laufenden Beobachtung der Klassifikationsergebnisse der Gegenmodelle, kann dasjenige Flugverhalten gewählt werden, das mit der niedrigsten Wahrscheinlichkeit als verdächtig klassifiziert werden dürfte, das strafbare Endziel aber dennoch erreichen lässt.[34] Beispielsweise könnte nach Anpassung an das Gegenmodell ein weniger verdächtiger Umweg gebucht werden, der den geplanten Drogentransfer ebenso vollenden lässt.

Jede weitere über den bloßen Einsatz der Technologie hinausgehende Informationsoffenlegung, wie bspw. die Offenlegung der verwendeten Klassen von Algorithmen und Lernverfahren, kann die Gestaltung von immer ähnlicheren Gegenmodellen und mithin eine immer zielgerichtetere Umgehung des PNR-Systems ermöglichen. Sind etwa die verwendeten Lernverfahren bekannt, ließen sich Gegenmodelle konstruieren, die dem sicherheitsbehördlichen Lernmodell noch näherkommen. Die Umgehungsgefahr dürfte insbesondere bei einer Offenlegung von Datensätzen, die als Lernbasis der Modelle verwendet wurden, besonders hoch sein. Bei einer solchen Offenlegung ließen sich Gegenmodelle konstruieren, die den Modellen der PIU sehr nahekommen.[35] Mithin dürften jedenfalls der Offenlegung von Implementierungsdetails (das „Wie" eines Einsatzes) schwerwiegende sicherheitsbehördliche Interessen entgegenstehen. Die Offenlegung des „Ob" eines Einsatzes könnte eine Umgehung zwar erleichtern, inwieweit dadurch die Funktionsfähigkeit und Effektivität des Abgleichsystems real gefährdet wären, lässt sich jedoch ohne Kenntnis seiner genauen Konstruktion und der weiteren getroffenen technischen Maßnahmen zur Sicherung des PNR-Systems schwer abschätzen.

---

[34] Solche Angriffsmethoden werden als „model extraction" bezeichnet. Angriffsmethoden aus diesem Bereich, die darin bestehen, Informationen über ein System anhand der Beobachtung ihres Outputs zu sammeln, kommen beim PNR-System mangels einer Zugriffsmöglichkeit der Angreifer auf dessen Output nicht in Betracht, siehe zu solchen Angriffen bei maschinellem Lernen *Shokri/Strobel/Zick*, https://arxiv.org/pdf/1907.00164, 2019; *X. Wang/Xiang/Gao/Ding*, ICLR 2021, https://arxiv.org/pdf/2009.06112.

[35] Zu beachten ist, dass die grundsätzliche Struktur der zur Modellkonstruktion verwendeten Datensätze aufgrund von § 2 Abs. 2 FlugDaG bereits bekannt ist.

b) Rechtliche Bedeutung

Da intendiertes Nichtwissen auf die bewusste Nichtpreisgabe von Informationen zurückzuführen ist, kann es durch die Offenlegung von Informationen überwunden werden, denn dadurch sind die Voraussetzungen für das Entstehen von Wissen über das Ob und Wie eines Einsatzes maschinellen Lernens geschaffen. Es handelt sich somit um eine Konstellation, in der ein Mehr an Informationen und Wissen tatsächlich zur Beseitigung von Nichtwissen beitragen kann. Die Offenlegung solcher Informationen wird nachfolgend als Transparenz bezeichnet.[36] Im Kontext maschinellen Lernens wird dabei oft von algorithmischer Transparenz gesprochen.[37]

aa) Kognitive Grenzen algorithmischer Transparenz

Bei dem Thema maschinelles Lernen verbirgt sich hinter dem Transparenzbegriff oft eine Reihe an Forderungen, die von der schlichten Preisgabe des Einsatzes, einer Erklärung der wichtigsten Funktionen der Technologie, der Offenlegung einzelner Implementierungsdetails bis hin zur Offenlegung von Trainingsdatensätzen oder Programmcode, bzw. der Möglichkeit der Einsichtnahme reichen.[38] Aus der Perspektive verschiedener Ausprägungen von Nichtwissen erscheint ein Großteil der hinter dem Transparenzbegriff stehenden Forderungen entweder übersimplifiziert oder jedenfalls unterdifferenziert.[39]

Wichtig erscheint zunächst weniger die Frage, ob algorithmische Transparenz gut oder schlecht, erwünscht oder unerwünscht ist, sondern die Frage, was sie bei maschinellem Lernen tatsächlich leisten kann. Transparenz, im Sinne einer – allgemein oder individuell bezogenen – Offenlegung von Informationen über den Einsatz bestimmter Technologien und ihrer Details, ist kein Allheilmittel gegen Nichtwissen bei maschinellem Lernen. Transparenzmechanismen können allein bei intendiertem Nichtwissen bei Systemoutsidern sinnvoll sein, was, wie noch zu zeigen sein wird, eine der weniger heiklen Nichtwissensformen bei maschinellem Lernen darstellt. Das liegt daran, dass der Kern solcher Mechanismen in

---

36 Vgl. *Bröhmer*, 2004, 18, der Transparenz als ein Mehr an Informationen bezeichnet, welche bezüglich eines Vorgangs im Vergleich zu einem weniger transparenten Vorgang einem Beobachter zur Verfügung gestellt werden.

37 Vgl. *Vogel*, in: Santosuosso/Pinotti (Hrsg.), 2020, 49 ff.; *Wischmeyer*, in: Wischmeyer/Rademacher (Hrsg.), 2020, 75, 79; *Ananny/Crawford*, New Media & Society 20 (2018), 973, 977; *Veale/Brass*, SSRN Journal 12 (2019), 1.

38 So auch *Orwat*, 2020, 98, m. w. N.

39 Vgl. *Seaver*, Media in Transition 8 (2013), 1, 7: „At their most simple, calls for transparency assume that someone already knows what we want to know, and they just need to share their knowledge. […] not everything we want to know is already known by someone on the inside.“

der Offenlegung vorhandener oder jedenfalls einholbarer Informationen liegt. Ist Nichtwissen bei maschinellem Lernen hingegen unabsichtlich und keinem sozialen Akteur zurechenbar, so ist algorithmische Transparenz zum Umgang damit nicht weiterbringend, denn es liegen in dem Fall niemandem Informationen vor, die diesen Nichtwissens- in einem Wissenszustand umschlagen ließen. So kann Transparenz objektiv undurchschaubare, da mathematisch zu komplexe Vorgänge, nicht durchschaubarer und weniger komplex machen. Sie kann allenfalls diese Undurchschaubarkeit offenbaren. Wenig weiterführend erscheinen Transparenzmechanismen ebenso in den Fällen, in denen Nichtwissen zwar intendiert ist, dennoch nicht durch eine Informationsoffenlegung behoben werden kann, da niemand über die notwendigen Informationen verfügt, beispielsweise, weil darauf aus Praktikabilitätsgründen verzichtet wurde, so wie im Fall von Insidernichtwissen.

Nichtwissen bei maschinellem Lernen ist also nur insoweit mittels Transparenzherstellung behebbar, als Informationen vorhanden sind, bzw. faktisch eingeholt werden können und auf eine Art und Weise zur Verfügung gestellt werden können, die die Entstehung von Wissen ermöglicht. Diese Voraussetzungen sind allein beim fremdintendierten Nichtwissen bei Systemoutsidern erfüllt. Zum Umgang mit weiteren Nichtwissenszuständen, wie einem mangelnden Verständnis der Technologie bei Laien, einem fehlenden Überblick über systemrelevante Operationen oder einer technologieinhärent fehlenden Nachvollziehbarkeit der Funktionsweise und Outputs maschinellen Lernens, trägt eine Offenlegung von Informationen über Einsatz und Implementierungsdetails nicht bei. Gleichwohl werden solche Nichtwissenszustände teilweise, und nach hier vertretener Ansicht unpräzise, mit Forderungen nach bzw. Regulierungsvorschlägen über algorithmische Transparenz adressiert.[40] Deshalb ist klarzustellen, dass die nachfol-

[40] Krit. auch bei *Henin/Le Métayer*, AI and Society 2021, 1397: „the terms ‚transparency', ‚explanation' and ‚justification' are frequently used without precise definition, sometimes interchangeably, sometimes with different meanings."; *Waltl*, in: Mainzer (Hrsg.), 2020, 1, 21: „Transparenz zielt auf die Offenlegung von technischen Eigenschaften ab, während eine Erklärung immer im Kontext steht und ohne den Zusammenhang mit etwas zu Erläuterndem nicht gedacht werden kann." Den Unterschied zwischen „Transparenz" und „Erklärbarkeit" bei Algorithmen betonen auch *Coglianese/Lehr*, Admin. L. Rev. 71 (2019), 1, 19, m.w.N in Fn. 55. Unpräzise wird in dem Kontext auch mit dem Begriff „Blackbox" umgegangen, vgl. *Card*, The „black box" metaphor in machine learning, abrufbar unter: https://perma.cc/K327-NTPJ: „Although this metaphor is appropriate for some particular situations, it is actually quite misleading in general, and may be causing a considerable amount of confusion." Auch der derzeitige Regulierungsvorschlag auf europäischer Ebene, Proposal for a Regulation of the European Parliament and of the Council laying down harmonised rules on artificial intelligence (Artificial Intelligence Act) and amending certain Union legislative acts, 21.4.2021, COM(2021) 206 final, 2021/0106 (COD), (nachf.: AI-Act), geht mit dem Transparenzbegriff undifferenziert um, siehe die Kritik bei *Kiseleva*, Making AI's transparency transparent: notes on the EU Proposal

genden Überlegungen zu algorithmischer Transparenz allein auf die Offenlegung von Einsatz und Implementierungsdetails maschinellen Lernens bezogen sind. Weitere Ansätze zum Umgang mit Nichtwissen, wie die Erklärung der grundsätzlichen Funktionsweise maschinellen Lernens oder die Steuerung der Modellierungsprozesse algorithmischer Systeme zwecks Rationalisierung sicherheitsbehördlicher Verfahren, werden von algorithmischer Transparenz unterschieden und im Rahmen weiterer Nichtwissensausprägungen bei maschinellem Lernen thematisiert. Damit wird algorithmischer Transparenz ein engeres Verständnis zugrunde gelegt, als dies im Rahmen mancher anderer Auseinandersetzungen mit maschinellem Lernen der Fall ist.[41]

Die kognitiven Grenzen algorithmischer Transparenz bleiben in wissenschaftlichen Diskussionen bislang eher unterbeleuchtet.[42] In der Rechtswissenschaft wird der Fokus vielmehr auf die Darstellung der Möglichkeiten und Reichweite verschiedener Transparenzmechanismen sowie auf die Frage, wo und wie diese geregelt werden können bzw. sollen, gelegt. Daneben wird das geltende Recht, und dabei meist das Datenschutzrecht, dahingehend überprüft, ob es Anforderungen für die Gewährleistung algorithmischer Transparenz enthält. Dabei wird allerdings eine wichtige Vorfrage außer Acht gelassen, nämlich ob dies, was algorithmische Transparenz tatsächlich leisten kann, auch einen rechtlichen Stellenwert hat. Nachfolgend liegt der Fokus deshalb weniger auf der Frage, *wie* algorithmische Transparenz rechtlich auszugestalten ist, sondern vielmehr auf

---

for the AI Act, abrufbar unter: https://perma.cc/F3X5-6ABW: „The act has two different types of transparency for different types of AI technologies (interpretability for high-risk AI systems and communication for interacting AI systems) – it already makes the terminology inconsistent. Another inconsistency is the use in AI Act of the term 'interpretability' as the main element of transparency, while all the acts that preceded the proposed AI Act used explainability instead."

[41] So scheint die Transparenz-Taxonomie bei *M.E. Kaminski*, in: Barfield (Hrsg.), 2020, 121, 130ff., zahlreiche Mechanismen, etwa der Offenlegung, Erklärbarkeit, Kontrolle, Dokumentation und sogar Folgenabschätzung, als Transparenz zu klassifizieren. Siehe auch *Wischmeyer*, in: Wischmeyer/Rademacher (Hrsg.), 2020, 75, 94ff., der sowohl die Offenlegung von Einsatz und Implementierungsdetails, als auch die Erklärbarkeit und Kontrolle von Systemen unter dem Oberbegriff AI-Transparency fasst. Ähnlich auch *Sommerer*, 2020, 215ff., die Offenlegungs-, Kontroll-, und Erklärungsmechanismen als Transparenzmechanismen bei predictive policing-Systeme zusammenfasst.

[42] Zu den „Limits of Transparency" s. aber *Trute*, Journal of Law & Economic Regulation 2015, 62, 77ff.; *Seaver*, Media in Transition 8 (2013), 1, 3f. u. 7: „What we recognize or ‚discover' when critically approaching algorithms from the outside is often partial, temporary, and contingent."; *Ananny/Crawford*, New Media & Society 20 (2018), 973, 978ff., 984: „Not only is transparency a limited way of knowing systems, but it cannot be used to explain – much less govern – a distributed set of human and non-human actors whose significance lies not internally but relationally."

der Frage, *ob und warum* algorithmische Transparenz rechtlich gewährleistet werden soll. Dies ist eine Frage nach der rechtlichen Bedeutung von Nichtwissen bei Systemoutsidern. Konkret ist nachfolgend also zu prüfen, ob die Offenlegung von Einsatz- und Implementierungsdetails maschinellen Lernens ein rechtlich gebotener Maßstab sicherheitsbehördlicher Tätigkeit ist, und algorithmische Transparenzmechanismen insoweit einen wichtigen Baustein im Rahmen der Regulierungsarchitektur sicherheitsbehördlicher Systeme wie dem PNR-System darstellen, oder ob die vielseits vorgeschlagenen Mechanismen algorithmischer Transparenz bei staatlichen Sicherheitsmaßnahmen vielmehr einen nicht zwingend rechtlich gebotenen (Selbst)Zweck erfüllen würden.

bb) Algorithmische Transparenz als sicherheitsrechtliches Gebot?

Die wesentliche Rolle maschinellen Lernens im Rahmen der Fluggastdatenverarbeitung bestünde in der Erstellung und Aktualisierung von Mustern und in der Automatisierung von darauf beruhenden Entscheidungen über die potenzielle Verdächtigkeit einzelner Fluggäste. Die Frage der Offenlegung des Einsatzes und der Implementierungsdetails solcher Verfahren ist daher im Wesentlichen eine Frage der Transparenz sicherheitsbehördlicher Entscheidungs(bildungs)prozesse. Gerade im Sicherheitsbereich kann Transparenz in diesem Sinne jedoch nicht ohne Weiteres als ein selbstständiges Rechtsprinzip oder gar ein Rechtsgebot vorausgesetzt werden.[43]

In der verwaltungsrechtlichen Maßstabslehre wird Transparenz abstrakt zunächst als ein außerrechtlicher Maßstab verstanden, dem rechtliche Relevanz in konkreten Kontexten zukommen kann aber nicht muss. Im Rechtssystem beansprucht Transparenz also nicht von vornherein und ausnahmslos rechtliche Geltung.[44] Gerade im Sicherheitsbereich kann sie auch gänzlich unangebracht sein kann.[45] Der Maßstabslehre nach kommt Transparenz nur unter Umständen ein

---

[43] Transparenz als Prinzip gänzlich ablehnend – *Augsberg*, in: Dreier/Spiecker gen. Döhmann/van Raay/Fischer (Hrsg.), 2016, 37, 48. Skeptisch zu einem sicherheitsrechtlichen Transparenzprinzip mit Blick auf das IFG und Informationsansprüche gegenüber Sicherheitsbehörden, *Gurlit*, in: Botha/Steiger/Schaks (Hrsg.), 2016, 157, 167. Krit. zur direkten Übertragung des Grundgedankens der Öffentlichkeit von Staatshandeln auch auf die Verwaltung, *Grzeszick*, in: Maunz/Dürig (Hrsg.), 2022, Art. 20 GG, Rn. 21 ff. und 31, der ein Rechtsgebot der Transparenz von Verwaltungsvorgängen von der Art der Verwaltungstätigkeit und der Frage, wieweit sie aus demokratischer Perspektive der Öffentlichkeit bedarf, sowie ob nicht entgegenstehende Gründe (bspw. die effektive Aufgabenerfüllung) Abweichungen von einer etwaigen Rechtsregel der Öffentlichkeit rechtfertigen, abhängig macht. Zu algorithmischer Transparenz unter demokratischen Gesichtspunkten siehe weiter unten in diesem Abschnitt D.I.1.f).

[44] *Fehling*, in: Trute/Gross/Röhl/Möllers (Hrsg.), 2008, 462, 469.

[45] Ebd.

rechtlicher Stellenwert zu, so etwa, wenn sie in einem Kontext gesetzlich[46] oder gerichtlich[47] vorausgesetzt ist.[48] Teilweise wird letzteres dahingehend bestritten, dass Gerichtsentscheidungen nur dann in der Lage sind, etwaigen Maßstäben wie Transparenz einen rechtlichen Stellenwert zu verleihen, wenn die Voraussetzungen für deren Einordnung als Gewohnheitsrecht vorliegen.[49] Nicht also bereits beim Vorliegen einiger weniger gerichtlicher Entscheidungen, sondern erst ab beständiger und weitgehend anerkannter Etablierung einer einheitlichen und konsequenten Rechtsprechungslinie, sollen Gerichtsentscheidungen in der Lage sein, Maßstäben Rechtsnormativität zu verleihen.

Ostermann bezeichnet Transparenz als einen sekundären Rechtswert in dem Sinne, dass Transparenz aus sich heraus kein Rechtsgehalt zukommt, sondern nur unter Bezugnahme auf einen primären Rechtswert,[50] beispielsweise den Datenschutz. Sekundäre Rechtswerte wie Transparenz oder Effizienz lassen sich demnach nicht „für sich" denken, sondern setzen einen primären Rechtswert voraus, sodass ihnen nur insoweit eine rechtliche Bedeutung zukommt als primäre Rechtswerte als Bezugspunkt auf sie ausstrahlen und sie insoweit zu einem normativ relevanten Belang erklären.[51] Transparenz enthält demnach nur durch ihre dienende Funktion für einzelne Rechtsnormen oder Rechtsgrundsätze (primäre Rechtswerte) eine (sekundäre) rechtliche Bedeutung. So gesehen stellt Transparenz, bezogen auf die offenzulegenden Informationen, ein Ziel dar, in Betrachtung der durch sie erstrebten rechtlichen Folgen ist sie aber lediglich ein Mittel zur Gewährleistung anderer Rechtsgarantien.[52] Ähnlich verfahren auch sicherheitsrechtliche Auseinandersetzungen mit Transparenz; auch sie untersuchen

---

[46] *Schoch*, in: Trute/Gross/Röhl/Möllers (Hrsg.), 2008, 543, 553: „wenn der Gesetzgeber dennoch der Versuchung [außerrechtliche Maßstäbe mit rechtlichen Bindungen zu versehen] erlegen ist, mutieren jene Sachrichtigkeiten zu rechtlichen Handlungs- und Kontrollmaßstäben."

[47] *Schmidt-Aßmann*, 2006, 314 f.: „Zum Rechtsmaßstab wird ein Kriterium dann, wenn es von den Gerichten als Kontrollmaßstab anerkannt und seine Nichtbeachtung mit den üblichen Folgen der Rechtswidrigkeit von Staatsakten […] verbunden wird."

[48] Beim Thema algorithmischer Transparenz, das rechtlich erst erschlossen werden muss, steht eine gesetzliche oder gerichtliche Verrechtlichung des Maßstabs noch aus, was entsprechend auch im Kontext des Fluggastdatengesetzes gilt. Siehe jedoch zu entsprechenden Regulierungsentwürfen auf europäischer Ebene Fn. 293. Siehe auch die Aussagen des EuGH zur PNR-RL, die sich als auch auf algorithmische Transparenz gerichtet deuten ließen, EuGH C-817/19, Rn. 210 f. Auf beides wird in der Folge detaillierter eingegangen.

[49] *Stark*, 2020, 298.

[50] So *Ostermann*, 2019, 326 f., der Transparenz, allgemein als Informationen über Rechtssubjekte verstanden, als sekundären Rechtswert zum öffentlichen Meinungsbildungsprozess als primären Rechtswert untersucht.

[51] *Ostermann*, 2019, 324 f., 328.

[52] *Ostermann*, 2019, 486.

diese nicht als ein selbstständiges Rechtsgebot, sondern beziehen die Bereitstellung von Informationen auf andere Rechtswerte und nähern sich dadurch der Frage ihres rechtlichen Stellenwerts.[53]

Eine solche Herangehensweise wird auch der nachfolgenden Auseinandersetzung mit algorithmischer Transparenz zugrunde gelegt, um ihre rechtlichen Konturen zu bestimmen. Anderenfalls droht die Gefahr, dass auch algorithmische Transparenz ein diffuser „politischer Kampfbegriff" bzw. ein „magisches Begründungssurrogat" bleibt, das vor andere Ziele des staatlichen Handelns in einer Weise geschoben wird, welche die dahinterliegenden Ziele und Werte, wenn überhaupt, nur schemenhaft erkennen lässt.[54] Würde also algorithmische Transparenz als Selbstzweck vorausgesetzt, ließe sie sich kaum rechtlich konturieren oder kontextspezifisch ausdifferenzieren, was eine weder den Algorithmen noch der Transparenz zugutekommende Entwicklung sein dürfte. Deshalb wird algorithmische Transparenz nachfolgend nur insoweit als ein sicherheitsrechtliches Gebot verstanden, als sie einem sicherheitsrechtlichen Wert dient. Es geht nachfolgend somit nicht um die Suche, Herleitung und Prüfung von wie auch immer gearteten Ansprüchen auf Transparenz. Sollte sich algorithmische Transparenz als rechtlich geboten erweisen, bestünde in der Regel ein gesetzgeberischer Spielraum hinsichtlich der Ausgestaltung entsprechender subjektiver Rechte oder staatlicher Pflichten, der verschiedentlich ausgefüllt werden kann. Ein solches Rechtserfordernis algorithmischer Transparenz gilt es aber erst zu prüfen. Mithin stehen auch die Art und Weise der konkreten Ausgestaltung solcher Regelungen nicht im Zentrum der Untersuchung.[55] Es geht nachfolgend vielmehr um die vorgelagerte Frage, der Verwirklichung welcher konkreter Rechtsnormen oder Rechtsgrundsätze algorithmische Transparenz im Kontext der Fluggastdatenverarbeitung dienen könnte. Erst wenn der Gewährleistungsgehalt einzelner Rechtsnormen oder Rechtsgrundsätze ohne algorithmische Transparenz nicht hinreichend gewahrt werden kann, erscheint sie in diesem Kontext rechtlich geboten.

Der *Datenschutz* mit seinem eigenständig normierten Transparenzgrundsatz ist hier ein naheliegender erster Anknüpfungspunkt, den es zu untersuchen gilt. Denn letztendlich handelt es sich bei maschinellem Lernen um eine Datenverar-

---

[53] Siehe etwa *Bäcker*, in: Dreier/Spiecker gen. Döhmann/van Raay/Fischer (Hrsg.), 2016, 229, 230, Fn. 6, der die Frage der Transparenz sicherheitsbehördlicher Datensammlungen mit Blick auf das Ziel demokratischer Auseinandersetzung untersucht.

[54] So zu Effizienz und Transparenz, *Ostermann*, 2019, 326, m. w. N.

[55] An Vorschlägen zu transparenzherstellenden regulatorischen Konzepten mangelt es in der Literatur zu Algorithmen zudem gerade nicht, siehe etwa die aufgelisteten Transparenzmechanismen bei *Sommerer*, 2020, 206 ff.; *Wischmeyer*, in: Wischmeyer/Rademacher (Hrsg.), 2020, 75, 87 ff.

beitungstechnologie, die von verarbeitungsbezogenen Nachvollziehbarkeitserfordernissen umfasst sein könnte. Auch der datenschutzrechtliche Zweckbestimmungs- und Zweckbindungsgrundsatz ist in der Lage, Transparenz über Datenverarbeitungsvorgänge herzustellen und könnte auch die Offenlegung von Verarbeitungstechnologien gebieten. In einem nächsten Schritt wird die Rolle algorithmischer Transparenz für *gleichheitsrechtlichen Fragen* untersucht. Gleichheitsrechten wird neben dem Datenschutz ebenfalls eine hohe Bedeutung im Kontext des Einsatzes maschinellen Lernens zuerkannt, weshalb auch diesbezüglich algorithmische Transparenz als ein rechtliches Gebot thematisiert wird. Sowohl im Rahmen der Auseinandersetzung mit dem Datenschutz als auch den Gleichheitssätzen wird auf die Argumentationslinie des BVerfG eingegangen, wonach Transparenzregeln im Bereich der polizeilichen Arbeit mit personenbezogenen Daten aus dem Gebot des *effektiven Rechtsschutzes aus Art. 19 Abs. 4 GG* in Verbindung mit einschlägigen Grundrechten herleitet werden.[56] Das *verfassungsrechtliche Gebot der Gesetzesbestimmtheit*, dem das Gericht gerade bei polizeilichen Datenverarbeitungsmaßnahmen einen zentralen Stellenwert zumisst, ist ein weiterer Anknüpfungspunkt für Überlegungen eines algorithmischen Transparenzerfordernisses. Als letztes wird auf das *Demokratieprinzip* eingegangen und überprüft, inwieweit ein rechtliches Transparenzgebot für maschinelles Lernen mit Blick auf demokratische Willensbildungsprozesse im Kontext der Fluggastdatenverarbeitung erforderlich erscheint. Im gleichen Abschnitt wird auch auf algorithmische Transparenz als ein *Richtigkeitskriterium* sicherheitsbehördlichen Handelns eingegangen und dabei an die Ausführungen der verwaltungsrechtlichen Maßstabslehre zu Transparenz und Akzeptanz angeknüpft – ein Bereich der Verwaltungsrechtswissenschaft, in dem diese Themen im Kontext demokratischer Öffentlichkeit ebenfalls diskutiert werden.[57]

All diese Bezugspunkte werden mit Blick auf algorithmische Transparenz näher betrachtet, um zu bestimmen, inwieweit diese als Ansatz zum Abbau von Nichtwissen in Bezug auf maschinelles Lernen bei Systemoutsidern des PNR-Systems rechtlich geboten ist. Das Ausmaß und die Art einer etwaig gebotenen Transparenzgewährleistung bestimmen die einzelnen Anknüpfungspunkte. Während der datenschutzrechtliche Transparenzgrundsatz im Sicherheitsrecht primär auf eine Transparenzgewährleistung in Form von individueller Auskunft oder Benachrichtigung ausgerichtet ist, welche bei entsprechender Argumentationsübertragung auf Art. 3 GG ebenfalls als Transparenzmechanismen in Betracht kämen, operieren der datenschutzrechtliche Zweckbestimmungs- und Zweckbindungsgrundsatz und das allgemeine Bestimmtheitsgebot auf abstrakt-

---

[56] Vgl. BVerfGE 125, 260, 335; BVerfGE 133, 277, 366.

[57] *Schmidt-Aßmann*, 2006, 101 ff., 312 ff.

generellem Niveau und würden auch nur insoweit algorithmische Transparenz gebieten. Betrachtet man algorithmische Transparenz hingegen nicht als ein Rechtsgebot, sondern als einen Richtigkeitsmaßstab sicherheitsbehördlichen Handelns, könnten die PIU und die Regierung eine Informationsoffenlegung über maschinelles Lernen vielfältig aber eben auch nur freiwillig gestalten.

Schließlich ist darauf hinzuweisen, dass allein die Feststellung (irgend)einer dienenden Funktion algorithmischer Transparenz bezüglich dieser rechtlichen Anknüpfungspunkte für die Begründung eines rechtlichen Gebotes algorithmenbezogener Informationsoffenlegung nicht ausreichen kann. Dysfunktionale Transparenzgewährung muss, insbesondere mit Blick auf die im Sicherheitsbereich vorhandenen Umgehungsgefahren,[58] weder rechtsstaatlich noch demokratieförderlich sein, selbst wenn sie eine höhere Gesetzesbestimmtheit oder eine ausdifferenziertere demokratische Willensbildung ermöglichen würde. Vielmehr erscheint algorithmische Transparenz auch in dem Fall nicht um jeden Preis, sondern erst dann als geboten, wenn die Rechtsnormen oder Rechtsgrundsätze, denen sie dienen könnte, gegenüber den entgegenstehenden sicherheitsbehördlichen Interessen an Nichtoffenlegung algorithmischer Systeme und dem Aufrechterhalten diesbezüglichen Nichtwissens überwiegen.

c) Algorithmische Transparenz und Datenschutz

Nachfolgend soll das Erfordernis algorithmischer Transparenz mit Blick auf datenschutzrechtliche Schutzziele geprüft werden. Dabei begibt sich die Arbeit nicht auf die nach geltender Rechtslage erfolglose Suche nach Vorschriften, die eine Offenlegung von Datenverarbeitungstechnologien vorschreiben, sondern untersucht, ob die Konzeption des Datenschutzes und die ihm zugrunde liegenden Funktionslogiken eine solche Offenlegung nahelegen, da anderenfalls datenschutzrechtlichen Schutzzielen nicht hinreichend Rechnung getragen wäre. Im Fokus der nachfolgenden Überlegungen stehen der datenschutzrechtliche Transparenzgrundsatz und der Zweckbestimmungs- und Zweckbindungsgrundsatz.

In ihrer abstrakten Form bedürfen die Grundsätze weiterer Konkretisierung.[59] In Deutschland beruht die Perspektive des Datenschutzes auf der Konzeption des Rechts auf informationelle Selbstbestimmung.[60] Dementsprechend sind datenschutzrechtliche Grundsätze im Rahmen der Rechtsprechung des BVerfG konkretisiert und ausdifferenziert worden. Insbesondere beruht die Konzeption des Zweckbestimmungs- und Zweckbindungsgrundsatzes im Kontext polizeilicher

---

[58] Siehe oben D.I.1.a).

[59] *Gola/Heckmann*, Datenschutz-Grundverordnung VO (EU) 2016/678 Bundesdatenschutzgesetz, Kommentar, ^{3}2022, § 47 BDSG, Rn. 4.

[60] Ausf. dazu *Broemel/Trute*, BDI 27 (2016), 50, 51 ff.

Datenverarbeitungsmaßnahmen auf einer langen und detailreichen Rechtsprechungsreihe des Gerichts,[61] die tendenziell von einem strengen Verständnis der Zweckbindung, im Sine der Setzung starrer Grenzen für den Umgang mit Daten, geprägt ist.[62] Entsprechend dieser Rechtsprechung gestaltet der nationale Gesetzgeber das Fachrecht und bringt dadurch die allgemeinen Grundsätze zur Geltung.[63] Prägnantes Beispiel dafür ist die Vorschrift des § 12 BKAG, der die vom BVerfG im Rahmen des BKAG-Urteils herausgearbeiteten Maßstäbe an Zweckbindung und Zweckänderung bei der sicherheitsbehördlichen Arbeit mit Daten umsetzt.

Auf europäischer Ebene beruht die Datenschutzperspektive auf Art. 7 und Art. 8 GRCh. Freilich lassen sich daher im Vergleich zu Deutschland einige unterschiedliche Nuancen ausmachen. Beispielsweise wurde dem Zweckbestimmungs- und Zweckbindungsgrundsatz in Deutschland zunächst im Rahmen der Rechtsprechung Verfassungsrang zugesprochen,[64] während dieser auf europäischer Ebene in Art. 8 Abs. 2 GRCh primärrechtlich normiert ist. Sein Inhalt und seine Reichweite bestimmen sich nach europäischem Recht und der Rechtsprechung des EuGH und es wird dabei meist von einem im Vergleich zur deutschen Ausprägung weniger konkretisierten[65] oder abgeschwächten,[66] jedoch keinem grundsätzlich anderen Gehalt des Grundsatzes ausgegangen.[67] Insbesondere für die Beantwortung der Frage, wann ein Verarbeitungszweck als eindeutig zu verstehen ist, welche nachfolgend von zentralem Interesse sein wird, liefern die Rechtsprechung des EuGH sowie die GRCh nicht viele konkrete Anhaltspunkte.[68]

---

[61] Siehe BVerfGE 115, 320; BVerfGE 118, 168; BVerfGE 120, 378; BVerfGE 130, 151; BVerfGE 133, 277, BVerfGE 141, 220; BVerfGE 150, 244.

[62] So auch *Kühling/Martini*, EuZW 2016, 448, 451.

[63] *Gola/Heckmann*, Datenschutz-Grundverordnung VO (EU) 2016/678 Bundesdatenschutzgesetz, Kommentar, ³2022, § 47 BDSG, Rn. 4.

[64] Siehe etwa BVerfGE 141, 220, 322; BVerfGE 133, 277, 323, wobei die in einigen Teilen der Literatur vorgenommene Differenzierung zwischen Zweckbestimmung und Zweckbindung der Judikatur des Gerichts nicht immer eindeutig zu entnehmen ist. Zu der Differenzierung sogleich unter bb).

[65] *Kühling/Martini*, EuZW 2016, 448, 451; *Schantz/Wolff*, 2017, Rn. 398 f.; *Kring*, 2019, 248.

[66] So zum damals in Art. 6 EG-DSRiL, nunmehr in Art. 5 Abs. 1 b) DSGVO und Art. 4 Abs. 1 b) JI-RL wortgleich normierten Grundsatz, *Albers*, 2005, 508: „Danach sind die Zwecke, zu denen Daten erhoben werden, zwar eindeutig festzulegen. Die weitere Verarbeitung ist aber nicht notwendig an diese Zwecke zu binden; sie darf nur nicht damit unvereinbar sein."

[67] *Albers*, 2005, 516.

[68] *Grafenstein*, 2018, 233: „With respect to the processing of personal data by the State, the European Court of Justice does also not elaborate on precise criteria in order to specify the purpose." Siehe auch S. 307 u. 350.

In der Literatur wird deshalb das deutsche Verständnis teilweise zur Weiterentwicklung des europäischen Zweckbindungsgrundsatzes herangezogen.[69]

Sowohl der Determinierungsgrad der PNR-Richtlinie[70] als auch der jüngste Ansatz des BVerfG in den Beschlüssen zum Recht auf Vergessen[71] liefern einige Anhaltspunkte, die für die Anwendbarkeit nationaler Maßstäbe im Kontext des Musterabgleichs im FlugDaG sprechen. Laut Art. 13 Abs. 1 der PNR-RL haben Mitgliedstaaten dafür zu sorgen, dass die Rechte jedes Fluggasts in Bezug auf den Schutz personenbezogener Daten den Rechten entsprechen, die nach Unionsrecht und nationalem Recht gelten. Dadurch sind die in der PNR-Richtlinie festgelegten Anforderungen an den Datenschutz und das im Einklang mit den Maßgaben der EU-Richtlinie 2018/690 (JI-RL)[72] stehende nationale Recht adressiert.[73] Bei der Umsetzung von Bestimmungen der JI-RL gehen sowohl der EuGH[74] als auch nationale[75] und internationale[76] Literatur von der Bindung an nationales Recht aus. Entsprechend verweist das FlugDaG auf das BDSG,[77] welches große Teile der JI-Richtlinie, inkl. in § 47 BDSG die in Art. 4 JI-RL normierten datenschutzrechtlichen Grundsätze, umsetzt, sowie auf Regelungen im

---

69 *Grafenstein*, 2018, 231 ff.

70 Öffnungsklauseln, von denen der nationale Gesetzgeber Gebrauch gemacht hat, befinden sich in EG (33) (Regelung zur Erhebung und Verarbeitung von PNR-Daten durch Wirtschaftsteilnehmer, die keine Beförderungsunternehmen sind – § 3 FlugDaG), sowie Art. 2 (Anwendung der Richtlinie auf EU-Flüge – § 2 Abs. 3 FlugDaG) der PNR-RL. Zur diesbezüglichen Kritik des EuGH s. C-817/19, Rn. 171 ff.

71 BVerfG, Beschl. v. 6.11.2019 – 1 BvR 16/13 und BVerfG, Beschl. v. 6.11.2019 – 1 BvR 276/17.

72 JI-RL 2016/680.

73 EG (27), der auf die aktuell geltende Fassung des Rahmenbeschlusses 2008/977/JI verweist, welcher durch die JI-RL aufgehoben wurde.

74 Im Kontext staatlicher Vorratsdatenspeicherung, EuGH, 06.10.2020 – C-623/17, Rn. 48, stellt das Gericht fest, dass soweit eine Maßnahme in den Anwendungsbereich der JI-RL fällt, diese an nationalem Verfassungsrecht und der EMRK zu messen ist.

75 *Arzt/M. W. Müller/Schwabenbauer*, in: Lisken/Denninger (Hrsg.), [7]2021, G., Rn. 392 ff., 422 f.

76 *Caruana*, International Review of Law, Computers & Technology 33 (2019), 249, 254: „Under Directive 2016/681 on the use of PNR data […], data processed by private entities for their own commercial purposes are then transferred (‘push’) to the authority requesting them; it is the processing of PNR data by the passenger information units to whom the data are transferred, and by competent authorities, which is then subjected to a standard of protection of personal data under *national law* in line with CFD2008/977/JHA (or legislation currently in force or that will replace it, and hence in the near future the specific data protection requirements laid down in Directive 2016/680).“

77 Zur unmittelbaren Anwendbarkeit des BDSG und insbesondere der dortigen Vorschriften zum Datenschutz, zur Datensicherheit und zu den Rechten der Betroffenen bei der Verarbeitung von Fluggastdaten, s. BT-Drs. 18/11501, 38.

BKAG, welche sich an der Rechtsprechung des BVerfG orientieren. In seinen Beschlüssen zum Recht auf Vergessen setzt sich das BVerfG zudem für eine komplementäre Verflechtung der Anwendbarkeit nationaler und unionaler Grundrechte ein.[78] Mit Blick auf das gemeinsame Fundament beider Rechtsrahmen wird eine „Mitgewährleistung“ der Unionsgrundrechte bei Wahrung der nationalen Grundrechte seitens des BVerfG vermutet,[79] es sei denn, es liegen Anhaltspunkte für ein höheres Schutzniveau durch die GRCh vor, in welchem Fall das europäische Grundrechtsverständnis heranzuziehen wäre.[80] Auf einer solchen Komplementarität europäischen und nationalen Datenschutzrechts baut auch der Ansatz des Art. 13 Abs. 1 der PNR-RL auf.

Die nachfolgend zugrunde gelegte Datenschutzperspektive folgt im Ergebnis einem funktionalen Ansatz, orientiert sich dabei aber primär an dem nationalen Verständnis datenschutzrechtlicher Grundsätze und geht nur stellenweise, bei vorhandenen Anhaltspunkten, auf europäische Rechtsprechung ein. Neben den bereits dargestellten Anhaltspunkten ist der Hauptgrund für diese Herangehensweise der anfangs aufgestellte Ansatz der Arbeit, der die Nichtwissensfrage bei maschinellem Lernen zwar am Beispiel des Sicherheitsrechts, dennoch aber mit einem Anspruch der strukturellen Anschlussfähigkeit aufwirft. Insoweit ist das FlugDaG lediglich ein Referenzrahmen für übergreifende Überlegungen zur algorithmischen Transparenz im nationalen Sicherheitsrecht. Eine Auseinandersetzung mit der Funktion datenschutzrechtlicher Schutzziele, die nicht allzu sehr einem konkreten gerichtlichen Verständnis dessen verpflichtet bleibt, sei es des BVerfG oder des EuGH, trägt diesem Ansatz am ehesten Rechnung. Nichtdestotrotz wird stellenweise eine ausführliche Auseinandersetzung mit Aussagen der Rechtsprechung vorgenommen, ohne zugleich die Funktion des Datenschutzes, so wie sie in Teilen der Literatur anschlussfähig herausgearbeitet wird, aus dem Blick zu verlieren.

aa) Transparenzgrundsatz

(1) Stellenwert datenschutzrechtlicher Transparenz im Sicherheitsrecht

Transparenz im Sinne einer nachvollziehbaren Verarbeitung personenbezogener Daten ist nach Art. 5 Abs. 1 lit. a) DSGVO zu einem europarechtlich abgesicherten Grundsatz des Datenschutzrechts erklärt und insoweit „verrechtlicht“ worden. Der Grundsatz findet seinen Ausdruck in verschiedene Informationspflichten in der DSGVO, die gewährleisten sollen, dass Personen, deren Daten erho-

---

[78] Vgl. *Wendel*, JZ 75 (2020), 157, 159 ff.

[79] *Kühling*, NJW 2020, 275, 276.

[80] *Kühling*, NJW 2020, 275, 277.

ben und verarbeitet werden, dies nachvollziehen können und gegebenenfalls überprüfen können, ob es rechtmäßig ist, Art. 12 ff. DSGVO. Der Umfang des Transparenzgrundsatzes ist nicht abschließend festgelegt.[81] Teilweise wird deshalb argumentiert, dass er auch die Systeme der Informationstechnik betrifft und betreffen muss, sodass mit angemessenem Aufwand durchschaubar ist, was das System einschließlich aller Betriebs- und Anwendungssoftware genau tut und tun kann und wie sich das System in der Zeit verändern kann.[82] Vermehrt wird hingegen bestritten, dass der Transparenzgrundsatz und die ihn verkörpernden Informations- und Auskunftspflichten der DSGVO soweit gingen, dass sie eine Offenlegung von Informationen über den Einsatz und die Abläufe bestimmter Verarbeitungstechnologien garantierten.[83]

Diese Diskussion bleibt für den Musterabgleich des FlugDaG jedoch ohne Auswirkung, denn im Bereich der Straftatenverhütung und -verfolgung ist die DSGVO nach Art. 2 Abs. 2 lit. d) DSGVO nicht anwendbar.[84] In der für den Bereich geltenden JI-RL,[85] ihrer Umsetzung in den §§ 47 ff. BDSG und den über § 16 FlugDaG geltenden Pflichten des BKA nach §§ 74 ff. BKAG, finden sich keine Anhaltspunkte für eine im Sicherheitsrecht zum allgemeinen Grundsatz erhobene Transparenz der Datenverarbeitung. Insbesondere ist die Formulierung des Art. 5 Nr. 1 DSGVO („in einer für die betroffene Person nachvollziehbaren Weise verarbeitet"), welche für den Transparenzgrundsatz steht, aus Art. 4 Abs. 1 a) JI-RL und § 47 Nr. 1 BDSG ersatzlos gestrichen worden. Zwar spricht die JI-RL im EG 26 von einer „nachvollziehbaren Verarbeitung", sieht aber deutlich eingeschränktere Informationsansprüche des Einzelnen mit zahlreichen Ausnahmen vor, weshalb sich auch Transparenz als Wortwahl in den nationalen Umsetzungsgesetzen so nicht wiederfindet.[86]

(2) Datenschutzrechtliche Transparenzanforderungen der Rechtsprechung

Transparenzanforderungen in Form von Regelungen zur Information der von polizeilichen Datenerhebungen oder -nutzungen Betroffenen leitet das BVerfG aus dem jeweils betroffenen Grundrecht in Verbindung mit dem Gebot effektiven Rechtsschutzes her – im Kontext des Musterabgleichs wäre dies das Recht auf

[81] Vgl. EG 39 der DSGVO: „Dieser Grundsatz betrifft *insbesondere* die Informationen [...]".

[82] *Roßnagel*, in: Simitis/Hornung/Spiecker gen. Döhmann (Hrsg.), 2019b, Art. 5 DSGVO, Rn. 57.

[83] Siehe etwa *Sommerer*, 2020, 232, m. w. N.

[84] Dies bestätigte im Kontext der Fluggastdatenverarbeitung nun auch der EuGH, C-817/19, Rn. 73.

[85] Ebd., Rn. 80.

[86] *Schwichtenberg*, in: Kühling/Buchner (Hrsg.), ^{3}2020, § 47 BDSG, Rn. 3.

informationelle Selbstbestimmung aus Art. 2 Abs. 1 i. V. m. Art. 1 Abs. 1 GG.[87] Insoweit behandelt das Gericht den Transparenzgedanken als eine datenschutzrechtsspezifische Fortführung und Konkretisierung des Grundsatzes des effektiven Rechtsschutzes aus Art. 19 Abs. 4 GG. Dazu wird argumentiert, dass „ohne Kenntnis, die Betroffenen weder eine Unrechtmäßigkeit der behördlichen Datenverwendung noch etwaige Rechte auf Löschung, Berichtigung oder Genugtuung geltend machen [können]“.[88] So beschränkt das BVerfG das Konzept der Transparenz bei polizeilichen Datenverarbeitungsmaßnahmen von vornherein auf die Offenlegung der Erhebung, Speicherung und Nutzung, also die Verarbeitung personenbezogener Daten. Damit ist jedoch über algorithmische Transparenz, also über eine Offenlegung der dabei genutzten Datenverarbeitung*stechnologien*, noch nichts gesagt.

Weiterhin relativiert wird das Konzept bei polizeilichen Datenabgleichmaßnahmen. Transparenz im Sinne einer Benachrichtigung über die Durchführung polizeilicher Datenabgleiche gegenüber Abgleichadressaten hat das BVerfG für verdeckte Abgleichmaßnahmen verneint, auch im Trefferfall.[89] Vielmehr reicht es, wenn Betroffene von den Kontrollen nur im Rahmen etwaiger ihnen gegenüber ergriffener Folgemaßnahmen erfahren, deren Rechtmäßigkeit sie dann fachgerichtlich überprüfen lassen können.[90] Bemerkenswert ist, dass das BVerfG diesen gelockerten Transparenzmaßstab bei einer verdeckten Informationsmaßnahme gebildet hat, der automatisierten Kennzeichenerfassung. Ohne nachträgliche Benachrichtigungspflichten bleiben solche Maßnahmen per se intransparent und dennoch hält das Gericht eine Benachrichtigung über die Datenverarbeitung erst in denjenigen Fällen für erforderlich, in denen der Abgleich die Informationsgrundlage für weitere Ermittlungsmaßnahmen bildet. Angesichts der Tatsache, dass ein Abgleichtreffer erst im Rahmen bestimmter nachgelagerter Konstellationen den Anlass rechtserheblicher polizeilicher Maßnahmen bilden kann, ist dieser Ansatz der Rechtsprechung auch überzeugend.

Wenn demnach keine *Benachrichtigungspflicht* bei verdeckten Abgleichmaßnahmen zum Zwecke effektiven Rechtsschutzes besteht, muss dies erst recht für polizeiliche Datenverarbeitungsmaßnahmen gelten, die nicht verdeckt durchgeführt werden. So ist dies im Fall des Musterabgleichs. Denn es wird staatlich

---

[87] Vgl. BVerfGE 125, 260, 335.

[88] BVerfGE 125, 260, 335. So auch BVerfGE 133, 277, 366: „Indem [Transparenz] den Einzelnen Kenntnis hinsichtlich der sie betreffenden Datenverarbeitung verschafft, setzt sie sie in die Lage, die Rechtmäßigkeit der entsprechenden Maßnahmen – erforderlichenfalls auch gerichtlich – prüfen zu lassen und etwaige Rechte auf Löschung, Berichtigung oder Genugtuung geltend zu machen.“

[89] BVerfGE 150, 244, 302.

[90] Ebd.

nicht verheimlicht, dass seit dem 29. August 2018 konkret bestimmte Daten von Fluggästen aller Flüge, die von Deutschland aus starten, oder in Deutschland landen, an die Fluggastdatenzentralstelle übermittelt werden.[91] Ebenfalls steht fest, dass die Fluggastdaten von allen Fluggästen und nicht nur von bestimmten Personengruppen abgeglichen und verarbeitet werden.[92] Der Einzelne könnte für sich mit wenig Aufwand erschließen, ob und wann er von der Maßnahme betroffen sein wird, oder dies bereits war, sowie welche seiner Daten erhoben werden können, bzw. erhoben wurden. Weiterhin eindeutig ist, dass die Daten aus Vorgängen einer Flugbuchung stammen, welche Behörde diese verarbeitet und was danach damit passieren kann. Ob in der möglichen Zeitspanne der Durchführung des Musterabgleichs (vor Ankunft/Abflug) beim Einzelnen tatsächlich Kenntnis vom Stattfinden eines Musterabgleichs vorliegt, hängt also davon ab, ob sich dieser aus allgemeinzugänglichen Quellen – wie bspw. die Webseite des BKA oder die Datenschutzhinweise von Fluggesellschaften – informiert. Teilweise wird sogar das „Kennenmüssen" eines jeden Fluggastes über die Maßnahme angenommen.[93] Von einer verdeckten Maßnahme kann jedenfalls nicht ausgegangen werden, sondern allenfalls von einer unbemerkten, wenn nicht sogar einer offenen Maßnahme.[94] Übertragen auf den Musterabgleich würde die Maßstabsbildung des BVerfG daher bedeuten, dass eine Benachrichtigung über seine Durchführung nicht notwendig ist. Werden aufgrund eines Treffers Fluggastdaten an den Sicherheitsbehörden nach § 6 Abs. 1 FlugDaG weitergeleitet und entscheiden sich diese daraufhin für die Durchführung von Folgemaßnahmen, so ist die Möglichkeit des Rechtsschutzes durch eine Benachrichtigung über diese Folgemaßnahmen hinreichend gewährleistet, da in diesem Rahmen auch eine Kon-

---

[91] Vgl. das auf der Webseite der BKA eingerichtete Informationsportal: https://perma.cc/MC7E-5YX2.

[92] BT-Drs. 18/11501, 28.

[93] In dieser Richtung argumentiert ein Beschluss des VG Wiesbaden vom 21.8.2019, Az. 6 L 807/19.WI. Demnach besteht kein Rechtsschutzbedürfnis im Eilverfahren gegen Maßnahmen nach dem FlugDaG, wenn der Einzelne bereits mehrmals nach Inkrafttreten des FlugDaG geflogen ist. Insoweit habe er die Maßnahme hingenommen und sich ihr immer wieder ausgesetzt. Das Gericht verweist auf den im Internet kostenfrei aufrufbaren Gesetzestext und die Auskunftsmöglichkeit bei der entsprechenden Behörde. Insoweit könne sich der Einzelne nicht auf Unwissenheit über die Verarbeitung von Fluggastdaten berufen (Rn. 25). Krit. dazu *Ruthig*, in: *Schenke/Graulich/Ruthig*, Sicherheitsrecht des Bundes, ^{2}2019, FlugDaG Vorbemerkung, Rn. 6, der eine ausdrückliche Aufnahme von „Transparenzregeln" im FlugDaG für erforderlich hält und über § 16 FlugDaG eine Rechtsfolgenverweisung auf die in § 74 BKAG geregelte Benachrichtigungspflicht bei verdeckten und eingriffsintensiven Maßnahmen konstruieren möchte.

[94] Anderer Ansicht, jedoch ohne Begründung, *Arzt*, DÖV 2017, 1023, 1028. Zu den Unterschieden und Gemeinsamkeiten bei täuschenden, heimlichen, verdeckten und offenen Maßnahmen, *Schwabenbauer*, 2013, 4–9.

trolle des Musterabgleichs durchgeführt werden kann. Eine individuelle Benachrichtigungspflicht über die Durchführung des Musterabgleichs besteht daher nicht. Und wenn schon die Offenlegung der Durchführung der Maßnahme zum Zwecke des Ergreifens effektiven Rechtsschutzes nicht erforderlich ist, dann gilt dies erst recht über die im Rahmen der Maßnahme verwendeten Technologien und deren Implementierungsdetails.

Das Einreichen von *Auskunftsersuchen* an das BKA ist hingegen möglich. Gesetzliche Grundlage dafür stellt der über §§ 16 FlugDaG i. V. m. § 84 Abs. 1 Satz 1 BKAG anwendbare Auskunftsanspruch aus § 57 Abs. 1 BDSG dar. Anhaltspunkte für algorithmische Transparenz lassen sich jedoch auch diesem Transparenzmechanismus nicht entnehmen, denn er erschöpft sich in einer Aufzählung der Kategorien von Daten und Informationen über Empfänger, Herkunft, Speicherdauer und Zwecke der Verarbeitung der im Einzelfall verarbeiteten personenbezogenen Daten.[95]

(3) Zwischenergebnis

Es steht außer Frage, dass Transparenz über polizeiliche Datenverarbeitungen zu gewährleisten ist, wenn wirksamer Rechtsschutz dagegen anderenfalls nicht möglich wäre. Insoweit ist der Musterabgleich jedoch transparent, da Rechtsschutz gegenüber der Erhebung und der verschiedenen normierten Verwendungsmöglichkeiten personenbezogener Fluggastdaten möglich und sogar bereits ergriffen worden ist.[96] Weder der Funktionsgehalt des datenschutzrechtlichen Transparenzgrundsatzes noch die Rechtsprechung zu datenschutzrechtlichen Auskunfts- oder Benachrichtigungsrechten der Betroffenen enthalten Anhaltspunkte für ein Gebot einer darüber hinausgehenden algorithmischen Transparenzgewährleistung, da effektiver Rechtsschutz gegen die Datenverarbeitung ohne die Offenlegung eines Einsatzes maschinellen Lernens vollumfänglich möglich ist.

Nach der im Juni 2022 erschienen Entscheidung des EuGH zur PNR-RL soll ein Verständnis der abstrakten Funktionsweise von Prüfkriterien (Mustern) und Programmen zu ihrer Anwendung für die Entscheidung erforderlich sein, ob Rechtsbehelfe nach Art. 13 Abs. 1 PNR-RL eingelegt werden, um gegebenenfalls zu rügen, dass Muster „rechtswidrig und namentlich diskriminierend seien".[97] Der Gerichtshof führt dies in Anlehnung an Art. 7, 8 und 21 GRCh aus, er

---

[95] Im Ansatz instruktiv, wenn auch nicht im Kontext polizeilicher Datenverarbeitung getroffen, ist hierfür das Urteil des BGH, Urt. v. 28.1.2014 – VI ZR 156/13, in dem das Gericht die Grenze der datenschutzrechtlichen Offenlegungsansprüche des Einzelnen (Auskunft) bei der abstrakten Methode der Scorewertberechnung gezogen hat.

[96] Siehe VG Wiesbaden, Beschl. v. 13.5.2020, Az. 6 K 805/19.WI; VG Wiesbaden, Beschl. v. 15.5.2020, Az. 6 K 806/19.WI; AG Köln, Beschl. v. 20.1.2020 – 142 C 329/19.

[97] EuGH C-817/19, Rn. 210.

zieht insofern also auch das Datenschutzrecht heran. Er benennt dabei jedoch keinen konkreten Zugewinn für den Schutz der personenbezogenen Daten des Einzelnen, sondern stützt seine Rechtsauffassung immer wieder auf potenzielle Diskriminierungen. Auf seine Ausführungen wird deshalb im nächsten Abschnitt über die Rolle algorithmischer Transparenz für Gleichheitsrechte eingegangen.[98] An dieser Stelle wird festgehalten, dass jedenfalls datenschutzrechtliche Transparenzmechanismen keinen Anknüpfungspunkt für Überlegungen zu algorithmischer Transparenz im Kontext des Musterabgleichs darstellen.

bb) Zweckbestimmungs- und Zweckbindungsgrundsatz

Algorithmische Transparenz könnte der Einhaltung des Zweckbestimmungs- und Zweckbindungsgrundsatzes dienen, bei dem es sich um einen im Sicherheitsbereich durch das BVerfG verfassungsrechtlich anerkannten Grundsatz handelt.[99] Einfachrechtlich ist dieser in § 47 Nr. 2 BDSG (als Umsetzung des Art. 4 Abs. 1 b) JI-RL), sowie in §§ 16 FlugDaG i. V. m. § 12 BKAG normiert.[100] Für die Fluggastdatenverarbeitung beansprucht der Grundsatz im Unterschied zum Transparenzgrundsatz daher eine unmittelbare und vollumfängliche Geltung. Er verlangt, dass jede Datenerhebung nur für festgelegte, eindeutige und rechtmäßige Zwecke stattfindet (Zweckbestimmung bzw. Zweckfestlegung) und jede daran anknüpfende Verarbeitung an diese Zwecke gebunden bleibt (Zweckbindung).[101] Jede darüber hinausgehende Verarbeitung gilt als eine Zweckänderung, die ihrerseits festgelegt, eindeutig und rechtmäßig sein muss. Der Grundsatz soll vor einer anlasslosen Erhebung und Verwendung von Daten und einer Datenspeicherung für unbestimmte Zwecke schützen, damit solche Daten, insbesondere durch Verknüpfung mit anderen Daten, nicht für umfassende Profilbildung oder als Anlass für unvorhersehbare künftige Maßnahmen genutzt werden.[102] Der Detailgrad, in dem Zwecke festgelegt werden sollten, hängt vom je-

---

98 Siehe D.I.1.d).

99 BVerfGE 141, 220, 322; BVerfGE 133, 277, 323; BVerfGE 65, 1, 46.

100 S. auch BT-Drs. 18/11510, 32, wonach mit Blick auf den Verweis in § 16 FlugDaG insbesondere die Geltung des § 12 Abs. 2 BKAG und die unmittelbare Anwendung des BDSG festgehalten wird. Dabei verkörpert § 47 Nr. 2 BDSG die europarechtliche Zweckkompatibilitätsperspektive, während der durch die Rspr. des BVerfG geprägte § 12 BKAG die nationale Zweckbindungsperspektive widerspiegelt.

101 Ausf. zum Zweckfestlegungs- und Zweckbindungsgrundsatz *Albers*, 2005, 498 ff., die zugleich darauf hinweist, dass die Abgrenzung in der datenschutzrechtlichen Diskussion häufig gar nicht genau vorgenommen wird (S. 507).

102 Vgl. BVerfGE 120, 378, 407 f.

weiligen Kontext ab, in dem Daten gesammelt und verarbeitet werden, sowie von den Kategorien der personenbezogenen Daten.[103]

Das Bundesverfassungsgericht besteht bei staatlichen Datenerhebungs- und Datenverarbeitungsmaßnahmen auf „eine formalisierte Abschichtung der Erhebungs- und Verarbeitungsschritte in detailliert zu erfassenden Eingriffen", aufgrund der grundsätzlichen Rechtfertigungsbedürftigkeit staatlichen Handelns.[104] Die Schutzwirkung des Rechts auf informationelle Selbstbestimmung verlange in diesem Kontext „je eine eigene hinreichend bestimmte gesetzliche Grundlage, welche die Verarbeitung auf spezifische Zwecke begrenzt und damit an den Anforderungen der Verhältnismäßigkeit geprüft werden kann und muss."[105] Im Kontext polizeilicher Datenverarbeitung ist der Grundsatz demnach eingehalten, wenn jede Erhebung und jede Verarbeitung personenbezogener Daten *gesetzlich eindeutig festgelegt* ist. Eine zu breit gefasste oder unklar festgelegte Erhebung oder Verarbeitung gälte als unbestimmt und daher rechtswidrig. Der Grundsatz lässt sich insoweit auch als eine datenschutzrechtsspezifische Konkretisierung des Gesetzesvorbehalts und des Bestimmtheitsgebotes verstehen, und soll unter anderem die Transparenz der Informations- und Datenverarbeitung sicherstellen.[106] Insoweit fungiert er im Sicherheitsrecht als ein datenschutzrechtlicher Transparenzgrundsatz zweiter Ordnung.[107] Im Unterschied zum Transparenz-

---

[103] So bereits das BVerfGE 61, 1, 46, mit dem Erfordernis einer *bereichsspezifischen* und präzisen Bestimmung des Verwendungszwecks. So auch Opinion 03/2013 der Art. 29 Data Protection Working Party, 00569/13/EN, vom 2.4.2013, 16, zu Art. 6 Abs. 1 (b) der damals geltenden Datenschutzrichtlinie, dessen Wortlaut nahezu wortgleich in Art. 4 Abs. 1 (b) JI-RL übernommen wurde. Zur Parallele dieser Konzeption des Zweckbindungsgrundsatzes zur Konzeption des BVerfG s. *Grafenstein*, 2018, 305.

[104] BVerfG, Beschl. v. 6.11.19, – 1 BvR 16/13, Rn. 86. An diesem Punkt ist der EuGH weniger streng, wie seiner Entscheidung zur PNR-RL zu entnehmen ist, EuGH C-817/19, Rn. 97 u. 113 f. Das Gericht stuft die „Verwendung" von Fluggastdaten als eigenständigen Eingriff ein und setzt seine gesetzliche Normierung voraus, verlangt jedoch keine formalisierte Abschichtung der in dieser Verwendung inbegriffenen Verarbeitungsschritte in einzelne detaillierte Eingriffe. Bemerkenswert sind insb. die Ausführungen in Rn. 114: „Hinzuzufügen ist, dass das Erfordernis einer gesetzlichen Grundlage für jede Einschränkung der Ausübung der Grundrechte bedeutet, dass der Rechtsakt, der den Eingriff in die Grundrechte ermöglicht, den Umfang der Einschränkung der Ausübung des betreffenden Rechts selbst festlegen muss. Dieses Erfordernis schließt […] aber nicht aus, dass die fragliche Einschränkung hinreichend offen formuliert ist, um Anpassungen an verschiedene Fallgruppen und an Änderungen der Lage zu erlauben."

[105] BVerfG, Beschl. v. 6.11.19, – 1 BvR 16/13, Rn. 86.

[106] Vgl. BVerfGE 118, 168, 187; *Braun*, in: Gola/Heckmann (Hrsg.), ³2022, § 47 BDSG, Rn. 14; *Pieper*, JA 2018, 598, 602 f.; *Härting*, NJW 2015, 3284; *Albers*, 2001, 240.

[107] So im Grunde auch die Art. 29 Data Protection Working Party, s. Opinion 03/2013 on purpose limitation, 00569/13/EN, v. 2.4.2013, 17 f.: „The requirement that the purposes be specified 'explicitly' contributes to transparency and predictability. […] The requirement for the purposes to be explicit is distinct from the requirement of information to be given to the data

grundsatz findet er Ausdruck nicht in Auskunftsansprüchen bzw. Benachrichtigungspflichten, sondern in der hinreichend bestimmten – im sicherheitsrechtlichen Kontext gesetzlichen – Fixierung von Datenerhebungs- und Datenverarbeitungsschritten. Insoweit dient bereits der Gesetzeswortlaut der Herstellung von Transparenz über sicherheitsbehördliche Handlungs- und Entscheidungszusammenhänge mit Bezug zu personenbezogenen Daten.

Dem Zweckbestimmungs- und Zweckbindungsgrundsatz kommt daher eine wichtige Bedeutung für die Frage zu, inwiefern der Einsatz algorithmischer Verarbeitungstechnologien gesetzlich eindeutig festzulegen ist. Der Grundsatz könnte also insoweit mitbestimmen, inwiefern die Technologie offenzulegen und daher transparent zu machen ist. Mit der Bestimmung der Verwendungszwecke wird der Rahmen abgesteckt, in dem der Gesetzgeber die einzelnen Regelungen zum Umgang mit Informationen und Daten inhaltlich präzisieren und untereinander koordinieren muss.[108] Der Grundsatz könnte daher auch Vorgaben zu den jeweils eingesetzten *Erhebungsmethoden* oder *technikbezogenen Vorschriften* erfordern und als Grundlage für weitere Regelungserfordernisse agieren,[109] nämlich gerade solche über die *Verarbeitungsmethoden*. Sollte also die Verarbeitung von Fluggastdaten mittels maschinellen Lernens für die Einhaltung des Grundsatzes erforderlich sein, wäre die gesetzliche Normierung des Einsatzes und mithin algorithmische Transparenz geboten. Denn in dem Fall würde algorithmische Transparenz der Verwirklichung des Grundsatzes und mithin der Wahrung der dahinterstehenden datenschutzrechtlichen Schutzziele dienen und wäre ein sicherheitsrechtlicher Maßstab behördlichen Handelns, der die Beseitigung von Nichtwissen bei Systemoutsidern über den Einsatz maschinellen Lernens gebietet. Dies ist nachfolgend zu prüfen. Wie im vorherigen Kapitel aufgezeigt, kommt der Einsatz maschinellen Lernens sowohl für die *Erstellung* von Mustern als auch für die Automatisierung des *Abgleichs* in Betracht.[110] Beide Verfahren sind in § 4 FlugDaG normiert und stellen zwei voneinander zu unterscheidende Datenverarbeitungsvorgänge dar, deren Zweckbestimmung und -bindung getrennt zu prüfen ist.

---

subject […] and the requirement to notify the supervisory authority […]. Nevertheless, all three requirements are closely related and each serves, as one of its main objectives, the purpose of transparency.“ S. auch *Albers*, 2005, 509 f.; *Desoi*, 2018, 65: „der Zweckbindungsgrundsatz [ist] nicht nur eine Determinante für eine hinreichende Begrenzung des Umgangs mit den Informationen, sondern er gewährleistet auch Transparenz.“

[108] *Albers*, 2001, 235.

[109] Ebd.

[110] Siehe C.IV.3.c). Zur Bedeutsamkeit einer funktionalen Unterscheidung zwischen Prozessen, die der Wissensgenerierung dienen und Prozessen, die der Anwendung des generierten Wissen dienen, im Kontext datenschutzrechtlicher Überlegungen siehe auch OECD Working Party on Privacy and Security in the Digital Economy (2014): Summary of the OECD Privacy Expert Roundtable, DSTI/ICCP/REG(2014)3, 7.

(1) Zweckbestimmung und -bindung der Mustererstellung

Die Möglichkeit einer Analyse von Fluggastdaten für die Erstellung und Aktualisierung von Mustern ist in § 4 Abs. 4 FlugDaG normiert. Mithin wird neben der in § 4 Abs. 3 FlugDaG vorgesehenen tatsachenbasierten Vorgehensweise eine weitere, datenbasierte Vorgehensweise zur Mustererstellung ermöglicht. Dadurch wird die Verarbeitung von Fluggastdaten über den Zweck einer mittels Abgleiches zu erzeugenden, individualisierten Prognose hinaus zur Konstitutionsbedingung der Muster gemacht.

Im BKAG-Urteil[111] baute das BVerfG seine Rechtsprechung zur Zweckbindung und Zweckänderung in Fällen, in denen Sicherheitsbehörden bereits zweckgebunden erhobene Daten verarbeiten, wegweisend aus. Dem Urteil wird eine gewisse Angleichung des deutschen Rechts an das Europarecht mit Blick auf den Zweckbindungsgrundsatz attestiert.[112] Dies liegt daran, dass das BVerfG im Bereich des Sicherheitsrechts nunmehr nicht jede Weiterverarbeitung von bereits erhobenen Daten als eine Zweckänderung betrachtet und die Voraussetzungen für die Zulässigkeit solcher Weiterverarbeitungen dementsprechend herabsetzt.[113] Das BVerfG unterscheidet im BKAG-Urteil im Grunde drei Konstellationen solcher Datenverarbeitungen mit jeweils verschiedenen Konsequenzen für deren gesetzlichen Festlegung: Weiterverarbeitungen bereits erhobener Daten zu anderen Zwecken als denen der ursprünglichen Datenerhebung (a), Verarbeitungen, die sich im Rahmen der ursprünglichen Erhebungszwecke halten (b), sowie Weiterverarbeitungen, die außerhalb des behördlichen Verfahrens, in dem die Daten erhoben wurden, aber im Rahmen derselben behördlichen Aufgabe stattfinden (c). Es stellt sich die Frage, welche Relevanz diese Rechtsprechung für die gesetzliche Festlegung von Verarbeitungsvorgängen im Kontext des FlugDaG hat.

(a) Datenanalyse als Zweckänderung

Der in § 2 Abs. 1 FlugDaG normierte Übermittlungsakt seitens der Fluggesellschaften an die PIU ist an sich noch keine Erhebung, jedoch findet eine Erhebung durch die Übernahme der Daten für den eigenen Umgang seitens der PIU statt.[114]

---

[111] BVerfGE 141, 220.

[112] *Schantz/Wolff*, 2017, Rn. 398; *Müllmann*, NVwZ 2016, 1692, 1695; *Kring*, 2019, 147; *Spiecker gen. Döhmann*, BVerfG kippt BKA-Gesetz: Ein Pyrrhus-Sieg der Freiheitsrechte?, Verfassungsblog.de, 21.4.2016, abrufbar unter https://perma.cc/F2UG-TMDZ.

[113] Vgl. *Müllmann*, NVwZ 2016, 1692, 1695. Die differenzierende Ausgliederung der ‚zweckkonformen Weiternutzung' aus der Zweckänderung findet sich vergleichbar in Art. 5 Abs. 1 lit. b DSGVO und Art. 4 Abs. 1 b) JI-RL, die eine ‚vereinbare' Weiterverwendung von Daten ebenfalls vorsehen.

[114] Zur Bedeutung und Unterscheidung verschiedener Verarbeitungsvorgänge, darunter Übermittlung und Erhebung, siehe die Kommentierung von *Roßnagel*, in: Simitis/Hornung/

Durch die Übermittlungsverpflichtung in § 2 Abs. 1 FlugDaG wird der Erhebungszweck der Fluggastdaten daher von „Abwicklung eines Beförderungsvertrages" auf die in § 1 Abs. 2 FlugDaG festgelegte „Verhütung und Verfolgung terroristischer Straftaten und schwerer Kriminalität" geändert, wodurch eine neue gesetzliche Zweckbestimmung erfolgt.

Eine weitere Nutzung von Fluggastdaten zu einem anderen als diesem Erhebungszweck liegt bei der in § 4 Abs. 4 FlugDaG normierten Analyse jedenfalls nicht vor. Weder ist damit eine Datennutzung durch andere Behörden als die PIU eröffnet, noch erfolgt die Analyse für die Erfüllung anderer als der im FlugDaG normierten Aufgaben oder für die Verhütung anderer als der in § 4 Abs. 1 FlugDaG normierten Straftaten. Umso weniger geht es dabei um eine vom ursprünglichen Erhebungszweck losgelöste Nutzung „ins Blaue hinein" oder eine Datenspeicherung auf Vorrat zu unbestimmten Zwecken. Von vornherein ist die Analyse an dem in § 1 Abs. 2 FlugDaG festgelegten Erhebungszweck der Verhütung und Verfolgung terroristischer Straftaten und schwerer Kriminalität gebunden. Damit liegt keine Zweckänderung des ursprünglichen Datenerhebungszwecks vor. Die vom Verfassungsgericht im BKAG-Urteil gebildete und mittlerweile in § 12 Abs. 2 BKAG normierte Rechtsfigur der hypothetischen Datenneuerhebung ist somit vorliegend nicht einschlägig.[115]

Weniger klar gestaltet sich die Antwort auf die Frage, ob die Analyse von den zweckgebunden erhobenen Fluggastdaten eine Verarbeitung darstellt, die sich im Rahmen des der Erhebung zugrunde liegenden behördlichen Verfahrens hält und daher bereits durch die Ermächtigung zur Erhebung dieser Daten erfasst ist (b), oder ob sie eine außerhalb des behördlichen Verfahrens, in dem die Daten erhoben wurden, aber im Rahmen derselben behördlichen Aufgabe stattfindende Weiterverarbeitung darstellt (c). In ersterem Fall wäre die Fluggastdatenanalyse von der Erhebungsermächtigung umfasst, sodass weder sie noch die ihr zugrunde liegenden technologischen Verfahren einer gesetzlichen Festlegung bedürften, während in letzterem Fall ein Normierungserfordernis nach den im BKAG-

Spiecker gen. Döhmann (Hrsg.), 2019a, Art. 4 Nr. 2 DSGVO, Rn. 15. Wenngleich dort die einzelnen Verarbeitungsschritte mit Blick auf die DSGVO beschrieben werden, ist die Kommentierung dennoch für das Verständnis einzelner Verarbeitungsvorgänge instruktiv.

[115] Nach dieser Figur des BVerfG muss die neue Nutzung der Daten dem Schutz von Rechtsgütern oder der Aufdeckung von Straftaten eines solchen Gewichts dienen, die verfassungsrechtlich ihre Neuerhebung mit vergleichbar schwerwiegenden Mitteln rechtfertigen könnten, s. die Leitsätze des BVerfGE 141, 220. Die Figur ist für Fälle wie § 6 Abs. 4 FlugDaG einschlägig, wonach Behörden, denen die PIU die Ergebnisse der Verarbeitung nach § 6 Abs. 1 Satz 1 FlugDaG übermittelt hat, diese zu anderen Zwecken verarbeiten können, wenn Erkenntnisse den Verdacht einer bestimmten anderen Straftat begründen, s. BT-Drs. 18/11501, 32. Krit. dazu bei *Arzt*, DÖV 2017, 1023, 1029, m. w. N.

Urteil gebildeten Maßstäben des BVerfG für sie und möglicherweise auch die ihr zugrunde liegenden technologischen Verfahren bestünde.

(b) Datenanalyse als unselbstständiger Bestandteil des der Datenerhebungsermächtigung zugrunde liegenden Verfahrens

Innere Konsequenz jeder Ermächtigung zur Datenerhebung ist die Nutzung der Daten zu den ihrer Erhebung konkret zugrunde liegenden Zwecken.[116] Erlaubt der Gesetzgeber die Nutzung von Daten über diese Zwecke hinaus, also über den konkreten Anlass und rechtfertigenden Grund der Datenerhebung, muss er hierfür eine eigenständige Rechtsgrundlage schaffen.[117] Im Umkehrschluss bedeutet dies, dass solange sich eine Datennutzung im Rahmen der der Erhebung konkret zugrunde liegenden Zwecke hält, dafür keine eigenständige Rechtsgrundlage erforderlich ist. Ausgangspunkt der gerichtlichen Abgrenzung zwischen einer „Nutzung" und einer „weiteren Nutzung" ist also die Reichweite der Ermächtigung zur Datenerhebung. Dem Verfassungsgericht zufolge bestimmt das einzelne behördliche Verfahren, in dessen Rahmen die Daten erhoben wurden, die Reichweite der Datenerhebungsermächtigung, indem es Behörde, Zweck und Bedingungen der Datenerhebung festlegt und somit die erlaubte Verwendung definiert.[118] Darüber hinaus liefert das BVerfG keine weiteren Anhaltspunkte für die Konkretisierung des Maßstabs.[119] Konkret am Beispiel des streitgegenständlichen BKAG ließe sich die Rechtsprechung so interpretieren, als umfasse eine Erhebungsermächtigung für einen automatisierten Abgleich mit Datenbeständen zum Zwecke der Abwehr von Gefahren des internationalen Terrorismus (Rasterfahndung) sämtliche Datenverarbeitungen, die der Durchführung der Rasterfahndung dienen. Eine Weiterverarbeitung, die außerhalb des behördlichen Verfahrens der Rasterfahndung, aber zur Erfüllung derselben Aufgabe (Abwehr von Gefahren des internationalen Terrorismus) und zur Verhütung derselben Straftaten stattfindet – als Beispiel nennt das Gericht eine Nutzung der erhobenen Daten als Spurenansatz zur Abwehr von Gefahren des internationalen Terrorismus – müsste gesondert gesetzlich normiert werden.

Für die Analyse der Fluggastdaten bedeutet dies, dass solange sie sich im Rahmen des den Erhebungszweck zugrunde liegenden behördlichen Verfahrens hält, sie darauf gestützt werden kann und keiner gesonderten Normierung bedarf. Im Fluggastdatenkontext ist das behördliche Verfahren, welches der Erhebung zugrunde liegt, der in § 4 Abs. 2 FlugDaG normierte Abgleich. Dies ist die zentrale

[116] BVerfGE 141, 220, 330.

[117] BVerfGE 141, 220, 324.

[118] BVerfGE 141, 220, 324 f.

[119] Krit. bei *Löffelmann*, GSZ 2 (2019), 16, 17.

Vorschrift des FlugDaG und sämtliche vor- und nachgelagerten Verarbeitungsprozesse sind an die Abgleichergebnisse geknüpft. Eine den Aufgaben der PIU entsprechende Interpretation des BVerfG-Maßstabs würde bedeuten, dass jede Nutzung – also auch jede Analyse – eines Fluggastdatensatzes, die über das jeweilige Abgleichverfahren hinausgeht, zwar keine rechtfertigungsbedürftige Änderung der Erhebungszwecke, jedoch eine „weitere Nutzung im Rahmen der ursprünglichen Zwecke" darstellt, die einer eigenständigen gesetzlichen Rechtsgrundlage bedarf. Nun stellt sich die Frage, wie die Analyse nach § 4 Abs. 4 FlugDaG in dieser Hinsicht zu verstehen ist.

Es ließe sich argumentieren, dass die Analyse von Fluggastdaten vollumfänglich der Durchführung des Musterabgleichs dient und daher Teil des der Erhebung zugrunde liegenden Abgleichverfahrens ist. Die Analyse ist von der gesetzlichen Zweckbestimmung der Erhebung gedeckt, da sie zum Zwecke der Erstellung und Anpassung der Muster erfolgt, die für einen Abgleich benötigt werden, welcher wiederum zum Zwecke der Verhütung von Straftaten nach § 4 Abs. 1 FlugDaG durchgeführt wird. So gesehen wäre die Analyse eine bereits bei der Erhebung der Daten mitbeabsichtigte und lediglich nachgelagerte Nutzungsmöglichkeit und somit die „innere Konsequenz"[120] der Erhebung. Sie gälte nicht als eine vom Zweck der Datenerhebung zu unterscheidende Datennutzung. Sie müsste daher auch nicht in § 4 Abs. 4 FlugDaG normiert werden. In jedem Fall wäre die Normierung ihrer zugrunde liegenden Verarbeitungstechnologien und deren Implementierungsdetails nicht notwendig für die Einhaltung des Zweckbindungsgrundsatzes. In eine solche Richtung geht auch die Argumentation des EuGH, wenn er in seinem Gutachten zum PNR-Abkommen mit Kanada von einem *unmittelbaren Zusammenhang* der Analyse mit der Durchführung von Sicherheitskontrollen und daher mit den Zwecken des Abkommens ausgeht.[121] Weitergehende Anforderungen an die Zweckbindung stellt das Gericht in dieser Hinsicht nicht auf.

Eine solche Interpretation der Rechtsprechung wird teilweise auch in der Literatur zur polizeilichen Analyse von Big Data vorgenommen. *Bäcker* argumentiert, dass das gegenwärtige Sicherheitsrecht die Datenanalyse im einzelnen si-

---

[120] BVerfGE 141, 220, 330.

[121] So das Gutachten 1/15 des Gerichtshofs (Große Kammer) vom 26. Juli 2017, ECLI:EU:C:2017:592, über das Fluggastdatenabkommen mit Kanada, Rn. 198: „Desgleichen hängt die systematische Verwendung der PNR-Daten zu dem Zweck, die Zuverlässigkeit und Aktualität der im Voraus festgelegten Modelle und Kriterien, auf denen die automatisierten Verarbeitungen der Daten beruhen, zu überprüfen oder neue Modelle und Kriterien für diese Verarbeitungen festzulegen, unmittelbar mit der Durchführung der Sicherheits- und Grenzkontrollen zusammen, so dass davon auszugehen ist, dass auch sie nicht über das hinausgeht, was absolut notwendig ist."

cherheitsbehördliche Verfahren als unselbstständigen nachgelagerten Bestandteil der Datenerhebung konzipiert und spricht von einem „blinden Fleck des Sicherheitsrechts".[122] Dürften Daten erhoben werden, so dürfte die erhebende Behörde sie im Rahmen des Erhebungszwecks mit beliebigen Mitteln auswerten, was eine rechtliche Bewältigung der weit gewichtigeren Persönlichkeitsgefährdungen, die solche komplexen Analysemethoden bewirken können, kaum ermöglichen würde. Deshalb misst *Bäcker* Analysen von bereits zweckgebunden erhobenen Daten ein eigenständiges Eingriffsgewicht zu und verlangt, dass diese Auswertungsstufe, zumindest für komplexe Analyseverfahren, eigenständig rechtlich erfasst wird. Dies erfordere der Fortschritt der Analysetechnik, mit deren Hilfe aus erhobenen Daten – auch in ihrer Kombination – immer weitergehende Informationen gewonnen werden könnten.[123]

(c) Datenanalyse als weitere Nutzung im Rahmen der ursprünglichen Zwecke

Die Maßstabsbildung des BVerfG ließe aber auch die entgegengesetzte Argumentation zu, nämlich, dass eine Datenanalyse gerade eine sog. „Datennutzung über das für die Datenerhebung maßgebende Verfahren hinaus" darstellt und einer eigenständigen Rechtsgrundlage bedarf. Eine solche „weitere Nutzung" kommt nur seitens derselben Behörde im Rahmen derselben Aufgabe und zur Verhütung derselben Straftaten wie für die Datenerhebung in Betracht,[124] und ist bei jeder über das jeweilige, der Erhebung zugrunde liegende Verfahren hinausreichenden Datennutzung anzunehmen.

Ausgangspunkt einer solchen Interpretation bleibt der Maßstab, dass jede Nutzung eines Fluggastdatensatzes über das jeweilige Abgleichverfahren hinaus eine „weitere Nutzung im Rahmen der ursprünglichen Zwecke" darstellt. Der Musterabgleich setzt zwar die Existenz von Mustern voraus, lässt sich aber technisch von Datenverarbeitungsverfahren, die ihrer Erstellung dienen, komplett losgelöst betrachten. Auch zeitlich fielen beide Verfahren in der Regel weit auseinander.[125] Wird eine solche Abgrenzung beider Verarbeitungsverfahren vorgenommen, so mag die Analyse von Fluggastdaten zum Zwecke der Muster*erstellung* erfolgen, allerdings nicht zum Zwecke des Muster*abgleichs*. Eine solche Trennung ist auch nicht künstlich, da keine zwingende Akzessorietät zwischen beiden Verfahren besteht, denn wie bereits dargestellt, ließen sich Muster auch ohne Fluggastdatenanalyse, allein theoriegeleitet unter Rückgriff auf Experten-

[122] *Bäcker*, in: Hoffmann-Riem (Hrsg.), 2018, 167, 169 f. So auch *Golla*, KrimJ 2020, 149, 156, der diesbezüglich von einer „Schwäche der geltenden Regelungen" spricht.

[123] *Denninger/Bäcker/Lisken*, in: Lisken/Denninger (Hrsg.), 72021, B., Rn. 182.

[124] BVerfGE 141, 220, 325.

[125] Vgl. Art. 6 Abs. 3 b) der PNR-RL: „im Voraus festgelegter Kriterien".

wissen erstellen.[126] Mit § 4 Abs. 4 FlugDaG möchte der Gesetzgeber jedoch eine weitere Wissensressource für die Mustererstellung anzapfen: Die an sich zunächst für den Abgleich erhobenen Fluggastdaten selbst.

Wird also der gerichtliche Maßstab des „für die Datenerhebung maßgeblichen Verfahrens" – anders als unter (b) argumentiert – eng ausgelegt, so wären Musterabgleich und Mustererstellung getrennt zu betrachten und die Analyse fände außerhalb des behördlichen Verfahrens, in dem die Daten erhoben wurden, statt. Sie stellte somit zwar keinen erneuten Eingriff ins informationelle Selbstbestimmungsrecht, jedoch eine weitere Nutzung der Fluggastdaten im Rahmen derselben behördlichen Aufgabe dar, die eigenständig zu normieren ist.[127] Bei einer solchen Interpretation der Rechtsprechung zum Zweckbindungsgrundsatz wäre dann der Detailgrad der gebotenen Normierung der Analyse zu diskutieren, und damit auch die eigentliche, sich bei algorithmischer Transparenz stellende Frage, ob dieser auch die Normierung bestimmter Analysetechnologien und deren Implementierungsdetails umfassen sollte.

(d) Normierungserfordernis der Analyse

Die Maßstabsbildung des BVerfG steht und fällt mit der Frage, wie eng oder weit das für die Datenerhebung maßgebliche Verfahren zu verstehen ist. Dies in die eine oder andere Richtung zu interpretieren erscheint jedoch, angesichts der Unterschiede zwischen dem BKAG und dem FlugDaG, nicht unproblematisch. Denn während nach dem BKAG die Einzelheiten eines behördlichen Verfahrens, inklusive des Erhebungszwecks, in der Regel in einer einzigen Gesetzesnorm festgelegt sind, genießt der Musterabgleich einen deutlich höheren Detailgrad, bei dem die Erhebung und die verschiedenen Verarbeitungen in mehreren unterschiedlichen Normen festgelegt sind und je nach Perspektive und Auslegung aufeinander bezogen werden können. Auch sind die BKAG-Befugnisse in Sachen Eingriffsanlass und Eingriffsintensität mit dem Musterabgleich nicht vergleichbar. Im BKAG-Urteil adressiert das Gericht zudem nicht konkret Datenanalysen, sondern spricht von Nutzungen und Weiternutzungen und liefert dabei keine klaren Beispiele, was eine sichere Anwendung der Maßstäbe schon im Kontext des

---

126 C.III.

127 BVerfGE 141, 220, 324: „Erlaubt der Gesetzgeber die Nutzung von Daten über den konkreten Anlass und rechtfertigenden Grund einer Datenerhebung hinaus, muss er hierfür eine *eigene Rechtsgrundlage* schaffen. [...] Der Gesetzgeber kann eine Datennutzung über das für die Datenerhebung maßgebende Verfahren hinaus als weitere Nutzung im Rahmen der ursprünglichen Zwecke dieser Daten erlauben. Er kann sich insoweit *auf die der Datenerhebung zugrunde liegenden Rechtfertigungsgründe stützen* und unterliegt damit nicht den verfassungsrechtlichen Anforderungen an eine Zweckänderung." (Hervorhebung hier).

BKAG nicht einfach macht.[128] Bei der Abstraktion und Übertragung auf weitere Kontexte erscheint daher jedenfalls Vorsicht geboten.

Instruktiv ist aber jedenfalls die übergeordnete Absicht des BVerfG. Dem Gericht kommt es auf die Ermöglichung von innerbehördlichen Wissensgenerierungsprozessen unter gleichzeitiger Begrenzung der Verwendung dieses Wissens auf bestimmte Kontexte an: „die Generierung von Wissen – nicht zuletzt auch, wenn es um das Verstehen terroristischer Strukturen geht – [lässt sich] nicht vollständig auf die Addition von je getrennten, nach Rechtskriterien formell ein- oder ausblendbaren Einzeldaten reduzieren. In den dargelegten Grenzen erkennt das die Rechtsordnung an. Diese Grenzen gewährleisten zugleich, dass damit keine Datennutzung ins Blaue hinein eröffnet ist."[129] Es geht also darum, Datennutzungen ohne eine Verschärfung der rechtlichen Nutzungsvoraussetzungen für eine Sicherheitsbehörde zu legitimieren[130] und – soweit sie sich im Rahmen der ursprünglichen Erhebungszwecke halten – nicht als einen erneuten Eingriff zu behandeln.[131] Insoweit ist dem Gericht auch zuzustimmen, denn einen eigenständigen Eingriff ins Recht auf informationelle Selbstbestimmung stellt eine Datenanalyse nicht dar.[132] Bei der Analyse werden die Fluggastdaten nicht von ihrem ursprünglichen Erhebungszweck losgelöst und „ins Blaue hinein" genutzt. Noch weniger geht es dabei um die Erstellung von irgendwie gearteten Persönlichkeitsprofilen. Bei einer Analyse zum Zwecke der Mustererstellung besteht kein behördliches Interesse an den Daten *einer* bestimmten Person, die derart verdichtet ist, dass ein Betroffensein in einer einen Grundrechtseingriff auslösenden Qualität zu bejahen wäre.[133] Die PIU ist dabei nicht an dem Personenbezug eines einzelnen Datensatzes interessiert. Auch der Informationsgehalt eines einzelnen Datensatzes dürfte nur selten für die PIU von Interesse sein.[134] Bei der Analyse ist das sicherheitsbehördliche Interesse meist auf Informationen und Wissen gerichtet, die nur bei der Berücksichtigung einer großen Menge von Fluggastdatensätzen generierbar werden. Es handelt sich dabei um Erträge in Form von verall-

---

[128] Zur Kritik s. *Bäcker*, Verfassungsblog vom 8.6.2017, Der Umsturz kommt zu früh: Anmerkungen zur polizeilichen Informationsordnung nach dem neuen BKA-Gesetz, abrufbar unter: https://perma.cc/M7HK-QZZP.

[129] BVerfGE 141, 220, 325 f.

[130] So ausdrücklich BVerfGE 141, 220, 329. S. auch *Müllmann*, NVwZ 2016, 1692, 1693.

[131] BVerfGE 141, 220, 324.

[132] Anderer Ansicht *Bäcker*, in: Hoffmann-Riem (Hrsg.), 2018, 167, 170.

[133] Zum gerichtlichen Maßstab des verdichteten behördlichen Interesses s. BVerfGE 115, 320, 343; BVerfGE 120, 378, 399; BVerfGE 150, 244, 266.

[134] So auch *Wischmeyer*, in: Kulick/Goldhammer (Hrsg.), 2020, 193, 206: „Für Prognosen oder Entscheidungen sind also weniger die ‚eigenen Daten', sondern die ‚data about people like you' maßgeblich. […] Ebenso untersucht die Fluggastdatenanalysesoftware, ob das eigene Flugmuster demjenigen eines (typischen) Terroristen etc. entspricht."

gemeinerungsfähigen Strukturen und Zusammenhängen sowie die dabei zu entdeckenden verdachtsbegründenden und verdachtsentlastenden Momente.[135] Die PIU sucht bei einer solchen Analyse nicht nach dem verdächtigen Flugverhalten einer bestimmten Person, um daraufhin gegen diese Person Maßnahmen zu ergreifen. So verfährt sie im Rahmen des Musterabgleichs, nicht hingegen bei der Mustererstellung. Im Rahmen der Mustererstellung sucht die PIU – je nach Analyseansatz – nach Kausalitäten oder Korrelationen innerhalb der verschiedenen Flugverhaltensmerkmale, welche sich als geeignete verdachtsbegründende oder verdachtsentlastende Prüfungsmerkmale bei der Erstellung von Mustern für anschließende Abgleiche erweisen. Die Frage, zu welchem konkreten Fluggast ein Datensatz gehört, ist bei der Erstellung von Mustern entweder gänzlich irrelevant oder nur insoweit relevant, als der Fluggast als Straftäter bekannt ist. In dem Fall würde sein Fluggastdatensatz ein Beispiel für verdachtsbegründendes Flugverhalten darstellen, das für die Erstellung von (von dieser konkreten Person jedoch losgelösten) Mustern verwendet werden kann.[136] Im Rahmen der Analyse entstehen für die informationelle Selbstbestimmung eines Fluggasts jedoch weder Nachteile noch konkrete Gefahren, weshalb sie richtigerweise nicht als ein Eingriff einzustufen ist.

Das Erfordernis der Normierung einer Datenverarbeitung muss mit ihrer Eingriffsqualität jedoch nicht zwingend zusammenhängen, das lässt sich dem BKAG-Urteil auch entnehmen. Bereits früh wurde in der Literatur festgehalten, dass der Schutz des Rechts auf informationelle Selbstbestimmung im Kontext polizeilicher Maßnahmen nicht erfordert, dass jeder Schritt der polizeilichen Informations- und Datenverarbeitung einer isolierten Eingriffsermächtigung im Sinne des traditionellen Eingriffsvorbehalts bedarf.[137] Vielmehr ist der polizeiliche Umgang mit Informationen und Daten durch gesetzliche Regelungen grundlegend zu begrenzen, zu strukturieren und transparent zu gestalten.[138] Dabei soll es nicht so sehr um die einzelnen Verarbeitungen gehen, sondern vielmehr um die Verarbeitungskontexte, in die Daten nach ihrer Erhebung gelangen kön-

---

135 So auch die EU-Kommision, SWD(2020) 104, 28: „Moreover, in practical terms, PNR data are not used to establish an individual profile of all passengers, but to assess risk and establish anonymous scenarios. Such ‚abstract profiles‘ may consist, for example, of travel itineraries and behaviours associated with the preparation or commission of crimes such as suspicious payment methods or booking patterns (in cash, last-minute bookings, use of specific booking intermediaries).“

136 Solche Informationen ließen sich mit wenigen Abstrichen auch bei einer Analyse depersonalisierter oder vollständig anonymisierter Daten erzielen, die sich dem Datenschutzrecht und seiner Grundsätze gänzlich entziehen.

137 *Albers*, 2001, 240.

138 Ebd.

nen.[139] Gelangen personenbezogene Daten in einen polizeilichen Verarbeitungskontext, den der Einzelne – allein aus der Erhebungsermächtigung – nicht überblicken kann, so erfordert seine informationelle Selbstbestimmung die gesetzliche Festlegung diesen Kontexts als einen weiteren Verarbeitungszweck.

Allein aus einer Erhebungsermächtigung für Fluggastdaten und einer Normierung des ihr zugrunde liegenden Abgleichverfahrens wäre allerdings nicht erkennbar, dass die Daten neben einem Abgleich auch einer Analyse zwecks Mustererstellung unterzogen werden können. Dies ergibt die Betrachtung der hinter beiden Verarbeitungen – Analyse und Abgleich – steckenden Absichten. Ein Musterabgleich mit Fluggastdaten dient der Generierung tatsächlicher Anhaltspunkte über eine konkrete Person, er dient der *individualisierten Verdachtsgenerierung*. Eine Analyse von Fluggastdaten dient der *Generierung von verallgemeinerungsfähigem Wissen* über Typen von Straftaten oder Straftätern. Es handelt sich dabei um zwei verschiedene Verarbeitungs- und Verwendungskontexte. Die Analyse ermöglicht es, dass der Informationsgehalt der Fluggastdaten eines Passagiers (und diesen der Fluggastdaten vieler anderer Passagiere) ihm (und jedem weiteren Fluggast) bei einem neuen Flug als Teil von abstrakten Mustern gegenübertritt und darüber mitbestimmt, inwieweit er (und jeder weitere Fluggast) beim nächsten Flug als verdächtig oder unverdächtig zu klassifizieren ist. Dem einzelnen Fluggast mag durch die Analyse seiner Daten zum Zwecke der Erstellung dieser Muster kein Nachteil entstehen; ohne eine Normierung der Analysemöglichkeit, so wie diese in § 4 Abs. 4 FlugDaG vorgenommen wurde, wüsste er um diesen Verwendungszusammenhang seiner Daten jedoch nicht. Sein Recht, über solche Verwendungskontexte seiner Daten in Kenntnis gesetzt zu werden, ist von der Entstehung etwaiger persönlicher Nachteile aus dieser Verwendung seiner Daten nicht abhängig.

Deshalb ist die Normierung der Analyse als eine Anforderung des Zweckbestimmungs- und Zweckbindungsgrundsatzes zu verstehen. Auf den Maßstab des BVerfG bezogen bedeutet dies, dass die Analyse eine Verarbeitung darstellt, welche über den Erhebungszweck der Fluggastdaten hinausgeht, da sie nicht als ein unselbstständiger Teil des Musterabgleichs betrachtet werden kann. Sie ist nicht „die innere Konsequenz" der Erhebung und ist deshalb zurecht in § 4 Abs. 4 FlugDaG eigenständig normiert worden.

(e) Normierungserfordernis der Analysemethode?

In der Literatur zu Datenanalysen anhand maschinellen Lernens wird der Zweckbindungsgrundsatz oft mit dem Argument problematisiert, dass die Daten selten

---

[139] *Trute*, in: Roßnagel/Abel (Hrsg.), 2003, Rn. 11. *Albers*, 2001, 240 spricht von Verarbeitungsabläufen und Verarbeitungszusammenhängen.

explizit für diesen Zweck erhoben wurden.[140] Explizit für die Analyse *mit maschinellem Lernen* werden auch die Fluggastdaten nicht erhoben. Somit stellt sich die Frage, ob über die Analyse hinaus auch die konkrete Analysemethode gesetzlich eindeutig festzulegen ist. Im Einzelnen geht es also darum, wo die Grenze des Zweckbindungsgrundsatzes zu ziehen ist, wann ein hinreichender Detailgrad erreicht ist, um von einer eindeutig festgelegten Verarbeitung auszugehen. Es kann hier ebenso wenig wie beim allgemeinen Bestimmtheitsgebot darum gehen, das höchstmögliche Maß an Bestimmtheit zu erreichen.[141]

Anhaltspunkte für ein Normierungserfordernis bestimmter Verarbeitungstechnologien lassen sich aus dem BKAG-Urteil nicht ableiten. Generell liefert das BVerfG dort keinen besonders strengen Maßstab für den Detailgrad der Normierung. Über die Normierung der schlichten Nutzungsmöglichkeit von Daten hinaus verlangt es keine konkreteren Angaben. Eine Vorschrift, die die Nutzung der Daten „allgemein, gegebenenfalls auch als Spurenansatz“ zulässt, ist demnach hinreichend bestimmt.[142] Daher kommt nach dem gerichtlichen Maßstab keine Normierung der konkreten analytischen Methode und somit keine Offenlegung eines Einsatzes maschinellen Lernens in Betracht. Ein solches Ergebnis ist in der Sache auch richtig, denn es lässt sich im Vorfeld kaum wissen, wie sich bereits erhobene Daten in einem weiteren Kontext am besten nutzen lassen, auch wenn damit im Ergebnis die Verhütung der gleichen Straftaten und der Schutz derselben Schutzgüter bezweckt ist. Das Maß der gebotenen Gesetzesbestimmtheit richtet sich nach dem Maß, in dem die Sicherheitsbehörden ihrerseits Unbestimmtheit abarbeiten müssen.[143] Für die inhaltliche Präzision von Zwecksetzungen dürfte dies ebenfalls eine leitende Überlegung sein.[144] Die Möglichkeit verschiedener, sich erst im Laufe der Gesetzesanwendung als produktiv erweisender Herangehensweisen an die Analyse der jeweils vorliegenden Fluggastdaten spricht gegen ein Gebot der eindeutigen Festlegung spezifischer Verarbeitungstechnologien. Auch angesichts der Tatsache, dass sich hinter „maschinellem Lernen“ eine Fülle an kaum abschließend bestimmbaren Verarbeitungsmethoden

140 Vgl. *Wehlkamp*, in: Taeger (Hrsg.), 2020, 215 ff.

141 Das BVerfG vertritt in ständiger Rechtsprechung, dass der Gesetzgeber nach diesem Gebot nur gehalten ist, Normen so bestimmt zu fassen, wie dies nach der Eigenart des zu ordnenden Lebenssachverhalts mit Rücksicht auf den Normzweck möglich ist, vgl. BVerfGE 133, 241, 271 m. w. N. Siehe zum Bestimmtheitsgebot weiter unten in diesem Abschnitt, Punkt e).

142 BVerfGE 141, 220, 331. Die streitgegenständliche Vorschrift § 20v Abs. 4 Satz 2 BKAG-alt lautete: „Das Bundeskriminalamt darf die nach diesem Unterabschnitt erhobenen personenbezogenen Daten verwenden, um seine Aufgabe nach § 4a Abs. 1 Satz 1 (Abwehr von Gefahren des internationalen Terrorismus) wahrzunehmen.“

143 Vgl. *Schmidt-Aßmann*, 2006, 193.

144 Vgl. *Trute*, in: Roßnagel/Abel (Hrsg.), 2003, 2.5., Rn. 38.

verbirgt, lässt es sich bezweifeln, dass die Offenlegung des (auch nur potenziellen) Einsatzes der Technologie einen Bestimmtheitszuwachs tatsächlich erbringt.

Vor allem aber dürfte das Erfordernis der Normierung maschinellen Lernens nach dem bisher Gesagten davon abhängen, ob der Einsatz der Technologie die Fluggastdaten in einen vom Verwendungskontext der Analyse (Wissensgenerierung) zu unterscheidenden Kontext versetzt, der ohne die Normierung des Einsatzes nicht zu überblicken wäre. Dies ist zu verneinen. Denn der Einsatz maschinellen Lernens könnte zwar zur Generierung von Wissen führen, das durch sonstige Analysemethoden möglicherweise so nicht generierbar wäre. Dennoch bleibt der Zweck einer jeden Analyse von Daten – mit oder ohne maschinellem Lernen – unverändert die Wissensgenerierung. Eine besondere Art der Wissensgenerierung ändert diesen Zweck und daher den Verwendungskontext von Fluggastdaten nicht. Es leuchtet daher nicht ein, warum eine bestimmte, technisch fortgeschrittene analytische Methode eine eigenständige gesetzliche Normierung erfordern sollte, wenngleich sie sehr leistungsfähig sein mag. Wäre neben der Analyse auch noch die Analysemethode zu normieren, so ginge dies über die von dem Zweckbestimmungs- und Zweckbindungsgrundsatz geforderte Bindung an Zwecke hinaus und verlangte eine Bindung an Mittel der Datenverarbeitung. Darauf kommt es bei funktioneller Betrachtung des Zweckbindungsgrundsatzes allerdings nicht an. Die PIU soll in der Wahl der Analysemittel gerade frei bleiben. Eine Bindung an oder Änderung der Verarbeitungstechnologie wäre eine Bindung an oder Änderung der Mittel und nicht der Zwecke der Datenverarbeitung.[145]

Kritik an der Nachvollziehbarkeit maschinell erstellter Muster und an den Fehlerquoten von darauf beruhenden Abgleichergebnissen ist ein nicht zu ignorierender Einwand gegen maschinelle Wissensgenerierung, wäre an dieser Stelle jedoch falsch verortet. Abgesehen davon, dass beim Einsatz maschinellen Lernens weder eine etwaige mangelnde Nachvollziehbarkeit noch erhöhte Fehlerquoten pauschal festgehalten werden können, sondern sie vielmehr von der konkreten Ausgestaltung des Systems abhängen,[146] ist eine solche Problematik nicht durch eine Erweiterung des Zweckbestimmungs- und Zweckbindungsgrundsat-

---

[145] Anders wäre nur dann zu argumentieren, wenn der Zweck der Analyse nicht in der Straftatenverhütung, sondern in der davon losgelösten Datensammlung und dem Einsatz maschinellen Lernens bestünde. Also, wenn die Datenauswertung mittels maschinellen Lernens einen sicherheitsbehördlichen Selbstzweck darstellte, der unter dem Vorwand der Straftatenverhütung verfolgt wird. So argumentiert *Ulbricht*, Eur J Secur Res 3 (2018), 139, 154. Eine solche Argumentationslinie wäre nicht nur unter dem Vorwurf der Spekulation abzulehnen, sondern auch diesem der Realitätsabkopplung.

[146] Insbesondere bietet menschliche Wissensgenerierung keine Gewähr richtiger und nachvollziehbarer Verdachtszuschreibungen, siehe dazu weiter unten, E.II.1.c).

zes auf den Einsatz von Verarbeitungstechnologien zu lösen. Wenngleich der Grundsatz im Lichte des Rechts auf informationelle Selbstbestimmung gleichsam als entwicklungsoffen zu verstehen ist,[147] lässt sich eine solche Ausweitung dem bislang herausgearbeiteten Funktionsgehalt des Grundsatzes nicht entnehmen und wäre auch sinnwidrig. Sie kann den Einzelnen nicht davor schützen, dass seine Daten für die Erstellung von „schlechten" Mustern genutzt werden, oder dass ihm im Rahmen des Abgleichs immer der „richtige" Verdachtsgrad zugeschrieben wird. Solche Fragen rechtlich mit dem Zweckbestimmungs- und Zweckbindungsgrundsatz zu adressieren, erscheint als eine konstruierte datenschutzrechtliche Lösung eines Problems, das nicht zwingend datenschutzrechtlich lösbar ist, jedenfalls nicht soweit das Datenschutzrecht weiterhin eine inputorientierte Regulierungsstrategie verfolgt.[148] Das Wissen oder Nichtwissen bei Systemoutsidern über den Einsatz maschinellen Lernens hat keinen Einfluss auf die Anzahl falscher Verdachtszuschreibungen oder deren Nachvollziehbarkeit. Vielmehr erfordert eine solche Problematik von algorithmenbasiert erzeugtem Wissen Regelungen, die auf behördliche Interaktionsprozesse, Steuerung und laufende Kontrolle gerichtet sind, und die eine möglichst fachkundige Konstruktion von maschinellen Mustererstellungsverfahren gewährleisten – Regelungen, die nach innen auf behördliche Modellierungsverfahren gerichtet sind und im Endeffekt die behördliche Wissensgenerierung adressieren. Nach außen gerichtete Ansätze wie algorithmische Transparenz sind bei einer solchen Problematik nicht weiterführend, stellen den Betroffenen mit Blick auf seine informationelle Selbstbestimmung nicht besser und verwässern datenschutzrechtliche Grundsätze.

Somit bleibt festzuhalten, dass eine Analyse von Fluggastdaten zum Zwecke der Mustererstellung eine eigenständig zu normierende Datenverarbeitung ist. Die Methoden der Analysedurchführung und ihre Implementierungsdetails sind hingegen keine gesetzlich festzulegenden Zwecke, sondern offen zu haltende Mittel sicherheitsbehördlichen Handelns.

(2) Zweckbestimmung und -bindung des Musterabgleichs

An dem Normierungserfordernis des Musterabgleichs als das zentrale, der Datenerhebung zugrunde liegende Verarbeitungsverfahren bestehen keine Zweifel. Nach der neueren Rechtsprechung des BVerfG wird jeder Abgleich unabhängig

---

147 Zur Entwicklungsoffenheit des Rechts auf informationelle Selbstbestimmung BVerfG, Beschl. v. 6.11.19, – 1 BvR 16/13, Rn. 90.

148 Zu den Leistungsgrenzen eines inputorientierten Datenschutzrechts, im Sinne einer Begrenzung des Inputs an personenbezogenen Daten, bei der Regulierung maschinellen Lernens s. *Broemel/Trute*, BDI 27 (2016), 50, 55 und passim.

von seinem Ergebnis (Treffer, Nichttreffer, Fehltreffer[149]) als eigenständiger Eingriff eingestuft.[150] Somit stellt sich direkt die Frage, welche Anforderungen an den Detailgrad seiner Normierung zu stellen sind, damit er als eindeutig festgelegt gilt. Der Gesetzgeber des FlugDaG hat den Abgleich von Fluggastdaten mit Mustern in § 4 Abs. 2 Nr. 2 FlugDaG normiert. Indem er einen *automatisierten* Abgleich normiert, verhält er sich auch zu der technischen Komponente des Abgleichs. Es stellt sich also die Frage, ob über die allgemeingehaltene Normierung des Einsatzes von Automatisierungstechniken hinaus weitere Details über die Automatisierungstechnik notwendig sind, um von einem eindeutig festgelegten Verarbeitungszweck auszugehen.

Im Rahmen des Abgleichs leistet maschinelles Lernen allerdings nicht mehr als eine Automatisierung. Wie bereits festgehalten ist nicht davon auszugehen, dass innerhalb der für den Abgleich verantwortlichen technischen Komponente des PNR-Systems aktive Lernverfahren noch laufen.[151] Vielmehr dürften diese allein im Rahmen der Mustererstellung stattfinden. Sowohl maschinell als auch menschlich erstellte Muster werden danach als statische Verarbeitungsregeln im PNR-System übernommen, wo sie als Abgleichgrundlage fungieren und gerade dies vollziehen, was gesetzlich normiert ist – die Automatisierung des Abgleichs mit Mustern. Soweit nach einer gewissen Zeit der Mustererstellung weitere Lernverfahren erforderlich werden, finden sie erneut im Rahmen von Datenanalyseverfahren, unabhängig vom Abgleich statt. Insoweit enthält die derzeitige Fassung des § 4 Abs. 2 Nr. 2 FlugDaG einen eindeutig festgelegten Zweck. Im Unterschied zu der Analyse in § 4 Abs. 4 FlugDaG bietet § 4 Abs. 2 Nr. 2 FlugDaG daher keine Anknüpfungspunkte für Überlegungen zu algorithmischer Transparenz.

cc) Zwischenergebnis

Eine Offenlegung des Einsatzes maschinellen Lernens bei Fluggastdatenverarbeitungen setzen datenschutzrechtliche Schutzziele nicht voraus. Anhaltspunkte dafür lassen sich weder dem datenschutzrechtlichen Transparenz- noch dem Zweckbestimmungs- und Zweckbindungsgrundsatz entnehmen. Vielmehr ist die

---

[149] In SWD(2020) 104, 28 werden Fehltreffer (nur) im Kontext des Datenbankabgleiches wie folgt definiert: „„false positive matches', i. e. situations in which a comparison of a passenger's data with a database or watch list generates a match which is not confirmed by further processing, e. g. when a person included in a database has the same name as the passenger, but is not the same person."

[150] BVerfG, Beschl. v. 18.12.2018 – 1 BvR 142/15, Rn. 45. *Wischmeyer*, in: Kulick/Goldhammer (Hrsg.), 2020, 193, 203. Kritik an der dadurch vollzogenen Erweiterung des Eingriffsbegriffs bei *Trute*, DV 53 (2020), 99, 111 f.; *Bull* 145 (2020), 291, 295 ff.

[151] S. oben C.IV.3.c).bb).

datenschutzrechtliche Perspektive auf die Herstellung von Transparenz über die verschiedenen Verarbeitungskontexte personenbezogener Daten ausgerichtet, womit nicht zugleich die Herstellung von Transparenz über die Verarbeitungstechnologien in diesen Kontexten erforderlich wird. Der Datenschutz eignet sich daher nicht als Bezugspunkt für rechtliche Anforderungen zur Offenlegung algorithmischer Verfahren. Daraus ist ein sicherheitsrechtliches Gebot der Beseitigung von Nichtwissen bei Systemoutsidern in Form von algorithmischer Transparenz nicht abzuleiten.

d) Algorithmische Transparenz und gleichheitsrechtliche Fragen

Gleichheitsrechtliche Fragen hängen mit mehreren Nichtwissensausprägungen bei maschinellem Lernen zusammen. Sowohl Insidernichtwissen[152] als auch komplexitäts-[153] und korrelationsbedingtes Nichtwissen[154] können sich auf die Entstehung von Ungleichbehandlungsrisiken sowie deren Erkennbarkeit und Vorbeugung bei lernenden Systemen auswirken. Outsidernichtwissen über den Einsatz und die Implementierungsdetails maschinellen Lernens, das mittels algorithmischer Transparenz überwunden werden kann, hängt mit einer nachgelagerten Frage zusammen: Müssen Einsatz und Implementierungsdetails maschinellen Lernens offengelegt werden, damit Fluggäste potenzielle Ungleichbehandlungen bei einem Musterabgleich geltend machen können? Dabei geht es nicht um eine Offenlegung solcher Informationen zwecks der Ermöglichung einer effektiven richterlichen Kontrolle der Systeme, also um eine Offenlegung gegenüber Gerichten,[155] sondern um eine Offenlegung gegenüber Fluggästen, zwecks faktischer Ermöglichung der Geltendmachung einer Ungleichbehandlung *aufgrund* des Einsatzes maschinellen Lernens. Dahinter steckt die Überlegung, dass eine Ungleichbehandlung nicht geltend gemacht werden kann, wenn Einsatz und Implementierungsdetails der Technologie nicht bekannt sind. Diese Wissensasymmetrie zwischen Staat und Bürger wird als erstes Problem beim Thema Ungleichbehandlung benannt, dem durch neu einzuführende Transparenzstandards für sicherheitsbehördliche algorithmische Systeme zu begegnen sei.[156]

---

152 S. unten D.II.1.c).cc).

153 S. unten E.I.4.c).cc).(3).

154 S. unten E.II.1.e).

155 Siehe dazu weiter unten in diesem Abschnitt, e).cc).

156 *Sommerer*, 2020, 183 und 238 f. In dieser Richtung argumentieren auch *Ulbricht*, Eur J Secur Res 3 (2018), 139, 155; *Leenes*, in: Hildebrandt/Gutwirth (Hrsg.), 2008, 293, 298; *Orwat*, 2020, 97 ff.; *Dreyer/Schulz*, 2018, Bertelsmann Stiftung, 16. So im Grunde auch *Desoi*, 2018, 223, der zur Möglichkeit von Betroffenen, den Datenumgang zu kontrollieren, mit Verw. in Fn. 998 auch die Ausführungen über Diskriminierungen durch Big-Data-Analysen miteinbezieht.

Transparenz staatlichen Handelns, als Voraussetzung für die Wahrnehmung der einem Grundrechtsträger zustehenden subjektiven Rechte und die Überprüfung der diesbezüglichen Rechtmäßigkeit staatlichen Handelns, ist ein Argumentationsstrang, der datenschutzrechtlichen Transparenzpflichten im Sicherheitsbereich zugrunde gelegt wird.[157] Aus dem Gebot des effektiven Rechtsschutzes in Verbindung mit dem Recht auf informationelle Selbstbestimmung leitet das BVerfG Rechte des Einzelnen auf Kenntnis der ihn betreffenden Datenerhebung und -verarbeitung her, damit dieser in die Lage versetzt wird, die Rechtmäßigkeit der entsprechenden Maßnahme – erforderlichenfalls auch gerichtlich – prüfen zu lassen.[158] Dem Argumentationsstrang des BVerfG bei datenschutzrechtlicher Transparenz liegt die Annahme zugrunde, dass grundsätzlich jede Verarbeitung personenbezogener Daten die informationelle Selbstbestimmung gefährdet,[159] also rechtfertigungsbedürftig ist, und daher aus Rechtsschutzzwecken offenzulegen ist. Technischen Möglichkeiten elektronischer Datenverarbeitung, die eine im Vergleich zu konventionellen Methoden erhöhte Menge und Verknüpfbarkeit der verarbeitbaren Daten ermöglichen, spricht das Gericht ein besonderes Eingriffspotenzial zu und geht von einer gesteigerten Gefährdungslage für die informationelle Selbstbestimmung aus.[160] Entscheidend für diesen Argumentationsstrang ist, dass die informationelle Selbstbestimmung nach der Konzeption des BVerfG den grundrechtlichen Schutz schon auf der Stufe der Gefährdung des Persönlichkeitsrechts beginnen lässt.[161]

Datenschutzrechtliche Transparenzmechanismen zielen jedoch nicht auf eine Information über die Konsequenzen der auf der Datenverarbeitung beruhenden Differenzierungsentscheidungen im Sinne einer Ungleichbehandlung ab, sodass damit nicht notwendigerweise zugleich auch potenzielle Verstöße gegen Gleichheitsrechte erkannt und geltend gemacht werden können.[162] Indes begründet aber Art. 3 GG ein subjektives Recht, das den Einzelnen berechtigt, Ungleichbehandlungen geltend zu machen,[163] weshalb der Transparenzgedanke zwecks des Ergreifens von Rechtsschutz auch in diesem Kontext zunächst einmal plausibel erscheint. Konsequenterweise müsste einem an diese Logik angelehnten recht-

---

157 Zur datenschutzrechtlichen Transparenz siehe bereits oben D.I.1.c).aa).(2).

158 BVerfGE 125, 260, 335; BVerfGE 118, 168, 207 f.; BVerfGE 133, 277, 366.

159 Vgl. BVerfGE 150, 244, 263 f.

160 Vgl. die st.Rspr. BVerfGE 150, 244, 264; BVerfGE 120, 378, 397 f.

161 BVerfGE 150, 144, 164.

162 *Orwat*, 2020, 107. So auch *Gellert/Vries/Hert/Gutwirth*, in: Custers/Calders/Schermer/Zarsky (Hrsg.), 2013, 61, 70, Fn. 19: „data protection does not look into the actual outcomes of data processing, but it does assess whether the reasons and interest […] for a particular instance of data processing were legitimate."

163 *Kirchhof*, in: Maunz/Dürig (Hrsg.), 2022, Art. 3 Abs. 1 GG, Rn. 292.

lichen Gebot algorithmischer Transparenz aus Art. 19 Abs. 4 i. V. m. Art. 3 GG,[164] sei es in Form individueller Transparenzmechanismen wie Auskunftsansprüchen, bzw. Benachrichtigungspflichten über Einsatz und Implementierungsdetails oder allgemeinerer Mechanismen, wie bspw. der gesetzlichen Normierung oder sonstigen Offenlegung des Einsatzes maschinellen Lernens, die Annahme zugrunde gelegt werden, dass grundsätzlich jeder Einsatz maschinellen Lernens im Sicherheitsbereich Gleichheitsrechte gefährdet. Ist bereits – so wie im Fall des FlugDaG – der Einsatz von Automatisierungstechnologien offengelegt worden, so müsste einem rechtlichen Gebot algorithmischer Transparenz zusätzlich die Annahme zugrunde gelegt werden, dass im Falle des Einsatzes maschinellen Lernens die Gefährdungslage für Gleichheitsrechte im Vergleich zum Einsatz theoriegeleitet operierender Systeme noch zusätzlich gesteigert ist. Anderenfalls ist nicht ersichtlich, weshalb über die bereits offengelegte Information einer automatisierten Datenauswertung hinaus, welche die Möglichkeit beider technologischen Ansätze grundsätzlich umfasst, auch die Information einer auf maschinelle Lernmethoden gestützten Datenauswertung rechtlich geboten sein sollte.

Ungleichbehandlung durch Algorithmen ist ein in den letzten Jahren vermehrt diskutiertes Thema, das grundsätzliche Annahmen nicht zulässt und davon auch nicht profitieren kann. Daher kann die Annahme, dass maschinelles Lernen Gleichheitsrechte grundsätzlich besonders gefährdet, weder generell noch konkret mit Blick auf das PNR-System ohne eine (in der Regel langfristige) Beobachtung des Systems und ohne empirische Untersuchungen und statistische Auswertungen der Abgleichergebnisse bestätigt oder verworfen werden.[165] Der Rechtsrahmen der Fluggastdatenverarbeitung trifft verschiedene Vorkehrungen gegen Ungleichbehandlungen, die bei jeder Art von Mustererstellung zu berücksichtigen sind.[166] Auch zeigt der nähere Blick auf die Erstellung der Muster als Differenzierungsgrundlagen zwischen Fluggästen, dass zwar die Ursachen potenzieller Ungleichbehandlungen bei algorithmisch und theoriegeleitet erstellten Mustern unterschiedlich bedingt sein mögen (überwiegend statistisch- oder überwiegend theorie-, bzw. erfahrungsbedingt), im Ergebnis allerdings beide Ar-

---

164 So gefordert etwa bei *Sommerer*, 2020, 239 m. w. N.

165 Vgl. *FRA*, 2011, 9 f. So im PNR-Kontext auch *Olsen/Wiesener*, Law, Innovation and Technology 13 (2021), 398, 415. Allgemein zum Vergleich der Ungleichbehandlungsrisiken algorithmischer und menschlicher Entscheidungen, *Hermstrüwer*, in: Wischmeyer/Rademacher (Hrsg.), 2020, 199, 210: „It is usually unknown whether learning algorithms generate more or less bias than human discretion when making legal decisions. […] This comparison requires to determine the subgroup of persons that would be treated differently (marginal group) – most persons will be treated the same way (non-marginal group) – under a different intervention (counterfactual)."

166 Siehe etwa § 4 Abs. 2 Satz 2 FlugDaG, § 4 Abs. 3 Sätze 6–8 FlugDaG, Art. 19 und Art. 20 PNR-RL.

ten von Mustern im PNR-System als statische Differenzierungsgrundlagen einzuprogrammieren wären und über die Differenzierung einer gleich großen Anzahl an Personen bestimmen würden.[167] Damit kann der immer wieder erhobene Einwand, lernende Systeme würden über eine viel größere Anzahl von Fällen entscheiden als ein Mensch jemals in der Lage wäre, weshalb algorithmenbedingte Ungleichbehandlungsrisiken besonders problematisch seien, im Kontext des PNR-Systems verworfen werden.[168] Die Detektion einer potenziellen und erst Recht die Annahme einer tatsächlichen Ungleichbehandlung beim Musterabgleich hängt vom komplexen Zusammenspiel mehrerer Faktoren bei der Konzeption und Konstruktion des PNR-Systems ab, wovon die wenigsten spezifisch mit einem Einsatz maschinellen Lernens oder irgendeiner anderen Verarbeitungstechnologie zusammenhängen.[169] Selbst bei einer vollständigen Offenlegung sämtlicher Details der Konstruktion des PNR-Systems wäre die Annahme einer algorithmisch bedingten Ungleichbehandlung alles andere als eine triviale Aufgabe. Es erscheint deshalb nicht weiterführend, sich einem etwaigen Gebot algorithmischer Transparenz ausgehend von der Frage anzunähern, ob maschinelles Lernen im Sicherheitsbereich Gleichheitsrechte (grundsätzlich) mehr gefährdet als traditionellere Ansätze der Datenverarbeitung.

Instruktiver für die anfangs gestellte Frage dürfte hingegen der Vergleich der Konzeption des Gleichbehandlungsrechts mit dieser des Datenschutzrechts sein, da letzteres dabei als Referenz für Überlegungen bezüglich Transparenz staatlichen Handelns zwecks Rechtsschutzgewährleistung fungieren kann. Dies erscheint auch deshalb angebracht, weil die gleichzeitige Anwendbarkeit beider Rechtsregime gerade auch mit Blick auf automatisierte Datenverarbeitungen zu-

---

[167] Vgl. auch *Leese*, Security Dialogue 45 (2014), 494, 502 der im Kontext der PNR-RL die Ungleichbehandlungstendenzen sowohl theoriegeleiteter als auch lernender Ansätze beleuchtet und weder von einem quantitativen noch einem qualitativen (i. S. d. Folgen einer Ungleichbehandlung für den Betroffenen) Unterschied ausgeht, sondern vielmehr die verschiedenen Ursachen und die Schwierigkeit betont, algorithmenbedingte Ungleichbehandlungen zu bemerken, wodurch er zugleich die Nichtwissensthematik maschinellen Lernens anspricht.

[168] So etwa *Sommerer*, 2020, 173. Damit entfällt in diesem Einsatzkontext auch das empirisch kaum nachweisbare Argument, dass die Verteilung von Entscheidungen auf eine Vielzahl von verschiedentlich voreingenommenen Polizeibeamten zu einer statistischen Nivellierung von Ungleichbehandlungen führe und deshalb im Unterschied zu einem einzelnen algorithmischen System, welches immer wieder dieselben Vorannahmen anwende und bestimmte Personengruppen daher systematisch benachteilige, weniger problematisch sei (ebd.).

[169] Siehe dazu ausf. *Barocas/Selbst*, CLR 104 (2016), 671, 677 ff., die eine Reihe von Faktoren identifizieren, welche bei der Modellierung von lernenden Systemen mit einer Diskriminierung zusammenhängen könnten, woraus die Mehrheit bei theoriegeleiteten Ansätzen ebenfalls von Relevanz ist, während nur wenige spezifisch mit maschinellem Lernen zusammenhängen könnten.

nehmend betont wird.[170] In einer vergleichenden Analyse auf europäischer Ebene mit Bezügen zu deutschen Gerichtsentscheidungen arbeiten *Gellert et. al.* einige konzeptionelle Ähnlichkeiten der Funktion beider Rechtsregime heraus,[171] die auch für den zunehmend harmonisierten deutschen Rechtsraum kennzeichnend sind. Dargelegt wird, dass beide Regime im Ansatz darauf abzielen, Grenzen der Handlungen anderer Personen zu setzen, sodass die Rechte des Subjekts nicht verletzt werden: Das Datenschutzrecht, indem es alle Datenverarbeitungsvorgänge reguliert, das Gleichbehandlungsrecht, indem es bestimmte Vorkehrungen trifft, die sicherstellen sollen, dass alle Handlungen das Kernprinzip der Gleichheit der Bürger einhalten.[172] Beide Rechtsregime streben zudem einen proaktiven Schutz an, der weniger darauf abzielt, Rechtsverletzungen zu sanktionieren, sondern als solche zu verhindern, indem sie subjektive Rechte gewähren und (administrative) Aufsichtsorgane einrichten.[173] In bestimmten, bei *Gellert et. al.* näher dargelegten Konstellationen können beide Rechtsregime in der Lage sein, das jeweils andere Schutzgut zu adressieren und sich in ihren Schutzumfängen zu überschneiden, woraus eine Tendenz der zunehmenden Annäherung beider Regulierungsperspektiven gefolgert wird.[174]

Beim Thema Transparenz staatlichen Handelns dürfte aber ein zentraler Unterschied beider Rechtsregime von entscheidendem Gewicht sein. Der Datenschutz unterscheidet sich grundlegend von Gleichheitssätzen, indem er eine bestimmte Handlung (die Verarbeitung personenbezogener Daten), zunächst einmal unabhängig von ihren tatsächlichen Folgen, reguliert.[175] Die potenziellen Folgen einer Datenverarbeitung berücksichtigt das BVerfG zwar bei der Bestimmung des Eingriffsgewichts und lässt diese in die Abwägung einfließen. Nichtsdestotrotz adressiert das Datenschutzrecht nicht die tatsächlichen Folgen einer Datenverarbeitung, sondern setzt früher an und geht von der grundsätzlichen Gefährlichkeit bereits ebendieser Datenverarbeitungs*aktivität* aus. Im Gegensatz

---

[170] *Gellert/Vries/Hert/Gutwirth*, in: Custers/Calders/Schermer/Zarsky (Hrsg.), 2013, 79 ff. und 83; *Kirchhof*, in: Maunz/Dürig (Hrsg.), 2022, Art. 3 Abs. 1 GG, Rn. 226 f. und 329. *Desoi*, 2018, 104 f. allgemein, und 126 f. speziell mit Blick auf Transparenz; *FRA*, 2018a, 7. Siehe auch *Britz*, 2008, 183 ff., die eine gemeinsame grundrechtliche Wurzel des Daten- und Diskriminierungsschutzes im Recht auf Selbstdarstellung sieht. Die gleichzeitige Anwendbarkeit beider Rechtsregime ohne konkreten Bezug zur Automatisierung betonend auch *Epping*, [9]2021, Rn. 657;

[171] *Gellert/Vries/Hert/Gutwirth*, in: Custers/Calders/Schermer/Zarsky (Hrsg.), 2013, 61, 76 ff.

[172] *Gellert/Vries/Hert/Gutwirth*, in: Custers/Calders/Schermer/Zarsky (Hrsg.), 2013, 61, 75.

[173] Ebd., bspw. Datenschutz- und Gleichstellungsbeauftragte.

[174] *Gellert/Vries/Hert/Gutwirth*, in: Custers/Calders/Schermer/Zarsky (Hrsg.), 2013, 61, 72 f.: „So whereas anti-discrimination appears to be going in the direction of more subjective rights, data protection appears to emphasise the need for enforcement procedures."

[175] *Gellert/Vries/Hert/Gutwirth*, in: Custers/Calders/Schermer/Zarsky (Hrsg.), 2013, 61, 70.

dazu betreffen Gleichheitssätze eine bestimmte Rechts*folge* (Ungleichbehandlung) und dies im Grundsatz unabhängig davon, aus welcher Handlung sie resultiert, also ohne eine vorgelagerte regulatorische Auseinandersetzung mit den Besonderheiten der Praxis, die zum gleich- oder ungleichbehandelnden „Endergebnis" führt.[176] In der Konsequenz kann ein und dasselbe Verhalten, hier die Verarbeitung personenbezogener Daten, beiden Rechtsregimen unterfallen, allerdings würde dies aus zwei unterschiedlichen Perspektiven geschehen: das Datenschutzrecht würde die Handlung, also die Datenverarbeitung regulieren, das Gleichbehandlungsrecht eine etwaige dadurch eingetretene Ungleichbehandlung, also eine bestimmte rechtliche Folge dieser Handlung. *Gellert et. al.* begründen diesen Unterschied beider Rechtsregime unter anderem auch damit, dass die Frage, was als eine Datenverarbeitung gilt, einige rechtliche Feinheiten aufzuweisen vermag, dennoch relativ unstrittig sein dürfte, während die Frage, wann eine Ungleichbehandlung vorliegt, eine eindeutig anspruchsvollere Einschätzung erfordert, die das Eingreifen einer dritten Partei gebietet, welche mit der Legitimität ausgestattet ist, eine Entscheidung über den (ungleich)behandelnden Charakter der Folgen der strittigen Handlung vorzunehmen.[177] Aus verfassungsrechtlicher Perspektive lässt sich der Unterschied eher damit begründen, dass Art. 3 GG, im Unterschied zum Recht auf informationelle Selbstbestimmung, den grundrechtlichen Schutz nicht bereits auf der Stufe der Gefährdung beginnen lässt.

Aus dieser vergleichenden Perspektive beider Rechtsregime lassen sich Transparenzanforderungen differenziert betrachten. Da im Datenschutzrecht bereits die Handlung der Datenerhebung und -verarbeitung (als grundsätzlich gefährdend) reguliert wird, kann diesbezügliche Transparenz den Einzelnen rechtsschutztechnisch auch tatsächlich besser stellen. Das dadurch begründete Wissen über eine staatliche Handlungspraxis erlaubt zugleich eine Einschätzung über ihre Rechtmäßigkeit oder Rechtswidrigkeit und erforderlichenfalls das Ergreifen von Rechtsschutz. Im Gegensatz dazu erlaubt das Wissen über die Handlungspraxis der PIU bezüglich eines Einsatzes maschinellen Lernens und seiner Implementierungsdetails, wie bereits dargelegt, wohl kaum eine – über Spekulation hinausgehende – Einschätzung über das von Gleichheitssätzen regulierte Endresultat einer Ungleichbehandlung.[178] Dies gilt auch mit Blick auf die besonde-

---

176 Vgl. *Gellert/Vries/Hert/Gutwirth*, in: Custers/Calders/Schermer/Zarsky (Hrsg.), 2013, 61, 66.

177 Vgl. *Gellert/Vries/Hert/Gutwirth*, in: Custers/Calders/Schermer/Zarsky (Hrsg.), 2013, 61, 71.

178 Siehe auch *FRA*, 2011, 9: „provisions included in the proposal have reduced the risk of direct discrimination. One risk that remains is that of indirect discrimination. […] certain types of data and assessment criteria are prohibited, the corresponding risk of direct discrimination is

ren Differenzierungsmerkmale in Art. 3 Abs. 3 GG, vorausgesetzt diese ließen sich bei einer Offenlegung von maschinell erstellten Mustern als Prüfungsmerkmale überhaupt ausmachen.[179] Weder bezieht jedoch die PIU laut § 4 Abs. 3 Satz 7 FlugDaG die Mehrheit dieser Merkmale in Muster ein,[180] noch wären Differenzierungen auf Basis solcher Merkmale von vornherein stets ausgeschlossen.[181] Vor diesem Hintergrund erscheinen auf dem Transparenzgedanken beruhende Rechte des Einzelnen, wie etwa Auskunftsansprüche und Benachrichtigungspflichten über staatliches Handeln im Datenschutzrecht nachvollziehbar, im Gleichbehandlungsrecht hingegen nicht, denn dadurch kann der Einzelne eine potenzielle Ungleichbehandlung weder besser einschätzen noch darlegen.

Nach dem EuGH soll sichergestellt werden, dass der Adressat von i. S. d. § 6 FlugDaG vorgenommenen sicherheitsbehördlichen Maßnahmen die Funktionsweise von Kriterien (Mustern) und ihren Anwendungsprogrammen versteht, um gegebenenfalls namentlich seine Diskriminierung rügen zu können.[182] Dabei bezieht sich das Gericht zunächst auf die abstrakte Funktionsweise von Mustern und Programmen.[183] Eine Konkretisierung dessen, was genau mit „Programmen

---

reduced. […] [I]ndirect discrimination can only be detected in practice by creating statistics on the application of a certain rule, criterion or practice. Suitable statistics are useful to detect discriminatory patterns and trends in the application of a certain rule, criterion or practice.“ *Kroll/Huey/Barocas/Felten/Reidenberg/Robinson/H. Yu*, U. Pa. L. Rev. 165 (2017), 633, 639, Fn. 13: „a regime based on individuals auditing their own decisions cannot adequately address departures from an established rule, which favor the individual auditing her own outcome, or properties of the rule, which can only be examined across individuals (such as nondiscrimination)“. Entsprechend solcher Hürden der Detektion von tatsächlichen Ungleichbehandlungen wird in der Literatur zu Big-Data-Analysen, Gleichheitsrechten und der Notwendigkeit etwaiger Schutzmechanismen auch vorsichtig zunächst lediglich von „Diskriminierungs*befürchtungen*“ gesprochen, so *Desoi*, 2018, 104.

179 Siehe zu dieser Problematik komplexitätsbedingten Nichtwissens unten E.I.4.c).cc).(3). und E.I.4.d).bb).(2).

180 Der Verzicht auf solche Daten schließt Ungleichbehandlungen zwar nicht aus, wie so häufig kritisch angemerkt wird, siehe etwa *Ulbricht*, Eur J Secur Res 3 (2018), 139, 152. Er ändert aber den rechtlichen Bewertungsmaßstab etwaiger dennoch vorkommender Ungleichbehandlungen, siehe dazu unten, E.I.4.d).bb).(2).

181 Zum polizeilichen Abstellen auf solche Merkmale siehe *Kischel*, in: Epping/Hillgruber (Hrsg.), [54]2023, Art. 3 GG, Rn. 214 und 223g: „[Es geht] hier nicht um den Zweck des Art. 3 Abs. 3, sondern nur um die Berücksichtigung [d]es indiziellen Aussagegehalts [der dort genannten Merkmale]. […] Die Diskriminierungsverbote wollen Menschen vor haltlosen Vorurteilen schützen, nicht die objektive und sinnvolle Polizeiarbeit und Kriminalitätsbekämpfung behindern.“

182 EuGH, C-817/19, Rn. 210.

183 Dass der EuGH damit keine Offenlegung konkreter Informationen meint, ergibt sich aus der unmittelbar davorstehenden Formulierung in Rn. 210 („ohne es [dem Betroffenen] im Verwaltungsverfahren zwangsläufig zu ermöglichen, von den im Voraus festgelegten Prüfkriterien und den Programmen zu ihrer Anwendung Kenntnis zu erlangen“), sowie aus den Ausführun-

zur Anwendung von Prüfkriterien" gemeint sein soll, und inwieweit ein Betroffener ihre Funktionsweise „verstehen" muss, bleibt aus. Zunächst setzt ein Verständnis der abstrakten Funktionsweise von Mustern und den Programmen, mit denen sie angewandt werden, keineswegs die Kenntnis von der Mustererstellung zugrunde liegenden technischen Verfahren im Sinne ihrer Offenlegung voraus. Mit „Verständnis" sind nicht Transparenz-, sondern vielmehr Kompetenzfragen adressiert, die nicht zwingend mit der Offenlegung konkreter technologischer Details zusammenhängen.[184] Des Weiteren lässt sich dieser Aussage auch deshalb keine Forderung algorithmischer Transparenz entnehmen, da, wie bereits ausgeführt, die Technologie bei der Mustererstellung und nicht beim Musterabgleich, etwa in Form von Programmen zur *Anwendung* von Prüfkriterien, eine aktive Rolle spielt.[185] Erstaunlich erscheint diese Forderung des Gerichtshofs aber insbesondere, weil in Anbetracht des bisher Gesagten ein wie auch immer geartetes „Verständnis" der Funktionsweise von Mustern und Programmen kaum in der Lage ist, die gleichheitsrechtliche Schutzposition des Einzelnen zu verbessern. Der hierdurch – und im Übrigen auch durch Transparenzmechanismen – angestrebte Scheinzugewinn an Rechtswahrnehmungsmöglichkeiten des Einzelnen wäre nur anhand sehr weitreichender Offenlegungen von *konkreten* Informationen über das PNR-System und der langfristigen Auswertung seiner Ergebnisse über die Zeit überhaupt im Ansatz vorstellbar. Angesichts der anfangs dargestellten sicherheitsbehördlichen Interessen am Aufrechterhalten intendierten Nichtwissens über ihre Systeme, würde neben der Geeignetheit auch die Angemessenheit derart weitreichender Offenlegungen in diesem Kontext fragwürdig erscheinen. Insgesamt erscheinen die gerichtlichen Überlegungen im Lichte der Brisanz von Transparenzforderungen im Kontext von Technik und Daten daher weniger von rechtlichen und vielmehr von politischen Gesichtspunkten geleitet zu sein.

---

gen in der nächsten Randnummer (211), wonach es dem Betroffenen im Gerichtsverfahren unter Umständen wiederum ermöglicht werden soll, von den Kriterien und Programmen Kenntnis zu erlangen. Zu letzterem siehe unten Fn. 253 mit dazugehörigem Text.

[184] Siehe dazu im Detail den nächsten Abschnitt zum Nichtwissen als Resultat eigener Intention, D.I.2., der Fragen algorithmischer Kompetenz und ihrer rechtlichen Bedeutung zum Gegenstand hat.

[185] Siehe oben, C.IV.3.c).bb). und D.I.1.c).bb).(2). Ein weiterer Grund, weshalb sich die Aussagen des Gerichtshofs nicht in Richtung algorithmischer Transparenz auslegen lassen, ist, dass damit die „zuständigen Behörden", also die in Art. 7 PNR-RL bzw. § 6 FlugDaG aufgelisteten Behörden adressiert sind, C-817/19, Rn. 210: „Insbesondere müssen sich die zuständigen Behörden vergewissern, dass der Betroffene […] die Funktionsweise von Kriterien und Programmen verstehen […] kann." Diese Behörden sind jedoch weder Teil der PIU, noch sind sie an das von ihr betriebene PNR-System angebunden und haben weder Zugriff zum, noch Kenntnis vom PNR-System und den ihm zugrunde liegenden technischen Verfahren, s. dazu oben Kap. B. Fn. 84 mit dazugehörigem Text.

Bleibt man hingegen bei der Frage der rechtlichen Gebotenheit algorithmischer Transparenz, ist ihr im Ergebnis auch im Kontext der Gleichheitsrechte keine diesen dienende Funktion zu bescheinigen. Eine geringe Transparenz bezüglich der sicherheitsbehördlichen Technologieauswahl und etwaige dadurch bedingte Defizite an Rechtswahrnehmungsmöglichkeiten können, ähnlich wie bei den vorangehenden datenschutzrechtlichen Transparenzüberlegungen, strukturell durch Kontroll- und Verfahrensvorschriften kompensiert werden. Die Herstellung algorithmischer Transparenz im Sinne einer Offenlegung von Einsatz und Implementierungsdetails maschinellen Lernens für die Zwecke der Geltendmachung von Ungleichbehandlungen ist im Kontext der Fluggastdatenverarbeitung nicht weiterführend und daher rechtlich nicht geboten.

e) Algorithmische Transparenz und das Bestimmtheitsgebot

Betrachtet aus einer Perspektive des Nichtwissens verlangt das Bestimmtheitsgebot keine auf einzelne Systemoutsider gerichtete Informationsoffenlegung. Anders als Aufklärungs- und Benachrichtigungsinstrumente gebietet die Normenbestimmtheit eine Transparenz „vor der Öffentlichkeit“.[186] Damit sind gleichzeitig sowohl die große Reichweite als auch die inhaltlichen Grenzen des Gebotes betont; daran angeknüpft kann algorithmische Transparenz lediglich in Form von abstrakt-generellen Informationen gewährleistet werden. Unter Bestimmtheitsgesichtspunkten käme also die Offenlegung der generellen Möglichkeit eines Einsatzes maschinellen Lernens in Betracht, darüber hinausgehende konkrete Implementierungsdetails im Gegensatz dazu eher nicht. Mit Blick auf Normierungsaspekte kann das Bestimmtheitsgebot insoweit vom sicherheitsrechtlich geprägten Zweckbestimmungs- und Zweckbindungsgrundsatz unterschieden werden, als dass es sich nicht allein auf datenschutzrechtsspezifische Normierungsaspekte von Gesetzen bezieht. Somit unterliegt es nicht den Grenzen, denen eine datenschutzrechtliche Perspektive bei Technologien wie maschinellem Lernen begegnet und mit Kunstgriffen zu überwinden versucht.[187] Das allgemeine verfassungsrechtliche Bestimmtheitsgebot bezieht sich auf das gesamte Gesetzesprogramm,[188] unabhängig davon, in welchem Verhältnis einzelne Vorschriften zu den Zwecken von Datenerhebungsermächtigungen stehen.[189]

---

[186] Vgl. BVerfG, Urt. v. 19.5.2020 – 1 BvR 2835/17, Rn. 138 f.: „Befugnisse [müssen] durch Gesetz normenklar und bestimmt vor der Öffentlichkeit geregelt werden“.

[187] Zu Grenzen des Datenschutzes bei Big-Data-Anwendungen s. *Broemel/Trute*, BDI 27 (2016), 50 ff., 60; *Trute*, Journal of Law & Economic Regulation 2015, 62, 67 ff.

[188] *Schmidt-Aßmann*, 2006, 193.

[189] Soweit sich das BVerfG zu dem Verhältnis des Bestimmtheitsgebotes zum Zweckbestimmungs- und Zweckbindungsgrundsatz verhält, scheint es von einem Spezialitätsverhältnis auszugehen, BVerfGE 118, 168, 186 f.: „Das Bestimmtheitsgebot findet im Hinblick auf das

Das Bestimmtheitsgebot spielt im Sicherheitsrecht gemeinsam mit dem Verhältnismäßigkeitsprinzip eine der Hauptrollen im Rahmen der materiellen Verfassungsmäßigkeitsprüfung. Behandelt wird das Gebot herkömmlich als eine Ausprägung des Rechtsstaatsprinzips, ihm wird aber auch eine demokratische Dimension zuerkannt.[190] In der Literatur wird das Gebot auf mehrere Gewährleistungen des Rechtsstaatsprinzips gestützt: die Rechtssicherheit, die Gewaltenteilung, die Gesetzesmäßigkeit der Verwaltung, den Gesetzesvorbehalt und den effektiven Rechtsschutz.[191] Auch wird teilweise zwischen einem objektiv-rechtlichen und subjektiv-rechtlichen Gewährleistungsgehalt differenziert.[192] In Entscheidungen des BVerfG über polizeiliche Maßnahmen findet sich regelmäßig derselbe Textbaustein wieder, wonach das Bestimmtheitsgebot gewährleistet, dass Gesetze inhaltlich so bestimmt normiert werden, dass Regierung und Verwaltung im Gesetz steuernde und begrenzende Handlungsmaßstäbe vorfinden, und dass die Gerichte eine wirksame Rechtskontrolle vornehmen können.[193] Regelmäßig wird dabei das Gebot mit dem der Normenklarheit gepaart, das die inhaltliche Verständlichkeit der Regelung in den Vordergrund stellt, insbesondere, damit Bürger sich auf mögliche belastende Maßnahmen einstellen können.[194] Der so gebildete Maßstab verlangt die Gewährleistung einer hinreichenden Be-

---

Recht auf informationelle Selbstbestimmung seine Grundlage in Art. 2 Abs. 1 in Verbindung mit Art. 1 Abs. 1 GG selbst. […] Ermächtigt eine gesetzliche Regelung zu einem Eingriff in das Recht auf informationelle Selbstbestimmung, so hat das Gebot der Bestimmtheit und Klarheit die spezifische Funktion, eine hinreichend präzise Umgrenzung des Verwendungszwecks der betroffenen Informationen sicherzustellen. Auf diese Weise wird das verfassungsrechtliche Gebot der Zweckbindung der erhobenen Information verstärkt." So auch BVerfGE 120, 378, 408.

[190] *Papier/Möller*, AöR 122 (1997), 177, 181; *Schmidt-Aßmann*, 2006, 194; *Gusy*, in: Möllers/van Ooyen (Hrsg.), 2017, 338, 343. Die Beziehung des Gebots zum demokratischen Diskurs betont auch das BVerfG, BVerfGE 120, 378, 408.

[191] *Papier/Möller*, AöR 122 (1997), 177, 179 ff. So im Grunde auch *Reimer*, in: Voßkuhle/Eifert/Möllers (Hrsg.), [3]2022, § 11, Rn. 64, m. w. N., mit der Aussage: „Jedes Bestimmtheitsgebot ist ein ‚hochkomplexes mehrdimensionales Regulativ'".

[192] *Papier/Möller*, AöR 122 (1997), 177, 178 ff. Insoweit als dadurch eine Differenzierung zwischen einem grundrechtlichen und einem allgemeinen Bestimmtheitsgebot gemeint ist ablehnend, *Schmidt-Aßmann*, 2006, 197.

[193] Vgl. BVerfG, Beschl. v. 10.11.2020 – 1 BvR 3214/15, Rn. 86, wo das Gericht ausdrücklich zwischen dem Bestimmtheitsgebot und dem Gebot der Normenklarheit differenziert.

[194] BVerfG, Beschl. v. 10.11.2020 – 1 BvR 3214/15, Rn. 87. In der früheren Rechtsprechung des BVerfG ließ sich oft keine konsequente Unterscheidung zwischen „Bestimmtheit" und „Normenklarheit" erkennen (s. etwa BVerfGE 141, 220, 265), sodass der Eindruck entstand, das Gericht verbinde mit den beiden Bezeichnungen keine materiell verschiedenen Anforderungen, *Tanneberger*, 2014, 340, m. w. N. Zu dem in der Literatur bereits länger anerkannten Unterschied zwischen beiden Geboten s. *Denninger/Bäcker/Lisken*, in: Lisken/Denninger (Hrsg.), [7]2021, B., Rn. 61 f.; *Schulze-Fielitz*, in: Dreier (Hrsg.), [3]2015, Art. 20 GG, Rn. 141; *Schmidt-Aßmann*, 2006. 193 ff.

stimmtheit, nicht einer absoluten Gewissheit. Maßgeblich für die Bestimmung dessen, was als „hinreichend“ zu gelten hat, sind die Sachgegebenheiten und insbesondere die Unbestimmtheiten des konkreten Regelungsgegenstandes.[195] Dementsprechend kann es im Rahmen der nachfolgenden Auseinandersetzung mit der Frage einer durch das Bestimmtheitsgebot etwaig gebotenen algorithmischen Transparenz nicht maßgeblich sein, ob die Normierung des Einsatzes maschinellen Lernens zu einer höheren Bestimmtheit des FlugDaG führen würde. Vorbehaltlich etwaiger Verkomplizierungen und Unübersichtlichkeiten des Gesetzestextes würde sie dies vermutlich tun. Um eine möglichst hohe Bestimmtheit von Normen geht es beim Bestimmtheitsgebot jedoch nicht. Deshalb ist die Frage nicht mit Blick auf eine „bessere“ Erfüllung des Gebotes gestellt, sondern mit Blick auf seine grundsätzliche Funktion und ihre Gewährleistung im Kontext sicherheitsbehördlicher Maßnahmen und der dazu verwendeten Technologien.

In diesem Kontext stellt sich also die Frage, ob und wenn ja, welche der verschiedenen Gewährleistungsgehalte des Bestimmtheitsgebotes die gesetzliche Normierung eines Einsatzes maschinellen Lernens erforderlich machen können. Im Grunde ist dies eine Frage nach dem verfassungsrechtlich gebotenen Ausgleich zwischen der Bestimmtheit und der Flexibilität von (technikbezogenen) Vorschriften,[196] denn Gesetzesflexibilität kann ebenfalls als ein legitimes Verfassungsziel verstanden werden, welches die Effektivität und, mit Blick auf Umgehungsgefahren, auch die Funktionsfähigkeit staatlichen Handelns gewährleisten soll.[197] Beides dient dem Ziel, einen Grundrechtsschutz im Kontext komplexer und dynamischer Gefährdungslagen, wie solcher aus dem Bereich der Verhütung terroristischer und schwerer Kriminalität, zu gewähren und kann daher gesetzliche Unbestimmtheiten rechtfertigen.[198]

Die Möglichkeit eines Einsatzes maschinellen Lernens eröffnet § 4 Abs. 4 FlugDaG, indem er die Analyse von Fluggastdaten für die Erstellung und Aktualisierung von Mustern ermöglicht. Einen Einsatz von Technologien in diesem Rahmen erwähnen jedoch weder die Vorschrift noch die Gesetzesentwurfsbegründung, weshalb dadurch zunächst jede Art von Analyseverfahren umfasst ist. Technologiebezogen ist hingegen der § 4 Abs. 2 Satz 1 FlugDaG, der zu einem automatisierten Abgleich der Fluggastdaten mit Mustern ermächtigt. Dabei lässt

---

195 *Schmidt-Aßmann*, 2006, 197; *Reimer*, in: Voßkuhle/Eifert/Möllers (Hrsg.), ³2022, § 11, Rn. 63 f.

196 *Golla*, KrimJ 2020, 149, 151

197 *Reimer*, in: Voßkuhle/Eifert/Möllers (Hrsg.), ³2022, § 11, Rn. 64 f.; *Papier/Möller*, AöR 122 (1997), 177, 189. Zu den Umgehungsgefahren bei einer Offenlegung maschinellen Lernens s. oben D.I.1.a).

198 Vgl. *Reimer*, in: Voßkuhle/Eifert/Möllers (Hrsg.), ³2022, § 11, Rn. 66.

sich wie bereits dargestellt[199] realistischerweise nicht davon ausgehen, dass maschinelles Lernen während des Abgleichverfahrens noch eine „aktive“ Rolle, im Sinne eines mit dem Abgleich zeitgleichen Erlernens und Anwendens neuer maschineller Muster, spielen würde. Vielmehr würden Algorithmen des maschinellen Lernens in einem statischen, also nichtlernenden Zustand die Automatisierung des Abgleichs mit ihren bereits im Vorfeld maschinell erlernten Mustern ermöglichen, so wie herkömmliche Algorithmen die Automatisierung des Abgleichs mit im Vorfeld theoriegeleitet erstellten Mustern ermöglichen würden. Im Rahmen von § 4 Abs. 2 Satz 1 FlugDaG könnte sich daher die Frage stellen, ob dennoch die verschiedenen Varianten von Automatisierungsalgorithmen zu normieren sind, während im Rahmen von § 4 Abs. 4 FlugDaG zunächst zu fragen wäre, ob die Möglichkeit einer technologiegetriebenen Datenanalyse zu normieren wäre, und wenn ja, ob dabei weiterhin die Normierung des Einsatzes von maschinellem Lernen zur Datenanalyse und Mustererstellung geboten ist.

Bisherige Kritik an der mangelnden Bestimmtheit der Musterabgleichs- und Mustererstellungsregelungen wird sowohl mit Blick auf die PNR-RL als auch mit Blick auf das FlugDaG geäußert.[200] Dabei wird allerdings selten ausdrücklich eine genauere Bestimmung von Technologien gefordert, sondern vielmehr generell die nähere Festlegung der dahinterstehenden Verfahren und Praktiken.

199 C.IV.3.c).bb).

200 Das VG Wiesbaden kritisiert in Beschl. v. 13.5.2020, Az. 6 K 805/19.WI, Rn. 70, dass die Offenheit der Regelungen dazu führt, dass jeder Mitgliedstaat selbst für die Erstellung seiner eigenen Muster zuständig ist. Kritik kommt auch vom AG Köln, Beschl. v. 20.1.2020, Az. 142 C 328/19, Rn. 20: „Unter welchen rechtlichen Voraussetzungen dieser Abgleich durchzuführen ist, wird nicht näher geregelt.“ Kritik an fehlenden Gesetzes- und Richtlinienangaben zum Inhalt der Muster auch bei *Ulbricht*, Eur J Secur Res 3 (2018), 139, 155; *Wojnowska-Radzińska*, Ruch Prawniczy, Ekonomiczny i Socjologiczny 83 (2021), 115, 123; *Maesa*, abrufbar unter: https://perma.cc/6BNC-ZHCT. Schärfer als das FlugDaG, der in § 4 Abs. 3 einige Angaben zum Verfahren der Mustererstellung enthält, wird die PNR-RL kritisiert, die sich dazu nicht in dem Detail verhält. Damit wird jedoch mittelbar auch das FlugDaG gerügt, s. etwa VG Wiesbaden, Beschl. v. 15.5.2020, Az. 6 K 806/19.WI, Rn. 80, das die Kritik an der, nicht hinreichend präzisierten Mustererstellungsvorschrift als ein Zweckbestimmungs- und Normenbestimmtheitsproblem formuliert: „Es bleibt völlig ungeklärt, wie die zu entwickelnden ‚Algorithmen‘ eine unzulässige Diskriminierung, wie sie auch Art. 13 Abs. 4 PNR-Richtlinie explizit untersagt, zuverlässig ausschließen sollen. Art. 6 Abs. 4 Satz 3 PNR-Richtlinie überlässt die wesentliche und grundsätzlich bedeutsame Entscheidung, welche Daten für die Erstellung von Kriterien bzw. Mustern für den automatisierten Abgleich verwendet werden sollen, vollständig den einzelnen Mitgliedstaaten.“ Das dieser Argumentation zugrunde liegende Vorlageverfahren beim EuGH bezweckte gerade auch die Nichtigkeitserklärung des FlugDaG. In seiner Antwort auf ein ähnliches, durch den belgischen Verfassungsgerichtshof eingeleitetes Vorlageverfahren, EuGH C-817/19, in dem u.A. auch die Bestimmtheit des Musterabgleichs gerügt wurde (Rn. 54), forderte der EuGH keine gesetzliche Normierung von Technologien. Daraufhin zogen alle deutschen Gerichte ihre Vorlagefragen zurück, Näheres dazu bei *Kostov*, GSZ 5 (2022), 267, 269.

Wiederum wird im Rahmen von allgemeinen polizeirechtlichen Auseinandersetzungen mit dem Einsatz der Technologie die Frage der Normierung maschinellen Lernens unter Bestimmtheitsgesichtspunkten diskutiert und teilweise bejaht.[201]

aa) Technologiebezogene Bestimmtheitsanforderungen der Rechtsprechung

Im Rahmen der Rechtsprechung des BVerfG zu polizeilichen Informationsmaßnahmen lässt sich eine strikte Trennung der Bestimmtheits- und Verhältnismäßigkeitsprüfung nicht konsequent beobachten.[202] Das Gericht stellt je nach Intensität der durch eine Regelung erfolgenden Grundrechtseingriffe verschiedene Bestimmtheitsanforderungen auf, die Intensität wird wiederum erst im Rahmen der Verhältnismäßigkeit und dabei insbesondere der Angemessenheitsprüfung herausgearbeitet.[203]

Im jüngsten Urteil zur *strategischen Fernmeldeaufklärung* des Bundesnachrichtendienstes (BND) arbeitet das BVerfG unter Bezugnahme auf das heimliche Eindringen in die persönlichen Kommunikationsbeziehungen,[204] die Anlasslosigkeit[205] und die Streubreite[206] das besonders schwere Eingriffsgewicht der Maßnahmen heraus. Mit Blick auf die gesetzliche Bestimmtheit der einzelnen Schritte der Auswertung der dabei erfassten Daten reiche es, wenn der Gesetzgeber die wesentlichen Grundlagen vorgäbe und die nähere Strukturierung im Übrigen dem BND zur Regelung durch Binnenrecht aufgäbe, das freilich einer unabhängigen objektivrechtlichen Kontrolle unterliegen müsse.[207] Zu den gesetzlich vorzugebenen Rahmenbestimmungen gehören dabei unter anderem: „Regelungen zum Einsatz von eingriffsintensiven Methoden der Datenauswertung, insbesondere komplexe Formen des Datenabgleichs“, sowie „gegebenenfalls auch der

201 *Golla*, KrimJ 2020, 149, 158 ff. In dieser Richtung auch *Bäcker*, in: Hoffmann-Riem (Hrsg.), 2018, 167, 170 f.

202 Vgl. BVerfGE 141, 220, 265: „Die Verfassungsmäßigkeit der Befugnisse hängt von den [...] für die Befugnisse je einzeln zu ermittelnden Verhältnismäßigkeitsanforderungen ab. [...] Alle angegriffenen Befugnisse sind zudem am Grundsatz der Normenklarheit und Bestimmtheit zu messen [...] Im Einzelnen unterscheiden sich hierbei die Anforderungen allerdings maßgeblich nach dem Gewicht des Eingriffs und sind insoweit mit den jeweiligen materiellen Anforderungen der Verhältnismäßigkeit eng verbunden.“ Vgl. auch BVerfGE 133, 277, 227: „Welche Anforderungen an die Bestimmtheit gesetzlicher Regelungen zu stellen sind, richtet sich dabei nach der Intensität der durch die Regelung oder aufgrund der Regelung erfolgenden Grundrechtseingriffe.“

203 Krit. dazu mit Blick darauf, dass beide Gebote zwar aufeinander bezogen sind, jedoch erst die Bestimmtheit eine Operationalisierung der Verhältnismäßigkeit ermöglicht, bei *Tanneberger*, 2014, 350; *Trute*, DV 42 (2009), 85, 96.

204 BVerfG, Urt. v. 19.5.2020 – 1 BvR 2835/17, Rn. 147.

205 BVerfG, Urt. v. 19.5.2020 – 1 BvR 2835/17, Rn. 150.

206 BVerfG, Urt. v. 19.5.2020 – 1 BvR 2835/17, Rn. 153.

207 BVerfG, Urt. v. 19.5.2020 – 1 BvR 2835/17, Rn. 192.

Einsatz von Algorithmen, insbesondere die Sicherstellung ihrer grundsätzlichen Nachvollziehbarkeit in Blick auf eine unabhängige Kontrolle".[208] Zunächst ist damit lediglich die Normierung des Einsatzes von Algorithmen, nicht hingegen seiner Implementierungsdetails angesprochen. Gleichwohl scheint die Bestimmtheit der Aussage „gegebenenfalls auch der Einsatz von Algorithmen", in Anbetracht der ohnehin stark kritisierten Detailliertheit sonstiger Bestimmtheitsvorgaben des BVerfG, in einem nahezu ironischen Kontrast zur Komplexität der Thematik zu stehen. Vorausgesetzt, dass damit Algorithmen als Technologie und nicht lediglich als Handlungsvorschriften gemeint sind, ist angesichts der Tatsache, dass ein Algorithmus treffend als „die kleinste Einheit der Automatisierung" beschrieben werden kann,[209] mit dieser Aussage nichts weiter verlangt als eine Offenlegung der Tatsache, dass der BND Daten nicht manuell auswertet. Im Kontext der Fluggastdatenverarbeitung könnte daraus allenfalls ein Normierungserfordernis des Einsatzes von Technologien bei der Fluggastdatenanalyse nach § 4 Abs. 4 FlugDaG gefolgert werden. Ein Gebot der Offenlegung von spezifischen Arten von Algorithmen, darunter auch solche des maschinellen Lernens, kann dieser Aussage jedoch nicht entnommen werden.[210]

Im *GPS-Urteil* äußerte sich das Gericht zu allgemeinen Bestimmtheitsmaßstäben für technische Eingriffsinstrumente, indem es festhielt, dass das Gebot vom Gesetzeber verlange, dass er „technische Eingriffsinstrumente genau bezeichnet und dadurch sicherstellt, dass der Adressat den Inhalt der Norm jeweils erkennen kann".[211] Das Bestimmtheitsgebot verlange demnach aber keine gesetzlichen Formulierungen, die jede Einbeziehung (kriminal)technischer Neuerungen ausschließe. Dabei befand das Gericht die Bezeichnung „besondere für Observationszwecke bestimmte technische Mittel" für hinreichend bestimmt, unabhängig davon, welche konkreten, ggf. auch neueren und leistungsfähigeren, technischen Beobachtungsmittel zu Ortung und Aufenthaltsbestimmung angewendet werden.[212] Aufgrund des schnellen und für den Grundrechtsschutz riskanten informationstechnischen Wandels müsse der Gesetzgeber allerdings die technischen Entwicklungen aufmerksam beobachten und bei Fehlentwicklungen hinsichtlich der konkreten Ausfüllung offener Gesetzesbegriffe notfalls durch ergänzende Rechtssetzung korrigierend eingreifen.[213]

---

[208] BVerfG, Urt. v. 19.5.2020 – 1 BvR 2835/17, Rn. 192.

[209] So AlgorithmWatch, 3. Arbeitspapier, abrufbar unter: https://perma.cc/Y84J-R5L2.

[210] Eine andere Interpretation dieser Rechtsprechung, jedoch ohne weitere Begründung, impliziert der Beitrag von *Ruschemeier*, Eingriffsintensivierung durch Technik, Verfassungsblog (19.12.2020), abrufbar unter: https://perma.cc/7Q9A-TZVD.

[211] BVerfGE 112, 304, 316.

[212] BVerfGE 112, 304, 317.

[213] BVerfGE 112, 304, 316.

Im *BKAG-Urteil* erweiterte das Gericht diesen Maßstab insoweit, als dass er technikoffene Bestimmungen von Überwachungsmitteln auch dann für hinreichend bestimmt erachtete, wenn diese nicht auf den jeweiligen technischen Stand und Zeitpunkt des Gesetzgebungsverfahrens begrenzt bleiben, sondern auch künftige technische Entwicklungen einbeziehen.[214] Vorausgesetzt wird allerdings, dass etwaige eingesetzte, beim Gesetzeserlass jedoch noch nicht berücksichtigte technische Mittel in Qualität und Eingriffsgewicht den bereits bekannten Mitteln entsprechen, und der Gesetzgeber nach wie vor die technische Entwicklung insoweit aufmerksam beobachtet und gegebenenfalls korrigierend eingreift.[215] Bei der Erarbeitung dieser Bestimmtheitsmaßstäbe betonte das Gericht mehrfach die hohe Eingriffsintensität der BKAG-Befugnisse.[216]

bb) Eingriffsintensität als Hauptmaßstab für Bestimmtheitsanforderungen an Algorithmen?

Der Ansatz des BVerfG, sich Bestimmtheitsanforderungen hauptsächlich von der Eingriffsintensität einer Maßnahme im Sinne einer je-desto-Formel anzunähern, überzeugt bei Fragen der Normierung des Einsatzes konkreter Datenverarbeitungstechnologien nur bedingt. Allgemein wird diese gerichtliche Praxis angesichts der Tatsache, dass die Grundrechtsbetroffenheit nur eines von vielen für die Festlegung von Bestimmtheitsanforderungen einschlägigen Kriterien darstellt, kritisiert.[217] Kritik wird daran auch mit Blick auf ihre kaum einschätzbare Bedeutung für die Ausrichtung von Normen auf konkrete Technologien ausgeübt.[218]

Das Abstellen auf die Eingriffsintensität führt in erster Linie dazu, dass die Bestimmtheitsanforderungen im Wesentlichen von der Wertung des BVerfG abhängig gemacht werden, das für die Eingriffsintensität regelmäßig eine Reihe an mehr oder weniger überprüfbaren Anforderungen als entscheidungserheblich benennt, wie bspw.: die aufgrund unterschiedlicher Datenschutzsensibilitäten em-

---

214 BVerfGE 141, 220, 290. Anderer Ansicht LVerfG Sachsen-Anhalt, Urt. v. 11.11.2014 – LVG 9/13, DVBl 2015, 38, das die Schaffung von Eingriffsbefugnissen für Methoden, die technisch noch nicht zur Verfügung stehen, für verfassungswidrig hält.

215 BVerfGE 141, 220, 290.

216 BVerfGE 141, 220, 290.

217 *Schmidt-Aßmann*, 2006, 197.

218 *Rademacher/Perkowski*, JuS 60 (2020), 713, 719: „Je intensiver der Eingriff, desto genauer müssen die Normen auf die konkrete Technologie zugschnitten und desto bereichsspezifischer müssen sie abgefasst werden. Hinter diesem sog. *Parlamentsvorbehalt* steht die Überlegung, dass nicht die Exekutive, sondern der Gesetzgeber die Verantwortung für den Einsatz übernehmen muss. Dieses an sich hehre Ziel des *Verfassungsgerichts* hat freilich zu einer kaum noch überschaubaren Dichte an sehr konkreten Spezialregelungen geführt, die selbst Experten die Rechtsfindung massiv erschwert. Kritiker des strengen Gebots der Normenklarheit sprechen teils von der ‚Hypertrophie' datenschutzrechtlich motivierter Ermächtigungsgrundlagen."

pirisch kaum messbare Sensibilität der erhobenen Daten,[219] die mit Blick auf ihre Indizwirkung für eine hohe Eingriffsintensität umstrittene Streubreite,[220] oder die Anlasslosigkeit – ein Maßstab, dessen strikte Anwendung auf Vorfeldbefugnisse sich als nicht unbedingt sinngemäß erwiesen hat[221]. Es ließe sich auch argumentieren, dass die Befugnisse zur Fernmeldeaufklärung, Standortüberwachung sowie die Ermittlungsbefugnisse im BKAG, an deren technischen Umsetzung das Gericht ohnehin nicht besonders hohe Bestimmtheitsanforderungen aufgestellt hat, eingriffsintensiver als der Musterabgleich sind. Sowohl die offene Durchführung der Maßnahme, die abschließend aufgezählten Kategorien der Fluggastdaten, die fehlende operative Maßnahmenbefugnis der PIU als auch die Tatsache, dass nicht jeder Treffer eine Maßnahmenergreifung einleiten soll[222] – alles weitere mildernde eingriffsintensitätsbestimmende Maßstäbe des Gerichts[223] – deuten auf ihre wesentlich niedrigere Eingriffsintensität hin. Diese verfassungsgerichtliche Rechtsprechung zur Eingriffsintensität polizeilicher Befugnisse wird in der Literatur vermehrt kritisiert,[224] nicht zuletzt auch angesichts der dadurch bedingten fehlenden Sicherheit bei der Bestimmung der Eingriffsintensität, welche bei einer starken Verkoppelung mit dem Bestimmtheitsgebot auch auf seine Anforderungen durchschlägt.[225]

---

[219] Dazu etwa *Volkmann*, JURA 2007, 132, 134.

[220] *Bull*, in: van Ooyen/Möllers (Hrsg.), [2]2015, 627, 640, 650; *Bull*, in: Osterloh/Schmidt/Weber (Hrsg.), 2004, 29, 37.

[221] Siehe die diesbezügliche Kritik am Rasterfahndungsbeschluss, etwa bei *Rademacher*, AöR 142 (2017), 366, 394; *Bull*, in: van Ooyen/Möllers (Hrsg.), [2]2015, 627, 649; *Schoch/Danwitz*, [15]2013, 277; *Trute*, DV 42 (2009), 85, 101.

[222] BT-Drs. 18/12516, 6: „Das FlugDaG befugt die PIU zur Übermittlung von Treffern, die zur Erfüllung von Empfängeraufgaben erforderlich sind, keineswegs aber zur Übermittlung sämtlicher Treffer."

[223] Vgl. zu diesen und weiteren solchen Maßstäben BVerfG, Urt. v. 19.5.2020 – 1 BvR 2835/17, Rn. 146 ff. Für die geringe Persönlichkeitsrelevanz der Fluggastdatenkategorien argumentiert *Ruthig,* in: *Schenke/Graulich/Ruthig*, Sicherheitsrecht des Bundes, [2]2019, § 2 FlugDaG, Rn. 4–5. Nach dem EuGH, C-817/19, Rn. 100 sind die Daten für sich genommen nicht geeignet, genaue Informationen über das Privatleben zu liefern, können jedoch bei einer langfristigen Zusammenbetrachtung auch sensible Informationen offenbaren.

[224] Siehe *Möstl*, DVBl 2010, 808, 808 f., zu Widersprüchlichkeiten in den Entscheidungen zur Telekommunikationsüberwachung (BVerfGE 113, 348), Rasterfahndung (BVerfGE 115, 320), Online-Durchsuchung (BVerfGE 120, 274) und insb. Vorratsdatenspeicherung (BVerfGE 210, 274). Zur Kritik an der generellen Vorgehensweise des BVerfG im Sicherheitsbereich *Baldus*, DV 2014, 1, 19; *Würtenberger*, in: Ehlers/Fehling/Pünder/Achterberg/Axer (Hrsg.), [3]2013, § 69, Rn. 61. Zu offenen Fragen und Widersprüchen auch in der jüngeren Entscheidung zum BKAG, *Meyer*, JZ 72 (2017), 429, 438 f.; *Kießling*, VerwArch 2017, 282, 283. Zur scharfen Kritik an der mangelnden Empirie und der Praxisferne der Rechtsprechung, *Bull* 145 (2020), 291, 313 f.

[225] Vgl. *Kugelmann*, DV 47 (2014), 25, 45: „Die polizeilichen Informationseingriffe bilden

Über solche grundlegenden Kritikpunkte hinaus ist einzuwenden, dass in Konstellationen, in denen einer Technologie keine unmittelbar eingreifende Qualität zukommt, sondern sie, so wie maschinelles Lernen bei der Mustererstellung, nur eine von vielen internen Verfahrensmodalitäten darstellen kann, nicht ohne Weiteres von einer dadurch erhöhten Eingriffsintensität ausgegangen werden kann. Zwar wird teilweise argumentiert, dass moderne Technologien die Eingriffsintensität von polizeilichen Befugnissen erhöhen.[226] So sollen auf maschinellem Lernen beruhende Videoüberwachungen genauer und Datenverarbeitungen generell umfangreicher werden, da aus personenbezogenen Daten immer mehr Informationen erzeugt und so immer weitergehendere Schlüsse gezogen werden würden.[227] Im Fall des Musterabgleichs erscheint eine solche Argumentation jedoch fernliegend, wie im Rahmen der nachfolgenden Betrachtung der einzelnen Vorschriften des FlugDaG zu veranschaulichen ist.

(1) § 4 Abs. 2 FlugDaG

Soweit das BND-Urteil „Regelungen zum Einsatz von *eingriffsintensiven* Methoden der Datenauswertung, insbesondere komplexe Formen des Datenabgleichs" verlangt, kann die Frage der Erfüllung der dadurch aufgestellten Bedingung der Eingriffsintensität im Fall des Musterabgleichs offenbleiben, denn ein automatisierter Datenabgleich mit Mustern ist gesetzlich normiert. Mit Blick auf die technikbezogenen Bestimmtheitsmaßstäbe im GPS-Urteil stellt sich die Frage, inwiefern maschinelles Lernen im Kontext des Musterabgleichs als ein „technisches Eingriffsinstrument"[228] beschrieben werden kann. Selbst wenn der Abgleich nach letztem Stand der Rechtsprechung stets, also auch bei Nichttreffern als ein Eingriff zu verstehen ist,[229] erscheint eher das Abgleichsystem in seiner aus zahlreichen anderen Hard- und Softwarekomponenten zusammengesetzten Gesamtheit als ein technisches Eingriffsinstrument und nicht die einzelnen, dabei nur einen kleinen Bestandteil ausmachenden Algorithmen. In jedem Fall ist

im Hinblick auf ihre Notwendigkeit und gesetzliche Ausgestaltung die umstrittensten Eingriffsbefugnisse, weil sie am weitesten von den hergebrachten Kriterien abweichen." Instruktiv zum Umgang mit der verfassungsgerichtlichen Rspr., *Möstl*, in: Möstl/Kugelmann (Hrsg.), [24]2023, Systematische und Begriffliche Vorbemerkungen, Rn. 46: „Nicht alle Anforderungen, die das BVerfG etwa hinsichtlich Eingriffsschwellen, Kernbereichsschutz, Benachrichtigungspflichten etc. im Kontext bestimmter schwerwiegender Eingriffe entwickelt hat, lassen sich verallgemeinern und auch auf Datenerhebungen geringeren Gewichts übertragen. Die Entwicklung eines differenzierten Systems dogmatischer Maßgaben für Informationseingriffe ist so gesehen wichtiger als die vorschnelle Postulierung vermeintlicher übergreifender Strukturen."

226 *Fährmann/Aden/Bosch*, KrimJ 52 (2020), 135.

227 *Golla*, KrimJ 2020, 149, 155.

228 BVerfGE 112, 304, 316.

229 Krit. daran bei *Trute*, DV 53 (2020), 99, 111.

aber nach den Maßstäben des GPS-Urteils unschädlich, dass über die Angabe eines „automatisierten Abgleichs" hinaus nicht weiterhin präzisiert wird, welche konkreten Automatisierungstechnologien dabei zur Anwendung kommen. Denn damit hat der Gesetzgeber einen Bereich hinreichend bestimmt abgegrenzt, in dem auch moderne Abgleichtechnik zur Anwendung kommen darf.[230] Es geht um eine automatisierte Verdachtszuschreibung anhand technischer Abgleichmittel. Innerhalb dieses Bereichs hält sich auch die Verwendung von maschinellem Lernen als Automatisierungstechnologie, denn wie bereits argumentiert würden Lernalgorithmen in diesem Stadium nicht mehr als dies leisten. Daran mögen Vorteile wie „eine verbesserte Flexibilität im Einsatz und eine erhöhte Genauigkeit der Ergebnisse" nichts ändern, nicht zuletzt deshalb, weil die Technologie gegenüber theoriegeleiteten Ansätzen zum Musterabgleich auch Nachteile hat.[231] Jedenfalls sind unabhängig von der Art der zur Automatisierung eingesetzten Algorithmen für den Abgleich dieselbe Anzahl an Daten zu erheben und zu verarbeiten, und es erfolgt, unabhängig von etwaigen Unterschieden in der Leistungsfähigkeit von theoriegeleitet und maschinell erstellten Mustern, in beiden Fällen eine Verdachtszuschreibung mit Blick auf straftatbezogene Muster. Bei dieser Sachlage muss der Gesetzgeber nicht davon ausgehen, dass Technologien des maschinellen Lernens Abgleichinstrumente besonderer Art und spezifischer Eingriffstiefe darstellen, deren Einsatz explizit zu normieren ist.[232] Insofern erscheint die Anknüpfung an die Eingriffsintensität nicht weiterführend für die Ermittlung von Bestimmtheitsanforderungen an technologische Aspekten der Maßnahme.

(2) § 4 Abs. 4 FlugDaG

Dass eine automatisierte Datenanalyse zu einer höheren oder besseren Wissensproduktion führen kann, liegt auf der Hand. Dass dies die Eingriffsintensität der Maßnahme für den einzelnen Fluggast erhöht, kann daraus jedoch nicht ohne Weiteres gefolgert werden. Warum sollte ein maschinell erstelltes Muster, das anhand menschlichen Logik- und Analysevermögens so nicht erstellbar gewesen wäre, zu einem stärkeren Eingriff in das Recht auf informationelle Selbstbestimmung oder zu einer stärkeren Ungleichbehandlung führen? Die algorithmische Analyse von personenbezogenen Fluggastdaten würde nicht der Erzeugung weiterer Informationen und Schlüssen über eine konkrete Person, sondern der Erzeugung von abstrakten Mustern dienen. Etwaige Diskriminierungsrisiken mögen bei maschinell erstellten Mustern unterschiedlich bedingt sein, in ihrer

[230] Vgl. BVerfGE 112, 304, 317.
[231] Vgl. Ebd.
[232] Ebd.

Streubreite würden sie sich von solchen, die auf theoriegeleitet erstellte Muster zurückgehen, jedoch nicht unterscheiden. Im Gegenteil bestehen überzeugende Anhaltspunkte dafür, dass der Einsatz maschinellen Lernens vielmehr mit einer diesbezüglich geringeren Belastung einhergehen könnte.[233] Somit kann abstrakt mit der gleichen Überzeugungskraft behauptet werden, dass maschinell erstellte Muster zu genaueren Treffern führen würden, weshalb insgesamt weniger Fluggäste unberechtigten Folgemaßnahmen ausgesetzt werden. Für einen einzelnen Fluggast sind Treffer und die damit verbundenen Überprüfungen und Folgemaßnahmen im Zweifel gleichbelastend, unabhängig von der Art der Mustererstellung.[234] Etwaige verbleibende Eventualitäten scheinen kaum in der Lage zu sein, den Einzelnen in eine bestimmtheitswidrige Rechtsunsicherheit zu bringen.

Die wesentlichen Herausforderungen, die maschinell erstellte Muster mit sich bringen, hängen stark mit ihrer Nachvollziehbarkeit zusammen. Was genau dabei nicht nachvollzogen werden kann und warum, wird ausführlich im Rahmen der folgenden Auseinandersetzung mit komplexitätsbedingtem Nichtwissen maschinellen Lernens behandelt. Jedenfalls erscheint deshalb die verfassungsgerichtliche Betonung des Erfordernisses der Sicherstellung der grundsätzlichen Nachvollziehbarkeit von Algorithmen, im Unterscheid zum Normierungserfordernis, im Ansatz sinnvoll.[235] Dass die Gründe für die Entstehung bestimmter Muster oder Outputs nicht immer (leicht) nachzuvollziehen sind, bedeutet jedoch nicht, dass diese bei ihrer Anwendung belastender als ihre theoriegeleitete Alternativen und insgesamt nachteiliger für die Grundrechtsausübung sind. Auch insofern erscheint die Anknüpfung an die Eingriffsintensität deshalb wenig weiterführend für die Annäherung an die Bestimmtheitsanforderungen für technologische Ansätze bei sicherheitsbehördlichen Maßnahmen.

cc) Weitere Maßstäbe für die Erarbeitung algorithmenbezogener Bestimmtheitsanforderungen

Wird Eingriffsintensität lediglich als ein, aber nicht der einzige Maßstab für die Ermittlung von Bestimmtheitsanforderungen behandelt, so lassen weitere Kriterien eine Annäherung an diese Frage zu. Mit Blick auf das Kriterium der *Vorhersehbarkeit staatlichen Handelns*, wodurch im Grunde Rechtssicherheit für Maßnahmenadressaten gewährleistet werden soll, lässt es sich bezweifeln, dass die

---

233 So etwa *Rademacher*, AöR 142 (2017), 366, 374.

234 So auch *Leese*, Security Dialogue 45 (2014), 494, 502.

235 Das Gericht betont die „Sicherstellung der grundsätzlichen Nachvollziehbarkeit“ von Algorithmen in BVerfG, Urt. v. 19.5.2020 – 1 BvR 2835/17, Rn. 192. Auch in BVerfG, Beschl. v. 6.11.2019 – 1 BvR 16/13, Rn. 85, werden „nicht nachvollziehbare Algorithmen“ als etwas rechtlich Problematisches angesprochen. Freilich bleibt auch diesbezüglich die Wortwahl „Algorithmen“ zu unbestimmt.

Normierung eines Einsatzes maschinellen Lernens erforderlich ist. Die Erhebung und der Abgleich von Fluggastdaten bei allen Flugpassagieren von inner- und außereuropäischen Flügen, die aus oder nach Deutschland fliegen, wird nicht verheimlicht.[236] Die Maßnahmen werden für den Adressaten nicht besser erkennbar und erfordern von ihm keine besondere Einstellung, wenn darüber hinaus auch vorhersehbar wird, mit welchen technischen Mitteln die Daten abgeglichen werden oder die dem Abgleich zugrunde liegenden Muster erstellt wurden. Ferner können technikoffene Gesetzesformulierungen in Bereichen, in denen ein großes Ausweichbestreben der Maßnahmenadressaten zu erwarten ist, nicht als Bestimmtheitsdefizit betrachtet werden.[237] Es liegt auf der Hand, dass Normen, die die Begehung von Straftaten vorweg verhüten wollen, die Einzelheiten der Verhütungstatbestände nicht exakt ausformulieren können, weil sie sonst umgangen werden könnten. Insoweit als die Normierung des Einsatzes maschinellen Lernens Umgehungen ermöglichen würde, erscheint eine diesbezügliche Gesetzesoffenheit sinnvoll. Inwieweit Umgehungsrisiken durch eine Offenlegung tatsächlich erhöht werden, hängt von der konkreten Ausgestaltung des Einsatzes ab und kann nicht pauschal festgehalten werden.

Die bisherigen Ausführungen haben feststellen lassen, dass ein *effektiver Rechtsschutz* (Art. 19 Abs. 4 GG), ein Grundrecht dessen Verwirklichung das Bestimmtheitsgebot ebenfalls dienen soll, gegen Verletzungen des Art. 2 Abs. 1 i. V. m. Art. 1 Abs. 1 GG und Art. 3 GG durch die Normierung des Einsatzes maschinellen Lernens nicht besser gewährleistet wäre.[238] Für sich genommen, also ohne eine Anknüpfung an konkrete Rechtspositionen, ist Art. 19 Abs. 4 GG nicht in der Lage, ein Gebot algorithmischer Transparenz zu verrechtlichen.[239]

Mit Blick auf die *Begrenzung und Steuerung der PIU* bei dem Musterabgleich und der Mustererstellung ist zunächst festzuhalten, dass das FlugDaG auch ohne

---

[236] Siehe dazu bereits oben D.I.1.c).aa).(2).

[237] *Papier/Möller*, AöR 122 (1997), 177, 200. Zu den Möglichkeiten, den Mustern bei einer Offenlegung von Technologien auszuweichen s. oben D.I.1.a).aa). und bb).

[238] Siehe D.I.1.c).aa). mit Blick auf das Recht auf informationelle Selbstbestimmung und D.I.1.d). mit Blick auf etwaige Ungleichbehandlungen.

[239] *Maurer*, in: Badura/Dreier (Hrsg.), 2001, 467, 473 u. 476: „Wenn auch nach der klaren Konzeption des Grundgesetzes die Verwaltung an die Gesetze gebunden ist (Art. 20 III GG) und die Einhaltung der Gesetze durch die Gerichte kontrolliert werden kann (Art. 19 IV GG), so bleibt doch die genaue Grenzziehung immer wieder fraglich […]. Es ist sicher richtig, dass die Rechtsschutzgarantie nur greifen kann, wenn rechtliche Maßstäbe bestehen, an denen die beanstandeten staatlichen Akte geprüft werden können. Durch Art. 19 IV GG werden jedoch solche Maßstäbe vorausgesetzt, nicht begründet oder auch nur gefördert." So auch *Schmidt-Aßmann*, in: Maunz/Dürig (Hrsg.), 2022, Art. 19 Abs. 4, Rn. 13; *Schenke*, in: Kahl/Waldhoff/Walter (Hrsg.), 2020, 207. EL, Art. 19 GG, Rn. 180; *Papier*, in: Isensee/Kirchhof (Hrsg.), ³2010, Rn. 7; *Huber*, in: Mangoldt/Klein/Starck (Hrsg.), ⁷2018, Rn. 473.

die gesetzliche Normierung maschinellen Lernens diesbezüglich begrenzend und steuernd wirkt. Beispielsweise lassen es weder der Kontext des Einsatzes noch der Wortlaut des § 4 Abs. 3 FlugDaG zu, dass Abgleichergebnisse ohne vorherige Verifizierung als Trainingsbeispiele verwendet werden, auch wenn die Funktionsweise der Technologie dies zuließe. Daraus wird erkennbar, dass während des Abgleichs kein eigenständiges „Weiterlernen" möglich wäre, jedenfalls nicht auf eine Art, die nachfolgende Abgleichergebnisse in Echtzeit ohne weitere Verifizierung des Dazugelernten beeinflussen darf. Weiterhin begrenzt werden Datenkategorien, Zugriffsmöglichkeiten, Outputklassen – all dies sind Regelungen, die (auch) einen Einsatz maschinellen Lernens mitgestalten. Die Begrenzung und Steuerung der PIU beim Einsatz maschinellen Lernens kann anstatt durch seine, in der diesbezüglichen Leistungsfähigkeit ohnehin fragwürdige, gesetzliche Festlegung durch Organisation, Verfahren und Kontrolle erfolgen.[240] Im Kontext der Fluggastdatenverarbeitung weisen sowohl die normativ geprägten Regelungsstrukturen als auch die in den weiteren Abschnitten der Arbeit analysierten rechtlichen Kontrollmechanismen der Mustererstellung eine rechtsstaatliche steuernde und begrenzende Wirkung auf, auch mit Blick auf den Einsatz von Technologien. Insbesondere die Expertise und der laufende Erfahrungsaustausch innerhalb des PNR-Netzwerks dürften deutlich besser als der Gesetzgeber in der Lage sein, die PIU beim Einsatz maschinellen Lernens zu steuern.[241] Bei komplexen Entscheidungssituationen und dem „Betreten gesetzgeberischen Neulands",[242] was dem Musterabgleich bereits mehrfach bescheinigt worden ist,[243] kann das Bestimmtheitsgebot vorerst nicht mehr gebieten. Kompensierend treten in dem Fall gesetzgeberische Beobachtungs- und Korrekturpflichten hinzu, die bei Fehlentwicklungen der PIU-Praxis eine normenbestimmende Reaktion erfordern können.[244] Anhaltspunkte dafür sind im derzeitigen Stadium des Gesetzes allerdings nicht ersichtlich.[245]

Die Normenbestimmtheit soll nach dem BVerfG schließlich auch die *gerichtliche Überprüfbarkeit* sicherheitsbehördlichen Handelns ermöglichen. Das nicht zu bestreitende Argument, dass gerichtliche Kontrolle über die rechtliche Bindung der Verwaltung nicht hinausgehen kann, führt bei der hier interessierenden

240 Siehe dazu ausf. D.II.1.c).

241 Zum Einfluss des Netzwerks auf die Gestaltung der Fluggastdatenverarbeitung s. B.II.6.

242 *Papier/Möller*, AöR 122 (1997), 177, 200.

243 Siehe Kap. C. Fn. 6

244 BVerfGE 141, 220, 290; BVerfGE 112, 304, 316; *Trute*, in: Schmidt-Aßmann/Hoffmann-Riem (Hrsg.), 2004, 293, 303.

245 Zumal die technische Infrastruktur für den Musterabgleich nach Angaben der Regierung noch nicht vorhanden war und es auch nicht datiert werden konnte, wann dies geschieht, BT-Drs. 19/12975, 7.

Frage nicht weiter. Denn das FlugDaG bindet die PIU mit Blick auf Technologien rechtlich ersichtlich nicht. Insoweit sind einer gerichtlichen Rechtskontrolle Grenzen gesetzt. Bei der Frage, ob algorithmische Transparenz ein rechtlich gebotener Maßstab sein soll, ist dieser Zustand aber gerade zu hinterfragen. Die Frage hierbei ist also, ob die Nichtnormierung des Einsatzes maschinellen Lernens ein Bestimmtheitsdefizit mit Blick auf eine diesbezüglich möglicherweise erforderliche gerichtliche Kontrollmöglichkeit und -dichte darstellt. Die Überlegungen werden von der Frage nach der eigenständigen, bzw. erhöhten Eingriffsqualität der Technologie geleitet, da die gerichtliche Kontrollperspektive auf den Schutz subjektiver Rechte bezogen ist. Insofern ist ein Normierungserfordernis maschinellen Lernens, wie bereits argumentiert, zu bezweifeln. Zu bezweifeln ist dieses auch, angesichts der Komplexität und Dynamik der Thematik, aus funktionellen Gesichtspunkten.[246] Aufgabe der Judikative ist es, eine sach- und verfahrensgerechte Aufgabenwahrnehmung zu überwachen und nicht dabei verwendete Technologien zu gestalten.[247] Dies heißt nicht, dass solche Instrumente frei von Kontrollen verbleiben dürfen, Kontrollen können aber vielfältig ansetzen und die gerichtliche ist nur eine von vielen Kontrollperspektiven.[248] Den-

[246] Eine Tendenz zur Rücknahme gerichtlicher Kontrolldichte in Fällen, in denen diese aufgrund von fachlicher Komplexität an die Grenze des Erkenntnisstandes von Wissenschaft und Praxis stößt und es daher an einem Maßstab zur sicheren Unterscheidung von richtig oder falsch fehlt (faktische Kontrollrestriktion), lässt sich BVerfGE 149, 407 ff. (Rotmilanbeschluss) entnehmen. Zu solchen funktionalen Grenzen gerichtlicher Kontrollen im Kontext maschinellen Lernens siehe D.II.2.c). u. E.I.4. Siehe auch *Coglianese/Lehr*, Admin. L. Rev. 71 (2019), 1, 44 u. 47 im Kontext des amerikanischen Verwaltungsrechts: „[C]ourts have long demonstrated a tendency to defer to administrative agencies' judgements in cases involving complex mathematical modeling and scientific analysis. [...] Designing and validating a machine-learning algorithm will certainly require a high level of technical expertise. [...] Enhancing the government's ability to make predictive judgements constitutes the main purpose of designing and validating machine-learning algorithms, so we should expect that judicial deference would be afforded in cases where agencies rely on algorithmic governance. [...] When litigation turns into a 'battle of the experts' . . . the courts traditionally reject the challenger's claims and declare the agency the winner". Instruktiv zu diesem Thema im Kontext des deutschen Risikorechts, *Jaeckel*, 2012, 187 f.: „Einem gleichwohl gestellten Anspruch auf volle gerichtliche Überprüfung könnten die Gerichte allein durch umfangreiche fachbezogene Beweisaufnahmen nachkommen. Ein solches Vorgehen hätte aber letztlich nur zur Folge, dass die Gerichte entweder die behördlicherseits schon mit Hilfe naturwissenschaftlich-theoretischen Sachverstandes getroffene Entscheidung nochmals mit Hilfe weiterer Sachverständiger bestätigt fänden oder aber, im Falle abweichender wissenschaftlicher Meinungen, in einen Streit gezogen würden, den sie selbst nur in wissenschaftlich dilettierender Weise entscheiden könnten. Eine gesteigerte Rationalität der Sachentscheidung, und damit verbunden, erhöhte Qualität des Rechtsschutzes könnten auf diese Weise kaum erreicht werden."

[247] Vgl. auch *Germann*, 2021, 67, m. w. N.

[248] *Trute*, in: Schmidt-Aßmann/Hoffmann-Riem (Hrsg.), 2004, 311 f. Zu den verschiedenen

noch wird darauf hingewiesen, dass die Praxis der Verwaltungsgerichte darin besteht, das behördliche Handeln grundsätzlich einer umfassenden Kontrolle zu unterwerfen, soweit die Hürde der Klagebefugnis einmal überschritten ist.[249] Bislang wurde eine mangelnde Bestimmtheit des FlugDaG mit Blick auf Technologien gerichtlich nicht ausdrücklich moniert. Würden Gerichte, trotz funktionaler Grenzen einer solchen Praxis, dennoch dazu übergehen solche Aspekte der Arbeitsweise der PIU zu kontrollieren, so wäre die Kontrolle der Entwicklung etwaiger Technologien auch ohne ihre gesetzliche Festlegung möglich und könnte insoweit unter Ausschluss der Öffentlichkeit erfolgen. Ein solcher Ausschluss greift gerade für Erkenntnisse und Arbeitsweisen der für die innere und äußere Sicherheit tätigen Behörden sowie der Stellen, die zur Bekämpfung besonders schwerer Kriminalität, etwa der Bandenkriminalität oder des Terrorismus berufen sind, ein.[250] Geschützt wird dabei gerade die Konzeption der Straftatenbekämpfung,[251] bzw. die von den Sicherheitsbehörden speziell angewandten Untersuchungsmethoden,[252] wozu auch die Konzeption der dahinterliegenden technologischen Bekämpfungsstrategien gehört.[253] Ein solcher Ausschluss würde auch

---

anderen, hier in Betracht kommenden Kontrollarrangements siehe ausf. weiter unten D.II.2.c). und E.II.2.

249 *Ludwigs*, DÖV 2020, 405, 414. Zu dieser Praxis im konkreten Kontext siehe die Gerichtsbeschlüsse in Fn. 200.

250 BVerwG, DÖV 2006, 699, 700.

251 BVerwG, NVwZ 2002, 1249, 1250.

252 EuGH C-300/11, Rn. 66.

253 Nach EuGH C-817/19, Rn. 211, soll es im Grundsatz neben dem Gericht auch dem Betroffenen ermöglicht werden, von allen Gründen und Beweisen, auf die eine Entscheidung gestützt wurde, wozu auch Kriterien und die Funktionsweise ihrer Anwendungsprogramme gehören, Kenntnis zu erlangen, „außer in Fällen einer Bedrohung der Sicherheit des Staates". Zwecks Konkretisierung dieses Maßstabs verweist der Gerichtshof auf seine Ausführungen in C-300/11, Rn. 54 ff., wo seine Unterscheidung zwischen „Gründen" und „Beweisen" näher erörtert wird. Während mit Gründen der Inhalt einzelner tatsachenbasierter Annahmen und Feststellungen zum konkreten Sachverhalt gemeint sein dürfte, beziehen sich Beweise eher auf die der Erlangung solcher Informationen zugrunde liegenden sicherheitsbehördlichen Strategien, und ihre Offenlegung wird tendenziell kritischer gesehen s. ebd. Rn. 66. Entsprechend betrachtet dürften Gründe im Kontext der Fluggastdatenverarbeitung und darauf beruhenden Maßnahmen die im konkreten Trefferfall getroffenen Prüfungsmerkmale eines Musters sein (nach EuGH: Prüfkriterien). Fragen der Mitteilung solcher Gründe als Teil der Begründung behördlicher Maßnahmen werden an späterer Stelle unter D.I.2.b). und E.I.4.d).bb). erörtert, denn sie können zwar mit Nichtwissen bei maschinellem Lernen zusammenhängen, setzen jedoch keine Offenlegung der Technologie voraus. Ebenfalls an späterer Stelle wird auch auf die mit der Funktion von Technik zusammenhängenden Kompetenzfragen eingegangen (nach EuGH: Funktionsweise der Programme, mit denen Kriterien angewandt werden). Solche Informationen dürften nach den vom EuGH, C-300/11, Rn. 54 ff. entwickelten Maßstäben eher als die, im Vergleich zu Gründen, geheimhaltungsbedürftigeren Beweise einzuordnen sein. Ihre Preisgabe

nicht Forderungen aus der internationalen Literatur entgegenstehen, dass Richter Erklärungen für algorithmische Vorhersagen ausdrücklich verlangen und dadurch zur Etablierung von bereichsspezifischen Qualitätsstandards für maschinelles Lernen beitragen sowie Anreize zur Weiterentwicklung der Forschung über erklärbare Lernmodellen schaffen.[254] Soweit Richter im Rahmen von In-Camera-Verfahren sich mit den Praktiken der Entwicklung der Technologie und der Erklärbarkeit ihrer Modelle und Outputs auseinandersetzen, kann dabei allerdings nicht mehr von algorithmischer Transparenz im Sinne einer Informationsoffenlegung gegenüber Maßnahmenadressaten oder der Öffentlichkeit ausgegangen werden. In solchen Konstellationen werden Richter zu Systeminsidern und dürfen etwaige im Gerichtsverfahren erlangte Informationen zum Schutz sicherheitsbehördlicher Interessen nicht publik machen. Ähnliches gilt für sonstige mit der Kontrolle von Musterabgleich und Mustererstellung beauftragten Akteuren, wie bspw. den Bundesbeauftragten für den Datenschutz und Informationsfreiheit, § 4 Abs. 4 Satz 7 FlugDaG oder sonstige nationale Kontrollstellen.[255]

dd) Zwischenergebnis

Insgesamt überzeugt ein Normierungserfordernis für maschinelles Lernen unter Bestimmtheitsgesichtspunkten nicht. Aus dem BND-Urteil ließe sich allenfalls ein Gebot der Normierung der generellen Möglichkeit eines Einsatzes von Technik im Rahmen der Analyse von Fluggastdaten ableiten. Teilweise wird in anderen Einsatzkontexten behauptet, dass der Einsatz von Technologien wie maschinellem Lernen eine weitergehende Offenlegung von Informationen gegenüber der Öffentlichkeit erlaube, da ein solches System in seiner Gänze kaum nachvollziehbar und gleichzeitig wandlungsfähig sei, sodass seine allgemeine Architektur sogar öffentlich bekannt sein könne, ohne dass eine Umgehungsgefahr bestünde.[256] Auch das Gegenteil wird erwogen, nämlich, dass gerade weil die Funktionsweise maschinellen Lernens nicht insgesamt nachvollziehbar ist, solche Technologien von der Regierung als eine Einladung verstanden werden würden, immer weniger bestimmte Normen zu verabschieden und immer mehr Raum für die Interpretation und Spezifikation durch Algorithmen zu lassen.[257] Der Gesetzgeber des FlugDaG ist weder in die eine noch in die andere Richtung gegangen. § 4 FlugDaG ist hinsichtlich der technologischen Umsetzungsmög-

---

ist bei genauer Betrachtung jedoch weder rechtlich geboten, noch erfordert sie die Offenlegung von technologischen Details, siehe dazu D.I.2.b).

[254] So etwa *Deeks*, CLR 119 (2019), 1829.

[255] Zu Systemkontrolleuren als Systeminsidern siehe D.II. und insb. Fn. 345. Zu weiteren Kontrollarrangements s. D.II.2.c).

[256] *L. Neumann*, 2016, 6.

[257] *Ulbricht*, Eur J Secur Res 3 (2018), 139, 154.

lichkeiten inhaltlich nicht (un)bestimmter als sonstige polizeiliche Befugnisnormen. Dies spricht dafür, dass soweit die Einsatzmöglichkeit maschinellen Lernens beim Gesetzeserlass berücksichtigt wurde, was angesichts der Stellungnahmen zum Gesetzesentwurf von Privatunternehmen mit entsprechenden Geschäftsmodellen[258] und der früheren diesbezüglichen Erwägungen auf internationaler Ebene[259] nicht unwahrscheinlich erscheint, die Praxis der Sicherheitsgesetzgebung sich durch Technologien wie maschinelles Lernen zunächst nicht beeinflussen lässt. Weder nimmt der Gesetzgeber solche Technologien zum Anlass, besonders unbestimmte Normen zu erlassen, noch scheint er deswegen einen besonderen Normierungsbedarf zu sehen.

Dennoch könnte es beim Musterabgleich angebracht sein, mehr Angaben zur technologischen Funktionsweise der Maßnahme gesetzgeberisch festzulegen. Die Vermehrung der akademischen Aufmerksamkeit und insbesondere der kritischen Beiträge zu maschinellem Lernen (über)sensibilisiert immer mehr für diese Technologie und impliziert, dass die Vorteile, vor allem aber die Nachteile von maschinellem Lernen einen genaueren Blick auf gesetzliche Regelungen erfordern, die einen Einsatz der Technologie zulassen. Solange sich ein Gesetz dazu nicht verhält und dergestalt offen formuliert ist, dass dies nicht ausgeschlossen werden kann, ist die Annahme, dass auch Technologien wie maschinelles Lernen Einsatz finden können, nicht unberechtigt.[260] Mit der Wahl einer offenen Formulierung lässt der Gesetzgeber diese Annahme zulasten und zugunsten der Rechtmäßigkeit des Musterabgleichs gelten. Angesichts der strengen Argumentationslinie des BVerfG bei der Eingriffsintensität polizeilicher Informationsmaßnahmen ist dem Musterabgleich damit nicht unbedingt ein Gefallen getan. Die Nichtnormierung konkreter technologischer Ansätze ist zunächst jedoch kein Bestimmtheitsdefizit, sondern eine Strategie zum Umgang mit Umgehungsgefahren, technologischem Wandel und letztendlich – Ungewissheit.

f) Algorithmische Transparenz unter demokratischen Gesichtspunkten

Ein auf dem Demokratieprinzip beruhender allgemeiner Transparenzgrundsatz im Sinne einer demokratischen Öffentlichkeit staatlicher Verfahren zwecks freier und offener Willensbildung ist nicht ohne Weiteres als eine unmittelbar anwend-

---

[258] Siehe Kap. B. Fn. 59. Siehe auch die Vermutung des Einsatzes der Technologie in BT-Drs. 19/4755, 2.

[259] *Leese*, Security Dialogue 45 (2014), 494, 503.

[260] Dies zeigt auch *Golla*, KrimJ 2020, 149, 157 ff. anhand einzelner Abgleichvorschriften von Landespolizeigesetzen. So ist im Grunde auch das Bezirksgericht von Den Haag bei der Entscheidung über ein algorithmisches System zu Betrugsbekämpfung im Sozialbereich (SyRI) aufgrund der offenen Gesetzesformulierung vorgegangen, Entsch. v. 5.2.2020, C-09-550982-HA ZA 18-388, Rn. 6.51.

bare Rechtsregel zu verstehen.[261] Ein solcher in erster Linie an das Parlament gerichteter Öffentlichkeitsgrundsatz betrifft zwar auch die Exekutive, allerdings zunächst nicht in Form eines selbstständigen Rechtsgebotes der Verwaltungstransparenz sondern allenfalls in Form eines allgemeinen Prinzips, das erst nach bereichsspezifischer Begründung der Relevanz einer administrativen Tätigkeit für die demokratische Willensbildung zu einer darauf bezogenen Transparenzpflicht erstarken kann.[262] Auch deshalb sind Diskussionen über die Öffentlichkeit des Verwaltungshandelns nicht ohne Weiteres auf die Sicherheitsbehörden übertragbar, denn letzteres ist ein Teilbereich administrativer Tätigkeit, in dem Transparenz systemimmanent eingeschränkt ist. Schließlich würde die Annahme eines demokratisch begründeten Rechtsgebotes zur Herstellung von Transparenz über sicherheitsbehördliche Verfahren nicht ohne Weiteres auch die Herstellung von Transparenz über ihre behördeninternen technologischen Verfahren bedeuten. Jede dieser Eingrenzungen der Art der exekutivischen Tätigkeit lässt den Schluss von Demokratie auf Transparenz immer weniger als eine Forderung und immer mehr als eine Frage erscheinen. Angesichts der Abstraktionshöhe und Idealisierungsanfälligkeit des Demokratieprinzips, die ganz unterschiedliche Ergebnisse plausibel begründbar machen,[263] erscheint die Stützung einer algorithmischen Transparenzpflicht für die Sicherheitsbehörden auf Art. 20 Abs. 1 GG als gewagt. Denn entsprechend abstrakt und polarisiert dürften Begründungsversuche der Relevanz einer Offenlegung maschinellen Lernens beim Musterabgleich für die demokratische Willensbildung ausfallen, insbesondere angesichts der kontestierten Themenbereiche, in die sie sich begeben würden, wie etwa Datenschutzsensibilitäten, Eingriffsintensitätsempfindlichkeiten der Bevölkerung und letztendlich – die „richtige“ Balance zwischen Sicherheit und Freiheit.

Ebenfalls dem Demokratieprinzip zuzuordnen und sich mit dem Öffentlichkeitsthema überschneidend ist die Rolle von Transparenz für die Bildung, bzw. Erhöhung von Akzeptanz bei Systemoutsidern im Sinne einer Hinnahme staat-

[261] *Grzeszick*, in: Maunz/Dürig (Hrsg.), 2022, Art. 20 GG, Rn. 21.

[262] *Grzeszick*, in: Maunz/Dürig (Hrsg.), 2022, Art. 20 GG, Rn. 24, 31, der zugleich Versuche der Begründung einer Publizitätspflicht der Verwaltung, sei es aus Art. 5 Abs. 1 Satz 1 2. Halbsatz GG in Form eines verfassungsunmittelbaren Anspruchs auf Zugang zu Verwaltungsinformationen, sei es aus Gesichtspunkten demokratischer Legitimationsdefizite oder aus solchen einer fehlenden Steuerungswirkung parlamentarischer Gesetzgebung, ablehnt, s. Rn. 27–33. Siehe auch *Schmidt-Aßmann*, 2006, 102, der zur Behutsamkeit bei der Umsetzung demokratischer Öffentlichkeit in feste verwaltungsrechtliche Gebote und Lehrsätze auffordert. So auch das BVerwG, NJW 1991, 936, 937: „Das Demokratieprinzip ist ein objektives Staatsprinzip, das – auch soweit es auf den Konsens zwischen Staat und Bürgern und auf die Transparenz staatlichen Handelns angelegt ist – konkrete rechtliche Schlußfolgerungen zugunsten des einzelnen Bürgers nicht ohne weiteres zuläßt.“

[263] *Kotzur*, in: Münch/Kunig (Hrsg.), [7]2021, Art. 20 GG, Rn. 197 ff., Rn. 200 ff.

licher Entscheidungen.[264] Geht man mit der verwaltungsrechtlichen Maßstabslehre davon aus, dass Transparenz, soweit nicht gesetzlich oder gerichtlich vorausgesetzt, zwar nicht als ein Rechtsgebot im Sinne eines Rechtmäßigkeitsmaßstabs, dennoch aber als ein Richtigkeitsmaßstab behördlichen Handelns behandelt werden kann, so kann algorithmischer Transparenz auch auf diesem Wege rechtliche Relevanz zukommen.[265] Es dürfte weitgehend anerkannt sein, dass Transparenz das Vertrauen von Bürgern in behördliche Maßnahmen steigern kann, was ultimativ deren Akzeptanz dient.[266] Schwindet Vertrauen und Akzeptanz in eine Maßnahme, wird sie angreifbar für Spekulationen,[267] und Spekulationen kommen gerade im Sicherheitsrecht nicht selten vor, denke man nur an die Argumentationsstränge, aus denen Schlagwörter wie Bewegungs- und Persönlichkeitsprofile,[268] Einschüchterungseffekte[269] und gläserne Bürger ihre Gültigkeit schöpfen. Infolge der Inakzeptanz staatlicher Maßnahmen können auch Nichtregierungsorganisationen aktiv werden,[270] Klagen und insbesondere Verfassungs-

[264] Allg. zu Akzeptanz als Bestimmungsfaktor eines demokratischen Verwaltungsrechts, *Schmidt-Aßmann*, 2006, 102 ff.

[265] *Schmidt-Aßmann*, 2006, 312 ff.; *Fehling*, in: Trute/Gross/Röhl/Möllers (Hrsg.), 2008, 462, 469; *Schulze-Fielitz*, in: Kirchhof (Hrsg.), 2000, 311, 314 ff.

[266] Siehe etwa *Gusy*, in: Hoffmann-Riem/Schmidt-Aßmann/Voßkuhle (Hrsg.), ^{2}2012, § 23, Rn. 13, demzufolge die Begriffe der Akzeptanz und der Öffentlichkeit eng mit dem Transparenzparadigma verwandt sind: die durch Transparenz gewährleistete Öffentlichkeit im Staat-Bürger Verhältnis soll die Akzeptanz bestimmter staatlicher Aktivitäten steigern. Siehe auch *Drefs*, in: Dreier/Spiecker gen. Döhmann/van Raay/Fischer (Hrsg.), 2016, 89, 103 f. m. w. N. in Fn. 63 über empirische Studien, die die Verfügbarkeit von Informationen aus dem staatlichen Bereich als akzeptanzfördernd belegen. Konkret im Kontext maschinellen Lernens adressiert *Wischmeyer*, in: Wischmeyer/Rademacher (Hrsg.), 2020, 75, 93 f., algorithmische Transparenz als akzeptanzfördernd.

[267] Vgl. BVerfGE 125, 260, 335 mit Blick auf die Vorratsdatenspeicherung und die Rolle von Transparenz: „Regelungen zur Information […] haben zum einen die Aufgabe, eine sich aus dem Nichtwissen um die tatsächliche Relevanz der Daten ergebende Bedrohlichkeit zu mindern, verunsichernden Spekulationen entgegenzuwirken und den Betroffenen die Möglichkeit zu schaffen, solche Maßnahmen in die öffentliche Diskussion zu stellen."

[268] Krit. an der Figur des Persönlichkeitsprofils als eine Mystifikation ohne empirische Nachweise, *Trute*, DV 42 (2009), 85, 100; *Rademacher*, AöR 142 (2017), 366, 380. Zur Stützung dieser Figur auf die irreführende Annahme, dass Daten eine Repräsentation der Wirklichkeit sind, *Broemel/Trute*, BDI 27 (2016), 50 f.

[269] Krit. an den fragwürdigen dogmatischen, insbesondere aber empirischen Grundlagen dieser Argumentationsfigur bei *Unterreitmeier*, AöR 144 (2019), 234, 273; *Bull*, in: van Ooyen/Möllers (Hrsg.), ^{2}2015, 627, 641 ff. und 644 m. w. N.; *Schoch*, in: Gander/Riescher/Poscher/Würtenberger/Perron (Hrsg.), 2012, 63, 65.

[270] Zu den Kampagnen der NROs „GFF" und „epicenter.works" gegen das Fluggastdatengesetz und die PNR-RL, siehe https://perma.cc/F9GZ-UPH8. Siehe auch https://perma.cc/4B58-5MVK, eine Plattform, die sich kritisch mit der Polizei und ihrer Informationstechnik auseinandersetzt, darunter auch mit dem Fluggastdatenabgleich.

beschwerden sich mehren[271] und die dabei vorgenommenen gerichtlichen Abwägungskontrollen sich verdichten.[272] Gelingt es hingegen dem Staat eine Vertrauensbasis mit Blick auf sein Handeln zu schaffen, ermöglicht er es dem Bürger, sich entsprechend mit Vertrauen gegenüber staatlichen Maßnahmen zu verhalten und sie letztlich zu akzeptieren.[273] Auch ohne ihr den Status eines Rechtsgebotes zuzusprechen, wohnt Transparenz so betrachtet durchaus eine Bedeutung für die Rechtmäßigkeit einer staatlichen Maßnahme inne, vermittelt durch ihren Status als „weicher Leitbegriff", bzw. „normative Orientierung" für das (sicherheits) behördliche Handeln.[274]

Die mangelnde Akzeptanz von Big Data-Analysen wird in der Literatur oft vermutet, solange die Analysen und deren Algorithmen nur einem kleinen Kreis bekannt sind und daran wichtige Entscheidungen geknüpft sind.[275] Eine Studie von *Bug* zu Akzeptanz und Vertrauen der Fluggastdatenverarbeitung zeigt hingegen eine eindeutig positive Haltung, sowohl mit Blick auf die allgemeine Einstellung zur Maßnahme als auch mit Blick auf Detailvertrauen bezüglich des behördlichen Umgangs mit Daten und eines allgemein durch die Maßnahme erhöhten Sicherheitsgefühls.[276] Gefühle einer ungerechtfertigten Überwachung

---

271 Siehe die in Fn. 200 aufgezählten gerichtlichen Verfahren.

272 *Schmidt-Aßmann*, 2006, 103.

273 Vgl. mit Blick auf datenschutzrechtliche Transparenz BVerfGE 133, 277, 366: „Transparenz der Datenverarbeitung soll dazu beitragen, dass Vertrauen und Rechtssicherheit entstehen können und der Umgang mit Daten in einen demokratischen Diskurs eingebunden bleibt. Zugleich ermöglicht sie den Bürgerinnen und Bürgern, sich entsprechend zu verhalten."

274 Zu diesen Bezeichnungen siehe *Schulze-Fielitz*, in: Kirchhof (Hrsg.), 2000, 311, 314 ff.

275 Siehe etwa *Desoi*, 2018, 34 f. *Wischmeyer*, in: Wischmeyer/Rademacher (Hrsg.), 2020, 75, 93 f. bezeichnet eine solche Vermutung als „zumindest plausibel": „it seems at least plausible that the existence of robust access to information regulation and the introduction of explanation-giving requirements, which are embedded in a larger collaborative control process, will positively contribute to realizing [societal acceptance of the new technology], while the refusal to provide information or to explain decisions might provoke resistance and undermine trust."

276 Siehe die Studienergebnisse bei *Bug*, in: Röllgen (Hrsg.), 2014, 45, 59 ff., wonach knapp drei Viertel der Befragten (n=1257, bei dieser Frage n=799 ausgewertet) die Speicherung von Fluggastdaten als positiv bewerteten. Aus denjenigen, die über Vorwissen zur Maßnahme verfügten, (n=378), fühlten sich ebenfalls knapp drei Viertel dadurch sicherer. Die Ergebnisse fallen insbesondere im Vergleich zur ebenfalls befragten Akzeptanz der Vorratsdatenspeicherung deutlich positiver aus. Die Studie basiert auf repräsentativen, spezifisch für diesen Zweck via randomisierte Telefoninterviews erhobenen Daten im Jahr 2011. Zu der späteren, unter weiteren qualitativen Gesichtspunkten durchgeführten Analyse der Studiendaten und zu den Schlussfolgerungen unter Berücksichtigung der seitdem stattgefundenen legislativen Entwicklungen im PNR-Bereich auf europäischer Ebene, siehe *Bug/Bukow*, German Politics 26 (2017), 292 ff. Diese Studie kommt auch zu dem Schluss, dass sicherheitsbehördliche Maßnahmen im Bereich der Fluggastdatenverarbeitung in der breiten Bevölkerung vergleichsweise wenig bekannt sind, 303.

und Verdächtigung durch den Staat und eines Kontrollverlusts über die eigenen Daten wurden ebenfalls weitestgehend verneint.[277] Die Studie bezeichnet die Maßnahmen zur Fluggastdatenverarbeitung als digital und datenbasiert, adressiert in der Befragung aber nicht explizit Technologieakzeptanz. In einer späteren Auswertung der Studienergebnisse betonen die Autoren jedoch, dass Vertrauen in sicherheitsbehördliche Maßnahmen ein komplexes Phänomen ist, das selten mit einem bestimmten Einzelaspekt einer Maßnahme zusammenhängt, wie bspw. einer bestimmten Technologie. Vielmehr spielt vorwiegend das Vertrauen in Institutionen und Akteure und insbesondere in die konkrete maßnahmendurchführende Behörde, also das BKA in ihrer Rolle als PIU, die maßgebliche Rolle für die Akzeptanz einer Maßnahme.[278] Im Ergebnis argumentieren *Bug* und *Bukow* für eine erhöhte Transparenz, jedoch nicht mit Blick auf Einzelaspekte einer Maßnahme, wie die konkreten dabei verwendeten Technologien, sondern mit Blick auf die generellen Vor- und Nachteile einer solchen Maßnahme.[279] Eine andere *Studie der PwC* zur öffentlichen Akzeptanz digitaler Technologien für die deutsche Polizei legt wiederum keinen Fokus auf konkret geregelte Maßnahmen, sondern auf spezifische technologische Ansätze, erfragt dabei die Haltung gegenüber Predictive-Policing-Systemen und zeigt eine Akzeptanzrate von 81 %.[280] Dabei wurde sowohl gefragt, ob der Einsatz für Kriminalitätsprävention befürwortet wird, als auch ob er als sinnvoll empfunden wird. Eine weitere *Studie der Bertelsmann Stiftung*,[281] die sich mit der Frage auseinandersetzt, was die Bevölkerung über Algorithmen[282] denkt und weiß, stellt fest, dass über den Einsatz von Algorithmen generell wenig gewusst wird, soweit jedoch bei Befragten ein besseres Verständnis der Funktionsweise algorithmischer Entscheidungen

---

277 *Bug*, in: Röllgen (Hrsg.), 2014, 45, 61. Erneut wurden nur diejenigen Flugpassagiere befragt, die über Vorwissen zur Maßnahme verfügten (n=378). Anhand solcher Ergebnisse kann zugleich Argumenten aus dem Bereich „Einschüchterungseffekte" entgegengetreten werden, denn ein „diffuses Gefühl des Beobachtet-Seins" konnte nur bei einem kleinen Teil der Befragten registriert werden, 66.

278 *Bug/Bukow*, German Politics 26 (2017), 292, 305.

279 *Bug/Bukow*, German Politics 26 (2017), 292, 306.

280 PwC-Studie, Öffentliche Akzeptanz digitaler Technologien für die deutsche Polizei, 21 f., abrufbar unter: https://perma.cc/2P83-DS8V. Die Ergebnisse der im Jahr 2019 durchgeführten deutschen repräsentativen Studie basieren auf Antworten von 3.000 Personen ab 18 Jahren. Die Studie definiert Predictive Policing als vorhersagende Polizeiarbeit auf Basis gesammelter Daten bisheriger Straftaten, z. B. Bewegungsprofile, Muster von Straftaten wie Einbruchserien.

281 *S. Fischer/Petersen*, 2018. Befragt wurden insgesamt 1.221 Personen ab 16 Jahren in persönlichen Interviews im Januar 2018. Die Gesamtstichprobe bestand aus zwei in sich repräsentativen Teilstichproben.

282 Die Untersuchung arbeitete bewusst mit dem offenen Begriff „Algorithmus" und bezog sich sowohl auf herkömmliche als auch auf lernende Algorithmen, *S. Fischer/Petersen*, 2018, 9 u. 12.

vorliegt, dies mit einer eindeutig positiven Einstellung zum Thema und gleichzeitig einem geschärften Risikobewusstsein einhergeht und insgesamt eine höhere Akzeptanz von Algorithmen begünstigt.[283] Damit adressieren die Autoren das Thema Nichtwissen bei Systemoutsidern, dabei jedoch nicht fremd-, sondern eigenintendiertes Nichtwissen: ein Mangel an technischer Kompetenz, dem zufolge Systemoutsider nicht wissen, wie die Technologie in ihren Grundzügen funktioniert und somit auch nicht, wie diese eine (sie betreffende) Entscheidungsgrundlage und -findung mitgestalten könnte. Entsprechend wird an erster Stelle nicht für die Offenlegung bestimmter Arten von Algorithmen in konkreten Kontexten plädiert, sondern für einen breiten Wissens- und Kompetenzaufbau sowie intensivere öffentliche Diskussionen zum Thema Algorithmen und deren Chancen und Risiken, was das erforderliche Verständnis über ihre grundsätzliche Funktionsweise auf einer allgemeinen Ebene bewirken soll.[284] Weiterhin identifizierten die Autoren einen mehrheitlichen Wunsch nach stärkeren Kontrollen von Algorithmen und halten Kontrollen daher ebenfalls für einen zentralen Faktor bei der Bildung von Vertrauen und Akzeptanz bei Algorithmen fest.[285] Beide Faktoren, die als akzeptanzfördernd festgestellt wurden – allgemeiner Wissens- und Kompetenzaufbau sowie Kontrollen von Algorithmen – sind Themen, die mit intendiertem Nichtwissen bei maschinellen Lernens zusammenhängen,[286] allerdings nicht mit fremdintendiertem Nichtwissen bei Outsidern, also dem Nichtwissen über Einsatz und Implementierungsdetails im Rahmen einer konkreten sicherheitsbehördlichen Maßnahme. Konsequenterweise hätte die Herstellung algorithmischer Transparenz keinen Einfluss darauf.

Teilweise wird kritisiert, dass die Sicherheitsbehörden die Akzeptanz neuer technischer Anwendungen bei ihrer Einführung oder Erprobung wenig berücksichtigen.[287] Studien wie die hier präsentierten, legen aber den Schluss nahe, dass soweit sich eine eindeutige (In)Akzeptanz bezüglich des Musterabgleichs tatsächlich ermitteln lässt, dies vermutlich nicht mit spezifischen Fragen wie solchen des (Nicht)Einsatzes einer bestimmten Technologie zusammenhängen würde.[288] Dementsprechend könnte bezweifelt werden, dass die (Nicht)Offenlegung eines Einsatzes und der Implementierungsdetails maschinellen Lernens eine tragende Rolle für Vertrauens- und Akzeptanzsteigerung des Musterabgleichs spie-

---

283 *S. Fischer/Petersen*, 2018, 6 u. 16 f.

284 *S. Fischer/Petersen*, 2018. 29 f.

285 *S. Fischer/Petersen*, 2018, 30.

286 Siehe dazu weiter unten D.I.2. und D.II.

287 *Fährmann/Aden/Bosch*, KrimJ 52 (2020), 135, 139.

288 Laut *Bug/Bukow*, German Politics 26 (2017), 292, 305, hängt dies eher mit einer Inakzeptanz von maßnahmendurchführenden Institutionen und Akteuren zusammen, laut *S. Fischer/Petersen*, 2018, 30, mit einer generellen Technikfeindlichkeit.

len würde. Freilich muss dies nichts über die rechtliche Relevanz der Technologie in diesem Kontext aussagen. Im Lichte der algorithmischen Transparenzdebatte ist es aber ein durchaus relevanter Punkt, auch mit Blick auf die anfängliche Erwägung dieses Abschnittes, dass Nichtwissen bei Systemoutsidern über den sicherheitsbehördlichen Einsatz maschinellen Lernens eines der weniger heiklen Nichtwissensthemen bei dieser Technologie sein dürfte.

Schließlich ist nochmal zu betonen, dass die technologieoffenen Formulierungen des FlugDaG und der Gesetzesentwurfsbegründung zwar zum Aufrechterhalten solchen Nichtwissens führen, Gesetzgeber, Bundesregierung und Sicherheitsbehörden deshalb jedoch nicht ein zielgerichtetes Aufrechterhalten algorithmischer Intransparenz unterstellt werden kann. Die Herstellung von Flexibilität und Innovationsfähigkeit sowie die Vorbeugung von Umgehungsgefahren erscheinen als leitende Gesichtspunkte für die Gestaltung des Gesetzesprogramms. Weder hängen sie aber unmittelbar mit technologischen Aspekten des PNR-Systems zusammen, noch sind sie im Sicherheitsbereich unüblich. Inwiefern die Offenlegung des Einsatzes maschinellen Lernens sich darauf auswirken kann, ist letztendlich nur vonseiten eines Systeminsiders beurteilbar. In dieser Hinsicht scheinen allerdings derzeit weder die Bundesregierung noch die an der Fluggastdatenverarbeitung beteiligten Behörden eine hohe Offenlegungshemmschwelle zu haben. Auf die parlamentarische Anfrage einiger Abgeordneter über den Einsatz künstlicher Intelligenz bei der Auswertung von Fluggastdaten antwortete die Bundesregierung, dass künstliche Intelligenz derzeit nicht angewendet wird.[289] Auf die nächste, ausdrückliche Nachfrage dazu, wie die Risikoprofile (Muster) erstellt werden, mit denen die Fluggastdaten abgeglichen werden, und inwiefern diese mit technischer Unterstützung generiert werden, antwortete die Bundesregierung, dass darüber noch nichts gesagt werden kann, da die technischen Funktionalitäten für den Musterabgleich noch nicht zur Verfügung stehen.[290] Im Rahmen eines Halbjahresberichts informierte das für den technischen Vollzug der Fluggastdatenverarbeitung im Auftrag des BKA verantwortliche BVA über die Möglichkeit, künstliche Intelligenz im Bereich der Fluggastdatenverarbeitung einzusetzen, die Vornahme entsprechender Nutzenanalysen und den diesbezüglichen Erfahrungsaustausch mit Drittstaaten.[291] Solche Öffentlichkeitsarbeit deutet ebenfalls darauf hin, dass das Nichtwissen bei Systemoutsidern eher dem frühen Umsetzungsstadium der Gesetzgebung sowie der

289 BT-Drs. 19/4755, 8, Frage 14. Siehe jedoch nunmehr die Auflistung der Fluggastdatenspeicherung in BT-Drs. 20/6401, Anlage 3 (Fördermaßnahmen KI-Strategie).

290 BT-Drs. 19/4755, 8, Frage 15. Dass die Muster sich immer noch in der Entwicklung befinden und dass die technischen Voraussetzungen für ihre Testphase noch nicht vorliegen, wiederholte die Bundesregierung nochmal später in BT-Drs. 19/12975, 7, Frage. 11.

291 BVA International Nr. 1/2019, 12 f.

Dynamik und Unsicherheit des Sachbereichs geschuldet sein dürfte als der zielgerichteten Geheimhaltung von Algorithmen, der Angst vor politischen Auseinandersetzungen über die Technologie oder ihrer befürchteten Inakzeptanz. Naheliegend erscheint sodann eine Offenlegungspolitik von Gesetzgeber, Regierung und Sicherheitsbehörden, die für Fluktuationen des öffentlichen Interesses am Musterabgleich und an einem diesbezüglichen Einsatz maschinellen Lernens sensibilisiert ist, regelmäßig die Vor- und Nachteile algorithmischer Transparenzherstellung abwägt und bei entsprechenden Anhaltspunkten Informationen über den (Nicht)Einsatz der Technologie gegebenenfalls offenlegt.[292] Derzeit erscheint eine solche Offenlegung unter demokratischen Gesichtspunkten allerdings weder als Rechtmäßigkeits- noch als Richtigkeitskriterium geboten.

g) Zwischenergebnis

Ein Umgang mit fremdintendiertem Nichtwissen bei Systemoutsidern im Kontext der Fluggastdatenverarbeitung ist rechtlich nicht geboten. Die Offenlegung von Informationen über das „Ob“ und „Wie“ eines Einsatzes maschinellen Lernens verspricht keinen beträchtlichen Zugewinn für den Gewährleistungsgehalt der verschiedenen rechtlichen Anknüpfungspunkte, welche für Überlegungen zu algorithmischer Transparenz als Ansatz zum Umgang mit solchem Nichtwissen in Betracht gezogen wurden. Dementsprechend ist dieser Nichtwissensausprägung keine rechtliche Bedeutung zuzumessen. Dem Gesetzgeber des FlugDaG ist daher nicht der Rechtsvorwurf zu machen, dass die Gesetzesformulierung technologieoffen ist und dass keine rechtlichen Mechanismen zur Herstellung algorithmischer Transparenz und zum Umgang mit Outsidernichtwissen normiert sind. Konsequenterweise werden nachfolgend auch keine entsprechenden rechtlichen Mechanismen analysiert, denn ein Umgang mit solchem Nichtwissen wird nicht als eine Aufgabe des Sicherheitsrechts betrachtet. Eine im Ergebnis ähnliche Haltung zu Transparenz im Kontext sicherheitsbehördlicher Einsätze maschinellen Lernens lässt sich auch den aktuellen Regulierungsinitiativen auf europäischer Ebene entnehmen.[293]

Wie eingangs festgehalten wurde dem Transparenzbegriff in diesem Kapitel ein tendenziell engeres Verständnis zugrunde gelegt. Damit wurde lediglich die Gebotenheit einer Informationsoffenlegung über den Einsatz und die Implemen-

---

292 So neulich auch die Bundesregierung in BT-Drs. 20/6862, 2 f.

293 Siehe Art. 52 Nr. 1 des AI-Acts, COM(2021) 206 final, wonach entsprechende „[Transparency obligations] shall not apply to AI systems authorised by law to detect, prevent, investigate and prosecute criminal offences, unless those systems are available for the public to report a criminal offence.“ Siehe auch Art. 70 des AI-Acts, der die besonderen Geheimhaltungsbedürfnisse von Sicherheitsbehörden anerkennt und entsprechend durch verschiedene Nichtoffenlegungsrechte würdigt.

tierungsdetails maschinellen Lernens nach außen, also gegenüber Systemoutsidern betrachtet, sei es als potenziellen Maßnahmenadressaten oder als Teil der Öffentlichkeit. Im Kontext maschinellen Lernens kann der Transparenzbegriff aber auch weiter verstanden werden, etwa im Sinne der übersichtlichen Gestaltung algorithmischer Entwicklungskontexte, also im Sinne einer nach innen gerichteten Transparenz. Durch die Einrichtung entsprechender Mechanismen kann die mangelnde nach außen gerichtete Transparenz über die dem PNR-System zugrunde liegenden technologischen Ansätze kompensiert werden. Soweit solche Mechanismen keine Informationsoffenlegung nach außen erfordern, erscheint ihre Behandlung unter dem Begriff der Transparenz jedoch unpassend. Stattdessen werden sie unter dem Begriff der Steuerung sicherheitsbehördlicher technologischer Vorgänge thematisiert und dem Thema „Intendiertes Nichtwissen bei Systeminsidern" zugeordnet (D.II.). Bevor auf dieses Nichtwissen eingegangen wird, widmet sich die Arbeit noch der weiteren Nichtwissensausprägung bei Systemoutsidern, die oft im Kontext maschinellen Lernens thematisiert wird – das Nichtwissen als Resultat eigener Intention (D.I.2.).

2. Nichtwissen als Resultat eigener Intention

Wenn intendiertes Nichtwissen als die Zurechenbarkeit von Nichtwissen zum Handeln oder Unterlassen sozialer Akteure verstanden wird,[294] kann der im Kontext maschinellen Lernens oft angesprochene Mangel an technischer Kompetenz bei Laien als ein von jedem Systemoutsider selbst intendiertes Nichtwissen über die Technologie begriffen werden. Die Ursache dieses Nichtwissens liegt so betrachtet in der Person des Systemoutsiders selbst und könnte grundsätzlich auch durch ihn selbst, mittels des Aufbaus bestimmter technischer Kompetenzen, beseitigt werden.[295]

Mit dieser Nichtwissensausprägung wird ein Teil der Literatur abgedeckt, der ein *mangelndes Verständnis von maschinellem Lernen als Technologie aufgrund unzureichender technischer (Vor-)Kenntnisse* adressiert. Dabei handelt es sich keinesfalls um eine Ausprägung, die spezifisch mit maschinellem Lernen zusammenhängt, sondern in jeder mehr oder weniger komplexen Thematik vorhanden sein kann. Insgesamt ist dieses Thema durchaus diffus, insbesondere weil mehrere Gründe dafür bestehen, dass maschinelles Lernen als Technologie nicht ver-

294 *Wehling*, EWE 20 (2009), 95, 101.

295 Dabei betont *Wehling*, 2006, 129, dass angesichts der Masse an Wissensinhalten und dem Zeit- und Kostenaufwand, der mit einem Wissenszugewinn in verschiedenen Materien verbunden sein kann, der Wunsch bzw. Zwang, bestimmte Informationen nicht zur Kenntnis zu nehmen und Verfahren zur Trennung des Wissenswerten vom Nicht-Wissenswerten zu entwickeln, gerade rational ist.

standen werden kann, zwischen ihnen jedoch nicht immer eindeutig differenziert wird, nicht zuletzt auch deshalb, weil sie oft gleichzeitig vorliegen. So treffen neben der mangelnden technischen Kompetenz meist auch ein fehlender Überblick über systemrelevante Operationen, eine unüberwindbare mathematische Komplexität oder die Kontingenz maschinell erzeugten Wissens als Nichtwissensursachen aufeinander. Ebenfalls Teil der Diskussion ist die mangelnde technische Kompetenz derjenigen Akteure, die maschinelles Lernen einsetzen (Systeminsider), und dabei insbesondere staatlicher Behörden.[296] Das Nichtwissen von Systeminsidern wird jedoch aufgrund seiner unterschiedlichen rechtlichen Bedeutung gesondert im nächsten Abschnitt behandelt. Nachfolgend wird daher ausschließlich die mangelnde technische Kompetenz von Systemoutsidern als Ursache von Nichtwissen über maschinelles Lernen auf ihre rechtliche Bedeutung analysiert. Soweit die Technologie im Kern nicht aufgrund fehlender Kompetenzen, sondern aufgrund der inhärenten Funktionsweise der Technologie nicht verstanden wird, wird dies unter *E. Unabsichtliches Nichtwissen* behandelt.

a) Der „illiteracy" Diskurs

Die Diffusität des Themas eigenintendierten Nichtwissens wird noch dadurch verstärkt, dass keine einheitliche Vorstellung darüber herrscht, welche konkreten Fähigkeiten die technische Kompetenz im Kontext maschinellen Lernens ausmachen, und entsprechend auch umgekehrt, wann diese fehlt. Angestoßen wurde die Diskussion vornehmlich durch *Burrel*, eine Soziologin, die den Begriff „technical illiteracy" verwendete, um ein Nichtwissen bei maschinellem Lernen zu beschreiben, das aus dem gegenwärtigen Zustand resultiert, in dem das Schreiben und Lesen von Programmcode besondere Fähigkeiten erfordert, weshalb die Öffentlichkeit nicht in der Lage sei, die Technologie direkt zu bewerten und zu kritisieren.[297] *Burrels* Argumentationslinie wurde auch von Rechts- und Informatikwissenschaftlern übernommen, die sich mit Nichtwissen im Kontext maschinellen Lernens beschäftigen.[298] Teilweise wurde diese auf Programmcode zentrierte Betrachtung des Themas in der Technikphilosophie relativiert und „illiterate opacity" allgemein als das Fehlen hinreichender technischer Kompeten-

---

[296] S. etwa *Mulligan/Bamberger*, Berkl. Tech. L. J. 34 (2019), 773, 788; *Coglianese/Lehr*, Admin. L. Rev. 71 (2019), 1, 29f.; *Wischmeyer*, in: Wischmeyer/Rademacher (Hrsg.), 2020, 75, 93.

[297] *Burrell*, Big Data & Society 3 (2016), 1, 4, arbeitete „technical illiteracy" als eine eigenständige Kategorie neben zwei weiteren Nichtwissensausprägungen (Forms of Opacity) bei maschinellem Lernen aus: „[I]ntentional corporate or state secrecy" und „Opacity as the way algorithms operate at the scale of application", hier als fremdintendiertes Outsidernichtwissen und komplexitätsbedingtes Nichtwissen diskutiert.

[298] *Cobbe*, SSRN Journal 2018, 1, 5; *Selbst/Barocas*, Fordham L. Rev. 2018, 1085, 1093; *Mulligan/Bamberger*, Berkl. Tech. L. J. 34 (2019), 773, 788.

zen definiert, die erforderlich sind, um die Grundlagen von Algorithmen und maschinellen Lernmodellen zu verstehen.[299] Weitere rechts- und politikwissenschaftliche Diskussionen bewegen sich auf einem noch allgemeineren Niveau und beschreiben eigenintendiertes Nichtwissen über maschinelles Lernen als Kompetenzmängel, die vom fehlenden Bewusstsein für Probleme im Zusammenhang mit Algorithmen bis zur Unfähigkeit, sich an den steigenden gesellschaftlichen Einsatz maschinellen Lernens anzupassen, reichen können.[300] Entsprechend wird „algorithmic literacy“ dann angenommen, wenn Individuen nicht nur die Auswirkungen maschinellen Lernens auf ihr tägliches Leben kennen, sondern auch wissen, was es bedeutet, in einer Gesellschaft zu leben, die stark von Algorithmen bestimmt wird.[301] Jüngere Untersuchungen aus dem Forschungsbereich der Mensch-Computer-Interaktion greifen solche interdisziplinären Diskussionen auf und ordnen sie in dem laufenden Diskurs über Technikkompetenz mit dem Ziel ein, klarere Konturen für den Bereich maschinellen Lernens zu gewinnen, wo das Kompetenzthema sich noch in einem frühen Stadium befindet.[302] Dabei wurde die dort als „ML literacy“ bezeichnete technische Kompetenz als eine Reihe von Fähigkeiten definiert, die es dem Einzelnen ermöglichen, maschinelles Lernen als Technologie kritisch zu bewerten, effektiv damit zu kommunizieren und zusammenzuarbeiten.[303] Konkret wurden eine abstrakte Kenntnis der grundlegenden Schritte bei Modellierungsprozessen (etwa Datensammlung, Training, Testverfahren), ein Verständnis der Rolle von Menschen und Daten für die Funktion der Technologie sowie die Fähigkeit, sich damit kritisch auseinanderzusetzen, als für die Annahme von „ML literacy“ erforderlich herausgearbeitet.[304] Betont wurde dabei, dass gerade die bislang als notwendig behauptete Programmcode-Kompetenz – dort als „computational literacy“ bezeichnet – für die Annahme von „ML literacy“ nicht erforderlich sei.[305]

---

[299] *Lepri/Oliver/Letouzé/Pentland/Vinck*, Phil. & Techn. (Philosophy & Technology) 31 (2018), 611, 619.

[300] *P. K. Yu*, Fla. L. Rev. 72 (2020), 331, 362.

[301] Ebd.

[302] *Long/Magerko*, in: Bernhaupt (Hrsg.), 2020, 1 ff.

[303] *Long/Magerko*, in: Bernhaupt (Hrsg.), 2020, 1, 2. Die Autoren sprechen zusammenfassend von „AI literacy“, teilen ihre Analyse jedoch für die Bereiche künstliche Intelligenz, maschinelles Lernen und Robotik auf und benennen dabei für jeden Bereich unterschiedliche Kompetenzen. Dabei werden „AI literacy“ und die später herausgearbeitete „ML literacy“ von ähnlichen Themen wie „scientific literacy“, „digital literacy“, „data literacy“ and „computational literacy“ abgegrenzt.

[304] *Long/Magerko*, in: Bernhaupt (Hrsg.), 2020, 1, 5 f.

[305] *Long/Magerko*, in: Bernhaupt (Hrsg.), 2020, 1, 2: „Computational literacy, however, is not necessarily a prerequisite for AI literacy. Understanding how to program can inform and aid in making sense of AI and is certainly necessary for AI developers. However, programming can

Das Thema Kompetenz im Bereich des maschinellen Lernens, nachfolgend „algorithmische Kompetenz“ genannt, spielt sich mithin im Rahmen eines multidisziplinären Diskurses ab. Trotz der Pluralität der disziplinären Zugriffe und Erkenntnisinteressen lässt sich daraus dennoch ein gemeinsamer Nenner dessen ableiten, was für die Fragestellung hier von Interesse ist, wenn auch auf einem vergleichsweise abstrakten Niveau. Denn ungeachtet der divergierenden Meinungen zu den einzelnen Fähigkeiten und Kenntnissen, die für die Annahme algorithmischer Kompetenz erforderlich sind, wird der hier interessierende *Mangel* algorithmischer Kompetenz überwiegend einheitlich als ein Zustand verstanden, in dem der Einzelne nicht weiß, wie maschinelles Lernen in Grundzügen funktioniert und somit auch nicht kritisch hinterfragen kann, wie die Technologie eine ihn betreffende Entscheidung mitgestaltet. Dafür steht nachfolgend eigenintendiertes Outsidernichtwissen.

Die Überwindung solchen Nichtwissens setzt mehr als eine bloße Offenlegung von Informationen über Einsatz und Implementierungsdetails maschinellen Lernens voraus. Erforderlich ist vielmehr der Aufbau bestimmter Kompetenzen, die ein Verständnis für maschinelles Lernen als Technologie ermöglichen. In dieser Zunahme der Komplexität kognitiver Operationen, die zum Zwecke des Umgangs mit Nichtwissen erforderlich sind, besteht der Unterschied zu dem im vorherigen Abschnitt behandelten fremdintendierten Outsidernichtwissen und zu algorithmischer Transparenz: Während mit algorithmischer Kompetenz Verstehensprozesse adressiert sind, geht es bei algorithmischer Transparenz um die bloße Kenntnisnahme bzw. Wahrnehmung von Informationen, ohne Rücksicht darauf, ob diese auch verstanden werden. Entsprechend stellen die vorgeschlagenen Umgangsstrategien mit dem Mangel algorithmischer Kompetenz größtenteils auf Ausbildung ab. So werden breitgefächerte Bildungs- und Schulungsprogramme vorgeschlagen, die die Öffentlichkeit in die Lage versetzen, maschinelles Lernen direkt bewerten und kritisieren zu können.[306] Alternativ wird statt dem Aufbau eigener, die Inanspruchnahme fremder algorithmischer Kompetenz erwogen. Auf dieser Linie

---

also be a major barrier to entry for learners, and we argue that most individuals interacting with AI in their daily lives will not need to know how to program it.“

[306] *Burrell*, Big Data & Society 3 (2016), 1, 4; *P.K. Yu*, Fla. L. Rev. 72 (2020), 331, 342. So veranstaltete die Europäische Kommission im Zuge der Auseinandersetzungen mit dem Entwurf eines AI-Acts, COM(2021) 206 final, im September 2021 eine High Level Conference on AI und widmete dem Thema ein „Panel on AI education and skills“, s. https://perma.cc/2DQD-QS64: „The skills dimension is an integrated component of the EU's AI regulatory package and all EU Member States that agreed to adopt national AI strategies have equally integrated the skills component into their programmes. Measures proposed in the national strategies include, for example, reforms of the formal education systems to introduce or strengthen the teaching of computational thinking, computing and AI foundations at primary or secondary school, as well as initiatives to adapt lifelong learning and reskilling policies.“

bewegen sich Vorschläge verschiedener Beratungsarrangements, die den Einsatz unabhängiger Experten ermöglichen sollen, welche Systemoutsidern zur Seite stehen, die von algorithmischen Entscheidungsfindungen betroffen sind.[307]

b) Rechtliche Bedeutung

In rechtswissenschaftlichen Diskussionen steht der Mangel algorithmischer Kompetenz im Vergleich zu weiteren Nichtwissensausprägungen bei maschinellem Lernen seltener im Vordergrund. Soweit das Thema angesprochen wird, wird es meist als Annex zu algorithmischer Transparenz behandelt, indem erwogen wird, dass zusätzlich zur Offenlegung von Einsatz und Implementierungsdetails gewisse Kompetenzen erforderlich sind , damit die offengelegten Informationen auch verstanden werden und der Einzelne in die Lage versetzt wird, seine Rechte wahrzunehmen.[308] Der von konkreten Einsatzkontexten losgelöste Kompetenzaufbau von Systemoutsidern ist grundsätzlich kein rechtliches Thema, weshalb die Rechtswissenschaft wenig an Bildungs- und Umschulungsprogrammen interessiert ist. Stattdessen ist der rechtliche Diskurs auf für Systemoutsider rechtserhebliche Situationen fokussiert, in denen algorithmische Kompetenz für die Wahrnehmung von Rechten notwendig und der Einsatz unabhängiger Experten daher ggf. erforderlich wird.[309] Als derartige Konstellationen werden solche hervorgehoben, in denen Personen vom Output maschinellen Lernens nachteilig betroffen sind; entweder weil sie ein System bewusst oder unbewusst direkt nutzen, oder weil sie Adressaten von für sie nachteiligen Entscheidungen sind, die mit der Unterstützung maschinellen Lernens getroffen wurden.[310] Von rechtlicher Bedeutung für einen Systemoutsider erscheint daher an erster Stelle nicht sein Verständnis der grundsätzlichen Funktionsweise maschinellen Lernens. Wichtiger dürfte sein, dass er die konkrete algorithmische Entscheidung einschließlich ihrer Begründung inhaltlich versteht und sich auch darüber klar ist, wie sie sich zu seinen Rechten verhält. Konsequenterweise finden sich zu diesem Thema in

---

[307] *Lepri/Oliver/Letouzé/Pentland/Vinck*, Phil. & Techn. (Philosophy & Technology) 31 (2018), 611, 619; *Sommerer*, 2020, 201; *Wischmeyer*, in: Wischmeyer/Rademacher (Hrsg.), 2020, 75, 86.

[308] *Selbst/Barocas*, Fordham L. Rev. 2018, 1085, 1093: „in the abscence of the specialized knowedge required to understand source code, disclosure may offer little value to affected parties"; *Wischmeyer*, in: Wischmeyer/Rademacher (Hrsg.), 2020, 86; *Sommerer*, 2020, 201.

[309] *Wischmeyer*, in: Wischmeyer/Rademacher (Hrsg.), 2020, 86: „Another assumption underlying this regime is that individual citizens do not necessarily possess – nor do they need to develop – the competence to evaluate complex matters on their own. Rather, they can and should rely on experts and public institutions, especially the courts, to which they can bring their complaints and which can exercise their more far-reaching investigatory powers."

[310] *Henin/Le Métayer*, AI and Society 2021, 1397, 1403, Fn. 17.

der Rechtswissenschaft meist Erwägungen zur Einschlägigkeit, Funktion und Reichweite bestehender oder neu einzuführender Begründungsmechanismen.[311]

Entsprechend der Vorgehensweise beim fremdintendierten Nichtwissen ist auch hier, vor einer etwaigen Auseinandersetzung mit rechtlichen Mechanismen zum Umgang mit einem Mangel algorithmischer Kompetenz, zunächst ihre Gebotenheit zu adressieren, also die rechtliche Bedeutung dieser Nichtwissensausprägung.[312] Im Kontext der Fluggastdatenverarbeitung ist dies die Frage, ob der Einsatz maschinellen Lernens im Rahmen des Musterabgleichs zugleich die Bewältigung eines Mangels algorithmischer Kompetenz bei Systemoutsidern erfordert, damit diese in der Lage sind, gegen algorithmisch generierte Indizien effektiv vorzugehen.

Zwecks der weiteren Konkretisierung dieser Frage ist zu bemerken, dass der Mangel algorithmischer Kompetenz innerhalb der Literatur meist in Einsatzkonstellationen diskutiert wird, in denen Systemoutsider mit einem algorithmischen System direkt interagieren oder von seinem Output unmittelbar betroffen sind.[313] Im Gegensatz dazu kommen Fluggäste weder mit dem PNR-System noch mit seinem Output in unmittelbaren Kontakt. Algorithmisch bedingte begründungsbedürftige Rechtsfolgen entstehen für einen Systemoutsider daher vorerst nicht. Outputadressaten des Musterabgleichs sind als erstes die PIU-Mitarbeiter, also Systeminsider, die nur mit Trefferfällen individuell befasst werden. Dabei werden algorithmisch generierte Anhaltspunkte fachlich bewertet, validiert und ggf. mit weiteren Informationen verdichtet oder auch verworfen. Dem EuGH zufolge haben Systeminsider in diesem Rahmen auch auf etwaige diskriminierende Ergebnisse hin zu überprüfen.[314] Die sodann validierten Treffer können nach Ermessen der PIU als Indizien[315] für die künftige Begehung bestimmter Straftaten an einzelne Sicherheitsbehörden zur weiteren Überprüfung weitergeleitet werden.[316] Nach dortiger Befassung mit einem Indiz kann dieses verworfen oder

---

311 S. etwa *Sommerer*, 2020, 219 f.

312 Zu dieser Vorgehensweise siehe oben D.I.b).bb).

313 S. etwa *Henin/Le Métayer*, AI and Society 2021, 1397, 1403: „some ADS are involved in everyday services such as recommendation systems, sometimes even without the knowledge of the users […] justifications and possibilities of contestations should be provided to lay users in a very simple and accessible way (for example, by refusing certain types of ads)". S. auch *Selbst/Barocas*, Fordham L. Rev. 2018, 1085, 1099, die ihre Argumentation laufend auf das Beispiel von Credit-Scoring-Verfahren stützen.

314 EuGH, C-817/19, Rn. 203.

315 Zur rechtsdogmatischen Einordnung algorithmisch generierter Indizien siehe unter E.II.2.e).

316 Nach dem EuGH, C-817/19, Rn. 204, kommt eine Weiterleitung an weitere Sicherheitsbehörden jedoch erst in Betracht, wenn die PIU über Anhaltspunkte verfügt, aus denen sich in rechtlich hinreichender Weise der begründete Verdacht einer Beteiligung der mittels automati-

weiter verdichtet und anschließend ermittelt werden. Im letzteren Fall können verschiedene Folgemaßnahmen ergriffen werden, für die das algorithmisch generierte Indiz auch nur einen Teil der Informationsgrundlage bilden kann, die zum Erreichen von gesetzlich vorausgesetzten Eingriffsschwellen notwendig ist.[317]

In der Regel wäre die Durchführung von Folgemaßnahmen gegenüber Systemoutsidern, jedenfalls im Rahmen gerichtlicher Verfahren, zu begründen,[318] sodass sie hierbei auch mit dem Output des PNR-Systems, wenn auch nur mittelbar, in Kontakt kommen könnten. Erst in solchen Konstellationen könnte algorithmische Kompetenz rechtlich geboten sein. Im Einzelnen müsste dies davon abhängig gemacht werden, ob die Verständlichkeit der Begründung einer sicherheitsrechtlichen Folgemaßnahme, die auf der Basis mehrerer Informationen, darunter ggf. auch mehrfach menschlich überprüfter algorithmisch generierter Informationen, getroffen wurde, die algorithmische Kompetenz eines Systemoutsiders erfordert.[319] Mit anderen Worten führt die Auseinandersetzung mit der rechtlichen Bedeutung von Nichtwissen hier zur folgenden Frage: Reichen Begründungsmechanismen bei polizeilichen Folgemaßnahmen so weit, dass sie auch eine Erklärung der Funktionsweise maschinellen Lernens erfordern?[320]

---

sierten Verarbeitungen identifizierten Personen an terroristischen Straftaten oder schwerer Kriminalität ergibt. Auf die Sinnhaftigkeit dieser gerichtlichen Forderung wird unter E.I.4.d).bb).(1).(a). näher eingegangen.

317 Die Gesetzesentwurfsbegründung spricht bei einer Datenübermittlung zum Zwecke der Straftatenverhütung von einer „dazu erforderliche[n] Erforschung von Gefährdungssachverhalten“, BT-Drs. 18/11501, 33, 35. Beispiele einschlägiger Folgemaßnahmen im Kontext der Fluggastdatenverarbeitung finden sich bei *Olsen/Wiesener*, Law, Innovation and Technology 13 (2021), 398, 403: „On the basis of those findings, follow-up measures can be considered, which may include second-line or luggage checks, or even body searches, denied boarding as well as detention or arrests at the airport. A confirmed positive match may also lead to comprehensive investigations and surveillance measures against specific individuals before or after the flight itself.“

318 *Schmidt-Aßmann*, in: Maunz/Dürig (Hrsg.), 2022, Art. 19 Abs. 4 GG, Rn. 254a.

319 Die hiesige Frage der Verständlichkeit der rechtlichen Begründung eines algorithmisch generierten Indizes unterscheidet sich von der Frage seiner inhaltlichen Plausibilität. Im letzteren Fall geht es darum, ob ein algorithmisch generiertes Indiz angesichts der korrelationsbasierten Art seiner Erzeugung vom Rechtssystem als Wissensquelle überhaupt anerkannt wird. Dies ist keine Frage der algorithmischen Kompetenz eines Systemoutsiders, sondern der rechtlichen Einordnung algorithmisch erzeugten Wissens. Sie hängt mit der algorithmischen Art der Erzeugung von Modellen und Outputs zusammen und wird unter korrelationsbedingtem Nichtwissen behandelt (E.II.). An dieser Stelle wird sie ausgeblendet. Vorausgesetzt algorithmengenerierte Indizien werden vom Rechtssystem als sicherheitsbehördliche Wissensquellen auch akzeptiert, geht es hier um die Frage, inwieweit ihre technologische Erzeugungsart in der Konsequenz von Systemoutsidern durchdrungen werden muss.

320 Im Grunde ist dies die Frage danach, inwieweit die Darstellungs- und Herstellungsebene der PIU-Tätigkeit aufeinander bezogen sind bzw. werden müssten. Aus dieser theoretischen Perspektive wird auch diese Frage unter D.II.b). betrachtet.

Für Konstellationen wie die der Fluggastdatenverarbeitung, in denen der algorithmische Output einen Systemoutsider nicht unmittelbar, sondern erst nach mehreren menschlichen Überprüfungs-, Verdichtungs- und Ermessensschritten potenziell erreicht, wird teilweise argumentiert, dass der algorithmische Beitrag zur gesamten Informationsgrundlage gar nicht Teil einer rechtlichen Begründung sein muss, sondern es vielmehr ausreiche, wenn nur die zusätzlichen sicherheitsbehördlichen Überlegungen, die zum Ergreifen der Folgemaßnahme geführt haben, dargestellt werden.[321] Strenggenommen behandelt diese Argumentationslinie die Weiterleitung eines Treffers nach § 6 Abs. 1 FlugDaG als die wesentliche behördliche Entscheidung und die Tatsache, dass sie algoritmisch gestützt ist, angesichts des der PIU bei der Validierung und Weiterleitung eingeräumten Ermessens, als irrelevant oder jedenfalls nicht begründungsbedürftig. Dies erscheint allerdings zu pauschal, da die inhaltlichen Anforderungen an eine Begründung von den Modalitäten der konkret ergriffenen Folgemaßnahme und der zu verhütenden Straftat abhängen.[322] Abgleichergebnisse können dabei in einigen Fällen das erste, in anderen lediglich ein weiteres oder auch das letzte zu bereits vorhandenen Informationen hinzukommende Indiz sein. Sie können auch gar keinen neuen Informationswert bieten, sondern lediglich bereits bestehende Anhaltspunkte bestätigen. Bei Abgleichergebnissen von besonders komplexen Modellen könnten sich auch gar keine über Fluggast und Verarbeitungsergebnis hinausgehenden, inhaltlich nachvollziehbaren Informationen aufschlüsseln lassen.[323] Wie aussagekräftig ein algorithmisch generiertes Indiz im Einzelfall sein wird, kann deshalb pauschal nicht festgehalten werden. Es kann unter Umständen auch erforderlich sein, es in die Begründung einer Folgemaßnahme einfließen zu lassen. Vor diesem Hintergrund ist zugleich auch die Frage, wie algorithmisch generierte Indizien polizeirechtsdogmatisch einzuordnen sind, nicht unbedingt leicht zu beantworten.[324]

Aufbau, Umfang und Intensität der Begründung gestalten sich je nach behördlichem Einzelakt unterschiedlich.[325] So könnte bei manchen wenig eingriffsintensiven bzw. anlasslosen Maßnahmen, wie Personen- und Gegenstandskontrollen am Flughafen, auch nur eine vergleichsweise vordergründige Begründung

[321] *Coglianese/Lehr*, Admin. L. Rev. 71 (2019), 1, 31: „Whenever governmental agencies use machine-learning analysis as but one factor in a larger human decisionmaking process or as a mere supplement to human decisionmaking, they should experience relatively few difficulties in satisfying transparency laws' demands – as long as the human officials have sufficient independent reasons to justify their actions."

[322] Vgl. *Schmidt-Aßmann*, in: Maunz/Dürig (Hrsg.), 2022, Art. 19 Abs. 4 GG, Rn. 254.

[323] Zu dieser Problematik und ihrer rechtlichen Bedeutung siehe unten E.I.4.d).bb).(1).

[324] Siehe dazu E.II.2.e).

[325] *Schmidt-Aßmann*, in: Maunz/Dürig (Hrsg.), 2022, Art. 19 Abs. 4, Rn. 253 ff. Zur staatlichen Begründungspflicht siehe ausf. *Kischel*, 2003, 175.

ausreichen.[326] Bei Maßnahmen wie verdeckten Überwachungen und polizeilichen Beobachtungen, die durch eine Vielzahl an Anhaltspunkten, darunter auch algorithmisch generierte Indizien, informiert sein könnten, erfolgt eine ausführliche Begründung wiederum in der Regel gegenüber einem anordnenden Richter, welcher Systeminformationen – soweit er solche anfordert – nicht publik macht und diesbezüglich frei in der Lage ist, die fremde algorithmische Kompetenz oder sogar die Expertise von Sachverständigen in Anspruch zu nehmen.[327] Zu bemerken ist weiterhin, dass bei der Einleitung dergestalt eingriffsintensiver Folgemaßnahmen ein Fluggast in der Regel deutlich gewichtigere Verdachtsindizien entkräften müsste als den Musterabgleichtreffer. Soweit ihm ersteres gelingt, erscheint die Auseinandersetzung mit algorithmischen Verdachtsindizien nicht mehr erforderlich, da sie in dem Fall für sich allein genommen nicht mehr ausreichen, um solche Eingriffe zu rechtfertigen.

Angesichts der kaum erfassbaren Vielfalt an möglichen Kombinationen zwischen der Relevanz und Aussagekraft algorithmischer Anhaltspunkte für verschiedene Sicherheitsbehörden und der Fülle an einschlägigen Folgemaßnahmen[328] und dazugehöriger Begründungserfordernisse erscheint eine Untersuchung der Frage, *ob* und in welchen Konstellationen Abgleichergebnisse in die Begründung sicherheitsbehördlicher Folgemaßnahmen einfließen müssen, für die hier gestellte Frage nach der rechtlichen Bedeutung algorithmischer Kompetenzmängel wenig indikativ. Anders verhält es sich mit der Frage des „*Wie*“ einer solchen Begründung. Denn auch wenn im Zuge des Ergreifens von Folgemaßnahmen eine Begründung, die konkret die Ergebnisse des Musterabgleichs umfassen muss, gegenüber Fluggästen erbracht werden muss, hätte sie dabei nicht mehr als dies zu leisten, was von einer Begründung im Kontext sicherheitsbehördlicher Rechtsanwendung in der Regel zu erwarten ist, nämlich über die wesentlichen entscheidungserheblichen Tatsachen, die den Verdacht begründet und erwiesen haben, zu informieren.[329] Dabei hat sie sich grundsätzlich aber nicht zu

---

326 Zu solchen Maßnahmen siehe § 5 Abs. 1 und Abs. 3 LuftSiG.

327 *Wischmeyer*, in: Wischmeyer/Rademacher (Hrsg.), 2020, 75, 93: „For [supervisory authorities] an explanation must be as complex as necessary in order to exercise effective control. It therefore depends on the circumstances of the case, and not on the capacities of the affected individual […] Thus, in practice, the explanatory statement is written by lawyers for lawyers, for the superior authority or for the court; and it is encoded in an effort to be correct and error-free in such a way that the recipient often cannot understand it and can only decipher it with the help of experts.“

328 Siehe dazu die Zahlen unter, BT-Drs. 19/12858, 5, die sich zwar zu Folgemaßnahmen verhalten, die auf Grundlage des Fahndungsabgleichs getroffen wurden, jedoch sich auch als Orientierung für den Musterabgleich eignen.

329 Vgl. auch *Coglianese/Lehr*, Admin. L. Rev. 71 (2019), 1), 25: „At a minimum, the gov-

konkreten Details seiner technologischen Erzeugungsart zu verhalten.[330] Wenn ein Teil dieser Tatsachengrundlage auf algorithmisch entdeckten korrelationsbasierten Prüfungsmerkmalen aufbaut, ist über ebendiese mit dem Fluggastdatensatz konkret übereinstimmenden und für die Annahme des konkreten Verdachtsindizes entscheidenden Korrelationen zu informieren, bspw. dass die spezifische Gepäckgröße, Routenwahl und Zahlungsmethode eines Fluggastes bestimmte Prüfungsmerkmale eines Drogenhandelsmusters getroffen haben.[331] Dabei kann

ernment must disclose the information in its possession that provided the factual basis for its decision."

330 Allg. zu juristischen Begründungen, *Rüßmann*, in: Alexy/Koch/Kuhlen/Rüßmann (Hrsg.), 2003, 416: „Uns interessiert nicht, wie jemand dazu gekommen ist, eine bestimmte Behauptung aufzustellen. Uns interessiert, ob es Gründe dafür gibt, die aufgestellte Behauptung zu akzeptieren oder zu verwerfen, und nach welchen Kriterien man tatsächlich angeführte Gründe in gute und weniger gute, relevante und irrelevante Gründe teilen kann." Im Kontext maschinellen Lernens entfaltet sich die für *Rüßmann* wesentliche Frage hauptsächlich im Rahmen der Diskussion zu korrelationsbedingtem Nichtwissen, E.II.1.c).cc). und teilweise im Rahmen der Diskussion zu komplexitätsbedingtem Nichtwissen, E.I.4.d).bb).(1). Empirische Studien zu subjektiven Begründungsbedürfnissen von Systemoutsidern bei algorithmischen Systemen stützen seine Argumentation, s. *Chazette/K. Schneider*, Requirements Eng 25 (2020), 493, 506: „With regard to the questions to be answered, the respondents were especially interested in getting answers to what and why questions. These answers have a higher granularity level than answers to how questions, which give more details about the system's inner reasoning process. […] answers to what and why questions might be more important when presenting explanations to the non-expert user." So im Grunde auch *Doshi-Velez/Kortz*, Accountability of AI Under the Law: The Role of Explanation, https://perma.cc/S89A-D3CH, 2. Bedenken gegen die grundsätzliche Selektivität des verwaltungsrechtlichen Begründungserfordernisses äußern *Hoffmann-Riem/Pilniok*, in: Voßkuhle/Eifert/Möllers (Hrsg.), ³2022, § 12, Rn. 72, da damit die Chance vertan werde, das Begründungserfordernis auch als einen Steuerungsfaktor auf der Handlungsebene der Exekutive verstärkt wirken zu lassen. In einem späteren Beitrag setzt sich *Hoffmann-Riem* für eine Verallgemeinerung der Regelung von § 39 Abs. 1 Satz 2 und Satz 3 VwVfG ein und argumentiert, dass in der Entscheidungsbegründung auch Erwägungen darüber erkennbar werden müssen, wie Ziele außerhalb der für die Rechtmäßigkeit i. e. S. maßgeblichen Vorgaben verfolgt werden, *Hoffmann-Riem*, 2016, 99 f. Im Kontext der Fluggastdatenverarbeitung bieten sich jedoch genügend andere Steuerungsmechanismen an, die auch den sicherheitsbehördlichen Interessen an einer Nichtoffenlegung ihrer Technologien Rechnung tragen, sodass die Ausdehnung der Begründungspflicht auf technologische Einzelheiten unter Steuerungsgesichtspunkten nicht erforderlich zu sein scheint, siehe dazu die Ausführungen im nächsten Kapitel, insb. D.II.1.b)., 1.c). u. 2. An der Selektivität des rechtlichen Zugriffs (inkl. der Begründungspflicht) auf das innere Verfahren aufgrund ihrer Vorteile für das Verwaltungsrecht und insb. mit Blick auf eine flexible Steuerung der administrativen Problemlösung grds. festhaltend, *J.-P. Schneider*, in: Voßkuhle/Eifert/Möllers (Hrsg.), ³2022, § 28, Rn. 104.

331 Bei weitergehenden Informationen über sämtliche mehr oder minderrelevanten im Einzelfall einschlägigen Prüfungsmerkmale oder sogar über gesamte einschlägige Muster würden dieselben Umgehungsgefahren wie in D.I.1.a). bezeichnet drohen, vgl. auch *Kroll/Huey/Barocas/Felten/Reidenberg/Robinson/H. Yu*, U. Pa. L. Rev. 165 (2017), 633, 639: „the purpose of computer-mediated decisionmaking is to bring decisions an element of scale, where the

die Identifikation der im Einzelfall korrelierten Prüfungsmerkmale und ihrer Wechselwirkungen je nach Komplexitätsgrad eines Lernmodells ein hohes Niveau an technischer Expertise erfordern oder auch gar nicht präzise möglich sein. Dies ist jedoch eine Frage komplexitätsbedingten Nichtwissens und ist nicht durch einen algorithmischen Kompetenzaufbau und den Einsatz von Experten aufseiten von Systemoutsidern zu adressieren.[332] Informationen über die im Einzelfall einschlägigen Korrelationen ermöglichen es einem Systemoutsider, das zu tun, worauf es ihm rechtlich ankommen dürfte, nämlich sie als Fluggast zu entkräften, indem er schlüssige Argumente für sein Flugverhalten erbringt.

Daher gilt, dass selbst wenn es in Einzelfällen gerade auf die Entkräftigung eines mittels maschinellen Lernens generierten Indizes ankommt, dies einem Systemoutsider durch Kenntnis seiner Fluggastdaten und der in seinem Fall konkret einschlägigen korrelationsbasierten Prüfungsmerkmale möglich wäre, ohne die dahinterstehenden technischen Feinheiten ihrer Erzeugung verstehen und ohne auch nur den Einsatz maschinellen Lernens erfahren zu müssen, jedenfalls soweit für ihn verständlich ist, was die Korrelationen konkret implizieren, und dass diese als Gründe für seine Verdächtigung angeführt werden.[333] Im Ergebnis

---

same rules are ostensibly applied to a large number of individual cases or are applied extremely quickly. Individuals auditing their own decisions (or experts assisting them) would be both inundated with the need to review the rules applied to them and often able to generalize their conclusions to the results of others, raising […] disclosure concerns“.

332 Siehe dazu unten E.I.4.d).

333 So allgemein zu Begründungen exekutiver Entscheidungen, *Kischel*, 2003, 388: „Die Begründung muss sich also am Recht orientieren und zwingt keineswegs dazu, die eventuell verschlungenen Wege der individuellen Entscheidungsfindung nachzuzeichnen.“ So aus praktischen Gesichtspunkten im Grunde auch bei *Henin/Le Métayer*, AI and Society 2021, 1397, 1399: „a user can understand the logic leading to a particular outcome without agreeing on the fact that this outcome is good; vice versa, he/she may want to contest an outcome (being convinced that it is bad) without knowing or understanding the logic behind the algorithm.“ In seiner Entscheidung zur PNR-RL aus Juni 2022 fordert der EuGH, C-817/19, dass im Rahmen eines Verwaltungsverfahrens das Verständnis des Maßnahmenbetroffenen von der Funktionsweise von Prüfkriterien und Programmen zu ihrer Anwendung sichergestellt wird, ohne dass dieser zugleich (konkrete) Kenntnis davon erlangt (Rn. 210). Im Gerichtsverfahren soll er wiederum grundsätzlich die Prüfkriterien und die Funktionsweise der Programme zu ihrer Anwendung als die Gründe und Beweise, auf die die Entscheidung gestützt wird, kennen (Rn. 211). Das Verständnis und die Kenntnis des Einzelnen von einschlägigen Prüfkriterien (Prüfungsmerkmalen) als Gründen für eine ihn betreffende Entscheidung ist nach dem bisher Gesagten rechtlich geboten. Dem steht ein Mangel an algorithmischer Kompetenz bei Systemoutsidern auch nicht entgegen. Für die Gebotenheit eines darüber hinausgehenden Verständnisses, gar einer Kenntnis der Funktionsweise der Anwendungsprogramme von Prüfkriterien bestehen wiederum keine rechtlichen Anhaltspunkte. Wie bereits argumentiert, dürfte diese Forderung des EuGH die der Muster*erstellung* dienenden Lernverfahren ohnehin nicht betreffen, s. dazu Fn. 185 mit dazugehörigem Text. Aber selbst, wenn diese erfasst wären, stellt weder ein Ver-

ist diese rechtliche Behandlung algorithmischer Outputs auch im Vergleich zu anderen sicherheitsbehördlichen verdachtsindizierenden Verfahren konsequent, denn ebenso wenig müsste ein Verdächtiger verstehen, wie eine Rasterfahndung oder eine Vorratsdatenspeicherung technisch oder eine DNA-Analyse biochemisch funktioniert, um zu erfahren, dass auf dieser Basis ein Verdacht erhoben wird, der mit entgegenstehenden Argumenten entkräftigt werden kann.[334] Insoweit wählt das Recht bei Begründungen keinen absoluten, sondern einen pragmatischen Ansatz.[335]

---

ständnis noch eine Kenntnis solcher technischen Abläufe des PNR-Systems den Einzelnen mit Blick auf seine Rechtsschutzpositionen besser. Weder wird er dadurch – wie im Abschnitt D.I.1. gezeigt – in die Lage versetzt, seine Rechte besser wahrzunehmen, noch – wie in diesem Abschnitt gezeigt – etwaige gegen ihn ergriffene Maßnahmen besser zu entkräften.

[334] In eine andere Richtung deuten die technik-philosophischen Überlegungen von *A. Kaminski*, in: Wiegerling/Nerurkar/Wadephul (Hrsg.), 2020, 151, 169, wenngleich dort mit dem Vergleich zwischen Lern- und sonstigen verdachtsindizierenden Verfahren nicht die Reichweite juristischer Begründungserfordernisse, sondern die Güte algorithmenbasierter Verdachtsindizien als solche hinterfragt wird, was Gegenstand des Abschnitts E.II. ist. Dennoch ist hier darauf einzugehen, um die Tragfähigkeit des Vergleichs an dieser Stelle zu bestärken. Laut *Kaminski* können Fingerabdruckverfahren oder DNA-Analysen zwar ebenfalls von den beteiligten Personen vor Gericht nicht im Detail nachvollzogen werden, bieten aber gleichwohl eine Vorstellung von der Verbindung zwischen Tat und Person: „der Fingerabdruck verweist darauf, dass die Personen [sic] den Gegenstand, auf dem der Abdruck festgestellt wurde, berührt hat und je nach Kontext kann dadurch eine mögliche Verbindung zur Tat (etwa über den Tatort) rekonstruiert werden. Diese Verbindung zwischen Tat und Person wird aufgrund der methodischen Opazität der Lernstrategie nicht gewährt." Dabei konstruiert *Kaminski* ein Gedankenexperiment, bei dem die Polizei mit einem fehlerfreien Lernsystem arbeitet, bei dem nicht nachvollzogen werden kann „wie eine Person mit einer Tat verbunden ist bzw. wie die Polizei zu ihren Urteilen kommt". Indes ist dieses Gedankenexperiment von der vorstellbaren Realität personenbezogener algorithmischer Verdachtsgenerierung in Deutschland, und jedenfalls im Kontext der Fluggastdatenverarbeitung, entfernt. Denn Lernmodelle wären anhand von der Polizei bekannten Datensätzen zu bilden, deren Zusammensetzung eine Reihe von Analysen und Annahmen über ihre Vorhersagekraft zugrunde gelegt werden, s. dazu oben C.IV.3. Algorithmische Verdachtsurteile mögen auch auf außergewöhnlichen und nicht intuitiven Korrelationen beruhen, es würde sich dabei aber dennoch um Korrelationen innerhalb von kontextualisierten Verhaltensdaten handeln. Dass darauf basierende Treffer mehrfachen, gerade der Verbindung zwischen Tat und Person dienenden Validierungs- und Verdichtungsschritten unterzogen werden müssten, lässt dieses Gedankenexperiment ebenso unberücksichtigt. Insgesamt handelt es sich dabei um eine durchaus limitierende Hypothese, die erst ausgehend von einem (so nie gegebenen) für jedermann völlig intransparenten System zulasten der Güte ihrer Outputs argumentiert. Zu einer ausführlichen und kritischen juristischen Auseinandersetzung mit einer ähnlich realitätsfernen Hypothese eines algorithmischen „Contraband Detector", s. *Selbst*, Vand. L. Rev. En Banc 70 (2017), 87 ff., 94, m. w. N.: „Ultimately, the difficulties with the [presented argument] stem from the limitations of this hypothetical technology."

[335] So auch *Coglianese/Lehr*, Admin. L. Rev. 71 (2019), 1, 39. Siehe dazu auch unter E.II.1.c).cc).

3. Zwischenergebnis

In der Gesamtschau der hier analysierten Literatur, die sich zu der Nichtwissensthematik bei maschinellem Lernen verhält, steht fremdintendiertes Nichtwissen regelmäßig im Fokus. Eigenintendiertes Nichtwissen wird seltener ausführlich und noch seltener als eigenständiges Thema behandelt, dafür aber in verschiedenen Kontexten, darunter auch der Rechtswissenschaft, immer wieder mit diffuser Besorgnis erwähnt. Im Ergebnis erweisen sich beide Nichtwissensausprägungen im Kontext der Fluggastdatenverarbeitung als keine rechtlich relevanten Themen. Freilich heißt dies nicht, dass die Einführung transparenz- und kompetenzherstellender Mechanismen rechtlich verboten wäre, sondern lediglich, dass sie rechtlich nicht geboten ist. Ob sie im Einzelfall dennoch empfehlenswert ist, bleibt im Kontext der Fluggastdatenverarbeitung deshalb eine rechtspolitische Frage, zu der sich die Arbeit mangels der Rechtssubstanz einer diesbezüglichen Stellungnahme und ganz im Sinne einer erhofften Entpolarisierung der ohnehin ausufernden Debatten nicht positionieren möchte. Im Vergleich zu den nachfolgend zu behandelnden Nichtwissensausprägungen bewegen sich diese Themen ohnehin lediglich an der Oberfläche der Nichtwissensthematik bei dieser Technologie.[336] Was maschinelles Lernen unter Nichtwissensgesichtspunkten rechtswissenschaftlich spannend und herausfordernd macht, sind weniger Fragen der Informationsgewährleistung nach außen, so wie sie sich in vielen anderen Bereichen gleichfalls stellen. Denn, wenngleich sie in bestimmten Kontexten auch einige innovative Lösungen erfordern könnten, handelt es sich dabei um keine besonderen Fragen für das Recht.[337] Wie bereits eingangs festgehalten, richtet der behördliche Einsatz maschinellen Lernens den Blick vielmehr nach innen auf die Bedingungen innerbehördlicher Wissens- und Entscheidungsgenerierungsprozesse. Zu analysieren ist dabei an erster Stelle, wie diese Bedingungen selbst Nichtwissen bei maschinellem Lernen erzeugen. Mit einem solchen Nichtwissen

[336] Vgl. auch *Seaver*, Media in Transition 8 (2013), 1, 2: „Algorithms are commonly considered inscrutable as a result of the 1) proprietary nature of commercial systems, and 2) the technical know-how required to make sense of them. But what makes knowing algorithms really tricky, I propose, is that these two issues are only superficial problems: they suggest that the barriers to knowledge about algorithms are access and expertise."

[337] Vermehrt wird in der juristischen Literatur zu maschinellem Lernen darauf hingewiesen, dass solche Fragen nicht spezifisch zu der Technologie sind und dafür appelliert, den Fokus auf andere Aspekte zu legen, s. etwa, *Selbst/Barocas*, Fordham L. Rev. 2018, 1085 1094: „the problem of expertise – like the problem of secrecy – is not unique to algorithms". Aus der juristischen Literatur siehe auch *Coglianese/Lehr*, Admin. L. Rev. 71 (2019), 1, 20ff., 32 u. 36. Aus der nicht-juristischen Literatur siehe *Seaver*, Media in Transition 8 (2013), 1, 2 u.7ff. Ähnlich argumentieren auch *A. Kaminski/Resch/Küster*, in: Friedrich/Gehring/Hubig/Kaminski/Nordmann (Hrsg.), 2018, 253, 276f.

sind in erster Linie nicht Systemoutsider, sondern die die Technologie einsetzenden Behörden und die sie kontrollierenden Instanzen als Systeminsider konfrontiert und müssen entsprechend nach Wegen suchen, dieses zu verarbeiten. Der rechtswissenschaftlichen Verarbeitung dieses Themas widmet sich der nächste Abschnitt.

II. Nichtwissen bei Systeminsidern

Mit „Insidern" sind nachfolgend sämtliche an der Planung, dem Design, der Implementierung, dem Testen und der Wartung (fortan zusammenfassend als „Entwicklung" bezeichnet), sowie sämtliche an den Kontrollen eines maschinellen Lernsystems beteiligte Personen gemeint. Das Nichtwissen von Systeminsidern ist ein zunehmend adressiertes Thema, insbesondere bei einem Einsatz maschinellen Lernens durch Behörden für die Erfüllung staatlicher Aufgaben. Hierbei lassen sich zwei Diskursrichtungen unterscheiden: Die eine spricht einen Mangel algorithmischer Kompetenz, wie dieser im vorherigen Kapitel bezüglich Systemoutsidern diskutiert wurde, bei Insidern an, die andere thematisiert ein Insidernichtwissen, das unabhängig davon bestehen kann, also auch bei hinreichender algorithmischer Kompetenz und Expertise von Systeminsidern. Ersteres ist ein Thema, das primär in Situationen bedeutsam wird, in denen Behörden nicht selbst ein Lernsystem entwickeln, sondern privatentwickelte Software einsetzen.[338] Meist wird dabei erwogen, dass Behördenmitarbeiter in solchen Fällen häufig wenig technische Kenntnisse haben, sodass sie weder die ihnen zur Verfügung gestellten Technologien beurteilen noch selbst beträchtlich an ihrer Entwicklung mitwirken können, weshalb ein Bedarf an Behördenbeteiligung beim Systemdesign und an der Beschaffung behördeninterner algorithmischer Expertise identifiziert wird.[339] Angesichts der Tatsache, dass das PNR-System eine Eigenentwicklung der PIU ist,[340] für die die Expertise mehrerer auf Datenverarbeitung, Technologieentwicklung und Kriminalprävention spezialisierter Behörden und Behördennetzwerke zur Verfügung steht,[341] stellen sich Fragen der mangelnden algorithmischen Kompetenz von Systeminsidern im Kontext der Fluggastdatenverarbeitung eher nicht. Solche Fragen sind ohnehin ein der eigentlichen Problematik von Insidernichtwissen lediglich vorgelagertes Thema. Denn bis auf

[338] Diese Praxis ist im Detail analysiert bei *Mulligan/Bamberger*, Berkl. Tech. L. J. 34 (2019), 773 ff.

[339] *Mulligan/Bamberger*, Berkl. Tech. L. J. 34 (2019), 773, 789; *Coglianese/Lehr*, Admin. L. Rev. 71 (2019), 1, 30 m. w. N.

[340] BT-Drs. 19/4755, 5.

[341] Zu den vielen Arbeitsgruppen und Ausbildungsprogrammen in dem Bereich s. oben B.II.

die sich beim Einsatz privatentwickelter Software stellenden Transparenz-, Datenschutz- oder Legitimationsfragen[342] bleibt sowohl bei privat- wie auch bei behördenentwickelter Software die deutlich tiefgreifendere Nichtwissensproblematik bestehen, nämlich dass Systeminsider auch trotz umfassenden Informationszugangs und hinreichender algorithmischer Expertise noch erhebliche Wissenslücken im Hinblick auf ein lernendes System haben können.[343] Um dieses Nichtwissen soll es nachfolgend gehen.

Allerdings bedarf es auch darüber hinaus der weiteren Präzisierung, denn die Erkenntnis, dass selbst Systeminsider nicht alles über maschinelles Lernen wissen, dürfte inzwischen vergleichsweise verbreitet sein, offenbart jedoch für sich noch nicht die Vielschichtigkeit von dahintersteckendem Nichtwissen. Nach der hier gewählten Systematisierung ist nachfolgend allein das *intendierte* Nichtwissen von Systeminsidern zu thematisieren, also Nichtwissen, das hauptsächlich auf das Handeln oder Unterlassen sozialer Akteure rückführbar ist.[344] Es geht hierbei um ein *Nichtwissen über Details der Entstehungskontexte eines Lernsystems* aufgrund eines bewussten Wissensverzichts.[345] Damit lässt es sich von dem im nächsten Abschnitt behandelten unabsichtlichen Nichtwissen abgrenzen. Mit Letzterem ist zwar ebenfalls ein Nichtwissen adressiert, dass trotz des Vorhandenseins algorithmischer Expertise bei Systeminsidern besteht, allerdings entsteht dieses hauptsächlich aufgrund der Funktionsweise maschinellen Lernens und bleibt derzeit trotz vermehrter Versuche seiner Aufklärung noch prävalent. Wie gleich näher veranschaulicht wird, entsteht intendiertes Insidernichtwissen hingegen hauptsächlich aufgrund unübersichtlicher Organisation und Planung bei der Systementwicklung und ist im Wesentlichen bewältigbar.[346] Es geht dabei

---

342 S. dazu Fn. 18.

343 Siehe dazu etwa *A. Kaminski/Resch/Küster*, in: Friedrich/Gehring/Hubig/Kaminski/Nordmann (Hrsg.), 2018, 253, 261 f., die dieses Problem unter dem Stichwort „soziale Opazität" diskutieren. S. auch *Seaver*, Media in Transition 8 (2013), 1, 8; *Burrell*, Big Data & Society 3 (2016), 1, 4 f.

344 S. dazu auch die Einleitung zu D.I.

345 Wenngleich die Entstehung von Insidernichtwissen, wie gleich näher veranschaulicht wird, in der Regel auf einen Wissensverzicht von Systementwicklern (insoweit eigenintendiert) und nicht Systemkontrolleuren (insoweit fremdintendiert) zurückzuführen ist, resultiert es bei beiden Personengruppen in denselben Wissensmängeln, für deren Beseitigung weitgehend dieselben rechtlichen Anhaltspunkte sprechen (s. u. II.1.c).). Eine Unterscheidung in fremd- und eigenintendiertes Insidernichtwissen bringt für die Rechtswissenschaft insofern keinen analytischen Mehrwert und wird deshalb nicht vorgenommen. Entsprechend wird auch von einer Unterscheidung zwischen dem Nichtwissen von „Systementwicklern" und „Systemkontrolleuren" abgesehen; beide Personengruppen werden als Systeminsider definiert.

346 Um sich hier nicht in Ursprungsparadoxe zu verirren, wird mit Bedacht auf die *hauptsächliche* Quelle von Nichtwissen abgestellt. So grenzt auch *Wehling*, 2006, 127, innerhalb der Dimension der Intentionalität des Nichtwissens nach *dem Grad und dem Ausmaß,* in dem

also um die Effekte der anfangs angesprochenen sozialen Komponente von maschinellem Lernen und darum, wie diese zum Entstehen und Aufrechterhalten von Nichtwissen bei maschinellem Lernen beiträgt.[347]

Insidernichtwissen entsteht, wenn selbst technisch wenig komplexe Lernalgorithmen in großen und verflochtenen soziotechnischen Systemen eingebettet werden, die Gegenstand komplexer informations- und arbeitsteiliger Prozesse sind. An der Entwicklung eines maschinellen Lernsystems können mehrere verschiedene Teams mit verteilten Kompetenzen beteiligt sein, die jeweils auf der gegenseitigen Arbeit aufbauen.[348] Ohne entgegenwirkende Vorkehrungen lässt sich das personelle, organisatorische und institutionelle Arrangement solcher Prozesse ab einem bestimmten Komplexitätsniveau von einzelnen Systeminsidern nicht mehr überblicken. Die unübersichtliche Organisation und Planung solcher Prozesse wirkt sich beispielsweise zulasten der Rekonstruierbarkeit von einzelnen Beiträgen zur Systementwicklung, der Verständlichkeit des Programmcodes, der Erfahrbarkeit des Zustandes des Systems zu einem vergangenen Zeitpunkt, der Reproduzierbarkeit vergangener Outputs, und – im weitesten Sinne – der Kontrollierbarkeit des Systems und seiner Aktivität aus.[349] Das Entstehen von Insidernichtwissen kann, nicht nur durch unübersichtliche Organisation und Planung, sondern auch durch rechtliche Hürden bedingt sein. So können Depersonalisierungs- und Löschungsregelungen, wie die in § 5 FlugDaG und § 13 FlugDaG normierten, Behörden unter Umständen zum Verzicht auf Infor-

Nichtwissen auf das Handeln oder Unterlassen sozialer Akteure zurechenbar ist, ab. Indes lässt sich sicherlich argumentieren, dass Insidernichtwissen ebenfalls aufgrund der Funktionsweise der Technologie entsteht, da es dabei letztendlich um die soziale Organisation und Planung *ihrer* Entstehungskontexte und einen Überblicksverlust über die Operationen *ebendieser* Technologie geht. Genauso lässt sich bei unabsichtlichem Nichtwissen argumentieren, dass nicht die Technologie, sondern letztendlich ihre Erfinder oder die sie einsetzenden Personen für solches Nichtwissen ursächlich sind. Erneut ist darauf hinzuweisen, dass die hier vorgenommenen Nichtwissensunterscheidungen Gesichtspunkte sind, von denen ausgehend sich die Entstehung von Nichtwissen thematisieren lässt, die aber für verschiedene analytische Zwecke freilich ausgewechselt werden können (dazu bereits III.3.). Die hier vorgenommene Differenzierung zwischen Insidernichtwissen und unabsichtlichem Nichtwissen mag also für einige andere wissenschaftliche Kontexte, die sich mit Nichtwissen bei maschinellem Lernen befassen, ohne Belang sein, für die Zwecke einer rechtswissenschaftlichen Auseinandersetzung ist sie aber produktiv, da bei der Annahme einer rechtlichen Bedeutung von Insidernichtwissen rechtliche Mechanismen sich von solchen zum Umgang mit unabsichtlichem Nichtwissen unterscheiden würden, siehe dazu unter D.II.2., E.I.5. und E.II.2.

[347] Siehe dazu die Einleitung zu B.

[348] *Seaver*, Media in Transition 8 (2013), 1, 8.

[349] Die Auswirkungen von Insidernichtwissen werden bei der Schilderung der verschiedenen Entwicklungsphasen im Rahmen von 1.a). detaillierter dargestellt.

mationen über frühere Zusammensetzungen von Test- und Trainingsdatensätzen ihrer Lernmodelle verpflichten.[350]

Solche Wissensmängel über systemrelevante Operationen können auch beträchtlich sein, wirken sich allerdings nicht zwingend zulasten der Funktion maschinellen Lernens aus, da die Technologie optimiert und verwendet werden kann, ohne dass Wissen von ihren Entstehungs- und Begründungskontexten gegeben sein muss. Einzelne Insider müssen deshalb nicht die ganze Kette der Systementwicklung kennen und auch nicht wissen, warum das System funktioniert, um damit und daran zu arbeiten. Insofern ist das Wissen darüber, wie ein Problem mit maschinellem Lernen zu lösen ist, vom Wissen darüber, warum diese Lösung funktioniert, entkoppelt.[351] In der Technikphilosophie wird der Verzicht auf solches Wissen als etwas für Technik generell Kennzeichnendes begriffen, da Technik grundsätzlich als eine Entlastung von Wissen verstanden wird, also als die Entlastung zu wissen, wie und warum sie funktioniert.[352] Auf solches Wissen über maschinelles Lernen kann daher bewusst oder unterbewusst verzichtet werden, beispielsweise aus Kostengründen, zum Zwecke eines Handlungserfolges oder der generellen Produktivität.[353] Deshalb kann laut *Wehling* ein entsprechendes, aufgrund einseitiger Prioritätssetzungen entstehendes Nichtwissen auch als eine Zwischenform innerhalb der Dimension der Intentionalität verstanden werden, denn im Grunde ist es weder ausdrücklich gewollt noch vollständig unbeabsichtigt.[354] Ersichtlich dürfte jedenfalls sein, dass Insidernichtwissen, ähnlich wie Outsidernichtwissen, keine Besonderheit maschinellen Lernens darstellt. Denn ebenso wenig müssen besonders komplexe bürokratische Strukturen und institutionelle Arrangements durch Insider überblickt werden, um zu funktionieren. Jedenfalls aber lässt sich ein ähnliches Niveau an Komplexität der sozialen

---

350 § 13 Abs. 4 Satz 2 FlugDaG sichert zwar die Beibehaltung von „Verarbeitungsergebnisse[n], die aus Analysen von Fluggastdaten resultieren" insoweit ab, als sie „für die Erstellung oder Aktualisierung von Mustern für den vorzeitigen Abgleich" benötigt werden. Inwiefern diese Regelung jedoch nach der vom EuGH, C-817/19, Rn. 248 ff. verlangten Speicherfristverkürzung noch Bestand haben wird, ist derzeit unklar.

351 *Burkhardt*, in: Friedrich/Gehring/Hubig/Kaminski/Nordmann (Hrsg.), 2017, 55, 58.

352 *A. Kaminski*, in: Hubig/Huning/Ropohl (Hrsg.), ^{3}2013, 186, 191 f. Es ist gerade dieser Unterschied zwischen „wie" und „warum" der Funktionsweise maschinellen Lernens, der eine Abgrenzung zwischen Insidernichtwissen, komplexitäts- und korrelationsbedingtem Nichtwissen erforderlich macht. Während es beim Insidernichtwissen und komplexitätsbedingten Nichtwissen um verschiedene Ebenen des „wie" geht, geht es beim korrelationsbedingten Nichtwissen um das „warum" des Funktionierens der Technologie.

353 *Poljanšek*, in: Friedrich/Gehring/Hubig/Kaminski/Nordmann (Hrsg.), 2017, 17, 25, bezeichnet solches bewusste oder unbewusste Nichtwissen als ein „zentrales Organisationsprinzip des menschlichen Weltzugangs."

354 *Wehling*, in: Karafyllis (Hrsg.), 2002, 255, 267.

Organisation von Prozessen auch bei den Entstehungskontexten anderer technischer Systeme beobachten.[355]

Auf die technische und fachliche Komplexität der auf maschinellem Lernen basierenden Mustererstellung und des Musterabgleichs wurde bei der Darstellung des technologischen Rahmens der Fluggastdatenverarbeitung ausführlich hingewiesen (technische Komponente).[356] Dem heterogenen institutionellen und organisatorischen Arrangement, innerhalb dessen sich die Entwicklung des Abgleichsystems vollzieht, widmet sich im Detail das Kapitel zu Regelungsstrukturen (soziale Komponente).[357] An dieser Stelle ist deshalb nur zusammenfassend darauf hinzuweisen, dass wenn maschinelles Lernen für die Mustererstellung zum Einsatz käme, jedes Muster das Ergebnis einer hochgradig kollaborativen sozio-technischen analytischen Leistung verkörpern würde. In den Prozess würde immer die Vorarbeit von Datenanalytikern und Datenaufbereitern, Programmierern, Forschern mehrerer Disziplinen und Praktikern aus mehreren Sicherheitsbehörden einfließen, kombiniert mit der algorithmischen Mustererstellungsleistung mehrerer Lernalgorithmen und den Interpretationsleistungen, Test-, Validierungsverfahren, wiederkehrenden Lernphasen und Nachjustierungen, die eine jede algorithmische Mustererstellung erfordert. Damit sind im Bereich der Fluggastdatenverarbeitung die Voraussetzungen für das Entstehen von hoher sozialer und organisatorischer Komplexität, die zu einem Überblicksverlust über systemrelevante Operationen und somit zum Entstehen und Aufrechterhalten von Insidernichtwissen führen kann, gegeben.

In der Literatur zu maschinellem Lernen wird darauf hingewiesen, dass solches Nichtwissen zwar theoretisch überwindbar ist, allerdings häufig nur mit sehr hohem, oft unvertretbarem zeitlichem, personellem, finanziellem und organisatorischem Aufwand.[358] Die Argumentation erinnert an die zivilrechtliche

---

355 *A. Kaminski/Resch/Küster*, in: Friedrich/Gehring/Hubig/Kaminski/Nordmann (Hrsg.), 2018, 253, 261 f. demonstrieren, dass diese Art der „sozialen Opazität" auch für den Fall von Computersimulationen sowie andere Technologien und insbesondere für mathematische Technik gilt. *Poljanšek*, in: Friedrich/Gehring/Hubig/Kaminski/Nordmann (Hrsg.), 2017, 17, 31, sieht solche Komplexität in immer mehr materiellen und sozialen Umgebungen: „Im Zuge des Ausbaus seiner technologischen Umbauungen verstrickt sich der Mensch also mehr und mehr in selbstgeschaffene Abhängigkeiten von – von ihm immer nur oberflächlich angeeigneten und partiell durchschauten – Mechanismen und Prozessen, auf deren Leistungen er sich fraglos stützt und verlässt, um zu vermögen, was er nur durch sie vermag."

356 Siehe insb. C.V.

357 Siehe B.

358 *Chander*, Mich. K. Rev. 115 (2017), 1023, 1040. Vgl. auch *Burrell*, Big Data & Society 3 (2016), 1, 4 f., allerdings mit dem Hinweis, dass die Überwindbarkeit solchen Nichtwissens letztendlich von Art und Logik des spezifischen algorithmischen Systems abhängt. *A. Kaminski/Resch/Küster*, in: Friedrich/Gehring/Hubig/Kaminski/Nordmann (Hrsg.), 2018, 253, 277,

Konstruktion der faktischen Unmöglichkeit. Die Tatsache, dass maschinelles Lernen trotz Insidernichtwissen dennoch grundsätzlich ungestört funktionieren kann, kann angesichts solcher hohen Bewältigungshürden sogar zu seinem Aufrechterhalten incentivieren. Aus einer Kosten-Nutzen-Perspektive von Systementwicklern kann Insidernichtwissen daher geradezu rational erscheinen.[359] Deshalb wird in der Praxis meist so verfahren, dass einzelne an der Entwicklung beteiligte Systeminsider nur die direkt angezielten Wirkungen des eigenen Handelns auf die Technologie bewusst im Blick behalten und mögliche, nicht mitintendierte Nebenwirkungen so lange ignorieren, wie sie nicht kurz- oder langfristig die Möglichkeit der Fortsetzung der jeweils verfolgten Projektziele erschweren.[360] Gegen solche Argumente und Praktiken wird erwogen, dass Insidernichtwissen, einmal entstanden, zwar schwer zu bewältigen sein mag, seine Entstehung hingegen gut handhabbar ist, wenn Lernsysteme von vornherein mit einer gewissen Sensibilität für die personelle, organisatorische und institutionelle Komplexität ihrer Entstehungskontexte entwickelt werden.[361] Auch in diesem Fall wird die vollständige Beseitigung von Nichtwissen über sämtliche Details der Entwicklung eines algorithmischen Systems für unrealistisch gehalten.[362] Hingegen werden eine laufend übersichtliche Organisationsgestaltung und Strukturierung der Entwicklungsprozesse, einschließlich ihrer durchgehenden informationellen Begleitung mittels der Generierung, sowie zentralisierten und strukturierten Bereithaltung von Informationen über wesentliche, während der Systementwicklung getroffene Entscheidungen, weitgehend für umsetzbare und auch hinreichende Voraussetzungen für die Bewältigung von Insidernichtwissen gehalten.[363] Die Entscheidung für eine Bewältigung sowie die konkrete

---

betonen die Schwierigkeiten und erwägen insofern keine Überwindung, dennoch aber eine Linderung solchen Nichtwissens durch Veränderung sozialer Organisation.

359 In seiner Analyse von intendiertem Nichtwissen weist *Wehling*, 2006, 129 f., m. w. N., auf das Konzept des „rationalen Nichtwissens" hin. Demnach ist Nichtwissen dann rational, wenn nach der jeweiligen subjektiven Wahrnehmung die Kosten zusätzlicher Informationsbeschaffung höher sind als ihr Nutzen: „Wissensgewinn [kann] mit einem unter Umständen erheblichen Zeit- und Kostenaufwand verbunden sein, und [muss] deshalb in vielen Situationen weder ein Selbstzweck […] noch per se (ökonomisch) vorteilhaft sein." Zugleich betont er die Problematik eines solchen Konzepts im Kontext komplexer gesellschaftlicher Fragestellungen und kollektiv zu legitimierenden ökonomischen und politischen Entscheidungen.

360 *Poljanšek*, in: Friedrich/Gehring/Hubig/Kaminski/Nordmann (Hrsg.), 2017, 17, 27.

361 Vgl. *Kroll/Huey/Barocas/Felten/Reidenberg/Robinson/H. Yu*, U. Pa. L. Rev. 165 (2017), 633, 640 und passim.

362 *Wieringa*, in: Hildebrandt/Castillo/Celis/Ruggieri/Taylor/Zanfir-Fortuna (Hrsg.), 2020, 1, 7.

363 Speziell mit Blick auf polizeiliche Muster s. *Kaufmann/Egbert/Leese*, The British Journal of Criminology 59 (2019), 674, 689: „unless patterns are accompanied and contextualized by explanatory material, they render policing decisions opaque." Krit. zur mangelnden infor-

Bewältigungsstrategie könnten im Fall der Fluggastdatenverarbeitung gänzlich der PIU überlassen, durch einzelne rechtliche Vorgaben partiell angeleitet, oder auch gänzlich rechtlich dirigiert werden. Dies ist im Grunde die Frage nach der rechtlichen Bedeutung von Insidernichtwissen.

1. Rechtliche Bedeutung

a) Insidernichtwissen als eine Steuerungsproblematik

Die Entstehung und Aufrechterhaltung von Insidernichtwissen kann als ein strukturelles Problem auf der Ebene innerbehördlicher Organisation und Verfahren bei der Entwicklung maschinellen Lernens verstanden werden. Insidernichtwissen kann im Rahmen sämtlicher Phasen des Entwicklungszyklus von Systemen entstehen.[364] Bereits die Planung der Systementwicklung, bei der das übergeordnete Ziel des Projekts (sog. High-level Objective)[365] gesetzt wird, kann dazu beitragen, indem das Projektziel und die bevorstehenden Entwicklungsstadien unzureichend spezifiziert werden, nicht zuletzt aufgrund des bereichsspezifischen Nichtwissens, das Sicherheitsbehörden bei der Verhütung terroristischer Straftaten und schwerer Kriminalität stets verarbeiten müssen. Ähnliches gilt für die Designphase, in der die Systemarchitektur ausgehend vom Projektziel entworfen wird (etwa Algorithmenwahl, Bestimmung ihrer Architektur, des Optimierungsziels [sog. Optimization Objective][366] und der Input- und Outputziele) und sicherheitspolitische sowie gesetzliche Unbestimmtheit auf das informationstechnologische Bedürfnis nach detaillierten, wohldefinierten Spezifikationen

---

mationellen Begleitung auch *Enni/Assent*, https://arxiv.org/abs/2105.00687, 2021, 1, 4: „assumptions in ML are often poorly documented, instead deferring to professional hunches, best practices, and ‚black art' when making the decisions". Allg. s. *Selbst/Barocas*, Fordham L. Rev. 2018, 1085, 1129 ff.; *Wieringa*, in: Hildebrandt/Castillo/Celis/Ruggieri/Taylor/Zanfir-Fortuna (Hrsg.), 2020, 1, 6 ff.; *Bryson/Theodorou*, in: Toivonen/Saari (Hrsg.), 2019, 305 ff., Kap. 4.1. Technological Mechanisms for Ensuring Transparency and Accountability.

364 Die im Folgenden, ohne Anspruch auf Vollständigkeit aufgelisteten Phasen sind teilweise an die Ausführungen bei *Wieringa*, in: Hildebrandt/Castillo/Celis/Ruggieri/Taylor/Zanfir-Fortuna (Hrsg.), 2020, 1, 6 ff. und *Enni/Assent*, https://arxiv.org/abs/2105.00687, 2021, 1, 4 ff. angelehnt und in Teilen bereits oben im Kapitel C.IV. ausführlicher dargestellt.

365 *Enni/Assent*, https://arxiv.org/abs/2105.00687, 2021, 1, 4: „The high-level objective is the task that the ML model is meant to perform once completed, and it motivates the rest of the design choices. This objective is not necessarily meant to be a technical description, but rather a declaration of the intent of the developers in designing the ML model. [… It] has to be specific enough to support decision making in other sections towards achieving this goal."

366 *Enni/Assent*, https://arxiv.org/abs/2105.00687, 2021, 1, 8: „[The optimization objective] determines how different instantiations of the same model can be ranked and thereby it determines what is considered a successful model."

eines Lernsystems trifft.[367] Die Implementierungsphase, in der Programmierungsleistungen erbracht werden, kann als besonders anfällig für die Entstehung von Insidernichtwissen angesehen werden, da in diesem Rahmen mehrere Teams an jeweils verschiedenen Systemkomponenten arbeiten können, wobei jedes Entwicklerteam vorerst eigenständige „Mikroziele" verfolgt und nur die eigenen Beiträge zur Systementwicklung nachvollziehen muss. All dies geschieht mittels Codierens, einer Praxis mit besonderen Eigenlogiken und zur Nichtwissensentstehung beitragenden Ambivalenzen.[368] An die Zusammenführung der verschiedenen Programmierleistungen im Rahmen nachfolgender Integrationsphasen schließen sich maschinelle Lernphasen an. Der nichtwissensverursachende Beitrag der algorithmischen Lernphase an sich wird nicht im Kontext von Insidernichtwissen berücksichtigt, obwohl sie ein wesentlicher Teil der Entwicklungskontexte maschinellen Lernens ist. Aufgrund ihrer Abkopplung von menschlicher Intervention wird sie im Abschnitt zum unabsichtlichen Nichtwissen gesondert untersucht.[369] An dieser Stelle sei nur darauf hingewiesen, dass sie stets auf der Arbeit von Datenwissenschaftlern und ihren Datenaufbereitungsprozessen aufbaut, sei es die Auswahl unstrukturierter Datenmengen für unüberwachte, oder die Erstellung von In- und Output-Paaren als Trainingsbeispiele für überwachte Lernverfahren. Ähnlich von der Arbeit weiterer Systeminsider abhängig sind anschließende Testphasen.

Alle diese Prozesse sind durchgehend von subjektiven Einschätzungen geprägt, die weder selbstverständlich noch selbsterklärend und insbesondere nicht zwingend sind.[370] Ohne ihre durchgehend übersichtliche Organisation, Strukturierung und informationelle Begleitung bleibt für Systementwickler und Kontrolleure ungewiss, wie ein Lernsystem genau entstanden ist und warum es in

---

[367] Zu diesem „Mismatch", s. *Kroll/Huey/Barocas/Felten/Reidenberg/Robinson/H. Yu*, U. Pa. L. Rev. 165 (2017), 633, 696 ff.: „In technical approaches, it is traditional to have a detailed, well-defined specification of the behavior of a system for all types of situations. In lawmaking and the application of public policy, it is normal, and even encouraged, for rules to be left open to interpretation, with details filled by human judgment".

[368] *Symons/Alvarado*, Big Data & Society 3 (2016), 1, 9: „Coding is a highly creative engineering task and although the code may do its job appropriately there may, occasionally be no way for contemporary users to know exactly how it achieves its function." Vgl. dazu auch *Kroll/Huey/Barocas/Felten/Reidenberg/Robinson/H. Yu*, U. Pa. L. Rev. 165 (2017), 633, 638.

[369] Siehe E.I.1. Ausf. zur Notwendigkeit einer Abgrenzung der Lernphase von sonstigen Phasen der Entwicklung maschinellen Lernens zwecks angemessener Würdigung ihrer rechtlichen Bedeutung, siehe E.I.4.c).cc).

[370] *Babuta/Oswald/Rinik*, Whitehall Report, Machine Learning Algorithms and Police Decision-Making, 2019, 24, m. w. N.: „there is no objectively correct choice at any given stage of development, but many possible choices." Zum Mangel an „robust, meaningful standards for the creation and training" von Lernsystemen im Kontext der Polizeiarbeit, siehe auch *Rich*, U. Pa. L. Rev. 164 (2016), 871, 921 u. 928.

einer bestimmten Art entwickelt wurde. Nach der Durchführung von mehrfachen Wartungs- und wiederkehrenden Weiterentwicklungsphasen (etwa regelmäßige Lern- und Testverfahren), welche die Entwicklung maschineller Lernmodelle zum iterativen Verfahren machen, bliebe ohne entsprechende Vorkehrungen ebenfalls ungewiss, welche Gestalt ein System zu verschiedenen Zeitpunkten seines Lebenszyklus hatte.[371] Einmal in einer der Entwicklungsphasen entstanden, kann sich Insidernichtwissen daher durch sämtliche vor- und nachgelagerte Phasen ziehen, vertiefen und verfestigen, da die Entwicklung kein linearer Prozess ist. So kann für die Wartung und Weiterentwicklung des Systems die Überarbeitung der Systemplanung oder des Systemdesigns erforderlich sein,[372] was bei unzureichender Spezifizierung oder Dokumentierung der Phasen auf ungewisser Basis geschehen muss und bereits bestehendes Insidernichtwissen für nachfolgende Phasen perpetuiert.

Zusammenfassend gilt, dass wenn nicht übersichtlich gestaltet und informationell begleitet, die Entscheidungen während der Entwicklung maschinellen Lernens weder revidiert noch hinterfragt werden können.[373] Angesichts dieser Auswirkungen von Insidernichtwissen auf innerbehördliche Verfahren und Organisation erscheint die Auseinandersetzung mit seiner rechtlichen Bedeutung aus einer Perspektive der Steuerung (sicherheits-)behördlichen Handelns angebracht. Steuerung, als verwaltungswissenschaftlicher Begriff, meint die Einwirkung auf eine Organisation zum Zwecke der *rationalen* Zielerreichung.[374]

aa) Insidernichtwissen und Verfahrensrationalität

Der Begriff der Rationalität wird nachfolgend, angesichts seiner vielfältigen Verwendungsmöglichkeiten inner- und außerhalb der Rechtswissenschaft[375] sowie

---

[371] In der Literatur wird diese „zeitliche Instabilität“ der Entscheidungsgrundlage maschinellen Lernens aufgrund ständiger Lernprozesse, welche dazu führen, dass ihr Zustand nur für eine kurze Zeit gekannt werden kann, teilw. der Komplexität der Technologie zugeschrieben vgl. *Wischmeyer*, in: Wischmeyer/Rademacher (Hrsg.), 2020, 75, 82. Hier wird es als ein aus der unübersichtlichen Organisation beim Betrieb eines Systems entstehendes Nichtwissen behandelt, denn mag auch die Komplexität maschinellen Lernens solche Lernprozesse ermöglichen, ist dies dennoch kein unbeabsichtigtes Nichtwissen. Wenn die Lernvorgänge hinreichend konsistent informationell begleitet werden, so dürfte der Zustand des Systems zu jeder Zeit bekannt oder erfahrbar sein. Unterbleibt dies, was eine bewusste Entscheidung gesellschaftlicher Akteure darstellt, ist solches Nichtwissen gerade intendiert.

[372] *Wieringa*, in: Hildebrandt/Castillo/Celis/Ruggieri/Taylor/Zanfir-Fortuna (Hrsg.), 2020, 1, 6.

[373] *Enni/Assent*, https://arxiv.org/abs/2105.00687, 2021, 1. So grds. zu jedem komplexen IT-System auch *Sarre/M. Schmidt*, in: Auer-Reinsdorff/Conrad (Hrsg.), [3]2019, § 1, Rn. 526.

[374] *Kahl*, in: Voßkuhle/Eifert/Möllers (Hrsg.), [3]2022, § 45, Rn. 10.

[375] Für einen Überblick m. w. N. siehe *Deckert*, 1995, 228 f.; *Schulze-Fielitz*, in: Kirchhof

seiner Akteurs- und Kontextabhängigkeit,[376] nicht allgemein und statisch, sondern im Lichte der Probleme, die mit Nichtwissen bei maschinellem Lernen zusammenhängen, laufend definiert.[377] Tatsächlich ermöglicht diese vielfältige Verwendbarkeit, dass im Rahmen der Auseinandersetzung mit sämtlichen in dieser Arbeit behandelten Nichtwissensarten auf Rationalität Bezug genommen wird.[378] Sowohl Transparenz als auch Kompetenz können als Mechanismen (rechtlicher) Rationalisierung begriffen und diskutiert werden. Diverse rechtlich erwünschte Aspekte von (behördlichem) Handeln und Entscheiden können als Stellvertretungsmerkmale einer rechtlichen Rationalität gesehen werden. Eine solche Perspektive kann instruktiv sein und hat insbesondere bei übergreifenden Analysen des (Verwaltungs-)Rechts ihre Berechtigung. Für die hier aufgeworfenen Fragestellungen bietet sie sich jedoch nicht an, soll Rationalität nicht in einen Gemeinplatz rechtlicher Argumentationsstränge verwandelt werden. Auf-

(Hrsg.), 2000, 311, 20; *Kempny*, 2017, 30 ff.; *Münkler*, 2020, 215 ff.; *Stark*, 2020, 121 ff. Instruktiv ist die Abgrenzung zwischen Rationalität als verwaltungstheoretischem und rechtsdogmatischem Begriff bei *Kempny*, 2017, 30 ff., die das Spektrum der verschiedenen rechtlichen Bedeutungsgehalte des Begriffes jedoch nicht allzu stark eingrenzt. Als rechtliche Rationalitätsausprägungen versteht er, ebd., 40 ff., neben den in der Literatur öfters erkannten Geboten „rationaler Organisation", „rationaler Entscheidungsfindung", „Willkürverbot", „Verhältnismäßigkeit", unter anderem auch Aspekte wie „Verschwendungsverhinderung", „Nachhaltigkeitssicherung", „Einheit und Vollständigkeit des Haushalts unter dem Gesichtspunkt der Transparenzsicherung", „Wirtschaftlichkeit", „Effizienz", „Offenheit", „Unabhängigkeit" und merkt an, 61: „In der Sprache des positiven Rechts kommt ‚Rationalität' kaum vor. Zahlreiche Bestimmungen lassen sich aber (ohne dass dies zwingend ist) dahingehend verstehen, dass sie Bestandteile des von der Verwaltungstheorie beschriebenen ‚Anforderungsbündels Rationalität' verbürgen, ohne dieselbe beim Namen zu nennen".

376 *Stark*, 2020, 122.

377 Zu dieser Herangehensweise an den Rationalitätsbegriff im Sinne einer sinnvariablen Operationalisierung siehe *Schulze-Fielitz*, in: Kirchhof (Hrsg.), 2000, 311, 320 f.: „[Angesichts der Vielfalt und der definitorischen Unbestimmtheit des Begriffs der Rationalität, lässt sich der Begriff jedenfalls dann auf praktisch oder theoretisch brauchbare Weise rechtsdogmatisch verwenden], wenn man Rationalität entsprechend im Blick auf spezifische Problemstellungen zweckgerichtet stipulatorisch definiert oder plausibel typologisch auffächert. Auf diese Weise lassen sich z. B. […] Garantien für eine hohe Nachvollziehbarkeit bei Abwägungen und Prognosen […] auffassen." Siehe ebd. für weitere Beispiele verschiedener Verwendungen des Begriffes in unterschiedlichen Zusammenhängen der Rechtspraxis. Ähnlich dürfte auch die Schlussfolgerung von *Kempny*, 2017, 62, zu deuten sein, dass Rationalität „[a]ls dogmatischer Begriff […] in seiner Ausrichtung durch den jeweiligen normativen Zusammenhang, worin er angesprochen wird, festgelegt [wird]."

378 Vgl. *Wehling*, in: Karafyllis (Hrsg.), 2002, 255, 268, demzufolge unterschiedliche Varianten des Nichtwissens auch jeweils spezifische Formen eines „rationalen" Vorgehens nahelegen. Vgl auch *Scherzberg*, in: Krebs (Hrsg.), 2004, 177, 205, demzufolge Ungewissheit eine systematische Begrenzung von Rationalität darstellt. Dies gilt insbesondere dann, wenn Rationalität mit Wissen gleichgesetzt wird, so wie etwa bei *Münkler*, 2020, 215 ff.

grund dessen wird hier nur an denjenigen Stellen auf den Begriff zurückgegriffen, an denen Rationalität innerhalb der Rechtswissenschaft als eigenständige Thematik bereits einigermaßen etabliert und konturiert erscheint. Dies geschieht einerseits innerhalb der hier aufgegriffenen Steuerungsdebatte und den in diesem Rahmen diskutierten Verfahrensrationalisierungsfragen,[379] die sich auch später nochmal an einer Stelle im Kontext komplexitätsbedingten Nichtwissens stellen,[380] und anderseits innerhalb der Diskussionen über Recht und Wissen, welche im Kontext korrelationsbedingten Nichtwissens aufgegriffen und unter Gesichtspunkten eines rechtlichen Gebotes der Entscheidungsrationalität betrachtet werden[381].

Mit dem durch Insidernichtwissen gelenkten Fokus auf das „innere Verfahren" einer Behörde wird ein gedankliches Konstrukt der Rechtsdogmatik aufgegriffen, das die Verwaltung auf die Einhaltung bestimmter prozedural gedachter Rationalitätsstandards festlegt.[382] Insidernichtwissen muss nicht zwingend in der Irrationalität der Systementwicklung resultieren, wenngleich die unübersichtliche Organisation und Planung bei der Entwicklung maschinellen Lernens eine gewisse Irrationalität dieser Verfahren durchaus vermuten lässt, soweit angenommen wird, dass Rationalität mit Nachvollziehbarkeit zusammenhängt;[383] jedenfalls steht es aber der nachvollziehenden Kontrollierbarkeit und Revidierbarkeit der Systementwicklung entgegen und kann insoweit irrationalitätsstiftend wirken.[384] Die Frage der Bewältigung von Insidernichtwissen lässt sich daher als eine Steuerungsfrage formulieren. Entsprechende Steuerungsmechanismen können an verschiedenen Phasen der PIU-Prozesse, inklusive der innerbehördlichen Verfahrens- und Organisationsgestaltung ansetzen und auch rechtlich durchgesetzt werden. Gerade die Frage ihrer *rechtlichen* Durchsetzung ist hier von Bedeutung und rückt das Thema der Verwaltungssteuerung durch Recht in den Fokus.

bb) Zur Wahl der Steuerungsperspektive

Die Steuerungsperspektive erscheint für die Frage einer rechtlichen Umhegung innerbehördlicher Entwicklungsprozesse maschinellen Lernens zwecks Nichtwissensbewältigung, nachfolgend als „algorithmische Steuerung" bezeichnet,

[379] Siehe nachf. insb. unter D.II.1.c).

[380] E.I.4.c).cc).

[381] E.II.1.a).bb). und b).

[382] *Schmidt-Aßmann*, 2006, 30.

[383] So etwa *Hill*, DÖV 2017, 433; *Jaeckel*, in: Pünder/Klafki (Hrsg.), 2016, 11, 20; *Kempny*, 2017, 54; *Hilbert*, DV 51 (2018), 313, 346f. So im Grunde auch *Schmidt-Aßmann*, 2006, 84, der Rationalität mit einer „Durchschaubarkeit der einzelnen Verfahrensschritte" assoziiert.

[384] *Schulze-Fielitz*, in: Kirchhof (Hrsg.), 2000, 311, 322, spricht von Rationalität unter anderem als „ein[em] Medium der nachvollziehenden Kontrolle".

passender als eine Perspektive der Kontrolle. Obwohl sich Insidernichtwissen schlussendlich zulasten der Kontrollierbarkeit eines algorithmischen Systems und seines Outputs auswirken würde und Kontrolle, in Anbetracht des auf Kontrolle gerichteten Anliegens der Rechtsordnung,[385] womöglich eine rechtswissenschaftlich naheliegendere analytische Perspektive darstellt, erscheint sie für die hier gestellte Frage nach der rechtlichen Bedeutung von Insidernichtwissen zu eng. Eine Kontrollperspektive würde den Zugriff auf die Frage zu sehr einschränken, da Kontrolle, als ein Teilaspekt von Steuerung, meist als ein nachträglicher, vorwiegend outputbezogener und konkret-maßstabsgeleiteter Überprüfungsmechanismus begriffen wird.[386] Wenngleich die Steuerung algorithmischer Entwicklungsprozesse zweifelsohne auch anhand ihrer Kontrolle erfolgen kann und solche Mechanismen nachfolgend mehrmals angesprochen werden, soll es an dieser Stelle, entsprechend der Vorgehensweise bei den vorherigen Nichtwissensausprägungen, zunächst um die Frage gehen, ob solche Mechanismen rechtlich überhaupt geboten sind. Dies erfordert eine gewisse Flexibilität bei der Betrachtung behördlicher Entwicklungsprozesse und eine Ergebnisoffenheit des analytischen Zugriffs, die es erlaubt, das auf Kontrolle gerichtete Anliegen der Rechtsordnung gerade zu hinterfragen. Dies bringt die Steuerungsperspektive eher mit.

b) Algorithmische Steuerung als sicherheitsrechtliches Gebot

Als Ansatz zum Umgang mit Insidernichtwissen ist algorithmische Steuerung von dem unter D.I.1. diskutierten Ansatz der algorithmischen Transparenz in informationeller Hinsicht zu unterscheiden. Abgesehen davon, dass es im ersteren Fall um deutlich weitergehende Informationen als solche über Einsatz und Implementierungsdetails maschinellen Lernens geht, liegt der Fokus algorithmischer Steuerung nicht auf Fragen der Offenlegung, sondern der Generierung von Informationen. Die wesentliche Herausforderung besteht also darin, sicherzustellen, dass Informationen über das System und seine Entstehungskontexte trotz personeller, organisatorischer und institutioneller Komplexität überhaupt vorhanden sind. Die Antwort des Rechts auf die hierin liegenden Herausforderungen kann nur in dem Versuch bestehen, die Übersichtlichkeit der sicherheitsbehördlichen Vorgänge zurückzugewinnen und zu erhalten.[387] Offenlegungsfragen sind

---

[385] So *Hoffmann-Riem*, in: Hoffmann-Riem/Schmidt-Aßmann/Voßkuhle (Hrsg.), ²2012a, § 10, Rn. 33; *Hoffmann-Riem/Pilniok*, in: Voßkuhle/Eifert/Möllers (Hrsg.), ³2022, § 12, Rn. 72.

[386] S. insb. die begriffliche Abgrenzung von Kontrolle zu Steuerung und ihren weiteren Unterfällen bei *Kahl*, in: Voßkuhle/Eifert/Möllers (Hrsg.), ³2022, § 45, Rn. 9 ff.: „Bei [der Kontrollperspektive] geht es […] um die rechtliche Überprüfung regelmäßig bereits getroffener, also fertiger Verwaltungsentscheidungen.“

[387] So zur Komplexität behördlicher Verfahren, insb. im Kontext der Übersichtlichkeit von

solchen Fragen nachgelagert und im Kontext der Fluggastdatenverarbeitung bereits verneint worden. Bei Systeminsidern, seien es Entwickler oder Kontrolleure, die ohnehin einen umfassenden Zugang zu sämtlichen verfügbaren Informationen über ein lernendes System haben, stellen sie sich nicht.

Sowohl bei der Steuerung als auch der Kontrolle handelt es sich ebenso wenig wie bei der Transparenz um rechtliche Selbstzwecke, wenngleich sie im Vergleich zur Transparenz als der Rechtswissenschaft inhärent näherstehende Themen begriffen werden können.[388] Dies erfordert aber eine etwas modifizierte Herangehensweise an der Bestimmung ihrer rechtlichen Gebotenheit im Vergleich zu der bei algorithmischer Transparenz gewählten.[389] Denn weder die Bestimmung rechtlicher Anknüpfungspunkte noch die Feststellung irgendeiner diesen Anknüpfungspunkten dienenden Funktion algorithmischer Steuerung oder Kontrolle erweist sich hier als besonders problematisch. Es geht bei Steuerung und Kontrolle um das Bewirken des Eintritts gewünschter bzw. des Nichteintritts unerwünschter Ergebnisse.[390] Beide dieser Wirkungen sind leicht in rechtliche Anknüpfungspunkte übersetzt: Vorausgesetzt, der Umgang mit Insidernichtwissen dient der Gewährleistung der „korrekten Funktionsweise" maschinellen Lernens,[391] so wird dadurch das in § 1 Abs. 2 FlugDaG festgelegte sicherheitsrechtliche Ziel der Verhütung schwerer Kriminalität und terroristischer Straftaten unmittelbar unterstützt. Denn der Gesetzgeber hat in dieser Vorschrift ausdrücklich festgehalten, dass die Entwicklung des PNR-Systems ebendiesem Ziel dient. Dass die Gewährleistung der korrekten Funktionsweise lernalgorithmischer

---

Verfahrensabschnitten bereits *Schmidt-Aßmann*, in: Bachof/Heigl/Redeker (Hrsg.), 1978, 569: „Wenn Komplexität ein Kennzeichen heutiger Verwaltungsrealität ist, dann kann die Antwort der Rechtswissenschaft auf die darin liegende Herausforderung nur in dem Versuch bestehen, die Übersichtlichkeit der administrativen Vorgänge zu erhalten und zurückzugewinnen."

388 Zum „Recht als Steuerungsmedium" s. *Pitschas*, in: Hoffmann-Riem/Schmidt-Aßmann/Voßkuhle (Hrsg.), ²2012, § 42, Rn. 62. Von „Recht als unverzichtbare[m] Steuerungsmittel" spricht *Schmidt-Aßmann*, 2006, 19. Zum „auf Kontrolle gerichteten Anliegen der Rechtsordnung" s. *Hoffmann-Riem*, in: Hoffmann-Riem/Schmidt-Aßmann/Voßkuhle (Hrsg.), ²2012a § 10, Rn. 33; *Hoffmann-Riem/Pilniok*, in: Voßkuhle/Eifert/Möllers (Hrsg.), ³2022, § 12, Rn. 73.

389 Siehe dazu oben D.I.1.b).bb).

390 *Kahl*, in: Voßkuhle/Eifert/Möllers (Hrsg.), ³2022, § 45, Rn. 10.

391 So etwa *N. B. Binder*, in: Hill/Wieland (Hrsg.), 2018, 107, 116, die bereits aus dieser Annahme ein rechtliches Gebot zur Kontrolle von Algorithmen ableitet: „Liegt es in der Verantwortung des Staates sicherzustellen, dass Algorithmen mit rechtlichen Vorgaben übereinstimmen, folgt daraus auch eine Pflicht, deren korrekte Funktionsweise zu gewährleisten. Daraus lässt sich ein Gebot zur Kontrolle der Algorithmen ableiten." Ob es eine „korrekte" Funktionsweise des maschinellen Lernens gibt, mag als Annahme hier dahinstehen, wird aber nachfolgend nochmal aufgegriffen und insbesondere hinsichtlich des damit implizit als bestimmbar angenommenen Maßstabs *der* „korrekten" Funktionsweise maschinellen Lernens problematisiert, siehe dazu D.II.2.c).

Komponenten dieses Systems daher auch der Straftatenverhütung dient, wird wohl kaum zu bestreiten sein. Ein über die einfachgesetzliche Ebene hinausgehendes verfassungsrechtliches Anknüpfen der Straftatenverhütung an Grundrechte wie Art. 2 Abs. 2 GG oder an einen verfassungsrechtlich anerkannten generellen Sicherheitsgewährleistungsauftrag des Staates ist freilich möglich und ebenfalls relativ unproblematisch. Mit Blick auf die Bewirkung des Nichteintritts unerwünschter Ergebnisse lässt sich festhalten, dass wenn algorithmische Steuerung mittels der Unterstützung der korrekten Funktionsweise des PNR-Systems der Verwirklichung der Straftatenverhütung dient, sie zugleich auch dem Schutz der Rechte von Fluggästen dient, die bei einer fehlerhaften Funktionsweise des Abgleichsystems mit einer erhöhten Wahrscheinlichkeit Rechtsverletzungen ausgesetzt wären, sei es in Form von Ungleichbehandlungen oder sonstigen, auf etwaigen aus der inkorrekten Funktionsweise des PNR-Systems resultierenden algorithmischen Fehltreffern und den daraufhin getroffenen Folgemaßnahmen beruhenden Rechtsverletzungen.[392]

Die Gewährleistung effektiver Straftatenverhütung und die Vorbeugung von Rechtsverletzungen sind zweifelsohne gewichtige Anhaltspunkte für die Annahme einer rechtlichen Bedeutung von Insidernichtwissen und daher eines Gebotes der rechtlichen Steuerung der Entwicklungsprozesse, die dieses entstehen lassen. Dies könnte etwa in Form von Verpflichtungen zur Wahl bestimmter Verfahrens- und Organisationsstrukturen bei der Entwicklung maschinellen Lernens oder Geboten der informationellen Begleitung dieser Prozesse, bspw. in Gestalt von speziell auf die Technologie ausgerichteten Dokumentations- und Protokollierungspflichten geschehen. Allein das Anknüpfen an sicherheitspolitische Zielerreichung und subjektive Rechte reicht für die Annahme einer rechtlichen Bedeutung allerdings nicht aus. Denn anders als ein Rechtsgebot algorithmischer Transparenz, was lediglich die Rechtspflicht zur teilweisen Offenlegung bestimmter behördeninterner Praktiken bedeuten würde, bedeutet ein Rechtsgebot der algorithmischen Steuerung die rechtliche Umhegung der innerbehördlichen Entwicklungsprozesse maschinellen Lernens durch Regelungen, die an die behördliche Organisation und ihre internen Verfahren gerichtet sind.[393] Soweit also

---

392 Zu den Auswirkungen der Entwicklungsphasen maschinellen Lernens für gleichheitsrechtliche Fragen siehe *Barocas/Selbst*, CLR 104 (2016), 671, 675: „defining the target variable, labeling and collecting the training data, using feature selection, and making decisions on the basis of the resulting model. Each of these steps creates possibilities for a final result that has a disproportionately adverse impact on protected classes, whether by specifying the problem to be solved in ways that affect classes differently, failing to recognize or address statistical biases, reproducing past prejudice, or considering an insufficiently rich set of factors. Even in situations where data miners are extremely careful, they can still effect discriminatory results with models that, quite unintentionally, pick out proxy variables for protected classes."

393 Zu der vollständigen, hier verwendeten Definition von „Steuerung durch Recht" sowie

Insidernichtwissen bei maschinellem Lernen rechtlich zu adressieren ist, müsste dafür primär bei den Bedingungen innerbehördlicher algorithmengestützter Wissens- und Entscheidungsgenerierungsprozesse angesetzt werden, denn es sind gerade ihre Verfahrens- und Organisationsstrukturen, die maßgeblich zu seiner Entstehung und Aufrechterhaltung beitragen. Diese deutlich weitergehende Intervention in die Tätigkeit der PIU ist die sich hier eigentlich stellende rechtliche Problematik. So betrachtet geht es bei der Frage der rechtlichen Bedeutung von Insidernichtwissen nicht um die wenig problematische Suche von Rechten oder Prinzipien, die von seiner Bewältigung profitieren würden. Vielmehr geht es um das Spannungsverhältnis zwischen exekutiver Selbst- und legislativer Fremdsteuerung innerbehördlicher Prozesse.

Die vorschnell getroffene Forderung, dass bei lernenden Algorithmen die umfassende rechtliche Steuerung, oder gar Kontrolle ihrer Entwicklungsprozesse das Mittel der Wahl sein muss, läuft Gefahr, die Komplexität eines angemessenen Ausgleichs dieser Spannungslage zu übersehen und die in diesem Zusammenhang hervorgehobenen negativen Effekte einer Überladung des Rechts mit materiellen Programmierungsaufträgen für behördliche Verfahren, welche womöglich im Rahmen exekutiver Eigensteuerung leistungsstärker gestaltet werden könnten, zu unterschätzen.[394] Recht kommt eine wichtige, aber keine exklusive Steuerungsfunktion zu.[395] Maßgeblich für die rechtliche Bedeutung von Insidernichtwissen ist daher, ob und inwieweit das Recht sich in technologieentwickelnde Praktiken der PIU und der sie dabei begleitenden Behörden steuernd „einmischen" darf. Konkreter, ob ein Umgang mit Insidernichtwissen, also die laufend übersichtliche Organisationsgestaltung und Strukturierung sowie die informationelle Begleitung der Entwicklungsprozesse des PNR-Systems, ein von rechtlicher Steuerung befreiter (und ggf. auch optionaler) Bereich sicherheitsbehördlicher Autonomie sein soll, oder ob die PIU als Steuerungsobjekt vielmehr bei der Entwicklung lernender Systeme zur Mustererstellung und zum Musterabgleich rechtlich insoweit dirigiert werden muss, dass Insidernichtwissen weder entsteht noch aufrechterhalten wird. So formuliert führt die Fragestellung zu dem verwaltungsrechtswissenschaftlichen Thema der Herstellungs- und Darstellungs-

---

weiteren rechtlichen Steuerungsinstrumenten s. *Pitschas*, in: Hoffmann-Riem/Schmidt-Aßmann/Voßkuhle (Hrsg.), ^{2}2012, § 42, Rn. 63.

394 Allg. dazu *Trute*, in: Schmidt-Aßmann/Hoffmann-Riem (Hrsg.), 2004, 293, 313 u. 324: „[E]in solcher Schritt setzt den Nachweis voraus, dass die Rechtswissenschaft etwas zur Rationalität der Verwaltung sagen könnte und wenn sie es könnte, dass dies eine Leistungssteigerung beinhalten würde. Beides ist mit Fragezeichen zu versehen."

395 *Schmidt-Aßmann*, 2006, 20: „Seine Wirkungen müssen im Zusammenhang mit anderen Medien betrachtet, auf funktionale Äquivalente untersucht und durch Abstimmung mit ihnen gegebenenfalls verbessert werden." So auch *Pitschas*, in: Hoffmann-Riem/Schmidt-Aßmann/Voßkuhle (Hrsg.), ^{2}2012, § 42, Rn. 64.

ebene exekutiver Entscheidungen und der Möglichkeiten und Grenzen eines rechtlichen Zugriffes darauf.

aa) Herstellung und Darstellung algorithmischer Verdachtsprognosen

Im Rahmen von fremd- und selbstreflexiven Analysen der Verwaltung wird zwischen der Herstellungs- und Darstellungsebene verwaltungsrechtlicher Entscheidungen unterschieden.[396] Die Herstellungsebene umfasst die Bedingungen und Zusammenhänge, unter denen eine Entscheidung ausgewählt und getroffen wird, seien sie kognitiver, sozialer oder, im Kontext eines Einsatzes maschinellen Lernens, sozio-technischer Art; sie adressiert also die entscheidungsgenerierenden Praktiken einer Behörde.[397] Die Darstellungsebene visiert das Entscheidungsergebnis an, also die begründungs- bzw. rechtfertigungsorientierte Präsentation einer behördlichen Entscheidung.[398] Rechtswissenschaftliche Untersuchungen setzen sich unter anderem mit der Produktivität der Unterscheidung für das Recht, dem Grad der normativen Prägung und dem Ineinandergreifen der Ebenen auseinander. Innerhalb der zwei Ebenen lassen sich je nach Entscheidungssituation und analytischem Bedarf weitere „Phasen der Entscheidungsfindung" unterscheiden, die von der Entscheidungsvorbereitung über den Entscheidungsprozess, der informelle und formelle Zwischenentscheidungen einschließt, bis hin zur Präsentation des Entscheidungsergebnisses, seinem Vollzug und gegebenenfalls seiner Revision reichen.[399]

Würde man die algorithmisch begleiteten Entscheidungsprozesse der PIU aus einer für die verschiedenen Ebenen behördlicher Entscheidungsfindung sensibilisierten Perspektive betrachten, ließen sie sich wie folgt beschreiben: Die Herstellungsebene umfasst sämtliche eingangs beschriebene Phasen des Entwicklungszyklus lernender Ansätze zur Mustererstellung (Planung, Design, Implementierung, Integration, Datenaufbereitung, Lern- und Testverfahren, Wartung und Weiterentwicklung), also die Generierung der Muster als Entscheidungsgrundlage. Dazu gehören weiterhin ihre Integration ins Abgleichsystem, die technische Durchführung des Abgleichs und die Erzielung der Abgleichergebnis-

[396] Zu den wissenschaftstheoretischen und verwaltungssoziologischen Wurzeln der Unterscheidung s. *Trute*, in: Schmidt-Aßmann/Hoffmann-Riem (Hrsg.), 2004, 295 ff.

[397] *Trute*, in: Schmidt-Aßmann/Hoffmann-Riem (Hrsg.), 2004, 293, 294; *Franzius*, in: Voßkuhle/Eifert/Möllers (Hrsg.), ^{3}2022, § 4, Rn. 42 ff.; *Hoffmann-Riem*, in: Hoffmann-Riem/Schmidt-Aßmann/Voßkuhle (Hrsg.), ^{2}2012a, § 10, Rn. 30; *Hoffmann-Riem/Pilniok*, in: Voßkuhle/Eifert/Möllers (Hrsg.), ^{3}2022, Rn. 70 ff.; *J.-P. Schneider*, in: Voßkuhle/Eifert/Möllers (Hrsg.), ^{3}2022, § 28, Rn. 104.

[398] Ebd.

[399] Vgl. *Hoffmann-Riem*, in: Hoffmann-Riem/Schmidt-Aßmann/Voßkuhle (Hrsg.), ^{2}2012b, § 33, Rn. 4; *Hoffmann-Riem/Bäcker*, in: Voßkuhle/Eifert/Möllers (Hrsg.), ^{3}2022, § 32, Rn. 57.

se. Ob die Darstellungsebene bereits ab diesem Moment der Generierung einer automatisierten Entscheidung über die Verdächtigkeit eines Fluggastes anfängt, hängt davon ab, ob die Perspektive allein auf die Herstellung und Darstellung von Entscheidungen der PIU begrenzt bleibt. Dies ist aber nur ein Teil des Gesamtzusammenhangs, in dem maschinelles Lernen im Fluggastdatenverarbeitungskontext eine Rolle spielen würde. Die Ergebnisse des Musterabgleichs werden in dem Moment jedenfalls noch keiner nach außen gerichteten, begründungsorientierten Darstellung unterzogen. Sie werden zunächst PIU-intern bewertet und gegebenenfalls an weitere Behörden zwecks weiterer Überprüfung und des eventuellen Ergreifens von Folgemaßnahmen weitergeleitet. Wird also die Perspektive der Unterscheidung der Ebenen auf diesen Gesamtzusammenhang der Fluggastdatenverarbeitung erweitert, könnten sämtliche dieser Prozesse noch als Teile der Herstellungsebene sicherheitsbehördlicher Entscheidungen über das Ergreifen von Folgemaßnahmen betrachtet werden. Denn diese sind Entscheidungen, die durch die Ergebnisse des Musterabgleichs letztendlich unterstützt werden sollen. Zudem gelangen Ergebnisse des Musterabgleichs nicht immer zur Darstellungsebene.[400] Schlussendlich wären aber selbst auf der Darstellungsebene allein die algorithmisch generierten Indizien, nicht hingegen ihre Entwicklungsprozesse relevant.[401]

Mit anderen Worten müssten die PIU-internen sozio-technischen Entscheidungsgenerierungsverfahren aufgrund des weit vorverlagerten und lediglich entscheidungsunterstützenden Einsatzes maschinellen Lernens im Gesamtkontext der Fluggastdatenverarbeitung meist gar nicht auf der Darstellungsebene widergespiegelt werden. Dies ist für die Frage, ob und inwieweit sie einer rechtlichen Steuerung bedürfen, von Bedeutung – dazu sogleich. Unbeschadet einer eng- oder weitgezogenen Perspektive der Unterscheidung beider Ebenen kann an dieser Stelle jedenfalls festgehalten werden, dass sämtliche zur Entstehung und Aufrechterhaltung von Insidernichtwissen bei maschinellem Lernen beitragenden Prozesse sich auf der Herstellungsebene von Entscheidungen befinden. Damit stellt sich die Frage, ob und inwieweit eine rechtliche Steuerung der PIU auf dieser Ebene in Betracht kommt.

bb) Voraussetzungen eines herstellungsorientierten sicherheitsrechtlichen Ansatzes bei maschinellem Lernen

Kennzeichnend für das Recht ist jedenfalls der Ansatz bei der Darstellungsebene von Entscheidungen.[402] Dieser spiegelt gerade die Kontrollfunktion des Rechts

---

[400] S. dazu oben, D.I.2.b).

[401] Ebd.

[402] *Trute*, in: Schmidt-Aßmann/Hoffmann-Riem (Hrsg.), 2004, 293, 308 f.; *J.-P. Schneider*,

wider, also die Rechtmäßigkeitsprüfung regelmäßig bereits getroffener, fertiger Behördenentscheidungen, sei es durch Gerichte oder sonstige rechtlich legitimierte Kontrollakteure.[403] Die rechtliche Relevanz der Herstellungsebene ergibt sich wiederum aus der Abhängigkeit der Rechtfertigung von Entscheidungen von den Bedingungen ihrer Herstellung, also aus der Verkopplung beider Ebenen. So beeinflusst die Notwendigkeit der Darstellung einer Entscheidung regelmäßig auch die Entscheidungsherstellung und steuert das Herstellungsverhalten mit.[404] Wie jedoch bereits gezeigt, kann bei algorithmischen Verdachtsprognosen, wie den in § 4 FlugDaG geregelten, gerade diese Verkopplung oft gelockert, wenn nicht sogar gänzlich gelöst sein. Dies kann dafürsprechen, dass die Kontrollfunktion des Rechts allein durch Anknüpfen an die Darstellungsebene von Abgleichergebnissen nicht hinreichend gewährt wird, weshalb das Recht die Tätigkeit der PIU zusätzlich, mittels eines Anknüpfens an deren Herstellungsbedingungen, steuern muss.[405] Denn, dass ein Musterabgleich Indizien über die künftige Begehung eines Drogenhandels generiert hat, sagt noch nichts über die Art ihrer Generierung aus, selbst wenn diese Indizien im Einzelnen plausibel dargestellt werden können.

Allein deshalb kann die Notwendigkeit rechtlicher Steuerung der Herstellungsbedingungen der PIU-Entscheidungen jedoch noch nicht angenommen werden. Vielmehr muss der Bedarf rechtlicher Fremd-, bzw. die Insuffizienz exekutiver Eigensteuerung der Entstehungskontexte maschinellen Lernens zunächst konkret identifiziert werden.[406] Denn es kann auch unschädlich sein, dass

---

in: Voßkuhle/Eifert/Möllers (Hrsg.), ³2022, § 28, Rn. 104. *Hoffmann-Riem*, in: Hoffmann-Riem (Hrsg.), 2010, 35, 47.

403 *Kahl*, in: Voßkuhle/Eifert/Möllers (Hrsg.), ³2022, § 47, Rn. 10; *Hoffmann-Riem*, in: Hoffmann-Riem (Hrsg.), 2010, 35, 47 f.

404 *J.-P. Schneider*, in: Voßkuhle/Eifert/Möllers (Hrsg.), ³2022, § 28, Rn. 104; *Hoffmann-Riem*, in: Hoffmann-Riem (Hrsg.), 2010, 48 f. Für Beispiele s. *Trute*, in: Schmidt-Aßmann/Hoffmann-Riem (Hrsg.), 2004, 293, 309 ff.

405 Auch hieran wird deutlich, dass die Steuerungsperspektive für die sich hier stellenden Fragen weiterbringender als die Kontrollperspektive ist, s. dazu *Kahl*, in: Voßkuhle/Eifert/Möllers (Hrsg.), ³2022, § 45, Rn. 10: „Bei [der Kontrollperspektive] geht es aber – im Gegensatz zur Handlungsperspektive, welche bei einer steuerungswissenschaftlichen Perspektive die Kontrollperspektive gleichwertig ergänzt – nicht oder jedenfalls nicht unmittelbar um die Herstellung, sondern um die rechtliche Überprüfung regelmäßig bereits getroffener, also fertiger Verwaltungsentscheidungen." Vgl. auch *Hoffmann-Riem*, in: Hoffmann-Riem (Hrsg.), 2010, 35, 50: „Die Forderung, den Herstellungsbezug in die Rechtswissenschaft einzubauen, zielt insofern auf die Ausweitung des Feldes rechtsnormativer Steuerung und damit auf verstärkte Rechtsbindung, ohne dass diese stets die gleiche Gestalt haben müsste wie die Anforderungen zur Anleitung der Darstellung einer Entscheidung als richtig."

406 Gerade diesbezüglich lässt sich im Rahmen der rechtswissenschaftlichen Literatur zum exekutiven Einsatz maschinellen Lernens eine Untersensibilisierung verzeichnen. Zunächst

die Herstellung der Abgleichergebnisse nicht zur Darstellungsebene gelangt, wenn sie tatsächlich auch keine Rolle für ihre Rechtfertigung spielen soll. Die im zweiten Teil dieses Abschnittes dargestellten Regulierungsvorschläge in der Literatur und die sich auf europäischer Ebene abzeichnenden Regulierungsinitiativen maschinellen Lernens sind zwar Anzeichen dafür, dass beim Thema Algorithmen der regulatorische Fokus in der Tat zunehmend auf die Herstellungsebene gerichtet wird.[407] Solche Vorschläge und Initiativen können jedoch nicht als ein In-Sich-Beleg für die Tragfähigkeit einer solchen Vorgehensweise unkritisch hingenommen werden.

In der Verwaltungsrechtswissenschaft wurden Voraussetzungen aufgezeigt, deren Vorliegen die herstellungsorientierte rechtliche Steuerung erforderlich machen könnte, weil anderenfalls die begründungs- bzw. rechtfertigungsorientierte Präsentation behördlicher Entscheidungen unter grundrechtlichen oder rechtsstaatlichen Aspekten unzureichend erscheint.[408] Typisierend wurden Situationen hervorgehoben, in denen Faktoren in behördliche Entscheidungsprozesse eingehen, die im Darstellungszusammenhang einschließlich etwaig vorhandener, die Herstellung betreffender Regeln nicht zureichend verarbeitet sind oder Behörden in der Verarbeitung von Situationen mit einer Komplexität konfrontiert sind, die es erforderlich macht, selbst den Herstellungszusammenhang zur Stabilisierung ihrer Entscheidungen zu nutzen.[409] Es geht dabei im Grunde darum, die Handlungspraxis einer Behörde durch rechtliche Steuerung zusätzlich zu rationalisie-

wird dort der Fokus, ähnlich wie bei Fragen algorithmischer Transparenz, überwiegend auf die Präsentation von Steuerungs- und Kontrollmechanismen und ihrer rechtlichen Verortung, und seltener auf eine Auseinandersetzung mit ihrer rechtlichen Daseinsberechtigung gelegt. Soweit dennoch auf Letzteres eingegangen wird, wird die Unterscheidung zwischen Herstellungs- und Darstellungsebene meist ausgeblendet und ein Gebot der algorithmischen Kontrolle ohne besondere Begründung angenommen. Dabei wird implizit entweder die rechtliche Anknüpfung allein auf der Darstellungsebene für hinreichend kontrollwirksam bzgl. algorithmischer Entwicklungsprozesse erachtet oder die rechtliche Anknüpfung an die Herstellungsbedingungen der Exekutive für unproblematisch gehalten. So leitet etwa *N. B. Binder*, in: Hill/Wieland (Hrsg.), 2018, 107, 116, ein „Gebot zur Kontrolle der Algorithmen" aus dem Grundsatz der Rechtsbindung in Art. 20 Abs. 3 GG mit der Argumentation ab, dass dieser alle Handlungsformen der Verwaltung, damit auch Algorithmen, erfasse, weshalb es in der Verantwortung des Staates liege, sicherzustellen, dass sie mit rechtlichen Vorgaben übereinstimmen. Sie hält an einem solchen Gebot „grundsätzlich" fest, erkennt dabei aber dennoch an, dass die Notwendigkeit diesbezüglicher rechtlicher Vorgaben in einschlägigen Fachgesetzen „einer tiefgehenden Analyse" bedarf.

407 D.II.2.b). u. 2.c).

408 *Trute*, in: Schmidt-Aßmann/Hoffmann-Riem (Hrsg.), 2004, 293, 313.

409 *Trute*, in: Schmidt-Aßmann/Hoffmann-Riem (Hrsg.), 2004, 293, 313 ff. So im Grunde auch, *J.-P. Schneider*, in: Voßkuhle/Eifert/Möllers (Hrsg.), ³2022, § 28, Rn. 104: „die innere Herstellung der Entscheidung [findet] grundsätzlich nur bei offenbaren und erkennbar kausalen Mängeln Beachtung."

ren. Darauf ist nachfolgend die Handlungspraxis der PIU, bezogen auf ihren Umgang mit Insidernichtwissen, zu überprüfen.

c) Die rationalisierende Funktion algorithmischer Steuerung

Indem sie den Blick auf innerbehördliche Verfahren richtet, lässt sich die rechtswissenschaftliche Steuerungsperspektive als Ausdruck einer rechtsstaatlich und demokratisch gebotenen rationalitätsfördernden Verfahrensgestaltung verstehen.[410] Ihr Anknüpfen an die Methodik der Entscheidungsfindung, also der Herstellungsbedingungen, kann zugleich auch der Rationalisierung behördlicher Entscheidungen dienen, wenn man annimmt, dass rationale Entscheidungen wesentlich auf die Rationalität der ihnen zugrunde liegenden Verfahren gegründet sind.[411] Darum geht es bei der hier vorgenommenen Auseinandersetzung mit der rechtlichen Bedeutung von Insidernichtwissen jedoch nur mittelbar. Die Rationalität algorithmisch generierter Entscheidungen ist vielmehr ein Thema, das zentral im Rahmen der Auseinandersetzung mit korrelationsbedingtem Nichtwissen aktiviert wird. Nachfolgend wird sie nur insoweit angerissen, als die rechtliche Steuerung der PIU-Verfahren zur Algorithmenentwicklung bestimmte Strukturen sichern könnte, welche *auch* die Rationalität sicherheitsbehördlicher Entscheidungen begünstigen.

Bei der rechtlichen Anknüpfung an innerbehördliche Entwicklungsverfahren geht es jedoch nicht lediglich um einen „vorgezogenen Rechtsschutz“[412] vor fehlerhaften oder irrationalen Entscheidungen, denn dafür ist die Funktionsweise maschinellen Lernens oft zu komplex. Ursache-Wirkungs-Beziehungen zwi-

---

[410] Vgl. dazu *Schmidt-Aßmann*, in: Hoffmann-Riem/Schmidt-Aßmann/Voßkuhle (Hrsg.), ²2012, § 27, Rn. 61; *Schmidt-Aßmann/Kaufhold*, in: Voßkuhle/Eifert/Möllers (Hrsg.), ³2022, § 27, Rn. 61.

[411] So jedenfalls *Hill*, DÖV 2017, 433. Zu diesem Grundgedanken siehe auch *Stark*, 2020, 128. Ebenso *Hilbert*, DV 51 (2018), 313, 347, mit der Anmerkung: „Zwar kann das Verfahren die Rationalität von Entscheidungen nicht in einem strengen Sinne absichern, weil die Effektivität der Verfahrensinstrumente […] durch das Verfahrensrecht selbst nicht garantiert werden kann. Allerdings können Verfahren die Erzeugung der für eine rationale Entscheidung erforderlichen Informationen *begünstigen*“. Zur Unterscheidung zwischen einer Rationalität der Entscheidungsfindung und der Entscheidung siehe insb. *Schulze-Fielitz*, in: Kirchhof (Hrsg.), 2000, 311, 320: „[Es] lässt sich eine *prozedurale* Rationalität, die auf die Art und Weise und das Verfahren der Entscheidungsfindung als rational abhebt, von einer *substantiellen materialen* Rationalität unterscheiden, die auf die inhaltliche Vernünftigkeit des Entscheidungsergebnisses abstellt.“ Zur prozeduralen Rationalität s. auch *Stark*, 2020, 128 f., der sie von Rationalitätsdimensionen unterscheidet, die „unmittelbar einen Handlungs- bzw. Überzeugungsbezug aufweisen“.

[412] So allg. zur Steuerung verwaltungsinterner Verfahren, *Franzius*, in: Voßkuhle/Eifert/Möllers (Hrsg.), ³2022, § 4, Rn. 43.

schen einzelnen Beiträgen zur Entwicklung maschinellen Lernens und etwaigen subjektiv-rechtserheblichen Fehlfunktionen des Systems lassen sich mit zunehmender sozio-technischer Komplexität kaum präzise feststellen.[413] Dies gilt selbst dann, wenn die Entwicklungsabläufe weitgehend rationalisiert, also soziale Komplexität und mithin Insidernichtwissen bewältigt sind. Denn zwischen die Entwicklung algorithmischer Entscheidungsgenerierungsverfahren und darauf beruhenden Entscheidungen tritt oft eine weitere, im Rahmen der algorithmischen Lernphase eines Modells entstehende, technologische Komplexität, die die Nachvollziehbarkeit solcher Wirkungsabläufe versperren kann und auch kaum einer Rationalisierung unterliegt.[414]

Rechtsstaatliche Rationalisierung wird jedoch weit über subjektiven Rechtsschutz hinaus gedacht.[415] Als realistischer und auch gemäßigter Steuerungsansatz erscheint daher einer, der ohne notwendig pauschalisierendes Anknüpfen an subjektive Rechtsverletzungen die PIU zur Strukturierung oder informationellen Begleitung ihrer Entwicklungsabläufe, also zur *Verfahrensrationalität*,[416] anregt und dabei überwiegend objektiv-rechtlich gedacht wird. Dies steht der notwendigen Sensibilisierung eines solchen Ansatzes für potenzielle nichtwissensbedingte Risiken für subjektive Rechte nicht entgegen. Es ermöglicht jedoch eine Erweiterung der Kontrollperspektive über gerichtliche Kontrollen hinaus und lässt passendere Kontrollarrangements für die Auseinandersetzung mit der sozio-technischen Komplexität maschinellen Lernens hervortreten.[417] Denn es kann bereits an dieser Stelle festgehalten werden, dass die technologischen Entwicklungsprozesse der PIU, über die an sich subjektiv-rechtlich geprägten und mit Blick auf die Komplexität der Thematik in ihrer Leistungsfähigkeit begrenzten gerichtlichen Kontrollen, sowie über datenschutzrechtliche Kontrollen hinaus, rechtlich weitgehend kontrollfrei ausgestaltet sind.[418]

---

[413] Vgl. auch *Käde/Maltzan*, CR 2020, 66, 71. Dazu im Detail unter E.I.1.2.

[414] Siehe dazu im Abschnitt zum komplexitätsbedingten Nichtwissen unter, E.I.4.c).cc). In der Literatur zu Algorithmen und Accountability wird der hier angesprochene „gap between the designer's control and algorithm's behaviour" auch als „accountability gap" bezeichnet, s. *Mittelstadt/Allo/Taddeo/Wachter/Floridi*, Big Data & Society 3 (2016), 1, 11.

[415] Zur Rationalität des Rechtsstaates siehe insb. *Trute*, 1994, 193 ff. Siehe dazu im Kontext des Verwaltungsrechts auch *Schmidt-Aßmann*, 2006, 84.

[416] Beschrieben bei *Stark*, 2020, 128 f., wie folgt: „Der Grundgedanke der prozeduralen Rationalität besteht darin, bei den entsprechenden Regelungskontexten auf der Verfahrens- und Organisationsebene reflexiv Vorkehrungen zu treffen und die einschlägigen Regelungsregime angesichts der Vorläufigkeit gegenwärtigen Wissens zu entmaterialisieren."

[417] Vgl. auch *Rich*, U. Pa. L. Rev. 164 (2016), 871, 927.

[418] Zu den gerichtlichen Kontrollen s. oben, D.I.1.e).cc)., zu den datenschutzrechtlichen, s. unten D.II.2.c).

aa) Vorbeugung sicherheitspolitischen Drucks

Situationen, in denen Anforderungen an den Herstellungszusammenhang eine rechtlich gebotene rationalisierende Rolle spielen können, sind solche, in denen behördliche Eigeninteressen Herstellungsbedingungen in einer sachwidrigen Richtung beeinflussen könnten.[419] Mit Blick auf Insidernichtwissen geht es an dieser Stelle nicht um die Befürchtung einer ohne algorithmische Steuerung drohenden absichtlichen oder gar böswilligen Generierung und Aufrechterhaltung. Angesichts der soeben erwähnten Komplexität bei maschinellem Lernen, die zielgerichtete Lenkungsmanöver kaum zulässt, ist die Vorstellung einer sicherheitsbehördlichen Instrumentalisierung von Insidernichtwissen realitätsfremd, zumal über die Zwecke einer solchen Praxis nur spekuliert werden könnte.[420] Auch geht es nicht um die Befürchtung einer ohne Herstellungsanforderungen technisch uninformierten Herangehensweise an die Erstellung von Lernmodellen, die sicherlich auch zum Entstehen von Insidernichtwissen führen kann. Angesichts der eingebundenen Expertise bei der Erstellung des PNR-Systems wäre dieser Gedanke, wie bereits gesagt, ebenfalls spekulativ.[421] Vielmehr geht es hier um die deutlich realistischere Befürchtung, dass die PIU einem gewissen sicherheitspolitischen Leistungs- und Erfolgsdruck ausgesetzt sein kann, der die Entstehung von Insidernichtwissen begünstigen könnte.[422] Die Sachwidrigkeit

---

419 *Trute*, in: Schmidt-Aßmann/Hoffmann-Riem (Hrsg.), 2004, 292, 314 ff.

420 Die Möglichkeit behördlich-zielgerichteter Manipulation maschinellen Lernens adressieren *Coglianese/Lehr*, Admin. L. Rev. 71 (2019), 1, 29 f. sowie *Barocas/Selbst*, CLR 104 (2016), 671, 692 f., äußern dabei jedoch Bedenken bezüglich der Wahrscheinlichkeit solcher Praktiken. So wird ebd., 693, zugleich am Beispiel der gezielten Diskriminierung auf dem Arbeitsmarkt anschaulich gemacht, warum solche Sorgen bei maschinellem Lernen meist überflüssig sind: „Intentional discrimination and its masking have so far garnered disproportionate attention in discussions of data mining, often to the exclusion of issues arising from the many forms of unintentional discrimination […]. While data mining certainly introduces novel ways to discriminate intentionally and to conceal those intentions, most cases of employment discrimination are already sufficiently difficult to prove; employers motivated by conscious prejudice would have little to gain by pursuing these complex and costly mechanisms to further mask their intentions. When it comes to data mining, unintentional discrimination is the more pressing concern because it is likely to be far more common and easier to overlook." Siehe auch *Rich*, U. Pa. L. Rev. 164 (2016), 871, 927, m. w. N. der die entsprechende Erkenntnis im Kontext polizeilicher Datenbanken auf die Erstellungsprozesse von Lernsystemen zur personenbezogener Verdachtsgenerierung überträgt: „it is far easier to do harm, and far greater harm can be done, through mere benign neglect […] than through intentional manipulation."

421 Siehe Fn. 341 mit dazugehörigem Text.

422 Zum Leistungs- und Erfolgsdruck für die deutsche und schweizerische Polizei im Kontext des Einsatzes raumbezogener predictive policing-Technologien, *Egbert/Leese*, 2021, 165 ff. und insb. 168: „things needed to move a lot faster than usual. […] governments pushed police agencies to initiate research projects and/or trial runs as quickly as possible – up to the

sicherheitspolitischer Einflüsse bestünde hier also in ihrer potenziell zum Überblicksverlust über technologische Entwicklungsverfahren anreizenden Wirkung.

Ausgehend von der verwaltungsrechtswissenschaftlichen Erkenntnis, dass die (Sicherheits-)Verwaltung in erster Linie eine Organisation ist, die (sicherheits-) politische Ziele verfolgt,[423] und das Recht für sie eher eine zu verarbeitende Irritation als ein determinierendes Verhaltensprogramm darstellt,[424] ohne diese Erkenntnis zugleich in Schreckensszenarien der Totalüberwachung aus sicherheitsbehördlichem „Übereifer" mutieren zu lassen, können Sicherheitsbehörden durchaus als Akteure betrachtet werden, welche eigenen Denkweisen und Zielen folgen, die es rechtfertigen, an sie rechtlich steuernd heranzutreten.[425] Die einleitend verzeichnete zunehmende Forderung an die Sicherheitsbehörden nach mehr Kontrolle und Beherrschung ungewisser und insbesondere terroristischer Gefahren, sowie die gestiegenen Anforderungen an den staatlichen Umgang mit Daten, der zur immer schnelleren und idealerweise besseren Informations- und Wissensgenerierung führen soll,[426] können die PIU unter einen sicherheitspolitischen Leistungsdruck setzten, welcher ohne eine rechtliche Steuerung der Herstellungsbedingungen algorithmischer Systeme das Entstehen von Insidernichtwissen begünstigen könnte. Denn zur Umsetzung der sicherheitspolitischen Ziele der Fluggastdatenverarbeitung ist der PIU ein begrenztes Kontingent an Personal, Mitteln und Zeit zugewiesen.[427] Die Vorbeugung der Entstehung von In-

---

point that police departments felt rushed and only partially prepared for a systematic approach to implementation. [...] This ‚time pressure' put police departments in a position where they had to [...] get their own R&D projects off the ground without adequate preparation in terms of data and infrastructure but also in terms of qualified and available personnel. [...] in various instances, governments demonstrated a willingness to fast-track field tests, development, and/or procurement of software packages, coupled with a willingness to make adjustments later on should they turn out to be necessary" Ausf. zum Erfolgsdruck in Polizeiorganisationen, *Mensching*, 2008, 268 ff., die das Thema empirisch untersucht und unter anderem darstellt, wie die Notwendigkeit von Erfolgszahlen den Leistungsdruck innerhalb der Polizei erhöht, da sie etwa für den Wettbewerb um Personalstellen entscheidend sind: „Nicht mehr die Qualität polizeilicher Arbeit stellt dann die primäre Orientierung dar, sondern die Frage, wer mit seiner Statistik innerorganisatorisch punkten kann." Von einem sicherheitspolitischen Erfolgsdruck spricht auch *Bäuerle*, vorgänge 204 (2013), 29 ff.

423 *Trute*, in: Schmidt-Aßmann/Hoffmann-Riem (Hrsg.), 2004, 292, 302: „Verwaltung realisiert Politik und nicht Recht, wenngleich das unter dem Vorbehalt geschieht, dass damit jederzeit die Frage aufgeworfen werden kann, ob dies rechtmäßig stattfindet oder nicht."

424 Ebd., 303 f.

425 Die „institutionelle Geschlossenheit" der Polizei als ein Hindernis normativer Steuerung betonend, *Bäuerle*, vorgänge 204 (2013), 29 ff. Vgl. dazu auch *Trute*, in: Erbguth/Müller/Neumann (Hrsg.), 1999, 403, 412.

426 S. dazu IV.1.

427 Vgl. *Trute*, in: Trute/Gross/Röhl/Möllers (Hrsg.), 2008, 211, 225 f.: „[Die Exekutive] ist eben nicht nur ein System zur Herstellung rechtmäßiger Entscheidungen [...] Sie ist als Orga-

sidernichtwissen erfordert wiederum einen gewissen zeitlichen, personellen, finanziellen und organisatorischen Aufwand, der ohne rechtlich gesetzte Anreize allein der behördlichen Prioritätensetzung überlassen ist.[428] Gepaart mit der trotz Insidernichtwissen dennoch grundsätzlich leistungsfähigen Funktionsweise maschinellen Lernens, kann der Druck, möglichst schnell möglichst viele Straftaten zu verhüten, durchaus Anreize zugunsten des zügigen Systemaufbaus und der zügigen Inbetriebnahme und zulasten der übersichtlichen Organisationsgestaltung und Strukturierung dieser Prozesse setzen. Die Tatsache, dass der Aufwand der Bewältigung einmal entstandenen Insidernichtwissens sich von bloßer Umständlichkeit bis an die Grenze der faktischen Unmöglichkeit fortentwickeln kann, ist ein noch gewichtigeres Indiz für die Gebotenheit rechtlicher Steuerung der PIU-Entwicklungsprozesse.

bb) Strukturierung des Zweckprogramms von § 1 Abs. 1 Satz 2 FlugDaG

Mit § 1 Abs. 1 Satz 2 FlugDaG ist der PIU eine sozio-technisch enorm anspruchsvolle Aufgabe übertragen. Die dort geregelte Unterhaltung eines PNR-Systems soll zwar „nach Maßgabe dieses Gesetzes" erfolgen. Allerdings sind die Entwicklungsprozesse des Systems, abgesehen von detaillierten datenschutzrechtlichen Anforderungen, weder mittels Fremd- noch Eigensteuerungsansätzen, etwa Konzeptpflichten oder Verwaltungsvorschriften, strukturell *sichtbar* begleitet.[429] Solche materiell gering verdichteten Zweckprogramme können ein weiterer Anhaltspunkt für die Gebotenheit der rechtlichen Steuerung von Herstellungsbedingungen sein, wenn davon ausgegangen wird, dass ohne ein irgendwie geartetes Vorabmodell behördlichen Handelns die Darstellungsmöglichkeiten von Handlungsmotiven so weitreichend, unkonkret oder überkomplex sein können, dass

---

nisation auch des politischen Systems und insoweit vor allem daran ausgerichtet, bestimmte Ziele unter Einsatz angemessener Ressourcen mit gegebenen Instrumenten zu erreichen." Zu den der PIU zugewiesenen personellen und finanziellen Ressourcen, s. BT-Drs. 18/11501, 21 ff. Nach Art. 18 der PNR-RL hatten die Mitgliedstaaten bis zum 25. Mai 2018 Zeit, die PNR-RL umzusetzen und entsprechend ein eigenes PNR-System aufzubauen.

428 Angesprochen ist damit insbesondere die Notwendigkeit einer Rationalisierung des Mitteleinsatzes, da die umfassende informationelle Begleitung, etwa die Dokumentation und die Protokollierung der Entwicklungsphasen maschinellen Lernens, meist ein langwieriges und teures Unterfangen ist, vgl. zur Dokumentation eines jeden komplexen IT-Systems, *Sarre/M. Schmidt*, in: Auer-Reinsdorff/Conrad (Hrsg.), ³2019, § 1, Rn. 524 f. u. Rn. 682: „Ein psychologischer Nebenaspekt dabei ist, dass die Erstellung von Dokumentationen in Informatikerkreisen sehr häufig als ‚unproduktiv' angesehen wird und deshalb eher unterbeliebt.". So auch *Radomski*, in: Sowa (Hrsg.), 2020, 151, 185 f.

429 Siehe zu herstellungsorientierten datenschutzrechtlichen Anforderungen im FlugDaG unten bei 2.a). Eine nicht zwingend rein datenschutzrechtlich konzipierte Anforderung stellt jedoch das in § 4 Abs. 3 Satz 5 normierte precision-recall-Verhältnis dar.

sie ex post nicht zureichend kontrollierbar sind.[430] Gerade in solchen Fällen würde Kontrolle ein Gegengewicht zu den weiten Handlungsmöglichkeiten bilden und gewährleisten, dass diese verfahrensmäßig rationalisierend auf die gesetzlichen Ziele hin ausgerichtet werden.[431]

Freilich bedeutet die fehlende gesetzliche Strukturierung der Entwicklungsprozesse des PNR-Systems nicht, dass die PIU keine Strukturierungsleistungen tatsächlich erbringen würde,[432] und auch nicht, dass diese zum Umgang mit Insidernichtwissen ungeeignet wären, sondern nur, dass ihre Erbringung rechtlich nicht abgesichert ist. Dabei hat die Vorstellung fernzubleiben, der Gesetzgeber wäre in der Lage, eine leistungsfähigere Strukturierung der Entwicklungsprozesse maschinellen Lernens vorzuschreiben als die PIU selbst. Die Materie ist zu anspruchsvoll, insbesondere aber auch zu dynamisch, als dass von ihm erwartet werden kann, sozio-technische Komplexität besser als eine Vielzahl darauf besonders spezialisierter Behörden aufzufangen.[433] Die rationalisierende Rolle des Rechts hinsichtlich der Erfüllung des Zweckprogramms von § 1 Abs. 1 Satz 2 FlugDaG bestünde nicht darin, Strukturierungsleistungen der Entwicklungspro-

---

[430] Vgl. *Trute*, in: Schmidt-Aßmann/Hoffmann-Riem (Hrsg.), 2004, 292, 318 f. Kritik in diese Richtung äußerte bereits das AG Köln, Beschl. v. 20.1.20, Az. 142 C 328/16, Rn. 20: „Unter welchen rechtlichen Voraussetzungen dieser Abgleich durchzuführen ist, wird nicht näher geregelt." und mittelbar, da grds. gegen die PNR-RL gerichtet, auch das VG Wiesbaden, Beschl. v. 15.5.20, Az. 6 K 806/19.WI, Rn. 80: „Es bleibt völlig ungeklärt, wie die zu entwickelnden ‚Algorithmen' eine unzulässige Diskriminierung, wie sie auch Art. 13 Abs. 4 PNR-Richtlinie explizit untersagt, zuverlässig ausschließen sollen. Art. 6 Abs. 4 Satz 3 PNR-Richtlinie überlässt die wesentliche und grundsätzlich bedeutsame Entscheidung, welche Daten für die Erstellung von Kriterien bzw. Mustern für den automatisierten Abgleich verwendet werden sollen, vollständig den einzelnen Mitgliedstaaten." So auch *Maesa*, abrufbar unter https://perma.cc/6BNC-ZHCT: „Another problem with the EU Directive on European Passenger Name Records (PNR) is that it is silent on how profiling is done. […] the criteria for these delicate profiling operations performed in respect of the data are not set out."

[431] So zur Kontrollnotwendigkeit der strategischen Überwachung des BND, BVerfG, Urt. v. 19.5.2020 – 1 BvR 2835/17, Rn. 273. S. auch, Rn. 178 ff.: „Als nur final angeleitete Befugnis hat [der Gesetzgeber] [die strategische Überwachung] dafür aber an Verfahrensregelungen zu binden, die die Ausrichtung auf die jeweiligen Zwecke rationalisierend strukturieren und damit auch kontrollierbar machen."

[432] Im Gegenteil berichtet die EU-Kommission in SWD(2020) 128 final, 15, von entsprechenden Praktiken einiger nationaler PIUs: „In terms of application, national authorities follow different practical approaches to ensure respect for the Directive's purpose limitation. One such practice requires that the design of targeting rules is properly documented and that the rules themselves are thoroughly tested against historical data, to exclude those that generate matches considered outside the Directive's scope."

[433] Vgl. auch die diesbez. Zurückhaltung des BVerfG, im Urt. v. 19.5.2020 – 1 BvR 2835/17, Rn. 184: „In welcher Weise der Bundesnachrichtendienst solche technischen Abläufe konkret organisiert, ist von der Verfassung nicht vorgegeben."

zesse maschinellen Lernens aktiv oder gar umfassend selbst zu erbringen, sondern darin, die PIU dazu anzuregen. Eine Möglichkeit, dies unter Beibehaltung der notwendigen Flexibilität der PIU zu erreichen, wäre die Normierung von Dokumentationspflichten für die Entwicklungsprozesse des PNR-Systems. Damit wird der PIU keine konkrete Vorgehensweise vorgeschrieben, sondern nur die informationelle Begleitung ihrer eigenen. Neben den dadurch gesetzten Anreizen zur Eigenrationalisierung wird damit zugleich ein Fundament für die rechtsstaatliche Kontrollierbarkeit des PNR-Systems geschaffen, in welchem Kontext und gegenüber welchen Kontrollakteuren auch immer die PIU-Vorgehensweise bei der Erstellung ihrer Modelle bedeutsam werden könnte.[434]

cc) Erleichterung des Umgangs mit technologischer Komplexität

Wenngleich mit Insidernichtwissen primär die soziale Komplexität der Entstehungskontexte maschinellen Lernens adressiert ist, während die technologische Komplexität aufgrund anderer rechtlicher Bedeutung und anderer Umgangsmechanismen Gegenstand des nächsten Abschnitts ist, können beide Nichtwissensursachen insoweit zusammenhängen, dass algorithmische Steuerung auch den Umgang mit komplexitätsbedingtem Nichtwissen ein Stück weit rationalisieren könnte.

Ausgangspunkt dafür ist der eingangs erwähnte Umstand, dass beim Einsatz maschinellen Lernens technologische Komplexität zwischen die Entwicklungsprozesse von Entscheidungsgrundlagen (Herstellungsebene) und Entscheidungen (Darstellungsebene) tritt. Behördliche Entscheidungen beeinflussende technologische Fehlfunktionen oder jedenfalls Zweifel an der korrekten Funktionsweise maschinellen Lernens können aufgrund von steuerbaren Organisations- und Planungsabläufen, aber auch aufgrund von schwer steuerbaren mathematischen und technologischen Abläufen entstehen. Im ersten Fall geht es um vermeidbare oder jedenfalls zielgerichtet veränderbare soziale Operationen, im letzten um schwer lenkbare technologische Operationen. Entsprechend ist der Umgang mit beiden Situationen jeweils unterschiedlich, die Erfolgsaussichten hängen aber in beiden Fällen gleichermaßen davon ab, ob an der einschlägigen Fehlerquelle an-

[434] So zu dem Datenschutz dienenden Dokumentationspflichten bei der automatisierten Kennzeichenerfassung, BVerfGE 150, 244, 303: „Für die Verhältnismäßigkeit ist [die Dokumentation der Entscheidungsgrundlagen] von dreifacher Bedeutung: Zum einen rationalisiert und mäßigt es die Entscheidung der Behörde selbst, wenn diese sich über ihre Entscheidungsgrundlagen Rechenschaft ablegen muss. Zum anderen ermöglicht die Dokumentation erst eine aufsichtliche Kontrolle durch den Datenschutzbeauftragten, der in Fällen eingeschränkter individualrechtlicher Rechtsschutzmöglichkeiten wie hier gesteigerte Bedeutung zukommt. Schließlich wird damit die verwaltungsgerichtliche Kontrolle erleichtert, wenn solche Maßnahmen bekannt werden."

gesetzt wird. Der Rückverfolgbarkeit der Quelle einer Fehlfunktion steht aber regelmäßig die technologische Komplexität von bereits fertig gebauten Lernsystemen entgegen, die sowohl die Fehlerkontrolle als auch die Fehlerkorrektur erschwert.[435] Sind aber zumindest die Organisation und das Verfahren der Entwicklung sorgfältig gestaltet und nachverfolgbar strukturiert, können sie bei Auftreten oder Verdacht einer Fehlfunktion geprüft und als Fehlerquellen bestätigt oder ausgeschlossen werden. Oft wird man dabei keine endgültig sicheren Schlüsse ziehen können, dennoch kann dadurch die Annäherung an die potenzielle Fehlerquelle erleichtert werden.[436] Soweit festgestellt wird, dass im Rahmen der Entwicklung eines Lernmodells sorgfältig gearbeitet wurde, können etwaige Fehlfunktionen seiner technologischen Komplexität zugerechnet werden. Angenommen die PIU müsste dem Verdacht einer algorithmischen Ungleichbehandlung nachgehen, oder ihr sei eine solche bereits bekannt und sie müsste ihre Quelle entdecken und korrigieren, so könnten für die Ungleichbehandlung etwa untersensibilisierte Spezifizierungen von System- und Designzielen oder nichtrepräsentative Trainingsdaten ursächlich sein. Sie könnte aber auch aufgrund eines unglücklichen Zusammenspieles vieler verschiedener kleiner und kaum bemerkbarer mathematischer Fehloperationen, die in der algorithmischen Lernphase gelernt wurden, entstanden sein. Im ersten Fall sind potenzielle Fehlerquellen bei übersichtlicher Entwicklungsarbeit grundsätzlich kontrollierbar, erfahrbar und mittels Organisations- und Verfahrensoptimierungsmaßnahmen korrigierbar. Im zweiten Fall wären solche Maßnahmen hingegen nicht weiterführend. Einschlägig zur näheren Fehlersuche und Fehlerkorrektur wäre etwa der Einsatz von Methoden aus dem IT-Bereich, die speziell auf den Umgang mit technologischer Komplexität ausgerichtet sind. Zugegebenermaßen ist diese Trennung von Fehlerquellen simplifizierend gedacht, denn die Übergänge von sozialbedingten in technologiebedingte Fehlfunktionen können fließend sein. Die Strukturierung der Entwicklungskontexte leistet aber dennoch einen Beitrag zur Konzentration

[435] Vgl. *Käde/Maltzan*, CR 2020, 66, 71, die dies im Kontext von Haftungsfragen und der Rückverfolgbarkeit schadensverursachender Ereignisse festhalten: „Eine einheitliche Beschreibung von Handlung, Kausalität und Konsequenzen ist infolge der steigenden Komplexität sowie Interdependenzen und nichtlinearen Wirkungsketten kaum möglich. […] Rückblickend wird schwierig festzustellen sein, ob sich ein schadensverursachendes Fehlverhalten auf die ursprüngliche Programmierung, das spätere Trainieren oder auf andere Faktoren zurückführen lässt und wer letztlich die relevante Ursache gesetzt hat." Zu den Ursachen technologischer Komplexität bei maschinellem Lernen, die sich der Vorhersehbarkeit und Nachvollziehbarkeit von Fehlfunktionen versperren, siehe E.I.1.

[436] So auch *Enni/Assent*, https://arxiv.org/abs/2105.00687, 2021, 1, 2, die festhalten: „noting design choices and their rationales in humanly readable form […] enables separating errors in implementation from errors in the design of the model, thereby aiding with debugging."

der Fehlersuche und kann die Gesamtmenge der unauflösbaren Fehlfunktionen eines Lernsystems verringern.[437]

Neben der Konzentration der Fehlersuche kann die rechtliche Steuerung der Entwicklungskontexte maschinellen Lernens auch einige Grundbausteine für den Umgang mit technologischer Komplexität legen. Komplexitätsreduktion von elaborierten Lernmodellen, wie beispielsweise neuronalen Netzwerken, ist ein noch experimentelles Thema.[438] Allein schon aufgrund dieser grundsätzlichen Ambiguität kann argumentiert werden, dass die möglichst weitgehende Informationserhebung über ihre Entstehungskontexte zum Umgang mit der Technologie und ihren Komplikationen potenziell hilfreich und jedenfalls unschädlich sein dürfte. Bei solchen Lernmodellen besteht ein genereller Trade-off zwischen Komplexität und Interpretierbarkeit. Ziel ist es daher selten, erstere zu beseitigen, sondern sich dem Optimum zwischen möglichst weitgehender Interpretierbarkeit und möglichst geringer Komplexität zu nähern. Vorgehensweisen dabei sind aber häufig gerade auf Informationen über die Entstehungskontexte eines Modells angewiesen. Insbesondere gilt dies, wenn ein bereits fertiggebautes Modell sich als sehr leistungsfähig, jedoch schwer interpretierbar oder nachvollziehbar erweist. Dabei wird in der Regel nicht an dem erstellten Modell angesetzt, denn die Änderung datenbasierter Komponenten führt meist nur zu einem chaotischen Modellverhalten. Einschlägige Herangehensweisen zum Umgang mit Komplexität bestünden vielmehr darin, das Modell neu zu bauen, dabei aber stellenweise die Vorgehensweise im Unterschied zur Ursprünglichen zu verändern und zu beobachten, wie sich verschiedene Änderungen auf die globale Interpretierbarkeit und Nachvollziehbarkeit des neuen Modells im Vergleich zu seiner Leistung und im Vergleich zum alten Modell auswirken. Es geht dabei um den Versuch, Performance unter Komplexitätsreduktion aufrecht zu erhalten. Dafür ist die PIU auf umfassende Informationen über kleinste Schritte der ursprünglichen Modellierung angewiesen. Am wertvollsten dürften sich dabei aber Informationen zu Test- und Trainingsdatensätzen erweisen. Denkt man schließlich (selbst-)kontrollorientiert, so erlaubt die Beseitigung von Insidernichtwissen die Feststellung und Veränderung von Entwicklungsschritten, die komplexitätssteigernd, jedoch weder leistungssteigernd noch unvermeidbar sind.[439]

---

[437] Vgl. auch *Selbst/Barocas*, Fordham L. Rev. 2018, 1085, 1138: „While there will certainly still be strange results for which neither intuition nor documentation works today, the overall set of cases we cannot evaluate will shrink considerably with documentation available.“; *Gesellschaft für Informatik*, 2018, 171: „Die Protokollierung der Abläufe [in denen ADM-Systeme entwickelt und weiterentwickelt werden] ist notwendig, um das Gesamtverhalten des ADM-Systems zu verstehen.“

[438] S. dazu die Ausführungen unten bei E.I.2.

[439] Vgl. auch *Selbst/Barocas*, Fordham L. Rev. 2018, 1085, 1137: „a regime of documenta-

Der Beitrag algorithmischer Steuerung zum Umgang mit technologischer Komplexität liegt also in der Entdeckung und Reduktion vermeidbarer und der Konzentration der Suche auf komplexitätsbedingte Fehler, sowie der Unterstützung eines Einsatzes komplexitätsreduzierender Mechanismen. Für die PIU bestehen aktuell wenige Anreize, um Ressourcen in diese Richtung aufzuwenden, die etwa dafürsprechen würden, den Umgang mit solchen Konstellationen gänzlich ihrer Eigensteuerung zu überlassen.[440] Da sich solche Konstellationen auf der Herstellungsebene abspielen, jedoch für die Rechtmäßigkeitsprüfung von Abgleichergebnissen relevant sein können, erscheint ihre rechtliche Steuerung anhand von Dokumentationspflichten geboten. Subjektiv-rechtlich betrachtet werden dadurch der Nachweis und die Korrektur von Fehltreffern erleichtert, Scheinquellen von Ungleichbehandlungen ausgeschlossen und tatsächliche Quellen einfacher zu entdecken. Mit anderen Worten wird die Kontrollierbarkeit von potenziell darstellungsrelevanten Aspekten des PIU-Handelns und damit ein höheres Schutzniveau für die Rechte von Fluggästen geschaffen.

dd) Beitrag zur Entscheidungsrationalisierung

Bei maschinellem Lernen ist die Frage der Entscheidungsrationalität primär ein Thema korrelationsbedingten Nichtwissens. Es geht dabei darum, dass, soweit Muster auf der Basis von Korrelationen in großen Datenbeständen generiert werden, gewisse Zweifel an ihrer Qualität als Entscheidungsgrundlage bzw. Verdachtshypothese sich nicht immer auf herkömmliche Art ausräumen lassen. Dies hat eine Ungewissheit zur Folge, die sich zulasten der Plausibilität von auf Basis maschinell-erstellter Muster erzeugten Treffern und etwaigen darauf aufbauenden Folgemaßnahmen auswirken kann. Einschlägige Mechanismen zum Umgang mit solchem Nichtwissen sind solche, die eine langfristige und strukturierte Beobachtung, Reflexion und Revision algorithmischer Wissensgrundlagen und darauf gestützter Entscheidungen ermöglichen, so wie sie unter E.II.2. diskutiert werden. Ein solches Wissensbeobachtungsregime wird allerdings bereits durch die rationalisierende Steuerung der Entwicklungszusammenhänge maschinellen Lernens unterstützt.[441] Algorithmische Steuerung könnte also auch einen Grundstein für den Umgang mit korrelationsbedingtem Nichtwissen legen. Die Überle-

---

tion leaves open the possibility of developing other ways of asking whether this was a well-executed project, including future understanding of what constitutes best practice."

[440] Siehe jedoch zu den bestehenden Anreizen für die PIU zum Einsatz von möglichst nachvollziehbaren Modellen, sowie von Output- und Modelnachvollziehbarkeitsansätzen unter E.I.5.

[441] Siehe dazu unter E.II.2.a). Vgl. auch *Enni/Assent*, https://arxiv.org/abs/2105.00687, 2021, 1, 2: „noting design choices and their rationales […] can be used to anchor explanations of model behaviour later on in the process".

gungen hier ließen sich vom Ansatz her einem Argumentationsstrang aus der verwaltungsrechtlichen Literatur zuordnen, der unter dem Stichwort „Richtigkeitsgewähr durch Verfahren" entfaltet wird.[442]

Zur Unterstützung der Entscheidungsrationalisierung würden sich auf Herstellungsebene konkrete rechtliche Prozess- und Verfahrensvorgaben ebenso wenig eignen, wie im Rahmen der bisher identifizierten Rationalisierungspotenziale algorithmischer Steuerung. Es würde jedoch auch nicht ausreichen, die PIU allein dahingehend zu steuern, ihre Entwicklungsprozesse lediglich wiedergabemäßig zu dokumentieren. Denn es geht bei der Frage der Rationalität algorithmischer Wissensgrundlagen nicht bloß um den Ausschluss sozialbedingter Fehlfunktionen oder die Strukturierung gesetzlicher Zweckprogramme. Vielmehr geht es um die Sicherstellung, dass die Entwicklungsprozesse maschinellen Lernens auf eine Art gestaltet wurden, die gewährleistet, dass die PIU nicht nur möglichst sozio-technisch einwandfreie, sondern auch möglichst plausible Entscheidungen generiert. Aus einer auf Insidernichtwissen bezogenen Perspektive erfordert dies zusätzlich zur wiedergebenden Dokumentation der tatsächlichen Abläufe der Entwicklungsverfahren auch die Dokumentation der Begründung der jeweiligen Modellannahmen in allen Phasen der Entwicklung. Mit anderen Worten reicht nicht nur die Erklärung, *wie* im Rahmen der Entwicklungsprozesse gehandelt wurde; hinzukommen muss auch die Erklärung, *warum* so gehandelt wurde. Beispielsweise, warum der Trainingsdatensatz für ein bestimmtes Muster so zusammengestellt wurde, welche statistischen Signifikanzen dieser Entscheidung zugrunde gelegt wurden und warum diese für eine möglichst plausible Klassifizierung von Fluggästen einschlägig sein sollen. All dies sind subjektive Einschätzungen, die im Entwicklungsprozess getroffen werden und ohne eine informationelle Begleitung nebulös bleiben.[443]

---

442 Dies gilt jedenfalls soweit „richtig" in diesem Sinne nicht als „einzig richtig" oder „fehlerfrei", sondern als „möglichst qualitativ" verstanden wird. Eine kritische Auseinandersetzung mit dem Argumentationsstrang einer „Richtigkeitsgewähr durch Verfahren" findet sich bei *Hilbert*, DV 51 (2018), 313, 334: „Die Vorstellung einer Richtigkeitsgewähr durch Verfahren ist verbreitet. Was damit genau gemeint sein soll, ist weder konsentiert, noch wirklich klar." Er diskutiert „Richtigkeitsgewähr" als die „(beschränkte) Leistung des Verfahrens zur Steigerung der Chance rationalen Verwaltungshandelns" und kritisiert deshalb auch die zu weitreichende Wortwahl einer Richtigkeits*gewähr*, 345. Die Brücke zur Entscheidungsrationalität schlägt er wie folgt, 346: „Bei all diesen Vorbehalten gegenüber Richtigkeitsansprüchen darf aber nicht übersehen werden, dass hinter der Rede von der ‚Richtigkeitsgewähr' ein Gedanke steckt, der trotz der genannten Abschwächungen aufrechterhalten werden kann und an die Stelle der ‚Richtigkeitsgewähr' treten sollte, nämlich die angestrebte ‚*Rationalität*' von Entscheidungen. Der Wunsch nach ‚Rationalität' steht hinter der Idee der ‚Richtigkeitsgewähr'."

443 *Selbst/Barocas*, Fordham L. Rev. 2018, 1085, 1137: „Having to account for all the decisions made in the process of project inception and model development should reveal subjective judgments that can and should be evaluated. […] In most cases, these decisions would not be

Indem eine solche begründungsbezogene rechtliche Steuerung die Generierung eines weiteren Teils der informationellen Grundlage absichert, trägt sie erneut zum höheren Schutzniveau von Fluggastdatenrechten bei und erhöht die Kontrolldichte hinsichtlich der PIU-Tätigkeit, denn dadurch ist nicht mehr allein kontrollierbar was sie im Rahmen der Entwicklung macht, sondern auch warum sie es so macht und inwiefern sie sich dabei von plausiblen Überlegungen leiten ließ. An dieser Stelle kann die Frage, in welchem Kontrollrahmen die Darstellung von Mustern, Treffern und Folgemaßnahmen als plausibel maßgeblich wird, noch offengelassen werden.[444]

Schließlich kann der hier erwogene Beitrag algorithmischer Steuerung zur Rationalisierung von Entscheidungen auch unter Gesichtspunkten der Rationalisierung der Gestaltungsspielräume der PIU gesehen werden.[445] Konkret ginge es um die Gestaltungsspielräume in § 4 Abs. 2 Satz 2 FlugDaG (Spielraum bei der individuellen Überprüfung, ob ein Treffer richtig ist), § 4 Abs. 4 FlugDaG (Spielraum bei der Entwicklung von [möglichst] richtigen Mustern als maschinell-generierte Entscheidungsgrundlagen) und § 6 Abs. 1 FlugDaG (Spielraum bei der Entscheidung, ob sich ein Treffer als Indiz für Folgemaßnahmen eignet).

ee) Determinierung der Organisation des Musterabgleichs

Die rechtliche Umhegung innerbehördlicher Entwicklungsprozesse zwecks Nichtwissensbeseitigung könnte sich auch auf die institutionelle und personelle Organisation der Fluggastdatenverarbeitung erstrecken. Bei einem organisationsrechtlichen Ansatz zur algorithmischen Steuerung ginge es nicht um den Einsatz konkreter Mechanismen, die der Entstehung von Insidernichtwissen vorbeugen, sondern um die normative Ausgestaltung der personellen und organisatorischen Grundbedingungen, welche die rationale Bewältigung dieser Aufgabe

---

immediately readable from the model. [...] Documentation will help because it provides a different way of connecting the model to normative concerns.“

[444] S. dazu aber weiter unten, D.II.2.c). und E.II.1.c).cc).

[445] Die Eröffnung von Gestaltungsspielräumen kann als ein weiteres Indiz für ein Gebot rechtlicher Steuerung gesehen werden, s. dazu etwa *Trute*, in: Schmidt-Aßmann/Hoffmann-Riem (Hrsg.), 2004, 292, 313: „Regelmäßig liegen den Entscheidungen [bei denen sich rationalisierende Zugriffe auf den Herstellungszusammenhang aus normativen Gründen als notwendig erweisen] erhebliche Gestaltungsspielräume der Verwaltung zugrunde, die entweder aus der Perspektive zureichender gerichtlicher Kontrolle weiter rationalisiert werden müssen oder die eine Eigenstabilisierung der Verwaltung anzielen.“; *Franzius*, in: Voßkuhle/Eifert/Möllers (Hrsg.), ³2022, § 4, Rn. 27: „Ein Herzstück der steuerungsorientierten Verwaltungsrechtswissenschaft stellt das Denken in Optionen dar.“; *Hoffmann-Riem/Pilniok*, in: Voßkuhle/Eifert/Möllers (Hrsg.), ³2022, § 12, Rn. 165: „Gerade bei Ermächtigungen zu diskretionärem Handeln ist das Verfahren als Qualitätsgarant der Optionenwahl einsetzbar und unverzichtbar.“

gewährleisten.[446] Beispielsweise macht es einen Unterschied, ob das BKA, das BVA oder das BKA in seiner Funktion als PIU die Entwicklungskontexte maschinellen Lernens gestaltet. So ist die klare funktionale Trennung zwischen dem BKA in seiner Rolle als PIU und als Gefahrenabwehrbehörde gerade deshalb zur Eindämmung des oben erwähnten sicherheitspolitischen Leistungsdrucks geeignet, weil sie die organisationsinternen Kommunikationsräume beschränkt.[447] Wie das Kapitel zu den Regelungsstrukturen der Fluggastdatenverarbeitung zeigt, geht es bei der Ausgestaltung der personellen und organisatorischen Strukturen des Sachbereichs um die richtige Mischung aus Sachverstand, Weisungsgebundenheit und Unabhängigkeit der tätigen Akteure, die die Produktion von Wissen und einen Umgang mit organisatorischer, fachlicher und technischer Komplexität ermöglicht.[448]

Das FlugDaG enthält organisationsbezogene Herstellungsregelungen, die unmittelbar die Mustererstellung betreffen und dadurch die Prämissen und den Rahmen für ihre materielle Programmsteuerung schaffen.[449] Bemerkenswert sind insbesondere die Auftragsverarbeitung durch das BVA in § 1 Abs. 3 FlugDaG, sowie die Involvierung bestimmter Akteure bei der Mustererstellung in § 4 Abs. 3 FlugDaG (verschiedene Sicherheitsbehörden, PIU-Mitarbeiter, Datenschutzbeauftragte). Damit wird der Raum für PIU-interne Interaktionen auch über das Ob und Wie eines Einsatzes maschinellen Lernens rechtlich determiniert. Gerade diese Interaktionen und deren informationelle Begleitung sind für die Bewältigung von Insidernichtwissen maßgeblich. Die rechtlich determinierte Involvierung von Behörden mit kriminologischer Expertise (BKA), technologischer Expertise (BVA) und technologischen Infrastrukturkapazitäten (ITZBund)[450] soll funktionsgerechte und organisationsadäquate (rationale) Bedingungen auch bei dem Einsatz der Technologie gewährleisten. Die dadurch rechtlich gleichzeitig vorgegebene Involvierung von IT-Experten lässt die Annahme zu, dass diese die Risiken von Insidernichtwissen kennen und deshalb in der Lage sind, adäquate Vorkehrungen zu seiner Bewältigung zu treffen.[451] Freilich mindert dies nicht die

---

[446] *Trute*, in: Schmidt-Aßmann/Hoffmann-Riem (Hrsg.), 2004, 292, 321: „Das Organisationsrecht ist per se […] auf den Herstellungszusammenhang bezogen, weil es den Akteur konstituiert, der die verwaltungsrechtlichen Entscheidungen trifft."

[447] S. dazu bereits oben B.II.2. und dabei insb. Fn. 57. Vgl. dazu auch *Trute*, in: Schmidt-Aßmann/Hoffmann-Riem (Hrsg.), 2004, 292, 306: „Recht vermag das Verhalten von Organisationen in einem instrumentellen Sinne nicht zu determinieren, wohl aber den Spielraum für organisationsinterne Kommunikationen zu beeinflussen."

[448] Siehe B.III.

[449] Zu dieser Funktion von Regelungsstrukturen s. *Schmidt-Aßmann*, 2006, 22.

[450] Dessen Involvierung nicht im FlugDaG, jedoch in der Gesetzesentwurfsbegründung festgelegt ist, BT-Drs. 18/11501, 24.

[451] Die Erforderlichkeit von Systeminsidern mit informationstechnologischer Expertise bei

Notwendigkeit einer rechtlichen Absicherung solcher Vorkehrungen, lässt aber jedenfalls an der Stelle der personellen und institutionellen Organisation der PIU Vorwürfe unzureichender Rationalitätssicherung schwer zu. Die aus einem Zusammenspiel legislativer Fremd- und administrativer Eigensteuerung entstandenen Regelungsstrukturen der Fluggastdatenverarbeitung lassen daher nicht darauf schließen, dass der Sachbereich irrational organisiert ist, etwa weil es bei den Arrangements an der notwendigen Problemlösungsfähigkeit fehlen würde. Im Gegenteil zeichnet sich dabei ein komplexes und durchdachtes Arrangement ab, das insbesondere bezogen auf die Mustererstellung einen ausgewogenen Einsatz von qualifiziertem Personal ermöglicht, dem eine Sensibilisierung für die Probleme des Insidernichtwissens nicht von Grund auf abgesprochen werden kann.[452] Die Regelungsstrukturen der Fluggastdatenverarbeitung leisten daher bereits einen Umgang mit Insidernichtwissen.

Weitergehende rechtliche Vorgaben, etwa die Involvierung bestimmter Akteure bei konkreten Modellierungsschritten oder die Festlegung von Mindestmaßen an personaler Besetzung der PIU und professioneller Qualifikation ihrer Mitarbeiter, erscheinen daher nicht geboten und sind auch verfassungsrechtlich nicht vorgegeben.[453] Daran ist nichts zu bemängeln, denn das Recht kann an dieser Stelle schwer zusätzlich determinieren, ohne dabei die Gefahr zu laufen, zu weit in exekutive Autonomiebereiche vorzudringen, dabei jedoch mangels überlegenen Wissens keinen ersichtlichen Rationalitätszugewinn, sondern im schlimmsten Fall das Gegenteil zu erreichen.

ff) Legitimationssteigerung

Das BKA in seiner Rolle als PIU ist als eine dem BMI direkt nachgeordnete Bundesoberbehörde mit spezialisierter, praktisch und theoretisch begründeter Expertise im Bereich der Straftatenverhütung etwaigen Legitimationszweifeln nicht ohne eine vertiefte und komplexe Bewertung auszusetzen. Im Sicherheitsbereich zeichnet sich dennoch, insbesondere mit Blick auf normativ wenig determinierte Vorfeldbefugnisse wie die im FlugDaG, eine zunehmende Kritik an der theoretisch zwar gegebenen, faktisch jedoch fehlenden demokratischen Steuerungs- und Kontrollfunktion des Rechts aus.[454] Die vertiefte Auseinandersetzung mit diesem Thema im Fall der PIU würde jedoch sowohl den Rahmen der Arbeit

komplexeren Datenverarbeitungsmaßnahmen betont auch das BVerfG im Urt. v. 19.5.2020 – 1 BvR 2835/17, Rn. 285.

452 S. dazu B.III. mit einem Hinweis auf Trainingsprogramme des PIU-Personals in Fn. 130.

453 Vgl. auch das BVerfG, Urt. v. 19.5.2020 – 1 BvR 2835/17, Rn. 180: „Der Gesetzgeber kann zwischen verschiedenen organisationsrechtlichen Ausgestaltungen wählen […].“

454 Zu dieser Kritik, bezogen auf „Faktische Defizite des Legitimationskonzepts“ im Bereich der Sicherheitsbehörden aufgrund von schwacher Gesetzesbindung, fehlender interner

sprengen, als auch den thematischen Schwerpunkt auf Nichtwissen bei maschinellem Lernen verfehlen.[455] Eine Positionierung zu etwaigen Legitimationsdefizitvorwürfen und der Frage einer insgesamt (nicht) hinreichenden demokratischen Legitimation der PIU wird daher nicht vorgenommen. Stattdessen ist hier lediglich festzuhalten, dass ein Rechtsgebot der algorithmischen Steuerung auch eine Legitimationssteigerung der Tätigkeit der PIU bewirken kann, unbeschadet der Frage, ob diese tatsächlich notwendig ist. Die rationalisierende Funktion algorithmischer Steuerung wird hier also auch unter Gesichtspunkten der Legitimationssteigerung gedacht.

Zur demokratischen Legitimation der PIU-Tätigkeit würde algorithmische Steuerung beitragen, indem sie das Zweckprogramm von § 1 Abs. 1 Satz 2 FlugDaG durch normative Strukturierungsanreize begleitet und die Gewährleistung der Rationalität von Entscheidungen und Entscheidungsgrundlagen der PIU unterstützt. In Anbetracht der derzeit normativ weitgehend indeterminierten technologischen Entwicklungsprozesse würde deren gesetzliche Steuerung mittels informationeller Begleitungspflichten unmittelbar legitimitätssteigernd wirken. Bei der Rationalitätsgewährleistung geht es dagegen um einen kompensatorischen Ausgleich zwischen Input- und Output-Legitimation: Soweit die PIU zur Bewältigung ihrer Aufgaben neues und komplexes Wissen generieren muss und dabei weitgehend frei von rechtlichen Irritationen ist, würden rechtliche Vorkehrungen zur Gewährleistung einer möglichst hohen Plausibilität des PIU-Wissens als Grundlage ihrer Entscheidungen das Legitimationsniveau des gesamten rechtlichen Auftrages der Behörde erhöhen.[456] Den deutlichsten Beitrag zur Legitimationssteigerung der PIU-Tätigkeit bewirkt allerdings die Gewährleistung der Kontrollierbarkeit ihrer technologischen Entwicklungsprozesse, da Kontrolle die wesentlichste Rolle zur Legitimierung von anhand großer normativer Freiräume operierender exekutiver Tätigkeit spielt.

Aufsicht und mangelnder parlamentarischer Verantwortlichkeit der ministeriellen Spitze, s. insb. *Bäuerle*, vorgänge 204 (2013), 29 ff.

[455] Zu der Schwierigkeit der Feststellung eines „hinreichenden" Legitimationsniveaus in einem bestimmten exekutiven Bereich s. *Schmidt-Aßmann*, 2006, 30. S. auch *Trute*, in: Voßkuhle/Eifert/Möllers (Hrsg.), ^{3}2022, § 9, Rn. 14, demzufolge es dabei insb. auf eine normative Bewertung empirischer Wirkungszusammenhänge ankommt, was hier nicht geleistet werden kann.

[456] Output-Legitimation wird hier also als die „wünschbare Qualität von Entscheidungen" verstanden, s. dazu und zu den Unklarheiten des Konzepts der Output-Legitimation, *Trute*, in: Voßkuhle/Eifert/Möllers (Hrsg.), ^{3}2022, § 9, Rn. 53. Zur Wirksamkeit und Funktionsgerechtigkeit von durch die Verwaltung gefundenen Lösungen als Legitimationsfaktor ihrer Tätigkeit s. *Hill*, DÖV 2017, 433, 441.

d) Zwischenergebnis

Im Ergebnis bestehen mehrere Anhaltspunkte, die für einen zurückhaltend steuernden Ansatz des Rechts bei den Herstellungsbedingungen der PIU-Entscheidungen sprechen und daher die Annahme einer rechtlichen Bedeutung von Insidernichtwissen stützen. Anderenfalls setzt sich die PIU bei einem Einsatz maschinellen Lernens der Gefahr sachwidriger sicherheitspolitischer Einflüsse, ergebnisloser Fehlersuche und Komplexitätsbewältigung, erhöhter Zweifel an der Qualität ihrer Wissensproduktion, sowie Vorwürfen unzureichender Kontrollierbarkeit ihrer Tätigkeit aus. Was die Ausgestaltung eines rechtlichen Steuerungsansatzes angeht, erweisen sich detaillierte Verfahrens- und Organisationsgestaltungregelungen als nicht zielführend. Es ist nicht davon auszugehen, dass solche rechtlichen Vorgaben einen leistungsfähigeren Umgang mit Insidernichtwissen gewährleisten würden, als wenn solche Einzelheiten den im Fluggastdatenbereich tätigen sachkundigen Behörden überlassen werden. Gleichzeitig würden sie ein weitreichendes rechtliches Eindringen in grundsätzlich der exekutiven Eigensteuerung zu überlassende innerbehördliche Freiräume darstellen. Angesichts der Komplexität und Dynamik der Thematik erweisen sich stattdessen Regelungen zur informationellen Begleitung und Begründung der Entwicklungsprozesse der PIU als zielführender. Vorsichtig ausgestaltet könnten solche Regelungen die PIU zur übersichtlichen Verfahrens- und Organisationsgestaltung anleiten und damit die Bewältigung von Insidernichtwissen und den dieses begleitenden, sowie darüber hinausgehenden rechtlich relevanten Risiken gewährleisten, ohne ihr dabei komplizierte, flexibilitätsreduzierende und innovationshemmende Verhaltensaufträge aufzuzwingen. Das nächste Kapitel widmet sich der Tragfähigkeit und der konkreteren Ausgestaltung solcher Regelungen als rechtliche Mechanismen zum Umgang mit Insidernichtwissen.

2. Rechtlicher Umgang

Eine Pflicht zur informationellen Begleitung der Entwicklungsprozesse maschinellen Lernens gebietet die Beseitigung von Insidernichtwissen nicht unmittelbar. Wenn die PIU dadurch aber etwa dazu angehalten ist, die Überlegungen hinter der Zusammenstellung eines Trainingsdatensatzes oder ihre Entscheidung für einen bestimmten Algorithmus zu begründen und diese Begründung zu dokumentieren, wird sie dahingehend gesteuert.[457] Denn um solchen Verpflichtungen nachzukommen müsste sie ihre Entwicklungsprozesse strukturieren, Entwick-

---

[457] Zum von der allgemeinen Aktenführungspflicht ausgehenden Rationalisierungsdruck für den Herstellungszusammenhang, s. *Trute*, in: Schmidt-Aßmann/Hoffmann-Riem (Hrsg.), 2004, 292, 309.

lungsentscheidungen ausgiebig hinterfragen und diese möglichst sorgfältig treffen. Von solchen Steuerungseffekten ist spätestens dann auszugehen, wenn bestimmte Kontrollarrangements ins Spiel gebracht werden.[458]

Die Tragfähigkeit eines solchen rechtlichen Ansatzes wird zunächst anhand ähnlicher und bereits etablierter herstellungsorientierter Mechanismen, die vorwiegend im Rahmen des Datenschutzrechts entwickelt wurden und sich größtenteils auch im FlugDaG wiederfinden, geprüft, a). Diesbezüglich können für den hier anvisierten Steuerungsansatz in vielerlei Hinsicht Parallelen gezogen werden. Anschließend werden Mechanismen der informationellen Begleitung der Entwicklung maschinellen Lernens in Form von Dokumentationspflichten dargestellt, b). Schließlich werden bestehende und gegebenenfalls notwendige Kontrollarrangements diskutiert, c). Gemeinsam mit den Steuerungswirkungen der Regelungsstrukturen[459] stellt diese Kombination aus Dokumentation und Kontrolle einen nach hier vertretener Auffassung zielführenden und hinreichenden Steuerungsansatz zum Umgang mit Insidernichtwissen im Kontext der Fluggastdatenverarbeitung dar.

Vorweg ist darauf hinzuweisen, dass mit Blick auf die Dokumentation und Kontrolle maschinellen Lernens umfassende und detailreiche Regulierungskonzepte entworfen werden können und teilweise bereits entworfen sind.[460] Umfassende, detailreiche oder gar zwingende Mechanismen vorzuschlagen ist jedoch nicht Anliegen dieser Arbeit. Denn es mag eines sein, ein Gebot algorithmischer Steuerung festzustellen, etwas anderes ist es allerdings, daraus zwingende Anforderungen für die Regulierung maschinellen Lernens im Sicherheitsrecht ableiten zu wollen.[461] Rechtliche Vorkehrungen mögen dem Gesetzgeber abzuverlangen sein, ihm ist aber diesbezüglich ein breiter Experimentierspielraum zuzugestehen.[462] Die nachfolgenden Ausführungen bleiben in dieser Hinsicht deshalb bewusst zurückhaltend.

---

458 Vgl. *Ladeur*, in: Voßkuhle/Eifert/Möllers (Hrsg.), [3]2022, § 21, der sich damit zwar auf den Einfluss der Öffentlichkeit als Kontrollinstrument auf die Sorgfältigkeit der Aktenführung bezieht, dessen Aussage jedoch auch bzgl. des Einflusses sonstiger Kontrollmechanismen zutreffen dürfte, Rn. 10: „Die Verfahrensschritte und ‚Sachverhalte', die sich in den Akten niederschlagen, folgen immer weniger einer Logik der Beobachtung von Fall zu Fall, sondern sie müssen reflexiv geplant und methodisch erzeugt werden."

459 Zum Beitrag der Regelungsstrukturen im Umgang mit Insidernichtwissen siehe oben in diesem Abschnitt, 1.c).ee).

460 Siehe das detaillierte Regulierungsschema des AI-Acts, COM(2021) 206 final, Annex IV on Technical Documentation und Annex VI und VII on Assessment. Siehe auch die Literaturnachweise unten bei b). und c).

461 So mit Blick auf Steuerungs- und Kontrolldefizite in der Polizeiorganisation, *Trute*, in: Erbguth/Müller/Neumann (Hrsg.), 1999, 403, 424.

462 Ebd. Siehe auch *Hilbert*, DV 51 (2018), 313, 348: „Das ‚passende' oder ‚angemessene'

a) Parallelen zu herstellungsorientierten datenschutzrechtlichen Mechanismen

Ein Stück weit schlägt der Gesetzgeber mit einigen Regelungen im FlugDaG einen herstellungsorientierten Ansatz ein. § 4 Abs. 3 Sätze 1, 6, 7 und 8 FlugDaG enthalten Anforderungen an die Organisation und das Verfahren der Mustererstellung und regeln dabei auch einzelne Kontrollmechanismen dieses Verfahrens. Auch die in Abs. 4 normierte Analyse regelt eine entscheidungsgenerierende Praxis und ist daher als herstellungsorientierte Regelung zu begreifen, wenngleich sie vom Gesetzgeber vermutlich weniger als solche methodisch reflektiert wurde, sondern vielmehr als eine Umsetzung datenschutzrechtlicher Normierungsanforderungen der Rechtsprechung.[463] Weiterhin sind in § 14 und § 15 FlugDaG Protokollierungs- und Dokumentationspflichten normiert. Sowohl diese als auch die in § 4 Abs. 3 Satz 1 und 8 FlugDaG normierten Kontrollen visieren die Mustererstellung allerdings zu sehr als ein Datenverarbeitungs- und nicht hinreichend als ein Wissensgenerierungsverfahren an. Sie operieren derzeit gänzlich datenschutzorientiert und beziehen sich primär auf die Kontrolle und Nachvollziehbarkeit der Verarbeitung einzelner Datensätze.[464] Das Datenschutzrecht, der einzelne Datensatz und seine Verarbeitung spielen bei der Steuerung maschinellen Lernens allerdings eine vergleichsweise marginale Rolle, jedenfalls soweit ein Datensatz rechtmäßig erhoben und im Rahmen der Erhebungszwecke weiterverarbeitet wird.[465] Wie in den verbleibenden Teilen dieses Abschnitts erörtert wird, sind Datenschutzbeauftragte, die ihren Kontrollen dienende Protokollierung nach § 14 Satz 1 FlugDaG i. V. m. § 76 BDSG, sowie die Dokumentation der Angaben in § 15 Abs. 2 FlugDaG nicht in der Lage, die sozio-technische Komplexität von maschinellem Lernen zu erfassen und erst recht nicht, sie in Richtung der Nichtwissensbewältigung zu steuern.[466] Die im FlugDaG vorhandenen Mechanismen dahingehend auszulegen und auszudehnen, würde ihre Genese, den Sinn und Zweck sowie den Gesetzeswortlaut komplett ignorieren.[467] Auch die Tatsache, dass diese Vorschriften ersichtlich die vom

---

Verfahrensarrangement zu finden ist eine äußerst schwierige, rechtspolitische Entscheidung (die als solche revidiert werden kann) und die keinesfalls für alle Verfahrenstypen und Lebensbereiche einheitlich getroffen werden sollte (und nicht wird)."

463 Zum datenschutzrechtlichen Normierungserfordernis der Analyse s. D.I.1.c).bb).(1).(d).

464 Auch der EuGH fordert lediglich die Dokumentation der Verarbeitung einzelner Datensätze, EuGH, C-817/19, Rn. 207, wenngleich er die diesbezüglichen Anforderungen der PNR-RL dahingehend präzisiert, dass sich die Dokumentation auch auf die individuelle, nicht automatisierte Überprüfung einzelner Treffer beziehen muss.

465 S. dazu ausf. oben D.I.1.c).

466 Siehe insb. 2.c).

467 So zu datenschutzrechtlichen Dokumentations- und Protokollierungspflichten *Martini*, 2019, 261 ff., der anhand einer historischen Analyse zum Schluss kommt, dass der DSGVO-Gesetzgeber solche Pflichten bewusst restriktiv konzipiert hat und sie daher nicht mittels erwei-

BVerfG im Kontext des Datenschutzes entwickelten, detailreichen Maßstäbe (teilweise wortgleich) umsetzen, zeigt, dass der Gesetzgeber dabei hauptsächlich dem Datenschutz Rechnung tragen wollte und nicht beabsichtigte, damit auch technologische Entwicklungsprozesse zu steuern. Nichtsdestotrotz wurden solche Mechanismen in der Rechtsprechung zu polizeilichen Datenverarbeitungen gerade aufgrund ihrer rationalisierenden und strukturierenden Wirkung von anderenfalls sich vollständig im Inneren der Behörde vollziehenden Entscheidungen gefordert. Insoweit kann die Parallele für die nachfolgenden Überlegungen einer herstellungsorientierten Steuerung maschinellen Lernens instruktiv sein.

In seinem *BND-Urteil*[468] hält das BVerfG zunächst die Notwendigkeit von herstellungsorientierten Regelungen für die, ebenso wie der Musterabgleich anlasslos geregelte, strategische Überwachung fest: „Als nur final angeleitete Befugnis hat [der Gesetzgeber] sie dafür aber an Verfahrensregelungen zu binden, die die Ausrichtung auf die jeweiligen Zwecke rationalisierend strukturieren und damit auch kontrollierbar machen."[469] Was die gesetzliche Festlegung einzelner Schritte der Datenauswertung angeht, reicht es dem BVerfG zufolge, wenn der Gesetzgeber die wesentlichen Grundlagen vorgibt und die nähere Strukturierung im Übrigen zur Regelung durch Binnenrecht aufgibt, das jedoch einer unabhängigen objektivrechtlichen Kontrolle unterliegen muss.[470] Die generelle Notwendigkeit einer solchen Kontrolle betont das Gericht mit Blick auf den Verhältnismäßigkeitsgrundsatz und den Ausgleich für zurückgenommene Transparenz und individuelle Rechtsschutzmöglichkeiten.[471] Speziell wird sie bezüglich der Auswahl

ternder Auslegung auf die Entwicklungsverfahren von Lernsystemen bezogen werden können. Seine Ausführungen lassen sich auf die entsprechenden Vorschriften der im Sicherheitsrecht geltenden JI-RL, die wiederum mit den Vorschriften im FlugDaG verknüpft sind, übertragen. S. dazu auch 2.b).

468 BVerfG, Urt. v. 19.5.2020 – 1 BvR 2835/17. Eine Parallelenziehung zu Maßstäben, die das BVerfG für Nachrichtendienste herausgearbeitet hat, erscheint deshalb angebracht, weil das BKA in seiner Rolle als PIU ebenfalls über keine operativen Maßnahmenbefugnisse verfügt, sondern Informationen sammelt und auswertet. In dem Fall behandelt das BVerfG das BKA entsprechend den Nachrichtendiensten, siehe BVerfG, Beschl. v. 10.11.2020 – 1 BvR 3214/15, Rn. 123 u. Rn. 126.

469 BVerfG, Urt. v. 19.5.2020 – 1 BvR 2835/17, Rn. 179.

470 BVerfG, Urt. v. 19.5.2020 – 1 BvR 2835/17, Rn. 192. Zu solchen „wesentlichen Grundlagen" gehören das Gebot einer unverzüglichen Auswertung der erfassten Daten, die Geltung des Verhältnismäßigkeitsgrundsatzes bei der Auswahl der Suchbegriffe, Regelungen zum Einsatz von eingriffsintensiven Methoden der Datenauswertung, insbesondere komplexe Formen des Datenabgleichs, die Beachtung der grundgesetzlichen Diskriminierungsverbote und „gegebenenfalls auch der Einsatz von Algorithmen". Zur Bewertung dieser letzten Anforderung unter Bestimmtheitsgesichtspunkten s. oben D.I.1.e).aa).

471 BVerfG, Urt. v. 19.5.2020 – 1 BvR 2835/17, Rn. 265 f. Die Rechtsschutzmöglichkeiten beim Musterabgleich sind allerdings nicht zurückgenommen, s. dazu bereits D.I.1.c).aa).(2).

der für die Überwachung erforderlichen Übertragungswege und Suchbegriffe betont,[472] woraus eine Parallele für ein Erfordernis der unabhängigen Kontrolle der Auswahl von Mustern gezogen werden kann, die bei einer maschinellen Erstellung schwer umzusetzen ist, ohne zugleich die zugrunde liegenden technologischen Entwicklungsprozesse zu kontrollieren. Bezüglich Einzelheiten der Kontrolle lässt sich jedoch nur zum Teil eine Parallele zum BND-Urteil ziehen. Dies gilt jedenfalls für die vom BVerfG verlangte gerichtsähnliche Kontrolle, welche die verminderten nachträglichen Rechtsschutzmöglichkeiten gegen Maßnahmen des BND zu kompensieren hat.[473] Denn eine solche Kontrollinstanz wurde vornehmlich aufgrund der beim Musterabgleich nicht vorliegenden[474] Heimlichkeit der Datenverarbeitung gefordert. Soweit das Gericht eine *kontinuierliche, unabhängige Rechtskontrolle administrativen Charakters* als Kompensation der nur final angeleiteten, weiten Handlungsmöglichkeiten des BND zwecks verfahrensmäßiger Rationalisierung seiner gesetzlichen Ziele fordert, findet sich die Parallele zu den technologischen Entwicklungstätigkeiten der PIU wieder.[475] Einer solchen Kontrollinstanz muss es möglich sein, eigeninitiativ stichprobenmäßig den gesamten Prozess der Maßnahme auf seine Rechtmäßigkeit zu prüfen – sowohl Einzelentscheidungen und Verfahrensabläufe als auch die Gestaltung der Datenverarbeitung sowie der hierfür verwendeten technischen Hilfsmittel.[476] Indem das BVerfG die administrative Rechtskontrolle auf die Gestaltung der Datenverarbeitungstechnologien bezieht, verknüpft es die Rechtmäßigkeit der strategischen Telekommunikationsüberwachung mit der verfahrensmäßigen Rationalität der ihr zugrunde liegenden technologischen Abläufe. Der administrativen Kontrollinstanz muss keine abschließende Entscheidungsbefugnis zukommen, vielmehr reicht insoweit ein Beanstandungsrecht, wobei bei grundlegenden Rechtsfragen die Möglichkeit gerichtlicher Klärung bestehen muss.[477] Im Übrigen bleibt der Gesetzgeber frei, etwa bezüglich des Ineinandergreifens verschiedener Kontrollkompetenzen, der Einrichtung verselbstständigter Kontrollinstazen und der institutionellen Integration. Auch bezüglich der personellen und professionellen Ausstattung bestehen große Spielräume, soweit jedenfalls Kontrollinstanzen fachlich kompetent und professionalisiert sind. Diesbezüglich betont das Gericht jedoch insbesondere die Erforderlichkeit von Kontrolleuren

[472] BVerfG, Urt. v. 19.5.2020 – 1 BvR 2835/17, Rn. 182.
[473] BVerfG, Urt. v. 19.5.2020 – 1 BvR 2835/17, Rn. 275.
[474] S. dazu D.I.1.c).aa).(2).
[475] Zum im Folgenden dargestellten Kontrollmaßstab s. BVerfG, Urt. v. 19.5.2020 – 1 BvR 2835/17, Rn. 276 u. 281 f.
[476] BVerfG, Urt. v. 19.5.2020 – 1 BvR 2835/17, Rn. 276.
[477] Ebd.

mit informationstechnischen Kenntnissen.[478] Was die *informationelle Begleitung* angeht, ist der Kontrollinstanz umfassend Zugang zu allen Unterlagen zu verschaffen, was eine Protokollierung der verschiedenen Schritte der Datenverarbeitungsmaßnahmen in einer Weise verlangt, die eine wirksame Kontrolle ermöglicht.[479] Den Umgang mit (Insider)Nichtwissen anhand solcher Mechanismen könnte das Gericht indirekt betont haben, indem es „insbesondere die Sicherstellung [der] grundsätzlichen Nachvollziehbarkeit [eines Einsatzes von Algorithmen] in Blick auf eine unabhängige Kontrolle" durch gesetzliche Vorkehrungen verlangt.[480] Dies gilt jedenfalls, soweit die Aussage zur „Nachvollziehbarkeit von Algorithmen" auch auf die Nachvollziehbarkeit ihrer Entwicklungsverfahren bezogen wird, was keine Selbstverständlichkeit ist.

Im Beschluss zu den *automatisierten Kennzeichenkontrollen*[481], einer ebenso wie der Musterabgleich präventiv-polizeilichen automatisierten Abgleichbefugnis, beanstandet das Gericht das Fehlen einer Pflicht zur *nachvollziehbaren und überprüfbaren Dokumentation der Entscheidungsgrundlagen* für den Einsatz der Maßnahme. Die rechtliche Daseinsberechtigung einer solchen Verpflichtung begründet das Gericht mit der Tatsache, dass die Maßnahme verdeckt durchgeführt wird, grundsätzlich auch im Trefferfall dem Betroffenen gegenüber nicht begründet wird und die Entscheidung über die Kennzeichenerfassung sich allein im Inneren der Behörde vollzieht.[482] Bis auf die verdeckte Durchführung liegen diese Voraussetzungen auch beim Musterabgleich vor. Dabei betont das Gericht erneut die rationalisierende und mäßigende Funktion solcher Pflichten: Für die Entscheidung durch die Behörde selbst, wenn sie sich über ihre Entscheidungsgrundlagen Rechenschaft ablegen muss, für die Ermöglichung einer aufsichtlichen Kontrolle durch den Datenschutzbeauftragten und für die Erleichterung der verwaltungsgerichtlichen Kontrolle. Insoweit argumentiert das Gericht auch hier hauptsächlich aus einer Datenschutzperspektive, erstreckt die Dokumentationspflicht jedoch auch auf Herstellungsaspekte der behördlichen Arbeit, die an sich keine datenschutzrechtliche Relevanz aufweisen, wie etwa die Voraussetzungen für die Annahme bestimmter Lageerkenntnisse, welche die Durchführung der Maßnahme ermöglichen, und die Auswahl der einbezogenen Fahndungsbestände.[483]

Die Notwendigkeit von aufsichtlichen Kontrollen, Dokumentations- und Protokollierungspflichten hält das BVerfG weiterhin in seinen Entscheidungen zum

---

478 BVerfG, Urt. v. 19.5.2020 – 1 BvR 2835/17, Rn. 285.
479 BVerfG, Urt. v. 19.5.2020 – 1 BvR 2835/17, Rn. 291.
480 BVerfG, Urt. v. 19.5.2020 – 1 BvR 2835/17, Rn. 192.
481 BVerfGE 150, 244.
482 BVerfGE 150, 244, 302 f.
483 BVerfGE 150, 244, 303.

BKAG,[484] *ATDG*[485] und der *Vorratsdatenspeicherung*[486] ähnlich fest, es kann insoweit also von einer ständigen Rechtsprechung ausgegangen werden. In den BKAG- und ATDG-Entscheidungen legt das Gericht zusätzlich ein Höchstmaß von zwei Jahren für die Abstände zwischen aufsichtlichen Kontrollen fest und fordert Berichtspflichten als zusätzliches Kontrollinstrument.[487] Im ATDG-Urteil äußerte sich das BVerfG zu der auch im Fall der PIU-Entwicklungsverfahren naheliegenden Konstellation, dass die behördliche Praxis auf eine konkretisierende und standardisierende Dokumentation ihrer internen Vorgehensweise tatsächlich angelegt war, der Gesetzgeber jedoch entsprechende Verpflichtungen unterlassen hatte und diese Praxis daher nach außen nicht sichtbar war.[488] Als Ausgleich für die Offenheit und Konkretisierungsbedürftigkeit von bestimmten Datenaufnahmevorschriften, deren Anwendung in der Regel von den Betroffenen nicht wahrgenommen und gerichtlich überprüft werden konnte, weshalb gerichtliche Kontrollen als Begrenzung der unbestimmten Befugnisnormen nicht in Betracht kamen, sollten im Einzelfall maßgebliche Vorgaben und Kriterien dokumentiert und veröffentlicht werden.[489] Das BVerfG forderte die gesetzliche Festlegung solcher Pflichten auch hier mit dem Zweiklang der Einhegung weiter behördlicher Befugnisse und rationalisierender Kontrollen.[490]

Sämtliche dieser Maßstäbe, wenngleich überwiegend auf das Datenschutzrecht bezogen, bewegen sich konzeptionell weitgehend auf einer Linie mit dem Ergebnis des vorherigen Abschnitts, wonach zum Umgang mit Insidernichtwissen nicht detaillierte Verfahrens- und Organisationsgestaltungregelungen, sondern die kontinuierliche, kontrollermöglichende informationelle Begleitung und Begründung[491] der Entwicklungsprozesse der PIU geboten ist. Die hier aufgezeigten Parallelen zeigen, dass solche vorwiegend aus datenschutzrechtlicher Perspektive entwickelte Mechanismen auch im Bereich des maschinellen Lernens, in dem sich strukturell ähnliche, wenngleich deutlich komplexere Probleme stellen, tragfähig wären. Es handelt sich dabei um im Sicherheitsrecht bereits

---

[484] BVerfGE 141, 220, 284 f.

[485] BVerfGE 133, 277, 369 f.

[486] BVerfGE 125, 260, 346, wobei das Gericht hier die aufsichtliche Kontrolle noch nicht mit dem Nachdruck betont, wie in seinen nachfolgenden Entscheidungen.

[487] BVerfGE 141, 220, 285; BVerfGE 133, 277, 370 ff.

[488] BVerfGE 133, 277, 358 f.

[489] BVerfGE 133, 277, 357 f. Eine Veröffentlichungsverpflichtung zur Dokumentation der PIU-Entwicklungsverfahren wäre deutlich problematischer als im Fall des ATDG, wo es letztendlich um die Konkretisierung einzelner Datenkategorien ging. Zu den Geheimhaltungsinteressen der PIU über Details ihrer Verarbeitungstechnologien s. oben D.I.1.a).

[490] BVerfGE 133, 277, 357 f.

[491] Zu beachten ist, dass datenschutzrechtliche Protokollierungspflichten in der Regel ein Begründungserfordernis mitumfassen, s. etwa § 76 Abs. 2 BDSG.

etablierte Mechanismen, deren rationalisierende und strukturierende Wirksamkeit in Rechtsprechung und Literatur[492] grundsätzlich anerkannt ist. Nachfolgend ist ihrer Ausgestaltung mit Blick auf maschinelles Lernen konkreter nachzugehen.

b) Pflicht zur informationellen Begleitung der Entwicklungsprozesse

Eine eindeutige Unterscheidung zwischen Dokumentations- und Protokollierungspflichten lässt sich den verschiedenen Sicherheitsgesetzen nicht entnehmen.[493] Tendenziell meint die Protokollierung gewisse technische Vorkehrungen (insbesondere das sog. Logging[494]) zur informationellen Begleitung von Datenverarbeitungen, insbesondere von Erhebungen, Übermittlungen und Löschungen, im Rahmen automatisierter Verarbeitungssysteme.[495] Entsprechend normiert Art. 25 Abs. 2 JI-RL, dass Protokolle ausschließlich zur Überprüfung der Rechtmäßigkeit der Datenverarbeitung, der Eigenüberwachung, der Sicherstellung der Integrität und Sicherheit der personenbezogenen Daten sowie für Strafverfahren verwendet werden dürfen. Das Instrument wird im Sicherheitsrecht daher meist ausschließlich datenschutzrechtlich gedacht[496] und erfasst selten die informationelle Begleitung von Datenverarbeitungs*technologien*.[497] Auch Doku-

---

[492] Zur Anerkennung in der Literatur s. etwa *Burghardt/Reinbacher*, in: Wolff/Brink (Hrsg.), [43]2023, § 76 BDSG, Rn. 1, denen zufolge die Protokollierungspflicht den Verantwortlichen einerseits dazu anhält, sich über die Vornahme des protokollierungspflichtigen Datenverarbeitungsvorgangs und damit indirekt auch über die Einhaltung der jeweiligen Voraussetzungen Rechenschaft abzulegen (Disziplinierungseffekt), und andererseits die Kontrolle der Einhaltung datenschutzrechtlicher Vorgaben durch Dritte, insbesondere durch den zuständigen Datenschutzbeauftragten, sowie Gerichte ermöglicht.

[493] So verlangt etwa EG (39) der PNR-RL für die dort aufgelisteten Datenschutzzwecke eine Protokollierung *oder* Dokumentierung.

[494] *Kroll/Huey/Barocas/Felten/Reidenberg/Robinson/H. Yu*, U. Pa. L. Rev. 165 (2017), 633, 651: „One extremely straightforward and very commonly used form of dynamic program review comes from the practice of logging or recording certain program actions in a file either immediately before or immediately after they have taken place. Analysis of log messages is among the easiest and is perhaps the most common type of functional review performed on most software programs."

[495] *Arzt/M. W. Müller/Schwabenbauer*, in: Lisken/Denninger (Hrsg.), [7]2021, G., Rn. 304. Vgl. auch Normen wie § 81 Abs. 1 BKAG, das auf § 76 BDSG verweist, und § 10 Abs. 2 Nr. 6 MADG.

[496] So bezeichnet der Gesetzgeber die in der nationalrechtlichen Umsetzung dieser Vorschrift normierte Protokollierungspflicht, § 71 Abs. 1 BDGS, als „Instrument zur Berücksichtigung des Datenschutzes", BT-Drs. 19/11325, 3.

[497] Eine Ausnahme davon stellt § 82 Abs. 1 Nr. 1 BKAG dar, der für einige verdeckte und eingriffsintensive Maßnahmen die Protokollierung der zur Datenerhebung eingesetzten Mittel fordert.

mentationspflichten finden sich oft im datenschutzrechtlichen Kontext,[498] dennoch werden sie teilweise auch auf Einzelheiten von Technologien bezogen, wie § 15 FlugDaG zeigt. Dokumentation kann daher im Grunde als eine förmliche Aktenkundigkeit verstanden werden, die freilich auch auf datenschutzrechtliche Aspekte konkretisiert sein kann, aber nicht darauf beschränkt sein muss. Deshalb erscheint „Dokumentation" als die passendere Bezeichnung für die informationelle Begleitung der Entwicklungsprozesse maschinellen Lernens, während Protokollierung nachfolgend ausschließlich der Bezeichnung der automatisierten Praxis des Logging vorbehalten bleibt.[499]

aa) Dokumentation

Die Dokumentation der Entwicklungsprozesse wird in Teilen der Literatur zu maschinellem Lernen für den zentralen Ansatz zum Umgang mit Insidernichtwissen gehalten.[500] Es wird davon ausgegangen, dass sie das Fundament für den Umgang auch mit komplexitäts- und korrelationsbedingtem Nichtwissen legt.[501] Eine allgemein anerkannte, exakte Definition dessen, was eine Dokumentation im Kontext von IT-Projekten ist oder sein soll, existiert allerdings nicht,[502] und erst recht nicht im Kontext von IT-Projekten, die maschinelles Lernen entwickeln.[503]

Selbst und *Barocas* setzen sich für eine umfassende Dokumentation sämtlicher subjektiver Entscheidungen über die Entwicklung ein, etwa über die Auswahl von Outputklassen, das Sammeln und Labeln von Trainingsdaten, die Überlegungen bei der Aufteilung der Daten in Test- und Trainingsdaten, die

---

[498] S. etwa § 18 Abs. 3 Satz 3 BVerfSchG, der die Aktenkundigkeit der Datenübermittlung voraussetzt. Oft hängen Dokumentationspflichten auch mit dem Nachweis eines Kernbereichsschutzes zusammen, s. etwa § 34 Abs. 2 Satz 5 BKAG, oder mit der Begründung, warum Betroffene über Datenverarbeitungen nicht benachrichtigt, sowie Richtervorbehalte für bestimmte Maßnahmen nicht eingehalten werden konnten, s. etwa § 74 Abs. 2 Satz 5 BKAG.

[499] So auch der AI-Act, COM(2021), Annex IV (technical documentation) und Art. 12 (record-keeping). Im Folgenden wird Dokumentation als ein Oberbegriff, der auch die Praxis von Logging mitumfasst, verwendet.

[500] Siehe insb. *Selbst/Barocas*, Fordham L. Rev. 2018, 1085, 1130 ff., die Nichtwissen bei maschinellem Lernen mit „non-interpretability" adressieren. S. auch *Enni/Assent*, https://arxiv.org/abs/2105.00687, 2021, 1 ff., die von Nichtrevidierbarkeit (ML development cannot be revisited or scrutinized) sprechen.

[501] Vgl. *Selbst/Barocas*, Fordham L. Rev. 2018, 1085, 1137; *Enni/Assent*, https://arxiv.org/abs/2105.00687, 2021, 1, 2. Siehe dazu auch oben, 1.c).cc). und 1.c).dd).

[502] S. dazu *Sarre/M. Schmidt*, in: Auer-Reinsdorff/Conrad (Hrsg.), [3]2019, § 1, Rn. 529 ff., der sowohl Gesetze und Verordnungen als auch technische Normen und Begriffe aus der Fachliteratur darauf überprüft.

[503] Zu beachten sind jedoch die diesbezüglichen Regelungsentwürfe im AI-Act, COM(2021) 206 final, Annex IV on Technical Documentation.

Überlegungen bei der Auswahl bestimmter Algorithmen anstatt anderer, die Behandlung von Ausreißern innerhalb der Datenmenge sowie die Überlegungen bei nachträglichen Einstellungen von Modellen.[504] Die Dokumentation hat sich ihnen zufolge nicht nur auf die Gründe für die Wahl eines bestimmten Entwicklungsschrittes, sondern auch auf die daneben in Betracht gezogenen Optionen und die Gründe für ihre Nichtauswahl explizit zu beziehen.[505] Denn eine solche Begründung veranschaulicht den Umgang mit praktischen und normativen Hürden, den sie begleitenden Trade-offs und den die Entwicklung leitenden Werten.[506] So geht es bei der Algorithmenwahl um die Beziehung zwischen Inputs und Outputs im Kontext der konkreten Problemstellung und wie diese von Systeminsidern verstanden wird, etwa welche Muster sie innerhalb der Daten vermuten.[507] Das Kernargument von *Selbst* und *Barocas* ist, dass Dokumentation in der Lage ist, die subjektiven Entscheidungen bei der Entwicklung maschinellen Lernens in Beziehung zu den normativen Zielen des Rechts zu setzen.[508]

Instruktiv für konkrete Dokumentationsansätze und auch für die als nächstes adressierten Kontrollarrangements ist weiterhin die Literatur zu Algorithmen und Accountability. Der Accountability-Diskurs dreht sich thematisch um die Verpflichtung zur Rechenschaftslegung über die Herangehensweise an die Entwicklung algorithmischer Systeme,[509] wobei Begriffen wie „Verpflichtung“, „Rechenschaft“ und ihren Derivaten zunächst kein juristisches Verständnis zugrunde gelegt wird.[510] Zentral für den Accountability-Diskurs erweist sich die Berücksichtigung des sozio-technischen Aspekts algorithmischer Systeme bei der Konzeption etwaiger Rechenschaftsverpflichtungen.[511] Laut *Wieringa* müs-

---

504 *Selbst/Barocas*, Fordham L. Rev. 2018, 1085, 1131.

505 Beispielhaft für eine solche Dokumentation ist der Abschlussbericht zum Projekt SKALA des LKA NRW 2018, 51 ff., in dem die Behörde ihre Wahl für einen Entscheidungsbaumalgorithmus mit Bezugnahme zu anderen berücksichtigten Algorithmen begründet. S. auch *Enni/Assent*, https://arxiv.org/abs/2105.00687, 2021, 1, 9: „By explicitly noting such assumptions and considerations going into the choice of a particular learning algorithm it can easily be revisited and adjusted if necessary.“

506 Vgl. *Selbst/Barocas*, Fordham L. Rev. 2018, 1085, 1134.

507 *Enni/Assent*, https://arxiv.org/abs/2105.00687, 2021, 1, 7.

508 *Selbst/Barocas*, Fordham L. Rev. 2018, 1085, 1139.

509 S. etwa *Wieringa*, in: Hildebrandt/Castillo/Celis/Ruggieri/Taylor/Zanfir-Fortuna (Hrsg.), 2020, 1, 9: „Algorithmic accountability concerns a networked account for a socio-technical algorithmic system, following the various stages of the system’s lifecycle.“

510 *Wieringa*, in: Hildebrandt/Castillo/Celis/Ruggieri/Taylor/Zanfir-Fortuna (Hrsg.), 2020, 1, 4 f., grenzt fünf Arten von Accountability ab, darunter auch „legal accountability […] usually based on specific responsibilities, formally or legally conferred upon authorities“ und „administrative accountability […], a wide range of quasi-legal forums, exercising independent and external administrative and financial supervision and control.“

511 *Wieringa*, in: Hildebrandt/Castillo/Celis/Ruggieri/Taylor/Zanfir-Fortuna (Hrsg.), 2020,

sen grundsätzliche Fragen beantwortet werden; beispielsweise, was für ein System eine Organisation genau schaffen möchte, warum es insgesamt benötigt wird und warum es konkret in dieser Form benötigt wird. Auch ihren Ausführungen nach muss begründet werden, welche alternativen Systemansätze in Betracht gezogen wurden, warum sie verworfen wurden und was die gewählte Option zu der wünschenswertesten macht. Gewusst und entsprechend dokumentiert werden muss weiterhin, anhand welcher Algorithmen das System funktioniert, ob gewählte Trainingsdaten ein fairer Referenzpunkt für die algorithmischen Entscheidungen sind, wie das System getestet wurde, was die Testergebnisse waren, ob das System daraufhin geändert wurde und wenn ja, wie und warum, wie sich das System im Laufe der Zeit verändert hat, sowie unter welchen Umständen und wie umfangreich die Veränderungen waren. Im Grunde argumentiert *Wieringa* dadurch, auch wenn sie es so nicht explizit sagt, ebenfalls für die detailreiche Dokumentation sämtlicher nicht unbedeutender, subjektiver Entwicklungsentscheidungen. In dieselbe Richtung geht auch die Argumentation von *Kroll*,[512] *Henin* und *Metayer*[513] sowie *Bryson*[514], die sich allesamt dem Thema unter Bezugnahme auf den Accountability-Diskurs widmen.

Für eine Dokumentation als Instrument zur effektiven inhaltlichen Kontrolle von Algorithmen argumentiert auch *Martini*.[515] Demnach soll die laufende Dokumentation im Fall eines hoheitlichen Einsatzes die Modellierung des Systems, die Entscheidungen und (soweit möglich) die Lernschritte der verwendeten Algorithmen sowie die umfangreiche Protokollierung der Programmabläufe umfassen, jedenfalls dann, wenn lernende Systeme eingesetzt werden.[516] Hingewiesen wird auf den Aufwand und die Kostenintensität einer Dokumentierung hochgradig vernetzter lernfähiger Systeme, weshalb die Verpflichtung je nach ihrer

1, 5: „Eventually, someone has made choices about the system, and mapping these pivotal moments might help in resolving a transparency overload of information."

512 *Kroll/Huey/Barocas/Felten/Reidenberg/Robinson/H. Yu*, U. Pa. L. Rev. 165 (2017), 633ff. Obgleich der Beitrag mehr auf Kontrolle als Dokumentation angelegt ist, schlägt er dennoch eine Reihe an technischen Lösungen für sichere und nachvollziehbare Dokumentation vor.

513 *Henin/Le Métayer*, AI and Society 2021, 1397, 1403.

514 *Bryson/Theodorou*, in: Toivonen/Saari (Hrsg.), 2019, 305ff., insb. Kap. 4.1. Technological Mechanisms for Ensuring Transparency and Accountability: „every aspect of an artefact is a consequence of design decisions […]. Keeping records of this sort of information is not difficult, but it *is* a design decision. […] The goal […] is never complete comprehension. […] Rather, the goal […] is providing sufficient information to ensure that at least human accountability, and therefore control, can be maintained."

515 *Martini*, 2019, 260ff., 353f. Seinen Ausführungen lässt sich ebenfalls keine eindeutige Unterscheidung zwischen Dokumentation und Protokollierung entnehmen. Zwar wird Protokollierung als Oberbegriff geführt, jedoch wird innerhalb der Ausführungen bedeutungsgleich auch von Dokumentation gesprochen, s. etwa 353.

516 *Martini*, 2019, 353, 260.

grundrechtlichen Sensibilität und Skalierungsintensität zu mäßigen sei.[517] Die Untersuchung widmet sich dem Thema unter dem Schlagwort „Blackbox-Algorithmus“ und begründet die Erforderlichkeit von Dokumentationsverpflichtungen damit, dass sich im Nachhinein nicht immer ohne Weiteres rechtssicher feststellen lässt, ob eine algorithmenbasierte Entscheidung mit rechtlichen Vorgaben übereinstimmt, da der konkrete Entscheidungsvorgang mittlerweile von den Servern des Betreibers verschwunden sein oder der Algorithmus sich geändert haben könnte.[518] Insofern thematisiert auch *Martini* durch Dokumentationsverpflichtungen das Nichtwissen bei maschinellem Lernen, denkt diese jedoch ausschließlich von der Perspektive der Kontrolle algorithmischer Entscheidungen und daher darstellungsorientiert.

bb) Zur rechtlichen Durchsetzung

Wie der Gesetzgeber die Pflicht zur Dokumentation der Entwicklungsverfahren maschinellen Lernens im Einzelnen ausgestaltet, ist eine Frage, die die Arbeit wie eingangs festgehalten, angesichts des weiten gesetzgeberischen Experimentierspielraums, nicht vertiefen wird. Stattdessen begnügt sie sich mit einigen grundsätzlichen Anmerkungen zur Notwendigkeit der eigenständigen Regelung einer solchen Verpflichtung und zum Detailgrad ihrer Normierung.

Generell ist jegliches Verwaltungshandeln dem Grundsatz der ordnungsgemäßen Aktenführung verpflichtet, der wiederum auf dem Rechtsstaatsprinzip nach Art. 20 Abs. 3 GG beruht.[519] Dieser Grundsatz ist für das Verwaltungsverfahren in § 29 VwVfG implizit verankert und wird zudem durch zahlreiche Vorschriften im besonderen Verwaltungsrecht bereichsspezifisch konkretisiert und ausdifferenziert.[520] Auch die datenschutzrechtlichen Protokollierungs- und Dokumentationspflichten können als eine Ausprägung und Konkretisierung dieses Grundsatzes betrachtet werden. Eine bereichsspezifische Konkretisierung dessen wäre daher auch die Pflicht zur Dokumentation der Entwicklungsverfahren sicherheitsbehördlicher Lernsysteme. Eine solche Pflicht allein auf § 29 VwVfG, ohne konkretisierende gesetzliche Regelung für das Sicherheitsrecht zu stützen, erscheint hingegen eher gewagt. Angesichts der Verfahrensakzessorietät von § 29 VwVfG wäre dadurch den weit im Vorfeld etwaiger Verwaltungsverfahren stattfindenden Entwicklungsprozessen maschinellen Lernens immer eine subjektiv-

---

[517] Ebd.

[518] *Martini*, 2019, 260

[519] BT-Drs. 19/10084, 2; *Ladeur*, in: Voßkuhle/Eifert/Möllers (Hrsg.), ^{3}2022, § 21, Rn. 12 f.

[520] Zu § 29 VwVfG vgl. *Ladeur*, in: Voßkuhle/Eifert/Möllers (Hrsg.), ^{3}2022, § 21, Rn. 14: „Damit wird zwar nicht ausdrücklich die Aktenführung geregelt, aber aus der Normierung [des Akteneinsichtsrechts] gibt sich als Kehrseite auch die Pflicht zur Führung von Akten.“

rechtliche Relevanz unterstellt. Dass dies nicht sachgemäß wäre, wurde bereits dargestellt.[521] Nicht überzeugend wäre auch die Annahme, eine solche Pflicht würde sich bereits aus dem allgemeinen Grundsatz der Aktenführung ergeben und bedürfe keiner eigenständigen Regelung. Zweifel an einer solchen Konstruktion entstehen nicht nur, weil von ihr kaum eine der im vorherigen Abschnitt dargelegten Steuerungswirkungen ausginge, sondern auch angesichts der Tatsache, dass, wenngleich der Aktenbegriff umfassend zu verstehen ist, behördliche Akten sich grundsätzlich zwar zu den Wissensgrundlagen, nicht aber direkt zu der Organisation der Wissensgenerierungsverfahren im Sinne einer technischen Dokumentation verhalten.[522] Soweit diese Organisation einigermaßen stabil bleibt und eine gewisse Kontinuität aufweist, mag ihre Dokumentation in den Hintergrund treten und keiner sonderlichen Regelung bedürfen.[523] Bedingungen für Stabilität und Kontinuität sind im Rahmen der Wissensgenerierung mittels maschinellen Lernens jedoch prekär. Und wenn der Gesetzgeber die Kodifizierung von Dokumentierungspflichten im Kontext des Datenschutzrechts als notwendig erachtet hat, wäre es zumindest konsequent, dies auch für die deutlich komplexeren Entwicklungskontexte maschinellen Lernens zu tun.[524]

Der Gesetzgeber kann sich dabei für eine detailreiche gesetzliche Dokumentationsvorschrift entscheiden oder auch eine allgemeinere Formulierung wählen, wie etwa, dass die PIU sämtliche Entwicklungsentscheidungen über ihre technologischen Systeme mit der dazugehörigen Begründung nachvollziehbar und

---

[521] S. dazu D.II.1.c).

[522] Vgl. *Ladeur*, in: Voßkuhle/Eifert/Möllers (Hrsg.), ^{3}2022, § 21, Rn. 15: „Die Eigenrationalität der Verwaltung und der Zweck der Aktenführung werden dadurch berücksichtigt, dass nicht Entwürfe zu Entscheidungen oder die Dokumentation anderer Arbeiten, die nur der Entscheidungsvorbereitung dienen, als Bestandteil von Akten gelten." Zum Aktenbegriff siehe *Rudisile*, in: Schoch/Schneider (Hrsg.), ^{43}2022, § 99 VwGO, Rn. 7: „Der Aktenbegriff ist nicht legaldefiniert. Unter einer Akte versteht man den unter einem bestimmten übergeordneten Ordnungskriterium geschaffenen Vorgang, der nach weiteren Kriterien ihm zugeordnete bestimmte Urkunden, Augenscheinsobjekte und Daten zu einem Vorgang zusammenfasst. […] Fotos, Karten, Pläne, Filme, Ton- und Videobänder etc., die das konkrete Verwaltungsverfahren betreffende Informationen enthalten, gehören als zugeordnete Augenscheinsobjekte ebenfalls zur Akte. […] auch behördlicherseits erhobene Sachverständigengutachten [sind] Bestandteil der Akten. […] anderweitige interne Materialien […] [sind] nicht umfasst, weil sie nicht ein konkretes Verwaltungsverfahren betreffen, sondern lediglich eine allgemeine und nicht verbindliche Hilfestellung geben."

[523] So im Grunde *Ladeur*, in: Voßkuhle/Eifert/Möllers (Hrsg.), ^{3}2022, § 21, Rn. 2.

[524] Aus diesem Grund ist auch zu bezweifeln, dass datenschutzrechtliche Vorschriften, wie etwa die Pflicht zur Wiederherstellbarkeit von Datenverarbeitungssystemen im Störungsfall nach § 64 Abs. 2 Nr. 9 BDSG, die vollständige Dokumentation der Entwicklungsprozesse eines Lernsystems implizieren. Eine solche Auslegung würde Wortlaut und Sinn und Zweck dieser Regelung massiv überspannen und auch keinerlei Rücksicht auf seine Genese nehmen.

übersichtlich zu dokumentieren hat. Eine mittelbare Dokumentationsverpflichtung würde sich auch allein aus der Regelung ergeben, dass die PIU die Entwicklungskontexte des PNR-Systems nachvollziehbar bzw. kontrollierbar zu gestalten hat. Eine solche mittelbare Verpflichtung zur Dokumentation entspräche sogar der charakteristischen Rechtstechnik zur Regelung der Aktenführung im Verwaltungsrecht.[525] Die Steuerungswirkung eines umfassenden gesetzlichen Dokumentationskatalogs muss nicht zwingend der einer allgemeineren gesetzlichen Formulierung der Verpflichtung überlegen sein. Umfassende Kataloge können zwar sicherstellen, dass Sicherheitsbehörden die dort bezeichneten Entwicklungsschritte tatsächlich durchführen, bergen aber das Risiko in sich, dass nichts darüber hinausgehendes dokumentiert wird. Eine allgemeinere Formulierung lässt hingegen Spielraum für die Dokumentation von vom Gesetzgeber nicht vorhergesehenen, jedoch wichtigen Informationen und ermöglicht die im Kontext innovativer Technologien notwendige Flexibilität. Zugleich beachtet sie die administrative Kompetenz zur eigenverantwortlichen „Sachherrschaft" über Art und Umfang der Aktenführung,[526] und trägt dadurch einem angemessenen Ausgleich legislativer Fremd- und administrativer Eigensteuerung Rechnung. Sollte eine solche Allgemeinformulierung in der Folge Steuerungsdefizite aufweisen, weil die PIU etwa wesentliche Entwicklungsentscheidungen tatsächlich nicht zureichend dokumentiert hat, kann der Gesetzgeber an dieser Stelle nachbessern. Wiederum könnte dieses Vorgehen aber mit Blick auf die quasi-Unmöglichkeit der Überwindung einmal entstandenen Insidernichtwissens womöglich riskant sein.

Derzeit bewegt sich die Tendenz des europäischen Gesetzgebers in Richtung umfassender Dokumentationskataloge. Der von der Europäischen Kommission im April 2021 vorgeschlagene AI-Act[527] normiert in seinem Annex IV umfassende Dokumentationsverpflichtungen für Lernsysteme, die von einer allgemeineren Beschreibung des Systems bis zu einer detaillierten Beschreibung seiner Elemente und Entwicklungsverfahren reichen und auch detaillierte Informationen über die Überwachung, Funktionsweise und Kontrolle, sowie alle Änderungen, die an dem System während seines Lebenszyklus vorgenommen wurden, umfassen. Weiterhin ist in Art. 12 und Art. 20 die Sicherstellung einer kontinuierlichen Protokollierungsfunktion (logs) der Systeme angeordnet. Der AI-Act richtet sich gleichzeitig an private und öffentliche Stellen, die künstliche Intelligenz, einschließlich maschinellen Lernens entwickeln und einsetzen.[528] Ob und in wel-

---

525 *Ladeur*, in: Voßkuhle/Eifert/Möllers (Hrsg.), ^{3}2022, § 21, Rn. 13.

526 *Ladeur*, in: Voßkuhle/Eifert/Möllers (Hrsg.), ^{3}2022, § 21, Rn. 12 u., Rn. 17.

527 COM(2021) 206 final.

528 Dieser kombinierte Regelungsansatz, mit dem der EU-Gesetzgeber ein „level playing field" sichern möchte, COM(2021) 206 final, 12, könnte der Grund sein, warum auf die admi-

cher Gestalt die dort geregelten Dokumentationspflichten für Sicherheitsbehörden letztendlich durchgesetzt werden, bleibt noch abzuwarten.

c) Kontrollarrangements

Für Rechtskontrollen wäre die Bewältigung von Insidernichtwissen in der Regel nicht Zweck, sondern Mittel. Rechtskontrollen der Erstellung von Lernmodellen würden sich nicht darauf beschränken, zu prüfen, ob die PIU ihre Entwicklungsprozesse übersichtlich strukturiert und kein Insidernichtwissen entstehen lassen hat.[529] Vielmehr wären sie daran interessiert, ob die Überlegungen hinter den Entwicklungsentscheidungen mit bereichsspezifischen und allgemeinen rechtlichen Maßstäben im Einklang stehen.[530] Da dies beim Vorliegen von Insidernichtwissen jedoch nicht kontrollierbar wäre, würde bereits die Existenz von *bis zu den Entwicklungsbedingungen durchdringenden Kontrollarrangements* die PIU in Richtung der Nichtwissensbewältigung steuern und gewährleisten, dass sie die ihr auferlegten Dokumentationspflichten und die damit einhergehenden Deliberationsprozesse sorgfältig nachkommt.[531]

Ob die vorhandenen Kontrollmechanismen im FlugDaG diese Rolle erfüllen können, ist mit Fragezeichen zu versehen. Derzeit sind sie entweder zu datenschutzzentriert oder zu subjektiv-rechtlich orientiert. Die Erstellung und Überprüfung der Muster erfolgt unter Einbeziehung des Datenschutzbeauftragten der PIU nach § 4 Abs. 3 Satz 1. Sowohl die Erstellung als auch die Anwendung wird vom Bundesbeauftragten für den Datenschutz und die Informationsfreiheit (BfDI) nach § 4 Abs. 3 Satz 7 FlugDaG kontrolliert, der als nationale Kontrollstelle nach § 11 FlugDaG agiert und der Bundesregierung im Einklang mit der Rechtsprechung des BVerfG alle zwei Jahre Bericht erstattet. Bisherige Stellungnahmen des BfDI zum FlugDaG konzentrieren sich ausschließlich auf das Datenschutzrecht und beziehen zu den PNR-Technologien keine Stellung.[532] Die Aufgaben eines Datenschutzbeauftragten bestehen hauptsächlich darin, die für die Verarbeitung verantwortliche Stelle hinsichtlich ihrer Pflichten aus einschlägigen Datenschutzvorschriften zu unterrichten und beraten, sowie die Einhaltung

nistrative Eigenverantwortung bezüglich ihrer Aktenführung keine Rücksicht genommen wird und auch der Verwaltung umfassende Dokumentationskataloge vorgeschrieben werden.

[529] Dies gilt freilich vorausgesetzt, der Gesetzgeber ordnet nicht ausdrücklich die Beseitigung von Nichtwissen an.

[530] So auch *Selbst/Barocas*, Fordham L. Rev. 2018, 1085, 1133, die jedoch neben normativen, auch politische Maßstäben miteinbeziehen.

[531] Deshalb wäre eine gesetzliche Anordnung der Bewältigung von Insidernichtwissen auch überflüssig.

[532] Siehe etwa den 28. Tätigkeitsbericht zum Datenschutz 2019, 51 und den 29. Tätigkeitsbericht zum Datenschutz 2020, 61 ff. des BfDI.

zu überwachen, Art. 34 JI-RL und § 7 BDSG. Kurzum: solche Kontrollmechanismen sind nicht geeignet, der Entstehung von Insidernichtwissen vorzubeugen, da sie nicht auf die Entwicklungskontexte maschinellen Lernens bezogen sind. Aus diesem Grund ist es auch zumindest zweifelhaft, ob die gerichtliche Kontrolle allein diese Funktion gut erfüllen kann, denn sie hat sich in der Regel auf die subjektive Rechtsverletzung des Klägers zu beschränken.[533] Der gerichtliche Rechtsschutz ist seiner Funktion nach eine Richtigkeitskontrolle, die sich auf eine nachvollziehende Überprüfung von behördlichen Entscheidungen richtet.[534] Die weit im Vorfeld etwaiger polizeilicher Eingriffe verlagerten Entwicklungsverfahren führen aber oft zu einer Entkopplung der Rechtfertigung sicherheitsbehördlicher Entscheidungen von den Entwicklungsprozessen entscheidungsunterstützender Lernmodelle.[535]

Nicht zuletzt streitet die hohe fachliche Komplexität der Materie für die Notwendigkeit weiterer Arrangements, die in der Lage sind, die Einhaltung bereichsspezifischer und allgemeiner rechtlicher Maßstäbe anhand der Entwicklungskontexte maschinellen Lernens zu kontrollieren. Bereichsspezifische Maßstäbe sind etwa das in § 4 Abs. 3 Satz 5 FlugDaG normierte precision-recall-Verhältnis und die nach Satz 6 verbotene Bezugnahme der Prüfungsmerkmale auf sensible personenbezogene Daten. Allgemeine Maßstäbe sind insbesondere das rechtsstaatliche Willkürverbot und der Gleichheitssatz, die besonders im Rahmen der Auswahl von Input- und Outputkategorien, der Zusammensetzung von Trainingsdatensätzen und der Evaluation von Testergebnissen zu beachten sind. Die diese Prozesse informationell begleitende Dokumentation ist selbst für Fachexperten, gelinde gesagt, nicht selbsterklärend. Erschwerend kommt hinzu, dass die entsprechenden Entwicklungsentscheidungen selten zwingend sind, sondern meist den kurzfristigen und oft experimentellen Stand von „best practices“ auf dem dynamischen Feld des maschinellen Lernens widerspiegeln. Verschiedene Experten können daher etwa unterschiedliche Lernalgorithmen oder Trainingsdatenzusammensetzungen für schlechter oder besser geeignet halten. In solchen Fällen von sich ständig erneuernden Wissensständen kann schwer auf die „korrekte Funktionsweise“ eines Lernsystems hin kontrolliert werden, sondern allenfalls auf die „nach aktuellem Wissensstand bestmögliche“. Kontrolleure müssen deshalb mit hoher sozio-technischer Komplexität und Ambiguität umgehen können und in der Lage sein, Dokumentation so auszuwerten, dass sie letztendlich nicht durch übergroße Mengen an Informationen überwältigt sind. Deshalb argumentiert *Wieringa*, dass solche Kontrollen nicht als eine Checkliste von allem,

---

533 Siehe dazu bereits D.I.1.e).cc).

534 *Jaeckel*, 2012, 188.

535 Siehe dazu bereits D.II.1.b).bb).

was angesprochen werden kann, gesehen werden sollen, sondern eher als ein modularer Rahmen, der es erlaubt, in verschiedenen Konstellationen die entscheidenden Fragen zu stellen und daher wesentlichen Informationen mehr, respektive weniger relevanten weniger Aufmerksamkeit zu schenken, denn eine rigorose Bewertung eines Lernsystems bis ins letzte Detail ist nicht durchführbar.[536] Jedenfalls bleibt aber festzuhalten, dass die Aufgaben und der Schutzzweck entsprechender Kontrollen im Vergleich zu Datenschutzkontrollen zu unterschiedlich sind, als dass ihnen durch Letztere nachgekommen werden könnte.[537] Zugleich sprechen die fachliche Komplexität ihrer Durchführung und insbesondere der Mangel etablierter Qualitätsstandards dafür, dass die Übernahme solcher Kontrollen die Gerichte an ihre funktionellen Grenzen bringen würde.[538]

Ob die Einrichtung einer unabhängigen, fachlich-spezialisierten, administrativen Kontrollinstanz, oder etwa die Spezialisierung der Fachaufsicht über das BKA (die das BMI nach § 3 Abs. 1 GGO auszuüben hat) auf maschinelles Lernen, passende Kontrollarrangements darstellen,[539] bleibt letztendlich eine rechtspolitische Entscheidung, solange sich dabei jedenfalls die Parallele zu der vom BVerfG im datenschutzrechtlichen Kontext regelmäßig geforderten kontinuierlichen, unabhängigen, objektivrechtlichen Kontrolle widerfindet.[540] Freilich könnten auch Datenschutzbeauftragte und Datenschutzaufsichtsbehörden mit entsprechender Expertise und einem erweiterten Aufgabenbereich ausgestattet werden.[541] Dann würde sich aber die Frage stellen, ob das Präfix „Datenschutz“

---

[536] *Wieringa*, in: Hildebrandt/Castillo/Celis/Ruggieri/Taylor/Zanfir-Fortuna (Hrsg.), 2020, 1, 7.

[537] Dies stellt auch das Gutachten der *Gesellschaft für Informatik*, 2018, mehrmals fest, s. insb. 114 f., 119, 154 und passim. Wenngleich die Untersuchung die Frage primär mit Blick auf den Einsatz von ADM-Systemen im Privatsektor analysiert, lassen sich viele der Schlussfolgerungen im Bereich des Datenschutzes auch auf den Einsatz im öffentlichen Bereich übertragen.

[538] Hier geht es noch nicht um eine mathematisch bedingte, unüberwindbare Komplexität, die erst als Folge hochkomplexer Lernphasen entsteht und die funktionalen Grenzen nicht nur gerichtlicher, sondern jeglicher Art von Kontrollen erreicht, dazu E.I.1. Gemeint sind hier vielmehr die faktischen Restriktionen, die sich bereits aus der Dynamik und Pluralität von Plausibilitätsansprüchen bezogen auf die „bestmögliche“ Gestaltung der Entwicklungsprozesse maschinellen Lernens ergeben. Siehe zu der Rücknahme gerichtlicher Kontrolldichte in solchen Fällen oben, Fn. 246 mit dazugehörigem Text.

[539] Im Rahmen seines Kennzeichenbeschlusses (BVerfGE 150, 244, 302) hält das BVerfG die Kombination aus Fachaufsicht und Datenschutzbeauftragtem jedenfalls für eine hinreichende aufsichtliche Kontrolle über das Abgleichsystem.

[540] Aus diesem Grund kann eine Überlegung wie die von *Maruhashi*, in: Kreps/Komukai/Gopal/Ishii (Hrsg.), 2020, 100, 113, wonach verschiedene PIUs, anstatt einer einseitigen Kontrolle ausgesetzt zu sein, ihre Systeme gegenseitig in Bezug auf eingesetzte Technologen und „governance of PNR targeting“ kontrollieren, allenfalls ergänzend in Betracht gezogen werden, da es dabei sowohl an Unabhängigkeit als auch an Objektivität mangeln würde.

[541] Die Ausstattung von Datenschutzbeauftragten mit „den nötigen materiellen und perso-

eine noch angemessene Bezeichnung solcher Kontrollinstanzen wäre. Derzeit neigt der europäische Gesetzgeber zu der Einrichtung mehrerer spezialisierter, mit weitreichenden Kontrollbefugnissen ausgestatteter, privater und administrativer, nationaler und supranationaler Kontrollinstanzen.[542] Entsprechend werden in Title III des AI-Act auch umfassende Selbst- und Fremdkontrollmechanismen normiert, wie Quality und Risk Management, Standards, Conformity Assessments, Certificates und Registrations. Inwiefern ein solches umfassendes Regulierungskonzept sich durchsetzen wird, bleibt abzuwarten.[543] Der an früherer Stelle bereits angesprochene in Deutschland empirisch festgestellte Wunsch nach mehr Kontrolle von Algorithmen im Sicherheitsbereich spräche unbeschadet der konkreten Ausgestaltung jedenfalls für die Sichtbarkeit etwaiger Kontrollarrangements.[544] Dem Gesetz sollten also bestenfalls bestimmte Kontrollmechanismen der Entwicklungsprozesse der PIU zu entnehmen sein, was nach aktuellem Stand nicht der Fall ist.

3. Zwischenergebnis

Insidernichtwissen kann im Rahmen jedes mehr oder weniger komplexen IT-Projekts entstehen. Insofern handelt es sich dabei keineswegs um eine spezifische Problematik des maschinellen Lernens. Im Gegenteil könnte Insidernichtwissen auch die theoriegeleitete Mustererstellung begleiten. Inwiefern in dem Fall eine rechtliche Rationalisierung der PIU-internen technologischen Entwicklungsverfahren mittels Dokumentationspflichten und herstellungsorientierter Kontrollmechanismen angebracht ist, bleibt einer ausführlichen Auseinandersetzung mit der Rationalität der Herstellungsbedingungen theoriegeleiteter Mustererstellung

---

nellen Mitteln für die Ausübung der ihnen nach der PNR-Richtlinie obliegenden Kontrolle" betont der EuGH in C-817/19, Rn. 180.

[542] Siehe COM(2021) 206 final, Title III; siehe auch Title VI Chapter 2 bzgl. National Competent Authorities, Title VI, Chapter 1 bzgl. European Artificial Intelligence Board.

[543] Skeptisch zur Reichweite einiger der Kontrollmechanismen und zur Effektivität und Durchsetzungsfähigkeit einiger der Kontrollinstanzen, *Veale/Borgesius*, CRi 2021, 97, 102–106.

[544] Siehe die Studie von *S. Fischer/Petersen*, 2018, 30 und die diesbez. Ausführungen oben D.I.1.f). Für eine explizite Regelung spräche auch die Forderung des BVerfG im Urt. v. 19.5.2020 – 1 BvR 2835/17, Rn. 192, dass der Gesetzgeber *die Sicherstellung* der grundsätzlichen Nachvollziehbarkeit von Algorithmen mit Blick auf eine unabhängige Kontrolle *zu regeln habe*, soweit man die Aussage „Nachvollziehbarkeit von Algorithmen" als auf die Nachvollziehbarkeit ihrer Entwicklungsverfahren bezogen deutet, und Algorithmen auch als lernende Algorithmen versteht, obgleich beides, wie schon argumentiert, nicht zwingend so interpretiert werden muss. Bezieht sich die Aussage wiederum auf die absolute Nachvollziehbarkeit von in der Lernphase algorithmisch erstellten Modellen, erweist sie sich als problematisch, siehe dazu die Ausführungen zur rechtlichen Bedeutung von Modellkomplexität weiter unten E.I.4.c).

vorbehalten, die nicht Schwerpunkt dieser Arbeit ist. Dennoch ist hier zu erwägen, dass die theoriegeleitete Mustererstellung zwar ein durchaus anspruchsvolles Unterfangen sein kann. Mit der sozio-technischen Komplexität einer auf maschinellem Lernen aufbauenden Mustererstellung ist dieses in der Regel jedoch schwer vergleichbar. Die theoriegeleitete Mustererstellung könnte insbesondere aufgrund der zugrunde liegenden Logik der Herangehensweise deutlich weniger informationellen Begleitaufwand erfordern. Da in diesem Fall Muster von vornherein anhand einer menschlichen Begründungsleistung entstehen, welche die Prüfungsmerkmale auf der Basis von meist empirisch erprobten oder theoretisch entworfenen Kriminalitätsannahmen zu Mustern zusammensetzt, scheinen die Modalitäten der technologischen Entwicklung des Abgleichsystems nicht eine dergestalt maßgebliche Funktion für die Rationalitätsgewähr des PIU-Wissens zu erfüllen. Auch dürfte deshalb klarer trennbar sein, ob Fehltreffer auf technologische Fehlfunktionen oder menschliche Fehlannahmen zurückzuführen sind. Erreicht Insidernichtwissen im Fall einer theoriegeleiteten Mustererstellung in der Regel nicht dieselben Dimensionen, müssen auch der sicherheitspolitische Leistungsdruck sowie die Offenheit des Zweckprogramms von § 1 Abs. 1 Satz 2 FlugDaG nicht dergestalt irrationalitätsstiftend erscheinen. All dies könnte den Bedarf einer Fremdsteuerung der sicherheitsbehördlichen Innenverfahren im Fall des alleinigen Einsatzes theoriegeleiteter Mustererstellung verringern. In Literatur und Politik wird dennoch meist über die Regulierung „künstlicher Intelligenz“ als Sammelbegriff sowohl theoriegeleiteter als auch maschinell-lernender Ansätze diskutiert. Auch der europäische AI-Act-Entwurf scheint sich auf beide technologischen Ansätze gleichermaßen zu beziehen, wogegen zunächst nichts einzuwenden ist. Erweist sich aber das ihm zugrunde liegende Regulierungsschema als nicht differenziert genug, droht die Ausblendung einiger grundsätzlicher Konzeptunterschiede beider Technologien und mithin möglicherweise die Überregulierung theoriegeleiteter und Fehlregulierung lernender Ansätze.

III. Ergebnis

Intendiertem Nichtwissen bei maschinellem Lernen ist nur insoweit eine rechtliche Bedeutung zuzuerkennen, als es auf Seiten der an der Systementwicklung und -kontrolle beteiligten Personen, der Systeminsider, besteht. In dem Fall lässt es sich als eine Problematik der Steuerung innerbehördlicher Verfahren verstehen und erfordert eine Steuerung durch das Recht, die jedoch vergleichsweise zurückhaltend zu bleiben hat, um den Eigenbereich exekutiver Selbststeuerung nicht zu sehr einzuschränken und die Leistungsgrenzen legislativer Fremdsteuerung bei einer dergestalt sozio-technisch komplexen Technologie nicht zu verkennen. Intendiertes Nichtwissen auf Seiten der dem Lernsystem außenstehenden Personen, der Systemoutsider, hat hingegen keine rechtliche Bedeutung. Dies gilt sowohl im Fall des fremd- als auch des eigenintendierten Outsidernichtwissens. Algorithmischer Transparenz, als Ansatz zum Umgang mit fremdintendiertem Outsidernichtwissen, konnte keine sicherheitsrechtlichen Werten dienende Funktion nachgewiesen werden. Dasselbe gilt für die Herstellung algorithmischer Kompetenz als Ansatz zum Umgang mit eigenintendiertem Outsidernichtwissen, denn es gibt keine Konstellationen, in denen es für einen PNR-Systemoutsider erforderlich wäre, die hinter einem Abgleichtreffer stehenden technischen Feinheiten seiner Erzeugung zu verstehen, um die Begründung für das Ergreifen etwaiger trefferbedingter Folgemaßnahmen nachzuvollziehen und rechtliche Schritte ihrer Überprüfung einzuleiten.

E. Unabsichtliches Nichtwissen

Am anderen Pol der Dimension der Intentionalität des Nichtwissens befindet sich das unabsichtliche Nichtwissen.[1] Damit bezeichnet *Wehling* ein Nichtwissen, das nicht durch das Handeln oder Unterlassen sozialer Akteure bedingt oder diesem zurechenbar ist.[2] Bei dieser negativen Umschreibung lässt er es bis auf einige wenige Beispiele grundsätzlich bewenden.[3] Wesentlich scheint daher vor allem die Erkenntnis zu sein, dass es auch Situationen geben kann, bei denen Nichtwissen nicht primär sozialen Akteuren zurechenbar ist. Ob und wenn ja, welche Zurechnungsobjekte in solchen Fällen in Betracht kommen, lässt *Wehling*, soweit ersichtlich, offen. Diese Offenheit erscheint produktiv. Sie erlaubt es, die Entstehung unabsichtlichen Nichtwissens je nach analytischem Bedarf verschiedener nicht-sozialer Akteure flexibel zuzurechnen und dabei auch Unterteilungen vorzunehmen. Im Kontext des maschinellen Lernens wird unabsichtliches Nichtwissen daher als ein Nichtwissen bestimmt, das hauptsächlich der besonderen Funktionsweise der Technologie „zuzurechnen" ist.[4]

---

[1] Bei *Wehling* auch „nicht-intendiertes" und „unbeabsichtigtes" Nichtwissen genannt.

[2] *Wehling*, 2006, 129.

[3] Erwogen wird, ob etwa der „Contergan-Skandal" auf unvermeidbares Nichtwissen zurückzuführen ist, oder ob der Hersteller des Schlafmittels vielmehr mit umfangreicheren Tests hätte erkennen können oder sogar müssen, dass der Wirkstoff schwere Missbildungen auslösen kann, *Wehling*, EWE 20 (2009), 95, 100. Diesbezüglich scheint Wehling aber eher zu einer Zurechnung zu sozialen Akteuren zu tendieren, denn er erwägt, dass möglicherweise dichtere institutionelle Regelungen, etwa die Verbindlichkeit bestimmter Testverfahren vor der Markteinführung, frühzeitigere Hinweise auf das hohe Gefährdungspotenzial erbracht hätten, *Wehling*, 2006, 128.

[4] Für diese Technologie als zurechnungsfähiger Akteur argumentiert auch *Nassehi*, 2019, 245: „Die moderne Technikentwicklung ist ohnehin durch eine zunehmende Abhängigkeit menschlichen Lebens von technischen Apparaturen geprägt. […] Aber vielleicht tritt mit der Digitaltechnik eine neue Form der Maschinerie auf, die eine neue, eine andere Abhängigkeit des Menschen von der Technik erzeugt. […] Die Komplexität von Großstädten, die Fragen der Prozesssteuerung von Energie, Verkehr, Produktion, Börsen, Medizin, Kommunikationstechnik und Informationsverarbeitung erfordern geradezu Technologien, die nicht mehr einfache Bewirkungsformen sein können, sondern deren Parameter sich während der Prozesse verändern. Deshalb sind intelligente Technologien in die Autopoiesis der Gesellschaft als zurechnungsfähige Akteure eingebaut und erhalten damit einen anderen Status als frühere Technologien."

Während bei Outsidernichtwissen teilweise von einer revidierbaren Wissensvorenthaltung und bei Insidernichtwissen in gewissem Maße von einem steuerbaren Wissensverzicht gesprochen werden konnte, ist dies bei dem in diesem Abschnitt adressierten Nichtwissen nicht der Fall; seine Ursachen können nicht beseitigt werden, da sie den Kern der Technologie des maschinellen Lernens ausmachen. *Wehling* spricht daher von einem vollkommen unbeabsichtigten und insofern „unvermeidbaren" Nichtwissen.[5] Somit wird nachfolgend, anders als bei intendiertem Nichtwissen, nicht zwischen der Perspektive von Insidern und Outsidern eines algorithmischen Systems unterschieden, da dieses Nichtwissen gleichermaßen bei allen besteht und insofern objektives Nichtwissen ist. Damit soll die Rolle sozialer Akteure im Kontext unabsichtlichen Nichtwissens nicht geleugnet werden, denn selbstverständlich entsteht es nicht in einem Vakuum purer Technizität. Der Fokus soll aber, anders als bislang, weniger auf die den Technikeinsatz begleitenden sozialen Praktiken und mehr auf das Technische gelegt werden. So rücken die Leistungsgrenzen einer Verarbeitung unabsichtlichen Nichtwissens von vornherein ins Zentrum der nachfolgenden Ausführungen und stehen der Erhebung allzu mutiger Wissensansprüche entgegen. Denn, so viel kann schon vorweggenommen werden, unbeschadet der Frage seiner rechtlichen Bedeutung wäre ein rechtlicher Umgang mit unabsichtlichem Nichtwissen nicht über Beseitigungs- sondern allenfalls über Beobachtungs-, Interaktions- und, bei radikaleren trade-off Strategien, über Begrenzungsmechanismen zu suchen. Nichtsdestotrotz ist damit nicht eine grundsätzliche Unüberwindbarkeit dieser Form des Nichtwissens impliziert; angesichts der Dynamik der Forschungsentwicklung im Bereich des maschinellen Lernens und der zahlreichen Bemühungen seiner Bewältigung, insbesondere aus dem Bereich Explainable AI,[6] kann seine grundsätzliche Unüberwindbarkeit kaum sicher behauptet werden.[7] In der Literatur lässt sich zu diesem Thema sogar vermehrt ein variierendes Niveau an Optimismus verzeichnen.[8]

---

[5] *Wehling*, EWE 20 (2009), 95, 100.

[6] Ein Forschungsfeld, das sich mit der Entwicklung neuer Methoden zur Erklärung und Interpretation von Lernmodellen befasst.

[7] Allg. skeptisch gegen die Plausibilität solcher vermeintlich eindeutiger und polarisierter Extremformen „grundsätzlich unauflösbaren Nichtwissens", *Wehling*, 2006, 116 f.: „was man weiß oder nicht, oder ob man etwas dauerhaft oder sogar grundsätzlich nicht wissen kann, ist nicht einseitig und eindeutig durch das ‚Objekt' dieses (Nicht-)Wissens determiniert, sondern wird durch einen übergreifenden Kontext von (historisch veränderbaren) Praktiken der Wissenserzeugung bedingt und bleibt auch innerhalb dieses Kontextes umstritten."

[8] Vorsichtig optimistisch zeigen sich *Coglianese/Lehr*, Admin. L. Rev. 71 (2019), 1, 50: „[T]he rapid pace at which these methods are being refined in response to growing interest in algorithmic transparency provides a basis for even greater optimism for the future reliance on algorithmic governance. The sophistication and refinement of these methods will only continue

Im Rahmen der Literatur, die sich der Beschreibung von Nichtwissen bei maschinellem Lernen widmet, wird laufend das Wort „Komplexität“ verwendet. Meistens wird damit allerdings nicht eine durch soziale Arbeitsteilung verursachte Komplexität adressiert, wie sie hier unter Insidernichtwissen behandelt wird.[9] Gemeint ist vielmehr eine durch bestimmte technisch-mathematische Eigenschaften maschinellen Lernens bedingte Komplexität, die nicht schnell und einfach beschrieben ist. Wenn ein Lernsystem ein gewisses technisch-mathematisches Komplexitätsniveau erreicht, können auch die eindeutigste Planung ihrer Entwicklung, übersichtlichste Arbeitsteilung und anschaulichste Programmierung dies nicht auflösen. Deshalb wird sie nachfolgend als eine Ursache unabsichtlichen Nichtwissens behandelt.[10] Als erstes geht die Arbeit auf solches *komplexitätsbedingtes Nichtwissen* ein (I.). Anschließend widmet sie sich dem letzten Nichtwissensthema bei maschinellem Lernen, dem *korrelationsbedingten Nichtwissen* (II). Dieses entsteht aufgrund der auf statistischer Inferenz basierenden Funktionslogik maschineller Wissensgenerierung und haftet sämtlichen Lernmodellen, unbeschadet ihres Komplexitätsniveaus, an.

I. Komplexitätsbedingtes Nichtwissen

Es gibt viele Definitionen von Komplexität und komplexen Systemen.[11] Nachfolgend wird Komplexität in Relation zu Systemen aus dem Bereich des maschinellen Lernens thematisiert. In diesem Rahmen wird bestimmt, was im Folgenden darunter zu verstehen ist, sodass von einer allgemeinen Definition abgesehen wird.[12]

---

to grow“. *A. Kaminski*, in: Wiegerling/Nerurkar/Wadephul (Hrsg.), 2020, 151, 154, schließt die Überwindbarkeit unabsichtlichen Nichtwissens anhand „mathematischer Techniken“ nicht aus, hält es für einige Lernstrategien und Aufgabenstellungen aktuell jedoch für nicht absehbar, wie dies gelingen könnte.

[9] S. dazu D.II.

[10] So auch *Seaver*, Media in Transition 8 (2013), 1, 8, der solche Komplexität als ein „basic knowledge problem“ bezeichnet. Allg. zu Komplexität als Nichtwissensursache, *Küppers*, EWE 20 (2009), 140, 141.

[11] Siehe etwa die von *Mitchell*, 2011, 13 u. 94 ff. vorgeschlagenen Definitionen und dargestellten Schwierigkeiten von solchen, mit der Beobachtung, 299: „defining complexity is one of the most problematic aspects of the field [of complex systems] and is likely to be the wrong goal altogether.“ Eine Auseinandersetzung mit dem Komplexitätsbegriff findet sich auch bei *Zollner*, 2014, 40 ff., der schlussendlich ebenfalls darauf hinweist, dass Komplexität möglicherweise auch überhaupt nicht sinnvoll definierbar ist. Grundlegend zu komplexen Systemen, *Goldenfeld/Kadanoff*, Science 284 (1999), 87 ff.

[12] Zu einem solchen Umgang mit dem Komplexitätsbegriff als „systemrelativ“, s. *Zollner*, 2014, 41, m. w. N.

Die Fähigkeit lernender Algorithmen, ohne abschließend vorgegebene Regeln neue Muster und Strukturen innerhalb von Datenmengen zu erkennen oder bereits bestehende zu aktualisieren und präzisieren, hat seinen Preis: die gelernten Modelle können äußerst komplex werden. Dies liegt daran, dass die Regeln für die Datenverarbeitung nicht fehlen, sondern lediglich nicht abschließend vorgegeben werden, was dem Modell grundsätzlich die Freiheit gibt, sich bis hin zu einem beliebigen Schwierigkeitsniveau zu entwickeln, um die jeweilige Aufgabe zu lösen. Die kontinuierliche Anpassung der Regeln im Rahmen von Lernzyklen kann dieses Problem vertiefen, wenn die Modelle immer umfangreichere und ausgefeiltere Regeln entwickeln und ihre interne Entscheidungslogik dadurch andauernd ausbauen. Komplexität bei maschinellem Lernen realisiert sich also maßgeblich während der algorithmischen Lernphase.[13]

Das Komplexitätsniveau eines bestimmten Lernsystems hängt von der Modellierung im Einzelfall ab. Diese wiederum hängt von dem Problem, das damit gelöst werden soll, den Prüfungsmerkmalen, mit denen gearbeitet werden soll, der Art, Größe und Qualität der zu bewältigenden Datengrundlage und der vorhandenen Ressourcen und Einschränkungen, die ein bestimmter Einsatzbereich mit sich bringt, ab. Deshalb eignen sich bestimmte Arten von Algorithmen für die Modellierung einiger Probleme besonders gut, während dieselben Algorithmen für andere Probleme über- oder unterkomplex sein können.[14] Praktische Erfahrungen mit maschinellem Lernen haben allerdings gezeigt, dass Modelle, die sich als besonders leistungsfähig erweisen,[15] meist ein Komplexitätsniveau erreichen, das zu einem Nichtwissen über die internen Systemlogiken und das Modellverhalten, sowohl abstrakt als auch auf einzelne Outputs bezogen, führt.[16]

---

[13] Gewiss bestehen Voraussetzungen der Entstehung von Komplexität auch vor der Lernphase, wie etwa die hohe Anzahl von Daten für eine bestimmte Lernaufgabe und die Schwierigkeit der konkreten Lernaufgabe. *Hüllermeier*, in: Clemens (Hrsg.), 2001, 255, 268 u. 274, spricht diesbezüglich von Stichprobenkomplexität und Lernaufgabenkomplexität, betrachtet weitere unterschiedliche Aspekte der Komplexität bei maschinellem Lernen und weist schließlich darauf hin, dass diese nicht sauber getrennt werden können.

[14] Insgesamt ist ein Vergleich konkurrierender Algorithmen und Modelle immer nur relativ zu einer bestimmten Anwendung möglich, denn es lässt sich immer eine Anwendung finden, für die ein bestimmter Algorithmus oder ein Modell optimal ist, *Hüllermeier*, in: Clemens (Hrsg.), 2001, 255, 281.

[15] Abstrakt werden solche Lernmodelle als „komplex", „elaborate", „sophisticated", „blackbox" o. ä. bezeichnet. Konkret handelt es sich dabei um bestimmte Klassen von Algorithmen, die in einem nächsten Abschnitt (E.I.3.) hinsichtlich ihrer Eignung für die Zwecke des Musterabgleichs näher angerissen werden.

[16] Die kognitiven Folgen von Komplexität werden unter 2. sowie 4.a).aa). näher dargestellt. Allg. zur hohen Leistungsfähigkeit komplexer Modelle vgl. *Burrell*, Big Data & Society 3 (2016), 1, 5: „Though a machine learning algorithm can be implemented simply in such a way that its logic is almost fully comprehensible, in practice, such an instance is unlikely to be

Wenn ein Lernsystem ein solches Niveau erreicht, wird dies in der Regel auf bestimmte mathematische Eigenschaften zurückgeführt, woraus einige bedeutende im Folgenden näher erörtert werden (1). Als nächstes wird auf die kognitiven Folgen der Komplexität maschinellen Lernens eingegangen, also was genau dadurch bedingt bei der Technologie nicht gewusst wird (2). Anschließend sind einige Hypothesen über die Lernmodelle im Kontext der Fluggastdatenverarbeitung aufzustellen (3), um in der Folge die rechtliche Bedeutung von Komplexität und dadurch bedingtem Nichtwissen (4) sowie etwaige Mechanismen zum Umgang damit im konkreten Bereich ergründen zu können (5).

1. Komplexitätserzeugende Eigenschaften maschinellen Lernens

a) Nichtlinearität

Ein lineares System zeichnet sich im Gegensatz zu einem nichtlinearen dadurch aus, dass es sich proportional zu Veränderungen in Elementen seiner internen Struktur verändert.[17] So liegt dem Voraussagemodell eines linearen Lernalgorithmus die Annahme zugrunde, dass die Beziehung zwischen Input und Output linear ist, sodass jedes Merkmal eines Datensatzes einzeln und nicht in Kombination mit anderen berücksichtigt wird.[18] Das Verhalten solcher Modelle ist deshalb in der Regel einfacher für Menschen zu verstehen sowie auch ihre gelernte Struktur einfacher zu interpretieren, weil die Beziehungen innerhalb des Modells stabil sind. Dies macht die Vorhersehbarkeit und nachträgliche Nachvollziehbarkeit ihrer Ergebnisse einfacher.[19] Pragmatisch definiert ist ein lineares System ein solches, das verstanden werden kann, indem seine Elemente einzeln verstanden und dann zusammengesetzt werden.[20] Im Gegensatz dazu können das Verhalten, die gelernte Struktur und entsprechend die Ergebnisse nichtlinearer Modelle,

---

particularly useful." So auch *Henin/Le Métayer*, in: Del Bimbo/Cucchiara/Sclaroff/Farinella/Mei/Bertini/Escalante/Vezzani (Hrsg.), 2021, 5; *Linardatos/Papastefanopoulos/Kotsiantis*, Entropy 23 (2020), 1; *Selbst/Barocas*, Fordham L. Rev. 2018, 1085, 1110 und 1117. Konkret im Sicherheitsbereich auch ähnlich, *Kaufmann/Egbert/Leese*, The British Journal of Criminology 59 (2019), 674, 687.

[17] Dies ist freilich eine simplifizierte, für die Zwecke der rechtswissenschaftlichen Berücksichtigung der Effekte von Nichtlinearität jedoch hinreichende Erklärung. Linearität und Nichtlinearität im Kontext maschinellen Lernens werden in der Literatur meist am Beispiel konkreter Lernmodelle erklärt, wie etwa lineare und logistische Regression, s. dazu etwa das Gutachten der *Gesellschaft für Informatik*, 2018, 31 ff., in der einige Grundlagen anschaulich erklärt sind. Zu einer mathematischen Erklärung von Linearität und Nichtlinearität s. *Mitchell*, 2011, 22 ff. Zu einer naturwissenschaftlichen s. *Zollner*, 2014, 192 ff.

[18] *Gesellschaft für Informatik*, 2018, 33.

[19] *Selbst/Barocas*, Fordham L. Rev. 2018, 1085, 1095.

[20] *Mitchell*, 2011, 22.

selbst wenn sie einfache mathematische Operationen ausführen, deutlich schwieriger zu verstehen sein.[21]

Im Fall des FlugDaG könnte die Arbeit mit nichtlinearen Modellen dazu führen, dass die einzelnen Prüfungsmerkmale eines Abgleichmusters sich gegenseitig beeinflussen und auf den Output dergestalt auswirken, dass ein ganzheitliches Verständnis der internen Struktur des gesamten Modells nur durch eine gleichzeitige Betrachtung aller Prüfungsmerkmale und deren Zusammenwirken während eines Einsatzes möglich ist. Bei einer großen Anzahl an Prüfungsmerkmalen kann ein solches Abgleichmodell ein Komplexitätsniveau erreichen, welches es Menschen unmöglich macht, die Funktionsweise des Modells im Detail zu analysieren und zu verstehen. Das Verhalten des Modells wird dadurch schwer erklärbar. Allerdings bedeutet die Wahl eines linearen Modells nicht zwingend weniger Komplexität, insbesondere wenn es eine vergleichbare Leistung zu der von nichtlinearen Modellen erzielen soll.[22] Bei der in solchen Fällen regelmäßig notwendigen hohen Anzahl an Merkmalen können sich auch lineare Modelle einer vollständigen Begreifbarkeit entziehen.

b) Chaotisches Verhalten

Nichtlinearität und chaotisches Verhalten von Systemen hängen zusammen.[23] In einfachen Worten beschreibt Chaos, wie empfindlich die Veränderung im Output in Abhängigkeit von einer Veränderung im Input ist.[24] Deterministisches Chaos

---

[21] *Selbst/Barocas*, Fordham L. Rev. 2018, 1085, 1095. Beispiele solcher komplexen Modelle und ihrer spezifischen Interpretationsschwierigkeiten bei *Gesellschaft für Informatik*, 2018, 33 f. Verwandt mit der Linearität ist auch die von *Selbst/Barocas* ebenfalls angesprochene Monotonie (ebd.), die auch eine bessere Interpretierbarkeit von Modellen ermöglicht und bei maschinellem Lernen (allerdings auch in vielen anderen Fällen) häufig fehlt: „A monotonic relationship between variables is a relationship that is either always positive or always negative. That is, for every change in input value, the direction of the corresponding change in output value will remain consistent, whether an increase or decrease." Jedes lineare Modell ist zugleich monoton, nicht jedes monotone Modell muss jedoch linear sein. So gesehen kann ein monotones Modell ein höheres Komplexitätsniveau als ein lineares aufweisen, denn es wird in dem Fall zwar gewusst, dass die zugrunde liegende Funktion immer steigt oder sinkt, nicht jedoch um wie viel. Anders ist dies bei linearen Modellen, bei denen, soweit sich der Input verdoppelt, sich auch der Output verdoppelt. Zum „monotonicity principle" s. auch *Guidotti/Monreale/Ruggieri/Turini/Giannotti/Pedreschi*, ACM Comput. Surv. 51 (2019), 1, 7, m. w. N.

[22] Vgl. *Z. C. Lipton*, ACMqueue 16 (2018), 31, 50. *Guidotti/Monreale/Ruggieri/Turini/Giannotti/Pedreschi*, ACM Comput. Surv. 51 (2019), 1, 7 ff.

[23] *Mitchell*, 2011, 22. Chaotisches Verhalten wurde bislang nur bei nichtlinearen Systemen beobachtet.

[24] So etwa *Goldenfeld/Kadanoff*, Science 284 (1999), 87: „Chaos is the sensitive dependence of a final result upon the initial conditions that bring it about." In rechtswissenschaftlicher Forschung wurde Chaos bereits durch *Jaeckel*, 2012, 13 ff., bei der dogmatischen Analyse des

hat eine strenge mathematische Definition und komplexe maschinelle Lernsysteme würden nicht zwingend darunterfallen. Nichtdestotrotz wird bei solchen Systemen chaotisches Verhalten beobachtet.[25] Bei elaborierten maschinellen Lernmodellen können bereits kleine Veränderungen im Anfangszustand[26] (Input) zu sehr großen Veränderungen im Systemverhalten (Output) führen.[27] Somit kann bei solchen Systemen weder während eines Lernverfahrens noch bei späteren Datenverarbeitungen von einer „inkrementellen Entwicklung" einer Datenverarbeitung ausgegangen werden, sondern es muss mit „unberechenbar großen Änderungssprüngen gerechnet werden".[28] Bei einem Musterabgleich mit Fluggastdaten würde dies bedeuten, dass die Tatsache, dass ein Passagier als unverdächtig eingestuft wurde, nicht zugleich bedeutet, dass ein anderer Passagier, dessen Daten sich nur in einem Aspekt minimal unterscheiden (beispielsweise in der Zeit der Flugbuchung), auch als unverdächtig eingestuft wird. Das Modellverhalten kann deshalb bei Lernsystemen, die Ansätze eines chaotischen Verhaltens zeigen, noch weniger verlässlich prognostiziert werden als bei nichtlinearen und nichtchaotischen Systemen.[29]

c) Hochdimensionalität

Je mehr Merkmale für ein Modell eine Rolle spielen, desto schwieriger kann es sein, zu begreifen, wie sie zusammenspielen und voneinander abhängen. Das Verhältnis zwischen auszuwertenden Datensätzen und Prüfungsmerkmalen lässt sich durch einen sog. „Merkmalsraum" visuell darstellen: Bei einem Merkmal lässt sich der Merkmalsraum mit einer Geraden darstellen, bei zwei mit einer Ebene, bei drei mit einer Fläche im dreidimensionalen Raum. Liegen mehr als drei Merkmale vor, so kann das Modell nur durch Verfahren der Dimensionsreduktion menschlich begreifbar visualisiert werden, die notwendigerweise zu einem Verlust an Präzision über die tatsächlichen räumlichen Verhältnisse von Merkmalen führen. Die Visualisierung bleibt weiterhin anhand Techniken zur

---

Risiko- und Gefahrenbegriffs und durch *Zollner*, 2014, 218 ff., bei der Untersuchung der (umwelt)rechtswissenschaftlichen Rezeption der Komplexitätsforschung berücksichtigt.

[25] *Selbst/Barocas*, Fordham L. Rev. 2018, 1085, 1095 verzeichnen diese Beobachtung im Kontext von maschinellem Lernen unter den Begriff „discontinuity".

[26] Anfangszustand meint die anfänglichen Systemparameter im Rahmen einer mathematischen Berechnung, vgl. *Zollner*, 2014, 219.

[27] *A. Kaminski/Resch/Küster*, in: Friedrich/Gehring/Hubig/Kaminski/Nordmann (Hrsg.), 2018, 253, 269, stellen solches Systemverhalten bei Computersimulationen und bei einigen komplexen Lernmodellen fest.

[28] *Selbst/Barocas*, Fordham L. Rev. 2018, 1085, 1096.

[29] Vgl. *Zollner*, 2014, 219; *A. Kaminski/Resch/Küster*, in: Friedrich/Gehring/Hubig/Kaminski/Nordmann (Hrsg.), 2018, 253, 270; *Mitchell*, 2011, 33.

Dimensionsreduktion möglich, sie verliert jedoch dadurch an Informationsgehalt. Zwar ist eine visuelle Darstellung nicht immer für das Verständnis der Funktionsweise eines Modells notwendig, jedoch kann sie sehr hilfreich sein, um alle subtilen Verknüpfungen und Zusammenhänge, die ein Modell enthält, zu verstehen.[30] Teilweise wird sogar argumentiert, dass die Einsichten, die durch den Einsatz von maschinellem Lernen gewonnen werden können, oft erst mittels Visualisierung und grafischer Aufbereitung brauchbar gemacht werden können.[31] Hochdimensionalität führe beispielsweise dazu, dass der Abstand zwischen zwei Fluggastdatensätzen im Merkmalsraum nicht präzise dargestellt werden kann. Eine solche Darstellung wäre aber sehr nützlich, wenn etwa mittels unüberwachtem Lernen eingeschätzt werden soll, ob eine Anomalie in der Datenmenge vorliegt, die produktiv interpretiert werden kann, oder wenn die gelernte Struktur eines Klassifikationsmodells analysiert werden soll. Der Abstand zwischen zwei Datenpunkten kann zwar als Wert in einer Tabelle dargestellt werden, dadurch ist es aber deutlich schwieriger, ihn ins Verhältnis zu den vielen (Tausenden) anderen Datenpunkten zu setzen. Somit besteht eine Diskrepanz zwischen der für das maschinelle Lernen charakteristischen Hochdimensionalität und der menschlichen Wahrnehmungskraft.[32]

2. Kognitive Folgen der Komplexität

Diese mathematischen Eigenschaften und die dadurch bedingte Komplexität resultieren in einem Nichtwissen über die Wechselwirkungen von Elementen eines Lernsystems, etwa seiner Inputs, Prüfungsmerkmale und Outputs. Die Folge dessen wird in der Literatur zu maschinellem Lernen gemeinhin als der Verlust von Vorhersehbarkeit bzw. Nachvollziehbarkeit identifiziert.[33] Konkreter werden

---

[30] Die Wesentlichkeit einer Visualisierung von Lernmodellen betont *Alpaydin*, 2021, 91 und 219: „[W]hen data can be represented in few (for example, two) dimensions, it can be plotted and analyzed visually, for structure and outliers, which again helps facilitate knowledge extraction from data. A plot is worth a thousand dots, and if we can find a good way to display the data, our visual cortex can do the rest, without any need to model fitting calculation. […] Actually, visualization is one of the best tools for data analysis, and sometimes just visualizing the data in a smart way is enough to understand the characteristics of a process that underlies a complicated data set, without any need for further complex and costly statistical processing."

[31] *Pravica*, in: Friedrich/Gehring/Hubig/Kaminski/Nordmann (Hrsg.), 2017, 123, 136 f., die zugleich die Schwierigkeit einer solchen Abbildung auf einem zweidimensionalen Computer-Monitor betont.

[32] *Burrell*, Big Data & Society 3 (2016), 1, 2.

[33] Zur Unterscheidung zwischen Vorhersehbarkeit und Nachvollziehbarkeit siehe weiter unten 4.a).aa).

hier zwei Folgen unterschieden.[34] Erstens kann die algorithmische Entwicklung von Modellstrukturen im Rahmen von Lernverfahren und entsprechend die Funktionsweise der Modelle im Detail schwer bis gar nicht verstanden werden. Zweitens kann es schwer bis unmöglich sein, den genauen Einfluss aller konkreter Korrelationen zwischen einem Inputdatensatz und der Prüfungsmerkmale eines Modells auf die Generierung eines spezifischen Outputs zu identifizieren. Komplexitätsbedingtes Nichtwissen haftet also sowohl der *Modellebene* als auch der *Outputebene* an.[35]

Komplexität bei maschinellem Lernen kann nach bisherigem Forschungsstand noch nicht zuverlässig überwunden, sondern hauptsächlich verstanden, im jeweiligen Einsatzfall idealerweise immer wieder konstruktiv berücksichtigt und so weit wie möglich ausgelotet werden.[36] Ein solcher Ansatz unterscheidet sich

---

[34] Die Differenzierung beider Folgen vollzieht sich unter unterschiedlichen Begriffen und Perspektiven. Oft wird bei diesem Thema nicht aus einer Perspektive auf Nichtwissen, sondern auf Forschungsansätze zum Umgang damit, zwischen „explainability" und „interpretability" unterschieden, *Linardatos/Papastefanopoulos/Kotsiantis*, Entropy 23 (2020), 1, 2 f.: „interpretability is mostly concerned with the intuition behind the outputs of a model; with the idea being that the more interpretable a machine learning system is, the easier it is to identify cause-and-effect relationships within the system's inputs and outputs. […] Explainability, on the other hand, is associated with the internal logic and mechanics that are inside a machine learning system." Vgl. auch *Gilpin/Bau/Yuan/A. Bajwa/Specter/Kagal*, in: IEEE (Hrsg.), 2018, 89 ff., die zwischen den Fragen unterscheiden: „Why does this particular input lead to that particular output?" und „What information does the network contain? [cf. What are] the internal data structures of a program." *Guidotti/Monreale/Ruggieri/Turini/Giannotti/Pedreschi*, ACM Comput. Surv. 51 (2019), 1, 5 u. 11: „An interpretable model can be required either to reveal findings in data that explain the decision, or to explain how the black box itself works. [… Therefore, there is] a more applicative nature aimed at explaining why a certain decision has been returned for a particular input, or a more theoretical nature aimed at explaining the logic behind the whole obscure model. […] [T]he model explanation problem is aimed at understanding the overall logic behind the black box, while the outcome explanation problem is more related to the correlation between the data of a record and the outcome decision." In Untersuchungen, die sich der Komplexität bei maschinellem Lernen aus einer Nichtwissensperspektive widmen, lässt sich diese Unterscheidung auch erkennen, wenngleich weniger eindeutig, siehe etwa *A. Kaminski*, in: Wiegerling/Nerurkar/Wadephul (Hrsg.), 2020, 151, 157 ff.; *A. Kaminski/Resch/Küster*, in: Friedrich/Gehring/Hubig/Kaminski/Nordmann (Hrsg.), 2018, 253, 270; *Käde/Maltzan*, CR 2020, 66, 71, m. w. N.; *Selbst/Barocas*, Fordham L. Rev. 2018, 1085, 1094 ff., 1117 und 1120 m. w. N., wo sie zwischen „outcome- and logic-like explanations" unterscheiden.

[35] Näher dazu siehe unter 4.a).bb).

[36] So *A. Kaminski/Resch/Küster*, in: Friedrich/Gehring/Hubig/Kaminski/Nordmann (Hrsg.), 2018, 253, 275 und 277, die an diesem Punkt von „mathematischer Opazität" sprechen: „Zwar ist grundsätzlich nicht auszuschließen, dass zukünftige mathematische Forschung Teile der mathematischen Opazität beseitigt, doch ist nicht mit einer vollständigen Auflösung der mathematischen Opazität zu rechnen. […] Alternativ bleibt […] sich mit der mathematischen Opazität vertraut zu machen und sich darüber im Klaren zu sein, dass […] deren Grenzen im jeweiligen Anwendungsfall immer wieder auszuloten sind". Nach *Dunson*, Statistics & Probability

von herkömmlichen Herangehensweisen an das Verstehen von Technik. Unter Bezugnahme auf mathematische Umgangsweisen mit Komplexität unterscheiden *Kaminski et. al.* hier zwischen internalistischen und externalistischen Strategien.[37] Erstere sind gekennzeichnet durch ein Verständnis der Struktur eines Systems, sodass erkannt wird, wie ein Element andere Elemente und das Modellverhalten insgesamt bestimmt. Letztere, und die im Fall maschinellen Lernens einschlägigen, kennzeichnen sich allgemein durch eine Befassung mit der Dynamik[38] eines Modells.[39] So lässt sich beispielsweise die Vorhersagegenauigkeit eines elaborierten Lernmodells nicht mathematisch beweisen.[40] Mathematische Schätzungen der Vorhersagegenauigkeit auf Trainings- und Testdaten sind zwar möglich, aber die Genauigkeit im Einsatz auf unbekannte Daten kann nicht a priori ausgerechnet werden.[41] Statt eines strengen mathematischen Beweises, wird die Generierung von Erfahrungswissen über die Verlässlichkeit von Vorhersagen, sowie Bewährtheits- und Gelingenskriterien angestrebt, wie etwa: erhoffte Genauigkeit, Vergleich zu anderen Modellierungsansätzen, Empfindlichkeit gegenüber Änderungen von Parametern und Berechnung von Fehlergrenzen.[42]

Ansätze aus dem Bereich „Explainable AI" (xAI) experimentieren mit diversen Herangehensweisen an den Umgang mit Komplexität.[43] Einige Ansätze ver-

---

Letters 136 (2018), 4, 8, soll die Berücksichtigung solchen Nichtwissens dazu führen, dass allzu ambitionierte Vorstellungen der Leistungsfähigkeit maschinellen Lernens, jedenfalls im Fall von „scientific inferences", zurückgeschraubt werden.

[37] In ihrem Beitrag setzen sich *A. Kaminski/Resch/Küster*, in: Friedrich/Gehring/Hubig/Kaminski/Nordmann (Hrsg.), 2018, 253, 261, 265 ff., schwerpunktmäßig mit Computersimulationen auseinander, beziehen sich jedoch in Nebenanmerkungen immer wieder auch auf komplexe Lernmodelle, s. etwa S. 263, Fn. 28 u. 34. In *A. Kaminski*, in: Wiegerling/Nerurkar/Wadephul (Hrsg.), 2020, 151, 162, werden die Ausführungen zu externalistischen und internalistischen Strategien explizit auf maschinelles Lernen bezogen.

[38] Dynamik bezeichnet hier die Veränderung der internen Regeln eines Lernsystems bei einer Überführung eines Inputs in einen Output. Bspw. ist bei einem neuronalen Netz die Verknüpfung zwischen einzelnen Neuronen in den verschiedenen Schichten dynamisch.

[39] *A. Kaminski/Resch/Küster*, in: Friedrich/Gehring/Hubig/Kaminski/Nordmann (Hrsg.), 2018, 253, 260.

[40] *A. Kaminski/Resch/Küster*, in: Friedrich/Gehring/Hubig/Kaminski/Nordmann (Hrsg.), 2018, 253, 271.

[41] *Verhelst/Stannat/Mecacci*, Sci Eng Ethics 26 (2020), 2975, 2979; *Dunson*, Statistics & Probability Letters 136 (2018), 4, 7 f.

[42] *A. Kaminski/Resch/Küster*, in: Friedrich/Gehring/Hubig/Kaminski/Nordmann (Hrsg.), 2018, 253, 270 f.

[43] Für umfangreiche Darstellungen des Forschungsstandes, Literaturübersichten und Taxonomien solcher Ansätze s. *Molnar*, 2021; *Linardatos/Papastefanopoulos/Kotsiantis*, Entropy 23 (2020), 1 ff.; *Guidotti/Monreale/Ruggieri/Turini/Giannotti/Pedreschi*, ACM Comput. Surv. 51 (2019), 1 ff.; *Gilpin/Bau/Yuan/A. Bajwa/Specter/Kagal*, in: IEEE (Hrsg.), 2018, 89 ff.; *Selbst/Barocas*, Fordham L. Rev. 2018, 1085, 1110 ff.

suchen dieser auszuweichen, indem sie den Einsatz von Modellen, die tendenziell hochkomplex werden können, gänzlich vermeiden, was freilich zulasten der Leistungsfähigkeit, welche gerade im Komplexen angelegt ist, wirkt.[44] Andere suchen einen Umgang damit, indem sie, erneut unter Leistungs-Trade-offs, die Modellentwicklung in Richtung unüberwindbarer Komplexität von vornherein zu begrenzen versuchen. Experimentiert wird auch mit Techniken, um die Teile bereits entstandener Komplexität nachträglich isoliert zu verstehen und daher zwar nicht sie, jedoch das dadurch bedingte Nichtwissen punktuell und vorübergehend aufzuhellen. Auf Fragen der rechtlichen Ausgestaltung eines Einsatzes solcher Techniken wird in der Folge einzugehen sein,[45] an dieser Stelle ist nur darauf hinzuweisen, dass ihre Leistungsfähigkeit derzeit noch durchaus limitiert ist und sie sich auf einem hochexperimentellen Forschungsfeld bewegen, das aktuell keine formalisierten Lösungen und Standards bietet.[46]

Angesichts der hier angeführten Gründe kann das normative Ziel bei der Komplexität maschinellen Lernens nicht ihre Beseitigung, sondern allenfalls der Umgang mit ihr sein. Selbst wenn das Recht den Einsatz entsprechender Modelle vollständig verbieten sollte, wäre dadurch nicht die Komplexität der Technologie selbst beseitigt, sondern allein das menschliche Verhalten im Umgang damit gesteuert.[47] Nun gilt es die bisherigen vergleichsweise abstrakten Ausführungen für den Einsatzkontext der Fluggastdatenverarbeitung zu konkretisieren, indem einige Hypothesen über das Einsatzpotenzial komplexer und einfacher Modelle in diesem Bereich aufgestellt werden. Denn, wie bereits gesagt, ist Komplexität bei maschinellem Lernen stets modellspezifisch. Ob und inwiefern dadurch bedingtes Nichtwissen im Einsatzbereich der Fluggastdatenverarbeitung entstehen kann, hängt also davon ab, was für Lernmodelle für die Zwecke des Musterabgleichs potenziell geeignet sein können.

---

[44] Siehe dazu weiter unten 4.c).cc).

[45] Siehe unten bei 5.

[46] So das Fazit einiger eingehender Analysen des Forschungsstandes zu xAI, siehe insb. *Linardatos/Papastefanopoulos/Kotsiantis*, Entropy 23 (2020), 1, 36: „Despite its rapid growth, explainable artificial intelligence is still not a mature and well established field, often suffering from a lack of formality and not well agreed upon definitions. Consequently, although a great number of machine learning interpretability techniques and studies have been developed in academia, they rarely form a substantial part of machine learning workflows and pipelines." Siehe auch *Gilpin/Bau/Yuan/A. Bajwa/Specter/Kagal*, in: IEEE (Hrsg.), 2018, 1, und *Guidotti/Monreale/Ruggieri/Turini/Giannotti/Pedreschi*, ACM Comput. Surv. 51 (2019), 1, 36.

[47] Vgl. *Jaeckel*, in: Pünder/Klafki (Hrsg.), 2016, 11, 18.

3. Zur Komplexität der algorithmengestützten Vorhersage verdächtigen Verhaltens

Das Komplexitätsniveau eines Lernmodells hängt immer stark von der Komplexität der zugrunde liegenden Probleme ab, die damit modelliert werden sollen.[48] Für den Fall der Mustererstellung lassen sich darüber aus den bisherigen Ausführungen einige Schlüsse ziehen. Die Vorhersage menschlichen Verhaltens ist ein ungemein anspruchsvolles Unterfangen. Mit Vorhersageproblemen wie etwa der Vorhersage von Wohnungspreisen ist es schwer vergleichbar. Die übergeordnete Fragestellung beim Musterabgleich lautet: wie können aus Fluggastdaten Indizien gezogen werden, die für oder gegen den Verdacht einer Straftat aus dem Bereich des Terrorismus oder der schweren Kriminalität sprechen? Dabei handelt es sich zweifellos um ein schwieriges, vielschichtiges Problem mit entsprechenden Lösungsmöglichkeiten.[49] Die Größe und Komplexität der personen- und nichtpersonenbezogenen Datengrundlagen, die für seine Modellierung in Betracht kommen, ist nicht unbeträchtlich. Aus den Datenkategorien in § 2 Abs. 2 FlugDaG können deutlich mehr Prüfungsmerkmale als die dort aufgezählten 20 Nummern gebildet werden.[50] Kombiniert mit Informationen über das Wetter, Feiertage, Flugaktionen und andere Umstände, die das Flugverhalten von Menschen beeinflussen können oder auf saisonale Kriminalitätstrends hindeuten, wächst die Dimension des Merkmalraumes weiter.[51] Damit steigt auch die Kom-

---

[48] Vgl. auch *Pravica*, in: Friedrich/Gehring/Hubig/Kaminski/Nordmann (Hrsg.), 2017, 123, 131: „Entsprechend der ‚Welt', die mit ihnen zur Darstellung und Bearbeitung kommt, sind die Wechselwirkungen, die ein Modell abbildet, hochkomplex"; *Selbst/Barocas*, Fordham L. Rev. 2018, 1085, 1110. Allg. zu Komplexität und Digitalisierung, *Nassehi*, 2019, 162 und passim: „so korreliert die Komplexität […] der Struktur jener neuen […] Mustererkennungs-[…] techniken fast ästhetisch mit der Komplexität einer modernen Gesellschaft".

[49] So etwa zur Vorhersage terroristischer Verdachtsindizien, *LaFree/Freilich*, in: LaFree/Freilich (Hrsg.), 2017, 3, 5: „both anecdotal evidence and scientific research have demonstrated that the etiology of terrorism is complex; no single accurate profile exists of individuals or groups who have turned to terrorism, and no single model has satisfactorily explained cross-national variation in terrorist attacks."; *Ellis III*, in: Chen/Reid/Sinai/Silke/Ganor (Hrsg.), 2008, 141 f.: „Clearly, terrorism is not a simple phenomenon with easy explanations and direct solutions."

[50] So lassen sich allein aus Angaben über das Gepäck nach Nr. 7 mehrere Prüfungsmerkmale bilden, wie etwa: „kein Gepäck", „wenig Gepäck", „Handgepäck", „Aufgabegepäck", „Sondergepäck", „Übergepäck", „im letzten Moment hinzugefügtes Gepäck". In Kombination mit Hin- und Rückfluginformationen lassen sich elaboriertere Prüfungsmerkmale bilden, wie etwa „Missverhältnis zwischen Gepäckgewicht beim Hinflug im Vergleich zum Rückflug", oder das in SWD(2020) 128 final, 24, beispielhaft angeführte „Missverhältnis zwischen Gepäckgröße und Aufenthaltsdauer".

[51] Zu dem Nutzen solcher Datengrundlagen für die Erstellung lernender Modelle s. oben C.IV.3.a).

plexität der Wechselwirkungen zwischen Prüfungsmerkmalen, sowie die der gesamten Modellierungsaufgabe, die unter anderem auch dadurch entsteht, dass verschiedene Datengrundlagen unterschiedliche interne Logiken und Strukturen aufweisen.

So betrachtet erscheinen einfachere lineare Lernmodelle, wie etwa *lineare und logistische Regression*, die einzelne Prüfungsmerkmale nur einzeln und nicht in Kombination mit anderen berücksichtigen können, nicht in der Lage, die dem Musterabgleich zugrunde liegende Problemstellung gebührend zu modellieren. Denn die Tatsache, dass ein Gepäckstück auf dem Hinflug schwer und auf dem Rückflug leicht ist, mag grundsätzlich Anhaltspunkte für Geldwäsche oder Schmuggel liefern, hängt aber auch von anderen Prüfungsmerkmalen wie etwa Zielland und Aufenthaltsdauer, sowie etwa Unterschieden in den jeweiligen Wetterlagen ab. Insofern stellt das Gepäckgewicht nur dann ein zuverlässiges verdachtsindizierendes Merkmal dar, wenn es vom Lernmodell mehrfach und in Kombination mit anderen Merkmalen berücksichtigt werden kann. Eine solche nichtlineare Interaktion zwischen Prüfungsmerkmalen lässt sich in einer linearen oder logistischen Regression nicht ohne weiteres modellieren.[52] Denn dafür dürften die Muster innerhalb von Flugverhaltensdatensätzen, auf deren Grundlage ein Verdachtsurteil generiert werden soll, schlicht zu komplex, probabilistisch und insbesondere – noch unbekannt sein.[53] Schlüsselaufgabe der PIU in einem solchen Fall ist es, die leistungsstärksten Prüfungsmerkmale aus einer großen Datenmenge, unter Berücksichtigung von fehlenden Informationen und Datenrauschen, zunächst einmal zu finden.[54] Dabei könnte sich gerade eine hochelaborierte Form maschinellen Lernens, das Tiefenlernen (deep learning) anhand *neuronaler Netze*, als besonders leistungsfähig bei der automatisierten Entdeckung von Prüfungsmerkmalen mit komplexen Zusammenhängen erweisen, so wie dies in Forschung zu Vorhersagemodellen über Fluggastdaten bereits demonstriert worden ist.[55] Die Tiefe und Struktur des jeweiligen Netzes tragen

---

52 *Gesellschaft für Informatik*, 2018, 33. Grundsätzlich gilt, dass lineare Modelle dann sinnvoll anwendbar sind, wenn die Statistik der Daten dies zulässt.

53 Entsprechend argumentieren auch, *Zheng/Sheng/Sun/S.-Y. Chen*, IEEE Trans Neural Netw Learn Syst 28 (2017), 2911.

54 *Zheng/Sheng/Sun/S.-Y. Chen*, IEEE Trans Neural Netw Learn Syst 28 (2017), 2911, 2912 f.

55 Ein solches Modell demonstrieren *Zheng/Sheng/Sun/S.-Y. Chen*, IEEE Trans Neural Netw Learn Syst 28 (2017), 2911 ff. Zu berücksichtigen ist jedoch, dass das Modell von *Zheng et. al.* mit mehreren Kategorien personenbezogener Daten arbeitet, als dies das FlugDaG zulässt, was die Komplexität des Modells erhöht, siehe die auf S. 1215 f. aufgezählten Datengrundlagen. Lernmodelle für „Passenger Profiling" und „Passenger Segmentation" anhand Fluggastdaten, darunter Entscheidungsbäume, K-Nearest Clusterverfahren und Neuronale Netze, präsentieren auch *Ariyawansa/Aponso*, in: ICIM 2016 (Hrsg.), 2016, 134, 135 f. wiewohl

meist dazu bei, dass das gelernte Vorhersagemodell nur schwer verständlich ist.[56] *Evolutionäres Lernen*, das im Rahmen der Forschung zu Vorhersagemodellen über Fluggastdaten ebenfalls Anwendung findet,[57] ist auch für die Modellierung komplexer Problemstellungen, deren Zusammenhänge menschlich noch nicht verstanden werden, geeignet. Solche Lernverfahren verarbeiten bereichsspezifische Komplexität anhand des zufallsbasierten Experimentierens mit Datensätzen, beseitigen sie jedoch nicht.[58]

Bei kleineren Datenmengen oder bei einer großen Menge von hochqualitativen Trainingsdaten könnten Muster auch mit einfacheren *Entscheidungsbaumalgorithmen* modelliert werden.[59] Entscheidungsbäume aus dem Bereich des maschinellen Lernens sind in der Lage, eine Entscheidungsstruktur mit vorhersagestarken Prüfungsmerkmalen und ihren Verdachtsschwellenwerten anhand von Trainingsdaten zu lernen, nach welcher anschließend einzelne Datensätze

---

die Ausführungen vergleichsweise abstrakt ausfallen. *Domingues/Buonora/Senesi/Thonnard*, 2016, IEEE/IFIP Conference, 54, 56, demonstrieren einen Einsatz von (unter anderem) unüberwacht lernenden neuronalen Netzen zur Betrugsprävention anhand von Fluggastdaten. Beispiele für den Einsatz neuronaler Netze für weitere polizeiliche Vorhersageaufgaben bei *Hälterlein*, Big Data & Society 8 (2021), 1, 7, m. w. N.

56 Zum komplexitätsbedingten Nichtwissen bei neuronalen Netzen siehe etwa *A. Kaminski*, in: Wiegerling/Nerurkar/Wadephul (Hrsg.), 2020, 151, 160 f.: „die Gewichte und Biaswerte [lassen] nur eine sehr abstrakte Interpretation zu, sie stehen zunächst für nichts anderes als dafür, Gewichte oder Biaswerte zu sein; die Anzahl der Parameter begrenzt die Möglichkeit, ihren jeweiligen Einfluss zu verstehen; die Art der Verbindung, insbesondere ihre wechselseitige, nicht-lineare Abhängigkeit [sic] führen dazu, dass eine Einsicht in den Einfluss, den einzelne Elemente haben, in der Regel nur in geringem Maße möglich ist."; *Käde/Maltzan*, CR 2020, 66, 68: „Den Blackbox-Charakter erhält das System aufgrund der entstehenden Komplexität durch die Hidden Layers. In diesen werden – je nach Art des Netzwerks mithilfe unterschiedlichster mathematischer Funktionen – Feinjustierungen vorgenommen oder verschiedene Aspekte des Inputs betrachtet. Was bei KNN die Transparenz verringert, ist die Vielzahl von möglichen Berechnungen, Netzwerkarchitekturen und -typen. Eine weitere Dimension der Intransparenz folgt daraus, dass KNN mit einer Feedbackfunktion auch innerhalb der Durchläufe zurückspringen und sich optimieren können, so dass das fertig trainierte Netz nur ein Abbild unzähliger Anpassungsoperationen ist, die es nachzuvollziehen gilt." Zum Thema siehe auch *Gesellschaft für Informatik*, 2018, 34.

57 Evolutionäres Lernen kommt ebenfalls vor in dem Modell von *Zheng/Sheng/Sun/S.-Y. Chen*, IEEE Trans Neural Netw Learn Syst 28 (2017), 2911, 2913 ff.

58 *A. Kaminski*, in: Wiegerling/Nerurkar/Wadephul (Hrsg.), 2020, 151, 154; *Harrach*, 2014, 67. Generell wird eine Vermehrung des exekutivischen Einsatzes evolutionärer Lernmodelle erwartet, *Deeks*, CLR 119 (2019), 1829, 1839, m. w. N. Dennoch bekommen solche Lernmodelle derzeit kaum Aufmerksamkeit im Rahmen rechtswissenschaftlicher Literatur, insb. im Vergleich zu Neuronalen Netzen oder Random Forest Modellen.

59 *Alpaydin*, 2021, 91: „[S]impler models are more robust on small data sets: that is, they can be trained with fewer data; or when trained with the same amount of data, they have smaller variance, which indicates lower uncertainty."

abgefragt und Passagiere entsprechend klassifiziert werden.[60] Mit einer anschaulichen „wenn-dann" Struktur an den einzelnen Knoten stellt ein solcher Algorithmus die Entscheidungsgrundlage und den Entscheidungsweg vorhersehbar und nachvollziehbar dar.[61] Dadurch erlaubt der Algorithmus die Extraktion von Wissen aus Trainingsdaten (knowledge-extraction).[62] Die Vorhersagekraft eines solchen Modells könnte sich bei einem derart schwierigen und dynamischen Problem sowie derart umfangreichen Datensätzen, im Vergleich zu elaborierten Modellen jedoch als beschränkt erweisen.[63] Dennoch kann nicht ausgeschlossen werden, dass ein solcher Ansatz gewählt wird, in welchem Fall komplexitätsbedingtes Nichtwissen im PNR-System kaum bestehen würde. Auch das Gegenteil, die Arbeit mit hochelaborierten Modellen, kann nicht ausgeschlossen werden und erscheint angesichts der Komplexität der zugrunde liegenden Problemstellung naheliegend. Wahrscheinlich ist auch die Arbeit mit verschiedenen Algorithmen für die Modellierung verschiedener Verdachtsmuster. Denn je nach Art der Hintergrundstrukturen einer Straftat und Anzahl der verfügbaren Trainingsdaten über das ihr zugrunde liegende Verhalten bietet sich die Arbeit mit entsprechend mehr oder weniger anspruchsvollen Lernstrategien an.

Auch bei der Arbeit mit hochdimensionalen Datensätzen und nichtlinearen Zusammenhängen zwischen Prüfungsmerkmalen für die Modellierung schwieriger Vorhersageprobleme bietet sich allerdings immer zunächst der Versuch an,

---

[60] *Hälterlein*, Big Data & Society 8 (2021), 1, 6: „Decision trees can either be manually deducted from expert knowledge or automatically induced from data samples using ML algorithms". Zum Lernverfahren von Entscheidungsbäumen s. *Alpaydin*, [3]2022, 227 ff.; *Waltl*, in: Mainzer (Hrsg.), 2020, 1, 19.

[61] *Alpaydin*, [3]2022, 239. Dennoch betont *A. Kaminski*, in: Wiegerling/Nerurkar/Wadephul (Hrsg.), 2020, 151, 159: „Entscheidungsbäume können zwar (je nach Anzahl der Attribute und Attributwerte) ungemein komplex werden. Insbesondere ist es schwer zu bestimmen, ob ein gelerntes Modell das beste Modell ist." Dies sind Probleme, die bei den auf Entscheidungsbäumen basierenden *Random-Forest-Modellen* weiter vertieft werden, siehe dazu *Käde/Maltzan*, CR 2020, 66, 68 f.: „Der Blackbox-Anteil dieser Methode liegt in der [sic] automagischen Zufallsauswahl der Features. Auf den ersten Blick ist nicht ohne weiteres erkennbar, ob etwa zufällig ein oder mehrere Features nie berücksichtigt wurden, oder ob ein besonders ausschlaggebendes Feature in vielen Bäumen zufällig nicht ausgewählt wurde. Gleiches gilt für die Auswahl der Datensätze".

[62] *Alpaydin*, [3]2022, 240.

[63] Zu den Limitierungen von Entscheidungsbäumen s. *Géron*, 2022, 206 ff.; *Frochte*, 2020, 162 ff. Zur Leistungsfähigkeit von Entscheidungsbäumen im Vergleich zu komplexeren Modellen, *Waltl*, in: Mainzer (Hrsg.), 2020, 1, 19 f.: „[Die] Behauptung [dass deep learning bessere Ergebnisse liefert als Entscheidungsbäume] ist im Allgemeinen jedoch nicht gültig. Die Auswahl des besten Klassifikators mit der richtigen Parametrisierung bedarf umfassender Analysen. Für komplexe Modelle, z. B. Neuronale Netze, ist der Prozess bislang auch oft noch nicht ausreichend verstanden und das zugrunde liegende Problem derart komplex, dass es noch nicht vollumfänglich geklärt ist, wie man diese am besten trainiert und anwendet."

die Problemstellung mit einfacheren Modellen zu modellieren und je nach Bedarf die Komplexität schrittweise zu erhöhen.[64] Zu der Frage, ob die Erstellung hinreichend leistungsfähiger Lernmodelle für die Arbeit der PIU auch ohne die gleichzeitige Erzeugung von Nichtwissen möglich ist, kann sich die Arbeit freilich nicht abschließend positionieren. Darum soll es aber auch nicht gehen, denn letztendlich ist der Bereich der Fluggastdatenverarbeitung ein Referenzfeld für die Untersuchung der rechtlichen Bedeutung von Nichtwissen bei maschinellem Lernen. Ausreichend für die Zwecke der Untersuchung ist daher, dass der Bereich die Voraussetzungen für den Einsatz nichtwissensbedingender Modelle jedenfalls bereithält. Dies erlaubt es nachfolgend mit der Hypothese zu arbeiten, dass komplexitätsbedingtes Nichtwissen im Fall der Fluggastdatenverarbeitung eine reale Herausforderung darstellen kann. Ob es auch eine Herausforderung für das Recht ist, ist eine Frage nach seiner rechtlichen Bedeutung.

4. Rechtliche Bedeutung

a) Einleitende Differenzierungen

Komplexität im Kontext maschinellen Lernens ist ein noch durchaus diffuses Thema, nicht zuletzt, weil seine Beschreibung in fachfremder, etwa soziologischer, philosophischer oder rechtswissenschaftlicher Literatur, oft bei allgemeineren, fragmentarischen und relativ vagen Formulierungen sein Bewenden hat. Wiederum befasst sich fachspezifische Literatur selten mit ihrer abstrakten Beschreibung und dadurch bedingtem Nichtwissen. Vielmehr widmet sie sich der Suche nach Lösungen und bleibt dabei meist auf einsatzbereichs- und modellspezifische Einzelprobleme konzentriert. Die vorangegangenen Ausführungen haben versucht, dem Thema bezüglich ihrer zentralen mathematischen Ursprünge und allgemeinen epistemischen Folgen einzelne Konturen zu verleihen, sowie ihre Bedeutung für den Kontext der Fluggastdatenverarbeitung hervorzuheben. Für einen rechtlichen Zugriff bedarf es allerdings der weiteren Konturierung anhand einiger grundlegender Differenzierungen, die die Ausgangsperspektive für die Analyse der rechtlicher Bedeutung komplexitätsbedingten Nichtwissens im Kontext der Fluggastdatenverarbeitung formen. So mag sich Komplexität sowohl zulasten der Vorhersehbarkeit als auch der Nachvollziehbarkeit maschinel-

---

[64] Den Vorzug einer simpleren algorithmisch generierten Hypothese gegenüber einer komplexeren, die die beobachteten Daten gleich gut beschreibt, formuliert *Hüllermeier*, in: Clemens (Hrsg.), 2001, 255, 276 ff. als ein Prinzip des maschinellen Lernens und kommt zum Schluss, dass es sich in vielen praktischen Anwendungen bewährt, jedoch sowohl theoretische Argumente als auch empirische Evidenz gegen seine Allgemeingültigkeit sprechen. Siehe ebd. 278, auch für den Hinweis, dass keine allgemein akzeptierte, berechenbare Definition davon existiert, wann ein Modell „einfach" und wann es „komplex" ist.

len Lernens auswirken, allerdings müssen für einen entscheidungsunterstützenden Einsatz der Technologie nicht beide Folgen rechtlich anschlussfähig sein, aa). Auch ist zwischen Nichtwissen über die Funktionsweise des gesamten Lernmodells und solchem über konkrete Outputs zu differenzieren, denn nicht beides muss bei einem behördlichen Einsatz rechtlich bedeutsam sein, bb). Schließlich kann Komplexität mit der letzten in dieser Arbeit behandelten Nichtwissensausprägung dergestalt zusammenhängen, dass eine Abgrenzung angebracht erscheint, um die Eigenständigkeit der Problematiken zu verdeutlichen und Missverständnissen vorzubeugen, cc).

aa) Vorhersehbarkeit und Nachvollziehbarkeit

Vorhersehbarkeit und Nachvollziehbarkeit lassen sich insoweit unterscheiden, als dass mit ersterer vorausschauende, mit letzterer retrospektive Verstehensprozesse adressiert werden.[65] Zur näheren Beschreibung von komplexitätsbedingtem Nichtwissen bei maschinellem Lernen wird in der Literatur auf den Mangel von beidem abgestellt.[66] Wenngleich der vorhersehbarkeitsorientierte Umgang mit technischen Systemen und den Folgen ihres Einsatzes in einigen Rechtsbereichen ein durchaus berechtigtes Anliegen sein kann, erscheint er bei dem hier in Frage kommenden Einsatz maschinellen Lernens als eine weniger anschlussfähige Perspektive. Wie sogleich auch anhand einiger Abgrenzungen

---

[65] Vgl. auch *Reichwald/Pfisterer*, CR 2016, 208, 212 und passim. Oft wird auch keine eindeutige Unterscheidung getroffen, s. etwa COM(2020) 65 final, 14, wo unter Bezugnahme auf die Unvorhersehbarkeit von KI-Technologien darauf hingewiesen wird, dass Strafverfolgungsbehörden nicht nachvollziehen können, wie eine unter Einsatz von KI getroffene Entscheidung gefällt wurde.

[66] Auf Vorhersehbarkeit abstellend *Seaver*, Media in Transition 8 (2013), 1, 8: „once these systems reach a certain level of complexity, their outputs can be difficult to predict precisely"; *Käde/Maltzan*, CR 2020, 66, 71 und passim: „Das auf Basis von Klassifizierungsmodellen gelernte Wissen und dessen Auswirkungen auf Entscheidungen im konkreten Kontext sind zumeist nicht vorhersehbar und damit nicht steuerbar"; *Selbst/Barocas*, Fordham L. Rev. 2018, 1085, 1095 f.: „the behaviour of nonlinear models can be far more difficult to predict […] If [the relationship between variables is nonmonotonic, it] can be difficult to grasp or predict. […] The more variables that the model includes, the more difficult it will be to keep all the interactions between variables in mind and thus predict how the model would behave given any particular input"; *Mazur*, Baltic Journal of European Studies 9 (2019), 3, 6, m. w. N.: „Doubts concerning the predictability and foreseeability of making the decisions using these technologies are commonly raised"; *Solow-Niederman*, S. Cal. L. Rev. 93 (2020), 633, 663: „inability to predict AI outcomes with certainty". Auf Nachvollziehbarkeit abstellend, *A. Kaminski*, in: Wiegerling/Nerurkar/Wadephul (Hrsg.), 2020, 153 f. und passim: „Personen können […] das Zustandekommen der Inferenzen und damit der Entscheidung nicht nachvollziehen"; So auch *A. Kaminski/Resch/Küster*, in: Friedrich/Gehring/Hubig/Kaminski/Nordmann (Hrsg.), 2018, 255, 256 und passim. Auf beides abstellend *Reichwald/Pfisterer*, CR 2016, 208, 212; *Haagen*, 2021, 187.

zum vorhersehbarkeitsorientierten Risikorecht zu zeigen sein wird, dürfte bei einem entscheidungsunterstützenden behördlichen Einsatz eine Perspektive auf die Nachvollziehbarkeit des Modells und seiner Outputs zum Umgang mit Komplexität weiterführender und auch umsetzbarer sein.[67] Dies liegt daran, dass in einem Fall wie dem Musterabgleich potenziell rechtserhebliche Entscheidungen eines Lernsystems keine direkten Rechtsfolgen auslösen, sondern nach § 4 Abs. 2 Satz 2 FlugDaG zunächst von PIU-Mitarbeitern intern überprüft werden. Selbst, wenn auf einen Treffer schnell vor Ort reagiert werden muss, hat die PIU in der Regel mehrere Stunden zwischen der Übermittlung eines Fluggastdatensatzes, seinem Abgleich, der Entscheidung für oder gegen seine Weiterleitung an maßnahmenbefugte Behörden und dem Erscheinen der Person am Flughafen.[68] In diesem Rahmen besteht die Möglichkeit, einen Umgang mit ungewissem Modellverhalten über Nachvollziehbarkeitsstrategien zu suchen. Der Vorhersehbarkeitsverlust erscheint hingegen in Fällen problematisch, in denen ein Lernmodell in der Lage ist, rechtserhebliche Folgen direkt, ohne zwischengeschaltete menschliche Überprüfungen seines Verhaltens auszulösen, also wenn es nicht lediglich entscheidungsunterstützend zum Einsatz kommt. In der Rechtswissenschaft wird Vorhersehbarkeit insbesondere bei Haftungsfragen autonomer Systeme, die direkt mit ihrem Umfeld interagieren, problematisiert.[69] Die Einnahme einer solchen vorhersehbarkeits- und folgenorientierten Perspektive würde den innerbehördlichen Spielraum der PIU zum Umgang mit Komplexität jedoch vernachlässigen.[70]

Der Verlust von Vorhersehbarkeit ist gewiss keine besondere Folge der Komplexität von Lernsystemen, sondern haftet vielen mehr oder weniger komplexen Systeme und Technologien an.[71] In der Risikoforschung wird seit geraumer

---

[67] *Reichwald/Pfisterer*, CR 2016, 208, 212, erkennen die Grenzen von Nachvollziehbarkeitsversuchen, halten sie jedoch im Vergleich zu Vorhersehbarkeitsversuchen für machbarer: „[Dadurch, dass selbst die Entwickler von Algorithmen nicht mehr in der Lage sind, die Eigenschaften ihrer Systeme vorauszusagen oder zu garantieren,] wird es zunehmend wichtiger, die Systeme und deren Entscheidungen zumindest retrospektiv verstehen zu können. Insoweit müssen bestimmte Voraussetzungen für eine Nachvollziehbarkeit gegeben sein. Einer solchen Nachvollziehbarkeit sind indes theoretisch bewiesene Grenzen gesetzt."

[68] Siehe § 2 Abs. 5 FlugDaG, wonach Fluggastdaten der PIU 48 bis 24 Stunden vor der planmäßigen Abflugzeit, sowie unmittelbar nachdem sich die Fluggäste vor dem Start an Bord begeben haben und sobald keine Fluggäste mehr an Bord kommen oder von Bord gehen können, zu übermitteln sind.

[69] Vgl. *Martini*, 2019, 274 ff.; *Reichwald/Pfisterer*, CR 2016, 208 ff.; *Käde/Maltzan*, CR 2020, 66 ff.; *Haagen*, 2021, 187 ff.

[70] Zu den Schwierigkeiten einer folgenorientierten analytischen Perspektive bei einem behördlichen Einsatz maschinellen Lernens siehe bereits oben III.1.a). und III.2.

[71] *Küppers*, EWE 20 (2009), 140, 141, hält den Verlust von Vorhersehbarkeit für eine allgemeine Folge jeglicher Komplexität.

Zeit auf die Herausforderungen, die sich aus der Nichtlinearität und dem chaotischen Verhalten solcher Systeme ergeben, aufmerksam gemacht. Den Umgang mit dadurch entstehenden naturwissenschaftlich- und technikbedingten Unsicherheiten reguliert das Risikorecht.[72] Kennzeichnend dafür ist ein vorsorgeorientierter Ansatz, der im Grundsatz auf eine vorausschauende Regulierung setzt. Doch während im Kontext des Risikorechts ein Umgang mit den unvorhersehbaren Entwicklungen in und durch offene komplexe Systeme gesucht wird, also solchen, die im direkten Austausch mit der Umwelt stehen, handelt es sich bei Lernkomponenten des PNR-Systems um isolierte, in sich geschlossene komplexe Systeme, innerhalb derer unvorhersehbare (chaotische und nichtlineare) Entwicklungen zunächst ohne irreversible Folgen beobachtet und nachträglich analysiert werden können.[73] Deshalb kann sich das Sicherheitsrecht diesbezüglich, im Unterschied zum Risikorecht, einen Umgang mit Komplexität über Nachvollziehbarkeitsstrategien leisten. Zugleich könnte diese Geschlossenheit von Lernsystemen darauf hindeuten, dass die rechtliche Bedeutung komplexitätsbedingten Nichtwissens zum Teil schwer anhand seiner Auswirkung auf subjektive Rechte auszuloten ist. Darauf wird noch zurückzukommen sein,[74] jedenfalls bleibt hier festzuhalten, dass sich die Arbeit im Folgenden nur insoweit mit der rechtlichen Bedeutung von Komplexität auseinandersetzt, als sie zu einem Nachvollziehbarkeitsverlust über das Modellverhalten führt.

An dieser Stelle lohnt es sich, auf einen weiteren bedeutsamen Unterschied zwischen den sich hier stellenden Nichtwissensfragen und dem Risikorecht aufmerksam zu machen, denn etwaige Parallelen mögen zunächst, angesichts der oben beschriebenen komplexitätserzeugenden Eigenschaften maschinellen Lernens, dennoch ausgesprochen naheliegend erscheinen.[75] Dieser Unterschied liegt

---

[72] *Jaeckel*, 2012, 169.

[73] Der Bezeichnung von Systemen als offen, geschlossen und isoliert liegt hier kein strenges thermodynamisches Verständnis zugrunde. Die Analogie erscheint aber produktiv, um den Unterschied zwischen der naturwissenschaftlich-technischen Komplexität, die Gegenstand des Risikorechts ist, und der Komplexität von Lernsystemen pragmatisch zu beschreiben.

[74] Siehe unter 4.c).cc).(3).

[75] Solche Parallelen bei *Solow-Niederman*, S. Cal. L. Rev. 93 (2020), 633, 673: „Given that environmental law governance has been presented by scholars and employed by at least some policymakers as a strategy to contend with complex ecosystems and dynamic challenges, it might appear to be a natural playbook for team AI to adopt. […] [G]iven its regulation of complex ecosystems, environmental law, like AI, has needed to contend with uncertainty and emergence. Both fields must address ‚complex dynamic systems' that consist of ‚many mutually interdependent parts operating in dynamic, co-evolutionary trajectories. […]' Given these apparent systemic similarities, why not endorse a governance-influenced regulatory solution as a natural fit for AI"; *Mazur*, Baltic Journal of European Studies 9 (2019), 3 u. 7: „There is a similarity between the scientific uncertainty linked to the hazard which human interventions pose to the natural environment and the hazard which the development of automated deci-

darin, dass das Risikorecht grundsätzlich auf ein Nichtwissen zu reagieren hat, das aus einem, aus gesetzgeberischer und behördlicher Perspektive, „fremden" Einsatz ungewisser Technologien resultiert. Vorliegend geht es aber um die Rolle des Rechts bei einem behördlichen Einsatz, der nicht ohne Weiteres einem rechtlichen Zugriff auszusetzen ist, soweit er Teil interner Verfahren ist, deren Gestaltung grundsätzlich der sicherheitsbehördlichen Autonomie unterfällt.[76] Insoweit könnte die Untersuchung der rechtlichen Bedeutung technologischer Komplexität womöglich erneut zu Fragen rechtlicher Verfahrensrationalisierung führen.[77] Die Regulierung eines behördlichen Einsatzes ungewisser Technologien dürfte dem Risikorecht allerdings in der Regel fremd sein. Insgesamt erscheinen daher die in der Literatur vermehrt gezogenen Parallelen zwischen der Regulierung maschinellen Lernens und der Risikoregulierung, so naheliegend sie auch in Anbetracht strukturell ähnlicher Komplexitätserscheinungen sein mögen, für die sich hier stellende Frage der rechtlichen Bedeutung der Komplexität eines entscheidungsunterstützenden behördlichen Einsatzes maschinellen Lernens nicht weiterführend. Auch wenn der punktuelle Rückgriff auf einige isolierte Erkenntnisse instruktiv sein könnte, geht die Arbeit im Grundsatz davon aus, dass die Herausforderungen im Kontext des maschinellen Lernens eine Eigendynamik aufweisen, deren Analyse von Parallelen zur Risikoregulierung nicht wesentlich profitieren würde.

bb) Modell- und Outputkomplexität

Die Komplexität einiger Lernmodelle hat, wie bereits erläutert, im Wesentlichen zwei Folgen.[78] Zum einen kann die in der Lernphase stattgefundene algorithmische Entwicklung der Modellstruktur nicht im Detail nachvollzogen werden. Es geht dabei um die internen Logiken und Abläufe des Modells in seiner Gesamtheit und den Nachvollzug seiner Funktionsweise im Allgemeinen;[79] nicht hingegen geht es um den Nachvollzug seiner Funktionsweise während der Erzeugung

---

sion-making techniques poses to certain aspects of human lives in the digital environment. […] When we consider this type of unpredictability in the areas of the environment and the public health protection, we reach for the precautionary principle". Siehe auch *Martini*, 2019, 113 ff., der in seinem Kapitel C. „Algorithmen und lernfähige Softwareanwendungen als Risikotechnologie – Regulierungsstrategien klassischer Risikoverwaltung als Blaupause", Parallelen unter anderem zu der Regulierung der Nanotechnologie, Humangenetik, dem Arzneimittel- und Umweltrecht zieht.

[76] Siehe dazu bereits oben D.II.1.b).bb).

[77] Siehe dazu unter 4.c).cc).

[78] S. oben, I.1.2.

[79] *Linardatos/Papastefanopoulos/Kotsiantis*, Entropy 23 (2020), 1, 3; *Guidotti/Monreale/Ruggieri/Turini/Giannotti/Pedreschi*, ACM Comput. Surv. 51 (2019), 1, 2.

eines konkreten Outputs.[80] Dieser Mangel an Nachvollziehbarkeit führt bei Klassifikationsmodellen dazu, dass nicht weiter ergründbar ist, was das Modell aus Datensätzen konkret gelernt hat, also welche Informationen es nach Abschluss der Lernphase enthält.[81] Im Kontext der Fluggastdatenverarbeitung würde dies dazu führen, dass es beim Einsatz eines entsprechenden Lernmodells zur Mustererstellung für die PIU schwer bis unmöglich wäre, herauszufinden, welche konkreten Muster es enthält. Und da die Muster die Grundlage für die Erzeugung von Entscheidungen bilden, bedeutet dies, dass die PIU in einem solchen Fall ihre eigenen Entscheidungsgrundlagen nur begrenzt nachvollziehen kann. Dieses Problem wird nachfolgend als *Modellkomplexität*, der Umgang damit als *Modellnachvollziehbarkeit* bezeichnet.

Zum anderen führt die Komplexität maschinellen Lernens dazu, dass die algorithmische Erzeugung eines konkreten Outputs schwer nachvollziehbar ist, da es nicht ohne weiteres ergründbar ist, wie das Lernmodell einen Inputdatensatz anhand seiner gelernten Entscheidungsstruktur genau prozessiert hat. Die Entscheidungsstruktur eines Klassifikationsmodells besteht aus Merkmalen, die das Modell innerhalb verschiedener Inputdatensätze erkannt und aufgrund ihres korrelativen Zusammenhangs zu bestimmten Outputs als in verschiedenen Maßen entscheidungserheblich gelernt hat.[82] Anhand dieser Merkmale prozessiert das Modell neue Inputdatensätze. Ein Mangel an Nachvollziehbarkeit an dieser Stelle führt somit dazu, dass unklar ist, welche Daten aus einem Inputdatensatz für die Erzeugung eines Outputs inwieweit ursächlich waren.[83] Die für ein Abgleichergebnis konkret einschlägigen Prüfungsmerkmale, welche ein Fluggastdatensatz während des Abgleichs getroffen hat, blieben daher ungewiss. In der Folge wüsste die PIU zwar, was das Ergebnis des Abgleichs eines konkreten Fluggastdatensatzes ist, nämlich ein Treffer oder Nichttreffer, sie wüsste also, ob das PNR-System ein Verdachtsindiz generiert hat, jedoch nicht ohne Weiteres, auf welche konkreten Korrelationen, Merkmale oder Muster dies zurückzuführen

---

[80] In der Fachliteratur werden für diese Unterscheidung meist die Bezeichnungen „*global* interpretability/explainability“ und „*local* interpretability/explainability“ verwendet, s. etwa *Linardatos/Papastefanopoulos/Kotsiantis*, Entropy 23 (2020), 1, 5: „If the method provides an explanation only for a specific instance, then it is a local one and, if the method explains the whole model, then it is global.“ Ähnlich erklären die Unterscheidung auch *Henin/Le Métayer*, in: Del Bimbo/Cucchiara/Sclaroff/Farinella/Mei/Bertini/Escalante/Vezzani (Hrsg.), 2021, 5, 7 f.: „An explanation is global if the explainee is interested in the behaviour of the ADS for the whole input dataset. Otherwise, it is local, which means that the explainee is interested in the behaviour of the ADS for (or around) a specific input value.“

[81] Vgl. *Gilpin/Bau/Yuan/A. Bajwa/Specter/Kagal*, in: IEEE (Hrsg.), 2018, 89. 90 f.

[82] Siehe dazu im Detail oben C.IV.2.

[83] Vgl. *Linardatos/Papastefanopoulos/Kotsiantis*, Entropy 23 (2020), 1, 2 f., die diesbezüglich von „cause-and-effect relationships within the system’s inputs and outputs“ reden.

ist. Trifft sie allein auf der Basis eines solchen Treffers die Entscheidung, das Indiz zwecks weiterer Überprüfung oder Maßnahmenveranlassung an maßnahmenbefugte Behörden weiterzuleiten, könnte sie diese Entscheidung zunächst selber schwer rationalisieren und auch gegenüber der nach § 6 Abs. 1 FlugDaG zuständigen Sicherheitsbehörde schwer begründen. Entsprechend schwer kann diese Behörde daraufhin ergriffene Maßnahmen einem Richter oder Fluggast gegenüber begründen. Dieses Problem wird nachfolgend als *Outputkomplexität*, der Umgang damit als *Outputnachvollziehbarkeit* bezeichnet.

Zusammengefasst kann Modellkomplexität dazu führen, dass die PIU ihre eigenen Muster nicht kennt, Outputkomplexität dazu, dass sie Abgleichergebnisse nicht begründen kann. Ansätze zur Herstellung der Nachvollziehbarkeit von dem Einen können zur Herstellung der Nachvollziehbarkeit von dem Anderen komplementär sein,[84] insgesamt hängen beide Probleme aber nicht unbedingt zusammen; Modellnachvollziehbarkeit bedingt also nicht axiomatisch Outputnachvollziehbarkeit und andersherum.[85] Diese Differenzierung soll ersichtlich machen, dass die Bestimmung der rechtlichen Bedeutung einerseits von Modell- und andererseits von Outputkomplexität eine jeweils eigenständige rechtliche Bewertung erfordert.[86] Deshalb wendet sich die Arbeit im übernächsten Abschnitt zunächst der rechtlichen Bedeutung von Ersterem, c), und anschließend der rechtlichen Bedeutung von Letzterem, d).

cc) Komplexitäts- und korrelationsbedingtes Nichtwissen

Schließlich ist der Unterschied zwischen komplexitäts- und korrelationsbedingtem Nichtwissen zu betonen. Ohne den Problematiken korrelationsbedingten Nichtwissens zu sehr vorzugreifen, kann zusammenfassend gesagt werden, dass es dabei um Fragen der *Qualität bzw. Plausibilität* algorithmisch generierter Muster und Verdachtsindizien geht.[87] Hingegen erschwert die zunehmende

[84] Laut *Henin/Le Métayer*, AI and Society 2021, 1397, 1398, könnte etwa die Erklärung eines bestimmten Outputs punktuelle Einblicke in die Logik des gesamten Modells liefern: „For example, an explanation for a bank loan application rejection could be that the number of outstanding loans of the applicant is too high. This information helps to understand the logic of the ADS."

[85] *Linardatos/Papastefanopoulos/Kotsiantis*, Entropy 23 (2020), 1, 3. Siehe auch *Guidotti/Monreale/Ruggieri/Turini/Giannotti/Pedreschi*, ACM Comput. Surv. 51 (2019), 1, 2, denen zufolge Ansätze zur Outputnachvollziehbarkeit nicht auf Modellnachvollziehbarkeit angewiesen sind.

[86] Die Unterscheidung für die juristische Perspektive betonend, den Fokus jedoch hauptsächlich auf Outputnachvollziehbarkeit legend, *Selbst/Barocas*, Fordham L. Rev. 2018, 1085, 1094 ff., 1117 und 1120 m. w. N.: „the main split is whether to aim for interpretable models or to account for specific decisions."

[87] Siehe dazu im Detail unter E.II.

Komplexität von Lernmodellen die Nachvollziehbarkeit des *Inhalts* von Mustern (Modellkomplexität) oder Verdachtsindizien (Outputkomplexität). Ihre Qualität kann gewiss schwer bewertet werden, ohne ihren Inhalt zu kennen. Insofern ist ein Umgang mit komplexitätsbedingtem Nichtwissen Voraussetzung für einen Umgang mit korrelationsbedingtem Nichtwissen. Dies mag bei der Untersuchung der rechtlichen Bedeutung von Ersterem zu berücksichtigen sein, ändert aber nichts daran, dass es sich um zwei eigenständige Nichtwissensproblematiken mit eigenständiger rechtlicher Bedeutung handelt.[88] Es geht einerseits um Fragen danach, wie das System funktioniert und wie es zu seinen Ergebnissen kommt, andererseits danach, warum seine Ergebnisse gut oder schlecht sind.[89] Qualitätsfragen stellen sich also gleichermaßen bei hochkomplexen und einfacheren Modellen. Sie können bei den Ersteren allerdings schwieriger zu beantworten sein. Es wäre daher verfehlt, die Komplexität der Technologie für beide Probleme ursächlich zu machen. Dies würde zu einer – sich aber teilweise bereits realisierenden – Gefahr des unscharfen Umgangs mit beiden Themen führen.[90] Dadurch wird entweder die Problematik korrelationsbedingten Nichtwissens gar nicht erkannt oder der Komplexität der Technologie eine unzutreffende Bedeutung beigemessen. Ausgehend von der im Folgenden weiterhin laufend zu begründenden These, dass beide Problematiken eine jeweils unterschiedliche Bedeutung für das Recht haben, werden sie nachfolgend zwar nicht unabhängig, jedoch im Grundsatz getrennt voneinander behandelt.

---

[88] Die Problematiken unter den jeweiligen Begriffen „explanations" und „justifications" abgrenzend, *Henin/Le Métayer*, AI and Society 2021, 1397, 1399 und 1400: „Even if they often support each other, explanations and justifications have different goals and should not be conflated [...]. Explanation in itself does not imply justification, and a justification does not always require an explanation of the underlying logic of the decision system." *Henin/Le Métayer*, AI and Ethics 2021, 463, 474, m. w. N.: „Explanations describe how the system works while justifications use domain knowledge to show that decisions are correct." Ähnlich unterscheiden auch *Selbst/Barocas*, Fordham L. Rev. 2018, 1085, 1098 zwischen „inscrutability" und „intuitiveness": „[I]ntuitiveness requires addressing inscrutability as a starting point. An understandable model is necessary because there can be nothing intuitive about a model that resists all interrogation. But addressing inscrutability is not sufficient. A simple, straightforward model might still defy intuition". *Mast*, in: Kuhlmann/DeGregorio/Fertmann/Ofterdinger/Sefkow (Hrsg.), 2023, 141, 156 unterscheidet diesbezüglich zwischen „rein tatsächliche" Erklärungen und solche, die sich dazu verhalten, warum eine Entscheidung „rechtlich richtig bzw. vertretbar" ist.

[89] Vgl. auch *Biran/McKeown*, ICML 2014 AutoML Workshop 2014, 1; *Selbst/Barocas*, Fordham L. Rev. 2018, 1085, 1117; *Henin/Le Métayer*, AI and Ethics 2021, 463, 464.

[90] Krit. dazu auch bei *Henin/Le Métayer*, AI and Ethics 2021, 463, 464; bei *Henin/Le Métayer*, AI and Society 2021, 1397.

b) Zum analytischen Ansatz unter faktischen Nachvollziehbarkeitsgrenzen

Der Frage nach der rechtlichen Bedeutung von Komplexität und dem dadurch bedingten Nichtwissen wird im Folgenden unbeschadet der faktischen Grenzen der Herstellung von Modell- oder Outputnachvollziehbarkeit nachgegangen.[91] Solche Grenzen mögen die Möglichkeiten eines rechtlichen Umgangs mit etwaigen Problematiken beeinflussen, sie können aber nicht als Argument gegen die rechtliche Bedeutung des Themas herangezogen werden, ohne dass sich daraus ein Zirkelschluss ergäbe. Dass also Komplexität nicht überwindbar ist, kann nicht dafürsprechen, dass die Rechtswissenschaft sich damit nicht befassen muss, etwa weil das Recht zur Komplexitätsbeseitigung ohnehin nichts beitragen kann. Denn es kann jedenfalls den menschlichen Umgang mit Komplexität und dadurch bedingtem Nichtwissen steuern.

Gewiss beeinflussen faktische Grenzen der Nachvollziehbarkeit den analytischen Ansatz zur Bestimmung der rechtlichen Bedeutung ihres Mangels. Anhand fiktiver, realitätsentkoppelter Konstruktionen einer tatsächlich nicht herstellbaren Nachvollziehbarkeit und der Beschreibung ihrer Wirkung für Rechtsgarantien kann nämlich nicht überzeugend zu Lasten oder Gunsten einer rechtlichen Bedeutung argumentiert werden. Ob jedoch die sicherheitsbehördliche Arbeit mit inhaltlich nicht nachvollziehbar einsehbaren Modellen und Outputs rechtlich problematisch ist, etwa weil die PIU dadurch nicht in der Lage wäre, Nachvollziehbarkeit dort zu gewährleisten, wo es von ihr herkömmlicherweise erwartet werden kann, kann unbeschadet solcher faktischen Grenzen analysiert werden. Sie beeinflussen die Herangehensweise an die Analyse der rechtlichen Bedeutung, stehen ihr aber nicht entgegen.

Unter Rücksicht darauf muss sich der Bewertungsmaßstab hier von den bisherigen jedoch teilweise unterscheiden. Da die Ursachen intendierten Nichtwissens

[91] Regelmäßig wird darauf hingewiesen, dass Modellnachvollziehbarkeit, im Gegensatz zur Outputnachvollziehbarkeit, aktuell noch kaum herstellbar ist, s. etwa die Studie von *Fraunhofer*, Maschinelles Lernen, Eine Analyse zu Kompetenzen, Forschung und Anwendung, 2018, abrufbar unter https://perma.cc/4KPK-YEP5, 30, wo ersteres als „Transparenz" letzteres als „Erklärbarkeit" bezeichnet wird: „Transparenz bedeutet, dass das Verhalten der Anwendung vollständig nachvollziehbar ist. Praktisch ist diese Forderung jedoch nur schwer erfüllbar, da viele Modelle notwendigerweise sehr komplex sind. Erklärbarkeit hingegen bedeutet, dass für eine konkrete Einzelentscheidung der Anwendung die wesentlichen Einflussfaktoren aufgezeigt werden können […]. Technisch ist sie zudem deutlich einfacher zu erfüllen als Transparenz." Vgl. auch *Selbst/Barocas*, Fordham L. Rev. 2018, 1085, 1120 ff. Entsprechend finden sich in der Forschung zu xAI vergleichsweise wenige Ansätze, die sich der globalen Modellnachvollziehbarkeit widmen, siehe *Linardatos/Papastefanopoulos/Kotsiantis*, Entropy 23 (2020), 1, 6 ff. Die Darstellung der Autoren macht deutlich, dass solche globalen Ansätze bei komplexen Modellen eine sehr begrenzte Leistungsfähigkeit aufweisen, insb. im Kontrast zu den zahlreichen Forschungsansätzen zur Outputnachvollziehbarkeit, die präsentiert werden.

(Nichtoffenlegung von Einsatz und Implementierungsdetails, fehlende algorithmische Kompetenz und mangelnder Überblick über Entwicklungskontexte) im Wesentlichen behebbar sind, konnte an seine rechtliche Bedeutung sowohl mit der Frage herangegangen werden, was seine Überwindung (anhand algorithmischer Transparenz, Kompetenz und Steuerung), als auch was seine Nichtüberwindung rechtlich bewirken würde. Die prinzipielle Unbehebbarkeit von Komplexität als Nichtwissensursache, sowie die grundsätzlich beschränkte, ungesicherte und meist modellspezifisch schwankende Leistungsfähigkeit von noch hochexperimentellen xAI-Ansätzen bei der Herstellung von Nachvollziehbarkeit führt jedoch dazu, dass letztendlich nur die zweite Frage zuverlässig beantwortet werden kann.[92] Der rechtlichen Bedeutung komplexitätsbedingten Nichtwissens wird im Folgenden also allein anhand der Frage nachgegangen, wie dieses tatsächlich wirkt und inwieweit diese Wirkung eine rechtlich problematische ist.

c) Rechtliche Bedeutung von Modellkomplexität

Die Frage nach einer rechtlichen Bedeutung von Modellkomplexität ist im Grunde die Frage, ob und inwieweit es Aufgabe des Rechts ist, sicherzustellen, dass die PIU ihre Muster kennt.[93] Dafür ist zunächst genauer zu beschreiben, welche Rolle algorithmische Modelle für die Arbeit der PIU spielen und wie sich ihre Unkenntnis tatsächlich darauf auswirkt (aa). Anschließend wird aus verschiedenen Perspektiven überprüft, ob sich diese Wirkung in eine rechtlich bedeutsame, da problematische, überführen lässt (bb). Schlussendlich wird aus einer Perspektive auf die Verfahrensrationalisierung die Vexierfrage aufgezeigt, die sich dem Sicherheitsrecht hier eigentlich stellt, nämlich inwieweit ein rechtlicher Zugriff auf den bei maschinellem Lernen oft unverzichtbaren Trade-off zwischen Leistungsfähigkeit und Nachvollziehbarkeit rationalisierend wirken kann (cc).

aa) Lernphase als algorithmische Herstellung von Wissensgrundlagen

Nachvollziehbarkeitshemmende Modellkomplexität entsteht während der Lernverfahren maschinellen Lernens. Das Lernverfahren ist eine Phase der Entstehungskontexte eines Modells,[94] die zwar von menschlichen Entwicklungsentscheidungen umgeben, in ihrer Aufgabe der Entwicklung der algorithmischen

---

[92] Das experimentelle Stadium, in dem sich xAI-Ansätze befinden, steht ihrer rechtlichen Berücksichtigung zwar nicht entgegen, siehe dazu auch unten in diesem Abschnitt, 4.e). und 5. Aufgrund dessen erscheint es jedoch nicht angebracht, solche Ansätze die Auseinandersetzung mit der rechtlichen Bedeutung des Problems, das sie zu lösen versuchen, maßgeblich beeinflussen zu lassen.

[93] Zur näheren Beschreibung von Modellkomplexität s. bereits oben E.I.4.a).bb).

[94] Zu den weiteren Entwicklungsphasen maschinellen Lernens siehe oben D.II.1.a).

Entscheidungsstruktur jedoch von menschlicher Intervention befreit ist.[95] In dieser Phase erkennt ein Modell verschiedene Muster und Zusammenhänge in Daten, zwar unter Einhaltung von im Vorfeld erbrachten, die Lernphase steuernden Leistungen von Systementwicklern, aber im Kern selbst. Das dabei Erkannte – im Kontext der Fluggasdatenverarbeitung generalisierbare verdachtsbegründende und verdachtsentlastende Prüfungsmerkmale und gesamte Muster – kann noch nicht als Wissen bezeichnet werden. Wissen ist ein soziales Konstrukt, eine kognitive Erwartungshaltung.[96] Dafür sind kognitive Erkenntnisprozesse vorausgesetzt, die während der algorithmischen Lernphase nicht stattfinden.[97] Vielmehr lassen sich sowohl algorithmisch als auch theoriegeleitet erzeugte Abgleichmodelle als Wissens- und Entscheidungs*grundlagen* betrachten.[98] Sie bilden die Grundlage für Fluggastdatenabgleiche und dienen der Erzeugung von Abgleichergebnissen.

Theoriegeleitet erzeugte Muster, als Sortiment ausgewählter und strukturierter kollektiver Erfahrung der PIU, haben keine wesentlich darüber hinausgehende Funktion.[99] Die PIU kann sie immer wieder reflektieren und unter Zuhilfenahme neuer Erkenntnisse revidieren, grundsätzlich beinhalten sie jedoch stets ihr bereits bekannte Wissensgrundlagen. Hat hingegen ein Lernmodell der PIU noch unerkannte Zusammenhänge innerhalb von Daten erkannt, beinhaltet es ihr entsprechend unbekannte Wissensgrundlagen. Algorithmisch erzeugte Muster könnten die PIU daher auch dabei unterstützen, sich ein Bild von ihr noch unbekannten, generalisierbaren Verhaltensstrukturen mit Bezügen zum Flugverkehr zu machen oder ihr bereits bekannte Strukturen bestätigen. Die Kenntnis solcher

---

[95] Zu diesem Moment maschineller Eigenständigkeit, der in der Literatur geläufig auch mit der Analogie der „maschinellen Autonomie" adressiert wird, siehe im Detail oben C.IV.1. und 2.

[96] Zum Wissensbegriff siehe oben III.1.c)., m. w. N.

[97] Jedenfalls nicht auf eine Art, die es für rechtswissenschaftliche Zwecke bedenkenlos erlaubt, ohne Bezugnahme auf etablierte, der Technologie gewisse Erkenntnisfähigkeiten zuerkennende, philosophische oder sozilogische Konstruktionsleistungen, von Wissen zu sprechen.

[98] Vgl. auch *Albers*, in: Voßkuhle/Eifert/Möllers (Hrsg.), ^{3}2022, § 22, Rn. 9, die davon ausgeht, dass sowohl „Expertensysteme", also Prüfungsmerkmale und Muster, die theoriegeleitet erstellt werden, als auch „eigenständig lernende Programme" zu den Wissensgrundlagen der Verwaltung zählen: „Speicherformen, auf die unter Inanspruchnahme von Zeit und immer nur selektiv zurückgegriffen werden kann, sind nicht das Wissen selbst, sondern Wissensgrundlagen. Immer schon zählen in der Verwaltung dazu Texte, Akten, Archive, Register, aber auch institutionelle Arrangements, strukturierte Verfahrensabläufe oder rechtsdogmatische Praktiken. Mit der Digitalisierung gewinnen Datenbanken, Expertensysteme und eigenständig lernende Programme an Bedeutung." So lassen sich auch die Ausführungen zu maschinell erstellten Mustern bei *Rademacher*, AöR 142 (2017), 366, 374, deuten, wenn er von dem „in einem Muster gespeicherte[n] Wissen" spricht.

[99] Zur theoriegeleiteten Mustererstellung siehe oben C.III.

Wissensgrundlagen hätte also grundsätzlich eine wünschenswerte Wirkung für die PIU, da sie daraus weitere Informationen zum Verständnis und zur Evaluation abstrakter Verdachtsstrukturen gewinnen könnte.[100] Die Komplexität einiger Lernmodelle hindert die PIU also im Wesentlichen daran, sie in dieser Hinsicht als Ressource neuen Wissens verständnisorientiert anzuzapfen und zu bewerten. Mangels Modellnachvollziehbarkeit fehlt der PIU also die Möglichkeit, maschinell erzeugte Muster auf ihr Wissen über generalisierbare Verdachtsstrukturen unmittelbar wirken zu lassen.

bb) Nachvollziehbarkeit von Mustern als sicherheitsrechtliche Problematik?

Daher stellt sich konkret die Frage, ob es rechtlich problematisch ist, wenn die PIU zwar in der Lage ist, Einzelsachverhalte anhand algorithmischer Muster zu bewerten, jedoch nicht in der Lage ist, diese Muster als Grundlagen zur Erzeugung von Abgleichergebnissen und als abstrakte Wissensgrundlagen *inhaltlich* nachzuvollziehen, also die Bedeutung der gelernten Zusammenhänge zu verstehen.[101]

(1) Anforderungen des FlugDaG

Nach § 4 Abs. 3 Satz 1 FlugDaG muss die PIU ihre Muster regelmäßig überprüfen. Dies könnte für die Notwendigkeit ihrer inhaltlichen Nachvollziehbarkeit

---

[100] Vgl. *Albers*, in: Voßkuhle/Eifert/Möllers (Hrsg.), ^{3}2022, § 22, Rn. 8.

[101] Die hier gewählte Formulierung einer „inhaltlichen" Modellnachvollziehbarkeit wird in der Literatur verschiedentlich beschrieben. *Selbst/Barocas*, Fordham L. Rev. 2018, 1085, 1123 sprechen von „intelligible models". *Zednik*, Philos. Technol. 34 (2021), 265, 269, spricht von „rational explanations" und grenzt wie folgt ab: „Any computing system's behaviour can be explained in many different ways [...] mathematical explanations might appeal to the manipulation of binary strings, and rational explanations might appeal to the system's goals and representational states". *Holzinger*, Informatik Spektrum 41 (2018), 138, spricht diesbezüglich von einer „nachvollziehbaren Erklärung" und verdeutlicht wie folgt: „Selbst wenn wir die zugrunde liegenden mathematischen Prinzipien verstehen, fehlt solchen Modellen eine explizite deklarative Wissensrepräsentation." Mathematisch sind Lernmodelle also stets nachvollziehbar, siehe etwa *Coglianese/Lehr*, Penn Law: Legal Scholarship Repository 2017, 1147, 1207: „Analysts can, and do, possess full knowledge of algorithms' inner workings, and they can mathematically explain how these algorithms optimize their objective functions. What they lack is simply an interpretive ability to describe this optimization in conventional, intuitive terms. They cannot say that a machine-learning analysis shows that X causes Y, and therefore a government agency aiming to reduce Y needs to regulate X." Vgl. auch *Selbst*, Vand. L. Rev. En Banc 70 (2017), 87, 91: „Black boxes can generally be tested, and the relationship between inputs and outputs is often knowable, even if one cannot describe succinctly how all potential inputs map to outputs. To say something is a black box is not to say we can understand nothing about it."

sprechen. Wie die PIU dabei vorzugehen hat und was sie genau überprüfen soll, ergibt sich aus den weiteren in Abs. 3 geregelten Anforderungen an die Mustererstellung. Nach Satz 2 müssen Muster verdachtsbegründende und verdachtsentlastende Prüfungsmerkmale enthalten und insoweit für die PIU überprüfbar sein. Ferner erfordert die Einhaltung des in Satz 6 geregelten Precision-Recall-Verhältnisses, sowie des in Satz 7 geregelten Verbots, die dort näher aufgeführten sensiblen Angaben zum Gegenstand von Prüfungsmerkmalen zu machen, einen gewissen Nachvollzug von Mustern. Die Überprüfbarkeit dieser Aspekte erfordert jedoch nicht zwingend die inhaltliche Nachvollziehbarkeit der Modellstrukturen. Denn dass ein algorithmisches Klassifikationsmodell sowohl verdachtsbegründende als auch verdachtsentlastende Prüfungsmerkmale beinhaltet, ergibt sich aus der Beschaffenheit seiner Aufgabe. In Trainingsverfahren lernt es, welche Datensätze mit einem Verdacht zu assoziieren sind und vice versa. Ob also die Muster des Modells nach Abschluss der Lernphase beide Arten von Prüfungsmerkmalen enthalten, ist sofort erkennbar, denn anderenfalls würde das Modell entweder nur Treffer oder nur Nichttreffer generieren.[102] Ähnlich ist die Einhaltung des gesetzlich vorgegebenen Precision-Recall-Verhältnisses überprüfbar. Precision und Recall sind Metriken, welche ausschließlich auf die Outputs eines Lernmodells bezogen sind. Da die Outputs komplexer Modelle jedenfalls stets insoweit nachvollziehbar sind, dass es eindeutig ist, ob es sich dabei um Treffer oder Nichttreffer handelt, können Precision und Recall entsprechend eingestellt werden.[103] Das Verhältnis kann also getestet werden, indem nach Abschluss der Lernphase beobachtet wird, wie viele der Testdaten zu Unrecht als Treffer klassifiziert wurden und in welchem Verhältnis dies zu den zu Unrecht als Nichttreffer klassifizierten Testdaten steht. Schließlich kann auch, unbeschadet der Frage, ob dies im Kontext maschinellen Lernens eine sinnvolle Gleichbehandlungsstrategie darstellt,[104] auf eine ähnlich pragmatische Art sichergestellt

---

[102] Je nachdem, wie das Modell gebaut ist, können verdachtsbegründende Prüfungsmerkmale zugleich auch verdachtsentlastend sein. Bspw. kann das Modell das Gepäck ab einem bestimmten Gewicht bzw. bei einer Kombination mit bestimmten anderen Merkmalen als verdachtsbegründend gewichten. Dasselbe Merkmal ist für Passagiere mit leichterem Gepäck bzw. bei denen die anderen Merkmale nicht vorliegen, automatisch ein verdachtsentlastendes.

[103] Angenommen die Ausgangswerte eines Klassifikationsmodells sind kontinuierlich, etwa von 0 (kein Verdacht) bis 1 (Verdacht). Um das Verhältnis zwischen Precision und Recall anzupassen, kann eingestellt werden, ab welchem Wert ein Verdacht erkannt wird. Zum Beispiel: Soweit ein Verdacht ab einem Wert von 0,1 erkannt wird, spricht dies für niedrige Precision und hohen Recall. Die PIU kann, ohne ihre Modelle inhaltlich nachzuvollziehen, nur unter Beobachtung ihrer Outputs, diese für hohe Precision und niedrigen Recall einstellen, sodass ein Verdacht etwa erst ab einem Wert von 0,9 erkannt wird.

[104] Siehe dazu aber, *Kroll/Huey/Barocas/Felten/Reidenberg/Robinson/H. Yu*, U. Pa. L. Rev. 165 (2017), 633, 682: „there may be cases where allowing an algorithm to consider pro-

werden, dass ein Modell seine Muster nicht direkt aus sensiblen Angaben lernt, nämlich durch die Aussonderung solcher Daten aus dem Trainingsdatensatz.

Soweit das FlugDaG die Überprüfbarkeit von Mustern regelt, kann also festgehalten werden, dass eine gewisse Nachvollziehbarkeit algorithmischer Lernmodelle rechtlich erforderlich ist. Das Gesetz verhält sich jedoch nicht zu der konkreten Vorgehensweise der PIU und lässt somit die Frage offen, ob sie ihre Muster ausschließlich anhand ihrer inhaltlichen Nachvollziehbarkeit überprüfen können muss. Für die Einhaltung der konkreten Anforderungen an die Überprüfbarkeit von Mustern nach § 4 Abs. 3 FlugDaG ist es daher ausreichend, wenn die PIU Rückschlüsse über ihre Modelle aus der Beobachtung ihrer Outputs, also anhand der oben dargestellten externalistischen Nachvollziehbarkeitsstrategien,[105] ziehen kann.

(2) Zum gesetzlichen Auftrag der PIU

Eine Notwendigkeit der inhaltlichen Nachvollziehbarkeit von Mustern ergibt sich auch nicht aus dem Sinn und Zweck des übergeordneten gesetzlichen Auftrages der PIU. Die PIU ist in das BKA eingegliedert, das als Wissensgenerierungsbehörde im Sicherheitsbereich mit ausgewählten Schwerpunkten begriffen werden kann.[106] Nach § 2 Abs. 6 Nr. 2 und Nr. 3, § 21 BKAG ist das BKA auch forschend tätig. Im Kontext dieses gesetzlichen Auftrags der Behörde könnte argumentiert werden, dass Kriminalitätsforschung das inhaltliche Verständnis abstrakter Verdachtsstrukturen voraussetzt, weshalb das BKA in der Lage sein müsste aus zu diesem Zweck eingesetzten Lernmodellen über generalisierbare Verdachtsstrukturen zu lernen.[107] Diese Vorstellung entspricht allerdings nicht dem gesetzlichen Auftrag des BKA, soweit es als PIU tätig wird. Dieser besteht darin, die Entstehung operativen, also nicht zwingend theoretisch belegten bzw. wissenschaftlich gesicherten, sondern hauptsächlich praktisch verwertbaren Entscheidungswissens zwecks der Identifizierung tatsächlicher Anhaltspunkte für

tected class status can actually make outcomes fairer. This may require a doctrinal shift, as, in many cases, consideration of protected status in a decision is presumptively a legal harm.“

[105] Siehe dazu oben E.I.1.2.

[106] Siehe dazu oben B.II.2.

[107] So etwa *Doshi-Velez/Kim*, Towards A Rigorous Science of Interpretable Machine Learning, http://arxiv.org/pdf/1702.08608v2, 1, 7: „Global interpretability implies knowing what patterns are present in general (such as key features governing galaxy formation), while local interpretability implies knowing the reasons for a specific decision (such as why a particular loan application was rejected). The former may be important for when scientific understanding or bias detection is the goal; the latter when one needs a justification for a specific decision.“ Zu Modellnachvollziehbarkeit im Hinblick auf Fehltreffer- und Ungleichbehandlungsrisiken siehe unten 4.c).cc).(3).

verdächtiges Verhalten im Kontext von Einzelfallsachverhalten zu unterstützen.[108] Lernmodelle sind unbeschadet ihrer inhaltlichen Nachvollziehbarkeit praktisch dahingehend verwertbar. Es besteht kein Anlass zur Annahme, dass der Gesetzgeber die typischerweise praktikabilitätsorientierten Wissensgenerierungspraktiken der Sicherheitsbehörden im Fall der PIU an wissenschaftliche Standards binden wollte.[109] Dass (sicherheits-)behördliches Handeln stets auf wissenschaftlich gesicherten Erkenntnissen beruhen muss, lässt sich auch nicht aus etwaigen übergeordneten verfassungsrechtlichen Gesichtspunkten herleiten,[110] zumal solche Erkenntnisse über die Verdachtsstrukturen einer Vielzahl komplexer Straftaten kaum vorhanden sind, darauf wird aber an späterer Stelle ausführlich eingegangen.[111]

Der Musterabgleich setzt zwar die Existenz von Mustern voraus. Hauptaufgabe der PIU ist aber die Erkennung einzelfallbezogener tatsächlicher Anhaltspunkte und nicht die Erstellung von abstrakten Mustern; die Mustererstellung soll dieser Aufgabe lediglich dienen. Maßgeblich für die Erfüllung dieser Aufgabe ist nicht die Nachvollziehbarkeit von Mustern, sondern die der Abgleichergebnisse, damit sie im Rahmen von einzelfallbezogenen Entscheidungskontexten genutzt werden können. Dies spricht dafür, dass die Nachvollziehbarkeit behördlicher Wissensgrundlagen so lange kein rechtliches Anliegen sein muss, bis Teile davon in Kombination mit einzelnen abzugleichenden Fluggastdatensätzen auf Einzelsachverhalte konzentriert und kontextualisiert werden können. Erst in diesem Stadium kann ein Mangel an Nachvollziehbarkeit rechtlich problema-

---

108 Zum gesetzlichen Auftrag der PIU siehe oben B.II.2. und B.II.5.

109 Zur praktikabilitätsorientierten Praxis der Polizei, *Egbert/Leese*, 2021, 50: „Despite the various ways in which the police render themselves and their activities ‚scientific‘, one should, however, keep in mind that differences remain between the formalized, rigorous ways of scientific knowledge production that take place within the academic community and the ‚practical science‘ that can at times be encountered in police work. Geared toward the practical prevention of crime, police scientification should in fact be understood as a much more hands-on and less rigorous practice. When in doubt, in other words, not everything needs to comply with high scientific standards, but it suffices when things are workable and applicable.“ Zu den Unterschieden zwischen wissenschaftlicher Arbeit und außerwissenschaftlichen Formen der Arbeit mit Daten, siehe auch *Nassehi*, 2019, 68: „Die Arbeit mit Daten ist keine wissenschaftliche Arbeit im engeren Sinne, denn es geht zumeist nur sehr vermittelt um Wahrheitsfragen, wenn ein Kreis von Verdächtigen bestimmt werden soll. […] Wer etwas verkaufen will, will keine Hypothesen testen, und wer etwas überwachen will, auch nicht unbedingt. Es geht schlicht darum, die durch die hohe Zahl von Daten ermöglichte Form der Mustererkennung zu kultivieren, um damit etwas zu machen.“ Zugleich sieht *Nassehi* die Ähnlichkeiten beider Praktiken darin, dass sie „selbsterzeugte Rekombinationsmöglichkeiten nutzen, um zu selektiven Aussagen zu kommen.“

110 Siehe dazu *Münkler*, 2020, 221.

111 Siehe unten E.II.1.c).

tisch werden, etwa weil nicht weiter erkennbar ist, welche Informationen ein Abgleichergebnis enthält und daher, inwiefern es als Indiz im Rahmen sicherheitsbehördlicher Arbeit verwendet werden darf. In diesem Moment ist jedoch nicht Modell- sondern Outputnachvollziehbarkeit gefragt. Nicht die abstrakten Wissensgrundlagen, sondern die konkreten algorithmischen Outputs stehen im Fokus des Fluggastdatenrechts.

(3) Herstellung und Darstellung von Komplexität

Dieses Ergebnis ist auch aus einer Perspektive auf die Unterscheidung zwischen Herstellungs- und Darstellungsebene behördlicher Entscheidungen konsequent.[112] Die Frage nach der rechtlichen Bedeutung von Modellkomplexität begibt sich ausschließlich auf die Herstellungsebene behördlicher Entscheidungen, welche entscheidungsgenerierende Praktiken umfasst und nicht per se in den Fokus des Rechts gerückt werden muss. Demgegenüber kann Outputkomplexität auch zu einem Problem der Darstellungsebene werden, soweit die Rechtfertigung von sicherheitsbehördlichen Entscheidungen auch von der inhaltlichen Nachvollziehbarkeit algorithmisch generierter Indizien abhängt.[113]

Der darstellungsorientierte Ansatz ist kennzeichnend für das Recht, dabei geht es aber um die Kontrolle konkreter behördlicher Entscheidungen und nicht ihrer abstrakten Grundlagen. Bei normativ wenig determinierten Bereichen komplexen behördlichen Handelns können auch die Herstellungsbedingungen von Entscheidungen für die Kontrolle der Rechtmäßigkeit konkreter Entscheidungen herangezogen werden, sodass die abstrakten Wissensgrundlagen der Exekutive ein Anhaltspunkt für Rechtmäßigkeitskontrollen sein können.[114] Mangels Nachvollziehbarkeit fallen Lernmodelle als solcher Anhaltspunkt weg. Sind Teile der Herstellungsbedingungen jedoch nicht nachvollziehbar, muss dies nicht automatisch rechtlich problematisch sein, wenn eine Rechtmäßigkeitskontrolle auf anderen Wegen weiterhin möglich bleibt. Bei algorithmischen Entscheidungen, die

---

[112] Zu dieser Perspektive siehe oben D.II.1.b).aa).

[113] Dies muss nicht immer der Fall sein, da Konstellationen vorstellbar sind, in denen Abgleichergebnisse nicht zur Darstellungsebene sicherheitsbehördlicher Entscheidungen gelangen, s. dazu oben D.II.1.b).aa). Ferner könnten die Abgleichergebnisse, je nachdem ob die Unterscheidungsperspektive beider Ebenen nur auf die Tätigkeit der PIU oder die Einbindung ihrer Entscheidungen in den Gesamtzusammenhang sicherheitsbehördlicher Arbeit bezogen wird, auch als ein Teil der Herstellungsebene von Entscheidungen maßnahmenbefugter Sicherheitsbehörden nach § 6 Abs. 1 FlugDaG betrachtet werden, s. ebd.

[114] Vgl. *Trute*, in: Schmidt-Aßmann/Hoffmann-Riem (Hrsg.), 2004, 293, 313 ff.; *J.-P. Schneider*, in: Voßkuhle/Eifert/Möllers (Hrsg.), [3]2022, § 28, Rn. 104. Vgl. auch *Franzius*, in: Voßkuhle/Eifert/Möllers (Hrsg.), [3]2022, § 4, Rn. 91, demgemäß die Rückkoppelung an neues Wissen (also etwa das Lernen aus algorithmischen Modellen) die Rationalität von Verwaltungsentscheidungen und deren Kontrolle erhöht.

auf komplexe Modelle zurückgehen, können zum einen alle sonstigen Phasen der Entwicklungsprozesse betrachtet werden, also die Entwicklungsarbeit der PIU bis zu und nach der algorithmischen Lernphase. Zum anderen kann das Recht aber vor allem an den konkreten Entscheidungsgründen, also den einzelnen Korrelationen und Zusammenhängen, die für die Generierung des konkreten Outputs ausschlaggebend waren, ansetzen, und Rechtswirkungen an ihre Nachvollziehbarkeit oder deren Fehlen knüpfen. Die Modellnachvollziehbarkeit ist also nur einer von mehreren Anhaltspunkten für die rechtliche Verarbeitung algorithmischer Outputs und darauf aufbauender sicherheitsbehördlicher Entscheidungen. Und wie bereits dargestellt, hängen Modell- und Outputnachvollziehbarkeit nicht axiomatisch zusammen.[115] Die Nachvollziehbarkeit der gesamten Entscheidungsgrundlagen bietet also nicht zwingend einen Aufschluss darüber, welche konkreten Faktoren daraus für bestimmte Klassifizierungen entscheidend sein könnten. In diesem Fall erscheint es aber ohnehin nicht sonderlich weiterbringend, die Rechtfertigung von PIU-Entscheidungen von diesem einen Aspekt der Herstellungsbedingungen abhängig zu machen.[116] Insgesamt kennt das Recht keine Abstufungen danach, welche Herstellungsbedingungen für die Rechtfertigung von Entscheidungen besonders ausschlaggebend sind.

Somit erweist sich die fehlende inhaltliche Modellnachvollziehbarkeit auch aus einer Perspektive auf die Unterscheidung von Herstellungs- und Darstellungsebene sicherheitsbehördlicher Tätigkeit als nicht problematisch und daher nicht zwingend rechtlich bedeutsam. Über die Verortung der Lernphase innerhalb der Herstellungsebene, sowie die Betonung der rechtlichen Relevanz der Darstellungsebene und der weiteren Herstellungsbedingungen der PIU-Tätigkeit hinaus, bringt die Perspektive der Ebenenunterscheidung jedoch keine Lösung für die hier gestellte Frage. Die mit der Unterscheidung oft bezweckte Hervorhebung des Herstellungszusammenhangs ist insbesondere dort normativ bedeutsam, wo der Selbststeuerung der Exekutive eine besondere Bedeutung zukommt,[117] so wie bei der Insidernichtwissensbewältigung. Der Beschäftigung mit den damit zusammenhängenden Rationalisierungsfragen mutet bei dem Thema der Komplexität maschinellen Lernens jedoch eine gewisse Paradoxität an. Nachfolgend wird dies unter Einnahme der Rationalisierungsperspektive genauer veranschaulicht. Damit soll ein Beispiel für die Grenzen rechtlicher Rationalisierung und die Fallen, in die das Sicherheitsrecht bei der Befassung mit der Komplexität algorithmischer Modelle geraten könnte, erbracht werden.

---

[115] Siehe oben E.I.4.a).bb).

[116] So auch *Henin/Le Métayer*, AI and Society 2021, 1397, 1400: „[J]ustification does not always require an explanation of the underlying logic of the decision system."

[117] *Trute*, in: Schmidt-Aßmann/Hoffmann-Riem (Hrsg.), 2004, 293, 308.

cc) Verfahrensbezogene Rationalisierungspotenziale?

Da Modellkomplexität während der Lernphase entsteht, die Teil der Herstellungsebene der PIU-Tätigkeit ist, kann bei der Auseinandersetzung mit seiner rechtlichen Bedeutung erneut über Fragen der rechtlichen Verfahrensrationalisierung nachgedacht werden. Dabei geht es um eine Rationalisierung der Art und Weise und der Verfahren behördlicher Entscheidungsfindung.[118] Von den sonstigen auf der Herstellungsebene stattfindenden Entwicklungsphasen unterscheidet sich die Lernphase im Wesentlichen durch die Abkopplung von menschlicher Intervention und daher der sozialen Komponente maschinellen Lernens, die es verfehlt erscheinen lässt, die dadurch bedingte Komplexität unter Insidernichtwissen, also Nichtwissen, das hauptsächlich auf das Handeln oder Unterlassen sozialer Akteure zurückführbar ist, zu behandeln.[119] Dies würde der Eigenständigkeit der Nichtwissensproblematik nicht hinreichend Rechnung tragen und dazu führen, dass technologischer Komplexität im Endeffekt mit Mechanismen zum Umgang mit sozialer Komplexität begegnet wird. Ob dies trägt, bedarf jedoch einer gesonderten Analyse. Freilich sind es ebenfalls die Systeminsider, die mit komplexitätsbedingtem Nichtwissen konfrontiert sind und damit umgehen müssen. Dieses Nichtwissen rückt den Fokus aber nicht primär auf Prozesse der sozialen Organisation und Planung innerbehördlicher Verfahren, sowie Fragen ihrer rechtlichen Steuerung. Insgesamt lässt das Thema einen Steuerungsansatz, im Sinne zielgerichteter Lenkungsmanöver menschlichen Verhaltens, nur begrenzt zu. Gesteuert werden kann der menschliche Umgang mit Komplexität etwa dahingehend, dass nur Lernmodelle gebaut werden, die sich nicht bis zu einem nachvollziehbarkeitshemmenden Niveau entwickeln können, oder dass versucht wird, die Strukturen elaborierter Modelle anhand experimenteller Forschungsansätze nachträglich zu durchleuchten.[120] Ob Steuerungsversuchen in Richtung Modellnachvollziehbarkeit etwaige rechtlich bedeutsame Rationalisierungspotenziale innewohnen, ist allerdings nachfolgend generell zu hinterfragen.

Die Frage, ob eine Verfahrensrationalisierung überhaupt ein sinnvoller Ansatz ist, war bei Insidernichtwissen unter Einnahme der Steuerungsperspektive schnell bejaht.[121] Dass Modellnachvollziehbarkeit rechtlich gewünschte Wirkun-

[118] *Schulze-Fielitz*, in: Kirchhof (Hrsg.), 2000, 311, 320.

[119] Siehe zu dieser Bestimmung von Insidernichtwissen und der Abgrenzung zu unabsichtlichem Nichtwissen unter D.II.

[120] Auch der Umgang mit den Outputs komplexer Modelle kann gesteuert werden, dies ist jedoch ein Thema der Outputkomplexität.

[121] Siehe D.II.1.b). Unter Bezugnahme auf die durch strukturierte und übersichtliche Entwicklungsarbeit geförderte „korrekte" Funktionsweise maschinellen Lernens konnte auf die Gewährleistung effektiver Straftatenverhütung und Vorbeugung von Grundrechtsverletzungen abgestellt werden.

gen erzielen und unerwünschten vorbeugen würde, kann jedoch nicht so eindeutig behauptet werden. Im Unterschied zur unübersichtlichen Entwicklungsarbeit kann die Komplexität von Lernmodellen sehr fruchtbar und auch notwendig sein. Daher ginge es bei der Einnahme einer Steuerungsperspektive an dieser Stelle nicht um die nachgelagerte rechtliche Problematik eines angemessenen Ausgleichs zwischen legislativer Fremd- und administrativer Eigenrationalisierung innerbehördlicher Entwicklungsverfahren. Vielmehr müsste zunächst untersucht werden, ob eine Verfahrensrationalisierung bezogen auf die algorithmische Herstellung von Wissensgrundlagen überhaupt sinnvoll ist. Was bedeutet es, algorithmisch generierte komplexe Entscheidungsstrukturen rationalisierbar(er) zu machen und würde dies nicht dem Zweck des Einsatzes maschinellen Lernens eher zuwiderlaufen? Und wenn dem so wäre, kann hier überhaupt noch von Verfahrensrationalität die Rede sein? Bestehen hier also Rationalisierungspotenziale, oder wäre der Versuch der Rationalisierung an dieser Stelle geradezu irrational?

Entsprechend der Herangehensweise bei Insidernichtwissen wird nachfolgend erneut der Versuch unternommen, Rationalität laufend im Lichte der Probleme zu definieren, die mit der Komplexität von Lernmodellen zusammenhängen.[122] Gerade hierbei zeigt sich die Besonderheit der Thematik. Die sicherheitsbehördliche Arbeit mit inhaltlich nicht nachvollziehbaren Wissensgrundlagen mag zunächst merklich irrational erscheinen. Bei genauer Betrachtung kann sie dies jedoch nicht sein. Angenommen Rationalität hängt mit einer inhaltlichen (Modell-) Nachvollziehbarkeit zusammen,[123] erweist sich das, was auf den ersten Blick wie eine Rationalisierung erscheint, bei genauer Betrachtung als nicht zwingend rational. Wird Rationalität dagegen nicht im Lichte inhaltlicher Nachvollziehbarkeit definiert, dann bedarf Modellkomplexität ohnehin keiner Rationalisierung.

(1) Fruchtbarkeit der Modellkomplexität

Eines der größten Potenziale maschinellen Lernens liegt in der Fähigkeit, Muster dort zu entdecken, wo Menschen nur große Datenbestände ohne bedeutsame Zusammenhänge sehen. Muster, die erst im Kontext einer Vielzahl personenbezogener Fluggastdatensätze und nicht-personenbezogener Daten, etwa über Wetterlagen, Indikatoren saisonaler Kriminalitätstrends, bestimmte kriminalitätsför-

[122] Siehe dazu oben D.II.1.a).aa).

[123] Zur Rationalität als ein unter anderem auf inhaltliche Vernünftigkeit bezogenes Konzept vgl. *Deckert*, 1995, 229, m. w. N. Auch nach *Schulze-Fielitz*, in: Kirchhof (Hrsg.), 2000, 311, 320, lässt sich Rationalität unter anderem als substantiell materiale, auf inhaltliche Vernünftigkeit bezogene Rationalität verstehen; er bezieht das Konzept in diesem Sinne aber auf das Entscheidungsergebnis, nicht auf seine Produktionsprozesse.

dernde Flugzeug- oder Flughafeneigenschaften, ortsspezifische Besonderheiten, etc., erkennbar werden. Wie eingangs festgehalten, kommt dieses Potenzial zum Preis der Modellkomplexität. Gewiss ist es möglich, auf einige große bzw. komplexe Datenbestände und Prüfungsmerkmale zwecks besserer Nachvollziehbarkeit der erkannten Muster bei der Modellierung zu verzichten.[124] Dadurch wäre jedoch auch der Verzicht auf die Fruchtbarkeit bedingt, die in der Auswertung solcher Datenbestände und Prüfungsmerkmale steckt.[125] Gerade in der maschinellen Erfassung desjenigen, was menschliche Erkenntniskraft nicht in der Lage ist zu erfassen, kann allerdings enorme Vorhersagekraft liegen.[126] In der Komplexität solcher Lernmodelle steckt also deutlich mehr als nur Chaos, Nichtlinearität und hochdimensionales Nichtwissen.

Zwar läuft eine Mustererkennungstechnologie bestimmungsgemäß Gefahr, Muster auch dort zu entdecken, wo es sie nicht gibt und insoweit schlechte Entscheidungsgrundlagen zu generieren. Diese Gefahr besteht jedoch in jedem Datenbestand unbeschadet seiner Größe und Komplexität. Bei simpleren Modellstrukturen mag es für Menschen einfacher sein, solche Muster zu bemerken, die Wahrscheinlichkeit der algorithmischen Entdeckung tatsächlich realitätsabbildender und daher vorhersagestarker Muster ist in dem Fall jedoch auch geringer.[127] Somit geht mit der Herstellung von Modellnachvollziehbarkeit immer ein mehr oder weniger großer Trade-off mit Leistungspotenzialen einher. Nachvollziehbarkeit bringt jedoch wenig, wenn es lediglich die Nachvollziehbarkeit von schlechten oder verhältnismäßig einfachen und daher in der Regel bereits bekannten Mustern ist. In dem Fall wäre die PIU tatsächlich besser aufgehoben, wenn sie allein auf theoriegeleitete Mustererstellung setzen würde. Soll Verfahrensrationalität hier also auf Vorhersagekraft oder Verständlichkeit bezogen werden? Und wenn Letzteres, kann von einer Rationalisierung ausgegangen werden,

---

[124] Etwa, indem vor der algorithmischen Lernphase bestimmte Trainingsdatensätze isoliert oder Muster, auf welche ein Algorithmus sich im Rahmen der Lernphase stützen soll, hervorgehoben werden.

[125] Kritik in diese Richtung aus einer Perspektive auf die Limitierungen des deutschen Datenschutzrechts, *Broemel/Trute*, BDI 27 (2016), 50, 53.

[126] Aus diesem Grund die rechtliche Komplexitätsbegrenzung administrativer algorithmischer Modelle ablehnend, *Coglianese/Lehr*, Admin. L. Rev. 71 (2019), 1, 50 f., Fn. 199: „We do not address [restricting the algorithm's complexity] because [...] many analysts as well as government officials will properly welcome complexity; it is this complexity that enables machine learning's prowess. Furthermore, given our discussion of the level of reasoned transparency necessitated by the law, administrative uses of machine learning should face no significant legal demands to be less complex."

[127] *Selbst/Barocas*, Fordham L. Rev. 2018, 1085, 1129: „Parsimonious models lend themselves to more intuitive reasoning, but they have limits – a complex world may require complex models. In some cases, machine learning will have the power to detect subtle patterns and intricate dependencies that can better account for reality."

wenn Leistung für Verständlichkeit gerade dann geopfert wird, wenn verständliche Lösungen nicht in der Lage sind, Probleme adäquat zu bewältigen?[128] Damit ist das nächste Thema angerissen, nämlich dass Modellkomplexität durch die gesellschaftliche Komplexität spezifischer Einsatzbereiche bedingt und insoweit für eine gebührende Verarbeitung der Realität der Straftatenverhütung notwendig ist.

(2) Notwendigkeit der Modellkomplexität

Hinter der gesetzgeberischen Entscheidung für die Maßnahme in § 4 Abs. 2 Nr. 2 FlugDaG verbergen sich viele sicherheitspolitische Entwicklungen und Kompromisse, die allesamt die derzeitige Realität der Verhütung schwerer Straftaten kennzeichnen. Die Maßnahmen im Fluggastdatengesetz resultieren aus dem Versuch, mit internationalen politischen Agenden, hohen gesellschaftspolitischen Sicherheitserwartungen, dynamischen kriminellen Entwicklungstrends sowie freiheits- und insbesondere datenschutzrechtlichen Bedenken Schritt zu halten. Das Sicherheitsrecht ist also in einer Art vorbelastet, die eine Aufgabe wie den Musterabgleich notwendigerweise komplex macht, unabhängig davon, ob ihr mit oder ohne maschinelles Lernen begegnet wird. Anhand vergleichsweise harmloser[129] Flugverhaltensdaten sollen Verhaltensstrukturen von nicht gerade leicht zu erkennenden Straftaten in Form tatsächlicher Anhaltspunkte für ihre Begehung innerhalb eines übersehbaren Zeitraumes erkannt werden. Die datenschutzrechtlichen Bedenken Rechnung tragende Begrenzung einschlägiger Datenkategorien macht die Aufgabe nicht zwingend einfacher, da aussagekräftigere, jedoch sensible Datenkategorien nicht berücksichtigt werden dürfen. Angesichts solcher „Arbeitsbedingungen" ist es, gelinde gesagt, nicht trivial, leistungsfähige Muster innerhalb der für den Abgleich zulässigen Datengrundlagen zu erkennen.

---

[128] Treffend, *Selbst/Barocas*, Fordham L. Rev. 2018, 1085, 1118: „Ultimately, that there is inherent value in explanation is clear. But as a practical matter, those concerns are difficult to administer, quantify, and compare to other concerns. Where there are genuine trade-offs between explanation and other normative values such as accuracy or fairness, the inherent value of explanation neither automatically trumps competing considerations nor provides much guidance as to the type of explanation required. Therefore, while inherent value cannot be ignored, other rationales remain important."

[129] Und selbst dies ist datenschutzrechtlich nicht unbestritten, siehe etwa *Fiedler*, 2016, 207, die davon ausgeht, dass die Datenkategorien auch sensible Daten enthalten und sensible Persönlichkeitsinteressen betreffen können. Wiederum argumentiert *Ruthig*, in: *Schenke/Graulich/Ruthig*, Sicherheitsrecht des Bundes, [2]2019, § 2 FlugDaG, Rn. 4–5, für die geringe Persönlichkeitsrelevanz der Fluggastdatenkategorien. Nach dem EuGH, C-817/19, Rn. 100, sind die Daten für sich genommen zwar nicht, zusammen betrachtet jedoch geeignet, genaue Informationen über das Privatleben zu liefern und sie können auch sensible Daten über die Fluggäste liefern.

Das Gegenteil wäre überraschend. In einer übersimplifizierten Herangehensweise an die Mustererstellung und der damit einhergehenden Unterschätzung der Notwendigkeit von Komplexität stecken Risiken, die sich nicht allzu sehr von den Risiken der fehlenden Modellnachvollziehbarkeit unterscheiden; dazu sogleich.[130]

Wenn bereichsspezifische Komplexität technisch aufgefangen und mathematisch modelliert werden soll, spiegelt die Komplexität gelernter Modelle diejenige der Straftatenverhütungsrealität wider. Sie ist insoweit eine notwendige Bedingung und kein Selbstzweck, kein technologisches Artefakt, das aus der algorithmischen „Entwicklungsfreiheit" entsteht, bloß weil es entstehen kann. Vielmehr reformuliert maschinelles Lernen bereichsspezifische in technisch-mathematische Komplexität um. Gewiss enthält der Bereich der Verhütung schwerer Straftaten viel „Rauschen", das nicht notwendigerweise in die Entscheidungsbedingungen von Lernmodellen eingehen muss. Um das Wesentliche daraus erkennen und produktiv modellieren zu können, müssen Modellen jedoch zumindest Ausschnitte bereichsspezifischer Komplexität präsentiert werden.

Nach Abschluss der algorithmischen Lernphase werden Systeminsider daher mit der maschinellen Verarbeitung derjenigen Schwierigkeiten konfrontiert, die die Aufgabe der Straftatenverhütung ohnehin mitbringt. So betrachtet dürften einige algorithmisch generierte Muster weit hergeholt, wenig intuitiv, kontingent und vieles mehr, aber jedenfalls selten gleichzeitig inhaltlich nachvollziehbar *und* vorhersagestark sein. Dann aber kann der inhaltliche Nachvollzug algorithmischer Entscheidungsgrundlagen nicht wie eine rechtlich erwünschte Rationalisierung der PIU-Verfahren gesehen werden. Wenn Modellkomplexität im Kontext der Fluggastdatenverarbeitung nicht nur fruchtbar, sondern auch notwendig ist, kann Verfahrensrationalität nur dann im Lichte von Nichtwissen schlüssig definiert werden, wenn sie nicht auf *inhaltliche* Nachvollziehbarkeit bezogen wird.[131] Anderenfalls ist darauf zu schließen, dass an dieser Stelle keine rechtlich problematischen Rationalitätsdefizite bestehen.

---

[130] Allgemein dazu, *Hoffmann-Riem*, in: Augsberg (Hrsg.), 2009, 17, 38: „[I]st das Vertrauen auf Wissen, jedenfalls wenn es als das (u. U. nur vermeintlich) Feste behandelt wird, nicht doch das größere Risiko?".

[131] In diese Richtung deutet auch die Argumentation von *Hill*, DÖV 2017, 433, 437, der im Kontext algorithmenbasierter Datenanalyse und Entscheidungsfindung allgemein festhält: „Wenn […] Entscheidungsprozesse an Komplexität zu scheitern drohen, müssen wir den Methodenkoffer erweitern und neben den klassischen rationalen Entscheidungsverfahren neue Muster entwickeln, die zu diesen veränderten Umwelten und Herausforderungen passen. Jenseits der Linearität bedarf es einer ‚Multi-Rationalität' oder ‚Multi-Logik', die Entscheider breiter aufstellt und ihre Kunst erweitert."

(3) Unerwünschte Wirkungen der Modellkomplexität

In der Literatur zu predictive policing wird Sicherheitsbehörden oft ein blindes Vertrauen in die Fruchtbarkeit großer Datenbestände vorgeworfen.[132] Solche Argumentation unterstellt implizit oder explizit, dass auch hier ein gewisser *sicherheitspolitischer Leistungs- und Erfolgsdruck* sachwidrig wirken kann,[133] wenn, in der Hoffnung auf Entdeckung ungewisser, aber produktiver Muster, Modelle ohne Rücksicht auf Nachvollziehbarkeitsverluste möglichst komplex gelernt werden. Meist werden solche Vorwürfe jedoch auf der Basis von Einsatzszenarien gemacht, in denen das Recht Sicherheitsbehörden keine klaren Begrenzungen von Datenbeständen, die für ihre Modelle herangezogen werden dürfen, auferlegt. Dies ist im Kontext der Fluggastdatenverarbeitung nicht der Fall. Zudem steuern Dokumentationspflichten auch etwaigen sachwidrigen Anreizen zu *blindem Komplexitätsvertrauen* der PIU entgegen. Wenn die PIU ihre Modellwahl und Datensatzzusammenstellung unter Bezugnahme auf verschiedene berücksichtigte Modellierungsalternativen begründen muss, muss sie auch ihre Wahl für ein besonders elaboriertes, jedoch wenig nachvollziehbares Modell begründen und sich dazu positionieren, warum dieses für die Musterung eines bestimmten Verdachts besser geeignet ist als nachvollziehbarere Modelle. So gesehen wird etwaigen sachwidrigen Anreizen unnötiger Komplexitätsproduktion durch Dokumentationspflichten hinreichend vorgebeugt.[134]

Modellnachvollziehbarkeit wird ferner unter Bezugnahme auf etwaige in großen Datensätzen und undurchschaubaren Modellstrukturen *verborgene Ungleichbehandlungs- und Fehltrefferrisiken* problematisiert.[135] Dies kann als der Versuch gedeutet werden, die rechtliche Bedeutung von Modellkomplexität unter Bezugnahme auf dadurch bedingte subjektive Rechtsverletzungen festzuhalten. Erneut ist hier die rechtliche Relevanz einer Unterscheidung zwischen Nachvollziehbarkeit und Vorhersehbarkeit sowie zwischen Modell- und Outputebene zu betonen. Ungleichbehandlungen und Fehltreffer sind Risiken eines jeden Entscheidungsprozesses, sie können sich jedoch erst auf der Ebene einzelfallbezogener sicherheitsbehördlicher Entscheidungen realisieren. Ihre Voraussetzungen

---

[132] Solche Kritik spezifisch im Kontext des FlugDaG äußert *Ulbricht*, Eur J Secur Res 3 (2018), 139, 140, 149, 154 und passim: „The legitimacy of PNR-based predictions seems to rely instead on a general belief in the opportunities of big data.“ Allg. *Pravica*, in: Friedrich/Gehring/Hubig/Kaminski/Nordmann (Hrsg.), 2017, 123, 128.

[133] Zur Sachwidrigkeit politischer Einflüsse im Kontext von Insidernichtwissen, siehe oben D.II.1.c).aa).

[134] Zum weiteren Beitrag algorithmischer Steuerung für die Erleichterung des Umgangs mit technologischer Komplexität siehe oben D.II.1.c).cc).

[135] Vgl. *Ulbricht*, Eur J Secur Res 3 (2018), 139, 140, 152; *Wojnowska-Radzińska*, Ruch Prawniczy, Ekonomiczny i Socjologiczny 83 (2021), 115, 123 ff.

mögen in den Modellstrukturen angelegt sein; unbeschadet Anforderungen wie § 4 Abs. 3 Satz 7 FlugDaG, wonach einige Angaben von vornherein nicht in die Modellstrukturen einfließen dürfen, können solche Risiken jedoch bei dem Musterabgleich deutlich besser auf der Outputebene rechtlich aufgefangen werden.[136] Die Kenntnis von Modellstrukturen mag für die Ergründung und Korrektur abstrakter Risikopotenziale theoretisch instruktiv erscheinen, tatsächlich könnten dabei jedoch meist nur vage Vermutungen aufgestellt werden, die nicht ohne zusätzliche Informationen und Beobachtungen von Outputs bestätigt werden können.[137] Wenn alle abstrakten Prüfungsmerkmale und Zusammenhänge, die ein Lernmodell als verdachtsbegründend erkannt hat, verstanden und sowohl als vorhersagestark als auch risikoarm gebilligt werden könnten, würde sich der Einsatz elaborierter Modelle für die jeweilige Problemstellung ohnehin erübrigen. Erweisen sich nachvollziehbare Modellstrukturen jedoch als nicht elaboriert genug, um gute Vorhersagen zu treffen, braucht die PIU komplexere Modelle, da die Strukturen sonstiger Modelle in dem Fall ebenfalls Fehltreffer- und Diskriminierungspotenziale enthalten; nur können diese inhaltlich nachvollzogen werden.[138] Die Paradoxität der Fragestellung zeigt sich daher auch bei dem Abstellen auf subjektive Rechtsverletzungen.

---

[136] Dafür spricht der Stand der xAI-Forschung, die sich mit algorithmisch bedingten Diskriminierungsrisiken unter dem Stichwort „Fairness“ befasst, siehe *Linardatos/Papastefanopoulos/Kotsiantis*, Entropy 23 (2020), 1, 22: „[There is] a difference between the fairness of the decision making process, also known as procedural fairness, and the fairness of the decision outcomes, also known as distributive fairness, […] the majority of the scientific work on machine learning fairness revolves around the latter.“

[137] So auch *Selbst/Barocas*, Fordham L. Rev. 2018, 1085, 1109: „This disclosure might enable one to speculate if facially neutral rules will nevertheless have a disparate impact, based on the different rates at which certain input features are held across the population. But this is ultimately little more than guesswork. Although there might not be anything about a rule that appears likely to generate a disparate impact, it still could. Alternatively, a set of rules could appear objectionable or discriminatory, but ultimately be justified. It will often be impossible to tell without more information, and the possibility of happening on a set of rules that lend themselves to intuitive normative assessment is only a matter of chance.“

[138] *Barocas/Selbst*, CLR 104 (2016), 671, 675: „[Considering an insufficiently rich set of factors] creates possibilities for a final result that has a disproportionately adverse impact on protected classes.“ Die Problematik hängt mit dem sog. Bias-Variance-Trade-off zusammen. Hoher Bias kann dazu führen, dass ein Modell relevante Zusammenhänge in Datensätzen übersieht, hohe Varianz dazu, dass das Modell zufällige und unbedeutende Zusammenhänge in Datensätzen lernt. Bei Beidem handelt es sich um Entscheidungsfehlerquellen von Klassifikationsmodellen. In der Regel ist hoher Bias eine Gefahr des Einsatzes von zu einfachen Modellen, hohe Varianz hingegen eine Gefahr des Einsatzes von zu komplexen Modellen, siehe *Schutt/O'Neil*, 2014, 192. Die hohe Varianz eines komplexen Modells kann zwar nicht inhaltlich, jedoch standardmäßig über Validierungs- und Testverfahren nachvollzogen und korrigiert werden. Instruktiv zum Trade-off im Kontext eines exekutiven Einsatzes maschinellen Lernens,

Einen Ausweg bietet das Festhalten an dem herkömmlichen Rechtsansatz der Kontrolle konkreter sicherheitsbehördlicher Entscheidungen, ergänzt durch die Einbeziehung kontrollierbarer Entscheidungsgenerierungspraktiken. Dies schließt nicht nachvollziehbare algorithmische Wissensgrundlagen aus rechtlicher Steuerung und Kontrolle aus, obwohl Faktoren in diese eingehen, die auf Einzelentscheidungsebene nicht verarbeitet werden können, und auch trotz der Komplexität und normativen Offenheit der Entscheidungsbedingungen der PIU. Damit sollen Risikopotenziale von Modellkomplexität nicht ausgeblendet, sondern auf eine Ebene verlagert werden, auf der sie rechtlich besser aufgefangen werden können. Dadurch wird zugleich die produktive Entfaltung von notwendiger Modellkomplexität ermöglicht. Soweit spricht einiges dafür, der PIU einen diesbezüglichen Experimentierspielraum einzuräumen.[139] Im Grundsatz stellt das Recht bei der Beurteilung der meisten im Kontext des FlugDaG in Betracht kommenden subjektiven Rechtsverletzungen nicht auf die dahinterstehenden abstrakten Wissensgrundlagen, sondern auf die konkrete Entscheidung und die dafür maßgeblichen Faktoren ab.[140] Unabhängig davon, ob eine Entscheidung mit oder ohne Stützen auf algorithmische Wissensgrundlagen getroffen wird, und unbeschadet einiger gleichheitsrechtlicher Anforderungen,[141] ist für das Recht primär nicht von Bedeutung, welche Faktoren einem Entscheidungsprozess abstrakt zugrunde gelegt werden könnten, sondern welche Faktoren für eine konkrete Entscheidung tatsächlich maßgeblich waren. Mit anderen Worten kann für

---

Hermstrüwer, in: Wischmeyer/Rademacher (Hrsg.), 2020, 199, 207 ff.: „On the one hand, as the model gets richer in parameters, the bias declines, but the variance and the risk of overfitting increase. On the other hand, as the model gets sparser, the variance declines, but the bias and the risk of failure to generalize increase. [...] [I]f an administrative agency wants to predict unknown cases, it indeed faces a severe problem: it cannot obtain the best general prediction for unknown data and entirely minimize the risk of discrimination at the same time. [...] [T]he administrative agency using a machine learning algorithm needs to make the model simpler, but not too simple. In fact, it is not possible to optimize the predictive model for sparsity, since minimizing the loss function requires a bias-variance-tradeoff: a tradeoff between the sparsity of the model and its fit.“ Für eine formale Erklärung des Bias-Variance-Trade-offs siehe *Anastasopoulos/Whitford*, Journal of Public Administration Research and Theory 29 (2019), 491, 497 f.

[139] Nicht zuletzt auch die Gesetzesentwurfsbegründung, BT-Drs. 18/11501, 29 f.: „Die erforderliche Flexibilität bei der Erstellung von Mustern ist sicherzustellen, um mit den Entwicklungen auf Täterseite Schritt halten zu können.“

[140] Anders ist dies bei datenschutzrechtlichen Rechtsverletzungen, die bereits durch die Handlung der Datenerhebung und nicht erst durch einen etwaigen Handlungserfolg begründet werden, siehe dazu oben D.I.1.d). Das Datenschutzrecht spielt bei komplexitätsbedingten Diskriminierungs- oder Fehltrefferrisiken jedoch keine Rolle, da es im Grundsatz nicht auf den Schutz vor schlechten Entscheidungsgrundlagen und etwaigen Fehltreffern ausgerichtet ist, siehe dazu oben D.I.1.c).bb).(1).(e).

[141] Siehe dazu und zum Umgang des FlugDaG mit solchen Anforderungen sogleich unter d).bb).(2).

das Recht vor allem die Output-, nicht hingegen die Modellkomplexität problematisch sein, da es im Sicherheitsbereich an erster Stelle nicht Wissensgrundlagen, sondern Entscheidungen reguliert.

dd) Zwischenergebnis

Insbesondere in Anbetracht der im Grundsatz ergebnisbezogenen Ausrichtung des Rechts muss Modellkomplexität nicht als ein rechtliches Problem betrachtet werden. Auch anhand einer rationalisierungsorientierten Betrachtungsweise lässt sich ihr keine rechtliche Bedeutung zuschreiben, ohne dass sich das Recht in Wertungswidersprüchen verliert. Eine rechtliche Steuerung behördlicher Verfahren ist erst dann angebracht, wenn Rationalisierungspotenziale vorhanden sind. Soweit Verfahrensrationalität im Lichte des inhaltlichen Verständnisses von Verfahrensabläufen definiert wird, erscheint die sicherheitsbehördliche Entscheidungsgenerierung anhand inhaltlich nicht einsehbarer Entscheidungsgrundlagen irrational. Wenn Komplexität jedoch für eine problemangemessene Modellierung notwendig ist, stünde die Steuerung der PIU in Richtung inhaltlich nachvollziehbare Modelle der adäquaten Aufgabenbewältigung entgegen. Eine solche Scheinrationalisierung sorgt im schlimmsten Fall für nachvollziehbare Bedingungen der Herstellung schlechter Entscheidungen. Rechtsstaatlich kann dies nicht geboten sein. In anspruchsvollen Einsatzbereichen bringen elaborierte Modelle nicht per se mehr Risiken für subjektive Rechte als einfachere Modelle. Ihre Fehlerquellen lassen sich zwar nicht inhaltlich, jedoch anhand standardisierter externalistischer Verfahren nachvollziehen. In einigen Konstellationen können sie die einzige erfolgversprechende Detektionsmöglichkeit verdächtigen Verhaltens sein. Im Rahmen der folgenden Auseinandersetzung mit der rechtlichen Bedeutung von Outputkomplexität wird sich ferner zeigen, dass die PIU genügend Anreize hat, ihre Modelle im Grundsatz möglichst nachvollziehbar zu bauen und eine Komplexitätssteigerung nur dort, wo dies notwendig ist, zuzulassen, etwa bei der Modellierung besonders undurchschaubarer und untererforschter Verhaltensstrukturen. Gesetzliche Leerformeln, wie ein Gebot des Einsatzes von möglichst einfachen Abgleichmodellen, erscheinen deshalb überflüssig und in Anbetracht der technischen Expertise der PIU bevormundend. Innerhalb juristischer Literatur, die sich mit dem Komplexitätsproblem maschinellen Lernens beschäftigt, wird der Fokus deshalb zunehmend nicht auf Modell- sondern auf Outputnachvollziehbarkeitsstrategien gelegt.[142] Eine solche Haltung lässt sich

[142] Siehe m. w. N. *Selbst/Barocas*, Fordham L. Rev. 2018, 1085, 1120: „As the discussion has evolved in both the legal and computer science scholarship, new work has converged on the belief that explaining specific outcomes is the right approach. The debate has therefore shifted to the second question, which focuses on the many different methods by which outcomes can

auch dem aktuellen Entwurf des AI-Akts entnehmen, der Modellkomplexität mehrfach anerkennt, jedoch soweit an keiner Stelle zu regulieren versucht.[143] Schwierigkeiten dadurch bedingten Nichtwissens werden in Rechtskreisen daher zunehmend anerkannt, der rechtliche Anknüpfungspunkt wird jedoch meist auf der Ebene einzelner Outputs gesucht.

d) Rechtliche Bedeutung von Outputkomplexität

Die Frage nach der rechtlichen Bedeutung von Outputkomplexität ist im Grunde die Frage, inwieweit es Aufgabe des Rechts ist, sicherzustellen, dass die PIU die für einzelne Abgleichergebnisse konkret einschlägigen Prüfungsmerkmale und Korrelationen kennt.[144] Der rechtlichen Bedeutung wird entsprechend der bisherigen Vorgehensweise zunächst anhand der Frage nachgegangen, welche Rolle die Erzeugungsgründe algorithmischer Outputs für die Arbeit der PIU und weiterer Sicherheitsbehörden spielen und inwieweit sich ihre mangelnde Nachvollziehbarkeit tatsächlich darauf auswirkt, aa). Lässt sich diese Wirkung in eine rechtliche überführen und erweist sie sich als problematisch, kann von der rechtlichen Bedeutung von Outputkomplexität ausgegangen werden, bb).[145]

aa) Erzeugungsgründe von Abgleichergebnissen im Rahmen sicherheitsbehördlicher Entscheidungskontexte

Bei Klassifikationsmodellen zur Fluggastdatenverarbeitung wirkt Komplexität nicht zulasten der Nachvollziehbarkeit des eigentlichen Ergebnisses eines Mus-

---

be explained." Auch nach *Linke*, 2020, 44, ist die Erklärbarkeit konkreter Einzelentscheidungen hinsichtlich der hierfür maßgeblichen Einflussfaktoren von „überragendem Interesse" im Vergleich zur Transparenz des Systems als generelle Nachvollziehbarkeit von dessen Abläufen. Ähnlich auch *Rich*, U. Pa. L. Rev. 164 (2016), 871, 919.

[143] Die Komplexität von „AI-Systems" wird passim und meist im Zusammenhang mit „opacity" erwähnt, siehe etwa COM(2021) 206 final, 2: „adressing the opacity, complexity, bias, a certain degree of unpredictability and partially autonomous behaviour of certain AI systems", S. 11: „The use of AI with its specific characteristics (e. g. opacity, complexity, dependency on data, autonomous behaviour)". S. insb. EG 47: „To address the opacity that may make certain AI systems incomprehensible to or too complex for natural persons, a certain degree of transparency should be required for high-risk AI systems. Users should be able to *interpret the system output* and use it appropriately" (Hervorhebung hier). Dem Gedanken ist zuzustimmen, soweit nicht Modelle, sondern ihre Outputs Gegenstand einer Regulierung sein sollen; nicht hingegen, soweit dahinter ein Verbot des Einsatzes komplexer Modelle steckt, siehe dazu unten Fn. 213 und den dazugehörigen Text. Die Formulierung ist auch insoweit missverständlich, dass nicht Opazität Komplexität bedingt, sondern andersherum.

[144] Zur näheren Beschreibung von Outputkomplexität s. bereits oben E.I.4.a).bb).

[145] Zu dieser analytischen Herangehensweise aufgrund von faktischen Nachvollziehbarkeitsgrenzen, siehe oben E.I.4.b).

terabgleichs. Das Ergebnis, Treffer oder Nichttreffer, ist stets bekannt. Vielmehr kann bei Klassifikationsmodellen der Weg der Überführung eines Fluggastdatensatzes (Input) in ein Abgleichergebnis (Output) nicht ohne Weiteres *inhaltlich* nachvollzogen werden.[146] Jeder Abgleichvorgang endet mit der algorithmischen Entscheidung zur Frage, ob Indizien dafür bestehen, dass der konkrete Fluggast X eine der in § 4 Abs. 1 Nr. 1–6 FlugDaG aufgelisteten Straftaten innerhalb eines übersehbaren Zeitraumes begehen könnte. Sind nur Ausgangslage (Fluggastdatensatz) und Entscheidungsergebnis (Treffer oder Nichttreffer) einer Fragestellung bekannt, fehlt im Wesentlichen eine Begründung.[147] Wie kam es zu dieser Entscheidung? Was sind die tatsächlichen Gründe dafür? Warum wurde bei dem Abgleich eines Fluggastdatensatzes ein Treffer oder Nichttreffer erzeugt?

Im Kontext von maschinellem Lernen und Komplexität beziehen sich solche Fragen auf die Anführung von Gründen schlechthin, nicht auf die qualitative Bewertung solcher Gründe.[148] Beide Themen werden hier getrennt behandelt.[149] Bei elaborierten Lernmodellen kann es sein, dass die PIU gar nicht in der Lage ist, die für einen bestimmten Output einschlägigen Korrelationen und Merkmale

[146] Entsprechend der Modellnachvollziehbarkeit (s. Fn. 101) ist dieser Weg mathematisch hingegen stets nachvollziehbar, s. *Gesellschaft für Informatik*, 2018, 55: „Eingabe-Ausgabe-Beziehungen, obwohl sie mathematisch eindeutig dargestellt werden können, [können] sich einer Interpretation durch den Menschen quasi gänzlich entziehen". Ähnlich wie bei Modellkomplexität, finden sich zu der hier gewählten Formulierung einer „inhaltlichen" Nachvollziehbarkeit in der Literatur ebenfalls verschiedene Bezeichnungen. *Rademacher*, AöR 142 (2017), 366, 387, spricht diesbezüglich von einer Kenntnis der „kognitiven Entscheidungsgrundlagen" und später, *Rademacher/Perkowski*, JuS 60 (2020), 713, 716, von einer „menschlich[en]" Nachvollziehbarkeit. *A. Kaminski*, in: Wiegerling/Nerurkar/Wadephul (Hrsg.), 2020, 151, 171, von „internalistischen Gründen" für Entscheidungen, *Selbst/Barocas*, Fordham L. Rev. 2018, 1085, 1124 von „legibility of features".

[147] Vgl. auch *Wischmeyer*, in: Eifert (Hrsg.), 2020, 73, 79: „bleibt unverständlich, anhand welcher Faktoren bspw. […] eine ‚Täuschung' detektiert [wurde], […], begrenzt dies notwendig den argumentativen Sättigungsgrad der mit der Entscheidung gelieferten ‚Gründe'."

[148] Eine Begründung im rechtlichen Sinne hängt stets mit qualitativen Bewertungsprozessen zusammen, die hier noch nicht direkt adressiert werden, sondern vornehmlich ein Thema des korrelationsbedingen Nichtwissens (E.II.1.c).cc).) sind. Wenn nicht ausdrücklich anders spezifiziert, werden „Gründe" in diesem Abschnitt daher nicht im rechtlichen Sinne, etwa bezogen auf rechtlichen Begründungserfordernisse, sondern qualitativ neutral, lediglich als Daten und Informationen verstanden. Eine ähnliche Unterscheidung im Kontext des maschinellen Lernens findet sich bei *Henin/Le Métayer*, AI and Society 2021, 1397, 1399, zwischen den Begriffen „explanation" und „justification": „Explanations are transfers of knowledge (from the ADS to the explainee), they are descriptive and intrinsic in the sense that they only depend on the system itself. In contrast, justifications are normative and extrinsic in the sense that they depend on a reference according to which the adequacy or appropriateness of the outcomes can be assessed." Im Ausgangspunkt ähnlich dürfte auch die rechtsdogmatische Unterscheidung zwischen explanatorischen und normativen Gründen bei *Stark*, 2020, 122, 266 ff., sein.

[149] Siehe dazu bereits oben E.I.4.a).cc).

zu bestimmen und entsprechend kaum mehr dazu sagen kann, als dass sie ein komplexes und aus ihrer Sicht leistungsfähiges Modell in einer bestimmten Art gebaut, getestet, validiert und eingesetzt hat, das ihr mitgeteilt hat, dass der Fluggast X eine Straftat in absehbarer Zeit begehen oder nicht begehen wird.[150] In solchen Fällen kann eine Auseinandersetzung mit der Qualität von Gründen womöglich schon gar nicht vorgenommen werden.

Im Unterschied zu Nichttreffern, die stets bei der PIU bleiben,[151] und mangels ihrer subjektiv-rechtlichen Relevanz in Rechtskreisen selten problematisiert werden,[152] können Treffer durch verschiedene Stadien sicherheitsbehördlicher Arbeit gezogen und in Entscheidungskontexte eingebunden werden. Im Detail wurde dies an früherer Stelle beschrieben.[153] Verkürzt ist hier nochmal in Erinnerung zu rufen, dass ein Treffer zunächst internen Überprüfungen seitens der PIU-Mitarbeiter und anschließend externen Überprüfungen seitens weiterer Sicherheitsbehörden unterzogen werden kann, um währenddessen verworfen oder verifiziert zu werden und im letzteren Fall, allein oder gemeinsam mit anderen Informationen, die Informationsgrundlage operativer sicherheitsbehördlicher Maßnahmen auszumachen, deren Vornahme Gegenstand von Rechtmäßigkeitsprüfungen sein kann. Im Rahmen sämtlicher dieser Entscheidungskontexte und der sie gegebenenfalls begleitenden rechtlichen Begründungserfordernisse kann es unter Umständen auf die inhaltliche Nachvollziehbarkeit der Gründe für die Erzeugung eines Treffers ankommen.[154]

---

[150] Zu solchen Begründungen als „the first one some data scientists might have been tempted to offer“, *Selbst*, Vand. L. Rev. En Banc 70 (2017), 87, 94: „They would say that the system simply captures the state of the world, and in the past the same hundred or so factors that act as inputs here have combined to indicate a certain result. […] If the machine can predict the known results, the model is working as it is supposed to. This *is* a form of explanation that responds to questions of validity“. Strenggenommen wäre also auch dies eine Begründung; bezieht sie sich jedoch allein auf die Entwicklungskontexte des Systems, bietet sie keine Informationen über die konkreten Gründe für die Erzeugung eines Outputs.

[151] Genau betrachtet erreichen Nichttreffer auch die PIU vorerst nicht, sondern bleiben bei dem BVA, das den Abgleich im Auftrag der PIU durchführt und ihr allein Treffer weiterleitet. Zu den entsprechenden Angaben des BVA, siehe BVA-International 2017/1, 6. Zur Tätigkeit des BVA im Kontext der Fluggastdatenverarbeitung siehe im Detail oben B.II.3. Angesichts der Tatsache, dass die Nichtweiterleitung von Nichttreffern lediglich ein informelles Arrangement zwischen den Behörden darstellt, ist jedoch davon auszugehen, dass soweit erforderlich, etwa im Zuge von Systemoptimierungsphasen, die PIU auf Nichttreffer frei zugreifen könnte.

[152] Eine Ausnahme bildet das Datenschutzrecht, in dessen Kontext das BVerfG festgehalten hat, dass auch Nichttreffer Eingriffe in das Recht auf informationelle Selbstbestimmung darstellen, siehe zu dieser Rechtsprechung und der dazugehörigen Kritik in der Literatur, Kap. D. Fn. 150.

[153] Siehe dazu unter D.I.2.b). und D.II.1.b).aa).

[154] Vgl. dazu abstrakt *Deeks*, CLR 119 (2019), 1829: „humans – and the law – often desire or demand answers to the questions ‚Why?‘ and ‚How do you know?‘.“

bb) *Nachvollziehbarkeit von Erzeugungsgründen als sicherheitsrechtliche Problematik*

So betrachtet soll als erstes auf die naheliegendere Frage eingegangen werden, inwieweit es rechtlich problematisch ist, wenn Sicherheitsbehörden zwar wissen, dass das PNR-System ein für präventivpolizeiliche Zwecke potenziell relevantes Indiz generiert hat, jedoch nicht inhaltlich nachvollziehen können, auf welchen konkreten Prüfungsmerkmalen und Korrelationen dieses inwieweit gründet. Der Nachvollziehbarkeitsverlust bei den Outputs komplexer Modelle wird anschließend auch im Kontext gleichheitsrechtlicher Fragen thematisiert. Konkret geht es darum, inwieweit die mit solchen Fragen zusammenhängende Bewertung von Differenzierungsgründen überhaupt vorgenommen werden kann, wenn die Gründe für die Erzeugung eines Outputs nicht ohne Weiteres einsehbar sind. Untersucht wird daher auch eine dahingehend potenziell problematische Wirkung von Outputkomplexität.

(1) Zur indiziellen Wirkung der Treffer komplexer Modelle

Das FlugDaG ordnet die Überprüfung von Treffern sowohl in § 4 Abs. 2 Satz 2 FlugDaG seitens der Mitarbeiter der PIU als auch in § 6 Abs. 1 FlugDaG seitens der dort aufgelisteten und im konkreten Einzelfall einschlägigen Sicherheitsbehörden an. Nach der Gesetzesentwurfsbegründung zu § 4 Abs. 2 FlugDaG soll die Überprüfung sicherstellen, dass nur solche Treffer, die von der PIU positiv verifiziert wurden, an die zuständigen Behörden zur weiteren Überprüfung übermittelt werden, und dass die Weiterleitung rein automatisiert generierter Treffer ohne eine solche Verifizierung zum Schutz der Betroffenen ausgeschlossen ist.[155] Dass die Verifizierung von Treffern im Kontext des Musterabgleichs sich nicht lediglich in der Prüfung und Korrektur technischer Fehler erschöpfen darf, ergibt sich aus der Gesetzesentwurfsbegründung zu § 6 Abs. 1 FlugDaG, wonach die PIU eine oder mehrere der genannten Behörden in diesen Überprüfungsprozess einbinden kann, wenn sie davon ausgeht, dass sie dazu beitragen können, einen Treffer zu verifizieren oder zu widerlegen.[156] Denn die Expertise der dort aufgelisteten Sicherheitsbehörden liegt nicht hauptsächlich darin, die PIU bei der Befassung mit technischen, sondern mit inhaltlichen (Fehl)Treffern zu unterstützen, etwa anhand der Mitteilung von weiteren ihnen vorliegenden und für den kon-

---

[155] BT-Drs. 18/11501, 29.

[156] BT-Drs. 18/11501, 31. Ebenfalls von einer inhaltlichen Überprüfung ausgehend, wenn auch zurückhaltend, *Rademacher*, AöR 142 (2017), 366, 414: „Eingriffsbefugnisse zur Verifikation einzelner Daten hat die Fluggastdatenzentralstelle nicht. Bei der von ihr zu leistenden Überprüfung kann es daher abgesehen von einer rein technischen Kontrolle auf Auslesefehler nur, aber immerhin um eine Plausibilitätskontrolle gehen.“

kreten Fall einschlägigen Informationen, welche die Plausibilitätskontrolle von Treffern erleichtern könnten.

Auch der gesetzliche Auftrag der PIU, der darin besteht, die Entstehung operativen Entscheidungswissens zur Straftatenverhütung zwecks der Identifizierung tatsächlicher Anhaltspunkte zu unterstützen, spricht für die Notwendigkeit einer gewissen inhaltlichen Nachvollziehbarkeit der Gründe für eine Treffererzeugung. Während des Abgleichvorgangs findet eine mathematische Bewertung von algorithmisch gelernten Prüfungsmerkmalen als „Gründen" für die Generierung von Verdachtsindizien statt. Die Identifikation tatsächlicher Anhaltspunkte nach § 4 Abs. 1 FlugDaG erfordert jedoch eine qualitative Bewertung von Gründen. Erst eine solche Bewertung ermöglicht einem Sicherheitsbeamten die Einschätzung, ob zu einem konkreten Sachverhalt weitere Informationen benötigt werden, sowie ob und welche Folgemaßnahmen ergriffen werden sollen.[157] Sie ermöglicht es ferner einem Richter, die Rechtmäßigkeit des Ergreifens solcher Folgemaßnahmen zu bewerten und einem dadurch betroffenen Fluggast, die dahinterstehenden Annahmen zu verstehen und gegebenenfalls dagegen zu argumentieren.[158] Dafür muss zwar nicht jeder noch so kleine statistische Zusammenhang oder gar die algorithmische „Bewertungslogik" verstanden werden, jedoch müssen zumindest besonders ausschlaggebende Korrelationen, die für die

[157] So im Grunde auch *Rademacher*, AöR 142 (2017), 366, 387 f., demgemäß der Sicherheitsbeamte, der über Folgemaßnahmen entscheidet, diese Entscheidung „inhaltlich verantworten können" muss, wofür die „Mitteilung der gewichteten Prognosegrundlagen" erforderlich ist: „Inhaltlich durch einen Menschen verantwortbar ist der Gefahrerforschungseingriff nur dann, wenn dem Verwender/der Verwenderin die kognitiven Entscheidungsgrundlagen bekannt sind. Er oder sie muss also nicht nur erkennen können, welche Gesamtdatenmenge überhaupt Gegenstand des Abgleichs war (welche Informationen also möglicherweise von vornherein keinen Eingang in die Prognose finden konnten), sondern auch, welche Daten zentral zu einer hohen Schadenswahrscheinlichkeit geführt haben. Dem menschlichen Verwender muss mit anderen Worten auch die für den *konkreten* score ausschlaggebende Gewichtung mitgeteilt werden." Damit fordert er eine Antwort auf die Frage, „warum ein konkreter score hoch oder niedrig ist", und grenzt, entsprechend dem hiesigen Ansatz, diese Frage von den seinerseits nachfolgend adressierten Plausibilitätsfragen ab.

[158] Siehe zu solchen Konstellationen und der dafür maßgeblichen Möglichkeit der Auseinandersetzung mit einzelnen, für einen Output konkret einschlägigen Korrelationen, oben D.I.2.b). *Rusteberg*, in: Münkler (Hrsg.), 2019, 233, 261 f., setzt sich mit der „intuitiven Entscheidungspraxis" der Polizei auseinander und geht davon aus, dass in solchen Fällen für die polizeiliche Vorgehensweise „*keine Gründe*" benannt werden können. Diesbezüglich argumentiert er wie folgt: „Ein Vorgehen der öffentlichen Gewalt, für das gegenüber dem betroffenen Grundrechtsträger keine Gründe benannt werden können, ist aber letztlich willkürlich und damit grundrechtsverletzend", weshalb solche Entscheidungspraxen „rechtlich ausgeschlossen" seien. Übertragen auf den Kontext algorithmischer Treffer, dessen Erzeugungsgründe nicht nachvollzogen werden können, ginge diese Argumentationslinie jedoch zu weit, siehe dazu weiter unten E.I.4.d).bb).(1).(b).

Generierung des algorithmischen Verdachtsindizes ursächlich waren, inhaltlich gewissermaßen nachvollzogen werden können. Jedenfalls soweit angenommen wird, dass der Sicherheitsapparat des Staates einigermaßen zweckgerichtet und rational handeln muss.[159] Ein Erfordernis des Nachvollzuges sämtlicher ausschlaggebender Korrelationen lässt sich dem Recht hingegen nicht entnehmen.[160] Dies wäre weder realistisch, da komplexe Outputs oft auf der Interaktionen sämtlicher Daten in einem Fluggastdatensatz mit sämtlichen Prüfungsmerkmalen eines Modells basieren, noch wird (und kann) dies für menschliche Entscheidungen entsprechend verlangt (sein).[161]

(a) Parallele zu anonymen Hinweisen

Bei Treffern komplexer Lernmodelle ist neben der Information, dass das PNR-System den Fluggast X als verdächtig identifiziert hat, weiterhin jedenfalls noch die Straftat erkennbar, deren künftige Begehung indiziert ist. Dies ergibt sich aus den einzelnen Lernmodellen, deren Verdachtsmuster ein Fluggastdatensatz getroffen hat. So liefert ein Treffer mit den Mustern eines Lernmodells, das auf Daten über das Flugverhalten von Drogenhändlern trainiert wurde, Indizien zum Verdacht des Drogenhandels.[162] Sind Fluggastdatensatz, Treffer und Straftat bekannt, ähnelt die Situation der einiger anonymer Hinweise, bei denen die Polizei aus unbekannter und daher nicht weiter befragbarer Quelle allein erfährt, dass eine konkrete Straftat von einer bestimmten Person begangen wurde oder vorbereitet wird. In der Rechtsprechung wurden einige Maßstäbe an die inhaltliche Nachvollziehbarkeit solcher Hinweise aufgestellt, damit sie im Kontext sicher-

---

[159] Für einen solchen rechtlichen Maßstab an polizeiliche Wissensgenerierung und Handeln im Kontext der personenbezogene Prävention argumentiert *Rusteberg*, in: Münkler (Hrsg.), 2019, 233, 259: „Denn nimmt der moderne Staat für sich in Anspruch, zweckgerichtet und rational zu handeln, ist *eine Kenntnis der sachlichen Grundlagen erforderlich*, auf die sich die staatliche Entscheidungstätigkeit bezieht" (Hervorhebung hier).

[160] Allg. zum Erfordernis lediglich einer *gewissen* inhaltlichen Nachvollziehbarkeit im Kontext des deutschen Verwaltungsrechts, *Hermstrüwer*, in: Wischmeyer/Rademacher (Hrsg.), 2020, 199, 204: „While administrative law does not require an econometrically solid identification of the causes for a decision, it does require some description of the things that the person concerned would have to change in order to obtain a different decision."

[161] *Selbst*, Vand. L. Rev. En Banc 70 (2017), 87, 95: „At least with models that rely on large numbers of input features [...] the outcome depends on the interaction of all the variables. They all contribute to the outcome to some degree, or they would not be included in the model at all.". Ebd., Fn. 35: „[This] is likely a decent description of what police are *actually* doing inside the black boxes of their brains, but not what they submit to the court."

[162] Soweit mit einem Modell mehrere Verhaltensweisen modelliert sind, die sich verschiedenen Straftaten zuordnen lassen, so dürfte zumindest die einschlägige Richtung des strafbaren Verhaltens erkennbar sein.

heitsbehördlicher Arbeit verwertet werden dürfen. Für die Frage, inwieweit neben Person, Verdächtigkeit und Straftat weitere Informationen zur Verwertung eines algorithmischen Treffers erforderlich sind, können teils Parallelen dazu gezogen werden.[163]

Vorweg ist klarzustellen, dass, auch wenn Fragen der inhaltlichen Nachvollziehbarkeit von Treffern mit Fragen ihrer polizeirechtsdogmatischen Einordnung zusammenhängen, es an dieser Stelle noch nicht zentral darum geht. Inwieweit ein Treffer die Annahme eines Verdachts, einer Verdachtsvorstufe, oder nur einzelner verdachtsindizierender Momente rechtfertigen kann,[164] ist eine Frage, die sich nicht nur bei den Outputs elaborierter Lernmodelle stellt. Dass sich darauf eine pauschale Antwort geben lässt, ist zu bezweifeln, jedenfalls hängt diese stark mit Fragen der Qualität algorithmisch generierten Wissens zusammen, was ein Thema des Abschnitts zum korrelationsbedingten Nichtwissen ist.[165] Hier

---

[163] In einigen Hinsichten könnten Hinweise durch Lernmodelle sogar besser als diese anonymer Hinweisgeber abschneiden. Eine besondere Gefahr bei anonymen Hinweisen sehen Gerichte in der Denunziation, vgl. BVerfG, Beschl. v. 14.7.2016 – 2 BvR 2474/14, Rn. 26; LG Augsburg, Beschl. v. 12.9.2017 – 1 Qs 339/17, Rn. 11. Der dahingehend böswillige Missbrauch komplexer Lernmodelle wird in der Literatur als Möglichkeit zwar immer wieder anerkannt, jedoch vornehmlich aufgrund der technischen Komplexität zurecht für sehr unwahrscheinlich erachtet. Vor allem aber müssten Hinweise eines komplexen Lernmodells realistischerweise mit Hinweisen eines einzelnen, konstanten und der Polizei als solchen bekannten anonymen Hinweisgebers verglichen werden, dessen Vertrauenswürdigkeit über die Zeit eingeschätzt werden kann. Eine Parallele zu US-amerikanischer Rspr. über anonyme Hinweise im Kontext maschinellen Lernens zieht auch *Selbst*, Vand. L. Rev. En Banc 70 (2017), 87, 97 f. Ihm geht es dabei aber weniger um Fragen der inhaltlichen Nachvollziehbarkeit von Indizien, sondern um Verlässlichkeitsfragen bei Hinweisgebern („indicia of reliability"), und ob dafür eine „full explanation of how the tip occured" notwendig ist: „The anonymous tip here acts as the single point of information, without any explanation […] the Supreme Court held, that an anonymous tip, standing alone, is not sufficient to generate reasonable suspicion for a *Terry* stop. […] The Court did not state that it needed a full explanation of who the tipster was, how he came by the information, what his motivation was to offer the tip, and everything else about the person. […] the Court held that an anonymous tip corroborated by further police work has sufficient indicia of reliability, even though not every aspect of the tip was corroborated. In neither case was a full explanation of how the tip occurred necessary." Im Grunde argumentiert *Selbst* damit gegen die rechtliche Bedeutung von Modellnachvollziehbarkeit. Eine Parallele im selbigen Kontext findet sich auch bei *Rich*, U. Pa. L. Rev. 164 (2016), 871, 907 ff.

[164] Zur Figur der „Verdachtsvorstufe" im Kontext verdachtsunabhängiger Polizeiarbeit s. *Kischel*, in: Epping/Hillgruber (Hrsg.), [54]2023, Art. 3 GG, Rn. 223f, der von einer Vorstufe zum Verdacht spricht, wenn Kontrollen auf Personen konzentriert werden, die eine gesteigerte Nähe zum Zweck der Norm aufweisen, die zum verdachtsunabhängigen Handeln ermächtigt. Zur Figur eines „Vorverdachts" siehe *Bull*, in: Osterloh/Schmidt/Weber (Hrsg.), 2004, 29, 41: „niemand wird eine Verdachtssituation annehmen, ohne irgendwelche Indizien dafür zu erkennen. […] Bei strenger Beurteilung handelt es sich hier um *verdachtlose* Polizeiarbeit".

[165] Siehe dazu E.II.2.e).

geht es um einen vorgelagerten Ausschnitt dieser Problematik: Unbeschadet davon, *was* algorithmische Treffer indizieren können, lässt die Komplexität einiger Lernmodelle die Frage entstehen, inwieweit für jedwede Indizwirkung ihrer Outputs die inhaltliche Nachvollziehbarkeit der Gründe für ihre Erzeugung erforderlich ist. Auch wenn in der Rechtsprechung Nachvollziehbarkeitsmaßstäbe im Lichte einzelner Eingriffsschwellen und konkreter operativer Maßnahmen aufgestellt werden, wird der Fokus hier hauptsächlich auf Fragen der Nachvollziehbarkeit anonymer Hinweise gelegt.

Das *VG München* setzte sich mit den Verwertungsmöglichkeiten des anonymen Hinweises auseinander, dass sich in bestimmten Einrichtungen ausländische Personen ohne Aufenthaltserlaubnis aufhielten, woraufhin die Polizei die präventive Sammelkontrolle eines Vereinslokals durchführte.[166] Der Hinweisgeber nannte viele Einrichtungen, wies auf den dortigen Aufenthalt nichtdeutscher Staatsangehöriger hin und brachte diese in Verbindung mit Illegalität und Drogenhandel. Das Gericht hielt fest, dass allein aufgrund solcher Informationen kein „nachvollziehbarer Verdacht" hinsichtlich der dort genannten Vorwürfe angenommen und verifiziert werden konnte, sondern die Polizei vielmehr weitere „Ermittlungen über den Wahrheitsgehalt der Anschuldigungen" hätte anstellen müssen.[167] Mangels einer „nachvollziehbaren Erkenntnislage" lagen keine tatsächlichen Anhaltspunkte über die Annahme eines gefährlichen Ortes vor, was Voraussetzung für die Sammelkontrolle war.[168] In einer jüngeren Entscheidung des *LG Augsburg* ging es um einen Sachverhalt, in dem zwei strafrechtlich vorher nicht in Erscheinung getretene Personen anonym als Vertreiber von Kinderpornographie angezeigt wurden.[169] Bis auf den Hinweis, dass ihr Computer im Keller versteckt sei, enthielt die Aussage keine weiteren substanziellen Informationen. Das Gericht hielt fest, dass sich deshalb daraus keine Rückschlüsse auf ihren „Wahrheitsgehalt" ziehen lassen. Ein anonymer Hinweis bzw. eine anonyme Anzeige könne als Ermittlungsansatz nur dann genügen, „wenn sie von beträchtlicher sachlicher Qualität ist oder mit ihr zusammen schlüssiges Tatsachenmaterial vorgelegt wird".[170] Nach dem vom Gericht zitierten Beschluss des *BVerfG* zu anonymen Hinweisen sind „Angaben anonymer Hinweisgeber als Verdachtsquelle zur Aufnahme weiterer Ermittlungen dabei nicht generell ausgeschlossen", es muss aber jedenfalls der „Gehalt der anonymen Aussage" in den Blick genommen werden.[171] „[V]age Anhaltspunkte und bloße Vermutungen

166 VG München, NVwZ-RR 2000, 154 ff.
167 VG München, NVwZ-RR 2000, 155 f.
168 Ebd.
169 LG Augsburg, Beschl. v. 12.9.2017 – 1 Qs 339/17.
170 LG Augsburg, Beschl. v. 12.9.2017 – 1 Qs 339/17, Rn. 13 f.
171 BVerfG, Beschl. v. 14.7.2016 – 2 BvR 2474/14, Rn. 17. So im Grunde auch *Artkämper/*

reichen nicht aus“, vielmehr sind „sachlich zureichende Gründe“ erforderlich.[172] Dieser Beschluss des BVerfG war auch für eine ähnliche Entscheidung des *LG Hildesheim* maßgebend, in der das Gericht für die Verwertung eines anonymen Hinweises über Waffengesetzverstöße über die bloße Verdächtigungsaussage hinausgehende Angaben verlangte.[173] Laut dem *LG* erreicht der anonyme Hinweis eine sachliche Qualität dann, wenn der Hinweisgeber konkretere Angaben zur Tat machen oder preisgeben kann, „woher er diese Erkenntnis hat“.[174] Nach einem ebenfalls auf den Beschluss des *BVerfG* gestützten Beschluss des *OVG Magdeburg* kann eine anonyme Aussage durchaus als ein „Anhaltspunkt“ für illegales Verhalten betrachtet werden; um einen Verdacht auslösen zu können, müsse sie jedoch über die Schwelle einer bloßen Vermutung hinausgehen.[175]

Allen Entscheidungen lässt sich das Erfordernis einer Auseinandersetzung mit dem Gehalt anonymer Hinweise entnehmen. Dabei handelt es sich im Grunde um ein Gebot ihrer inhaltlichen Nachvollziehbarkeit zwecks ihrer normativen Verifizierung oder Verwerfung, das insoweit auch für den Kontext der Fluggastdatenverarbeitung einleuchtet. Denn auch dort sollen algorithmische Treffer ultimativ als Informationsgrundlage operativer Maßnahmen dienen. Die Anforderungen des BVerfG an die „Qualität“ anonymer Hinweise können auf den Kontext der Fluggastdatenverarbeitung jedoch nicht übertragen werden. Der Entscheidung lag eine Wohnungsdurchsuchung als Strafverfolgungsmaßnahme zugrunde. Das Gericht betonte daher die Voraussetzungen des strafprozessualen Anfangsverdachts und das Anliegen des Strafverfahrens, materielle Wahrheit zu ermitteln.[176] Diese Voraussetzungen sind mit der im Vorfeldbereich geltenden Schwelle der tatsächlichen Anhaltspunkte, wo es nicht um Wahrheits-, sondern um Plausibilitätsfragen geht, nicht gleichzusetzen. Nichtsdestotrotz hängen sowohl Wahrheits- wie auch Plausibilitätsfragen gleichermaßen von einer inhaltlichen Nachvollziehbarkeit von Informationsgrundlagen ab. Sie ist in den gerichtlichen Forderungen von „Rückschlüssen auf Wahrheitsgehalt“ und der

---

Schilling, [5]2018, 323: „Isoliert betrachtet sind derartige Aussagen unter Berücksichtigung der Notwendigkeit der persönlichen Vernehmung grundsätzlich nicht verwertbar. Trotzdem sind anonyme Hinweise ein Indiz und können Anlass für weitere Ermittlungen sein. In jedem Fall müssen sie verifiziert werden, um in irgendeiner Form einen Beweiswert erlangen zu können, da kein Gewährsträger hinter der Information steht.“ Vgl. auch *M. H. W. Möllers*, Wörterbuch der Polizei, [3]2018, „Anonyme Strafanzeige“, 124 f., wonach damit ein anonymer Hinweis einen, etwa die Durchführung von Vernehmungen rechtfertigenden, Verdacht begründen kann, er „durch andere Ermittlungen zuvor eine gewisse Bestätigung gefunden“ haben muss.

172 BVerfG, Beschl. v. 14.7.2016 – 2 BvR 2474/14, Rn. 15.

173 LG Hildesheim, Beschl. v. 27.10.2020 – Az.: 26 Qs 61/20.

174 Ebd.

175 OVG Magdeburg, Beschl. v. 14.10.2019 – 1 M 92/19, Rn. 13 f.

176 BVerfG, Beschl. v. 14.7.2016 – 2 BvR 2474/14, Rn. 17.

„sachlichen Qualität“ konkludent mitgefordert.[177] Gleichwohl muss im Vorfeldbereich konkreter Gefährdungen regelmäßig allein mit relativ „vagen Anhaltspunkten“ gearbeitet werden. Zwar hat ein algorithmischer Treffer nach § 4 Abs. 1 FlugDaG der Erkennung tatsächlicher Anhaltspunkte zu dienen, und er könnte dies auch, müsste es aber nicht allein tun. Vielmehr kann er der Aufklärung weiterer Zusammenhänge des Einzelfalls dienen, in deren Kontext tatsächliche Anhaltspunkte erst erkennbar werden.[178] Entscheidend für seine Verwendung und Weiterleitung nach § 6 FlugDaG ist seine Eignung, auch erst unter Hinzuziehung weiterer Informationen, einen Verdacht der potenziellen Straftatenbeteiligung zu begründen. Daran fehlt es, wenn einem Treffer keinerlei oder nur willkürliche, unter keinem Gesichtspunkt einer sinnvollen Geschichte zuordenbare Informationen entnommen werden können. Beträchtliche sachliche Qualität oder schlüssiges Tatsachenmaterial können von einzelnen Treffern jedoch, unbeschadet ihrer inhaltlichen Nachvollziehbarkeit, in der Regel nicht realistischerweise erwartet werden, ohne dadurch die Konzeption des Musterabgleichs als weit vorgelagertes, probabilistisches Vorhersageinstrument zu verkennen und sowohl lernende als auch theoriegeleitete technologische Ansätze als solche zu inhibieren.

Aus diesem Grund ginge es auch fehl, die Weiterleitung einzelner Treffer nach § 6 FlugDaG an die Voraussetzung zu knüpfen, dass im Anschluss an ihre Überprüfung ein „in rechtlich hinreichender Weise begründeter Verdacht“ angenommen werden kann.[179] Ein solches Erfordernis ist weder der PNR-RL noch dem FlugDaG zu entnehmen und widerspräche auch der Gesetzeskonzeption, wonach die PIU rein informationell, und erst die weiteren Sicherheitsbehörden operativ, also eingriffsschwellengebunden, tätig werden dürfen. § 6 Abs. 1 FlugDaG sieht vor, dass die PIU Treffer zwecks Maßnahmenergreifung aber auch insbesondere zwecks *weiterer Überprüfung* weiterleiten kann. § 4 Abs. 2 FlugDaG und § 6 Abs. 1 FlugDaG etablieren so ein Interaktionsregime zwischen der PIU und den weiteren Sicherheitsbehörden.[180] Treffer könnten (und dürften oft) auch erst in

---

177 Dem liegt letztendlich die Feststellung zugrunde, dass Fragen der Inhaltsqualität schwer beantwortet werden können, ohne irgendeinen Inhalt zu kennen, weshalb oben festgehalten wurde, dass der Umgang mit komplexitätsbedingtem Nichtwissen eine Voraussetzung für den Umgang mit korrelationsbedingtem Nichtwissen ist, siehe dazu E.I.4.a).cc).

178 So zum Musterabgleich auch die EU Kommission, in SWD(2020) 128 final, 24: „According to the Member States, *used in combination with other investigative tools and methods*, PNR allows law enforcement authorities to detect suspicious behaviour, better target their investigation, prioritise one lead over the other, build up their case and gather evidence necessary to obtain a conviction.“ (Hervorhebung hier).

179 So allerdings der EuGH, C-817/19, Rn. 204, in Abweichung von den in dieser Hinsicht zurückhaltender formulierten Schlussanträgen zur Rechtssache C-817/19, Rn. 224. Näheres dazu bei *Kostov*, GSZ 6 (2023), 14, 17.

180 Zu diesem Interaktionsregime siehe ausf. weiter unten bei E.II.2.

diesem Rahmen, unter Hinzuziehung weiterer, den Sicherheitsbehörden vorliegender Informationen einen Verdacht in rechtlich hinreichender Weise begründen. Davon geht auch die Gesetzesentwurfsbegründung aus, in der festgehalten wird, dass, soweit die PIU während der Überprüfung feststellt, dass eine oder mehrere der in § 6 FlugDaG genannten Behörden dazu beitragen können, einen Treffer zu verifizieren oder zu widerlegen, sie ihnen die entsprechenden Daten übermitteln darf.[181] Freilich sind Muster so festzulegen, dass sie auf die Identifikation von Personen abzielen, bei denen der begründete Verdacht einer Straftatenbeteiligung bestehen könnte.[182] Ein Fluggastdatensatz dürfte beim Musterabgleich jedoch selten hundertprozentige oder auch nur sehr hochprozentige Treffer erzeugen. Angenommen es würden aber nur solche Treffer einen Verdacht begründen, da ansonsten eine zu große Abweichung von den verdachtsindizierenden Mustern vorläge, so dürfte die PIU nur sie weiterleiten. Ihre auf statistische Wahrscheinlichkeit gründende Tätigkeit wäre damit nahezu lahmgelegt.

(b) Verwertungsmöglichkeiten

Die Verwertungsmöglichkeiten der Treffer komplexer Modelle dürften, ähnlich wie bei anonymen Hinweisen, letztlich von ihrem konkreten Aussagegehalt und den sonstigen Begleitumständen des Einzelfalls abhängen.[183] Ist allerdings die inhaltliche Nachvollziehbarkeit der Gründe für ihre Erzeugung, im Einklang mit dem bisher Gesagten, bis zu einem gewissen, eine bewertende Überprüfung ermöglichenden Grad erforderlich, löst Outputkomplexität eine rechtliche Begrenzung ihrer operativen Verwertungsmöglichkeiten aus. Gewiss hängen die mit Verwertungsmöglichkeiten zusammenhängenden Anforderungen an die Substanz von Informationsgrundlagen (Eingriffsschwellen) von den Modalitäten der konkret erwogenen Folgemaßnahme und der zu verhütenden Straftat ab. Sofern die individuelle Überprüfung eines algorithmischen Treffers jedoch keine darüber hinausgehenden Informationen aufschlüsseln kann, als dass damit der Verdacht einer bestimmten Straftat für eine bestimmte Person indiziert ist und zum konkreten Sachverhalt keine zusätzlichen Informationen vorliegen, lässt der Treffer keinerlei Rückschlüsse auf seine Plausibilität zu. Ihm kann kein signifikanter Informationsgehalt zuerkannt werden. In dem Fall kann er auch zu keinen operativen Maßnahmen befugen, außer solchen, deren Vornahme ohnehin nicht an das Vorliegen von Informationsgrundlagen geknüpft ist. Davon erfasst sind im Grunde polizeiliche Erforschungsmaßnahmen, die nicht in subjektive Rechte

---

181 BT-Drs. 18/11501, 31.

182 EuGH, C-817/19, Rn. 198, worauf dann auch die späteren Ausführungen in Rn. 204 gestützt werden.

183 Vgl. *Kastner*, in: Möllers (Hrsg.), ^{3}2018, „Anonyme Strafanzeige", 124 f.

eingreifen[184] und anlassunabhängige Maßnahmen, die aufgrund ihrer grundsätzlich geringen Eingriffsintensität rechtlich gerade nicht an Eingriffsschwellen gebunden sind.[185] Diese Beschränkung von Verwertungsmöglichkeiten gilt selbst, wenn unter Betrachtung des Fluggastdatensatzes eine Vermutung darüber aufgestellt werden könnte, warum der Treffer erzeugt wurde. Lassen sich ihm keinerlei Informationen über die ihm tatsächlich zugrunde liegenden verdachtsbegründenden Korrelationen entnehmen, stellen solche Rückschlüsse nicht mehr als ein Ratespiel dar. Die Gründe für die Treffererzeugung komplexer Modelle sind menschlich regelmäßig nicht erratbar.[186] In dem Fall wäre keine individuelle Überprüfung, so wie nach § 4 Abs. 2 Satz 2 FlugDaG vorausgesetzt, vorgenommen, sondern es würden die Gründe für die Treffererzeugung mit der nicht weiter plausibilisierbaren Vermutung von Sicherheitsbeamten substituiert.[187] Damit wäre dem Treffer jedoch kein Gehalt entnommen, sondern angemaßt, bzw. vorgeschoben.[188]

Im Ergebnis dürfte die PIU inhaltlich nicht nachvollziehbare Outputs aufgrund ihrer informationellen Substanzärme nur relativ eingeschränkt den Sicherheitsbehörden als Anhaltspunkt zur operativen Verwendung zur Verfügung stellen.

---

184 *Rademacher*, AöR 142 (2017), 366, 386, spricht hierbei von „Gefahrerforschungsmaßnahmen“ und grenzt sie von „Gefahrerforschungs*eingriffen*“ ab.

185 Zur geringen Eingriffsintensität etwa der anlassunabhängigen Schleierfahndung, s. OVG Koblenz, NJW 2016, 2820, 2823 ff. Die gerichtlichen Argumente bezüglich der niedrigschwelligen Eingriffsintensität des damit zusammenhängenden „kurzzeitigen Anhaltens, Befragens und Verlangens, mitgeführte Ausweispapiere zur Prüfung auszuhändigen“, lassen sich auf die bei der Fluggastdatenverarbeitung am ehesten in Betracht kommenden anlassunabhängigen Flughafenkontrollen nach § 5 Abs. 1 und Abs. 3 LuftSiG nahezu direkt übertragen. In dem Fall ginge es allerdings nicht um die Störanfälligkeit im Grenzbereich, so wie im Rahmen der OVG-Entscheidung, sondern um die Störanfälligkeit eines Flughafens als kritische Infrastruktur. Die besondere Störanfälligkeit eines Flughafens als Rechtfertigungsgrund für Grundrechtseinschränkungen stellte das BVerfG anhand der Fraport-Entscheidung heraus, BVerfGE 128, 226, 262.

186 Situationen, in denen allein unter Betrachtung des Fluggastdatensatzes überzeugend begründet werden kann, warum der Treffer eines komplexen Modells ein offensichtlich gutes Verdachtsindiz ist, erscheinen unwahrscheinlich. Angenommen die PIU arbeitet mit mehreren theoriegeleitet und algorithmisch erstellten Mustern, dürfte in dem Fall ein Fluggastdatensatz nicht allein die Muster eines hochkomplexen Modells treffen. Lässt sich ein Verdacht allein anhand der Betrachtung des Fluggastdatensatzes und der Verdachtstat überzeugend annehmen, spricht einiges dafür, dass der Fluggastdatensatz auch weitere, insbesondere theoriegeleitet erstellte Muster getroffen haben müsste. Ist dies nicht der Fall, so kann auch die Vermutung der ihm zugrunde liegenden Erzeugungsgründe schwer überzeugen.

187 Allg. gegen Vermutungen als Prognosebasis, *Rusteberg*, in: Münkler (Hrsg.), 2019, 233, 262, m. w. N.

188 Zum Verbot vorgeschobener Gründe als Begründungsgrundsatz, Teil der Begründungswahrheit, siehe *Kischel*, 2003, 357 ff.

Dies ist eine rechtliche Wirkung von Outputkomplexität. In Anbetracht des gesetzlichen Auftrages der PIU, die Entstehung von operativem, praktisch verwertbarem Entscheidungswissen zu unterstützen, kann sie auch als eine rechtlich problematische Wirkung betrachtet werden. Jedenfalls dürfte sie einen starken Anreiz für die PIU bilden, elaborierte Modelle nur dann, wenn dies absolut notwendig ist, zu entwickeln und dabei alles Machbare zu unternehmen, um die Prüfungsmerkmale und Korrelationen, die einzelnen Outputs konkret zugrunde liegen, möglichst weitgehend nachzuvollziehen. Diese Wirkung kann daher auch als ein rechtlicher Umgang mit komplexitätsbedingtem Nichtwissen gesehen werden, dazu sogleich mehr.[189]

Inwieweit die für einen Treffer konkret einschlägigen Korrelationen inhaltlich nachvollzogen werden müssen, um über die Beschränkung auf nicht-eingreifende und anlassunabhängige Maßnahmen hinaus verwertet werden zu können, kann jedoch nicht pauschal festgehalten werden. Je nach Einzelfall kann die Identifizierung nur einzelner, maßgeblicher Korrelationen, oder aber auch mehrerer Prüfungsmerkmale sowie ihres Zusammenwirkens und ihrer Gewichtung angebracht sein. Dies dürfte auch von den weiteren Informationen abhängen, die der PIU oder den weiteren Sicherheitsbehörden zu einem konkreten Sachverhalt ggf. vorliegen. Das Recht kann die Substanz sicherheitsbehördlicher Informationsgrundlagen über allgemeinere Formulierungen wie „tatsächliche Anhaltspunkte" hinaus nicht festlegen. Über die Frage, wann im Einzelfall tatsächliche Anhaltspunkte vorliegen, haben Sicherheitsbehörden die Definitionsmacht,[190] freilich unter dem Vorbehalt richterlicher Überprüfung. Wie viele Informationen im Einzelfall als „hinreichend" für die Annahme eines Verdachts gelten, kann erst im Rahmen des konkreten Sachverhalts unter Berücksichtigung sämtlicher Umstände des Einzelfalls abgeschätzt werden. Liegen Sicherheitsbehörden keine oder nur wenige über ein algorithmisches Indiz hinausgehende Informationen vor, kann dieses mangels inhaltlicher Nachvollziehbarkeit nur eingeschränkt weiterverwendet werden. Lenkt es hingegen die Aufmerksamkeit auf einen Sachverhalt, zu dem bereits mehrere Informationen vorhanden sind, könnte auch nur die Entnahme weniger niedrigschwelliger verdachtsbegründender Korrelationen in Kombination damit ausreichen, um den argumentativen Sättigungsgrad für die Annahme tatsächlicher Anhaltspunkte und ein daran gebundenes operatives Tätigwerden zu rechtfertigen. Im Grundsatz dürfte jedoch gelten, dass, je substanzreichere Informationen einem algorithmischen Treffer entnommen werden können, desto zuverlässiger er verworfen oder validiert werden kann und desto stärkere Indizwirkung ihm im letzteren Fall zuerkannt werden kann.

---

[189] E.I.5.

[190] So damals noch, *Graulich*, in: Lisken/Denninger (Hrsg.), [6]2018, E., Rn. 152.

(2) Gleichheitsrechtliche Fragen

Komplexität und die dadurch bedingte fehlende Nachvollziehbarkeit algorithmischer Entscheidungen wird häufig auch unter Gleichbehandlungsgesichtspunkten thematisiert.[191] Obgleich die Diskussionen sich meist auf Differenzierungen anhand spezifisch geschützter Merkmale und beim behördlichen Einsatz insoweit auf die Diskriminierungsverbote in Art. 3 Abs. 3 GG beziehen, schützt das allgemeine Differenzierungsverbot in Art. 3 Abs. 1 GG darüber hinaus vor merkmalsunspezifischen ungerechten Differenzierungen und spielt in diesem Kontext eine nicht minderrelevante Rolle.[192]

Bei gleichheitsrechtlichen Fragen im Kontext der Fluggastdatenverarbeitung ist stets zu beachten, dass die Differenzierung von Sachverhalten intrinsischer Zweck jeder Abgleichaufgabe ist. Entsprechend stellen diverse Aspekte von Klassifikationsverfahren Differenzierungen dar. Die Frage ist, ob es sinnvoll wäre, sämtliche dieser Differenzierungen gleichheitsrechtlich zu bewerten, oder dies nicht vielmehr eine grundsätzliche Verkennung der Thematik wäre. Die PIU gleicht die Daten aller Fluggäste gerade deswegen ab, um dabei Unterschiede zu entdecken. In dem Prozess der Entdeckung von Unterschieden, also der Klassifizierung der Datensätze als verdächtig oder unverdächtig und der nachträglichen Überprüfung von Treffern, erfährt jedoch niemand eine rechtlich relevante Behandlung. So dient etwa die individuelle Überprüfung von Treffern nach § 4 Abs. 2 Satz 2 FlugDaG noch der Sicherstellung, dass eine irgendwie geartete sicherheitsbehördliche (Be-)Handlung überhaupt angebracht ist. Solche Prozesse unter gleichbehandlungsrechtlichen Gesichtspunkten zu bewerten ist sicherlich möglich, es leuchtet aber wenig ein, was damit konkret erreicht wäre. Gleichheitsrechtliche Fragen sind sinnvollerweise erst dann zu stellen, wenn Maßnahmen aufgrund von spezifisch ausgeprägtem Flugverhalten vorgenommen werden, bei vergleichbarem Flugverhalten hingegen nicht (allg. Differenzierungsverbot), und/oder wenn für die Vornahme von Maßnahmen maßgeblich auf geschützte Merkmale abgestellt wird (bes. Differenzierungsverbot).

---

[191] Siehe etwa *Rademacher/Perkowski*, JuS 60 (2020), 713, 716; *Heiner Koch*, ZfPP 7 (2020), 265 ff.; *Kischel*, in: Epping/Hillgruber (Hrsg.), [54]2023, Art. 3 GG, Rn. 218c; *FRA*, 2018a, 6; *Gesellschaft für Informatik*, 2018, 55; *Rademacher*, AöR 142 (2017), 366, 378.

[192] Krit. dazu aus einer für die juristische Gleichheitsdogmatik sensibilisierten, praktisch-philosophischen Perspektive, *Heiner Koch*, ZfPP 7 (2020), 265, 267: „Bei der Suche nach systematischen Ungleichbehandlungen – und damit potentiellen Diskriminierungen – wird für gewöhnlich nach Benachteiligungen von denjenigen Gruppen gesucht, deren Diskriminierung verboten oder zumindest gesellschaftlich stark geächtet ist. […] [Damit wird] ein zunehmend wichtiger Bereich vernachlässigt […]: die Benachteiligung von Gruppen, die nicht explizit verboten ist."

Wie bereits im Kontext von Modellkomplexität argumentiert, können solche Differenzierungen deutlich besser anhand der langfristig angelegten statistischen Analyse vergleichbarer Outputs einzelner Modelle als anhand der Analyse der Modelle selbst festgestellt werden.[193] Richtet sich der Bewertungsmaßstab der Rechtmäßigkeit einer daraufhin festgestellten Differenzierung hauptsächlich nach der Art der einschlägigen, das Flugverhalten abbildenden Differenzierungsmerkmale algorithmischer Modelle, so wie dies im Kontext von Art. 3 Abs. 3 GG der Fall ist, leuchtet es ein, dass die fehlende Nachvollziehbarkeit maschinellen Lernens im Lichte gleichheitsrechtlicher Fragen problematisiert wird. In Bezug auf die dort unter besonderen Schutz gestellten Merkmale wird angemerkt, dass wenn nicht bekannt ist, welche Prüfungsmerkmale und Korrelationen für die Klassifizierung im Einzelfall einschlägig waren, nicht mehr gezielt im Output nach entsprechend problematischen Differenzierungsmerkmalen gesucht werden kann.[194] Dies mag bei Klassifikationsmodellen, die anhand großer und im Umfang nicht klar begrenzter Datengrundlagen lernen, eine noch berechtigte Sorge sein.[195] Die Optionen der Merkmalswahl für algorithmische Differenzierungen sind allerdings bei nicht in Echtzeit lernenden Modellen stets in der Zusammenstellung der Trainingsdaten eines Lernmodells abschließend angelegt. Handelt es sich dabei um Text- oder Tabellendaten, so wie im Fall der Fluggastdatenverarbeitung, ist stets einsehbar, auf welche Merkmale für eine Differenzierung potenziell abgestellt werden könnte. Sind geschützte Merkmale nicht Teil der Lerngrundlage, kann ein Lernmodell, unbeschadet ihrer Größe und seines Komplexitätsgrades, auch nicht anhand solcher Merkmale unterscheiden, und daher nicht unmittelbar diskriminieren. Entsprechend wird unmittelbare Diskriminierung im Kontext der Fluggastdatenverarbeitung, angesichts der kontrollierten personenbezogenen Lerngrundlagen und Vorkehrungen wie § 4 Abs. 3 Satz 7 FlugDaG, kaum problematisiert.[196]

---

[193] Siehe dazu Kap. D. Fn. 165 und den dazugehörigen Text, sowie oben bei E.I.4.c).cc).(3). Zur statistischen Auswertung der Abgleichergebnisse als Mechanismus zum Umgang mit Nichtwissen siehe unten E.II.2.d).

[194] Vgl. *Heiner Koch*, ZfPP 7 (2020), 265, 268. *Rademacher*, AöR 142 (2017), 366, 378, tendiert aufgrund dieses Verlusts der Nachvollziehbarkeit zur Unzulässigkeit des Einsatzes.

[195] Dennoch erlauben Lernmodelle eine deutlich bessere Detektion unmittelbarer Diskriminierung, als dies bei menschlichen Entscheidungen möglich ist, siehe zu unmittelbaren Benachteiligungen *Gesellschaft für Informatik*, 2018, 87: „Bei algorithmischen Entscheidungen lassen sich einzelne Merkmale ohne weiteres abändern, um deren Einfluss auf eine Entscheidung zu untersuchen. Somit besteht für entsprechende Testverfahren mehr Spielraum als bei menschlichen Entscheidungen."

[196] Siehe *FRA*, 2011, 7 f. Die *FRA* thematisiert „one possible remaining risk of direct discrimination" nur in Fällen, in denen geschützte Merkmale der PIU zufällig mit anderen Fluggastdaten übermittelt werden.

Stellt ein Lernmodell nicht unmittelbar auf ein geschütztes Merkmal ab, scheidet eine Verletzung des Art. 3 Abs. 3 GG grundsätzlich aus, da mittelbare Diskriminierungen nach überwiegender Auffassung in Rechtsprechung und Literatur nicht von dieser Vorschrift erfasst werden.[197] Die immer wieder als besonders problematisch diskutierten Konstellationen, dass ein algorithmisch verwendetes, an sich neutrales Merkmal sich überwiegend aus einem geschützten Merkmal ergibt,[198] werden nicht dem Art. 3 Abs. 3 GG sondern dem Abs. 1 zugeordnet.[199] In dem Fall mag zwar weiterhin nicht bekannt sein, welche Differenzierungsmerkmale für eine algorithmischen Klassifizierung genau einschlägig waren, allerdings stellt das Recht im Kontext von Abs. 1 zwar auch, jedoch nicht mehr maßgeblich, auf die Art von Differenzierungsmerkmalen für die Bewertung der Ungleichbehandlung ab.[200] Maßgeblich sind die „Sachgründe, die

[197] *Kischel*, in: Epping/Hillgruber (Hrsg.), [54]2023, Art. 3 GG, Rn. 215 ff., m. w. N. und Arg. zu anderslautenden Ansichten. So nochmal ausdrücklich spez. im Kontext von Algorithmen, Rn. 218d.

[198] Im englischsprachigen Raum meist als „proxy" bezeichnet, siehe dazu etwa *Barocas/Selbst*, CLR 104 (2016), 671, 691. Freilich ist dies an sich keine gleichheitsrechtliche Besonderheit, die erst im Zusammenhang mit maschinellem Lernen auftritt, so auch *Heiner Koch*, ZfPP 7 (2020), 265, 268.

[199] So auch *Kischel*, in: Epping/Hillgruber (Hrsg.), [54]2023, Art. 3 GG, Rn. 215, der in Rn. 218d.1, zugleich berechtigte Kritik der Vernachlässigung dieser Erkenntnis äußert: „Gerade dieser Teil der Gleichheitsdogmatik wird in der Literatur zu Diskriminierung durch Algorithmen vielfach nicht einmal bestritten, sondern schlicht ignoriert, teils erkennbar allein auf der Basis der vielfach sozialwissenschaftlichen oder US-amerikanischen Diskussion. Immer wieder scheint die Argumentation von der Prämisse auszugehen, dass ein Algorithmus, der im Ergebnis statistisch gesehen zu einer überproportionalen Belastung eines Geschlechts, einer Rasse etc. führte, deshalb gegen [sic] Art. 3 Abs. 2 verstieße. Das ist aber genau nicht der Fall. […] Setzt ein Algorithmus beim predictive policing, bei der Kreditvergabe oder bei kriminalistischen Rückfallprognosen ein Kriterium oder ein Kriterienbündel ein, das ohne verpönte Merkmale auskommt und für sich genommen Sinn macht (zB Bildungsniveau, Vorstrafen, Wohnort) so ist dies in jedem Fall vor Art. 3 Abs. 3 unproblematisch, auch wenn es dazu führt, dass im Ergebnis ein Geschlecht, eine Rasse, eine Muttersprache etc. ganz überwiegend betroffen ist." Ergibt sich ein an sich neutrales Merkmal jedoch „zwingend" aus einem verbotenen, so stellt ein differenzierendes Abstellen darauf einen Unterfall der unmittelbaren Diskriminierung dar. Zu solchen Konstellationen im Kontext algorithmischer Klassifizierungen als „denkbar, aber unwahrscheinlich", ebd., Art. 3 GG, Rn. 218d.

[200] Zum Prüfungsmaßstab in solchen Fällen siehe BVerfGE 129, 49, 68 f.: „Aus dem allgemeinen Gleichheitssatz ergeben sich je nach Regelungsgegenstand und Differenzierungsmerkmalen unterschiedliche Grenzen für den Gesetzgeber, die von gelockerten auf das Willkürverbot beschränkten Bindungen bis hin zu strengen Verhältnismäßigkeitserfordernissen reichen können. […] Dabei gilt ein stufenloser am Grundsatz der Verhältnismäßigkeit orientierter verfassungsrechtlicher Prüfungsmaßstab, dessen Inhalt und Grenzen sich nicht abstrakt, sondern nur nach den jeweils betroffenen unterschiedlichen Sach- und Regelungsbereichen bestimmen lassen." Ähnlich ist der Prüfungsmaßstab für die Rechtfertigung mittelbarer Diskriminierungen auch nach europäischem Recht, *Rossi*, in: Calliess/Ruffert (Hrsg.), [6]2022, Art. 21 GRCh,

dem Differenzierungsziel und dem Ausmaß der Ungleichbehandlung angemessen sind".[201]

Damit sind die Komplexitätsbedenken bei maschinellem Lernen in Sachen Gleichbehandlung jedoch nicht ausgeräumt. Können die Sachgründe einer Differenzierung bewertet werden, wenn nicht einmal einsehbar ist, auf der Basis welcher genauen Merkmale sie vorgenommen wurde? Für die Beantwortung dieser Frage ist zu beachten, dass auch bei einer Nachvollziehbarkeit algorithmischer Prüfungsmerkmale die Gründe für eine darauf basierte Differenzierung keineswegs allein anhand der Einsehbarkeit dieser Merkmale auf Sachlichkeit hin geprüft werden können.[202] Die rechtliche Bewertung kann nicht maßgeblich darauf angewiesen sein, denn ebenso wenig sind die konkreten Merkmale, die Menschen für eine Differenzierung heranziehen, stets explizierbar und nachvollziehbar und nichtsdestotrotz wird das Verhalten unter Gleichbehandlungsgesichtspunkten bewertet, etwa indem auf sonstige Indizien und systematische Verhaltensuntersuchungen abgestellt wird.[203] Gewiss kann eine gleichheitsrechtliche

Rn. 10: „Die mittelbare Diskriminierung, also das Anknüpfen an scheinbar neutralen Kriterien, das sich faktisch jedoch diskriminierend auswirkt, unterliegt nur einer Verhältnismäßigkeitsprüfung." *Jarass*, [4]2021, Art. 21 GRCh, Rn. 29: „Schließlich ist die Rechtfertigung bei unmittelbaren Ungleichbehandlungen strenger als bei mittelbaren zu prüfen."

[201] BVerfGE 129, 49, 68; BVerfGE 145, 20, 86; stRspr. seit 2010, s. dazu ausf. *Epping*, [9]2021, Rn. 798 ff. Letztendlich erscheint es also nicht als entscheidend, ob mittelbare Diskriminierungen dem Abs. 1 oder Abs. 3 zuzuordnen sind, da jedenfalls weitgehend anerkannt ist, dass die Rechtfertigungshürde in solchen Fällen abgesenkt ist, und es auch bei der Zuordnung mittelbarer Diskriminierung zu Abs. 3 darauf ankommt, dass „überzeugende Gründe" angeführt werden, s. ebd., Rn. 840; *Kischel*, in: Epping/Hillgruber (Hrsg.), [54]2023, Art. 3 GG, Rn. 218.

[202] Vgl. auch *Kischel*, in: Epping/Hillgruber (Hrsg.), [54]2023, Art. 3 GG, Rn. 218d.2, der „die eigentlichen Probleme der Algorithmen" zwar auch in der möglichen Ungeeignetheit der bei komplexen Modellen nicht einsehbaren verwendeten Kriterien oder Kriterienbündel, jedoch daneben auch in „der möglicherweise unzulässigen Typisierung, dem möglicherweise fehlerhaften Einfluss subjektiver Vorstellungen der Programmierer, oder Auswahl der dem Programm zur Verfügung gestellten Fakten etc." sieht. Allg. weist er in Rn. 35.2 auf den weiten Optionsraum zur Rechtfertigung einer Differenzierung hin: „Insgesamt kann jedes gleiche oder ungleiche Element des Vergleichspaares sowie jeder sachliche Grund für die Regelung des einen und des anderen Teils des Vergleichspaares mit einbezogen werden." Nicht klar zu deuten sind in dieser Hinsicht die Ausführungen von *Heiner Koch*, ZfPP 7 (2020), 265, 268 u. 277, der zu Beginn darauf hinweist, dass „aufgrund der Intransparenz oder der fehlenden Interpretierbarkeit des maschinellen Lernens einige neue Aspekte [...] beachtet werden sollten, um Gefahren der Diskriminierung im Zusammenhang mit maschinellem Lernen angemessen begegnen zu können", und nachfolgend diverse Ansätze dafür diskutiert, die nicht auf den Nachvollzug von Differenzierungsmerkmalen angewiesen sind, jedoch auch festhält, dass „die menschliche Bewertung der normativen Angemessenheit [...] zumindest eine Kenntnis der statistischen Zusammenhänge und der verwendeten Merkmale [erfordert]."

[203] *Heiner Koch*, ZfPP 7 (2020), 265, 289. So im Grunde auch *Gesellschaft für Informatik*, 2018, 139: „Diese Schwierigkeit besteht insbesondere bei Entscheidungen, die von Menschen

Prüfung von der inhaltlichen Einsehbarkeit von Differenzierungsmerkmalen profitieren, sie darf jedoch nicht ausschließlich dadurch bestimmt sein, soll sie nicht in vielen, über komplexes maschinelles Lernen hinausgehenden Konstellationen, lahmgelegt werden.

Im letzten Abschnitt zum korrelationsbedingten Nichtwissen wird noch zu untersuchen sein, ob algorithmisch konzipierte Differenzierungsmerkmale, im Unterschied zu menschlich erwogenen, (gleichheits-)rechtlich als solche überhaupt akzeptabel sind.[204] Unbeschadet etwaiger damit zusammenhängender Problematiken kann hier jedoch festgehalten werden, dass algorithmische Prüfungsmerkmale und Muster für sich allein genommen die statistischen, das Flugverhalten abbildenden Differenzierungsmerkmale, jedoch nicht die Sachgründe für die Differenzierung an sich darstellen können. Vielmehr sind solche Gründe bei algorithmischen Differenzierungen – durch komplexe Modelle primär, jedoch auch durch einfachere Modelle – in der dokumentierten Begründung für die menschlichen Modellierungsentscheidungen, insbesondere der Trainingsdatenzusammenstellung und Testverfahren, zu suchen.[205] Denn die Trainingsdaten sind die algorithmisch noch unverarbeiteten Differenzierungsgrundlagen, die durchaus daraufhin bewertet werden können, ob sie Daten enthalten, die für den Einzelnen verfügbar sind oder sich den Merkmalen des Art. 3 Abs. 3 GG annähern.[206] Außerdem bieten sich einige standardisierte[207] und viele noch experi-

getroffen werden, da der eigentliche Entscheidungsweg oft nicht nachvollziehbar und meist selbst dem Entscheider nicht in vollem Umfang bewusst ist. Soweit etwa ‚Erfahrung‘ oder ‚Intuition‘ eines Entscheiders von Bedeutung sind, erfolgen wesentliche Entscheidungsschritte unbewusst. Sie sind damit einer unmittelbaren Analyse nicht zugänglich.“

[204] Siehe E.II.1.e).

[205] Zur Gebotenheit von Dokumentierungspflichten, auch zwecks eines Umgangs mit Komplexität mit Blick auf gleichheitsrechtliche Fragen, siehe oben D.II.1.c).cc). In der Literatur zu Dokumentierungspflichten wird gerade für ihre Ausrichtung auch auf gleichbehandlungsrelevante Überlegungen bei der Trainingsdatenzusammenstellung appelliert, siehe dazu etwa *Wieringa*, in: Hildebrandt/Castillo/Celis/Ruggieri/Taylor/Zanfir-Fortuna (Hrsg.), 2020, 1, 8, m. w. N. Entsprechend geht auch der AI-Act vor, s. COM(2021) 206 final, Annex IV, Nr. 2. (g), wonach „metrics used to measure […] potentially discriminatory impacts“, und nach Nr. 3 „Detailed information about the monitoring, functioning and control with regard to: […] the foreseeable unintended outcomes and sources of risks to […] discrimination in view of the intended purpose of the AI system“ zu dokumentieren sind.

[206] Zu diesem Bewertungsmaßstab von Ungleichbehandlungen, BVerfGE 145, 20, 87.

[207] Ein solcher Ansatz besteht darin, die zwar nicht inhaltlich, jedoch mathematisch stets explizierbaren Merkmale komplexer Modelle zu instrumentalisieren. Die für eine Klassifikation einschlägigen Merkmale lassen sich unabhängig ihrer Komplexität stets in mathematischer Form betrachten. In dieser Form können sie mit Klassifikationen von Input-Output-Paaren in Trainings- und Testgrundlagen abgeglichen werden. Die im Einzelfall einschlägigen Merkmale lernt ein Modell anhand der Verarbeitung ebendieser Trainingsbeispiele, sodass es stets in der Lage ist, auf vergleichbare Klassifikationen zu verweisen, bei denen die Plausibilität einer Ver-

mentelle[208] Ansätze für die Entdeckung und Bewertung algorithmischer Ungleichbehandlungen an, die nicht auf die Ermittlung der inhaltlichen Nachvollziehbarkeit einzelner Merkmale ausgerichtet sind, jedoch im Rahmen einer wertgeprägten Rechtfertigungsprüfung von Differenzierungen eine nicht minderwichtige Rolle spielen können. Jedenfalls dann, wenn Art. 3 GG nicht jegliche Entwicklungsoffenheit bei der Begegnung neuartiger Gefahren abgesprochen werden soll.

Freilich führt Komplexität dazu, dass nicht *auch* die anhand der Differenzierungsgrundlage gelernten und im Einzelfall konkret einschlägigen Merkmale für eine Differenzierung auf Sachlichkeit bewertet werden können.[209] Mit diesem Nachvollziehbarkeitsverlust korrespondiert jedoch die bei der vorangegangenen Untersuchung der indiziellen Wirkung von Treffern elaborierter Modelle festgestellte, rechtlich begrenzte Verwertbarkeit. Indem solche Treffer nur für bestimmtes, nicht an Eingriffsschwellen gebundenes, sicherheitsbehördliches Handeln verwendet werden dürfen, werden zugleich auch die (Ungleich-)Behandlungsmöglichkeiten auf Basis nicht nachvollziehbarer Differenzierungsmerkmale deutlich eingeschränkt. Ohnehin wird bei dergestalt komplexen Zusammenhängen in der gleichheitsrechtlichen Literatur eine eher großzügige

---

dächtigung feststeht. Dadurch wird es möglich, bei einem neuen Output oder einer Gruppe von Outputs auf ähnlich gelagerte Fälle zu verweisen; also solche, bei denen das Modell gelernt hat, dass die Aktivierung derselben Prüfungsmerkmale mit einem an sich validierten Verdacht zusammenhängt. Davon ausgehend kann die Vergleichbarkeit der Fluggastdatensätze bewertet werden. Solche Beispiele erscheinen als deutlich aussagekräftigere Sachgründe für eine Differenzierung als die isolierte Betrachtung inhaltlich einsehbarer Prüfungsmerkmale. Im Rahmen eines solchen, an sich standardmäßig durchführbaren Verfahrens, ist inhaltliche Nachvollziehbarkeit an keiner Stelle maßgeblich.

[208] Siehe die Auflistung bei *Linardatos/Papastefanopoulos/Kotsiantis*, Entropy 23 (2020), 1, 18 ff., in der sowohl fairness-xAI Verfahren, die nicht auf inhaltliche Nachvollziehbarkeit setzen, als auch solche, die auf die Ermittlung der für eine Klassifizierung maßgeblichen Prüfungsmerkmale und insoweit auf Outputnachvollziehbarkeit abzielen, diskutiert werden. Aufgrund ihres experimentellen Charakters merkt *Heiner Koch*, ZfPP 7 (2020), 265, 292, zu den Letzteren an, dass sie zwar nur „Mutmaßungen über die tatsächlich zur Anwendung gekommenen Merkmale bieten können; diese Mutmaßungen jedoch zuverlässiger als Vermutungen über Intentionen, die dem Verhalten von Menschen zugrunde liegen, sein können, da sie systematischer entwickelt werden können, indem Merkmale variiert werden und das Verhalten des Algorithmus in einer hohen Fallzahl untersucht werden kann."

[209] *Heiner Koch*, ZfPP 7 (2020), 265, 269: „Ist es beispielsweise bekannt, dass eine Benachteiligung bei der Kreditvergabe aufgrund eines niedrigen Bildungsabschlusses stattfindet, so lassen sich Erwägungen darüber anstellen, ob diese Benachteiligung sachgerecht und normativ angemessen ist oder nicht. Diese Art der Erwägung ist bei intransparenten Benachteiligungen durch maschinelles Lernen nicht möglich. Unbekanntes oder Unverständliches kann kaum in Erwägungsprozesse einbezogen werden."

Rechtfertigungsprüfung beobachtet.[210] Die bei solchen Maßnahmen in der Regel niedrigschwelligen benachteiligenden Effekte senken zusätzlich noch die Rechtfertigungshürde für dadurch gegebenenfalls eintretende ungleiche Behandlungen.[211] Im Endeffekt werden etwaige dennoch nicht auszuschließende und aufgrund der fehlenden Nachvollziehbarkeit einzelner Outputs schwer erkennbare ungleichbehandelnde Effekte bereits durch die sicherheitsrechtliche Dogmatik über Eingriffsschwellen adressiert und größtenteils aufgefangen.

e) Zwischenergebnis

Im Ergebnis konnte der mangelnden inhaltlichen Nachvollziehbarkeit der Erzeugungsgründe für Abgleichergebnisse, der Outputkomplexität, zum Teil eine sicherheitsrechtlich problematische Wirkung entnommen werden. Dies gilt insoweit als das Nichtwissen über die Gründe für die Überführung eines Inputs in einen Output die operativen Verwertungsmöglichkeiten von Treffern einschränkt. Modellkomplexität erwies sich hingegen im Kontext der Fluggastdatenverarbeitung als nicht rechtlich bedeutsam. Wenn zur Erfüllung der gesetzlichen Aufgabe der PIU die Arbeit mit elaborierten Modellen notwendig ist, kann die Kenntnis algorithmisch erzeugter Wissensgrundlagen zwar erwünscht, jedoch nicht rechtlich geboten sein. Nicht zu leugnende problematische Aspekte solcher Modelle lassen sich besser auf der Ebene ihrer Outputs auffangen.

Inhaltliche Nachvollziehbarkeit als Anhaltspunkt zur Bestimmung der rechtlichen Bedeutung von Komplexität wurde hier nicht auf qualitative Bewertungsprozesse, sondern auf die solchen Prozessen vorgelagerte inhaltliche „Einsehbarkeit" algorithmischer Wissensgrundlagen bezogen. Ein Mangel solcher Nachvollziehbarkeit erwies sich „nur" hinsichtlich der sicherheitsbehördlichen Verwertungsmöglichkeiten von Treffern als problematisch. Darüber hinaus lässt sich dem Recht nicht entnehmen, dass die Arbeit mit algorithmischen Modellen und Outputs zwingend auf inhaltliche Einsehbarkeit angewiesen ist. Vielmehr reichen die auch bei komplexen Modellen und Outputs stets gegebene mathematische Nachvollziehbarkeit und die damit einhergehenden externalistischen Nachvollziehbarkeitsstrategien zur Erfüllung rechtlicher Anforderungen größtenteils aus. Zweifellos erleichtern inhaltlich nachvollziehbare Modelle und Outputs die Auseinandersetzung mit gleichheitsrechtlichen Fragen und der Indizwirkung von Treffern, und soweit sich Informationen über den Inhalt von Mustern oder die Gründe für die Überführung eines Inputs in einen Output aufschlüsseln

---

[210] *Jarass*, in: Jarass/Pieroth (Hrsg.), [17]2022, Art. 3 GG, Rn. 30.

[211] *Kischel*, in: Epping/Hillgruber (Hrsg.), [54]2023, Art. 3 GG, Rn. 60: „das Ausmaß der für den Einzelnen aus der Ungleichbehandlung resultierenden Beeinträchtigung […] [beeinflusst] das Maß der erforderlichen Rechtfertigung."

lassen, müsste daran auch angeknüpft werden. Die Untersuchung zeigte jedoch, dass mit der Komplexität maschinellen Lernens wenige unlösbare rechtliche Problematiken zusammenhängen. Weder führt sie dazu, dass die PIU elaborierte Modelle nicht entwickeln und einsetzen darf, noch dass sie ihre Outputs gar nicht verwerten darf. Im Gegenteil ist es Aufgabe des Rechts sicherzustellen, dass die PIU unter Bedingungen arbeiten kann, die es ihr ermöglichen, den ihr auferlegten gesetzlichen Auftrag sachgemäß und rechtmäßig zu erfüllen.[212] Dies schließt die Arbeit mit solchen Modellen gerade ein. Im Lichte radikaler Regulierungsstrategien, die auf ein Verbot der sicherheitsbehördlichen Arbeit mit komplexen Lernmodellen zielen, dürfte dieses Ergebnis instruktiv sein.[213]

Im Rahmen der Forschung zu xAI werden laufend Ansätze sowohl zur Output- als auch Modellnachvollziehbarkeit entwickelt. Bei einzelnen Problemstellun-

---

[212] Allgemein dazu *Hoffmann-Riem*, in: Augsberg (Hrsg.), 2009, 17, 38: „Der meist komplexe Prozess der (Re)Konstruktion von Wissen und der Reaktion auf Nichtwissen bedarf rechtlicher Legitimation, soweit er auf rechtlich geregelte Entscheidungsaufgaben bezogen ist."

[213] In diese Richtung könnte aber Art. 13 Nr. 1 Satz 1 (Transparency) des AI-Acts, COM(2021) 206 final, gedeutet werden: „High-risk AI systems shall be designed and developed in such a way to ensure that their operation is sufficiently transparent to enable users to interpret the system's output and use it appropriately." Ob mit „interpret" das inhaltliche Verständnis von Erzeugungsgründen oder auch die Bewertung der Qualität solcher Gründe gemeint ist, ist unklar. In beiden Fällen könnte die Regelung jedoch als ein Verbot gedeutet werden, komplexe high-risk AI Systeme, deren Operationen nicht die inhaltliche Auseinandersetzbarkeit mit Outputs ermöglichen, die also im Sinne der Vorschrift intransparent sind, zu entwickeln und einzusetzen. Wiederum verlangt Art. 14 Nr. 4 (c) (Human oversight), dass Individuen in der Lage sein müssen „to correctly interpret the high-risk AI system's output", jedoch nur soweit „as appropriate to the circumstances". Eine klare Linie zu Komplexität und inhaltlich nicht nachvollziehbaren Outputs lässt sich dem aktuellen Stand des AI-Acts daher schwer entnehmen. Krit. dazu bei *Kiseleva*, Making AI's transparency transparent: notes on the EU Proposal for the AI Act, abrufbar unter https://perma.cc/F3X5-6ABW, die auf die uneinheitliche und unzureichend definierte Begriffsverwendung von „transparency" hinweist, jedoch den Satz 2 von Art. 13 Nr. 1 dahingehend versteht, dass: „the Article allows AI providers to define the relevant type and degree of transparency […]. It provides more flexibility for legal compliance and makes the transparency requirement more balanced." „Interpretability" deutet *Kiseleva* als auf die Einsehbarkeit von Erzeugungsgründen bezogen. Diesbezüglich hält sie fest: „In this case, the obligation of interpretability could mean that the EU legislator wishes to exclude 'black-box' models from those eligible for application in high-risk AI systems because they are not interpretable […]. Their exclusion from the regulatory scope would be too radical because it might hinder innovation". Ähnliche radikale Regulierungsforderungen finden sich auch in deutscher Literatur, so sollen nach *Zweig*, Analysen und Argumente, Konrad Adenauer Stiftung 2019, 1, 12, algorithmische Entscheidungssysteme mit einer lernenden Komponente generell nicht über die Identifikation von Terroristen entscheiden dürfen. Ob sie damit das Verbot nur komplexer oder auch simpler Lernmodelle erwägt und ob sie unter die „Identifikation von Terroristen" die Generierung einzelner, mehrfach zu überprüfender Indizien für künftig potenziell drohende terroristische Straftaten, oder lediglich die von ihr angeführten Beispiele aus den USA fasst, bleibt unklar.

gen und spezifischen Modellen könnten sie ein gewisses Niveau an inhaltlicher Nachvollziehbarkeit gewährleisten; mit Sicherheit kann hierzu jedoch wenig festgehalten werden. Insgesamt sind solche Forschungsansätze noch zu neu, dynamisch und in der Literatur zu ambivalent bewertet worden,[214] als dass im Rahmen der vorangegangenen Ausführungen mit der Annahme gearbeitet werden konnte, dass die Nachvollziehbarkeit komplexer Modelle und ihrer Outputs dennoch teilweise herstellbar wäre. Möglicherweise ist sie das, möglicherweise auch nicht.[215] Mangels Informationen über konkrete Lernansätze, die die PIU in Betracht zieht, können hierzu keine zuverlässigen Ausführungen gemacht werden. Zur Feststellung einer rechtlichen Bedeutung von Nichtwissen blieb die Arbeit deshalb bewusst nur auf die Erkennung rechtlicher Problematiken mangelnder Nachvollziehbarkeit konzentriert. Nichtsdestotrotz bietet die Existenz solcher Ansätze einen gewissen Spielraum im Umgang damit. Der nächste Abschnitt widmet sich der Frage des rechtlichen Umgangs mit komplexitätsbedingtem Nichtwissen und untersucht dabei auch, ob und inwieweit dieser Spielraum rechtlich auszuschöpfen ist.

5. Rechtlicher Umgang

Technische Forschung zur Nachvollziehbarkeit von maschinellem Lernen kann als die spiegelbildliche und im Ausgangspunkt eher optimistische Perspektive der Informatikwissenschaft auf Nichtwissen verstanden werden. Wenngleich sie sich im Grunde derselben Problemstellung widmet, ist solche Forschung an der Beschreibung von Wissenslücken wenig interessiert. In ihrem Fokus stehen vielmehr diverse Ansätze, die Wissen gerade ermöglichen sollen, indem sie für nachvollziehbare Modelle und Outputs sorgen. Solche Ansätze arbeiten in vielen Richtungen an einem Umgang mit Komplexität.[216] Soweit den bisherigen Ausführungen dahingehend zugestimmt wird, dass ein Verbot oder eine Beschrän-

---

[214] Siehe etwa *Barocas/Selbst/Raghavan*, SSRN Journal 2020, die Problematiken einiger xAI Strategien zur Outputnachvollziehbarkeit aufzeigen. Allg. *Zednik*, Philos. Technol. 34 (2021), 265, 285: „But although many powerful analytic techniques have already been developed, not enough is known about when and how these techniques actually explain – that is, when and in which sense these techniques successfully render the relevant computing systems transparent."

[215] *Gesellschaft für Informatik*, 2018, 34: „Verschiedene Lernalgorithmen produzieren durch Training verschiedenartige Voraussagemodelle, die jeweils durch entsprechende Methoden mehr oder weniger für den Menschen verständlich nachvollzogen werden können. […] Es gibt jedoch auch technische Limitationen, die es eben nicht erlauben jedes ML-Modell gleichermaßen zu erklären. Dies liegt schlicht und einfach an der Verschiedenheit der jeweiligen Technologie."

[216] Siehe dazu oben bei E.I.2.

kung der Arbeit mit elaborierten Modellen nicht rechtlich geboten ist und keinen sinnvollen Umgang mit Nichtwissen im Kontext der Fluggastdatenverarbeitung darstellen würde, kommen für diesen Bereich vorwiegend Techniken in Betracht, die Teile bereits entstandener Komplexität nachträglich isoliert zu verstehen und so das dadurch bedingte Nichtwissen punktuell und vorübergehend aufzuhellen versuchen, sie jedoch nicht reduzieren. Führt die fehlende Nachvollziehbarkeit der Gründe für die Erzeugung einzelner Abgleichtreffer zu einer Einschränkung ihrer präventivpolizeilichen Verwertungsmöglichkeiten, liegt der Einsatz solcher Ansätze nahe, die sich der Outputnachvollziehbarkeit widmen.[217] Die Frage ist, ob ein solcher Einsatz der rechtlichen Ausgestaltung bedarf.

Die Einschränkung von Verwertungsmöglichkeiten inhaltlich nicht nachvollziehbarer algorithmischer Treffer ergibt sich bereits aus den gesetzlichen Tatbeständen des Sicherheitsrechts, die Sicherheitsbehörden zum Ergreifen von operativen Maßnahmen erst ermächtigen, wenn ihnen nachvollziehbare Informationsgrundlagen von bestimmter Substanz vorliegen. Diese verwertungseinschränkende Wirkung tritt mit der Erzeugung eines solchen Treffers von Rechts wegen ein. Da sie also eine rechtliche Wirkung ist, begründet sie eine rechtliche Bedeutung von komplexitätsbedingtem Nichtwissen, stellt aber zugleich auch einen rechtlichen Umgang damit dar. Denn die PIU, als Organisation, die in erster Linie sicherheitspolitische Ziele und eine angemessene Aufgabenerfüllung verfolgt,[218] ist auf die Generierung von verwertbarem operativem Entscheidungswissen zwecks Straftatenverhütung gerade angewiesen. Insoweit wirkt die Verwertungseinschränkung, in Kombination mit richterlichen Kontrollmöglichkeiten von Folgemaßnahmen,[219] wie ein Anreiz zum Einsatz von möglichst nachvollziehbaren Modellen, von Output- und, soweit sie dafür hilfreich sein können, auch von Modellnachvollziehbarkeitsansätzen. Dieser Anreiz erscheint wirk-

---

[217] *Selbst/Barocas*, Fordham L. Rev. 2018, 1085, 1114, zählen solche Techniken als einen Teil der sog. „post hoc methods": „Rather than attempting to ensure that machine learning generates an intelligible model overall, these new tools furnish more limited explanations that only account for the relative importance of different features in particular outcomes". Ähnlich auch *Z. C. Lipton*, ACMqueue 16 (2018), 31, 48. Nach der Taxonomie von *Linardatos/Papastefanopoulos/Kotsiantis*, Entropy 23 (2020), 1, 5, handelt es sich dabei um „post-hoc local interpretability methods to explain black-box or complex models", wobei weiter nach den verschiedenen, von den Modellen zu verarbeitenden Datentypen, sowie zwischen „model specific" und „model agnostic" Techniken unterschieden wird. *Guidotti/Monreale/Ruggieri/Turini/Giannotti/Pedreschi*, ACM Comput. Surv. 51 (2019), 1, 26, sprechen diesbezüglich von „methods solving the outcome explanation problem" und kategorisieren solche Ansätze ebenfalls nach ihrer Modellspezifizität.

[218] Siehe dazu oben D.II.1.c).aa).

[219] Für Beispiele verschiedener Konstellationen, in denen algorithmische Treffer im Kontext der Fluggastdatenverarbeitung als Teil der Informationsgrundlagen von sicherheitsbehördlichen Folgemaßnahmen richterlich überprüft werden können, siehe oben D.I.2.b).

mächtiger als die Kodifizierung von leerlaufenden Gebotsformeln, etwa dass die PIU das technisch Machbare zu unternehmen hat, um ihre Treffer möglichst weitgehend nachzuvollziehen.[220] Soweit algorithmische Treffer in sicherheitsbehördliche Entscheidungskontexte eingebunden werden, besteht grundsätzlich auch die Möglichkeit der richterlichen Überprüfung, ob die Einbindung in dieser Hinsicht rechtmäßig stattfindet oder nicht, also ob die Verwertungseinschränkung eingehalten werden musste und dies auch wurde.[221] Bei einer sorgfältigen Protokollierung der Verarbeitung eines Fluggastdatensatzes, die auch die Erzeugungsgründe des Verarbeitungsergebnisses umfasst, dürfte die Einhaltung der Verwertungseinschränkung stets überprüfbar sein. Wird sie nicht eingehalten, leitet also die PIU inhaltlich nicht nachvollziehbare Treffer weiter und werden daraufhin Maßnahmen ergriffen, die an Eingriffsschwellen gebunden sind, wäre dies mit oder ohne ein solches Gebot rechtswidrig.

Insoweit erschiene die Normierung eines outputbezogenen „Nachvollziehbarkeitsprinzips" im Kontext der Fluggastdatenverarbeitung eher wie eine von Vorsicht getragene rechtspolitische Entscheidung als ein rechtlich gebotener Schritt. Bedenkenswert wäre eine gesetzliche Regelung dieses Typus jedenfalls, soweit damit auf die Verpflichtung zum Einsatz von xAI-Ansätzen abgezielt würde, so wie in juristischer Literatur teils erwogen wird.[222] Denn wie bereits gesagt ist die Leistungsfähigkeit solcher Ansätze derzeit noch durchaus limitiert; sie bewegen sich auf einem hochexperimentellen Forschungsfeld, das aktuell keine formalisierten Lösungen und Standards bietet.[223] Entsprechend weist ein durch Informatik- und Rechtswissenschaftler angefertigtes *Gutachten der Gesellschaft für Informatik* daraufhin, dass die Forschung zu xAI zwar extrem wichtig ist, solche Ansätze jedoch ein Feld aktiver Forschung und gegenwärtig nicht reif für eine verpflichtende Anwendung sind.[224] Vorsichtig geht diesbezüglich auch der aktu-

---

220 Von „Nachvollziehbarkeit als regulative[r] Idee", und dem Anspruch, dass technische Systeme möglichst nachvollziehbar gestaltet werden sollten, spricht aber *Wischmeyer*, in: Eifert (Hrsg.), 2020, 73, 81.

221 Deshalb argumentiert *Deeks*, CLR 119 (2019), 1829, 1841: „As courts work through administrative law cases involving machine learning algorithms, they will play a significant role in shaping the xAI ecosystem."

222 Zurückhaltend in die Richtung, *Wischmeyer*, in: Wischmeyer/Rademacher (Hrsg.), 2020, 75, 88 ff.

223 Siehe dazu die Nachweise in Fn. 46.

224 *Gesellschaft für Informatik*, 2018, 58. Zweifel am Nutzen einer gesetzlichen Regelung solcher Ansätze im Kontext des amerikanischen Rechtssystems äußert auch *Deeks*, CLR 119 (2019), 1829, 1850: „Any statute regulating the use of xAI, however, necessarily must be crafted at a high level of generality. That statute may capture the basic values that Congress wants xAI to advance, but such a statute may struggle to endure in this quickly shifting landscape."

elle Entwurf des AI-Act vor,[225] indem er in Art. 13 Nr. 3 (d) „technical measures put in place to facilitate the interpretation of the outputs of AI systems by the users" in die Dokumentierungspflichten zu Lernsystemen einschließt,[226] und in Art. 14 Nr. 4 (c) die Berücksichtigung von „interpretation tools and methods available" anordnet. Dadurch werden die Wesentlichkeit von Outputnachvollziehbarkeit und die Existenz entsprechender Ansätze anerkannt und betont, gleichzeitig jedoch ihre Notwendigkeit und Leistungsgrenzen und insbesondere die Grenzen und bereits bestehenden Möglichkeiten des Rechts im Umgang mit Komplexität nicht verkannt.

6. Zwischenergebnis

Komplexität bei maschinellem Lernen kollidiert im Wesentlichen mit einem auf inhaltliche Nachvollziehbarkeit angelegten Verständnis sicherheitsbehördlicher Arbeit. Wird dem Sicherheitsrecht ein solches (Selbst)Verständnis zugrunde gelegt, treten mit einem Einsatz elaborierter Lernmodelle zahlreiche rechtliche Probleme hervor: bei der Arbeit mit ungewissen Wissensgrundlagen, der Erkennung von darin angelegten Fehltreffer- und Ungleichbehandlungsrisiken, der Arbeit mit algorithmischen Outputs, ohne die Gründe für ihre Erzeugung zu kennen und bei der Bewertung solcher Outputs unter Gleichbehandlungsgesichtspunkten. Ein auf inhaltliche Nachvollziehbarkeit ausgerichtetes Verständnis des Sicherheitsrechts erwies sich jedoch überwiegend weder als zwingend, noch als im Sinne der Entwicklungsoffenheit des Rechtssystems. Soweit Nichtwissen der Auseinandersetzung mit den Gründen für die Erzeugung algorithmischer Treffer entgegensteht, erwies sich das Sicherheitsrecht zudem in der Lage, einen Umgang damit zu leisten. Im Ergebnis geht die Arbeit daher an diesem Punkt von einer rechtlichen Bedeutung komplexitätsbedingten Nichtwissens aus, sieht jedoch keine Notwendigkeit in der Einführung zusätzlicher rechtlicher Mechanismen für einen Umgang damit.

---

225 COM(2021) 206 final.

226 Solche Informationen sollen Teil der „instructions of use" für high-risk AI Systeme sein, Art. 13 Nr. 2, Nr. 3. Da das PNR-System jedoch eine Eigenentwicklung der PIU ist, erscheint in dem Fall eine Abgrenzung zwischen solchen Anwendungsinformationen und der im Übrigen laufenden informationellen Begleitung der Entwicklungskontexte von Lernsystemen anhand ihrer Dokumentation nicht nötig. Die gesonderte Hervorhebung derartiger Informationen im AI-Act als „instructions of use" scheint eher für Konstellationen gedacht zu sein, in denen ein AI System behördenextern entwickelt wird. Nach Annex IV Nr. 1 (g) werden „instructions of use", im Einklang mit dem hier vertretenen Verständnis von Dokumentation, als Teil der „Technical documentation" aufgelistet. Zur Dokumentationspflicht als Ansatz zum Umgang mit Nichtwissen, siehe oben D.II.2.b).

II. Korrelationsbedingtes (Nicht)Wissen

Unbeschadet des Grades an Komplexität eines Modells und des dadurch bedingten Verlusts an inhaltlicher Nachvollziehbarkeit, besteht bei allen Modellen, die ihre Entscheidungsgrundlage durch die Analyse großer Datenmengen lernen, ein weiteres Nichtwissensproblem: Warum soll gerade diese Entscheidungsgrundlage zum Zuge kommen und entsprechend – diese Entscheidung im Einzelfall getroffen werden? Damit sind normative und entsprechend deutlich tiefergehende Fragen als im Kontext komplexitätsbedingten Nichtwissens aufgeworfen.[227] Die Auflistung einzelner entscheidender Prüfungsmerkmale für einen bestimmten Output und selbst die inhaltliche Nachvollziehbarkeit des zugrunde liegenden Modells beantwortet sie nur oberflächlich. Auch wenn Entscheidungsregeln beobachtet und gelernte Zusammenhänge zwischen Inputs und Outputs entdeckt und inhaltlich explizit gemacht werden können, ist damit nicht zugleich verstanden, warum eben das die Regeln sind, die in einem Entscheidungskontext zu berücksichtigen sind. Es geht hierbei um mehr als die Frage, wie es zu einer bestimmten Entscheidung im Einzelfall gekommen ist. Diese Frage ließe sich meistens mehr oder weniger ausführlich beantworten, auch wenn bei elaborierten Modellen dafür zunächst auf Strategien zur Outputnachvollziehbarkeit abgestellt werden müsste. Damit wäre aber eben noch nicht die Frage beantwortet, warum gerade diese Merkmale *entscheidend sein sollen*.

Im Kontext der Rechtswissenschaft ist dies eine Frage nach der Begründung und – etwas weitergedacht – nach der Rechtfertigung von Entscheidungen[228].[229] Sie stellt sich bei rechtserheblichen Entscheidungen der Exekutive unbeschadet ihrer Entstehungshintergründe.[230] Dies macht sie bei Entscheidungen, die we-

---

[227] Zur Abgrenzung beider Nichtwissensarten siehe oben E.I.4.a).cc).

[228] Im Kontext der Philosophie argumentiert *A. Kaminski*, in: Wiegerling/Nerurkar/Wadephul (Hrsg.), 2020, 151, 153, dass dies eine Frage nach der moralischen Bewertung von Entscheidungen ist. *Selbst/Barocas*, Fordham L. Rev. 2018, 1085, 1097 f., sehen wiederum hierbei eine Parallele zu Fragen nach „face validity“ (Augenscheinvalidität) in den Sozialwissenschaften.

[229] So auch *Mast*, in: Kuhlmann/DeGregorio/Fertmann/Ofterdinger/Sefkow (Hrsg.), 2023, 141, 156. Zur Präsentation des Arbeitsergebnisses eines Rechtsanwendungsprozesses, die wesentlich von den Gründen – also der Rechtfertigung – bestimmt wird, *Trute*, in: Schmidt-Aßmann/Hoffmann-Riem (Hrsg.), 2004, 293, 294. Zur rechtlichen Begründung im Kontext gerichtlicher Entscheidungen *Stark*, 2020, 302: „Die Rechtfertigungsebene dient der Begründung bzw. Rechtfertigung der rechtlichen Entscheidung, da sie dokumentieren soll, dass die aus rechtlicher Sicht relevanten Entscheidungsgründe und Rechtssätze berücksichtigt und *lege artis* angewendet worden sind.“ Im englischsprachigen Raum wird das Thema bei maschinellem Lernen zunehmend unter dem Begriff „justifiability“ adressiert und von anderen Begriffen wie „explainability“ und „accountability“ abgegrenzt, siehe insb. *Henin/Le Métayer*, AI and Society 2021, 1397, 1398.

[230] *Schmidt-Aßmann*, in: Maunz/Dürig (Hrsg.), 2022, Art. 19 Abs. 4 GG, Rn. 253.

sentlich auf maschinellem Lernen gründen, nicht trivial, allerdings können Antworten darauf zunächst immer auf das Gleiche zurückgeführt werden: ein Modell hat eine große Datenmenge analysiert und hat dabei gewisse Korrelationen entdeckt, die die Datengrundlage beschreiben (unüberwachtes Lernen), oder beim Verhältnis zwischen einer Großzahl von Input- und Outputpaaren häufig vorkommen (überwachtes Lernen). Daraufhin wurden solche Korrelationen in die Entscheidungsgrundlage mitaufgenommen und deswegen soll *das* die Entscheidungsgrundlage sein. Die sie ausmachenden Korrelationen wurden beim Abgleich mit einem bestimmten neuen Datensatz wiederentdeckt und deswegen soll *das* die Entscheidung im Einzelfall sein. So könnte eine Analyse vieler Datensätze über das Reiseverhalten von Menschenhändlern ergeben, dass eine Aufenthaltsdauer von X Stunden auf bestimmten Flughäfen überproportional stark mit der Begehung des Delikts korreliert. Oder, bei einer Analyse des Reiseverhaltens von Drogenhändlern, dass die Buchung bei bestimmten Reiseagenturen bzw. von bestimmten Flugrouten ein Indiz für das Delikt sein kann, weil diese Merkmale bislang häufig bei ihrem Reiseverhalten anzutreffen waren.[231] Hinter solchen Korrelationen mag Vieles stecken, Lernmodelle sind allerdings ihrer Funktionsweise nach an nichts außer ihrer Entdeckung und mathematischen Modellierung interessiert. Dafür, dass sie entscheidend sein sollen, spricht prima facie also nichts außer ihrer algorithmisch registrierten statistischen Signifikanz.

Daran knüpfen einige zunächst scheinbar diffuse Sorgen an, die allerdings weitergedacht zu grundlegenden epistemischen Fragen führen, von denen auch das Recht nicht verschont bleibt. Hier werden sie nur zum Teil angerissen, im Anschluss setzt sich die Arbeit damit konkreter auseinander.[232] Eine Korrelation kann rein zufällig oder gar willkürlich sein und allein aus der algorithmischen Fähigkeit resultieren, in großen Datensets immer eine beliebige Anzahl von Beziehungen zu entdecken.[233] Eine Korrelation kann aber auch aus einem Faktor resultieren, der durchaus bedeutsam, bislang aber nicht aufgefallen ist, und nun für die Berichtigung schlechter und Erstellung besserer Entscheidungsgrundlagen herangezogen werden soll.[234] Offensichtlich gute oder offensichtlich schlech-

---

[231] Solche Prüfungsmerkmale listet beispielhaft die EU-Kommission in SWD(2020) 128 final, 24, als verdachtsbegründend auf.

[232] Siehe sogleich unter 1.a).

[233] Im Kontext der Fluggastdatenverarbeitung s. dazu *Leese*, Security Dialogue 45 (2014), 494, 502. Generell dazu s. etwa *Price II/Rai*, Iowa L. Rev. 106 (2021), 775, 786.

[234] Bewusst wird von guten und schlechten Entscheidungsgrundlagen gesprochen und nicht von richtigen und falschen. Anders als bei Modellen zur Bild- oder Spracherkennung wird der Output von Modellen zur Unterstützung staatlicher Entscheidungsfindung selten eindeutig als richtig oder falsch bezeichnet werden können, da in solchen Domänen selten klare Regeln bestehen, wonach dies bestimmt werden kann, siehe dazu näher unten E.II.1.c).dd)). Vgl. auch *A. Kaminski*, in: Wiegerling/Nerurkar/Wadephul (Hrsg.), 2020, 153, 168: „[Wenn es sich um

te Korrelationen könnten als solche erkannt werden. Schwieriger gestaltet sich dies aber gerade bei denjenigen, die dem maschinellen Lernen seinen größten Mehrwert verleihen: solche, die auf vorhersagestarken Zusammenhängen beruhen, die sich nicht ohne Weiteres erkennen oder erklären lassen, da sie menschliche Denklogik und Intuition übersteigen.[235] Dabei handelt es sich nicht um offensichtlich gute oder schlechte, sondern einfach um seltsame Korrelationen.[236] So könnte ein Lernmodell, das auf Daten über einige der im Anhang II der PNR-RL aufgezählten Schmuggeldelikte trainiert wurde, nicht nur einen – theoretisch und praktisch belegten sowie intuitiv naheliegenden und erklärbaren – Zusammenhang zur Gepäckgröße entdecken, sondern etwa zu einer nicht sonderlich auffälligen Buchungszeit oder Sitzplatznummer, zur Reise mit Kind, oder zu vorher gebuchten, aber nicht angetretenen Flügen.[237] Freilich ließe sich über solche Korrelationen mutmaßen. Warum sie vorkommen und ob sie zurecht die Entscheidungsgrundlage ausmachen, bleibt aber häufig *ungewiss*. Dies lässt sich meist erst im Einzelfall, bezogen auf einzelne Korrelationen, oft erst im Laufe der Zeit und manchmal auch gar nicht einschätzen. Entsprechend kann dieses Nichtwissen schwer pauschal in die Kategorien überwindbar oder unüberwind-

---

eine Bilderkennung handelt, können wir] leicht überprüfen, ob der Algorithmus korrekt klassifiziert. Wir sehen nach und wissen, was das richtige Ergebnis ist. Werden [sic] lernenden Algorithmen jedoch in Bereichen angewandt, in denen wir nicht über die Möglichkeit verfügen, ihre Leistung eigenständig, leicht und schnell zu überprüfen (Rückfallwahrscheinlichkeit, Bewerberauswahl, medizinische Diagnose, Vertrauenswürdigkeit von Personen etc.), können wir uns nicht mehr sicher sein, ob und wann erstaunliche Fehlleistungen vorkommen."

235 In der englischsprachigen Literatur wird dieses Problem deshalb auch als „non-intuitiveness" bezeichnet, siehe dazu insbesondere *Selbst/Barocas*, Fordham L. Rev. 2018, 1085, 1096 ff. und 1117 ff. und *Coglianese/Lehr*, Penn Law: Legal Scholarship Repository 2017, 1147, 1167. So in der Folge auch *Coglianese/Lehr*, Admin. L. Rev. 71 (2019), 1, 16; *Solow-Niederman*, S. Cal. L. Rev. 93 (2020), 633, 657; *Price II/Rai*, Iowa L. Rev. 106 (2021), 775, 785 ff.

236 *Selbst/Barocas*, Fordham L. Rev. 2018, 1085, 1123 ff. Siehe ebd. für Beispiele solcher Fälle. *Harrach*, 2014, 167 spricht diesbezüglich von „verwirrenden" Fällen. *Nink*, 2021, 169, von „zufällig oder irritierend" wirkenden Zusammenhängen. So auch *Kment/Borchert*, 2022, 42. *Rich*, U. Pa. L. Rev. 164 (2016), 871, 873 spricht von „connections that evade obvious logic". *Zarsky*, in: Custers/Calders/Schermer/Zarsky (Hrsg.), 2013, 301, 308 von „esoteric correlations".

237 Das Vorkommen seltsamer Korrelationen im Kontext der Fluggastdatenverarbeitung jedoch vorsichtig anzweifelnd, *Rademacher*, AöR 142 (2017), 366, 390: „Wie realistisch unplausible, aber dennoch effektive Indikationen im Bereich der Gefahrenabwehr sind, lässt sich derzeit schwer abschätzen. Das Beispiel, das *Holger Münch* in der öffentlichen Anhörung zum Fluggastdatengesetz am 24.4.2017 für ein Muster gab, das ‚Dschihad-ausreisende Minderjährige' identifizieren soll, klingt jedenfalls nachvollziehbar: u. a. ‚bisher nicht allein reisend, jetzt aber allein reisend, unter 18, kurzfristige Buchung, Barzahlung, günstig gelegener Zielflughafen'. Das nährt Zweifel, […] ob wirklich Muster aus Fluggastdaten gefunden werden, die einen nahenden Terroranschlag anzeigen, aber unerklärlich bleibt, warum."

bar eingeteilt werden. Solches Nichtwissen ist ferner keine auf maschinelles Lernen begrenzte Besonderheit, sondern im Bereich der Statistik geradezu typisch.[238] Wenn maschinelles Lernen aber gerade auch zur Entdeckung von anderenfalls nur schwer erkennbaren Zusammenhängen innerhalb großer Datenmengen eingesetzt wird, verspricht es in diesem Fall, besonders ausgeprägt zu sein.[239]

Algorithmische Systeme zur Entscheidungsunterstützung sind somit nicht nur sozial und technisch komplex, sondern sie begünstigen auch die Erzeugung eines entsprechend komplexen, kontingenten und sogar kontraintuitiven Wissens.[240] Und wenn Nichtwissen im Lichte von Wissen definierbar und diskutierbar ist,[241] können die Erkenntnislücken bezüglich der Adäquanz,[242] Qualität,[243] Aussagekraft[244] bzw. *Plausibilität*[245] solchen Wissens als Nichtwissen bezeichnet und aus dieser Perspektive auch analysiert werden. Da sie hier größtenteils darauf beruhen, dass maschinelles Lernen zunächst „nur" Korrelationen entdeckt und darauf basierend klassifiziert, wird dieses Nichtwissen als korrelationsbedingtes Nichtwissen bezeichnet.

Wenn auf der Grundlage algorithmengestützten Wissens eine Entscheidung mit rechtlicher Relevanz getroffen wird, kann solches Nichtwissen ein Problem für das Rechtssystem sein, da dieses auf der Annahme aufbaut, dass grundsätzlich jede Art von Wissen in Frage gestellt werden könnte und Wissensansprüche – zumindest prinzipiell – gerechtfertigt sein müssen.[246] Korrelationsbedingtes

---

[238] Vgl. Auch *Coglianese/Lehr*, Admin. L. Rev. 71 (2019), 1, 17, Rn. 48.

[239] *Selbst/Barocas*, Fordham L. Rev. 2018, 1085, 1097 f.

[240] *Trute*, Journal of Law & Economic Regulation 2015, 62, 84, beschreibt algorithmisch generiertes Wissen als konstruktiv, oft komplex, selektiv, partiell, temporär und kontingent.

[241] Siehe zur Definition, die Nichtwissen hier zugrunde gelegt wird, oben III.1.c).

[242] Zu dieser Wortwahl, *Coglianese/Lehr*, Admin. L. Rev. 71 (2019), 1, 17, 38 ff.; *Henin/Le Métayer*, AI and Society 2021, 1397, 1398.

[243] Zu dieser Wortwahl, *Broemel/Trute*, BDI 27 (2016), 50, 54: „Algorithmen […] produzieren Wissen mit unterschiedlicher Qualität und einem unterschiedlichen Neuigkeitswert."

[244] Zu dieser Wortwahl spez. im Kontext des Sicherheitsrechts, *Trute*, in: Bär/Grädler/Mayr (Hrsg.), 2018, 313, 325: „selten wird auch die Aufmerksamkeit auf die Fragen der Wissensgenerierung und der Aussagekraft des Wissens gelenkt."

[245] Zu dieser Wortwahl spez. im Kontext des Sicherheitsrechts, *Rademacher*, AöR 142 (2017), 366, 388. Weitere Bezeichnungen von Wissen im Zusammenhang mit algorithmisierten Wissensgrundlagen sind „useful, authentic and 'objective'", *Chan/Bennett Moses*, Theoretical Criminology 20 (2016), 21, 29; „good (or adequate, appropriate)", *Henin/Le Métayer*, AI and Society 2021, 1397, 1398; „sound", „appropriate", *Selbst/Barocas*, Fordham L. Rev. 2018, 1085, 1098, 1123. Die Arbeit bleibt gegenüber den unterschiedlichen Bezeichnungen grundsätzlich agnostisch. Aufgrund des untersuchten Referenzbereichs der Straftatenverhütung anhand algorithmengestützter Verdachtsgenerierung und des in diesem Feld meist auf Plausibilität gelegten Fokus, wird mit dieser Bezeichnung fortgefahren.

[246] *Trute*, Journal of Law & Economic Regulation 2015, 62, 84. So auch mit Bezug zu Wis-

Nichtwissen könnte aber gerade dem Infragestellen von Wissen entgegenstehen.[247] Somit stellt sich die Frage, inwieweit algorithmengeneriertes Wissen vom Rechtssystem als solches akzeptiert wird. Konkreter geht es darum, inwieweit im Zuge der algorithmisierten Fluggastdatenverarbeitung entstandenes Wissen in sicherheitsbehördlichen Entscheidungskontexten genutzt werden darf. Dies ist im Grunde die Frage nach der rechtlichen Bedeutung von korrelationsbedingtem (Nicht)Wissen.

1. Rechtliche Bedeutung

Eine Untersuchung der rechtlichen Bedeutung korrelationsbedingten Nichtwissens stellt zugleich eine Untersuchung der rechtlichen Verarbeitung korrelationsbasierten Wissens dar. Denn es handelt sich dabei um ein Nichtwissen, das einer spezifischen Wissensart anhaftet. Zur Bestimmung der rechtlichen Bedeutung solchen Nichtwissens sind daher die korrelationsbasierte Praxis der Wissensgenerierung anhand maschinellen Lernens und ihr Verhältnis zu vorhandenen Wissensgenerierungspraktiken im Sicherheitsbereich in den Blick zu nehmen.[248] Es geht dabei zwar darum, rechtliche Herausforderungen oder Problematiken festzustellen, die dem *Nichtwissen,* das diese Praxis mitbringt, geschuldet sein könnten. Einer solchen Untersuchungsperspektive sind Fragen nach dem Verhältnis von Recht und *Wissen* jedoch immanent, stellt Nichtwissen doch eine nicht hintergehbare Eigenschaft jedes Entscheidungswissens dar.[249]

Stellt sich heraus, dass algorithmengeneriertes Wissen im Kontext des Sicherheitsrechts vom Rechtssystem nicht akzeptiert wird, weil seine Plausibilität nicht hinterfragbar ist und dies für das Recht einen absoluten Ausschlussgrund darstellt, ist dem diesem Wissen zugrunde liegenden Nichtwissen eine rechtliche Bedeutung zuzusprechen, da es bewirkt, dass das Recht eine bestimmte Wissensart ablehnt. Nichtwissen löst in dem Fall eine rechtliche Abwehrreaktion aus. Stellt sich stattdessen heraus, dass algorithmenbasiertes Wissen trotz etwaiger Irritationen, zwar unter Installation bestimmter Plausibilisierungsmechanismen, grundsätzlich aber dennoch vom Rechtssystem akzeptiert werden kann, ist kor-

---

sen im Kontext der Polizeiarbeit, *Trute*, in: Bär/Grädler/Mayr (Hrsg.), 2018, 313, 324 f.; *Rusteberg*, in: Münkler (Hrsg.), 2019, 233, 259 f.; *Selbst*, Vand. L. Rev. En Banc 70 (2017), 87, 93.

[247] So im Grunde auch *Selbst/Barocas*, Fordham L. Rev. 2018, 1085, 1097 f. Hinsichtlich korrelationsbasierter Annahmen in der Kriminologie plakativ formuliert, *Chan/Bennett Moses*, Theoretical Criminology 20 (2016), 21, 31: „There is no logic that can be questioned as such."

[248] Eine solche Untersuchungsperspektive verschiedener Wissensordnungen im Kontext von Algorithmen schlagen *Broemel/Trute*, BDI 27 (2016), 50, 61 vor. So auch am Beispiel von Predictive Policing, *Trute*, in: Bär/Grädler/Mayr (Hrsg.), 2018, 313, 324 f.

[249] *Vesting*, in: Voßkuhle/Eifert/Möllers (Hrsg.), ^{3}2022, § 20, Rn. 9, m.w.N.

relationsbedingtem Nichtwissen nur insoweit eine rechtliche Bedeutung zuzusprechen, als es rechtliche Erwartungen an Wissen stellenweise irritiert. Nichtwissen löst in dem Fall einen rechtlichen Handlungsbedarf aus. Stellt sich wiederum heraus, dass algorithmenbasiertes Wissen vom Rechtssystem ohne Weiteres akzeptiert wird, etwa weil das Recht im Bereich der Verhütung schwerer und terroristischer Straftaten keine derartigen Plausibilitätsanforderungen an Wissen stellt, die algorithmenbasiertes Wissen nicht erfüllen kann, ist korrelationsbedingtem Nichtwissen keine rechtliche Bedeutung zuzuerkennen. In dem Fall kann algorithmenbasiertes Wissen, trotz des ihm zugrunde liegenden Nichtwissens, vom Rechtssystem problemlos verarbeitet werden.

Als erstes sind *Korrelationen als Wissensgrundlagen* zu betrachten, um die damit assoziierten Probleme genauer herauszuarbeiten und so die Grundlage für die nachfolgende Analyse zu schaffen. Im Anschluss daran ist unter Anknüpfung an *Rationalität* als rechtswissenschaftlichen Argumentationsstrang der Frage nachzugehen, welche Ansprüche das Recht an Wissen stellt. Dafür werden rechtliche Rationalitätsversprechen zunächst generell, im Hinblick auf *exekutive Entscheidungsfindung,* und im Anschluss konkret im Kontext *sicherheitsbehördlicher Entscheidungen* untersucht. Auf etwaige rechtliche Rationalitätsversprechen wird zum Schluss auch im Kontext von *Art. 3 GG* eingegangen. Ziel der nachfolgenden Ausführungen ist zu analysieren, wie sich algorithmengestütztes Wissen in das Rechtssystem einfügt, inwieweit es davon aufgenommen werden kann und inwieweit korrelationsbedingtes Nichtwissen der Erfüllung etwaiger rechtlicher Ansprüche an Wissen im Wege steht.

a) Korrelationen, Kausalitäten und die Plausibilität von Wissen

Kriminologische Auseinandersetzungen mit maschinellem Lernen haben darauf hingewiesen, dass rein korrelationsbasiertes Schließen das grundlegendste Verständnis darüber, wie Menschen Entscheidungen treffen und die Realität begreifen, in Frage stelle.[250] Um vorhersagestark zu sein, müssten Lernmodelle nur die „richtigen" Korrelationen entdecken, unabhängig davon, ob sie tatsächliche soziale Wirkungsmechanismen abbilden.[251] Für die Technologie bleibe daher irrelevant, warum eine Korrelation existiert. Solche warum-Fragen seien vielmehr

---

[250] *Chan/Bennett Moses*, Theoretical Criminology 20 (2016), 21, 28; *Hälterlein*, Big Data & Society 8 (2021), 1, 8 f.; *Egbert/Krasmann*, Policing and Society 30 (2020), 905, 914.

[251] So ausdrücklich im Kontext der Fluggastdatenverarbeitung, *Leese*, Security Dialogue 45 (2014), 494, 502: „the reassembly of the digitally encoded traveler might produce non-representational knowledge in terms of categories that do not reflect patterns of social reality." So auch allg. hinsichtlich maschinellen Lernens zur Kriminalprävention, *Hälterlein*, Big Data & Society 8 (2021), 1, 8.

Fragen nach kausalem Wissen,[252] die die Technologie nicht beantworten kann. Beispielsweise könnte der theoriegeleiteten Modellierung großen Gepäcks und kurzer Reisedauer als verdachtsbegründend die ursache-wirkungsorientierte Annahme zugrunde gelegt werden, dass eine teurere und aufwendigere Reisevariante meist gewählt wird, *weil* dadurch illegale Waren unauffällig transportiert werden können und in solchen Fällen nach dem Schmuggel in der Regel kein Anlass zum längeren Aufenthalt besteht, *weil* die Tat zeitnah nach Ankunft vollendet ist und den einzigen Anlass des Aufenthalts darstellt.[253] Hingegen läge der algorithmischen Modellierung eines solchen Missverhältnisses zwischen Gepäckgröße und Reisedauer schlicht sein häufiges Auftreten in Daten über Schmuggeldelikte zugrunde, ohne jegliche darüber hinausgehende Annahmen. In diesem Zusammenhang wird ein Wandel der Produktion polizeilichen Wissens verzeichnet, von kausaler Wissensproduktion, die sich mit Erklärungen befasse, hin zu datenbasierten und statistisch generierten Formen des Wissens, die sich mit Korrelationen in Daten befassen.[254]

aa) Zum Verhältnis von Kausalität und Korrelationen

Dementsprechend wird die rein korrelationsbasierte Funktionsweise maschinellen Lernens häufig unter dem Hinweis auf Kausalität problematisiert.[255] An dem Punkt kommen mehrere Kritiken zusammen, die sich auch größtenteils überlappen. Zum einen und ersichtlich am häufigsten wird korrelationsbasiertes Schließen vornehmlich unter dem Hinweis bemängelt, dass *Korrelationen keine Kausalitäten* sind,[256] was sich als eine Kritik an rein statistikbasiertem Schließen

---

252 So *Linke*, 2020, 41. Warum-Fragen können zwar häufig Fragen nach Kausalität sein, tatsächlich sind sie jedoch vor allem Fragen nach Erklärung und nicht jede Erklärung ist eine kausale, siehe dazu *P. Lipton*, in: Beebee/Hitchcock/Menzies (Hrsg.), 2009, 619 f. u. 621 ff.

253 Zum Missverhältnis zwischen Gepäckgröße und Reisedauer als einschlägiges verdachtsbegründendes Prüfungsmerkmal siehe in SWD(2020) 128 final, 24.

254 *Egbert/Krasmann*, Policing and Society 30 (2020), 905, 914.

255 Kausalität ist in vielerlei Hinsicht ein hochumstrittenes und vorsichtig-diffus gehaltenes Thema, siehe dazu nur die Beiträge in *Beebee/Hitchcock/Menzies*, The Oxford handbook of causation, 2009, und *Waldmann*, The Oxford Handbook of Causal Reasoning, 2017. Dies wird auch seitens ihrer Befürworter im Kontext des maschinellen Lernens oft eingeräumt, s. etwa *Chan/Bennett Moses*, Theoretical Criminology 20 (2016), 21, 32. Insgesamt scheint Kritik an maschinellem Lernen entlang der Argumentationslinie „Kausalität", meist mit einem relativ unspezifizierten, nahezu alltäglichen Verständnis von Kausalität zu arbeiten. Zum in dieser Arbeit zugrunde gelegten Kausalitätsverständnis siehe oben Kap. C. Fn. 45.

256 Siehe etwa *Rademacher*, AöR 142 (2017), 366, 376, der, in Abgrenzung zu Kausalitäten, die korrelationsbasierte Funktionsweise lernender Ansätze zu predictive policing zu den „Schwächen und Risiken" der Technologie zählt. *Babuta/Oswald/Rinik*, Whitehall Report, Machine Learning Algorithms and Police Decision-Making, 2019, 21, sprechen in dem Zusammenhang von einer inhärenten Limitierung der Technologie. Algorithmische Korrelationen

deuten lässt. Ein weitergehender Kritikstrang argumentiert in die Richtung, dass *Korrelationen nicht theoriebasiert* sind und deshalb unplausible Wissensquellen sein können.[257] Dahinter steckt nicht nur eine Forderung nach kausalitätsbasiertem, sondern nach theoriebasiertem Schließen. Schlussendlich fügt sich hier auch die Kritik am bereits angesprochenen Umstand ein, dass *Korrelationen sehr kontraintuitiv bzw. seltsam* sein können.[258] Dahinter steckt eine Forderung nach solchen Korrelationen, worüber sich Kausalitätsvermutungen zumindest aufstellen lassen. Zugleich wird jedoch auch darauf hingewiesen, dass korrelative Beziehungen gerade dann besonders problematisch sein sollen, wenn Kausalzusammenhänge in sie zu Unrecht hineininterpretiert werden, in Wirklichkeit jedoch zwei Datenpunkte nur scheinbar oder zufällig korrelieren, oder ein weiterer, nicht erfasster Störfaktor auf beide einwirkt und Kausalität vortäuscht.[259] Für solche korrelationsbedingten Fehlschlüsse sei die menschliche Aufbereitung und Interpretation maschinell gefundener Ergebnisse anfällig.[260]

Solche Kritiken mögen zunächst den Eindruck erwecken, es handele sich bei Korrelationen und Kausalitäten um Gegensätzlichkeiten oder jedenfalls klar trennbare Wissensquellen. Jedoch können die den Korrelationen zugrunde liegenden statistischen Regularitäten gerade zur Aufdeckung oder Berichtigung von kausalen Annahmen genutzt werden[261] und kausales Wissen wiederum zur

---

ohne Kausalitäten als Wissensquelle kategorisch ablehnend, *Mainzer*, in: Friedrich/Gehring/Hubig (Hrsg.), 2020, 117ff., wobei die Ausführungen auch teilweise relativiert werden mit Aussagen wie „Jedenfalls reichen Datenkorrelationen (auch mit Big Data) für (wissenschaftliche) Erklärungen nicht aus!" oder etwa dahingehend, dass statistisches Lernen für „sicherheitskritische Systeme" nicht ausreiche. *Kment/Borchert*, 2022, 41 f. bezeichnen die Ermittlung von „nur Korrelationen" beim Einsatz von Algorithmen in der Rechtsanwendung allgemein als „kritisch".

257 *Chan/Bennett Moses*, Theoretical Criminology 20 (2016), 21, 32ff.

258 Mit diesem Kritikstrang setzen sich insb. *Selbst/Barocas*, Fordham L. Rev. 2018, 1085ff. ausführlich auseinander. Vgl. auch *Rademacher*, AöR 142 (2017), 366, 392: „Je nach Komplexität der Muster kann ein Punkt erreicht werden, ab dem die Vorhersagen dem Menschen nicht mehr plausibel mit der gesuchten Gefahr verknüpft erscheinen."

259 Vgl. *Nink*, 2021, 169. *U. Hahn/Bluhm/Zenker*, in: Waldmann (Hrsg.), 2017, 475, 482, beschreiben „the inference from correlation to cause" als „a staple of the traditional fallacies (arguments that seem correct but are not) catalog", fügen jedoch hinzu: „although they are not deductively valid (i.e., their conclusions are not logically entailed by the premises), such arguments nevertheless can be, and often are *reasonable* inductive inferences. Such arguments, then, need not be „fallacious" in any stronger sense than lack of logical validity (and logical validity itself is no guarantee that an argument is strong, as the case of circular arguments demonstrates). Moreover, this lack of logical validity is a feature that they have in common with the overwhelming majority of everyday arguments, since informal argument typically involves uncertain inference." (Hervorhebung hier).

260 *Nink*, 2021, 169.

261 Vgl. etwa *Hälterlein*, Big Data & Society 8 (2021), 1, 3; *Chan/Bennett Moses*, Theoretical Criminology 20 (2016), 21, 29.

Auseinandersetzung mit der Vorhersagekraft von Korrelationen, sodass eine Trennung dazwischen in Bezug auf Wissensgenerierung, insbesondere in komplexen und durch volatiles Wissen geprägten Umfeldern, weder einfach noch sinnvoll erscheint.[262] Gegen die kausalitätsbasierte Kritik von Korrelationen lässt sich erwägen, dass Wissensgrundlagen und Entscheidungen, die auf Korrelationen basieren, nicht per se weniger vorhersagestark sein müssen als solche, die auf Kausalitäten basieren. Kausale Beziehungen können überaus komplex und ebenso seltsam sein, insbesondere, wenn es um die Ursachen menschlichen Verhaltens geht.[263] Sie können auch genauso wie korrelative Beziehungen auf falschen Annahmen beruhen. Dies gilt insbesondere in anspruchsvollen, dynamischen Umfeldern und bei vielschichtigen, unergründeten Problemen.[264] Einige Phänomene könnten sich auch gar nicht anhand schlüssiger kausaler Betrachtungsweisen erfassen lassen, da sie durch zu viele zufällige Faktoren gekennzeichnet sind.[265] Zudem kann die Entdeckung von Korrelationen für sich allein wissenserweiternd und handlungsermöglichend sein, auch ohne den Versuch, diese kausalitätsorientiert zu deuten.[266] Selbst wenn bei einem korrelativen Zusammenhang zwischen zwei Punkten zu Unrecht eine Kausalverbindung ange-

---

[262] Vgl. auch *Selbst*, Vand. L. Rev. En Banc 70 (2017), 87, 95: „Causation and correlation are not as easily disentangled as people typically think them to be".

[263] *Selbst/Barocas*, Fordham L. Rev. 2018, 1085, 1098; *Chan/Bennett Moses*, Theoretical Criminology 20 (2016), 21, 32.

[264] Bspw. diskutieren *Krieger/Meierrieks*, Vierteljahrshefte zur Wirtschaftsforschung 78 (2009), 29, 35, dass eine Kausalitätsbeziehung von Terrorismus und Ökonomie, anders als vielseits behauptet, nicht abschließend postuliert werden kann. Wird dies nicht ausreichend beachtet, kann der Einfluss der Ökonomie auf den Terrorismus überschätzt werden.

[265] *Selbst/Barocas*, Fordham L. Rev. 2018, 1085, 1098, Fn. 78. Dies gilt jedenfalls dann, wenn Kausalität nicht als etwas von Natur aus Gegebenes verstanden wird, sondern als ein gedankliches Konstrukt der Welterfassung, siehe dazu *Williamson*, in: Beebee/Hitchcock/Menzies (Hrsg.), 2009, 185, 204, m. w. N.: „There is no cause nor effect in nature; nature has but an individual existence; nature simply is. Recurrence of cases in which A is always connected with B, that is, like results under like circumstances, that is again, the essence of the connection of cause and effect, exist but in the abstraction which we perform for the purpose of mentally reproducing the facts. [...] Cause and effect, therefore, are things of thought, having an economical office. Thus to say that the causal relation is an epistemic relation is to say that causality is a feature of the way we represent the world rather than a feature of the agent-independent world itself."

[266] *Custers*, in: Custers/Calders/Schermer/Zarsky (Hrsg.), 2013, 3, 17: „Statistical results of data mining are often used as a starting point to find underlying causality, but it is important to note that merely statistical relations may already be sufficient to act upon, for instance, in the case of screening for diseases." *Chan/Bennett Moses*, Theoretical Criminology 20 (2016), 21, 29: „For example, the mere fact that certain characteristics of people correlate with particular categories of crime may be an interesting observation that adds to our knowledge about those categories of crime or that species of deviance."

nommen wird, in Wirklichkeit jedoch ein dritter, nicht erfasster Störfaktor auf beide einwirkt, kann es sich um einen vorhersagestarken Zusammenhang handeln.[267] Korrelationen müssen, wie soeben gesagt, auch gar keinen kausalen Zusammenhang abbilden und können durchaus seltsam aber dennoch vorhersagestark sein.[268] Solche Korrelationen lediglich als einen Zufall zu betrachten und als Wissensquelle zu ignorieren, wäre mit Blick auf Vorhersagegenauigkeit verfehlt, sie eignen sich jedoch auch zu keinerlei Interpretation, geschweige denn einer kausalen.[269] Daher kann es je nach Einsatzbereich und bereichsspezifischem Nichtwissen gerade angebracht sein, (auch) auf Korrelationen als Wissensquelle abzustellen.[270]

bb) Der Bezug zu Rationalität

Zusammengefasst und auf den Bereich der Fluggastdatenverarbeitung bezogen weist die Kritik darauf hin, dass korrelationsbasierte Erkenntnisse zu unplausiblen Vorhersagemodellen und entsprechend unplausiblen, oder gar falschen, Vorhersagen führen könnten. Unplausibel, weil diese entweder lediglich statistisch und nicht kausal belegt, nicht theoretisch belegt, oder schlicht zu seltsam belegt sind. Sicherheitsrechtlich weitergedacht ist damit darauf hingedeutet, dass solche Vorhersage(modelle) nicht in der Lage wären, darauffolgende Maßnahmen zu rechtfertigen.[271] Meist erfolgt dabei ein Verweis auf Kausalität als Plausibilitätsquelle.[272] So wird erwogen, dass rein korrelationsbasiertes Schließen nicht an-

---

[267] So bei medizinischen Vorhersagen, *Zarsky*, in: Cohen/Lynch/Vayena/Gasser (Hrsg.), 2018, 42, 49: „revealing this correlation provides some predictive yet very limited preventive abilities."

[268] *Coglianese/Lehr*, Admin. L. Rev. 71 (2019), 1, 17; *Egbert/Krasmann*, Policing and Society 30 (2020), 905, 911; *Rich*, U. Pa. L. Rev. 164 (2016), 871, 907.

[269] Vgl. *Selbst/Barocas*, Fordham L. Rev. 2018, 1085, 1123; *Williamson*, in: Beebee/Hitchcock/Menzies (Hrsg.), 2009, 185, 200f.; *Zarsky*, in: Cohen/Lynch/Vayena/Gasser (Hrsg.), 2018, 42, 50.

[270] Allg. dazu, *Broemel/Trute*, BDI 27 (2016), 50, 61: „Algorithmenbasiert generierte Anhaltspunkte zu bestimmten Zusammenhängen können, wenn sie sich denn als produktiv erweisen, von anderen Zugriffen nicht ignoriert werden, ohne dass diese riskieren, den Anschluss zu verlieren."

[271] So stuft *Leese*, Security Dialogue 45 (2014), 494, 502, kontraintuitive Korrelationen im Kontext der Fluggastdatenverarbeitung als ohne Weiteres rechtlich unzulässig ein: „the conspicuousness could possibly be unmasked as the aleatory correlation pattern that it is and the category would not stand in court". Vgl. auch *Rademacher*, AöR 142 (2017), 366, 392: „Gefahrerforschungseingriffe sind auf Grundlage unplausibler Gefahrindikationen nach gegenwärtiger Rechtslage nicht zulässig".

[272] So etwa *Rademacher*, AöR 142 (2017), 366, 388: „Selbst wenn auf Ebene der Mustererstellung nachvollzogen werden kann, welche Prädiktoren das Muster bestimmen, heißt das nicht, dass die Prädiktoren in ihrer zum Muster zusammengesetzten Gestalt auch plausibel/

hand theoretischer Annahmen auf Plausibilität überprüft und gerechtfertigt werden könne,[273] wohingegen ein Verständnis von Kausalitäten eine *rationalere* Grundlage für Entscheidungen biete.[274] Korrelationsbasiertem Wissen wird somit kausales Wissen und das damit einhergehende Verständnis von Ursache-Wirkungszusammenhängen gegenübergestellt und im Hinblick auf *Rationalität* als überlegen postuliert.[275] Im Lichte der Probleme korrelationsbedingten Nichtwissens scheint Rationalität also stellenweise als Kausalität definiert zu werden.[276] *Selbst* und *Barocas* weisen allerdings daraufhin, dass es Kritikern in Anbetracht der Komplexität kausaler Beziehungen, insbesondere im Fall der Vorhersage menschlichen Verhaltens, nicht so sehr auf Kausalität ankommen dürfte, sondern vielmehr auf die dabei (nicht immer zurecht) unterstellte Möglichkeit zu hinterfragen, ob identifizierte Zusammenhänge mit menschlichen Intuitionen und Werten übereinstimmen.[277] Damit formulieren sie die Problematik im Kontext von

---

nachvollziehbar mit dem vorherzusagenden Verhalten verknüpfen, sie also unsere Kausalitätserwartung befriedigen".

[273] *Chan/Bennett Moses*, Theoretical Criminology 20 (2016), 21, 32, wobei mit „justify" nicht zwingend ein juristisches Verständnis zugrunde gelegt wird. Auch *Mainzer*, in: Friedrich/Gehring/Hubig (Hrsg.), 2020, 117, 134, argumentiert teilweise rechtsorientiert, indem er festhält, dass „die Forderung nach mehr Erklärbarkeit von kausalen Abläufen in *Machine Learning* von grundlegender Bedeutung für die Klärung rechtlicher Verantwortung" sei.

[274] So *Chan/Bennett Moses*, Theoretical Criminology 20 (2016), 21, 32 ff. 34, bzgl. Entscheidungen über „intervention[s] aiming to prevent crime through imposing negative consequences on offenders".

[275] So zu Lernsystemen auch, *Nassehi*, 2019, 240.: „Sie sind keine rationalen Maschinen, die in der Lage wären, alles aus einem Prinzip kausal oder deduktiv abzuleiten". So auch *Mainzer*, in: Friedrich/Gehring/Hubig (Hrsg.), 2020, 117, 121, indem er auf eine Auffassung von Kausalitätsgesetzen „als vernunftmäßig gebildete Hypothesen", bzw. auf Kausalität als „vernunftmäßige Kategorie" abstellt. Zur kausalen Entscheidungstheorie, eine normative Theorie des Entscheidens, die auf der Idee basiert, dass rationale Entscheidungen die Betrachtung von kausalen Strukturen erfordern, s. *Hagmayer/Fernbach*, in: Waldmann (Hrsg.), 2017, 495 ff., die „action[s] and outcome[s] [that] are statistically but not causally related to each other" im Hinblick auf die erhöhte Rationalität der letzteren abgrenzen: „causal decision theory argues that knowledge of the statistical relationship between an action and a desired outcome is sometimes insufficient for making the best choice. [...] reasonable utilities can only be generated if one has knowledge of the causal structure relating the chosen action and the desired outcome. Thus, causal knowledge is central to rational decision-making", 499.

[276] Zur problemspezifischen Definition von Rationalität im Kontext von Nichtwissen zwecks einer sinnvariablen Operationalisierung siehe oben Kap. D. Fn. 377.

[277] *Selbst/Barocas*, Fordham L. Rev. 2018, 1085, 1097 f.: „Critics have pinned this problem on the use of ‚[m]ere correlation' in machine learning, which frees it to uncover reliable, if incidental, relationships on the data that can then serve as the basis for consequential decision-making. Despite being framed as an indictment of correlational analyses, however, it is really an objection to decision-making that rests on particular correlations that defy familiar causal stories – even though these stories may be incorrect. This has led to the mistaken belief

korrelationsbasiertem Wissen deutlicher als eine des Nichtwissens und sehen ihre Auflösung nicht in Kausalität per se, sondern in dem, womit Kausalität oft assoziiert wird – der *Möglichkeit Wissen zu hinterfragen*. Hinterfragen, ob dieses qualitativ, adäquat, *plausibel* ist. Letztendlich lässt sich auch damit die Suche nach Rationalität assoziieren, auch wenn sie dabei nicht im Lichte von Kausalität definiert, sondern eher auf eine mit der Hinterfragbarkeit korrespondierende Begründbarkeit bezogen wird. Jedenfalls wäre es verfehlt, korrelationsbedingtes Nichtwissen lediglich als den Mangel kausalen Wissens zu verstehen. In komplexen Situationen mag Kausalität ein, aber nicht der einzige Maßstab für die Plausibilität von Wissen sein.[278] Wie nachfolgend zu zeigen sein wird, *kann* sie dies in einem Bereich, der mit der frühzeitigen, vorhersagebasierten Verhütung schwerer und terroristischer Straftaten befasst ist, auch kaum sein. Inwieweit dem Recht hier Maßstäbe an Wissen überhaupt zu entnehmen sind, und inwieweit Kausalität dabei eine Rolle spielt, gilt es nachfolgend zu ermitteln.

Getarnt als Kausalitätsforderung steckt also auch in dem Verlangen nach Hinterfragungsmöglichkeiten – mal mehr, mal weniger eindeutig so formuliert – das Bestehen auf eine gewisse Rationalität, oder jedenfalls auf rationalisierbaren Wissensgrundlagen und Entscheidungen. An den Rationalitätsgedanken kann auch rechtlich angeknüpft werden. Denn Rationalität lässt sich auch innerhalb der Rechtswissenschaft als Argumentationsstrang ausmachen und zur Bestimmung der rechtlichen Bedeutung korrelationsbedingten Nichtwissens potenziell produktiv machen. Wie immer der Begriff im Einzelnen definiert wird, wird die Idee der Rationalität gemeinhin, sei es explizit oder implizit, an die Verfügbarkeit von Wissen gebunden.[279] Im Diskurs über Recht und Rationalität lassen sich

that forcing decision-making to rest on causal mechanisms rather than mere correlations will ensure intuitive models. […] The only advantage of models that rely on causal mechanisms in such cases would be the reliability of their predictions (because the models would be deterministic rather than probabilistic), not the ability to interrogate whether the identified causal relationships comport with human intuition and values."

278 Siehe nur das Fazit von *U. Hahn/Bluhm/Zenker*, in: Waldmann (Hrsg.), 2017, 475, 488 ff.: „Much work also remains to be done with respect to the normative question of what makes a given type of causal argument ‚good' or ‚strong'. […] [This matters] to anyone concerned with human rationality […]. Only with a clear normative understanding can questions of human competence in causal argument be fully addressed. At present, the evidence on human skill in dealing with causation is rather mixed. While humans may do very well in lab-based contingency learning tasks, and do rather well in causal inference involving explicit verbal description […], thinking and arguing about complex real-world materials (even frequently encountered ones for which people possess considerable amounts of relevant knowledge) seem to be another matter".

279 Siehe *Wehling*, in: Karafyllis (Hrsg.), 2002, 255 f., 257, der von einer „enge[n] und konstitutive[n] Beziehung zwischen Rationalität und Wissen" spricht und anmerkt: „Ob man darin eine kognitivistische Verengung des Rationalitätsbegriffs sehen mag oder nicht – nahe liegend und gesellschaftlich plausibel ist die Verknüpfung von Rationalität mit Wissen allemal."

rechtliche Maßstäbe an Wissen daher jedenfalls suchen.[280] Dabei kann kausales Wissen freilich eine Rolle spielen. Statt einer Perspektive auf die Gegenüberstellung unterschiedlicher Formen der Wissensgenerierung erscheint jedoch eine Perspektive auf ihr Nebeneinander weiterführender.[281] Es geht also nachfolgend nicht primär darum, Korrelationen und Kausalitäten als Wissensquellen miteinander zu vergleichen und gegeneinander abzuwägen, sondern zunächst darum, den Wissensauftrag der Rechtsordnung im hier interessierenden Kontext rationalitätsorientiert genauer zu untersuchen und sicherheitsbehördliche Wissensgenerierungspraktiken sowie den dabei verzeichneten korrelationsbasierten Wandel darin einzuordnen. Dies erlaubt es, den Blick auf die Produktivität statt der Über- bzw. Unterlegenheit verschiedenen Wissens zu richten, situative Anforderungen der Rechtswissenschaft sowie damit einhergehende korrelationsbedingte Problematiken zu bestimmen und nicht zuletzt auch den in der Realität meist nicht scharf auszumachenden Grenzen zwischen Kausalitäten und Korrelationen Rechnung zu tragen.

b) Zum rechtlichen Rationalitätsversprechen für exekutive Entscheidungen

Mit dem Themenkomplex Recht und Wissen hängt am ehesten die in der (Verwaltungs-)Rechtswissenschaft diskutierte *Entscheidungs*rationalität zusammen. Bevor auf die Diskussionen dazu eingegangen wird, ist der Reichweite, die dieser Perspektive hier entnommen wird, näherzutreten. Sicherheitsbehördliche Entscheidungen werden stets auf der Basis bestimmter Entscheidungsgrundlagen getroffen, sodass Fragen nach Entscheidungsrationalität sich zugleich auch auf die Rationalität des einer Entscheidung zugrunde liegenden Entscheidungswissens beziehen.[282] Anders formuliert transportieren Entscheidungen die Wissensform, die ihnen zugrunde liegt, mit. Basieren sicherheitsbehördliche Entscheidungen auf den Ergebnissen eines Abgleichs mit theoriegeleitet erstellten Mustern, so basieren sie auf Kausalitätsannahmen über Tat- bzw. Tätermerkmale und Strafta-

---

280 Zum Verhältnis von Rationalität und Wissen im Recht siehe etwa *Hilbert*, DV 51 (2018), 313, 347, demzufolge Rationalität und Wissen im Kontext behördlicher Entscheidungen jedenfalls insoweit zusammenhängen, als Entscheidungsrationalität durch ein Mehr an Wissen (bis zu einem gewissen Maß) positiv beeinflusst werden kann. Ähnlich *Voßkuhle*, in: Schuppert/Voßkuhle (Hrsg.), 2008, 13, 16: „Wer rationale Entscheidungen treffen möchte, benötigt dazu Wissen bestimmter Art und Güte.“ Weitergehender in der Hinsicht, *Münkler*, 2020, 215 ff., m. w. N., die in ihren Ausführungen Rationalität(s-) mit Wissen(sforderungen) bei hoheitlichen Entscheidungen gleichsetzt.

281 Von einem „Nebeneinander unterschiedlicher Formen der Wissensgenerierung“ sprechen auch *Broemel/Trute*, BDI 27 (2016), 50, 61.

282 Vgl. auch *Wehling*, in: Karafyllis (Hrsg.), 2002, 255, 258: „Die Möglichkeit rationalen Handelns [wird] an eine bestimmte Wissensgrundlage gebunden.“

ten und daher auf kausalem Wissen. Entsprechendes gilt für Entscheidungen, die auf die Ergebnisse eines Abgleichs mit algorithmisch erstellten Mustern gestützt werden. Sie basieren auf Wissen über Korrelationen zwischen Flugverhaltensmerkmalen und Straftaten, und dies selbst dann, wenn über diese Korrelationen im Verstand des Entscheidungstreffers Kausalitätsvermutungen aufgestellt werden. Deshalb lassen sich algorithmische Modelle und Outputs als korrelationsbasierte Wissensquellen im Hinblick auf rechtliche Rationalitätsanforderungen nicht sinnvoll getrennt untersuchen. Anders war dies bei ihrer Betrachtung als nachvollziehbarkeitshemmende Komplexitätsquellen, in welchem Fall die rechtliche Perspektive sich so positionieren könnte, dass sie sich nur ausschnittsweise durch Nichtwissen (i.F.v. Outputkomplexität) irritieren lässt.[283] Nach wie vor gilt, dass das Recht im Sicherheitsbereich sich vornehmlich für einzelne Entscheidungen im Gegensatz zu ihren abstrakten Wissensgrundlagen interessiert. Erweisen sich korrelationsbasierte Entscheidungen als irrational, kann dies bei ihren Grundlagen allerdings selten anders sein und vice versa. Deshalb erscheint der Maßstab der Rationalität behördlicher Entscheidungen als passender Rahmen zur Untersuchung rechtlicher Anforderungen an algorithmisch gestütztes Wissen im Kontext der Fluggastdatenverarbeitung. Ausgehend vom rechtlichen Hauptanliegen sind dadurch sowohl einzelentscheidungsbezogene Wissensgrundlagen (Outputs) als auch abstrakte Wissensgrundlagen (Modelle) erfasst.

Entscheidungsrationalität wird auch als substanzielle[284] oder substantiell-materiale[285] Rationalität bezeichnet und kann allgemein als die inhaltliche Vernünftigkeit des Entscheidungs*ergebnisses* verstanden werden.[286] Sie lässt sich in Abgrenzung zu der bei Insidernichtwissen herangezogenen Verfahrensrationalität betrachten, bei der es um die Art und Weise der Entscheidungs*findung* geht.[287] Ihre positivrechtliche Verankerung für die Exekutive wird vornehmlich im Rechtsstaatsprinzip, als Teil seiner Auslegung als Durchrationalisierungsgebot aller staatlichen Tätigkeit, und auch im Begründungsgebot, das wiederum vornehmlich als eine Ausprägung des Rechtsstaatsprinzips gilt,[288] gesehen.[289]

---

283 Siehe dazu oben insb. E.I.4.c).dd).

284 *Stark*, 2020, 121 f.

285 *Schulze-Fielitz*, in: Kirchhof (Hrsg.), 2000, 311, 320.

286 *Schulze-Fielitz*, in: Kirchhof (Hrsg.), 2000, 311, 320. Ähnlich auch *Münkler*, 2020, 17 f.; *Hoffmann-Riem*, 2016, 57.

287 Siehe dazu oben D.II.1.c).

288 Ausf. zum Rechtsstaatsprinzip als verfassungsrechtliche Grundlage der Begründung siehe, *Kischel*, 2003, 64 ff., wonach in diesem Kontext auch das Demokratieprinzip, die Rechtsschutzgarantie und das Fairnessgebot eine Rolle spielen. Die Begründung als wichtige Voraussetzung demokratischer Transparenz und rechtsstaatlicher Rationalität betrachtet auch *Schmidt-Aßmann*, in: Maunz/Dürig (Hrsg.), 2022, Art. 19 Abs. 4, Rn. 253.

289 *Kempny*, 2017, 42 u. 53 f., m. w. N.; *Mast*, 2020, 149, m. w. N.; *Münkler*, 2020, 222 ff.,

Tatsächlich betrachtet die (Verwaltung-)Rechtswissenschaft Wissens- und Rationalitätsfragen oft durch das Begründungsparadigma für Einzelentscheidungen, und begrenzt sich dabei nicht auf positivrechtlich verankerte Begründungspflichten. Rationalität wird etwa dann angenommen, wenn eine behördliche Entscheidung nachvollziehbar begründet ist, d. h. wenn mit anerkannten Argumentationsformen rechtliche und nicht-rechtliche Gründe für sie angegeben werden.[290] Ähnlich auch dann, wenn hoheitliche Entscheidungen „nachweisgestützt" sind und folglich zumindest auch auf Expertenerkenntnissen basieren.[291] Innerhalb der Rechtswissenschaft wird sowohl vertreten, dass Entscheidungsrationalität für das Recht einen „supererogatorischen", über die an sich hinreichende Rechtmäßigkeit hinausgehenden, Maßstab darstellt,[292] als auch, dass sie am ehesten als ein „Mindeststandard" intersubjektiv operationalisierbar ist, von dem aus über die Qualität von Entscheidungen diskutiert werden kann[293]. Rationalität kann einerseits als Handlungsmaxime verstanden werden, die staatliche Akteure auffordert, auf beste Weise das zu tun, was gemäß den Umständen erreichbar ist.[294] Wiederum lassen sich die mit ihr verbundenen Ansprüchen an die Begründung von Entscheidungen von etwaigen Vernunftidealen bis zur Grenze der Plausibilität abdämpfen,[295] womit der Bogen zum Nichtwissen über die Plausibilität von (algorithmisch generiertem) Wissen, bzw. zur fehlenden Möglichkeit diese zu hinterfragen, als Ausgangspunkt der Überlegungen zum korrelationsbedingten Nichtwissen zurückgeschlagen wäre. Unbeschadet der Unterschiede verschiedener Auffassungen zum Thema wird überwiegend einheitlich festgehalten, dass in ein und derselben Entscheidungssituation grundsätzlich unterschiedliche Entscheidungen und entsprechend unterschiedliche Begründungen vom Recht als

m. w. N. und teilw. kritisch bzgl. der „insoweit bestehende[n] Diffusität der dem Rechtsstaatsprinzip zugeschriebenen Gehalte".

290 *Hilbert*, DV 51 (2018), 313, 346. Für die Rationalität rechtlicher Entscheidungen ebenfalls auf rechtliche und nicht-rechtliche Gründe abstellend, *Stark*, 2020, 275, wenngleich die Ausführungen weniger auf die Angabe und mehr auf die Reaktion auf solche Gründe bezogen werden.

291 *Münkler*, 2020, 215, m. w. N.

292 So *Stark*, 2020, 274, der allerdings anschließend von einer „nicht nur rechtliche[n] sondern unter Berücksichtigung aller Umstände gegebene[n] – Rechtfertigung rechtlicher Handlungen" spricht und, soweit ersichtlich, Rationalität darunter fasst, 288.

293 So *Hilbert*, DV 51 (2018), 313, 347, der insoweit von einer „Basisrationalität" spricht.

294 *Voßkuhle*, in: Schuppert/Voßkuhle (Hrsg.), 2008, 13, 15, m. w. N.

295 *Vesting*, [2]2015, Rn. 243, der dies insb. für Gerichtsentscheidungen festhält, jedoch nicht nur, vgl. Rn. 191, wo die Ausgangsperspektive auch auf Verwaltungsentscheidungen Bezug nimmt. Insofern ließe sich argumentieren, dass ein auf plausible Begründungen bezogenes Verständnis von Entscheidungsrationalität sogar erst recht für exekutive Entscheidungen zu gelten hat. Vgl. auch *Ladeur/Augsberg*, Rechtstheorie 36 (2005), 143, 175.

rational akzeptiert werden können.[296] Ergänzend kann hinzugefügt werden, dass mit der Komplexitätserhöhung einer Entscheidungssituation auch die Anzahl alternativer Entscheidungsergebnisse, die als rational gelten können, steigen dürfte. Oft mangelt es in solchen Fällen an anerkannten, konventionellen, oder auch nur naheliegenden Entscheidungswegen. Jedenfalls nicht auszuschließen ist dann, dass das Recht sowohl kausalitäts- als auch korrelationsbasierte Entscheidungen, mitsamt ihrer unterschiedlichen Begründungslogiken und einer damit etwaig zusammenhängenden, abgeschwächten Hinterfragbarkeit, als rational anerkennt.[297]

Auf allgemeiner Ebene lässt sich dem rechtlichen Maßstab einer Entscheidungsrationalität jedoch nur bedingt nähertreten. Festgehalten wird, dass der moderne Staat rationales Handeln für sich beansprucht,[298] dazu sogar verpflichtet ist,[299] weshalb auch von einem entsprechenden Gebot für rechtliche Entscheidungen gesprochen wird[300]. Dies soll vor allem dazu dienen, nicht gerechtfertigte, willkürliche Elemente aus rechtlichen Entscheidungen auszuschließen.[301] Diese Überlegung wird, auch im Sinne der hier interessierenden Wissensfragen, in die Richtung geführt, dass Entscheidungsrationalität durch Wissensgenerierung positiv beeinflussbar ist.[302] So gesehen scheint das Verwaltungsrecht im Grundsatz jeglichem Wissen zunächst offen gegenüberzustehen. Teilweise wird zwar darauf hingewiesen, dass das Recht keineswegs jede beliebige Methode der Wissenserzeugung akzeptieren könne, sondern eben nur solche, die bestimmte Rationalitätsstandards des Wissenschaftssystems erfüllen.[303] Da diese aber nicht immer, „oder auch nur manchmal“, eindeutige Antworten bereithielten, komme es letzt-

---

296 So etwa *Hilbert*, DV 51 (2018), 313, 347; *Stark*, 2020, 277; *Kischel*, 2003, 9.

297 Diese Frage wird im Rahmen des amerikanischen Verwaltungsrechts teilweise auch gar nicht problematisiert, siehe *Coglianese/Lehr*, Admin. L. Rev. 71 (2019), 1, 39, Fn. 151, die rechtliche Begründungsfragen bei maschinellem Lernen unter dem Schlagwort „reasoned transparency“ diskutieren: „an understanding of whether input features are intuitively relevant to the outcome – such as whether there is an intuitive causal relationship between them – is not at all required to justify administrative decisions. […] government does not need to establish causality to satisfy principles of reasoned transparency.“ Diese Argumentation wird bei *Deeks*, CLR 119 (2019), 1829, 1840 f. mit weiteren, auch entgegenstehenden Nachweisen aufgegriffen.

298 *Voßkuhle*, in: Schuppert/Voßkuhle (Hrsg.), 2008, 13, 14.

299 *Münkler*, 2020, 17, mit der Beobachtung, dass dem Recht insgesamt eine hohe Rationalitätserwartung entgegengebracht wird, 215. So auch *Jaeckel*, in: Pünder/Klafki (Hrsg.), 2016, 11, 20.

300 Vgl. etwa *Stark*, 2020, 121.

301 Ebd., mit rechtlichen Entscheidungen dort unter anderem als behördliche Rechtsakte verstanden, 266.

302 So *Hilbert*, DV 51 (2018), 313, 347.

303 *Rusteberg*, in: Münkler (Hrsg.), 2019, 233, 258 f.

lich nur darauf an, dass solche Erkenntnisse, soweit vorhanden, nicht ignoriert oder unterlaufen würden.[304] Wiederum andere Untersuchungen kommen zu dem Schluss, dass eine Unterscheidung nach verschiedenen, Rationalität besonders erhöhenden oder etwa auch senkenden Wissensgenerierungspraktiken sich dem Recht auf allgemeiner Ebene nicht entnehmen lässt.[305] Insgesamt erscheint eine rationalitätserhöhende Funktion algorithmischer Wissensgenerierung nicht grundsätzlich ausgeschlossen, sondern womöglich sogar nahegelegt.[306]

Letztendlich findet sich in vielen juristischen Befassungen mit Rationalität die Konklusion, dass die damit konkret zusammenhängenden Anforderungen nur bereichsspezifisch näher erarbeitet werden können.[307] Über allgemeine und vage Maßstäbe wie „vernünftig", „nachvollziehbar" und „willkürfrei" hinaus, scheint das Recht also kaum bestimmen zu können was in den vielen Bereichen exekutivischen Handelns unter rationalem Entscheiden und dem diesem zugrunde liegenden Wissen zu verstehen ist. Eine solche Bestimmung dürfte das Recht aus sich heraus aber auch für nur einzelne Bereiche kaum konkreter vornehmen

[304] Ebd.

[305] Vgl. etwa *Münkler*, 2020, 217 f., die diese Frage mit Blick auf durch Experten generiertes Wissen untersucht: „Weder dem Rechtsstaatsprinzip noch den Grundrechten, insbesondere dem Verhältnismäßigkeitsprinzip wie auch dem Gleichheitssatz, können, obgleich sie die Hauptanknüpfungspunkte für verfassungsrechtliche Rationalitäts- und Wissensanforderungen bilden, klare Aussagen dazu entnommen werden, inwieweit in hoheitliche Entscheidungen Wissen einzubeziehen ist und unter welchen Umständen diesem gefolgt werden muss."

[306] Entsprechend wird zunehmend auch in der Rechtswissenschaft über die rationalitäts*erhöhende* Wirkung des Einsatzes maschinellen Lernens nachgedacht, so etwa *Nink*, 2021, für den Einsatz in der Judikative.

[307] *Schulze-Fielitz*, in: Kirchhof (Hrsg.), 2000, 311, 317: „Inhaltliche Aussagen sind erst im materialen Kontext des jeweiligen Sachzusammenhangs ableitbar: Was z. B. […] ‚rational' ist, richtet sich nach den äußeren Vorgaben der Problemkonstellation und ihrer Verknüpfung unter dem Gesichtspunkt von […] ‚Rationalität'". *Scherzberg*, in: Krebs (Hrsg.), 2004, 177, 184, unter staatswissenschaftlicher Betrachtung juristischer Rationalität als einer „Systemrationalität": „Soziale Systeme erzeugen spezifische Erfolgsbedingungen für die ihnen angehörenden Operationen, deren Beachtung sich gerade im „aufgeklärten Selbstinteresse" empfiehlt." Vgl. auch *Vesting*, ²2015, Rn. 243: „Rechtsinterpretation ist *eo ipso* mit den Verwendungskontexten des auszulegenden Rechts verwoben, den praktischen Erfahrungen und Zwängen, dem Einfluss der im Sachbereich agierenden Rechtssubjekte und ihren Handlungsstrategien". Zum Thema instruktiv sind auch die Ausführungen ab Rn. 186–190. *Mast*, 2020, 150: „Rationalität ist ein Sekundärwert, der nur akzessorisch relational, also im Zusammenhang mit dem jeweiligen Bezugsfeld, begriffen und bestimmt werden kann". *Stark*, 2020, 122: „Tatsächlich kann Rationalität je nach Bezugspunkt und Erkenntnisinteresse unterschiedliche Anforderungen an die handelnden Akteure zur Folge haben. […] Ob eine (rechtliche) Handlung rational ist, lässt sich demzufolge auch nicht abstrakt bestimmen, sondern nur unter Berücksichtigung der handelnden Akteure, der Handlungssituation sowie den gegebenen und epistemisch zugänglichen Tatsachen". Ähnliche Hinweise zur Bereichsspezifizität von Rationalitätsanforderungen finden sich auch bei *Kempny*, 2017, 62; *Buchholtz*, RW 8 (2017), 96, 102; *Münkler*, 2020, 215, m. w. N.

können. Jedenfalls im Kontext der Polizeiarbeit wird zutreffend erkannt, dass der rechtliche Entwurf einer eigenständigen Epistemologie oder einer von anderen Wissensbeständen losgelösten Wirklichkeitsbeschreibung weder notwendig noch sinnvoll oder auch nur möglich wäre.[308] Sinnvoller erscheint es, das Anliegen des Rechts im Kontext sicherheitsbehördlicher Entscheidungsrationalität dahingehend zu verstehen, dass es diesem nicht darauf ankommen kann, konkret zu definieren, was als eine rationale Entscheidung(sgrundlage) zu verstehen ist, sondern sich auf bereichsspezifisch vorhandene Rationalitätsstandards zu beziehen und ihre Einhaltung vorauszusetzen.[309] In der Literatur wird diesbezüglich darauf hingewiesen, dass die Entscheidung darüber, welche bereichsspezifischen Standards akzeptiert bzw. abgelehnt werden, dennoch vom Recht gefällt werden soll.[310] Im Ergebnis dürfte daher ein rechtliches Versprechen exekutiver Entscheidungsrationalität auf diejenigen Standards für gute, plausible Entscheidungen verweisen, die im jeweiligen Bereich exekutivischen Handelns als solche etabliert und vom Rechtssystem anerkannt sind. Dies führt bei der hier aufgeworfenen Frage nach der (Ir)Rationalität korrelationsbedingten (Nicht)Wissens weiter und erfordert die Untersuchung von Standards rationalen Entscheidens innerhalb der sicherheitsbehördlichen Praxis im Bereich der Straftatenverhütung. Rationalitätsstandards in dem Bereich der Terrorismusprävention, der im Sicherheitsrecht oft als ein eigenständiger, besonderer Aufgabenbereich adressiert wird, werden darauffolgend gesondert untersucht.[311]

c) Rationalitätsstandards bei sicherheitsbehördlichen Entscheidungen

Grundsätzlich erfolgen Prozesse der Wissensgenerierung von (Sicherheits-)Behörden im Rahmen einer kontinuierlichen Generierung von Erfahrung durch das

---

[308] *Rusteberg*, in: Münkler (Hrsg.), 2019, 233, 258 f.

[309] Vgl. *Schulze-Fielitz*, in: Kirchhof (Hrsg.), 2000, 311, 317. Zum Verhältnis zwischen Recht und der Standard- und Regelbildung jeweils betroffener Sachbereiche s. auch *Vesting*, [2]2015, Rn. 234 ff.

[310] So *Vesting*, [2]2015, Rn. 242 und *Rusteberg*, in: Münkler (Hrsg.), 2019, 233, 259, der jedoch im Unterschied zu *Vesting*, soweit ersichtlich, von einer strengen „normativen Geschlossenheit“ des Rechtssystems ausgeht, während *Vesting* von „operativer Geschlossenheit“ und „kognitiver Offenheit“ spricht, siehe *Vesting*, JURA 2001, 299, 301 f.: „das Rechtssystem [kombiniert] normative Geschlossenheit mit kognitiver Offenheit. […] Im öffentlichen Recht greift das Recht […] auf vorhandene gesellschaftliche Konventionen zurück, z. B. im Polizeirecht, wo Gefahrenabwehr über Verantwortungszuschreibungen oder Kausalitätsnachweise läuft, die wiederum an Wahrscheinlichkeiten und praktische Erfahrungen anknüpfen. […] Immer aber wird die Gesellschaft und ihre Praxis, die ‚Realität‘, über rechtsinterne Normprogramme in das System eingeführt.“ Die nachfolgenden Ausführungen gehen im Ansatz ebenfalls von einer kognitiven Offenheit des Rechtssystems aus.

[311] Siehe unten in diesem Abschnitt bei 1.d).

Prozessieren von Entscheidungen „von Fall zu Fall".[312] Sicherheitsbeamten soll es bereits beim Erwerb solchen Erfahrungswissens gelingen, beobachtete Zusammenhänge auf plausible Ursache-Wirkungs-Zusammenhänge zu hinterfragen und entsprechend ihren anschließenden Entscheidungen Kausalität(svermutungen) zugrunde zu legen.[313] Dieses Wissensgenerierungsschema wird der behördlichen Gefahrenabwehr allgemein zuerkannt.[314] Demnach werden Handlungen zusammen mit den zeitlich auf sie nachfolgenden Ereignissen betrachtet, und sofern sich gewisse Regelmäßigkeiten einstellen, wird zwischen Handlung und Ereignis eine Kausalverbindung angenommen.[315] Das Schema bleibt grundsätzlich auch dann erhalten, wenn die Erfassung der Strukturen der betrachteten Ereignisse auf Expertenwissen angewiesen ist.[316] Hingewiesen wird darauf, dass hierbei allenfalls eine pragmatische Rationalität, gekennzeichnet durch Alltagserfahrung und intuitive Problemlösung, herrscht,[317] keineswegs jedoch ein kausalwissenschaftliches Optimum oder ein wissenschaftstheoretisches Zugeständnis; denn letztendlich kann weder erklärt, noch vorgeschrieben werden was ein Polizist im Angesicht einer konkreten Gefahr genau macht.[318] Selbiges wurde bereits früher und erst recht für den Gefahrenverdacht festgehalten.[319]

---

312 So *Ladeur*, in: Mehde/Ramsauer/Seckelmann (Hrsg.), 2011, 639, 648 f. u. 655, allg. zur Verwaltung und ihrem Wissen, jedoch unter Bezugnahme auf das Polizeirecht: „Die Rationalität der Verwaltungsentscheidung war weniger durch Gesetzesbindung als vielmehr durch die ungeschriebenen Gebote der autonomen Erzeugung einer eigenen Verwaltungserfahrung gekennzeichnet, die durch Entscheidungen von Fall zu Fall akkumuliert wurde und den kontinuierlichen Wandel der Muster der (privaten) gesellschaftlichen Erfahrungen nachbildete."

313 *Rademacher*, AöR 142 (2017), 366, 375 u. 389. So auch *Bull*, in: Osterloh/Schmidt/Weber (Hrsg.), 2004, 29, 32: „Polizeibeamte beanspruchen häufig einen besonderen Spürsinn für sich, also die aus Erfahrungen mit anderen Fällen gewonnene, mehr oder weniger intuitive oder durch Kombination von Informationen gewonnene Einsicht in Handlungszusammenhänge und Kausalitäten."

314 So für die polizeiliche Gefahrenabwehr, *Goldhammer*, 2021, 145: „Das Leitbild der Gefahrenabwehr beruht damit auf einem durch Kausalität determinierten Erklärungsmodell". Ähnlich auch *Jaeckel*, 2012, 319, die in dem Kontext von „lineare[n] Strukturen und klare[n] Kausalzusammenhänge[n]" spricht. So für die Gefahrenabwehr zwecks technikbezogener Prävention, *Rusteberg*, in: Münkler (Hrsg.), 2019, 233, 240 ff.

315 *Rusteberg*, in: Münkler (Hrsg.), 2019, 233, 241: „Die Konstruktion der Kausalbeziehung beruht darauf, aus den unterschiedlichen Situationen einzelne Faktoren zu abstrahieren, die als entscheidend für den künftigen Eintritt des Erfolges angesehen werden."

316 *Rusteberg*, in: Münkler (Hrsg.), 2019, 233, 241 f.: „Die grundsätzlich jeder Person zugänglichen Alltagserfahrungen werden hier schlicht durch Erfahrungen ersetzt, die ausschließlich einem bestimmten Personenkreis im Rahmen ihrer professionellen Tätigkeit zur Verfügung stehen."

317 *Goldhammer*, 2021, 161.

318 *Goldhammer*, 2021, 156 f.

319 *Bull*, in: Osterloh/Schmidt/Weber (Hrsg.), 2004, 29, 31 f. Instruktiv zu Verdachtsstrate-

Über solches Erfahrungswissen hinaus verfügen Sicherheitsbehörden, die sich mit komplexeren Straftaten der schweren Kriminalität beschäftigen, über mehr oder weniger gesicherte, theoretisch belegte Wissensbestände, die im Rahmen verschiedener Forschungsprojekte und -stellen entstehen und transformiert werden.[320] Derartige theoretische Erkenntnisse, die vornehmlich aus dem Bereich der Kriminologie stammen,[321] dürften ebenfalls meist, zumindest implizit, auf Kausalitätsannahmen zwischen Tat- bzw. Tätermerkmalen und Straftaten aufgebaut sein.[322]

Im Kontext der Straftatenverhütung können kausale Schemen der Wissensgenerierung jedoch allenfalls in solchen Konstellationen als Rationalitätsstandard gelten, in denen Kriminalität als Abfolge von Ursache-Wirkungs-Zusammenhängen einigermaßen „wahrnehmbar" ist, also etwa im Kontext „klassischer" Vorsatzdelikte mit einigermaßen erkennbaren Täter-Opfer-Beziehungen, wie etwa Diebstahl oder Körperverletzung.[323] Mit Unterschwelligkeitszuwachs kriminalitätsbezogener Verhaltensstrukturen und insbesondere mit Verlagerung der sicherheitsbehördlichen Tätigkeit ins Vorfeld etwaiger Gefahren zur Verdachtsgenerierung, entfernt sich sicherheitsbehördliche Arbeit von einem etwaigen Standard rationalen Entscheidens, der primär auf kausaler Nachvollziehbarkeit von Sachverhalten beruht.[324] Damit soll nicht impliziert werden, dass Sicher-

---

gien von Polizeibeamten auch *Behr*, in: Howe/Ostermeier (Hrsg.), 2019, 17, 21 u. 29, wonach diese „Teil ihrer berufsbedingten Konstruktion der sozialen Wirklichkeit" sind und „zum einen auf Ausbildungswissen beruhen, zum großen Teil aber auf (beruflichem) Erfahrungswissen, das entweder auf selbst gemachte [sic] oder auf Erfahrungen von Kolleg*innen beruht", also letztendlich „eine Mischung aus Theorie, aus eigener beruflicher und aus erzählter Erfahrung [und] aus tatsächlich Erlebtem und Fantasie" darstellen.

320 Siehe dazu oben, B.II.2. In Abgrenzung zum allgemeinen Erfahrungswissen spricht *Ladeur*, in: Mehde/Ramsauer/Seckelmann (Hrsg.), 2011, 639, 648, diesbezüglich von „spezialisiertem Wissen".

321 Siehe dazu oben C.III.1.

322 *G. Kaiser/Schöch/Kinzig*, [8]2015, 5: „Kriminalitätstheorien sind Aussagesysteme, die sich aus Hypothesen und im Falle ihrer Bestätigung aus Gesetzen zusammensetzen, in denen mindestens eine Bedingung für kriminelles Verhalten angegeben wird. Sie sollen dazu dienen, Ursachen der Kriminalität aufzudecken und durch Anwendung dieser ‚Erklärung' für die Zukunft Prognosen sowie rationale Bekämpfung und Behandlung zu ermöglichen." Siehe ebd. für einen systematisch geordneten Stand der wichtigsten kriminologischen Theorien. Siehe auch *Stafford*, Causation in Criminological Theories and Research, abrufbar unter https://perma.cc/L284-2GE9. So im Grunde auch *Chan/Bennett Moses*, Theoretical Criminology 20 (2016), 21, 29 ff. u. 32 ff., mit der laufenden Gegenüberstellung von kriminologischen Theorien und Kausalitäten gegen Korrelationen. Zur kausalen Basis theoriegeleiteter Annahmen über Kriminalität siehe auch die Nachweise oben bei C.III.1.

323 Vgl. *Rusteberg*, in: Münkler (Hrsg.), 2019, 233, 248. *Goldhammer*, 2021, 161, spricht diesbezüglich vom „überschaubare[n] Alltagsfall".

324 Vgl. *Goldhammer*, 2021, 162: „Das traditionelle Konzept des liberalen, rechtsstaatlichen

heitsbeamte in solchen Konstellationen ein grundsätzlich anderes Denkverhalten entwickeln; in der kognitiven Psychologie wird anerkannt, dass Menschen grundsätzlich, d.h. auch in komplexen Situationen, zu kausalen Denkmustern tendieren.[325] Es soll aber darauf hingewiesen werden, dass in dem Kriminalitätsbereich, mit dem die PIU befasst ist, Schemen kausaler Wissens- und Entscheidungsgenerierung, angesichts der Schwierigkeiten und Schwächen menschlicher Kausalitätskonstruktionen in komplexen Situationen,[326] schwer eine besondere, geschweige denn die einzige Rationalität für sich beanspruchen können, soll doch Rationalität zudem auf ein Maß des realistisch Machbaren bezogen bleiben.[327] Gewiss wäre ein Muster verdächtigen Verhaltens, in dem einzelne Flugverhaltensschritte gemeinsam mit nicht personenbezogenen Reisebegleitumständen zu einem eindeutigen, nachvollziehbaren, theoretisch und praktisch fundierten, robusten, prägnanten Ursache-Wirkung-Schema zusammenfasst werden, eine höchst rationale Wissensgrundlage, die höchst rationale Treffer und Maßnahmen bedingt. Dass es solche Muster real geben kann – insbesondere bei einigen schweren Straftaten und insbesondere unter Beschränkung auf die der PIU dafür rechtlich bewilligten kognitiven Ressourcen (Fluggastdaten) – ist stark zu bezweifeln.[328]

Polizeihandelns, das die Prognose eng an einem Kausalverlauf entlang führt, die Gefahr-Störer-Dogmatik, gerät aber dann ins Wanken, wenn an einem der Fixpunkte gerüttelt wird, wenn Störer, Zusammenhang und Rechtsgut diffus werden, wie etwa bei Vorfeldeingriffen zur Informationserhebung." Vgl. auch *Rusteberg*, in: Münkler (Hrsg.), 2019, 233, 248, der dabei nicht explizit über eine Entfernung von Kausalität, sondern vom Wahrnehmungshorizont des Allgemeinwissens spricht, dabei jedoch im Grunde zwischen als schädlich typisierbaren und komplexeren Handlungen unterscheidet und erstere zuvor, 241, beim kausalen Erfahrungswissen verortet: „Regelmäßig verschlossen bleiben auf dieser Grundlage hingegen Vorgänge, deren Bestimmung Sonderwissen (etwa besondere wirtschaftliche Kompetenz) erfordert, die ‚hinter verschlossenen Türen' stattfinden (Vorgänge in organisierten Machtapparaten), deren Gemeingefahr sich noch nicht zu einer individuellen Gefährdung konkretisiert hat (Umweltgefährdungen) oder die sich gegen nicht-individuelle Opfer (Warenhäuser, Banken) richten. [...] Bedrohungen wie das organisierte Verbrechen und der Terrorismus werden zu deklarierten, tatsächlich aber kaum erreichten Zielobjekten der Experten." Auf die herabgesetzten Anforderungen an die Wissensbasis im Vorfeldbereich schon früher hinweisend, *Trute*, DV 46 (2013), 537, 539.

325 Siehe etwa *U. Hahn/Bluhm/Zenker*, in: Waldmann (Hrsg.), 2017, 475, 476, m.w.N., die Kausalität als „basic to human thought" beschreiben. Instruktiv ist auch der Hinweis auf Erkenntnisse der Psychologie und Neurobiologie bei *Mast*, in: Kuhlmann/DeGregorio/Fertmann/Ofterdinger/Sefkow (Hrsg.), 2023, 141, 150 m.w.N., wonach „Menschen kaum Einblick in ihre kognitiven Prozesse höherer Ordnung haben und stattdessen kognitive Reaktionen auf Stimuli mit für plausibel erachteten Kausaltheorien zu erklären versuchen."

326 Siehe die entsprechenden Nachweise oben bei E.II.1.a).

327 Vgl. etwa *Stark*, 2020, 274f., der rationales Handeln unter den Vorbehalt der epistemischen Zugänglichkeit von Fakten und Gründen stellt.

328 Vgl. nur den Erkenntnisstand der in kognitiven Ressourcen deutlich weniger einge-

Konkrete Informationen über Wissensgenerierungsvorgänge bei der Straftatenverhütung und im Rahmen der Tätigkeit der PIU sind schwer auffindbar. Dafür sind ähnliche Gründe wie beim Aufrechterhalten intendierten Nichtwissens über Einsatz und Implementierungsdetails maschinellen Lernens maßgeblich:[329] es geht um die Erhaltung der Funktionsfähigkeit sicherheitsbehördlicher Arbeit. Die PIU und die nach § 6 FlugDaG zuständigen Behörden arbeiten mit behördeninternem Sachverstand und haben kein Interesse daran, diesen publik zu machen und zur Diskussion zu stellen.[330] Entsprechendes gilt für etwaige in ihrer Praxis etablierte Standards für die Bewertung ihres Wissens, ausgenommen allgemeine und auf anspruchsvollere Kriminalitätsbereiche nicht ohne Weiteres übertragbare Beobachtungen, etwa, dass in der Polizeiarbeit Praxiswissen (Erfahrungswissen) dem Theoriewissen vorgezogen wird.[331] In der juristischen Literatur verbleibt die Suche nach Rationalitätsstandards für sicherheitsbehördliche Entscheidungen deshalb bei der relativ bescheidenen Erkenntnis, dass rationale Entscheidungen im rechtlichen Sinne solche sind, die relevantes externes Wissen – etwa aus der Kriminologie, Soziologie oder Psychologie – und rechtliche Vorgaben im Hinblick auf den Ausschluss bestimmter diskriminierender Informationen in hinreichendem Maße in die Entscheidungsfindung miteinbeziehen.[332]

Bestimmte Arten von Straftaten aus dem Katalog in § 4 Abs. 1 FlugDaG dürften besser erforscht sein als andere. Dies spricht dafür, dass die Zusammenstellung kollektiver Erfahrung und theoretischer Erkenntnisse über deren Ursachen in Form theoriegeleiteter Muster auch besser umsetzbar wäre. Korrelationen könnten in solchen Fällen Anhaltspunkte für die Plausibilität, die Präzisierung oder das Überdenken solcher Muster sein. In diesem Fall können algorithmisch erzeugte Wissensgrundlagen also in Zusammenhang zu bestehende auf kausalen Annahmen basierenden Wissensgrundlagen gestellt bzw. damit verknüpft werden, Revisions- und Lernprozesse auslösen, und dadurch rationalitätsfördernd wirken. Bei weniger erforschten, beobachteten oder schwieriger zu analysierenden Delikten ist es wiederum schwer vorstellbar, dass die PIU vorhersagestarke

schränkten Tätertypologie mit der Feststellung der Relativität der Brauchbarkeit von tätertypologischen Zuordnungen für die Praxis, *Clages/Zeitner*, ³2016, 94: „nicht selten [stoßen] eindeutige Zuordnungen mit trennscharfen Abgrenzungen aus systemimmanenten Gründen auf Schwierigkeiten. Eindeutige Merkmalskorrelationen, die einen bestimmten Tätertyp ausmachen, sind nur bedingt nachweisbar und zuverlässig."

329 S. dazu oben D.I.1.a).

330 Zur Üblichkeit dieser Praxis im Bereich der inneren Sicherheit, *Rusteberg*, in: Münkler (Hrsg.), 2019, 233, 246.

331 Zu dieser Beobachtung siehe *Behr*, in: Howe/Ostermeier (Hrsg.), 2019, 17, 41; *Rusteberg*, in: Münkler (Hrsg.), 2019, 233.

332 *Rusteberg*, in: Münkler (Hrsg.), 2019, 233, 262.

Muster allein auf der Basis von erfahrungs- oder theoriebasierten kausalen Annahmen der Sicherheitsbehörden erstellen, und Korrelationen lediglich als eine zusätzliche, optionale, Wissensquelle behandeln kann. Selbst wenn Erfahrungen mit solchen Straftaten vereinzelt vorliegen, kann es für Behörden schwierig sein, daraus Wissen über den einzelnen Fall hinaus zu generieren, wenn solche Fälle schwer vergleichbare, innerhalb eines überschaubaren Zeitraums kaum wiederholbare Unikate darstellen.[333] Entsprechend gemindert ist auch die Gewissheit etwaig vorhandener theoretischer Annahmen.[334] All dies sind praktische Zwänge, die das Recht bei seinen Ansprüchen an Wissen nicht ignorieren kann.[335] Soll der rechtliche Rationalitätsmaßstab nur auf empirisch und theoretisch belegte Wissensressourcen begrenzt bleiben, käme die PIU angesichts solcher Wissensdefizite schnell an Grenzen, und ihre Mustererstellung bekäme einen experimentellen Charakter.

Wie verhält es sich also mit sicherheitsbehördlichen Rationalitätsstandards, wenn empirisch oder theoretisch fundiertes Wissen zur Mustererstellung nur eingeschränkt oder gar nicht vorhanden ist? Wenn Nichtwissen in der Kriminologie zu Ungewissheit für das Sicherheitsrecht führt,[336] muss dieses dann entsprechend auch sein Rationalitätsversprechen anpassen? Können, bzw. sollen in dem Fall korrelationsbedingte Wissensgrundlagen und darauf basierte Entscheidungen zum Zuge kommen? Gerade in Fällen, in denen Wissen eine knappe Ressource ist, oder Wissensgrundlagen schwer über den Einzelfall hinaus verwertbar sind, erscheint der Einsatz maschinellen Lernens zur Entwicklung des notwendigen Entscheidungswissens rational.[337] Es geht dabei darum, bereits vorhandene Wissensgrundlagen, die angesichts ihrer Größe, Komplexität oder Einzigartigkeit ohne die Technologie als solche nicht genutzt werden könnten, zu nutzen und dabei eventuell die Zusammenhänge zu entdecken, die dem menschlichen Beob-

---

[333] Vgl. *Ladeur*, in: Mehde/Ramsauer/Seckelmann (Hrsg.), 2011, 639, 655, der dies mit Blick auf komplexe Planungsverfahren anmerkt.

[334] Vgl. *Pravica*, in: Friedrich/Gehring/Hubig/Kaminski/Nordmann (Hrsg.), 2017, 123, 129.

[335] Vgl. *Ladeur*, in: Voßkuhle/Eifert/Möllers (Hrsg.), [3]2022, § 21, Rn. 50: „In Verwaltungsverfahren, die mit komplexen Sachverhalten konfrontiert sind, kann es nicht etwa um die Übernahme wissenschaftlicher Lösungen in das Recht oder in die Verwaltungspraxis gehen."

[336] *Kremer*, in: Augsberg (Hrsg.), 2013, 195, 199 f., demzufolge sich in solchen Konstellationen nicht die Frage stellt „wie man mit extrajuridischem Wissen, sondern wie man mit Nichtwissen der nicht-juristischen Disziplinen umzugehen hat".

[337] *Leese*, Security Dialogue 45 (2014), 494, 501, für den PNR-Kontext: „Where traditional profiling meets its limits owing to constraints in actual knowledge about terrorists and criminals, data-driven analytics go beyond the limits of the known and seek to unveil and rationalize the unknown. Not only do they seek to render the future actionable, they also promise to provide a glimpse into the future by creating a new and distinct form of knowledge about it."

achter, Praktiker oder Theoretiker, bislang nicht aufgefallen sind und sonst auch nicht aufgefallen wären.[338] Ein qualitativer Unterschied zwischen menschlicher und algorithmischer Wissensgenerierung ist in solchen Fällen *prima facie* nicht, jedenfalls nicht zulasten algorithmischer Wissensgenerierung, ersichtlich.[339]

Diese These ist nachfolgend zu untermauern. Zwar mangelt es an präskriptiven Theorien polizeilicher Verdachtsgenerierung[340] und es mögen entsprechend auch wenige wissenschaftliche Standards für gute personenbezogene Verdachtsmuster, insb. bei komplexen Straftaten, zur Verfügung stehen,[341] und noch weniger für solche, die hauptsächlich anhand des Flugverhaltens erstellbar sind. Entsprechendes wird für Standards aus der Praxis festgehalten.[342] Es finden sich jedoch allgemeinere kriminologische Auseinandersetzungen mit algorithmischen Wissensgenerierungspraktiken. Wenn rationales sicherheitsbehördliches Entscheiden solches ist, das relevante wissenschaftliche Erkenntnisse berücksichtigt, dann ist die Entscheidungssituation der PIU mit Blick auf die potenzielle Verwendung korrelationsbedingten Wissens zunächst gegen die in der Kriminologie auf allgemeinerer Ebene geäußerten Kritiken an korrelationsbasierten Entscheidungen zu prüfen, aa). Instruktiv für die Annäherung an realistische Rationalitätsstandards ist auch der Blick auf den bisherigen Umgang des Sicherheitsrechts mit musterorientiertem Entscheiden in der polizeilichen Praxis, bb). Im Anschluss daran wird, einhergehend mit der verwaltungsrechtlichen Perspektive auf Entscheidungsrationalität als Begründungsrationalität, geprüft, wie weit sicherheitsrechtliche Anforderungen an das Geben von Gründen im Bereich der Straftatenverhütung reichen und inwieweit korrelationsbasierte Entscheidungen der PIU diesen nachkommen können, cc). Zum Schluss wird auf das Verhältnis

---

338 Vgl. *Rademacher*, AöR 142 (2017), 366, 374.

339 So im Grunde auch die *FRA*, 2018a, 3: „While the limits of data and data analysis need to be taken into account, decisions supported by data are potentially better decisions than those without any empirical support."

340 So *Bull*, in: Osterloh/Schmidt/Weber (Hrsg.), 2004, 29, 31: „So sind die Praktiker meist auf sich selbst gestellt, wenn sie im ‚Vorfeld' nach Verdachtsmomenten suchen. [...] Sicher ist, dass die Herausarbeitung eines Verdachts aus der Fülle der wahrnehmbaren Wirklichkeitssegmente ein Selektionsprozess ist, der teilweise ungesteuert, teilweise aber aufgrund fragwürdiger Vorurteile abläuft und in dem viel Raum für Zufälle bleibt."

341 Anders mag dies bei theoriegeleiteten Mustern für lagebezogenes predictive policing sein, die teilweise auf Theorien wie near-repeat, routine-choice, etc., aufbauen können, siehe dazu Kap. C. Fn. 48.

342 Zur sicherheitsbehördlichen Praxis mit personenbezogenen theoriegeleiteten Mustern wird kritisch angemerkt, dass dabei keine klaren Standards bestehen, *Rich*, U. Pa. L. Rev. 164 (2016), 871, 905, Fn. 232: „Traditional profiles are often informal, unwritten, and do not state how many of a set list of factors must be met before the profile is satisfied". *Heumann/Cassak*, Rutgers L. Rev. 53 (2001), 911, 976, hinterfragen, ob es überhaupt möglich ist, „objektive" Mustererstellungsmethoden zu entwickeln. Siehe dazu ausf. unten bei E.II.1.c).bb).

zwischen korrelationsbasierten Wissensgrundlagen und falschen Vorhersagen eingegangen, dd).

aa) Verständnis vs. Detektion von Kriminalität

Die Kriminologie befasst sich mit der Erforschung von Straftaten. Dabei untersucht sie den Prozess der Begehung einschließlich ihrer Ursachen, den Täter in seinen sozialen Bezügen sowie die Rolle des Opfers und liefert damit Erkenntnisse über die Phänomenologie von Straftaten.[343] Die Kriminologie versucht Kriminalität zu *verstehen* und Hinweise für eine langfristige Problembegegnung bereitzustellen.[344] Entsprechend sind Kriminalitätstheorien, wie schon gesagt, meist ursachenorientiert. Unter Berücksichtigung dessen erscheint die oben dargestellte Skepsis der Kriminologie gegenüber korrelationsbasierten Vorhersagen und ihrer Plausibilität zunächst berechtigt.[345]

Möglicherweise schießen aber die Ziele und Standards der kriminologischen Forschung über den Zweck des gesetzlichen Auftrages der PIU hinaus. Wie bereits im Kontext komplexitätsbedingten Nichtwissens erläutert wurde, besteht dieser darin, die Entstehung operativen, also nicht zwingend theoretisch belegten bzw. wissenschaftlich gesicherten, sondern hauptsächlich praktisch verwertbaren Entscheidungswissens *zwecks der Identifizierung* tatsächlicher Anhaltspunkte über verdächtiges Verhalten im Kontext von Einzelfallsachverhalten zu unterstützen.[346] Es geht hier also weder um das ursachenorientierte Verständnis, noch um die Änderung von Kriminalität im Sinne der systematischen Einflussnahme auf ihre Ursachen, sondern um die Detektion von Kriminalitätsgeschehen und um ihre Änderung allenfalls im Sinne ihrer Verhütung. Die Identifizierung von Anhaltspunkten ist jedoch nicht zwingend auf kausales Wissen angewiesen, denn es geht dabei zunächst schlicht um die Vorhersage von Ereignissen, wofür korrelationsbasierte Wissensgrundlagen gerade besonders geeignet sind.[347] Damit mag zwar nur ein kleines Spektrum von kriminalpräventiven Möglichkeiten bedient sein.[348] In dem vorhersagebasierten Identifizierungsanteil der Verhütungsarbeit erschöpft sich aber auch der gesetzliche Auftrag der PIU. So gesehen

---

343 *Clages/Zeitner*, ^{3}2016, 25 f.

344 *Baur*, ZIS 15 (2020), 275, 284.

345 Siehe dazu oben in diesem Abschnitt 1.a).

346 Siehe oben E.I.4.c).bb).(2).

347 Vgl. *Hagmayer/Fernbach*, in: Waldmann (Hrsg.), 2017, 495, 499.

348 *Baur*, ZIS 15 (2020), 275, 284: „Die Hebel, die [digitale Überwachungsagenten] ansetzen helfen, sind immer einfach und selten subtil: Verhinderung und Abschreckung". *Kaufmann/Egbert/Leese*, The British Journal of Criminology 59 (2019), 674, 686: „the ambition of most predictive policing software is to handle symptoms, not root causes. Crime may be dealt with efficiently, but only at the surface".

dient korrelationsbedingtes Wissen vollkommen dem Ziel des Fluggastdatengesetzes, worum es bei rechtlichen Rationalitätsfragen schlussendlich gehen dürfte. Dementsprechend bleiben auf Kausalität gestützte und an sich einleuchtende Kritikpunkte der Kriminologie für den Kontext der Fluggastdatenverarbeitung unmaßgeblich – etwa, dass bei Entscheidungen, die mit dem Ziel getroffen werden, Kriminalität zu verändern, ohne Ursachenkenntnisse nicht gewusst werden kann, was genau zu ändern ist und wie sich die Änderung auswirkt.[349]

Daher mögen korrelationsbasierte Erkenntnisse für (kriminal)wissenschaftliche Zwecke, mangels Hypothesenfundierung, tatsächlich kaum verwertbar sein, für die Tätigkeit der PIU erscheinen sie aber wie eine Methode der Wahl.[350] Solange keine der Komplexität des Gegenstands angemessene kriminologischen Erkenntnisse zur Verfügung stehen und der Auftrag der PIU nicht verständnis- sondern detektionsorientiert gedeutet wird, stehen kausalitätsgestützte Plausibilitätsvorwürfe der Kriminologie nicht der rechtswissenschaftlichen Annahme korrelationsbasierten Wissens und Entscheidens als rational entgegen.

bb) Parallelen zur musterorientierten Praxis

Wenn die rein korrelationsbasierte Art der Wissensproduktion maschinellen Lernens zwar nicht für die Arbeit der Kriminologie, wohl aber für die der PIU zunächst hinreichend ist, kann bei der Suche nach Rationalitätsstandards als nächstes die Frage gestellt werden, wie sich algorithmisch generierte Wissensgrundlagen zur sicherheitsbehördlichen Praxis verhalten. Diese Frage stellt sich jedenfalls dann, wenn wie hier angenommen wird, dass rechtliche Ansprüche an

[349] *Chan/Bennett Moses*, Theoretical Criminology 20 (2016), 21, 33 f. Auf diese Argumentationslinie gestützt gibt *Rademacher*, AöR 142 (2017), 366, 375, folgendes Beispiel, um zu zeigen, warum Kausalität für eine effektive Gefahrenabwehr wichtig ist: „Wenn eine Datenauswertung ergibt, dass die Zahl von Feuerwehreinsätzen positiv mit der Zahl von Bränden korreliert, wird die Software von sich aus nicht erkennen, was Ursache und was Wirkung ist. Einem menschlichen Polizisten wäre klar, dass er, wenn er einen solchen Zusammenhang beobachtet, wohl nicht mit der Reduktion der Feuerwehreinsätze reagieren darf.“ Die Unkenntnis von Kausalität berge also die Gefahr, dass in komplexeren Situationen tatsächlich auf eine entsprechend kontraproduktive Art reagiert wird. Um solche Situationen geht es bei der PIU-Tätigkeit jedoch nicht. Weiß der Polizist nicht, wie er Brände entdeckt, was die realitätsfremde Analogie dieses Beispiels zu der PIU-Tätigkeit wäre, würde er diese aufgrund der Korrelation zum Feuerwehreinsatz nunmehr besser entdecken können. Mit der Reaktion auf den Brand ist die PIU nicht befasst. Ebenso wenig müssen die Sicherheitsbehörden nach § 6 FlugDaG eine über die Brandlöschung hinausgehende Änderung der Situation vornehmen. Anders gesagt, die Entscheidung über die Reduktion von Feuerwehreinsätzen, die kausales Wissen voraussetzen würde, entspricht ohnehin nicht der typischen Reaktion von Sicherheitsbehörden bei der Straftatenverhütung. Die Vornahme solcher Schritte zur systematischen Veränderung von Kriminalität dürfte vielmehr sicherheitspolitischen Entscheidungssituationen entsprechen.

[350] So allg. *Nassehi*, 2019, 81.

Wissen neben wissenschaftlichen auch etwaige Standards aus der Praxis zu berücksichtigen haben. Gewiss lassen sich der Praxis noch keine Standards im Hinblick auf algorithmische Wissensgrundlagen entnehmen, befindet sich doch personenbezogenes und auf maschinelles Lernen aufbauendes predictive policing in Deutschland, wenn überhaupt, dann noch in einem sehr frühen Stadium.[351] Es lassen sich jedoch Parallelen zu ähnlichen Praktiken im Sicherheitsbereich ziehen, die musterorientiert operieren. Ein Blick auf den rechtlichen Umgang mit sich dabei herausgebildeten oder dabei ebenfalls gerade fehlenden Standards an Wissen erscheint für die Frage der rechtlichen Verarbeitung korrelationsbedingten Wissens instruktiv. Hinter solchen Parallelenziehungen steckt insbesondere auch die Überlegung, dass wenn am wenigsten rechtfertigungsbedürftig jenes ist, was in einem Bereich bereits etabliert und als funktional anerkannt ist,[352] dies auch auf jenes zutreffen könnte, was dem funktional ähnlich ist, wenn auch nicht vollumfänglich.

Tatsächlich stellt *Rademacher* bei einem Vergleich der klassischen polizeilichen Prognose mit predictive policing zunächst keine beträchtlichen methodischen Unterschiede fest. Beide Herangehensweisen sind vergangenheitsbasiert, indem sie anhand eines Abgleichs von erlernten Erfahrungssätzen mit dem aktuell Wahrgenommenen die Wahrscheinlichkeit eines erneut drohenden Schadens ermitteln und daher im Ansatz immer die Anwendung von Mustern bzw. Erfahrungssätzen verkörpern.[353] Die Arbeit mit Mustern ist so gesehen für die polizeiliche Praxis geradezu typisch, dazu sogleich mehr. Überlegen sei die menschliche Gefahrerkennung jedoch insofern, als der menschliche Wahrnehmungshorizont breiter als der algorithmische sei, welcher sich lediglich auf die ihm zur Verfügung gestellten Daten beschränke und somit notwendig fragmentarisch bleibe.[354] Im Kontext der Fluggastdatenverarbeitung und der Detektion tatsächlicher Anhaltspunkte für komplexe und unterschwellige Deliktsstrukturen fällt der Vergleich zwischen dem menschlichen und algorithmischen Wahrnehmungshorizont der Polizei jedoch anders aus. Denn wie viel kann ein Sicherheitsbeamter etwa bei den im Anhang der PNR-RL aufgelisteten illegalen Handelsdelikten, bzw. den ihnen vorgelagerten Schmuggeldelikten tatsächlich wahrnehmen? Auf den ersten Blick unterscheidet sich das mit ihnen zusammenhängende Verhalten

---

351 *Trute/Kuhlmann*, GSZ 4 (2021), 103, 109.

352 *Ladeur/Augsberg*, Rechtstheorie 36 (2005), 143, 164 f.; *Vesting*, ²2015, Rn. 240 ff.

353 *Rademacher*, AöR 142 (2017), 366, 381 f.

354 *Rademacher*, AöR 142 (2017), 366, 383. Zusammen mit der Erkenntnis, dass predictive policing nicht in der Lage ist, normative Entscheidungen über das Vorliegen von Gefahren zu treffen, zieht er Schlüsse über die polizeirechtsdogmatische Einordnung algorithmischer Outputs. Darauf wird später noch einzugehen sein, E.II.2.e).

kaum vom alltäglichen, unauffälligen Flugverhalten.[355] Wahrnehmbare Unterschiede, etwa ein seltsames Verhalten oder ein auffälliges Gepäcksstück, dürften, wenn überhaupt vorhanden, durchaus subtil und entsprechend übersehbar sein. In dem Fall sind gerade Strategien zur datenanalytischen Identifizierung von Indizien verdächtigen Verhaltens trotz ihres eingeschränkten, oder aber auch – konzentrierten – Wahrnehmungshorizonts, das Mittel der Wahl.

Entsprechend ist im Vorfeldbereich, nicht zuletzt wegen dieser Unterschwelligkeit verdächtigen Verhaltens, die datengetriebene Musterdetektion eine bereits seit Jahren beobachtete Tendenz in der sicherheitsbehördlichen Wissensgenerierungspraxis.[356] Rechtlich wurde sie bislang vor allem anhand von Regelungen zum Datenschutz und tatbestandlichen Eingriffsschwellen aufgefangen, zur Qualität des dabei produzierten Wissens verhält sich das Recht damit jedoch nicht direkt.[357] Parallelen zur praktischen Arbeit mit solchen Mustern, die nicht automatisch gedanklich abgerufen und auf analoge Sachverhalte angewendet, sondern zunächst gedanklich (nicht algorithmisch) konzipiert und auf Daten angewendet werden, könnten für die Suche etwaiger Standards an Wissen besonders instruktiv sein.[358] Insbesondere ein Blick auf den rechtlichen Umgang mit dieser Praxis ließe eine Abschätzung der Frage zu, wie algorithmische Wissensgenerie-

---

355 Siehe dazu auch oben C.IV.3.b).

356 Siehe dazu auch oben IV.1.

357 Paradigmatisch dafür dürfte der viel kritisierte Rasterfahndungsbeschluss sein, BVerfGE 115, 320, in dem das Verfassungsgericht eine als Vorfeldbefugnis gedachte polizeiliche Maßnahme in gefahrenabwehrrechtliche Dogmatik hineingepresst und entsprechend inhibiert hat. Siehe zur entsprechenden Kritik, *Möstl*, in: Möstl/Kugelmann (Hrsg.), [24]2023, Systematische und Begriffliche Vorbemerkungen, Rn. 50 ff.; *Rademacher*, AöR 142 (2017), 366, 394; *Bull*, in: van Ooyen/Möllers (Hrsg.), [2]2015, 627, 649; *Schoch/Danwitz*, [15]2013, 277; *Trute*, DV 42 (2009), 85, 101. Kritik an dieser Kritik äußert wiederum *Bäcker*, 2015, 287, der den Einsatz einer Rasterfahndung in einer Gefahrenlage für sinnvoller als im Gefahrenvorfeld hält. Allerdings funktioniert diese Betrachtungsweise nur bei einem lockeren Verständnis des Gefahrenbegriffs und beim Ignorieren der bisherigen Erfahrungen mit dem zeitlichen Aufwand der Rasterfahndung. Für die hier interessierenden Wissensfragen ist an der Entscheidung aber vor allem bemerkenswert, dass bis auf eine Aufzählung der an der Rastererstellung beteiligten Behörden (Rn. 323), an keiner Stelle darauf eingegangen wird, ob die bundesweit abgestimmten Rasterkriterien etwa auf wissenschaftstheoretisches oder erfahrungsbasiertes Wissen gestützt werden (sollen). In dieser Hinsicht ähnlich ist auch die BND-Entscheidung, BVerfG, Urt. v. 19.5.2020, Rn. 22 f., u. 182, in der das Gericht nur insoweit auf die Rationalität der Suchbegriffe (Selektoren) eingeht, die zur Aussonderung relevanter Datenströme der Telekommunikation genutzt werden, dass es lediglich darstellend festhält, dass diese „vor einer aktiven Verwendung […] dienstintern durch eine Untereinheit (‚Qualitätssicherung SIGNIT‘) auf Auftragskonformität, rechtliche Zulässigkeit – insbesondere hinsichtlich ihrer Verhältnismäßigkeit – und Plausibilität überprüft“ werden und später fordert, dass sie „einer unabhängigen Kontrolle zugänglich“ gemacht werden müssen.

358 Der Idealfall dieser Praxis, bei dem sowohl praktische als auch theoretische Erkenntnis-

rungspraktiken im Vergleich dazu abschneiden würden. Entsprechender Input aus dem europäischen Rechtsraum findet sich jedoch kaum.[359] Konkretere Eindrücke lassen sich aus vereinzelt vorhandenen, hauptsächlich amerikanischen Auseinandersetzungen mit musterorientierten sicherheitsbehördlichen Praktiken gewinnen. Diese sogleich dargestellten Eindrücke bestätigen (vorsichtig)[360] die eingangs aufgeworfene These, dass in Anbetracht der im Vorfeldbereich häufig fehlenden „konventionellen" Wissensressourcen, algorithmische Muster und Outputs keine „geminderte" Rationalität im Vergleich zu sonstigen etablierten Praktiken für sich beanspruchen.

Theoriegeleitete Muster der Sicherheitsbehörden werden oft als „*informal*" bezeichnet, womit gemeint sein dürfte, dass sie weder standardisiert noch behördenübergreifend einheitlich zusammengestellt werden.[361] So zeigten Untersuchungen von flugverhaltensbasierten theoriegeleiteten Drogenkuriermustern beträchtliche Unterschiede in der Merkmalszusammenstellung innerhalb einzelner amerikanischer Staaten und Flughäfen, sowohl beim Inhalt, als auch bei der Quantität von einschlägigen verdachtsbegründenden Prüfungsmerkmalen.[362] Teilweise wurden auch offensichtliche Widersprüche zwischen verschiedenen

---

se verfügbar sind und zusammenkommen, wurde oben für den Kontext der Fluggastdatenverarbeitung beschrieben, C.III.

[359] Siehe *Hert/Lammerant*, in: van der Sloot/Broeders/Schrijvers (Hrsg.), 2016, 145, 157 u. 168, die bei diesem Thema insgesamt festhalten – „jurispridence is scarce", und lediglich die EuGH-Rspr. zu Vorratsdatenspeicherung und die BVerfG-Entscheidung zur Rasterfahndung heranziehen: „One has to admit, however, that the relevant case law is either very young or scarce, and does not allow stronger or more precise conclusions. Continued scrutiny is thus warranted. Investigative methods evolve together with technological possibilities; old standards can become outdated, even when laid down in the case law of our highest courts."

[360] Vorsicht erscheint insoweit geboten, als in soziologischer Forschung darauf hingewiesen wird, dass Kohärenz und Homogenität von ein und derselben sicherheitsbehördlichen Praxis nicht nur international, sondern auch innerstaatlich nicht überschätzt werden dürfen, siehe *Maillard/Hunold/Roché/Oberwittler*, Policing and Society 28 (2018), 175, 185. Dennoch könnten einige der in der Folge berücksichtigten amerikanischen Mustererstellungspraktiken als Vergleichsmaß mit der PIU-Praxis besonders instruktiv sein, wenn die amerikanischen Ursprünge der Fluggastdateninitiative und die Beteiligung der USA am PNR-Netzwerk berücksichtigt werden, siehe dazu im Detail oben B.I. u. II.6.

[361] *Rich*, U. Pa. L. Rev. 164 (2016), 871, 905, Fn. 232; *Heumann/Cassak*, Rutgers L. Rev. 53 (2001), 911, 919, m. w. N.; *Greenberg*, Am. Crim. L. Rec. 19 (1981), 49, 52.

[362] *Greenberg*, Am. Crim. L. Rec. 19 (1981), 49, 52, Fn. 24; *Heumann/Cassak*, Rutgers L. Rev. 53 (2001), 911, 920 f., m. w. N., dennoch mit dem Gegenhinweis: „while specific factors may vary from profile to profile, the basic primary characteristics – such as destination, turn around time, method of payment – have remained essentially the same for many years, as have some of the ‚secondary' characteristics, such as use of public transportation to depart the airport, making a phone call after deplaning and using a false callback number when dealing with the airlines."

Drogenkuriermustern entdeckt.[363] Dies spricht dafür, dass die Praxis an dieser Stelle wenige „Standards" bereithält, an die rechtliche Wissensansprüche überhaupt anknüpfen können um ihre Einhaltung vorauszusetzen. Und wenn dies schon bei Drogenkuriermustern die Tendenz ist, welche als die „ubiquitärsten und sichtbarsten" Muster gelten,[364] verspricht die Suche nach etablierten Standards der Mustererstellungspraxis für andere Delikte kaum bessere Aussichten.[365] Unter Berücksichtigung der in den letzten Jahrzehnten zunehmenden Kooperation zwischen Sicherheitsbehörden und anwendungsorientierter Forschung bei der Erstellung von Kriminaliätsmustern,[366] dürfte ein solcher Stand der Praxis auch die Schwierigkeit der Produktion entsprechender wissenschaftlicher Erkenntnisse zumindest ein Stück weit wiederspiegeln. Mustererstellung in der Praxis scheint damit einen nicht unerheblichen Anteil an sporadischen Erfahrungen, Trial-and-Error und Intuition mehrerer verschiedener Sicherheitsbeamter zu verkörpern. Es handelt sich dabei nicht um Wissensgrundlagen, deren Plausibilität stets ausgiebig hinterfragbar und gut begründbar ist. Trotz solcher „Irrationalitäten" der Mustererstellungspraxis wird in juristischen Untersuchungen festgehalten, dass es weder sinnvoll noch realitätsnah wäre, die polizeiliche Anwendung von Mustern nicht als eine vertretbare, sogar wertvolle und jedenfalls der Komplexität der Polizeiarbeit in bestimmten Kriminalitätsbereichen immanente Praxis anzuerkennen.[367] Sie wird im Grundsatz, trotz, oder genauer, *mit*

---

363 Siehe die Aufzählung bei *Heumann/Cassak*, Rutgers L. Rev. 53 (2001), 911, 920, m.w.N. mit Beispielen wie „arrived late at night… arrived early in the morning… one of the first to deplane… one of the last to deplane… deplaned in the middle…"

364 *Heumann/Cassak*, Rutgers L. Rev. 53 (2001), 911, 917. Entsprechend führt auch die Europäische Kommission in SWD(2020) 128 final, 11, 25 u. 33, insbesondere Drogenkuriermuster als Beispiel gelungener Mustererstellungspraktiken im PNR-Bereich an.

365 *Heumann/Cassak*, Rutgers L. Rev. 53 (2001), 911, 917 weisen darauf hin, dass andere Profile dennoch entwickelt werden: „Most prominent […] are those used to identify hijackers and […] persons who smuggle illegal aliens into the country. Less prominent are the drug smuggling vessel profile, the stolen car profile, the stolen truck profile, the alimentary-canal smuggler profile, the battering parent profile and the poacher profile. […] To a lesser extent, profiles are developing to help identify serial rapists, child molesters, and arsonists."

366 Siehe dazu oben B.II.2. u. C.III.1. Siehe auch *Alison/Goodwill/Almond/Heuvel/Winter*, Legal and Criminological Psychology 15 (2010), 115, 117ff.: „In recent years, several countries in particular […] Germany, […] have opted for a more integrated multidisciplinary approach to the erstwhile concept of offender profiling."

367 *Heumann/Cassak*, Rutgers L. Rev. 53 (2001), 911, 929: „To simply tackle ‚profiling' by adopting a facile, dismissive, and pejorative posture to this exercise of police discretion is to unrealistically simplify the complexity of police behavior, and to deem unacceptable some practices which are defensible and which may, indeed, even be laudable." So für die konventionelle Polizeiarbeit auch *Rademacher*, AöR 142 (2017), 366, 382: „Polizeiliche Verhaltensprognosen sind immer die Anwendung des an früheren Fällen Gelernten auf den aktuell wahrge-

all ihren Fehlbarkeiten dennoch als etabliert und funktional anerkannt.[368] Das Sicherheitsrecht hat sich diesbezüglich bisher eher zurückgehalten.[369] Es hat sich der Praxis im Grundsatz jedoch nicht verschlossen, sondern versucht sie mit begleitenden Regelungen, mal mehr mal weniger erfolgreich, aufzufangen.

Sowohl der Mangel an Standards in der Praxis als auch der bisherige Umgang des Rechts mit dieser Praxis sind für die hier interessierenden rechtlichen Ansprüche an korrelationsbedingtes Wissen instruktiv. Im Vorfeldbereich sicherheitsbehördlicher Arbeit kann das Recht dieses schwer als irrational abtun, ohne die Relevanz einer ganzen Reihe gesellschaftlicher und sicherheitspolitischer Entwicklungen, die seinen Aufstieg begleiten, bzw. ohne die gesellschaftliche Faktizität, auf deren Normativität es Bezug nimmt,[370] zu verkennen und seine eigene Autorität als normative Koordinationsordnung der Gesellschaft dadurch einzubüßen.[371] Vielmehr sprechen die gezogenen Parallelen dafür, dass ein ähnlicher rechtlicher Umgang, also eine – zurückhaltende – Reaktion mit die Wissensproduktion begleitenden, nicht jedoch sperrenden Regelungen, auch bei algorithmischen Wissensgrundlagen angebracht wäre.

cc) Zur Reichweite der sicherheitsrechtlichen Wissenshinterfragung

Das Recht hinterfragt sicherheitsbehördliches Wissen primär im Rahmen der Auseinandersetzung mit der Rechtmäßigkeit einzelner behördlicher Entscheidungen. Dabei denkt es Wissens- und Rationalitätsfragen meist begründungsorientiert.[372] Gemeint ist damit, dass das Recht die Qualität sicherheitsbehördlicher Wissensgrundlagen hauptsächlich im Rahmen der Begründung von Entscheidungen zum Ergreifen von Einzelmaßnahmen hinterfragt, sei es eine Begründung gegenüber dem sie anordnenden Richter oder gegenüber ihren Adressaten und sei es im Vorfeld oder während eines gerichtlichen Verfahrens. Korrelationsbedingtes Nichtwissen, also Nichtwissen über die Frage, warum gerade dies die

---

nommenen neuen Fall, das heißt sind stets die Anwendung von Mustern bzw. Erfahrungssätzen. Anders geht es nicht."

368 Siehe etwa das Fazit von *Heumann/Cassak*, Rutgers L. Rev. 53 (2001), 911, 977: „An appropriate rush to condemn invidious stereotyping or profiling, ought not also lead us to condemn wise judgements by experienced police officers appropriately weighing factors associated with higher probabilities of offending behavior."

369 Diese Zurückhaltung ist im amerikanischen Rechtsraum bislang auf heterogene Bewertungen gestoßen, siehe dazu *Heumann/Cassak*, Rutgers L. Rev. 53 (2001), 911, 951 f.

370 So *Ladeur/Augsberg*, Rechtstheorie 36 (2005), 143, 165.

371 Vgl. auch *Ladeur/Augsberg*, Rechtstheorie 36 (2005), 143, 172, m.w.N.: „Ohne den Gebrauch praktischer Erfahrungsregeln und der darauf gestützten Vermutungen und Wahrscheinlichkeitsannahmen ist die Koordination gesellschaftlichen Handelns und Entscheidens nicht möglich."

372 Siehe dazu oben E.II.1.b).

Entscheidungsgrundlage und die Entscheidung im Einzelfall sein soll, könnte daher mit der Funktion der verwaltungsrechtlichen Begründung kollidieren, denn die Begründung soll die Frage beantworten, warum eine Entscheidung gerade so (und nicht anders) getroffen wurde.[373]

Wie weit diese warum-Frage reicht, lässt sich allgemein nicht beantworten.[374] Für den Kontext der Fluggastdatenverarbeitung wurde oben bereits festgehalten, dass eine Begründung von (auch) auf algorithmischen Treffern beruhenden Folgemaßnahmen sich nicht zu den technologischen Einzelheiten ihrer Erzeugung verhalten muss.[375] Vielmehr reicht es aus, wenn sie über die wesentlichen entscheidungserheblichen Tatsachen informiert, darunter auch diejenigen beim Abgleich getroffenen Korrelationen, die zur Annahme eines eine Maßnahme rechtfertigenden Verdachts beigetragen haben. Den Anforderungen an den Inhalt einer solchen Begründung und den darin zum Tragen kommenden sicherheitsrechtlichen Rationalitätsvorstellungen ist im Folgenden näher zu treten. Ziel dabei ist es, zu analysieren, wie sich korrelationsbasierte Wissensgrundlagen in diese Vorstellungen einfügen und inwieweit sie rechtliche Begründungsanforderungen irritieren könnten.

(1) Gründe für eine Verdachtsgenerierung

Auch wenn Begründungen wie etwas dem Recht Inhärentes erscheinen,[376] sind sie für das Recht kein absolutes Anliegen.[377] Das Recht verlangt nur solche Gründe, die in Bezug zu bestimmten rechtsnormativen Belangen stehen.[378] Auch ist eine Begründung immer dem Vorbehalt des tatsächlich Möglichen unterstellt und relativiert sich deshalb im Spannungsfeld zwischen Sein und Sollen in eine Vorgabe der möglichst weitgehenden Annäherung an den erwünschten Zustand.[379] Allgemeiner Inhalt einer Begründung sind die angewandten Rechtsnormen, ihre erfüllten oder nicht erfüllten Tatbestandsmerkmale und die *dafür* aus-

373 *Kischel*, 2003, 8, 377 und passim.

374 *Kischel*, 2003, 385 und passim.

375 Siehe oben D.I.2.b).

376 Vgl. etwa *Selbst*, Vand. L. Rev. En Banc 70 (2017), 87, 93: „Explanation is central to the very concept of law". Vgl. auch *Stark*, 2020, 271 ff.

377 *Coglianese/Lehr*, Admin. L. Rev. 71 (2019), 1, 39.

378 *Selbst*, Vand. L. Rev. En Banc 70 (2017), 87, 97: „Instead of asking for an explanation in general, then, what the law does is ask for specific types of explanation to vindicate different normative concerns." *Hoffmann-Riem*, in: Hoffmann-Riem (Hrsg.), 2010, 35, 47 f.: „Die Entscheidungsbegründung ist nicht Selbstzweck, sondern ein Mittel der Rechenschaftslegung darüber, dass die Entscheidung normgemäß ist".

379 *Mast*, in: Kuhlmann/DeGregorio/Fertmann/Ofterdinger/Sefkow (Hrsg.), 2023, 141, 143, m. w. N.

schlaggebenden Gründe.[380] Im Kontext der Fluggastdatenverarbeitung wäre der Teil der Begründung, in den algorithmisch generierte Wissensgrundlagen einfließen könnten, derjenige, der sich zu den tatsächlichen Elementen einer Entscheidung zum operativen Maßnahmenergreifen zwecks Straftatenverhütung verhält. Am ehesten dürfte es dabei um die Darstellung der Tatsachen gehen, die die Annahme eines Verdachts zu einem bestimmten Anteil begründet haben.[381] Tatbestandsmäßig würden sich solche Ausführungen zur Erfüllung von Tatbestandsmerkmalen wie „tatsächliche Anhaltspunkte", oder „Tatsachen, die die Annahme rechtfertigen" verhalten. Eine Sicherheitsbehörde hätte dabei zu begründen, warum sie vom Vorliegen solcher Anhaltspunkte ausging, was für Informationen ihr vorlagen, wie sie zu diesem Schluss kam. Die Frage, die sich mit Blick auf korrelationsbedingtes (Nicht)Wissen hier stellt, ist, inwieweit sie dabei auch mit algorithmisch generierten verdachtsbegründenden Korrelationen argumentieren kann, die in einem bestimmten Fluggastdatensatz wiederentdeckt wurden. Die Frage ist tiefergehend, als ihr begründungsorientierter Ausgangspunkt sie zunächst erscheinen lässt, denn wenn die Entscheidung zum Ergreifen einer sicherheitsbehördlichen Maßnahme nicht auch mit algorithmischen Anhaltspunkten begründet und entsprechend gerechtfertigt werden darf, dann hätten Sicherheitsbehörden auch keine beträchtliche Verwendung für algorithmisch generierte Wissensgrundlagen. So gesehen markieren die Grenzen der Begründbarkeit auch die Grenzen rechtsstaatlichen Behördenhandelns.[382]

Soweit der Zweck einer Begründung einerseits im intersubjektiven Verständnis des Kommunizierten gesehen wird, also in der Ermöglichung eines Nachvollziehens der sicherheitsbehördlichen Erwägungen,[383] ist nicht ersichtlich, warum entscheidungserhebliche algorithmische Wissensgrundlagen darin nicht zum Zuge kommen dürften. Die beim Abgleich getroffenen algorithmischen Prüfungsmerkmale eines Musters lassen sich, vorbehaltlich etwaiger komplexitätsbedingter Hürden,[384] auf dieselbe Art kommunizieren, wie theoriegeleitete Prü-

---

380 *Kischel*, 2003, 384.

381 Hiermit soll noch keine Stellung zur Frage der rechtsdogmatischen Behandlung algorithmengenerierter Indizien bezogen werden, siehe dazu unten E.II.2.e). Wie schon oben bei E.I.4.d).bb).(1).(b). gesagt, könnten algorithmische Indizien je nach Einzelfall, Komplexität und der Behörde im Übrigen vorliegenden Informationen eine unterschiedlich starke Indizwirkung haben und in die ermächtigenden Informationsgrundlagen unterschiedlicher Folgemaßnahmen einfließen. Unbeschadet dessen geht es hier darum, ob ihre korrelationsbasierte Erzeugungsart den Anforderungen an die Begründung der Annahme von Indizien genügt.

382 So, zunächst fragend, *Wischmeyer*, in: Eifert (Hrsg.), 2020, 73, 78.

383 Zu diesem Zweck der Begründung siehe *Mast*, 2020, 275 f. Zu weiteren Begründungsfunktionen, siehe *Mast*, in: Kuhlmann/DeGregorio/Fertmann/Ofterdinger/Sefkow (Hrsg.), 2023, 141, 142.

384 Siehe dazu und zu ihrer rechtlichen Bedeutung oben E.I.4.d).

fungsmerkmale. Ebenso lassen sich die sicherheitsbehördlichen Erwägungen, die dem Treffer eine beachtliche Indizwirkung anerkannt haben, kommunizieren. Im ersteren Fall denkt und argumentiert ein Sicherheitsbeamter hinsichtlich der im konkreten Einzelfall angenommenen Indizwirkung datenbasierter Korrelationen, im letzteren hinsichtlich der Indizwirkung theorie- bzw. erfahrungsgeleiteter Überlegungen. Die korrelationsbasierte Art der Erzeugung von Mustern und Treffern macht bei der intersubjektiven Übermittlung des Kommunizierten schlicht keinen Unterschied. Durch die Schilderung der wesentlichen entscheidungserheblichen Korrelationen wird nachvollziehbar, warum eine konkrete Entscheidung getroffen wurde.

Ab diesem Punkt geht es nicht mehr um die Ermöglichung der Nachvollziehung einer Begründung, sondern um ihre Überzeugungskraft. Hier kommt Entscheidungsrationalität zum Zuge, denn die Begründung verkörpert auch einen Anspruch auf argumentative Plausibilität, ermittelbar durch den Austausch von Gründen und Gegengründen.[385] Es besteht jedoch kein Anlass zur Annahme, dass lediglich kausal aufgebaute Argumentationsformen rechtlich (als überzeugend) anerkannt sind, außer der Beobachtung, dass (sicherheits-)rechtliche Begründungen typischerweise einer kausalen Struktur folgen.[386] Daraus kann aber nicht abgeleitet werden, dass sie dies auch stets sollen. Im Gegenteil sollten die vorherigen Ausführungen gezeigt haben, dass Kausalität, Erfahrung und Theorie bei der Befassung mit Straftaten wie denen in § 4 Abs. 1 FlugDaG und den ihnen zugrunde liegenden Verhaltensmustern an die Grenzen ihrer argumentativen Überzeugungskraft geraten. Dies gilt, obwohl ihre Logiken normativ hinterfragt werden können, oder auch etwas zugespitzt: gerade wenn sie hinterfragt werden. Denn dann werden die Grenzen sicheren Wissens im Vorfeldbereich sichtbar und Rationalitätsansprüche entsprechend abgedämpft. In juristischer Literatur zu predictive policing wird deshalb auch festgehalten, dass an einer Auflistung korrelativ ermittelter Merkmale, die auf ein verdächtiges Verhalten induktiv (bzw. abduktiv)[387] schließen lassen, nichts inhärent inadäquat oder falsch ist.[388]

---

[385] Vgl. *Wischmeyer*, in: Eifert (Hrsg.), 2020, 73, 74, der allerdings von argumentativer „Richtigkeit" spricht. Zum hier gewählten Maßstab der Plausibilität, siehe oben, Fn. 245. Zu Rationalität als Begründbarkeit und zur Begründung als sprachliche Vermittlung von Rationalität siehe auch *Kischel*, 2003, 8 und insb. Fn. 30.

[386] *Selbst*, Vand. L. Rev. En Banc 70 (2017), 87, 94: „Simplifying immensely, typical legal explanations of facts are causal in nature with limited factors." Für die Gefahrenabwehr siehe auch *Goldhammer*, 2021, 145: „Das Leitbild der Gefahrenabwehr beruht damit auf einem durch Kausalität determinierten Erklärungsmodell."

[387] So präzisierend, *Selbst*, Vand. L. Rev. En Banc 70 (2017), 87, 99: „Abductive reasoning is a flavour of induction by which people infer the best explanation given a set of facts and competing hypotheses."

[388] *Selbst*, Vand. L. Rev. En Banc 70 (2017), 87, 95.

Die Überzeugungskraft von Begründungen wird aber letztendlich meist richterlich bewertet. Nachfolgend ist daher auf einige Tendenzen in der sicherheitsrechtlichen Rechtsprechung einzugehen, die für die Frage der rechtlichen Verarbeitung korrelationsbedingten Wissens aufschlussreich sein können.

(2) Korrelationen als Gründe in der Rechtsprechung

Bemerkenswert ist zunächst die in der *BKAG-Entscheidung des BVerfG* vorgenommene Reduzierung der Anforderungen an die Vorhersehbarkeit von Kausalverläufen zwecks sicherheitsbehördlicher Aufgabenwahrnehmung im Vorfeldbereich. So kann der Gesetzgeber die Grenzen für bestimmte Bereiche mit dem Ziel der Straftatenverhütung auch weiter ziehen, indem er die Anforderungen an die Vorhersehbarkeit des Kausalverlaufs reduziert.[389] Das Verfassungsgericht rückte damit ein Stück weit von dem langjährigen Bekenntnis zu bestimmten maßnahmenermöglichenden Eingriffsschwellen ab, wenngleich in der Literatur kritisch angemerkt wird, dass nicht ganz klar ist, wie weit diese Lockerung reicht, und hinsichtlich seiner allgemeinen Bedeutung ein Präzisierungsbedarf identifiziert wird.[390] Für die hier interessierenden Wissensfragen sind die Lockerung tatbestandlicher Eingriffsschwellen und die damit zusammenhängenden Fragen polizeirechtsdogmatischer Natur jedoch weniger von Interesse. Interessant ist hingegen die damit einhergehende Lockerung der Wissensanforderungen. Wenn im Bereich der Straftatenverhütung gefahrrelevante Kausalverläufe nicht dergestalt vorhersehbar sein müssen wie im Bereich der Gefahrenabwehr, dann spricht dies auch dafür, dass verdachtsindizierende Muster ebenso wenig allein auf klare Kausalannahmen aufbauen müssen. Der Schritt von unklaren Kausalannahmen zu Annahmen, die auf statistischen Korrelationen aufbauen, ist wiederum kein großer, wird nur das Verhältnis zwischen Kausalität und Korrelation genauer in den Blick genommen.[391] Freilich ist diese gerichtliche Lockerung eine nicht eindeutige und auf den Fall der Fluggastdatenverarbeitung nicht direkt übertragbare Tendenz. Nichtsdestotrotz aber eine solche, die von Kausalität als ein etwaiges Leitbild sicherheitsbehördlicher Arbeit ein Stück weit wegrückt.

Befasst sich ein Gericht im Zuge der Rechtmäßigkeitsprüfung von Einzelmaßnahmen mit Merkmalen, die Sicherheitsakteure als verdachtsindizierend identifiziert haben, so ist für die Entscheidung des Gerichts ihre Überzeugungskraft,

---

389 BVerfGE 141, 220, 272.

390 Siehe etwa *Enders*, DÖV 2019, 205, 208 ff.; *Meyer*, JZ 72 (2017), 429, 430 ff. Die im Anschluss an das BKAG-Urteil teils kontrovers diskutierte Rechtsfigur der „drohenden Gefahr“ dürfte paradigmatisch für die Unsicherheiten rund um die verfassungsgerichtliche Lockerung der Vorhersehbarkeit von Kausalverläufen sein.

391 Siehe oben E.II.1.a).aa).

gemessen an den Umständen des Einzelfalls, ausschlaggebend. Über die Darstellung hinausgehende, wertende Überlegungen zu der theoretischen, erfahrungsbasierten oder statistischen Fundiertheit solcher Merkmale oder gar der sicherheitsbehördlichen Wissensgrundlagen sind für die gerichtliche Entscheidung, soweit ersichtlich, nicht leitend. So war für das *OVG Hamburg* nicht entscheidend, auf Basis welchen Wissens die Polizei eine Zielgruppe zur Durchführung konzentrierter Personenkontrollen gebildet hat, die nach Personen differenzierte, welche dem „linken Spektrum" zuzuordnen oder nicht zuzuordnen waren. Das Gericht hat anerkannt, dass es eine legitime polizeiliche Strategie darstellt, Zielgruppen zu bilden, die Kontrollen auf denjenigen Personenkreis zu beziehen und zu beschränken, von dem nach den vorliegenden Lageerkenntnissen potenziell die Begehung bestimmter Straftaten zu erwarten ist und umgekehrt sonstige nicht relevante Personengruppen möglichst zu verschonen und unbehelligt zu lassen.[392] Das Merkmal „Zuordenbarkeit zum linken Spektrum" war zu diesem Zweck jedoch ungeeignet, da es dem Gericht zufolge weder klar identifizierbar noch schwer zu umgehen war.[393] Es war für das Gericht schlicht kein überzeugender Grund zur Vornahme von Maßnahmen, unabhängig davon, auf Grundlage welcher statistischer, theoretischer, oder in diesem Fall, erfahrungsbasierter,[394] Erkenntnisse die Polizei zum Entschluss kam, ihn für überzeugend zu halten. Ähnlich ging das *VG Hamburg* bei der Auseinandersetzung mit der Rechtmäßigkeit einer betäubungsmittelbezogenen Durchführungsmaßnahme vor. Dabei handelten die Beamten auf der Basis mehrerer Merkmale, die sie zusammengenommen als auf „konspiratives Verhalten" gerichtet deuteten: Aufenthalt an einem polizeilich ausgewiesenen gefährlichen und für Betäubungsmitteldelikte bekannten Ort, mehrfaches Umdrehen, deutlich beschleunigter Gang beim Erblicken der Beamten, enges Nebeneinanderlaufen zur Begleitperson, hektische Bewegungen an Sporttaschen.[395] Die Beamten beriefen sich auf eine interne Anweisung zur Bekämpfung der öffentlich wahrnehmbaren Drogenkriminalität, die die entsprechenden Merkmale als verdächtig ausgewiesen hatte.[396]

---

[392] OVG Hamburg, Urt. v. 13.5.2015, 5 K 1236/11, 33.

[393] OVG Hamburg, Urt. v. 13.5.2015, 5 K 1236/11, 34. Daneben war das Gericht nicht überzeugt, dass allein eine Identitätskontrolle geeignet gewesen sei, die Realisierung der entsprechenden Gefahren zu verhindern bzw. abzuwehren.

[394] OVG Hamburg, Urt. v. 13.5.2015, 5 K 1236/11, 3 f. und 25. Es waren nur solche Personen zu kontrollieren, „die einer bestimmten, *aufgrund von Lageerkenntnissen* vorab festgelegten ‚Zielgruppe' zugerechnet werden" konnten.

[395] VG Hamburg, 10.11.2020, 20 K 1515/17, 3.

[396] VG Hamburg, 10.11.2020, 20 K 1515/17, 6: „In der internen Anweisung der Polizei Hamburg zur Bekämpfung der öffentlich wahrnehmbaren Drogenkriminalität und deren Auswirkungen werde unter Punkt 2.2 und 2.3 ausgeführt, dass sowohl Drogenhändler als auch Drogenkonsumenten konspiratives Verhalten wie die Sicherung nach allen Seiten sowie enges

Das Gericht bewertete die Überzeugungskraft der Merkmale und die Rechtmäßigkeit der darauf beruhenden Durchsuchungsmaßnahme im Lichte des Vorbringens der Beteiligten sowie der örtlichen Verhältnisse und argumentierte im Ergebnis, dass es plausibler gewesen wäre, das Verhalten als unverdächtig zu deuten.[397] Das Gericht hinterfragte jedoch weder die internen Wissensgrundlagen der Behörde (i.F.d. Anweisung zur Bekämpfung von Drogenkriminalität), noch interessierte es sich für ihre Fundierung. Es betrachtete schlicht die argumentative Plausibilität der fünf aufgelisteten Merkmale als die sicherheitsbehördliche Begründung für das Maßnahmenergreifen. Es ist nicht ersichtlich, dass es dabei etwa auf eine kausale Verknüpfung oder eine bestimmte Reihenfolge bei der Wahrnehmung der Merkmale achtete oder gar Wert legte.[398]

Im amerikanischen Rechtsraum wird im Kontext maschinellen Lernens oft mit der *Sokolow-Entscheidung des Supreme Court* argumentiert.[399] Sie ähnelt der des *VG Hamburg,* denn auch dort setzte sich das Gericht mit der Überzeugungskraft von sechs auf Betäubungsmitteldelikte hindeutenden Merkmalen auseinander, die hier jedoch dem Flugverhalten entnommen wurden.[400] Der Supreme Court

abgeschirmtes und verdecktes Zusammenstehen mit anderen Personen zeigten. Drogenhändler erweckten zudem den Anschein, dass szenetypische Austauschhandlungen, namentlich von Geld und bzw. oder rauschmittelverdächtigen Substanzen, vorgenommen würden."

397 VG Hamburg, 10.11.2020, 20 K 1515/17, 12: „Ein etwaiges Umschauen bzw. Umdrehen nach hinten könnte dadurch zu erklären sein, dass die beiden jeweils eine schwere Tasche mitführten, aus denen nach Aussage des Zeugen E. ersichtlich Gegenstände herausragten. Gleiches gilt für die Ausführung von Bewegungen an diesen Taschen. Auch der bloße Umstand, dass zwei junge Männer eng nebeneinander sich vertraut unterhaltend durch St. Pauli gehen, ist nicht geeignet, den Verdacht eines Betäubungsmitteldelikts zu begründen. Insoweit ist zu berücksichtigen, dass der Kläger und der Zeuge R. übereinstimmend geschildert haben, dass sie in dem Augenblick, als sie die beiden Polizeibeamten erblickt hätten, entspannt gewesen seien, da entsprechende Situationen für sie als Anwohner der St. Pauli Hafenstraße eher alltäglich als eine Ausnahme gewesen seien."

398 In dieser Hinsicht ähnlich ist auch die Entscheidung des VG München, Urt. v. 19.1.2011, Az.: M 7 K 10.1557, in der das Gericht ebenfalls mehrere auf Betäubungsmittelkonsum hindeutende Anzeichen als plausible Grundlage für das Ergreifen von Kontrollmaßnahmen bewertete, ohne sich ersichtlich für ihre Fundierung zu interessieren, darunter: Nervosität (Zittern der Extremitäten, ständiges Kratzen im Kinnbereich), Gereiztheit, Vermeidung von Blickkontakt, abweisendes und ungewöhnlich unkooperatives Verhalten, hartnäckiges Diskutieren.

399 *Rich*, U. Pa. L. Rev. 164 (2016), 871, 902 ff.; *Selbst*, Vand. L. Rev. En Banc 70 (2017), 87, 93 ff.

400 *Selbst*, Vand. L. Rev. En Banc 70 (2017), 87, 96: „In Sokolow, the Supreme Court approved police reliance on six factors to stop Andrew Sokolow on suspicion of drug trafficking: (1) he paid $2,100 for two airplane tickets from a roll of $20 bills; (2) he traveled under a name that did not match the name under which his telephone number was listed; (3) his original destination was Miami, a source city for illicit drugs; (4) he stayed in Miami for only 48 hours, even though a round-trip flight from Honolulu to Miami takes 20 hours; (5) he appeared nervous during his trip; and (6) he checked none of his luggage."

kam zum Ergebnis, dass die Merkmale zwar einzeln für sich genommen leicht als unverdächtig gedeutet werden konnten, jedoch zusammengenommen verdächtiges Verhalten plausibel darlegten.[401] In der amerikanischen Literatur wird unter Bezugnahme auf diese Entscheidung für den Einsatz maschinellen Lernens zur Identifikation von Verdachtsindizien gefolgert, dass ein Gericht bei der Bewertung der Rechtmäßigkeit von Einzelmaßnahmen keine Begründung dafür verlangt, warum bestimmte Merkmale funktionieren.[402] Es tut nicht mehr und nicht weniger als die Merkmale einzelfallbezogen zu betrachten und mit jedem hinzutretenden Merkmal die Gesamtwahrscheinlichkeit einer Tatbegehung zu bewerten, ohne dabei Merkmale in einer bestimmten Reihenfolge zu berücksichtigen oder auf eine bestimmte Darstellung zu achten.[403] Die Entscheidung über die Überzeugungskraft von Gründen hängt also nicht maßgeblich von der Art ihrer Fundierung ab, sondern sie ist eine probabilistische Einschätzung des Gerichts, bei der Gründe jeder Art berücksichtigt werden (können).[404] Die deutsche polizeirechtliche Rechtsprechung verfährt an diesem Punkt, wie soeben gezeigt, nicht wesentlich anders.

Insgesamt ist deshalb nicht ersichtlich, warum korrelationsbasierte Wissensgrundlagen und darauf bezogene Begründungen für das Ergreifen sicherheitsbehördlicher Maßnahmen in der Rechtsprechung nicht als plausible Gründe betrachtet werden sollten. Ihre Überzeugungskraft kann auf die gleiche Art wie jene von sonstigen Begründungen bewertet werden. Wenn ein Gericht ihre Fun-

---

[401] *Selbst*, Vand. L. Rev. En Banc 70 (2017), 87, 96. So argumentiert im Ergebnis auch das VG München, Urt. v. 19.1.2011, Az.: M 7 K 10.1557: „Selbst wenn einzelne Verhaltensweisen des Klägers für sich allein betrachtet, eine erhöhte abstrakte Gefahr möglicherweise nicht zu begründen vermögen, lag diese – unter Berücksichtigung des üblichen Verhaltens anderer Reisender und der einschlägigen Erfahrung des Zeugen F. – bei deren Gesamtbetrachtung vor."

[402] Ebd.

[403] Ebd.

[404] Vgl. *Selbst*, Vand. L. Rev. En Banc 70 (2017), 87, 96: „In reality, those differences are a matter of degree, not kind, and all the facts were probative. This sounds a lot like the inferences of machine learning." Zu dem Ergebnis, dass das Sicherheitsrecht für Wissensbestände jeder Art offen ist, kommt auch *Bäcker*, in: Lisken/Denninger (Hrsg.), [7]2021, D., Rn. 88 ff., m. w. N., wenngleich er auf die Frage mit Blick auf Anforderungen an die Beurteilungsgrundlage des Wahrscheinlichkeitsschlusses bei einer Gefahrenprognose eingeht: „Die Anforderungen an die Qualität der Beurteilungsgrundlage entscheiden darüber, welche Arten von Informationen und Wissensbeständen der Gefahrenprognose zugrunde gelegt werden dürfen. […] *Die Beurteilungsgrundlage ist offen für Wissensbestände jeder Art.* Ein polizeilich brauchbarer Wahrscheinlichkeitsschluss kann nicht etwa nur aus wissenschaftlich abgesicherten Erkenntnissen hergeleitet werden. Auch Sätze der allgemeinen Lebenserfahrung oder kriminalistisches Erfahrungswissen können die Schadensprognose stützen." (Hervorhebung hier). Siehe ebd. auch Rn. 147, wo Korrelationen ausdrücklich als zulässige Gründe im Kontext polizeilicher Prognosen über die Beziehung zwischen der Gefahr und dem Verhalten einer Person anerkannt werden.

diertheit für entscheidungserheblich hält, kann es ihre korrelationsbasierte Erzeugungsart mitberücksichtigen und sie davon ausgehend als mehr oder weniger überzeugend, plausibel, rational, etc. bewerten. Sie *per se* als inadäquat abzuweisen wäre jedoch, angesichts der Knappheit theorie- bzw. erfahrungsbasierten Wissens im Bereich der Verhütung schwerer Kriminalität, sowie der globaleren Entwicklungen im Sicherheitsbereich, für die die Fluggastdatenverarbeitung paradigmatisch ist,[405] weder eine realitätstreue noch zukunftsträchtige Strategie.

(3) „Seltsame" Korrelationen

Die jeweils im Einzelfall bewertete Überzeugungskraft von Gründen jeglicher Art spiegelt eine im Wesentlichen wissensneutrale Haltung des Sicherheitsrechts wider, die algorithmisch generierte Wissensgrundlagen grundsätzlich ohne Irritationen verarbeiten kann. Bei einem Aspekt der Arbeit mit maschinellem Lernen kann diese Haltung jedoch an ihre Grenzen geraten, nämlich wenn auf den ersten Blick nicht überzeugende, da nicht einer bekannten Logik folgende, sog. „seltsame" Korrelationen als Gründe für das Ergreifen von Folgemaßnahmen angeführt werden.[406] Beispielsweise könnte ein Modell eine nicht sonderlich auffällige Buchungszeit oder die Buchung eines nicht ersichtlich besonderen Sitzplatzes als verdachtsbegründendes Merkmal lernen, dementsprechend klassifizieren und solche Korrelationen als Gründe für die Treffererzeugung im Einzelfall auflisten. Warum sie für die Entscheidungsgrundlage und die Entscheidung im Einzelfall maßgeblich sein sollen, lässt sich zunächst nicht plausibel erklären, denn es ist anzunehmen, dass ein solcher Zusammenhang keiner kriminologischen Theorie oder Erfahrungen der Praxis entspricht und auch keinerlei logische bzw. intuitive Narrative darüber gefunden werden können.[407] Mit anderen Worten *erscheinen* seltsame Korrelationen *per se* unplausibel und daher irrational. Anders ist dies bei den soeben erläuterten, richterlich bewerteten Merkmalen, wie etwa Nervosität, hektischen Bewegungen, etc., sowie bei der Entdeckung naheliegenderer oder logischer statistischer Zusammenhänge in Fluggastdaten, etwa zwischen Gepäckgröße und Schmuggeldelikten. In solchen Fällen mag ein Gericht sich deshalb nicht für ihre Fundierung interessieren, weil sie logisch einleuchtend oder zumindest plausibel sind. Die Reichweite der sicherheitsrechtlichen Wissenshinterfragung könnte sich jedoch dann ändern, wenn seltsame Korrelationen

---

[405] Siehe dazu oben IV.3.

[406] Siehe zu seltsamen Korrelationen oben bei E.II., Fn. 236 mit dazugehörigem Absatztext und E.II.1.a).aa).

[407] Siehe *Selbst/Barocas*, Fordham L. Rev. 2018, 1085, 1129: „The problem in such cases is not only that machine learning models might depart from intuition, but that they might not even lend themselves to *hypotheses* about what accounts for the models' discoveries."

als Gründe angeführt werden. Generell verfügen Richter selten über besondere Instrumente, die es ihnen ermöglichen würden, die Plausibilität von korrelationsbasierten Verdachtsannahmen über die allgemeine Bewertung ihrer Logik zu evaluieren.[408] Dies gilt umso mehr bei seltsamen Korrelationen. Warum soll eine bestimmte Fluguhrzeit oder Sitzplatznummer irgendeine indizielle Wirkung haben? Welche Überlegungen stehen hinter diesem Merkmal, hat es sich bspw. bislang besonders bewährt? Seltsame Korrelationen haben also das Potenzial den herkömmlichen sicherheitsrechtlichen Umgang mit Wissen herauszufordern.

Diesbezüglich lassen sich in der Literatur zu maschinellem Lernen im Wesentlichen zwei Haltungen erkennen. Einerseits wird argumentiert, dass solche Korrelationen in rechtlichen Kontexten nicht als Gründe berücksichtigt und entsprechend nicht als Indizien verwertet werden dürfen.[409] Die Arbeit mit seltsamen Korrelationen wird dabei etwa analog vollautomatisierter Entscheidungen behandelt und entsprechend ihres einfachrechtlichen Verbotes und den dahinterstehenden grundrechtlichen Wertungen für unzulässig erklärt.[410] Solche Argumen-

---

[408] So für die amerikanische Judikative, *Rich*, U. Pa. L. Rev. 164 (2016), 871, 889 f.: „courts rarely possess empirical data that might prove or disprove a correlation between certain conduct and criminal activity. And even when they do, courts are typically untrained in how to assess that data".

[409] Nach *Rademacher*, AöR 142 (2017), 366, 390 f. kann eine maschinelle Prognose, deren Muster nicht wenigstens für den Ersteller plausibel einen nachvollziehbaren Gefahrenverdacht indizieren, auch nicht als Grundlage für Eingriffsmaßnahmen herangezogen werden. In einer ähnlichen Richtung argumentieren auch, *Wachter/Mittelstadt*, Colum. Bus. L. Rev. 2019, 494 ff., indem sie ein „Right auf reasonable inferences" postulieren, wenngleich sie ihre Argumentation überwiegend vor einem datenschutzrechtlichen Hintergrund entfalten (ein „Recht auf angemessene Schlussfolgerungen" bei Algorithmen lehnt hingegen *Martini*, 2019, 206 ff., ab). Kontraintuitive Korrelationen im Kontext der Fluggastdatenverarbeitung als rechtlich unzulässig einstufend, *Leese*, Security Dialogue 45 (2014), 494, 502. Siehe weiterhin die Nachweise bei *Selbst/Barocas*, Fordham L. Rev. 2018, 1085, 1123 ff. In der dort angeführten Literatur wird die Grenze der Verwertbarkeit von Korrelationen an dem Punkt gezogen, ab dem es für Experten nicht mehr möglich ist, „[to] inspect the relationships uncovered to determine if they correspond with domain knowledge [and] check the model against their intuition", oder nicht mehr möglich ist „to tell a story about why the feature is important".

[410] Nach gesetzlichen Anknüpfungspunkten eines solchen Verbotes sucht jedenfalls *Rademacher*, AöR 142 (2017), 366, 390, allerdings ist zu berücksichtigen, dass die für seine Argumentation maßgebliche Formulierung in § 6a Abs. 1 BDSG a. F. (inhaltliche Bewertung) bei der Novellierung ersatzlos gestrichen worden ist: „Die [in § 6a Abs. 1 BDSG] geforderte ‚inhaltliche Bewertung' setzt ein Mindestmaß an Verstehbarkeit einer Prognose im Einzelfall voraus […] [die Wertung] lässt sich materiell hinterlegen mit dem Argument, bei Ausführung belastender Maßnahmen dürfe nicht eine Maschine den Menschen (also den Beamten) kontrollieren, sonst werde der Belastete gleichsam zum Objekt (Argumentation mit Art. 1 Abs. 1 bzw. Art. 2 Abs. 1 i. V. m. Art. 1 Abs. 1 GG); oder die Wertung lässt sich hinterlegen mit dem Bedürfnis, eine belastende Entscheidung materiell-inhaltlich einem Amtsträger zurechnen zu können (Argumentation mit dem Demokratieprinzip)."

tationen entsprechen einer Haltung, die Gründe *allein* ausgehend von der logischen Überzeugungskraft und üblichen Hinterfragbarkeit von Wissen bewertet wissen will. Sie ist dem Sicherheitsrecht jedoch weder eindeutig zu entnehmen, noch ist sie zwingend. Andererseits wird argumentiert, dass im Fall seltsamer Korrelationen auf mehr als ihre logische Überzeugungskraft geachtet werden muss, wenn nicht das besondere Vorhersagepotenzial solcher Korrelationen vernachlässigt werden soll.[411] Eine solche Argumentation will ebenso wenig allein die statistische Signifikanz von Zusammenhängen ausreichen lassen, um Plausibilität anzunehmen. Sie will jedoch auch nicht eines der größten Potenziale maschinellen Lernens, die Erkennung von seltsamen, jedoch trotzdem vorhersagestarken Zusammenhängen, ausschließen. Insbesondere will eine solche Haltung bekannte Logiken, menschliche Intuition und augenscheinliche Plausibilität als Rationalitätsquellen nicht überschätzen.[412]

Wenn eine unmittelbare Hinterfragbarkeit von Wissen und Wissensgrundlagen keine plausiblen Antworten liefern kann, weder für Personen, die aufgrund seltsamer Korrelationen handeln, noch für solche, die sie begründungsorientiert bewerten, dann können stattdessen zum einen die *Entstehungskontexte* und zum anderen die strukturierte und langfristig angelegte *Beobachtung der Bewährung* solcher Korrelationen zur Plausibilisierung herangezogen werden.[413] Dadurch

---

[411] Dafür setzen sich insbesondere *Selbst/Barocas*, Fordham L. Rev. 2018, 1085, 1129 ein. Siehe auch *Rich*, U. Pa. L. Rev. 164 (2016), 871, 906 f.: „a court treating the ASA like a traditional police-created profile, and therefore requiring a logical explanation for why certain facts predict criminality, might incorrectly reject the ASA's ‚illogical' prediction, notwithstanding the level of confidence the ASA has in the prediction. In sum, courts treating ASAs like police profiles may demand that the ASAs be interpretable, thus undermining their effectiveness, and may reject accurate predictions as ‚illogical'. At the same time, the profile analysis would ignore the real sources of ASA inaccuracy, which typically occur in the training and programming of the algorithm." Vgl. auch *Martini*, 2019, 206 ff.

[412] *Rich*, U. Pa. L. Rev. 164 (2016), 871, 906: „The absence of a clear logical connection does not mean that the behavior is a bad predictor of criminality; rather, the logic explaining the correlation may be surprising, or the available dataset may fail to contain the information needed to understand it." *Selbst/Barocas*, Fordham L. Rev. 2018, 1085, 1129: „Importantly, however, intuition has its downsides. Most immediately, it can be wrong. It can lead us to discount valid models because they are unexpected or unfamiliar, or to endorse false discoveries because they align with existing beliefs. Intuition encourages us to generate ‚just so' stories that appear to make good sense of the presented facts. Such stories may feel coherent but are actually unreliable. In fact, the rich literature on cognitive biases – including the ‚narrative fallacy' – is really an account of the dangers of intuition. While intuition is helpful for assessing evidently good and bad results, it is less useful when dealing with findings that do not comport with or even run counter to experience. The overriding power of intuition means that strange results will stand out, but intuition may not point in a productive direction for making these any more sensible."

[413] Vgl. *Selbst/Barocas*, Fordham L. Rev. 2018, 1085, 1136: „Under a regime of mandated

ließe sich ein Regime der Hinterfragung von Wissen etablieren, das es ermöglicht Plausibilitätsschlüsse anhand der Einschätzung verschiedener Akteure zu einer Reihe von Fragen zu ziehen. Warum wurde die Datengrundlage, in der seltsame Korrelationen entdeckt wurden, so zusammengestellt? Die Entdeckung welcher Zusammenhänge wurden dabei vermutet? Waren dabei auch seltsame Korrelationen zu erwarten? Finden sich seltsame Korrelationen auch in einzelnen In- und Outputpaaren in den Trainingsdaten und inwieweit haben sie sich dabei als Prädiktoren bewährt? Wie seltsam *ist* eine Korrelation? Bildet sie lediglich einen nicht naheliegenden Zusammenhang oder einen geradezu absurden ab? Wurde eine seltsame Korrelation ausgiebig hinterfragt, etwa, indem bestimmte Datensätze zu Trainingsgrundlagen hinzugefügt, bzw. daraus entfernt wurden, mit dem Ziel die zu ihrer Erzeugung führenden statistischen Zusammenhängen auf Stabilität zu überprüfen? Wurden trotz ihrer Seltsamkeit dennoch Vermutungen über ihre Erzeugung aufgestellt und wenn ja, welche? Wie zentral war eine seltsame Korrelation für eine Entscheidung über Folgemaßnahmen? Wurde sie mit hinreichendem Abstand und Zweifel gebildet? Haben sich Treffer, die auf seltsamen Korrelationen beruhen und zwecks Maßnahmenergreifen weitergeleitet wurden, mit der Zeit bewährt? Wurden mit der Zeit und dem Hinzutreten weiterer Informationen aus Einzelfällen (neue) Hypothesen über die Erzeugung seltsamer Korrelationen gemacht? Die Auseinandersetzung von Sicherheitsbehörden und Kontrollakteuren mit so gelagerten Fragen kann als eine *mittelbare Wissenshinterfragung* verstanden werden. Eine solche Strategie akzeptiert, dass es auf die normative Frage, *warum etwas so sein soll*, aufgrund korrelationsbedingten Nichtwissens zunächst auch keine Antwort geben kann, sucht Plausibilität an anderer Stelle und versucht dadurch, rechtlichen Rationalitätsansprüchen gerecht zu werden, ohne die Technologie maschinellen Lernens zu inhibieren.

dd) Zur Erkennbarkeit falscher Vorhersagen

Als letztes ist auf das Verhältnis zwischen korrelationsbasierten Wissensgrundlagen und falschen Vorhersagen einzugehen. Zunächst ist einzuräumen, dass Fragen nach „richtig“ oder „falsch“ nicht zwingend mit Rationalitätsfragen zusammenhängen müssen, jedenfalls dann nicht, wenn im Einklang mit dem hiesigen Verständnis Rationalität nicht als Ergebnisrichtigkeit verstanden wird.[414] Eine

---

documentation and *looking beyond the logic of the model*, other explanations could be used in the model's defense.“ (Hervorhebung hier). Siehe auch *Rich*, U. Pa. L. Rev. 164 (2016), 871, 928, der bei diesem Thema von „systemic oversight“ spricht.

[414] *Hilbert*, DV 51 (2018), 313, 346 f.: „Rationalität in diesem Sinne unterscheidet sich von ‚Richtigkeit‘ dadurch, dass Rationalität nicht exklusiv ist. Der ‚Richtigkeitsgedanke‘ suggeriert

rationale Entscheidung liegt vor, solange nach dem derzeitig zugänglichen bestverfügbaren Wissensstand entschieden wird, auch wenn sich dieser Stand später als unzureichend oder falsch erweist.[415] Daher sind weder falsche Entscheidungsgrundlagen noch falsche Entscheidungen zwingend irrational. Nichtsdestotrotz wird der Vorwurf, algorithmische Entscheidungen seien besonders fehlerbehaftet, oft in Zusammenhang mit ihrer korrelationsbasierten Art und daher in Verknüpfung zum Wissensthema erhoben. Deshalb ist hier darauf einzugehen.

Entsprechend sicherheitsrechtlicher Dogmatik dürfte ein algorithmisch generiertes Indiz nicht deshalb falsch sein, weil bei der Vornahme darauf beruhender Folgemaßnahmen keine Anhaltspunkte für kriminelles Verhalten entdeckt werden konnten. Jegliches präventive Handeln beruht auf Wahrscheinlichkeitsannahmen über die Realisierung von Gefahren. Auch wenn nach dem Ergreifen von Maßnahmen erkennbar wird, dass tatsächlich keine Realisierung von Gefahren drohte, behandelt das Sicherheitsrecht dies nur dann als Fehler, wenn die Wahrscheinlichkeitsannahmen von vornherein so nicht hätten getroffen werden dürfen.[416] Entsprechend wird auch für algorithmische Systeme festgehalten, dass ihre Vorhersagen nur dann falsch sind, wenn sie diese so nicht hätten treffen dürfen, was der Fall ist, wenn das System mit fehlerbehafteten Daten arbeitet, oder wenn falsche Outputs auf menschliche Fehler während der Systementwicklung zurückzuführen sind.[417] Solche Fehlerquellen haben jedoch nichts mit Fragen der Plausibilität algorithmischer Wissensgrundlagen und Entscheidungen zu tun. Sie manifestieren sich zwar im Entscheidungsergebnis, sind jedoch auf die sozio-technischen Entwicklungsprozesse und nicht auf die korrelationsbasierte Funktionsweise maschinellen Lernens zurückzuführen und lassen sich mit Mechanismen zum Umgang mit Insidernichtwissen begegnen.[418]

---

ein binäres Schema, in dem es nur ‚richtig' oder ‚falsch' gibt; der Gedanke der ‚Optimalität' zielt auf eine ‚bestmögliche' Entscheidung, die allen anderen vorzuziehen ist."

[415] Vgl. *Stark*, 2020, 274ff.

[416] *Bäcker*, in: Lisken/Denninger (Hrsg.), [7]2021, D., Rn. 95ff.; *Meyer*, JZ 72 (2017), 429, 430, m.w.N. Vgl. zu dieser Haltung des Sicherheitsrechts auch aus internationaler Literatur, *Babuta/Oswald/Rinik*, Whitehall Report, Machine Learning Algorithms and Police Decision-Making, 2019, 15: „By definition, [operational] decisions involve uncertainty, ie, the likelihood and impact of possible outcomes cannot be totally predicted, and no particular outcome can be guaranteed […], assessments of decisions should concentrate on whether they were reasonable and appropriate for the circumstances existing at the time. If they were, the decision maker should not be blamed for a poor outcome'."

[417] *Rich*, U. Pa. L. Rev. 164 (2016), 871, 924ff.: „Thus, any ASA errors would require suppression only if they were the result of deliberate, reckless, or grossly negligent misconduct, or of routine or systemic negligence."

[418] Siehe dazu oben D.II.2.

Im Übrigen gilt, dass bei einem Problem wie der Entdeckung von Verdachtsmomenten in Fluggastdaten, unabhängig von der Fundierung der Wissensgrundlagen oft erst nach längerer Zeit und dem Hinzutreten weiterer Informationen gemutmaßt werden kann, ob eine automatisierte Vorhersage korrekt und dementsprechend gerechtfertigt war. Dies hängt damit zusammen, dass das zugrunde liegende Problem – die Entdeckung von irregulärem Verhalten mit Kriminalitätsbezug – unabhängig von dem Ansatz seiner Modellierung insgesamt anspruchsvoll und unergründet ist. Selbst wenn die Frage, warum die Entscheidungsgrundlage und die im Einzelfall relevanten theoretischen, erfahrungsbasierten oder statistisch-korrelativen Annahmen plausibel sein sollen, überzeugend beantwortet werden könnte, müsste dies kein eindeutiges Indiz zugunsten oder zulasten der Richtigkeit einer darauf beruhenden Entscheidung sein. Es liefert lediglich Informationen darüber, inwieweit Muster und Treffer auf bekannten, nachvollziehbaren oder intuitiv-plausiblen Logiken aufgebaut sind. Wie aber schon oben erläutert, hängt die Vorhersagekraft von Mustern und Merkmalen bei der Modellierung komplexer Verhaltensstrukturen nicht an ihrer logischen Nachvollziehbarkeit und garantiert umgekehrt nachvollziehbare Logik nicht Richtigkeit.

Das Recht bietet auf dem Bereich der vorhersagebasierten Verhütung schwerer Kriminalität keinen formellen Prüfungsmaßstab für die Bestimmung, ob bzw. wann eine richtige oder falsche Vorhersage vorliegt. Es kann jedoch Mechanismen installieren, die sicherstellen, dass Sicherheitsbehörden auf die Unterbindung falscher Vorhersagen möglichst hinarbeiten. Ob ein Indiz richtig oder falsch ist, kann durch eine anschließende, gründliche Erforschung des zugrunde liegenden Sachverhalts beurteilt werden, woraufhin dieser, und entsprechend auch die Wissensgrundlagen, auf die er zurückzuführen ist, seien diese kausalitäts- oder korrelationsbasiert, zu verifizieren oder zu verwerfen ist. Neben der in § 4 Abs. 2 Satz 2 FlugDaG normierten individuellen Überprüfung bietet sich dafür insbesondere ein Instrument wie die in § 6 Abs. 1 FlugDaG normierte weitere Überprüfung von Treffern durch die einschlägigen Sicherheitsbehörden an. Sicherheitsbehörden sind aufgrund ihres Sachverstandes und den verschiedenen operativen Ermittlungsbefugnissen am ehesten in der Lage, die Ergebnisse eines Musterabgleichs zu verstehen und gegebenenfalls sie und das ihnen zugrunde liegende Wissen zu validieren. Dabei handelt es sich um einen rechtlichen Mechanismus, der in der Lage ist, durch nachträgliche Beobachtung der Ergebnisse eines Musterabgleichs falsche Vorhersagen und ihre Entstehungsbedingungen zu korrigieren. Eine solche Regelung sorgt dadurch zugleich für die Installation dynamischer und rekursiver Lernprozesse bei der Mustererstellung sowie für die institutionelle Reflexivität über vorhandene Wissensgrundlagen und Hypothesen.

Inwieweit die Verhütung der in § 4 Abs. 1 FlugDaG normierten Straftaten es rechtfertigt, in ein Realexperiment einzutreten, das möglicherweise auch keine rechtzeitige Erkenntnis und Korrektur der negativen Effekte falscher Vorhersagen bietet, ist letztendlich eine normativ-politische Frage.[419] Diese Frage stellt sich jedoch nicht aufgrund der Arbeit mit korrelationsbasierten Wissensgrundlagen, sondern kann und soll genauso bei der Arbeit mit theoriegeleiteten Wissensgrundlagen gestellt werden. Sie ist letztendlich die Konsequenz der sicherheitspolitischen Entscheidung für eine musterbasierte Vorhersagearbeit anhand von Fluggastdaten. Solange mit allen verfügbaren Wissensgrundlagen, sowohl korrelations- als auch kausalitätsbasierten, mit hinreichendem Sachverstand und angemessener Vorsicht umgegangen wird, könnte aus der Fluggastdatenverarbeitung auch ein insgesamt gelungenes Experiment werden.

ee) Zwischenergebnis

Im Ergebnis ist nicht ersichtlich, weshalb korrelationsbasiertes Wissen in sicherheitsrechtlichen Entscheidungskontexten nicht akzeptiert werden sollte. Im Gegenteil erweisen sich algorithmisch ermittelte Korrelationen angesichts der Knappheit von Wissensressourcen bei der Befassung mit komplexen Straftaten der schweren Kriminalität grundsätzlich als eine willkommene Wissensressource. Ein Potenzial zur Irritation rechtlicher Wissensansprüche konnte allein bei seltsamen Korrelationen festgestellt werden. Insoweit weist korrelationsbedingtes (Nicht)Wissen eine rechtliche Bedeutung auf. Seltsame Korrelationen lassen sich nicht unmittelbar auf Plausibilität hinterfragen, lassen sich jedoch unter Auseinandersetzung mit ihren Entstehungskontexten und anhand der strukturierten und langfristigen Beobachtung ihrer Bewährung in der Zeit dennoch als vorhersagestarke Wissensquelle anzapfen. Sie lösen keine endgültige rechtliche Abwehrreaktion aus, die ihre Verwertung in Entscheidungskontexten *per se* ausschließen würde.

d) Der „Sonderfall" der Terrorismusverhütung

Der Bereich der Terrorismusverhütung lässt sich aus einer Perspektive auf Wissen insoweit als ein sicherheitsrechtlicher „Sonderfall" bezeichnen, als hier sowohl in der Rechtsprechung[420] als auch in der Literatur[421] anerkannt ist, dass die

---

419 *Wehling*, in: Schützeichel (Hrsg.), 2007, 485, 492.

420 BVerfGE 141, 220, 272 f.; BVerfGE 133, 277, 333.

421 Zum Terrorismus als „exzeptionelle Ungewissheitslage" s. *Meyer*, JZ 72 (2017), 429, 434. Zu Wissensmängeln im Bereich des internationalen Terrorismus *Krieger/Meierrieks*, SSRN Journal 2014, 1; *Horgan*, in: Chen/Reid/Sinai/Silke/Ganor (Hrsg.), 2008, 73 ff. Mit einem Kritikschwerpunkt auf die allgemein misslungene Generierung und Verteilung von Wissen in dem Bereich, *Ellis III*, in: Chen/Reid/Sinai/Silke/Ganor (Hrsg.), 2008, 141 ff. und 151. Siehe für „Einschätzungen und Vorausberechnungen" in den Bereichen „Sicherheit und Mili-

Wissenssituation besonders prekär ist. So hat die Kriminologie im Bereich des Terrorismus, trotz in letzten Jahren verzeichneten Durchbrüchen, immer noch mit dem Vorwurf zu kämpfen, dass der Bereich „untertheoretisiert" ist.[422] Der Praxis wird wiederum Irrationalität teilweise sogar direkt vorgeworfen. Statt eines nachvollziehbaren Subsumtionsprozesses unter eine Terrorismusdefinition wird den Sicherheitsbehörden vielmehr eine „I know it when I see it"-Haltung attestiert,[423] die im Grunde die Arbeit mit anekdotischer Evidenz, nicht explizierbaren Erfahrungen und Intuition wiederspiegelt.[424] Untersuchungen identifizieren ferner hypothetische Einschätzungen und Theorien, freie Imagination, abstrakte Modelle, Szenarien, Kriegs- und Friedensspiele, Narration und Fiktion als sicherheitsbehördliche Wissensquellen der Wahl, wenn es darum geht, schwer abschätzbare zukünftige Vorkommnisse wie Terrorismus zu modellieren.[425] So gesehen dürften die bisherigen Ausführungen, wonach korrelationsbasierte Wissensressourcen im Vorfeldbereich der Verhütung komplexer Straftaten rechtlich gerade deshalb als rational akzeptiert werden sollten, weil kaum sonstige Wissensressourcen zur Verfügung stehen, die eine im Vergleich besondere Rationalität für sich beanspruchen, erst recht im Bereich der Terrorismusverhütung gelten. Soweit das Recht Rationalitätsmaßstabe an bereichsspezifisch etablierte Wissensstandards auszurichten pflegt, dürfte es also gerade hier die Messlatte nicht über korrelationsbasierten Wissensressourcen ansetzen, zumal der Einsatz maschinellen Lernens sich auf einer Linie mit den in diesem Bereich ohnehin in den letzten Jahrzehnten etablierenden Logiken bewegt.[426]

---

tär" mit einem Akzent auf Terrorismus insb. auch die Studie von *Pravica*, in: Friedrich/Gehring/Hubig/Kaminski/Nordmann (Hrsg.), 2017, 123, 139 ff. m. w. N.

[422] *LaFree/Freilich*, in: LaFree/Freilich (Hrsg.), 2017, 3, 6.

[423] *C. Binder/Jackson*, in: Kulick/Goldhammer (Hrsg.), 2020, 123, 139.

[424] Teilweise wird Erfahrung im Terrorismusbereich als Wissensquelle auch gänzlich abgelehnt, *Meyer*, JZ 72 (2017), 429, 434: „Erfahrungswissen als epistemischer Anker der klassischen Gefahrenabwehrdogmatik versagt jeweils gänzlich."

[425] *Pravica*, in: Friedrich/Gehring/Hubig/Kaminski/Nordmann (Hrsg.), 2017, 123, 139 ff.: „angesichts von unkalkulierbaren künftigen Bedrohungen [wird] auf Fiktion zurückgegriffen [...] diese Imaginationen zukünftiger Angriffe, die als Verdächtigungsmuster auch in die datenbasierten Instrumente des *war on terror* eingingen, [lassen] größtenteils Vorlagen aus US-amerikanischen Filmproduktionen angeben [...]. Am Institute for Creative Technologies der University of Southern California habe es Treffen offizieller Militärmitarbeiter mit Regisseuren, Produzenten und Drehbuchschreibern gegeben, um zuvor nicht erwogene Terrorismus-Szenarien zu entwickeln und Material für den Entwurf von Präventivstrategien zu erhalten."

[426] Spez. zur präemptiven Logik der Terrorismusverhütung und der vor diesem Hintergrund einleuchtenden Einführung der Fluggastdatenverarbeitung, *Wojnowska-Radzińska*, Ruch Prawniczy, Ekonomiczny i Socjologiczny 83 (2021), 115. Allg. zum Thema *Egbert/Krasmann*, Policing and Society 30 (2020), 905, 911: „Preemptive intervention has become prominent as a method for combating terrorism in the twenty-first century. It is considered a suitable re-

Dennoch werden die Erfolgsaussichten eines Einsatzes maschinellen Lernens auf dem Feld der Terrorismusverhütung teilweise angezweifelt und es wird von einem Einsatz sogar auch generell abgeraten.[427] Argumentiert wird dabei vor allem gerade *mit* dem Mangel an Wissensressourcen, nämlich dass nicht hinreichend Daten vorhanden seien, um zuverlässige Modelle zu bauen.[428] Wie schon an früherer Stelle festgehalten, kann dieser Einschätzung im Kontext der Fluggastdatenverarbeitung allerdings nicht beigepflichtet werden.[429] Sowohl auf nationaler als auch europäischer Ebene existieren zahlreiche Datenbanken, die tausende Datensätze über das Verhalten und teilweise spezifisch das Flugverhalten von Personen mit Terrorismusbezug beinhalten, und die die PIU als Trainingsdaten anzapfen kann.[430] Dieser Überlegung folgend ist weiterhin bemerkenswert, dass das BVerfG die Wissensgenerierung in der Terrorismusprävention, im Einklang mit seiner üblichen Haltung zum Wissen, zwar eher indirekt anhand von Anforderungen an Eingriffsschwellen und Datenschutz, allerdings gerade anhand ihrer Absenkung zwecks Wissensgenerierung adressiert. So hat es anerkannt, dass sich „die Generierung von Wissen -- nicht zuletzt auch, wenn es um das Verstehen terroristischer Strukturen geht -- nicht vollständig auf die Addition von je getrennten, nach Rechtskriterien formell ein- oder ausblendbaren Einzeldaten reduzieren lässt“ und den Zusammenhang zwischen der datenschutzrechtlichen Zweckbindung zur weiteren Nutzung von Daten und der für die Da-

sponse to increasingly incalculable as well as catastrophic threats. These might be improbable but have the potential to cause intolerable harm, and therefore must be prevented before they have ‘a chance to even emerge’ [...]. Preemptive action [...] fosters ‘possibilistic’ thinking: since the past can no longer be seen as a prologue to future events, speculation about unforeseeable harmful events is required. Here prediction amounts to ‘conjecture’. Algorithms make their own contribution to such a preemptive logic.“

427 *Pravica*, in: Friedrich/Gehring/Hubig/Kaminski/Nordmann (Hrsg.), 2017, 123 ff.; *Verhelst/Stannat/Mecacci*, Sci Eng Ethics 26 (2020), 2975 ff.

428 *Verhelst/Stannat/Mecacci*, Sci Eng Ethics 26 (2020), 2975, 2977 f.: „The data available for the enforcement of counterterrorism measures through machine learning algorithms is different from the data that is used in policing. Terror attacks, especially those committed by lone actors unaffiliated with any organisation, are highly diverse in their motives, planning and execution. This implies that digital footprints of (potential) terrorists can vary significantly, which leads to isolated points in the training data. This makes the training of machine learning algorithms more difficult as the uniqueness of many attacks increases the probability of inadequate training and consequently inaccurate algorithms. [...] the number of recorded terrorist attacks might be too small for proper training.“ Siehe auch *Pravica*, in: Friedrich/Gehring/Hubig/Kaminski/Nordmann (Hrsg.), 2017, 123, 133, m. w. N.: „Terrorismus tritt jedoch nicht mit hinreichender Regelmäßigkeit auf und auch nicht in ausreichend wiedererkennbarer Form, um mit einem gültigen prädiktiven Modell repräsentiert zu werden“.

429 Siehe C.IV.3.c).aa).

430 Siehe oben Kap. C. Fn. 133. Diesbezüglich sei auch auf den Informationsaustausch innerhalb des PNR-Netzwerks hingewiesen, B.II.6.

tenerhebung maßgeblichen Anforderungen an Einschreitschwellen gelockert.[431] Damit soll den Sicherheitsbehörden gerade das ermöglicht werden, was in der Literatur zur Terrorismusverhütung und maschinellem Lernen bemängelt wird – der Zugriff auf mehr Daten, um nicht zuletzt auch zuverlässige Modelle bauen zu können.

Insgesamt verbieten sich bei der Terrorismusprävention allzu pauschale Aussagen über die Erfolgsaussichten eines Einsatzes maschinellen Lernens. Wie in der Terrorismusforschung angemerkt wird, handelt es sich dabei um ein vielschichtiges Phänomen, das rigorose, interdisziplinäre Anstrengungen erfordert und gerade auch von der Beteiligung der Informationswissenschaften unter Einsatz von maschinellem Lernen zur Mustererkennung profitieren kann.[432] Ferner ist zu beachten, dass die PIU nicht spezifisches, als solches klar erkennbares terroristisches Verhalten modellieren muss (und kann), sondern zunächst lediglich auffälliges, irreguläres Flugverhalten mit potenziellem Terrorismusbezug, was ihr einen Spielraum eröffnet, der die Erfolgsaussichten des Einsatzes maschinellen Lernens steigert.[433] Ein solcher Spielraum ermöglicht ihr, auf einzelne Strukturen und Bausteine komplexerer Geschehensabläufe zu stoßen, die vorerst nicht eindeutig als terrorismusbezogen erkannt werden können, sich jedoch im Laufe der Zeit und der verschiedenen Phasen der anschließenden Auswertung von Treffern als solche enthüllen lassen.[434] In der Terrorismusforschung sind zu-

[431] BVerfGE 141, 220, 235 f.

[432] *Pedahzur/S. Martin*, in: LaFree/Freilich (Hrsg.), 2017, 339, 347 f.: „Terrorism is a multifaceted phenomenon that requires a rigorous, interdisciplinary effort. […] new disciplines, that are highly relevant for the study of terrorism have emerged. […] ‚big data' provides […] unprecedented ability to identify trends in terrorism and correlates among variables that may contribute to a clearer understanding of different aspects of the phenomenon. Similarly, computer scientists can use machine learning and simulations to identify patterns and assist policy-makers and law enforcement agencies in allocating resources based on probable future trends." Vgl. auch die bei *Johnson*, in: LaFree/Freilich (Hrsg.), 2017, 244 ff. vorgestellten „multilevel models" und bei *Morris*, in: LaFree/Freilich (Hrsg.), 2017, 260 ff. vorgestellten Latent Class Growth Analysis Modelle zur Terrorismusanalyse.

[433] Vgl. *Canhoto*, J Bus Res 131 (2021), 441 ff., die im Kontext eines Einsatzes maschinellen Lernens zur Detektion und Prävention von Terrorismusfinanzierung und Geldwäsche zum Ergebnis kommt, dass es zwar schwierig sein kann die tatsächlichen Straftaten zu modellieren; anders ist dies jedoch bei dem damit zusammenhängenden „unusual financial behaviour", 449: „Through our consideration of the characteristics of machine learning, and of the phenomenon of AML profiling, we conclude that there are some opportunities for using machine learning to assist with identifying unusual transaction patterns, or even with suspicious behaviour more generally."

[434] Darauf deuten auch die Ausführungen der EU Kommission, SWD(2020) 128 final, 30 f.: „Notably, some threats are rare, others of a seasonal nature, so they would be impossible to detect if historical data were not retained for a long period of time. […] Importantly, a passenger may be identified as posing a risk only at a later stage, and not in the automated assessment

dem zahlreiche Straftaten identifiziert worden, die nicht als terroristisch gelten, jedoch gerade der Vorbereitung, Finanzierung oder sonstigen Unterstützung von Terrorismus dienen[435] und entsprechend nicht zufällig im Anhang der PNR-RL aufgelistet sind.[436] Die Modellierung und Erkennung ihrer Strukturen kann im Endeffekt gerade der Terrorismusverhütung dienen. An die Berücksichtigung dieser Zusammenhänge und der fließenden Übergänge zwischen Terrorismus und schwerer Kriminalität wird in der Terrorismusforschung nachdrücklich appelliert.[437] Maschinelles Lernen kann gerade dieser Verknüpfung von kriminel-

---

carried out by the Passenger Information Unit prior to arrival or departure. For example, a connection with a terrorist or criminal organisation may only be detected when more information becomes available, as an investigation progresses or following the commission of crime or a terrorist attack."

435 Zur Verknüpfung zwischen Schmuggeldelikten und Terrorismus, *Arias/Hussain*, in: LaFree/Freilich (Hrsg.), 2017, 373, 375: „Traffickers and terrorists are each seen in isolation as considerable threats to the welfare of states and the international system, but their conjunction is seen as even more frightening and sinister." Siehe ebd. 376 ff. zur Verknüpfung zwischen Terrorismus und Drogenkriminalität, illegaler Handelsdelikte, Entführungsdelikte und Eigentumsdelikte. *Sullivan/Freilich/Chermak*, in: LaFree/Freilich (Hrsg.), 2017, 420, 421, beschreiben die Zusammenhänge zwischen Terrorismus und Finanzkriminalität: „Terrorism has been linked to a wide array of financially related (non-violent) offenses, including tax fraud, money laundering and dirtying, identity theft, counterfeiting, and banking fraud". Allg. zur Verknüpfung zwischen Terrorismus und sonstiger Kriminalität, *Smith/Roberts/Damphouse*, in: LaFree/Freilich (Hrsg.), 2017, 62, 73, mit der Anmerkung: „a single terrorism incident typically involves multiple criminal acts." Die Berücksichtigung dieser vielfältigen Zusammenhänge zwischen den in § 4 Abs. 1 Satz 2 FlugDaG aufgelisteten Delikten dürfte auch die Kritik abschwächen, dass das FlugDaG kein klares Konzept erkennen ließe, warum ausgerechnet nach den dort aufgelisteten Gefahren gesucht wird, siehe zur solchen Kritik, *Rademacher*, AöR 142 (2017), 366, 413. Angesichts solcher Verknüpfungspotenziale erweist sich die Aufnahme der Mehrzahl der in der Vorschrift aufgelisteten Delikte beim genaueren Hinschauen als sinnvoll.

436 Ein Hinweis, durch den zugleich Vorwürfe, dass das Gesetz kein Konzept hinsichtlich der Zusammenstellung des Straftatenkataloges erkennen ließe, relativiert werden sollen, siehe dazu etwa *Rademacher*, AöR 142 (2017), 366, 413. Solche Vorwürfe lassen ferner unberücksichtigt, dass der Straftatenkatalog sowohl muster- als auch fahndungsabgleichgeeignete Taten enthält und an keiner Stelle den Eindruck erweckt (oder erwecken will), dass sämtlichen der aufgelisteten Katalogtaten eine musterorientierte Verhütungsstrategie zugrunde gelegt wird. Einige der Taten eignen sich besonders für einen Fahndungsabgleich, andere für einen Musterabgleich. Dass das Gesetz dabei nicht explizit differenziert, bedeutet nicht, dass dem Straftatenkatalog kein Konzept zugrunde gelegt wurde, denn er enthält durchaus auch einige Straftaten, die sich für einen Musterabgleich eignen. Entsprechend betonte zuletzt auch der EuGH, C-817/19, Rn. 198, dass der Musterabgleich auf solche Taten beschränkt werden soll, für die er eine sinnvolle Verhütungsstrategie bilden kann; nicht hingegen, auf sämtliche in der Richtlinie aufgeführten Straftaten.

437 *Arias/Hussain*, in: LaFree/Freilich (Hrsg.), 2017, 373, 374, m.w.W., beschreiben diese Zusammenhänge als „fluid, constantly changing relationships among members of terrorist and criminal networks".

lem und terroristischem Verhalten Rechnung tragen, indem es vorerst auf Irregularitäten aufmerksam macht, die im Anschluss als terrorismusbezogen betrachtet werden können.

Im Ergebnis ist deshalb auch in dem Bereich der Terrorismusverhütung, trotz der in der Literatur allgemein geäußerten Bedenken bezüglich des Einsatzes maschinellen Lernens zwecks der Modellierung terrorismusbezogenen Verhaltens, hinsichtlich der Fluggastdatenverarbeitung nicht von der bisherigen These abzurücken. Angesichts des bei der Terrorismusverhütung besonders prävalenten bereichsspezifischen Nichtwissens, sollten korrelationsbasierte Erkenntnisse hier erst recht als Wissensressourcen rechtlich akzeptiert werden. Die Arbeit mit korrelationsbasierten Anhaltspunkten kann einige der wenigen frühzeitigen Erkenntnisse zur Terrorismusverhütung liefern. Die ihr zugrunde liegenden Entscheidungsgrundlagen und Entscheidungen sind deshalb nicht als irrational zu behandeln, sollen Sicherheitsakteure in dem Bereich zumindest eine Chance der rechtzeitigen Handlungsfähigkeit haben.

e) Art. 3 GG und das Erfordernis rationaler Differenzierungsgrundlagen

Für die hier interessierende Frage der rechtlichen Verarbeitung korrelationsbedingten (Nicht)Wissens sind algorithmische Wissensgrundlagen zuletzt auch als gleichheitsrechtliche Differenzierungsgrundlagen ins Visier zu nehmen. Von Interesse ist konkret die Frage, inwieweit das Gleichheitsrecht spezifische Anforderungen an Differenzierungsgrundlagen stellt, die dazu führen, dass algorithmisch ermittelte Korrelationen als solche nicht in Betracht kommen, also rechtlich nicht akzeptiert werden. Im Grunde stellen sich hier die bisherigen Wissensfragen, nur eben auf gleichheitsrechtlichem Terrain.

Der analytische Zugriff lässt sich entsprechend erneut über das rechtliche Rationalitätsversprechen suchen, denn auch aus dem Gleichheitsgrundsatz sollen Rationalitätsforderungen erwachsen, und daher Anforderungen an die Wissensgrundlagen staatlicher Entscheidungsgrundlagen abzuleiten sein.[438] Der Gleichheitssatz verlangt tragfähige, plausible Differenzierungsgründe.[439] Unvernünftige, unsachliche, sachwidrige, nicht einleuchtende Gründe für Entscheidungen stehen daher in Widerspruch zum dem Gleichheitssatz zu entnehmenden Will-

---

438 *Münkler*, 2020, 230 f. m. w. N.: „Insoweit als der Gleichheitssatz auch als Ausfluss des im Rechtsstaatsprinzip verankerten ‚Objektivitätsgebots' staatlichen Handelns bezeichnet wird, erscheint es naheliegend, aus diesem ebenfalls Anforderungen an die Wissensgrundlagen staatlicher Entscheidungen abzuleiten. Grund für die Verortung von Wissensforderungen im Gleichheitsgebot ist, dass die Forderung nach der Sachgerechtigkeit der Gleich- bzw. Ungleichbehandlung grundsätzlich eine ‚präzise Wahrnehmung und gerecht differenzierende Würdigung der Wirklichkeit' voraussetzt."

439 *Britz*, NJW 2014, 346, 350.

kürverbot,[440] das auch als elementarer gleichheitsrechtlicher Rationalitätsstandard bezeichnet wird.[441] Der Rechtfertigungsmaßstab von Ungleichbehandlungen i. S. v. Art. 3 Abs. 1 GG, demzufolge „sachliche Gründe" für eine Differenzierung erforderlich sind, verkörpert im Grunde das gleichheitsrechtliche Rationalitätsversprechen.[442]

Statistische Korrelationen als Ausgangspunkt von Klassifizierungsverfahren werden in gleichheitsrechtlicher Literatur verschiedentlich kritisiert. Nachfolgend werden diejenigen Kritikpunkte erfasst, die explizit oder implizit Rationalitätsvorwürfe erheben. Der Kritik lässt sich allerdings meist nicht klar entnehmen, wann und was genau an korrelationsbasierten Differenzierungen gleichheitsrechtlich problematisch sein soll, also etwa, ob diese per se problematisch (etwa willkürlich) sind, oder vielmehr nur dann, wenn sie unzutreffend sind, oder aber vielleicht auch nur dann, wenn sie auf seltsamen Korrelationen beruhen. Nachfolgend wird der Versuch unternommen, die Argumentationslinien innerhalb der Kritik klarer herauszuarbeiten.

Politikwissenschaftliche Auseinandersetzungen mit Gleichbehandlungsfragen im Bereich der Fluggastdatenverarbeitung konstatieren einen tiefgehenden epistemologischen Konflikt bedingt durch den Einsatz maschinellen Lernens, der im Ergebnis zu einer nachlassenden Wirksamkeit der „anti-discrimination toolbox" führe.[443] Im Zentrum des Konflikts werden erneut die nahezu dichotomisch verwendeten *Kausalität und Korrelationen* identifiziert.[444] Allgemeinere juristische Untersuchungen von statistischer Diskriminierung halten fest, dass unzutreffende Differenzierungen von Personen gerade dann *besonders willkürlich* seien, wenn sie auf Suchkriterien bzw. Merkmalen basieren, die gar keinen unmittelbaren Einfluss auf das gesuchte Verhalten haben, wenn also zwischen Merkmalen

---

440 *Münkler*, 2020, 231, m. w. N.

441 *Somek*, 2006, 200.

442 Vorliegend entfaltet sich die Argumentation mit Blick auf das allgemeine Differenzierungsverbot in Art. 3 Abs. 1 GG, da sich angesichts der gleichheitsrechtlichen Vorkehrungen des FlugDaG in diesem Kontext keine Problematiken mit Blick auf Art. 3 Abs. 3 GG stellen, siehe dazu oben E.I.4.d).bb).(2).

443 So *Leese*, Security Dialogue 45 (2014), 494, 505: „As has been shown, what we can find here is a deep-seated epistemological conflict between an anti-discrimination framework that conceives of knowledge as the establishment of causality and data-driven analytics that build fluid hypotheses on the basis of correlation patterns in dynamic databases. This rift eventually causes a diminishing effectiveness of the anti-discrimination toolbox." Allerdings lässt sich *Leese* von der Annahme leiten, dass Modelle Muster in Echtzeit lernen und ständig durch den Zufluss neuer Daten unbeaufsichtigt aktualisieren. Entsprechend sieht er die gleichheitsrechtliche Problematik insb. in dem Überblicksverlust über sich ständig selbst aktualisierende Muster. Dass das FlugDaG für den Einsatz von maschinellem Lernen in Echtzeit keinen Raum lässt, wurde jedoch bereits oben argumentiert, siehe C.IV.3.c).bb).

444 *Leese*, Security Dialogue 45 (2014), 494, 505.

und gesuchtem (etwa verdächtigem) Verhalten lediglich eine statistische Korrelation, nicht aber ein Kausalzusammenhang im engeren Sinne bestehe.[445] Mit diesem Einwand wird, soweit ersichtlich, die Arbeit mit Korrelationen insbesondere dann als gleichheitsrechtlich problematisch betrachtet, wenn sie zu falschen Klassifizierungen führt, da eventuelle damit einhergehende Ungleichbehandlungen gerade dann besonders willkürlich seien.[446] Erneut wird hier Kausalität als Rationalitätsquelle betrachtet. Etwas anders lassen sich Kritikpunkte einordnen, die eine *nachvollziehbare Beziehung zwischen Differenzierungsmerkmalen und gesuchtem Verhalten* erfordern, welche dann bestehe, wenn entweder die Merkmale unmittelbaren Einfluss auf das Verhalten hätten oder Aufschluss über sein Auftreten gäben.[447] Die Problematik wird darin gesehen, dass eine Erklärung dafür fehle, weshalb anhand dieser Merkmale eine gute Differenzierung vorgenommen werden könne.[448] Problematisiert wird damit die fehlende Hinterfrag-

---

445 So *Britz*, 2008, 82, die dies im Kontext des Credit-Scorings festhält. Credit-Scoring beschreibt sie als besonders anschauliches Beispiel für statistische Diskriminierung und definiert wie folgt: „Beim Scoring gelangen mathematisch-statistische Verfahren zur Anwendung, die aufgrund von Vergangenheitsdaten eine Prognose über künftige Ereignisse zulassen sollen. Mit Hilfe der Scoring-Verfahren wird insbesondere die Wahrscheinlichkeit dafür festgelegt, dass eine Person bestimmte Eigenschaften aufweist, dass sie bestimmte Eigenschaften eines Tages aufweisen wird oder auch, dass sie bestimmte Verhaltensweisen an den Tag legen wird.“

446 Soweit mit diesem Kritikstrang zudem davon ausgegangen wird, dass jede falsche Vorhersage ein gleichheitsrechtliches Problem darstelle, ist dieser Auffassung zu widersprechen. Eine falsche Verdachtszuschreibung muss nicht zugleich eine unsachgemäße oder gar willkürliche, also ein Verstoß gegen Gleichheitssätze sein, denn auch sachliche Erwägungen können zu falschen Prognosen führen. Dies gilt jedenfalls dann, wenn so wie hier, Rationalität nicht mit Richtigkeit gleichgesetzt wird, sondern mit einem Entscheiden, bzw. Differenzieren nach dem derzeitig zugänglichen bestverfügbaren Wissensstand, siehe E.II.1.c).dd). Wie schon an früherer Stelle argumentiert, sind gleichheitsrechtliche Fragen sinnvollerweise erst dann zu stellen, wenn Maßnahmen aufgrund von spezifisch ausgeprägtem Flugverhalten vorgenommen werden, bei vergleichbarem Flugverhalten hingegen nicht, E.I.4.d).bb).(2). Entsprechend sind Fehltreffer nicht per se gleichheitsrechtlich relevant, sondern nur dann, wenn sie bei bestimmten Personengruppen disproportional häufig im Vergleich zu anderen, vergleichbaren Personengruppen vorkommen. Die Feststellung dessen erfordert regelmäßige statistische Auswertungen der Abgleichergebnisse.

447 *Britz*, 2008, 82, Fn. 14, mit Verweis auf *Petri*, in: Sokol (Hrsg.), 2005, 111, 119, der dies ebenfalls im Kontext des Credit-Scorings festhält: „die verantwortliche Stelle [darf] nicht willkürlich personenbezogene Datenkategorien zum Scoring heranziehen, sondern nur solche, die einen nachvollziehbaren *Bezug zur Vertragserfüllung* aufweisen. Eine solche nachvollziehbare Vertragsrelevanz liegt vor, wenn die der Information zugrunde liegende Tatsache entweder unmittelbar Einfluss auf die *Einkommens- und Vermögensverhältnisse* hat oder Aufschluss über etwaiges *vertragswidriges Verhalten* gibt.“

448 Siehe *Heiner Koch*, ZfPP 7 (2020), 265, 276, der sich in seinen Ausführungen sowohl auf korrelations- als auch komplexitätsbedingtes Nichtwissen bezieht, 294: „Weder verfügen wir über intuitive Erklärungen für den Zusammenhang zwischen Stellvertretermerkmal (soweit

barkeit der Plausibilität von Differenzierungs(wissens)grundlagen, also gerade das Herzstück korrelationsbedingten Nichtwissens. Die Arbeit mit maschinellem Lernen erhöhe die Produktion gerade solcher Korrelationen, bei denen eine entsprechende Erklärung fehlt.[449] Solche Einwände scheinen nicht die Arbeit mit Korrelationen generell zu hinterfragen, sondern vor allem die Arbeit mit seltsamen Korrelationen, also Differenzierungen auf Basis statistischer Zusammenhänge zwischen Merkmalen und Verhalten, die nicht intuitiv plausibel, logisch und daher nicht nachvollziehbar erscheinen. Derartige Kritik an der Arbeit mit seltsamen Korrelationen scheint sich zudem nicht allein auf Fälle unzutreffender Klassifizierungen zu beschränken, sondern erstreckt sich auf sämtliche Differenzierungen, die auf Grundlage solcher Korrelationen vorgenommenen werden.[450] Zusammengenommen wendet die Kritik also einerseits ein, dass auf Korrelationen basierte unzutreffende Differenzierungen im Vergleich zu kausalitätsbasierten unzutreffenden Differenzierungen besonders willkürlich sein sollen, und andererseits dass auf seltsamen Korrelationen basierende Differenzierungen stets gleichheitsrechtlich problematisch seien. Die Kehrseite solcher Kritikpunkte ist, dass eine Ungleichbehandlung insbesondere dann zu rechtfertigen sei, wenn die Prognosen zutreffend sind, Differenzierungskriterien kausal für das vorherzusa-

---

wir dieses Merkmal überhaupt kennen) und Hauptmerkmal, die als Startpunkt für weitere Untersuchungen dienen könnten, noch erkennen wir den Zusammenhang zwischen historischen Trainingsdaten und der Verwendung und Gewichtung der Stellvertretermerkmale. Ohne diese Erklärungen ist es jedoch nicht erkennbar, ob die Ungleichbehandlung sachlich angemessen ist, und auch normative Überlegungen werden ohne diese Erklärungen deutlich erschwert. Es bleibt unklar, ob ein relevanter Kausalzusammenhang zwischen Stellvertretermerkmal und Hauptmerkmal besteht, wie die Gewichtung und Interaktion der Merkmale begründet ist und ob die Trainingsdaten und die Lernmethode geeignet waren, um das Erlernen von diskriminierenden Stellvertretermerkmalen zu vermeiden."

[449] *Leese*, Security Dialogue 45 (2014), 494, 502: „As shown, the logics of discrimination in traditional profiling follow the establishment of a causal chain between indicators on the theoretical level and their representation in the population under scrutiny. Through the imposition of restraints on the choice of available variables for the construction of the theoretical foundations of profiles, undesired discrimination on the basis of certain characteristics such as sex, race, or religion may possibly be cancelled out. However, with data-driven analytics, this is not the case. While the starting point remains the notion of the individual as an information source, the collective level of the profile becomes more prone to the production of *arbitrary (random, erratic) categories* instead of real communities. As such categories come into being via probabilistic assumptions, De Vries notes that the individual is likely to be left puzzled, wondering, what do I have to do with the 199 hypothetically similar people who are terrorists?'" (Hervorhebung hier).

[450] *Heiner Koch*, ZfPP 7 (2020), 265, 294, wobei er hier etwas inkonsequent nicht mehr von nicht intuitiv erklärbaren Korrelationen, sondern von Scheinkorrelationen spricht: „Selbst eine korrekte Prognose kann problematisch und diskriminierend sein, etwa wenn eine Scheinkorrelation für die gute Prognose verantwortlich ist, aber kein kausaler Zusammenhang besteht."

gende Verhalten sind und es normativ akzeptiert wird, dass diese Merkmale für den Entscheidungskontext verwendet werden.[451]

Differenzierungen, die auf statistischen Korrelationen basieren, sind jedoch nicht per se gleichheitsrechtlich problematisch. Selbst in kritischer gleichheitsrechtlicher Literatur wird lediglich festgehalten, dass es für die Rechtfertigung einer Ungleichbehandlung „einen Unterschied machen [*kann*], ob aus statistischen Gründen oder wegen anderer Gründe differenziert wird".[452] Insgesamt positioniert sich das Recht dazu jedoch nicht.[453] Auch im Rahmen von Art. 3 Abs. 1 GG dürfte gelten, dass (gleichheits)rechtliche Rationalitätsstandards am ehesten im Lichte bereichsspezifischer Besonderheiten herauszuarbeiten sind. Es mag Bereiche und Situationen geben, in denen es berechtigt wäre, auf die Feststellung einer kausalen Verknüpfung zwischen Differenzierungsmerkmalen und gesuchtem Verhalten zu bestehen, etwa wenn solche Verknüpfungen mit angemessenem Aufwand ermittelbar sind, Akteure also eine reale Wahl zwischen Kausalität und Korrelationen haben, jedoch aus Kosten- und Zeitgründen auf die „schnelle Lösung" von Korrelationen gesetzt wird.[454] Bei der fluggastdatenbasierten Differenzierung von auffälligem und unauffälligem Verhalten mit Bezug zu komplexen Straftaten wäre ein solches Erfordernis jedoch kaum erfüllbar. Rationalitätsstandards für Differenzierungswissensgrundlagen auf dem Feld der Verhütung solcher Straftaten können daher nicht oberhalb derer für Wissensgrundlagen im Allgemeinen gesetzt werden. Dies gilt aus denselben Gründen: in diesem Bereich beanspruchen kausalbegründete Differenzierungsgrundlagen im Vergleich zu korrelationsbasierten selten eine besondere Rationalität. Insbesondere können diese genauso „unauffällig" falsch sein. Daher leuchtet es nicht ein, weshalb in einem Bereich, in dem aufgrund der Komplexität der zugrunde liegenden Verhaltensstrukturen sichere kausale, theoretische bzw. erfahrungsba-

---

451 *Heiner Koch*, ZfPP 7 (2020), 265, 293.

452 *Britz*, 2008, 35.

453 So stellt *Britz*, 2008, 35, fest: „Inwieweit statistische Erwägungen für oder gegen die Zulässigkeit einer Ungleichbehandlung sprechen, hat der Gesetzgeber nur rudimentär geklärt und im Übrigen den Anwendern der Rechtfertigungsgeneralklauseln überlassen. Zwar finden sich neben den Generalklauseln des legitimen Ziels und des sachlichen Grundes einerseits Spezialregeln, die Konstellationen statistischer Diskriminierung abdecken, und andererseits für bestimmte Fälle so eng gefasste Zulässigkeitsregeln, dass eine Rechtfertigung statistischer Diskriminierung kaum in Betracht kommt. Im Übrigen lassen die Generalklauseln diese Frage jedoch offen."

454 In die Richtung argumentiert *Zarsky*, in: Cohen/Lynch/Vayena/Gasser (Hrsg.), 2018, 54, für den Medizinsektor: „opting to rely on mere correlation could have broader societal effects. While such practices can provide inexpensive, quick responses, they deprive society of additional knowledge and scientific inquiry".

sierte Annahmen kaum bestehen, falsche Differenzierungen, die auf Korrelationen zurückzuführen sind, im Vergleich besonders willkürlich sein sollen.

Aus einer Perspektive auf Wissen und Rationalität lassen sich als gleichheitsrechtlich problematisch vielmehr allein die sog. seltsamen Korrelationen diskutieren. Es liegt auf der Hand, dass ein Gleichheitsrecht, das plausible Differenzierungsgründe voraussetzt, also nicht einleuchtende Gründe für Entscheidungen als willkürlich und darauf beruhende Differenzierungen daher als nicht gerechtfertigt betrachtet, mit der Fähigkeit maschinellen Lernens, augenscheinlich nicht einleuchtende, jedoch dennoch vorhersagestarke Zusammenhänge zu entdecken, in Konflikt geraten kann. Dieser Konflikt kann, entsprechend den vorangegangenen Erläuterungen zu seltsamen Korrelationen, auf zwei Wegen rechtlich verarbeitet werden: dem Verbot der Verwendung solcher Korrelationen als Differenzierungsgrundlagen oder dem Versuch, diese auf anderem Wege zu rationalisieren.[455] Seltsame Korrelationen müssen nicht willkürlich sein, sie müssen jedoch per Definition willkürlich *erscheinen*. In dieser Abkehr von bekannten Logiken, menschlicher Intuition und augenscheinlicher Plausibilität steckt jedoch auch ihr Potenzial. Damit fordern sie gleichheitsrechtliche Dogmatik heraus und erlangen deshalb eine rechtliche Bedeutung. Durch die Installation von strukturierten und langfristigen Wissensbeobachtungsmechanismen lassen sie sich jedoch mittelbar rationalisieren, so dass mit der Zeit Willkür von Scheinwillkür unterschieden und erstere blockiert, letztere instrumentalisiert werden kann.

f) Zwischenergebnis

Im Ergebnis erweist sich das Sicherheitsrecht als überwiegend in der Lage, algorithmengestütztes Wissen ohne Irritationen zu verarbeiten. Korrelationsbasierte Wissensgrundlagen können sich in die Modellierung irregulären Verhaltens mit Bezug zur schweren und terroristischen Kriminalität – Bereiche des Sicherheitsrechts, die stets mit besonders prävalentem Nichtwissen zu kämpfen haben – als eine zusätzliche, oder aber auch als die einzig verfügbare Wissensquelle einfügen. Bezüglich rechtlicher Anforderungen an einer solchen Wissensquelle wurde festgestellt, dass sicherheitsrechtliche Rationalitätsversprechen insgesamt nicht über die in einem Bereich realistischerweise erreichbare Qualität an Wissen hinausgehen können. In einem Vergleich zu herkömmlicheren, theorie- und erfahrungsbasierten Wissensquellen, erwiesen sich korrelationsbasierte Wissensgrundlagen überwiegend als nicht weniger rational. Es leuchtet daher wenig ein, dass in Sicherheitsbereichen, die so dringend auf Wissen angewiesen sind, eine zusätzliche Wissensquelle abgewiesen, statt verständnisorientiert begleitet werden soll. Eine Sonderstellung in diesem Sinne ist allerdings den sog. seltsamen Kor-

---

[455] Siehe oben E.II.1.c).cc).(3).

relationen zuzuerkennen. Solche algorithmisch identifizierten Zusammenhänge zwischen Merkmalen und Verhalten, die von vornherein irrational erscheinen, lösen einen rechtlichen Handlungsbedarf aus und begründen eine rechtliche Bedeutung von korrelationsbedingtem Nichtwissen. Sie erfordern die Installation eines Regimes der langfristigen und strukturierten Beobachtung, Reflexion und Revision von algorithmischen Wissensgrundlagen und darauf gestützten Entscheidungen. Zu einem gewissen Teil können jedoch sämtliche Prozesse der Wissensgenerierung und des Entscheidens im Bereich der Verhütung von Terrorismus und schwerer Kriminalität von einem solchen Regime profitieren.[456] Wie gezeigt, haftet sonstigen sicherheitsbehördlichen Wissensgenerierungs- und Entscheidungspraktiken ebenfalls ein Nichtwissen über die Qualität der ihnen zugrunde liegenden Annahmen an. Dieses mag nur insoweit anders ausgeprägt sein, als es auf unsicheren Kausalitätsannahmen, kriminologischen Hypothesen und praktischen Erfahrungen beruht. Es mag entsprechend als ein etwas „vertrauteres“ Nichtwissen als das korrelationsbedingte erscheinen. Sowohl diesbezüglich als auch bezüglich algorithmengestützter Wissensgrundlagen kann auf die in der Folge diskutierten rechtlichen Mechanismen gesetzt werden, um Wissen produktiv zu nutzen und mit dem Nichtwissen über Wissen umzugehen.

2. Rechtlicher Umgang

Entsprechend der bisherigen Herangehensweise an Fragen eines Umgangs mit Nichtwissen sind die nachfolgend dargestellten Mechanismen nicht als die Forderung, der Entwurf oder Vorschlag eines umfangreichen, detaillierten oder gar zwingenden Regulierungsregimes algorithmischer Wissensgrundlagen zu verstehen. Die konkrete Ausgestaltung eines solchen Regimes ist Aufgabe des Gesetzgebers. Es mag eine Sache sein, eine rechtliche Bedeutung von Nichtwissen und entsprechend eine Notwendigkeit der strukturierten und langfristigen Beobachtung bestimmter korrelationsbasierter Wissensgrundlagen festzustellen. Etwas ganz anderes wäre es, daraus zwingende gesetzliche Anforderungen ableiten zu wollen. Letzteres ist nicht Anliegen dieser Arbeit. Gewisse rechtliche Vorkehrungen mögen dem Gesetzgeber abzuverlangen sein, ihm ist aber diesbezüglich ein breiter Experimentierspielraum zuzugestehen. Die nachfolgenden Ausführungen bleiben deshalb in dieser Hinsicht bewusst zurückhaltend und begnügen sich damit, weitgehend auf bereits vorhandene Mechanismen des FlugDaG so-

[456] Vgl. *Ladeur*, 2016, 179 f., der bezüglich Entscheidungen unter Ungewissheitsbedingungen festhält, dass diese häufig einer strukturierten Beobachtung ihrer Haltbarkeit *ex post* bedürfen.

wie Rechtsfiguren des Sicherheitsrechts einzugehen und sie im Lichte der bisher abgegebenen Impulse zu interpretieren.

Wenn Nichtwissen ein Produkt des Wissens selbst ist, so wie im Fall des korrelationsbedingten (Nicht)Wissens, kann eine rationalisierende rechtliche Reaktion darauf nicht einfach in der weiteren Steigerung des Wissens bestehen.[457] Als notwendig erscheinen vielmehr Formen des rationalen Umgangs mit dem Wechsel- und Spannungsverhältnis von Wissen und Nichtwissen, eingebettet in jeweils unterschiedliche, kontextspezifische Reaktionsmuster.[458] Die nachfolgenden Ausführungen suchen Platz für die Etablierung solcher Reaktionsmuster konkret in dem vorhandenen Rechtsrahmen der Fluggastdatenverarbeitung und etwas allgemeiner in der sicherheitsrechtlichen Dogmatik. Zunächst wird allerdings auf einige der unter Insidernichtwissen vorgestellten Mechanismen zur *informationellen Begleitung von Entwicklungskontexten* und *Kontrolle* eingegangen, denn diese können die Grundlagen eines Regimes zur Beobachtung der Bewährung von Wissen sichern, a). Insbesondere aber sorgt die gesetzgeberische Entscheidung für ein Regelungskonzept, wonach Ergebnisse eines Musterabgleichs nicht direkt rechtserheblich werden können, sondern zuvor verschiedenen Überprüfungsmechanismen unterzogen werden müssen, für eine Beobachtung algorithmischer Wissensgrundlagen und daher einen Umgang mit korrelationsbedingtem Nichtwissen. Deshalb ist anschließend auf einige der vorhandenen *Überprüfungsmechanismen des FlugDaG und der PNR-RL* einzugehen, b)–d). Als letztes wird auf die sicherheitsrechtliche Diskussion zur dogmatischen Einordnung der Outputs lernender Ansätze eingegangen, um zu prüfen, inwieweit *sicherheitsrechtliche Dogmatik* zur Verarbeitung algorithmengestützten Wissens beitragen kann, e).

a) Dokumentation und Kontrolle der Entstehungskontexte seltsamer Korrelationen

Die Grundbausteine für ein Regime zur Beobachtung algorithmischer Wissensgrundlagen müssen bereits auf Ebene der Systementwicklung gelegt werden. Während die Plausibilität von einzelnen entscheidungserheblichen Korrelationen grundsätzlich erst auf Ebene der Auseinandersetzung mit einzelnen Treffern bewertet werden kann, würde dies bei seltsamen Korrelationen zunächst einen

---

[457] Vgl. *Wehling*, in: Karafyllis (Hrsg.), 2002, 255, 275.

[458] Diesbezüglich präzisiert *Wehling*, in: Karafyllis (Hrsg.), 2002, 255, 275, wie folgt: „Dabei geht es nicht um ein formales, verallgemeinerbares Modell des ‚Entscheidens unter Nichtwissen'; sondern darum, ein Spektrum jeweils unterschiedlicher, kontextspezifischer Reaktionsmuster zu öffnen, in denen sich die Konturen einer rationalen gesellschaftlichen Praxis abzeichnen, die nicht mehr ausschließlich auf das Wachstum von Wissen, zumal von wissenschaftlichem Wissen, beschränkt ist."

wenig weiterführenden Ansatz darstellen. Allein ihre Betrachtung auf Darstellungsebene verspricht wenig Aufschluss über die Frage, warum sie plausible Entscheidungsgrundlagen darstellen sollen, wenn der Kern der mit ihnen zusammenhängenden Problematik daher rührt, dass sie per Definition vorerst nicht plausibel erscheinen können. Ihre Plausibilität ist stattdessen mittelbar, zunächst durch die Bewertung ihrer Entstehungskontexte zu hinterfragen, indem etwa Modelle und Datengrundlagen, die zum Lernen solcher Korrelationen verwendet wurden, also die entsprechenden Entwicklungsentscheidungen, hinterfragt werden.[459] Freilich erfordert dies die laufende informationelle Begleitung dieser subjektiven Entscheidungen, so wie sie im Kontext der Ausführungen zu Dokumentation als Umgang mit Insidernichtwissen vorgeschlagen wurde.[460] Im besten Fall finden sich also in der Dokumentation bereits die Überlegungen von Systeminsidern über seltsame Korrelationen: etwa darüber, ob ihr Auftreten im Rahmen von Lerngrundlagen vermutet, oder sogar erwartet wurde und weshalb, ob Hypothesen darüber erstellt wurden und welche, ob ihr Auftreten ohne beträchtliche Einbuße an Vorhersagekraft vermieden werden könnte, wie dies getestet wurde, etc.

Bereits die Verpflichtung zur Dokumentation von solchen Entscheidungen würde Anreize zur ausgiebigen Auseinandersetzung mit seltsamen Korrelationen und, soweit dies möglich ist, zu ihrer Plausibilisierung setzen. Diese Anreize könnten durch Kontrollmechanismen verstärkt werden. Zum einen durch herstellungsorientierte Kontrollarrangements der Entwicklungsprozesse und ihrer Dokumentation.[461] Solche Kontrollarrangements würden entsprechende Überlegungen von Systeminsidern zunächst abstrakt bewerten. Zum anderen durch die zu erwartenden gerichtlichen Kontrollen von sicherheitsbehördlichen Folgemaßnahmen.[462] Gerichtliche Kontrollen könnten auf die Bewertung solcher Dokumentation seitens verschiedener Akteure einzelfallbezogen abstellen. So könnten im Laufe der gerichtlichen Bewertung der Gründe für einzelne sicherheitsbehördliche Maßnahmen, die auch auf seltsamen Korrelationen basieren, die entsprechenden Entwicklungsentscheidungen als Gründe für oder gegen die Plausibilität seltsamer Korrelationen fungieren. Insgesamt würde die systematische Dokumentation der damit zusammenhängenden Entwicklungsentscheidungen die informationellen Grundlagen für die Reflexion und Revision seltsamer Korrelationen im Laufe von Beobachtungsprozessen bereitstellen.

---

[459] Zu weiteren Fragen, die in einem solchen Fall sinnvollerweise gestellt werden können, siehe oben E.II.c).cc).(3).

[460] Siehe dazu oben D.II.2.b).

[461] Siehe dazu oben D.II.2.c).

[462] Siehe dazu oben E.II.1.c).cc).

b) Individuelle Überprüfung durch die PIU, § 4 Abs. 2 Satz 2 FlugDaG

Nach der Konzeption des FlugDaG ist die erste Stelle, die mit einer solchen Beobachtung algorithmischer Wissensgrundlagen befasst würde, die PIU. Nach § 4 Abs. 2 Satz 2 FlugDaG haben ihre Mitarbeiter Treffer, die aus einem Abgleich resultieren, individuell zu überprüfen. Die PIU verfügt über keine operativen Eingriffsbefugnisse zur faktischen Validierung einzelner Vorhersagen, ihre Tätigkeit ist rein informationell. Entsprechend wird darauf geschlossen, dass es bei der von ihr zu leistenden Überprüfung, abgesehen von einer rein technischen Kontrolle auf Auslesefehler, „nur, aber immerhin" um eine Plausibilitätskontrolle gehen kann.[463] Im Juni 2022 forderte der EuGH, dass Mitgliedstaaten klare und präzise Regeln vorsehen müssen, die Leitlinien und einen Rahmen für die seitens der mit der individuellen Überprüfung betrauten Bediensteten vorzunehmende Analyse vorgeben und sich insbesondere vergewissern müssen, dass die PIU in klarer und präziser Weise Kriterien für diese individuelle Überprüfung aufstellt.[464]

Die PIU wäre als erste in der Lage, seltsame Korrelationen als Gründe für die Erzeugung einzelner Treffer zu bemerken. Trotz fehlender operativer Ermittlungsbefugnisse befinden sich ihre Mitarbeiter als Systeminsider in einer besonders günstigen Position zur Wissenshinterfragung. Sie mögen zwar nicht in der Lage sein, Einzelfälle durch das Beschaffen weiterer Informationen im Rahmen von Folgemaßnahmen tiefergehend aufzuklären und daher seltsame Korrelationen durch eine Kontextanreicherung von verdächtigen Sachverhalten verständnisorientiert zu interpretieren. Sie dürften jedoch unmittelbaren Zugriff auf die Dokumentation der einschlägigen Entwicklungsentscheidungen zum jeweiligen Modell haben, der bei ihm vermuteten seltsamen Korrelationen, ihrer bisherigen Vorhersagekraft bei ähnlichen Sachverhalten, etc. Entsprechend können die Mitarbeiter der PIU im Rahmen ihrer Überprüfungsbefugnis nach § 4 Abs. 2 Satz 2 FlugDaG solche Korrelationen als erste hinterfragen und auch als erste versuchen, Anhaltspunkte für oder gegen ihre Plausibilität zu finden, etwa indem sie solche Korrelationen nunmehr einzelfallbezogen zu interpretieren versuchen oder zumindest ihre Interpretation im Rahmen anschließender Beobachtungsmechanismen durch weitere Akteure fördern, bspw. indem sie die einzelnen Treffer durch weitere der PIU vorliegende Informationen verdichten.[465]

---

[463] *Rademacher*, AöR 142 (2017), 366, 415, der sich allerdings dafür einsetzt, dass bei einer solchen Kontrolle „unplausible Muster" ausgeschlossen werden.

[464] EuGH, C-817/19, Rn. 205 f.

[465] Zum Aufgabenbereich der PIU, der unter anderem in der Verdichtung einzelner Treffer mit weiteren Informationen besteht, siehe ausf. oben B.II.5.

In der Literatur zur Fluggastdatenverarbeitung wird ferner davon ausgegangen, dass neben der Dokumentation und Kontrolle auch dieses Erfordernis einer individuellen Überprüfung von Treffern die PIU zur Arbeit mit möglichst interpretierbaren Korrelationen und entsprechend zur weitestmöglichen Reduktion der Arbeit mit seltsamen Korrelationen inzentiveren kann, damit der nicht unerhebliche Aufwand, der mit ihrer Plausibilisierung verbunden ist, möglichst reduziert wird.[466]

c) Weitere Überprüfung und Maßnahmenergreifung, § 6 Abs. 1 FlugDaG

Fortgesetzt wird das Wissensbeobachtungsregime des FlugDaG, durch das, was bei *Rademacher* auch als „Interaktionsregime" bezeichnet wird.[467] In seinen Ausführungen zu predictive policing setzt er sich für eine methodenbewusste Verwendung algorithmischer Prognosen durch die zu weiteren Ermittlungen berufenen Sicherheitsbehörden ein, und hebt in dieser Hinsicht insbesondere den § 6 Abs. 1 FlugDaG positiv hervor. Zum einen sind die dort aufgelisteten Sicherheitsbehörden im Unterschied zu der PIU zum Maßnahmenergreifen befugt. Im Rahmen dessen sind sie in der Lage weitere Informationen zu Sachverhalten zu ermitteln, die auch für die Interpretation seltsamer Korrelationen hilfreich sein können. Zum anderen gäbe eine solche Regelung, wonach Sicherheitsbehörden sowohl die einzelnen Fluggastdaten als auch die Ergebnisse ihrer Verarbeitung *zur weiteren Überprüfung* und zur Veranlassung geeigneter Maßnahmen durch die PIU übermittelt bekämen, den Sicherheitsbehörden insbesondere auf, anhand der übermittelten Informationen seitens der PIU eine parallele eigene Prognose anzustellen, bevor sie entscheiden, ob und für welche weiteren Maßnahmen die gefundenen Anhaltspunkte gegebenenfalls ausreichen.[468] Dem EuGH zufolge müssen sie jedoch in diesem Rahmen dem Ergebnis der individuellen Überprüfung auf nicht automatisierte Art durch die PIU Rechnung tragen und ihm gegebenenfalls Vorrang vor dem Ergebnis der automatisierten Verarbeitungen einräu-

---

466 Vgl. *Olsen/Wiesener*, Law, Innovation and Technology 13 (2021), 398, 413: „the requirement of human review of the specific matches found in the search […] has the additional effect of incentivising the authorities to produce as accurate, relevant and precise search criteria as possible in order to reduce the heavy workload resulting from large-scale manual reassessment of false positives. It is this constant recalibration of search criteria through formal review procedures and the feedback loop of manual reassessments that provides a high degree of flexibility. Hence [the] concern of a ‚technological-legal lock-in', entrenching biases and misconceptions that may prove difficult to overcome, appear to be much less of a problem for the European PNR system than in other sectors relying on AI-based predictive analysis."

467 *Rademacher*, AöR 142 (2017), 366, 415.

468 Ebd.

men.[469] Bei einigen der in § 6 Abs. 1 FlugDaG aufgelisteten Sicherheitsbehörden wurden auf die Entgegennahme von Verdachtsmeldungen spezialisierte Einheiten errichtet.[470] Dies lässt den Schluss zu, dass sie über die Expertise zur Erstellung solcher parallelen Prognosen verfügen. Diese Prognosen sind ein weiterer Plausibilisierungsmechanismus durch weitere sicherheitsbehördliche Akteure. Dieser könnte unterstützt werden, indem die PIU mitsamt dem jeweiligen Treffer und Fluggastdatensatz sowohl die mit seltsamen Korrelationen zusammenhängende Dokumentation als auch ihre eigenen Überlegungen zu solchen Korrelationen der einschlägigen Sicherheitsbehörde übermitteln würde.[471]

Letztendlich ist über die Gestaltung und das Ausmaß der exakten Interaktionsprozesse zwischen der PIU und den weiteren in § 6 FlugDaG aufgezählten Sicherheitsbehörden wenig bekannt.[472] Es ist daher nicht auszuschließen, dass solche Informationen vom Austausch zwischen den Behörden ohnehin umfasst wären. Mangels ihrer datenschutzrechtlichen Relevanz müsste ihr Austausch jedenfalls derzeit nicht zwingend gesetzlich geregelt werden. Ähnliches gilt für etwaiges Feedback, dass die PIU durch die Sicherheitsbehörden zu der Vorhersagestärke ihrer Modelle und den darin ggf. enthaltenen seltsamen Korrelationen erhält.[473] Ein solcher Feedbackprozess ist wesentlich für ein gelungenes Beobachtungs- bzw. Interaktionsregime und dürfte der gängigen Praxis von Sicherheitsbehörden entsprechen.

d) Regelmäßige statistische Auswertung der Abgleichergebnisse

Vervollständigt ist ein Wissensbeobachtungsregime durch Mechanismen zur systematischen Aufbereitung und Analyse der punktuellen Erkenntnisse, die im Rahmen von Überprüfungen und Maßnahmen gesammelt wurden. Solche Mechanismen sind nicht nur bei der Arbeit mit seltsamen Korrelationen bzw. maschinellem Lernen weiterführend, sondern bei der Arbeit mit automatisierter Datenverarbeitung generell. Die systematische Auswertung der Abgleichergebnisse gibt Aufschluss darüber, wie viele der als potenziell verdächtig eingestuf-

---

469 EuGH, C-817/19, Rn. 208.

470 Siehe oben, B.II.5

471 Zu einem Vorschlag in diese Richtung siehe auch, *Kaufmann/Egbert/Leese*, The British Journal of Criminology 59 (2019), 674, 687.

472 So ausdrücklich auch *Olsen/Wiesener*, Law, Innovation and Technology 13 (2021), 398, 419, die über ein Interaktionsszenario spekulieren, in dem die einschlägigen Sicherheitsbehörden die durch die PIU übermittelten Informationen ihrerseits anhand von Algorithmen auswerten. Im Fall der Interaktion zwischen der PIU und der bei den Zollbehörden angesiedelten FIU ist eine solche Annahme nicht unwahrscheinlich, siehe zur FIU-Tätigkeit unten, F.III.1.

473 Instruktiv zum „feedback process following the use of the model“, *Zarsky*, in: Custers/Calders/Schermer/Zarsky (Hrsg.), 2013, 301, 306.

ten Personen sich als unverdächtig erweisen und wie viele derjenigen, die als potenziell unverdächtig eingestuft wurden, eigentlich als verdächtig hätten eingestuft werden müssen, aber „übersehen" wurden.[474] Dadurch können statistische Auswertungen der Abgleichergebnisse auch Aufschluss über Ungleichbehandlungstendenzen innerhalb verschiedener Modelle geben.[475]

Bei Modellen und Korrelationen, die sich nicht unmittelbar auf Plausibilität überprüfen lassen, kann die regelmäßige Auswertung ihrer Outputs zur Plausibilisierung herangezogen werden. Sie würde es ermöglichen, bei spezifischen Modellen und Korrelationen etwa zu beobachten, wie zentral sie bei wie vielen Entscheidungen waren und inwieweit sie sich dabei bewährt haben. Zeigt sich dabei bspw., dass das Auftreten einer bestimmten seltsamen Korrelation in Fluggastdaten bei Schmuggeldelikten immer wieder vom Modell als stark verdachtsbegründend gewichtet wurde und anschließende Ermittlungen tatsächlich auch immer Schmuggelware bei den entsprechenden Personen entdeckt haben, so können diese Erkenntnisse im Rahmen von Kontrollen zugunsten der Plausibilität des Modells herangezogen werden.

Art. 20 PNR-RL regelt die jährliche Übermittlung von Statistiken über die Gesamtzahl der Fluggäste, deren PNR-Daten erhoben und ausgetauscht worden sind und die Zahl der Fluggäste, bei denen eine weitere Überprüfung für angezeigt erachtet wurde, seitens der mitgliedstaatlichen PIUs an die Kommission. Damit werden zwar Voraussetzungen für die Beobachtung von Wissen geschaffen, jedoch erst auf europäischer Ebene. Sinnvoll erscheint es, dass auch und gerade die nationalen PIUs statistische Auswertungen ihrer eigenen Modelle regelmäßig vornehmen. Das FlugDaG enthält keine solche Mechanismen. Zwar kann daraus nicht geschlossen werden, dass die PIU solche Auswertungen nicht trotzdem vornimmt. Jedoch lässt die Löschungspflicht nach § 13 Abs. 4 Satz 1 FlugDaG, wonach die Ergebnisse der Verarbeitung von Fluggastdaten zu löschen sind, sobald sie nicht mehr dafür erforderlich sind, Sicherheitsakteure zu infor-

---

474 So konkret im Kontext der Fluggastdatenverarbeitung, *FRA*, 2011, 8 f. m. w. N.: „Statistics are […] crucial to detecting and monitoring those cases in which a person is negatively affected by the EU PNR system – in other words, cases in which PNR data brought people under otherwise unjustified scrutiny by authorities. Therefore, the FRA suggests to create the following statistics to assess the efficiency of the PNR system: total number of persons whose PNR data were collected and exchanged; number of persons identified for further scrutiny; number of subsequent law enforcement actions; number of persons later found to have been unjustifiably flagged as suspicious by the PNR system." Allgemein zum Nutzen solcher Mechanismen, *Zarsky*, in: Custers/Calders/Schermer/Zarsky (Hrsg.), 2013, 301, 306.

475 *FRA*, 2011, 9: „indirect discrimination can only be detected in practice by creating statistics on the application of a certain rule, criterion or practice. Suitable statistics are useful to detect discriminatory patterns and trends in the application of a certain rule, criterion or practice."

mieren, Zweifel daran entstehen, dass der datenschutzrechtliche Rahmen solche Auswertungen tatsächlich zulässt.

e) Besondere rechtsdogmatische Behandlung algorithmischer Wissensgrundlagen

In der deutschen juristischen Literatur zu predictive policing wird eine mittlerweile breite Diskussion zur dogmatischen Einordnung algorithmischer Entscheidungen geführt.[476] Was solche Beiträge letztendlich versuchen, ist den sicherheitsrechtlichen Umgang mit algorithmengestütztem Wissen auf allgemeiner Ebene zu klären. Sollen algorithmische Wissensgrundlagen als Indizien von Kriminalität rechtlich akzeptiert werden, und wenn ja, inwieweit? Soll daraus das Vorliegen einer Gefahr, eines Verdachts oder nicht mal dies hergeleitet werden dürfen? So berechtigt und nachvollziehbar das Anliegen solcher Diskussionen ist, so zweifelhaft ist zugleich, dass sich diese Fragen auf allgemeiner Ebene sinnvoll klären lassen. Ihre Antworten hängen von zahlreichen Modalitäten des einzelnen Einsatzes maschinellen Lernens ab. Selbst bezogen auf die Fluggastdatenverarbeitung lässt sich darauf kaum eine auf alle Modelle und Situationen verallgemeinerungsfähige Antwort geben, etwa, dass algorithmische Treffer des PNR-Systems immer als Anhaltspunkt für die Annahme eines Verdachtes ausreichen oder aber als Anhaltspunkte stets auf der Vorstufe zum Verdacht verbleiben und durch zusätzliche Informationen angereichert werden müssen. Die Lernmodelle, die zwecks der Identifikation von Anhaltspunkten zur Verhütung der verschiedenen in § 4 Abs. 1 FlugDaG aufgezählten Straftaten eingesetzt werden können, sind schlicht zu divers. Die Komplexität und Plausibilität ihrer Outputs

---

[476] Siehe etwa, *Arzt/M. W. Müller/Schwabenbauer*, in: Lisken/Denninger (Hrsg.), [7]2021, G, Rn. 1347: „Allein aus einem statistischen Erfahrungswert kann weder ein strafprozessualer Verdacht noch eine Gefahr im Sinne des Polizeirechts hergeleitet werden. Erforderlich ist vielmehr das Hinzutreten konkreter, auf den Einzelfall bezogener Erkenntnisse. Werden diese Vorgaben sowie die verfahrensmäßigen Anforderungen des Datenschutzes beachtet, kann personenbezogenes *Predictive Policing* eine punktuelle Ergänzung der Polizeiarbeit sein." Auch *Goldhammer*, 2021, 159, argumentiert, dass predictive policing die menschliche Prognose der konkreten Gefahr nicht ersetzen kann: „Das Prognoseergebnis des Computers kann eine unschätzbare behördeninterne ‚Alarmfunktion' haben, jede Eingriffsentscheidung bei konkreter Gefahr muss jedoch über ein Dienstverhältnis einem Hoheitsträger zurechenbar sein." *Rademacher*, AöR 142 (2017), 366, 392: „Predictive Policing kann wegen der notwendig nur fragmentarischen Erfassung der – weil nur zu einem Teil digitalisierten – Realität lediglich einen Gefahrenverdacht, nicht schon eine ‚fertig' ermittelte Gefahr anzeigen." Siehe auch die Überlegungen von *Thüne*, 2020, 218 ff.; *Pullen*, in: Simmler (Hrsg.), 2021, 123, 137 ff.; *Sommerer*, 2020, 118 ff. Aus der internationalen Literatur, *Rich*, U. Pa. L. Rev. 164 (2016), 871, 929: „ASAs cannot replace a human being when it comes to consideration of the totality of the circumstances in each case. Instead, their predictions are merely another fact, albeit perhaps a weighty one, in that analysis."

können je nach modelliertem Verhalten und Datengrundlagen unterschiedlich ausfallen und die Indizwirkung ihrer Ergebnisse unterschiedlich beeinflussen. Es lassen sich allenfalls gewisse rechtliche Mindeststandards identifizieren, so wie im Rahmen der Ausführungen zur Outputkomplexität, wo festgehalten wurde, dass, soweit einem Treffer keinerlei Informationen über die ihm tatsächlich zugrunde liegenden verdachtsbegründenden Korrelationen entnommen werden können, dieser zu keinen operativen Maßnahmen befugen kann, außer solchen, deren Vornahme ohnehin nicht an das Vorliegen von Informationsgrundlagen geknüpft ist.[477]

Ähnlich könnte das Sicherheitsrecht auch mit seltsamen Korrelationen umgehen. Es könnte etwa die Indizwirkung seltsamer Korrelationen, die sich noch nicht als plausibel bewährt haben, bspw. weil noch nicht hinreichend Informationen zu ihrer Vorhersagestärke in Einzelfällen vorliegen, absprechen. Dies darf jedoch nicht dazu führen, dass solchen Korrelationen gar keine Chance belassen wird, sich als Prädiktoren zu bewähren. Sicherheitsbehörden sollten über einen gewissen Experimentierspielraum mit seltsamen Korrelationen verfügen. Sie sollten davon in möglichst fehlerfreundlichen Situationen auf möglichst fehlerreversiblere oder zumindest fehlerkorrigierbare Art Gebrauch machen dürfen, um ihr Vorhersagepotenzial testen zu können.[478]

Letztendlich ist „seltsam", ähnlich wie „komplex", eine Bezeichnung, die für ein Spektrum einsteht, das von der vollkommenen Absurdität bis zu der etwas fernliegenden Logik reichen kann. Entsprechend wird über Regulierungsschritte nachgedacht, die zumindest das Maß an „esoteric correlations" das als noch akzeptabel gelten soll, regeln.[479] Nach einem solchen Modell könnte das Recht etwa vollkommen absurden Korrelationen die Indizwirkung gänzlich absprechen, hingegen nur fernliegende Korrelationen in gewissen Zusammenhängen als Verdachtsprädiktoren grundsätzlich akzeptieren oder zumindest für eine gewisse Zeit zulassen, damit sie die Chance haben, sich zu bewähren oder interpretiert zu werden. Überlegungen zu solchen Regulierungsansätzen zeigen jedenfalls, dass eine generalisierende sicherheitsrechtsdogmatische Behandlung algorithmischer Outputs, auch nur in Hinblick auf seltsame Korrelationen, nicht sachgerecht wäre. Welche Indizwirkung ihnen entnommen werden kann, ist in jedem Einzelfall spezifisch zu beurteilen. Erst recht gilt dies für den dogmatischen Umgang mit sämtlichen algorithmischen Wissensgrundlagen.

---

[477] Siehe oben E.I.4.d).bb).(1).(b).

[478] Siehe zu solchen (Rationalitäts-)Kriterien für Entscheidungen unter Nichtwissen, *Wehling*, in: Karafyllis (Hrsg.), 2002, 255, 269 f. m. w. N.

[479] *Zarsky*, in: Custers/Calders/Schermer/Zarsky (Hrsg.), 2013, 301, 307 f.

3. Zwischenergebnis

Der Rechtsrahmen der Fluggastdatenverarbeitung bietet mehrere Möglichkeiten für die Etablierung eines Wissensbeobachtungsregimes. Die Voraussetzungen für einen Umgang mit korrelationsbedingtem Nichtwissen sind sinnvollerweise bereits in der Dokumentation einschlägiger Entwicklungsentscheidungen anzulegen. Darauf aufbauende rechtliche Beobachtungsmechanismen lassen sich in das gemäß § 4 Abs. 2 Satz 2 und § 6 Abs. 1 und Abs. 2 FlugDaG bereits vorhandene Interaktionsschema integrieren. Gemeinsam mit Mechanismen zur systematischen Aufbereitung und Analyse der Abgleichergebnisse schaffen diese Vorschriften einen Rahmen, in dem mehrere Akteure – Systementwickler, Systemkontrolleure, Sicherheitsbeamte der PIU und Sicherheitsbeamte sonstiger Sicherheitsbehörden – mit korrelationsbedingtem (Nicht)Wissen und seiner Rationalisierung befasst werden können. In diesem Rahmen können korrelationsbasierte Wissensgrundlagen und die darauf gestützten Entscheidungen langfristig und strukturiert beobachtet, reflektiert und revidiert werden.

Die in diesem Abschnitt diskutierten Wissensfragen lassen sich nicht eindeutig innerhalb der bisherigen Regulierungsinitiativen auf europäischer Ebene verorten. Der AI-Act[480] versucht in Art. 13 und Art. 14 ein Regime zu etablieren, das sich in Richtung der Wissensbeobachtung denken ließe.[481] Insgesamt bleibt dieses jedoch in einigen zentralen Begriffen bislang noch zu diffus.[482] Derzeit erscheint die europäische Regulierungsperspektive daher noch etwas untersensibilisiert für die Wissensfragen, die einem Einsatz maschinellem Lernens innewohnen.

---

[480] COM(2021) 206 final.

[481] Siehe etwa Art. 13 Nr. 3 (b), in dem die Dokumentation von unter anderem „capabilities and limitations of performance" angeordnet wird, worunter Limitationen im Hinblick auf die Plausibilisierung einiger algorithmisch erzeugter Outputs gefasst werden könnten. Siehe jedoch auch Art. 14 Nr. 4 (c), wonach Beobachtungsmechanismen es Individuen „as appropriate to the circumstances" ermöglichen sollen „to *correctly* interpret the high-risk AI system's output" (Hervorhebung hier). Bei strenger Auslegung könnte die Vorschrift auch als eine Hürde für die Arbeit mit seltsamen Korrelationen verstanden werden.

[482] Siehe die Überlegungen zu der Formulierung „interpret the system's output" in Art. 13 Nr. 1 Satz 1 oben, Fn. 213. Im Grunde bleibt unklar, ob mit „interpret" das inhaltliche Verständnis von Erzeugungsgründen oder auch die Bewertung der Qualität bzw. Plausibilität solcher Gründe gemeint ist.

III. Ergebnis

Unabsichtlichem Nichtwissen bei maschinellem Lernen kann sowohl in seiner Ausprägung als komplexitäts- als auch als korrelationsbedingtes Nichtwissen eine rechtliche Bedeutung anerkannt werden. In beiden Fällen beschränkt sich die rechtliche Bedeutung allerdings auf einen vergleichsweise schmalen Anteil aus der Gesamtmenge der Auswirkungen, die solchen Nichtwissensausprägungen üblicherweise als problematisch attestiert werden. Die Komplexität der Technologie kann auf Outputebene, in einigen Fällen, der inhaltlichen Nachvollziehbarkeit der Gründe für die Erzeugung algorithmischer Treffer entgegenstehen. Die korrelationsbasierte Funktionsweise der Technologie kann die Auseinandersetzung mit der Plausibilität einiger (seltsamer) algorithmischer Wissensgrundlagen erschweren. Während das Sicherheitsrecht im Fall des Mangels einer inhaltlichen Nachvollziehbarkeit ohne Weiteres in der Lage ist, einen Umgang mit Nichtwissen zu leisten, erwiesen sich, wenn es um die Verarbeitung algorithmengestützter Wissensgrundlagen im Einklang mit rechtlichen Rationalitätsstandards geht, einige zusätzliche Mechanismen zum Umgang mit Nichtwissen als angebracht.

F. Rechtliche Bedeutung von Nichtwissen bei maschinellem Lernen

I. Zusammenfassung der Ergebnisse

Die Ergebnisse der Untersuchung werden nachfolgend unter Auslassen des analytischen Rahmens des Nichtwissens zusammengefasst. Nichtwissen als Ausgangspunkt der Analyse der in dieser Arbeit aufgestellten Fragen hat es ermöglicht, verwandte Themen im Bereich des maschinellen Lernens auf einen gemeinsamen Nenner zu bringen und von dort aus auszudifferenzieren. Die Anknüpfung an soziologische Modelle des Nichtwissens stellte für diesen Zweck eine einheitliche analytische Struktur zur Verfügung, die sich als hinreichend facettenreich, flexibel und modifizierbar erwies, um die relevanten Diskussionen über algorithmische Transparenz, Kompetenz, Steuerung, Nachvollziehbarkeit und Wissensgenerierung zu erfassen und aufzuschlüsseln. Ohne die Zugrundelegung der Ausgangsperspektive des Nichtwissens hätte der Zusammenstellung der in dieser Arbeit behandelten Themen zunächst eine gewisse Beliebigkeit angemutet, die erst anhand laufender Zusatzanmerkungen hätte ausgeräumt werden müssen.

Im Vergleich zu sonstigen im Kontext des maschinellen Lernens anzutreffenden Bezeichnungen für einige der in dieser Arbeit analysierten Themen (Intransparenz, Opazität, Blackbox, etc.) erwies sich Nichtwissen als ein umfassender, aussagekräftigerer und zugleich weniger geladener Begriff. Er macht auf potenziell problematische Aspekte aufmerksam, bleibt aber im Ansatz ihrer Lösungen offen. Die Arbeit mit ihm beugte bewusst der Einführung neuer Begrifflichkeiten in die bereits bestehende Fülle an Nichtwissensbezeichnungen bei maschinellem Lernen vor. Im Unterschied dazu trägt die Nichtwissensperspektive eine lange, anknüpfungsfähige Kultur in den Sozial- und Rechtswissenschaften, hat sich also über die Zeit als stabil erwiesen. Dadurch bot sie auch ein breites Spektrum an erprobten Ausdifferenzierungsoptionen (In- und Outsidernichtwissen, intendiert und unabsichtlich, [un]überwindbar, objektiv und subjektiv, etc.). Die Perspektive brachte dadurch sowohl eine Stabilität als auch analytische Flexibilität mit, die bei sonstigen Begriffen zunächst hätten neu ausgebaut werden müssen.

Die Nichtwissensperspektive kann bei der zusammenfassenden Präsentation der Ergebnisse jedoch weggelassen werden, denn es sollen nachfolgend nicht die hier gewählte methodische Herangehensweise zur Aufschlüsselung der Thematik, sondern ihre Erträge im Fokus stehen. Dadurch soll insbesondere die Rezeptionsfähigkeit der Ergebnisse zwecks einer Weiterverarbeitung in wissenschaftlichen Kontexten erhöht werden. Aus demselben Grund werden die Ergebnisse nachfolgend weitgehend von dem konkreten Referenzbereich abstrahiert und auf Konstellationen eines sicherheitsbehördlichen Einsatzes maschinellen Lernens zwecks der Entscheidungsunterstützung im Vorfeldbereich operativer Tätigkeiten generell bezogen. Damit soll dem eingangs aufgestellten Anspruch der strukturellen Anschlussfähigkeit der Arbeit Rechnung getragen werden.

1. FlugDaG als Prototyp entscheidungsunterstützender personenbezogener Technologieeinsätze im Sicherheitsbereich

Das Fluggastdatengesetz ist ein tauglicher und instruktiver *Referenzrahmen für übergreifende Analysen von Rechtsfragen des maschinellen Lernens* im sicherheitsrechtlichen Kontext. Es bewegt sich auf einer Linie mit aktuellen strategischen Entwicklungen und Automatisierungstendenzen im Sicherheitssektor. Sein umfangreicher Straftatenkatalog spiegelt einen breiten Präventionsansatz, der die Befassung mit den Verhaltensstrukturen und dem Vorhersagepotenzial einer Vielzahl von Straftaten ermöglicht.

Die Analyse seiner *Regelungsstrukturen* offenbart ein detailliertes Bild der zahlreichen involvierten Rechtsakte und Sicherheitsakteure, ihrer Stellung in der nationalen und internationalen Sicherheitsarchitektur, sowie der Dimensionen der dahinterstehenden Sicherheitspolitiken. Deutlich wird, dass der Gesetzeserlass kein spontaner Zug des experimentierfreudigen Sicherheitsgesetzgebers, sondern das Resultat langjähriger internationaler Debatten und Kompromisse darstellt. Dies wird in großen Teilen der Kritik am FlugDaG ausgeblendet.

Die technologieoffene Gesetzesformulierung lässt verschiedene Hypothesen über die *technologische Gestaltung* der Datenverarbeitungsprozesse zu, darunter insbesondere auch eine solche anhand des maschinellen Lernens. Aufgrund dessen sind verschiedene Einsatzkonstellationen der Technologie vorstellbar, die sich für verschiedene rechtswissenschaftliche Analysezwecke produktiv machen lassen. Dadurch hält das Fluggastdatengesetz ein beträchtliches Forschungspotenzial für Fragestellungen an der Schnittstelle zwischen Recht und maschinellem Lernen – insbesondere auch für solche über das fehlende Wissen bezüglich verschiedener Aspekte der Technologie – bereit.

2. Nichtoffenlegung von Einsatz und Implementierungsdetails

Wird nicht offengelegt, anhand welcher Technologien eine Behörde Daten verarbeitet, bleibt ein breites Spektrum an Informationen über maschinelles Lernen für die Öffentlichkeit unzugänglich. Weder ist bekannt, ob maschinelles Lernen bei der Verarbeitung überhaupt eingesetzt wird, noch wie der Einsatz konkret ausgestaltet ist. Eine solche Nichtoffenlegung, wenngleich nicht unüblich bei vielen Modalitäten sicherheitsbehördlicher Arbeit, löst für gewöhnlich Debatten über Geheimhaltungsrechte, bzw. Offenlegungspflichten aus, die im Kontext maschinellen Lernens vornehmlich unter der Bezeichnung *„algorithmische Transparenz"* geführt werden. Die Nichtoffenlegung algorithmischer Details führt zu einer zentralen Frage, die jedoch zulasten zahlreicher Entwürfe entsprechender rechtlicher Transparenzmechanismen bemerkenswert vernachlässigt wird, nämlich, ob eine solche Transparenz rechtlich überhaupt geboten ist. Angesichts der sicherheitsbehördlichen Interessen an einer Nichtoffenlegung von Einsatz und Implementierungsdetails maschinellen Lernens und mangels einer dienenden Funktion der Offenlegung für einschlägige Rechtswerte ist diese Frage zu verneinen. Entsprechend ist auch eine rechtliche Bedeutung der Nichtoffenlegung solcher Informationen zu verneinen.

Ein Erfordernis algorithmischer Transparenz unter Anknüpfung an *datenschutzrechtliche Schutzziele* besteht nicht. Der datenschutzrechtliche Transparenzgrundsatz bezieht im Sicherheitsbereich eine insgesamt schwächere Stellung, welche seine in anderen Kontexten erwogene Erstreckung auf Verarbeitungstechnologien des maschinellen Lernens ausschließt. Der Zweckbestimmungs- und Zweckbindungsgrundsatz, so wie er in der nicht ganz durchschaubaren Rechtsprechung des Bundesverfassungsgerichts für das Sicherheitsrecht entwickelt wurde, mag bei entsprechender Auslegung zwar auch die kleinschrittige Festlegung von Verarbeitungszwecken gebieten, nicht hingegen die von Verarbeitungsmitteln. Dementsprechend hat der Gesetzgeber unter Umständen auch behördeninterne Analyseverfahren zu normieren, muss hingegen mangels einer durch den Einsatz maschinellen Lernens eintretenden Veränderung solcher Datenverarbeitungskontexte den Einsatz und seine Modaltäten nicht festlegen. Eine solche Festlegung bietet Datensubjekten weder einen erhöhten Schutz ihrer personenbezogenen Daten und informationellen Selbstbestimmung, noch bessere Rechtsschutzmöglichkeiten gegen Datenverarbeitungen. Sie würde das Datenschutzrecht insgesamt ohne Grund und Ertrag über seine Schutzzwecke hinauswachsen lassen.

Die Offenlegung von Einsatz und Implementierungsdetails maschinellen Lernens führt auch nicht zu einem erhöhten Schutz vor etwaigen bei Algorithmen oft befürchteten Gleichheitsverstößen. Das *Gleichheitsrecht* befasst sich an erster Stelle mit der Regulierung von aus Handlungen entstehenden Konsequenzen in

Form von Ungleichbehandlungen, nicht hingegen mit der Regulierung der Handlungen selbst. Die Offenlegung algorithmischer Details mag Aufschluss über letzteres bieten. Zum eigentlichen – in der Entdeckung und Würdigung ungleich komplexeren – Gegenstand gleichheitsrechtlicher Regulierung verhält sie sich jedoch kaum und trägt daher keinen echten Mehrwert für die Rechte von Verarbeitungsadressaten.

Das *verfassungsrechtliche Bestimmtheitsgebot*, ein weiterer Anknüpfungspunkt für Offenlegungsüberlegungen, erweist sich auch ohne algorithmische Transparenz als hinreichend gewährleistet. Zunächst stellen sich die in der Rechtsprechung des Bundesverfassungsgerichts aufgestellten Anforderungen an die Bestimmtheit von Normen der Sicherheitsgesetzgebung bei Fragen der Normierung von Technologien als nicht weiterführend heraus. Dies liegt daran, dass mit dem Einsatz maschinellen Lernens keine Eingriffsintensivierung von Verarbeitungsmaßnahmen verbunden sein muss, das Gericht jedoch Bestimmtheitsanforderungen größtenteils gerade an die Eingriffsintensität knüpft, obgleich dies dogmatisch nicht ganz überzeugt. Die dem Bestimmtheitsgrundsatz darüber hinaus in der Literatur zugeschriebenen Funktionen, etwa die Erhöhung von Rechtssicherheit, Steuerung von Verwaltungshandeln, sowie Ermöglichung effektiven Rechtsschutzes und gerichtlicher Kontrollen, erfordern wiederum keine Normierung des Einsatzes maschinellen Lernens. Sie wären dadurch auch nicht ersichtlich gestärkt.

Das *Demokratieprinzip* mit seinen Postulaten der *Transparenz und Akzeptanz* staatlicher Verfahren und Entscheidungen ist stets auf die bereichsspezifischen Besonderheiten behördlicher Tätigkeiten abzustimmen. Bei einem entscheidungsunterstützenden Einsatz maschinellen Lernens, so wie er sich für die Zwecke der als Prototyp personenbezogenen predictive policings referenzierten Fluggastdatenverarbeitung ausgestalten ließe, gebietet das Prinzip keine Offenlegung technologiebezogener Informationen. Sowohl bereichsspezifische als auch allgemeinere empirische Studien lassen nicht erkennen, dass algorithmische Transparenz derzeit einen beachtenswerten Beitrag zu demokratischen Werten erbringen würde. Die Akzeptanz einer Maßnahme hängt nicht maßgeblich mit dem (Nicht)Einsatz einer bestimmten Technologie, sondern mit dem Vertrauen in die maßnahmendurchführende Behörde zusammen. Sicherheitsbehörden sind daher bei der Frage der Offenlegung grundsätzlich frei und können sich von dem gesellschaftlichen Interesse an einer solchen leiten lassen.

3. Fehlende algorithmische Kompetenz

Die im Vergleich zur Transparenzdebatte im algorithmischen Kontext deutlich diffuseren Diskussionen über „*technical illiteracy*" setzen sich mit den problematischen Wirkungen einer fehlenden algorithmischen Kompetenz auseinander.

Darunter ist ein Zustand zu verstehen, in dem der Einzelne nicht weiß, wie maschinelles Lernen in Grundzügen funktioniert und somit auch nicht kritisch hinterfragen kann, wie die Technologie eine ihn betreffende Entscheidung mitgestaltet. Die für die Bestimmung der rechtlichen Bedeutung eines solchen Kompetenzmangels relevante Frage, ob er sich zulasten der Rechtswahrnehmungsmöglichkeiten des Einzelnen auswirkt, ist zu verneinen, sowie entsprechend auch seine rechtliche Bedeutung.

Bei einem entscheidungsunterstützenden Einsatz maschinellen Lernens stellt sich diese Frage nur in Konstellationen, in denen der Einzelne Adressat einer (auch) auf den algorithmischen Output gestützten Folgemaßnahme ist, die ihm gegenüber zu begründen ist. Allerdings reichen *rechtliche Begründungsmechanismen* bei sicherheitsbehördlichen Folgemaßnahmen nicht so weit, dass sie auch eine Erklärung der Funktionsweise von Technologien erfordern, welche bei der Generierung (eines Teils) der zum Maßnahmenergreifen befugenden Informationsgrundlage eine Rolle spielen. Grundsätzlich hängen die inhaltlichen Anforderungen an eine Begründung von den Modalitäten der konkret ergriffenen Folgemaßnahme und der zu verhütenden Straftat ab. In jedem Fall hat die Begründung über die wesentlichen entscheidungserheblichen Tatsachen, die zum Maßnahmenergreifen berechtigen, zu informieren, muss sich hingegen nicht zu konkreten Details ihrer technischen Erzeugungsart verhalten. Informationen über die im Einzelfall einschlägigen Korrelationen ermöglichen es dem Einzelnen dagegen zu argumentieren, ohne dafür auf eigene oder fremde algorithmische Kompetenz angewiesen zu sein.

4. Mangelnder Überblick über Entwicklungskontexte

Die Betrachtung des Einsatzes maschinellen Lernens als ein Baustein in innerbehördlichen Wissens- und Entscheidungsgenerierungsverfahren führt weg von Offenlegungs- und Kompetenzfragen. Trotz umfassenden Informationszugangs und hinreichender algorithmischer Expertise können Sicherheitsbehörden erhebliche Wissenslücken im Hinblick auf ihre lernenden Systeme haben. So bedingt die in der Praxis nicht selten zu beobachtende *unübersichtliche Organisation und Planung der Systementwicklung* einen mangelnden Überblick über die Entwicklungskontexte maschinellen Lernens, der dazu führt, dass Entwicklungsentscheidungen weder revidiert noch hinterfragt werden können. Diesem im Wesentlichen sozialverschuldeten Überblicks- und Kontrollverlust kann mittels einer für die personelle, organisatorische und institutionelle Komplexität der Systementwicklung sensibilisierten Herangehensweise entgegengewirkt werden. Diesbezüglich erweist sich die Involvierung rechtlicher Steuerungsmechanismen als im Ergebnis geboten, weshalb dem mangelnden Überblick über die Entwicklungskontexte maschinellen Lernens eine rechtliche Bedeutung zuzusprechen ist.

Algorithmische Steuerung meint die rechtliche Umhegung innerbehördlicher Entwicklungsprozesse maschinellen Lernens zwecks Nachvollziehbarkeitsherstellung. Dadurch erbringt das Recht einen Beitrag zur Rationalisierung sicherheitsbehördlicher Verfahren, hat dabei jedoch die Balance zwischen exekutiver Selbst- und legislativer Fremdsteuerung innerbehördlicher Prozesse zu wahren.

Maßgeblich für die Bestimmung des richtigen Maßes an rechtlicher Steuerung ist die Unterscheidung zwischen der *Herstellungs- und Darstellungsebene* verwaltungsrechtlicher Entscheidungen. Dadurch wird sichtbar, dass sämtliche zum Überblicks- und Kontrollverlust bei der Entwicklung maschinellen Lernens beitragenden Prozesse sich auf der Herstellungsebene von behördlichen Entscheidungen abspielen, welche im Unterschied zur Darstellungsebene rechtlichen Zugriffen nicht ohne Weiteres auszusetzen ist. Hierfür müsste rechtliche Steuerung in der Lage sein, eine höhere Verfahrensrationalität zu gewähren, als wenn dies der Sicherheitsbehörden selbst überlassen bliebe. Es bestehen einige Anhaltspunkte, die diese Annahme zulassen.

Wird eine Sicherheitsbehörde rechtlich zur Strukturierung und informationellen Begleitung technologischer Entwicklungsabläufe angeregt, wird zunächst *sachwidrigen Anreizen zur möglichst schnellen und kostengünstigen Systementwicklung*, die als Nebeneffekt sicherheitspolitischen Leistungs- und Erfolgsdrucks entstehen können, vorgebeugt. Ferner erhalten *materiell gering verdichtete Zweckprogramme*, wie sie zunehmend in einigen Bereichen der Sicherheitsgesetzgebung und auch beim Fluggastdatengesetz zu beobachten sind, dadurch eine sichtbare Strukturierung und daher ein Fundament für rechtsstaatliche Kontrollierbarkeit. Kontrollierbarkeitssteigernde Mechanismen bieten sich zudem aufgrund der *technologischen Komplexität* solcher Verwaltungsmaterien an. Diesbezüglich ist rechtliche Steuerung in der Lage, Sicherheitsbehörden zur konzentrierteren Suche nach anderenfalls schwer identifizierbaren Fehlern und Fehlerquellen und zur Bereitstellung der informationellen Basis für den Einsatz komplexitätsreduzierender Mechanismen anzureizen. Dabei handelt es sich um für Sicherheitsbehörden nicht zwingend intrinsische Anreize, die im Ergebnis auch dem höheren Schutzniveau subjektiver Rechte dienen. Ähnliche Anreize setzen Steuerungsmechanismen auch, wenn sie Sicherheitsbehörden auf Herstellungsebene zur Begründung subjektiver Entwicklungsentscheidungen anhalten und dadurch etwaige anschließende *Schwierigkeiten der Rationalisierung darstellungsrelevanter Entscheidungen* adressieren. Ohne eine rechtliche Steuerung der Herstellungsebene setzen sich Sicherheitsbehörden beim entscheidungsunterstützenden Einsatz maschinellen Lernens der Gefahr sachwidriger sicherheitspolitischer Einflüsse, ergebnisloser Fehlersuche und Komplexitätsbewältigung, erhöhter Zweifel and der Qualität ihrer Wissensproduktion, sowie Vorwürfen unzureichender Kontrollierbarkeit ihrer Tätigkeit aus.

Geboten ist ein *zurückhaltender rechtlicher Steuerungsansatz*, der anhand von Regelungen zur informationellen Begleitung der Entwicklung maschinellen Lernens, sowie anhand von über Datenschutzrecht und subjektive Rechte hinausgehenden Kontrollarrangements operiert. Die Tragfähigkeit eines solchen Ansatzes bestätigen ähnliche und bereits etablierte herstellungsorientierte Mechanismen aus dem Datenschutzrecht, die vornehmlich aus der sicherheitsrechtlichen Rechtsprechung des Bundesverfassungsgerichts stammen. Bei der gesetzlichen Ausgestaltung einer solchen *Kombination aus Dokumentation und Kontrolle* der Entwicklung maschinellen Lernens empfiehlt es sich, trotz entsprechender Tendenzen in der europäischen Gesetzgebung, eine Überregulierung exekutivischer Freiräume anhand umfassender Dokumentationskataloge und zahlreicher Kontrollinstanzen zu vermeiden.

5. Technologische Komplexität

Der Überblicksverlust über die Entwicklungskontexte maschinellen Lernens ist im Wesentlichen der personellen, organisatorischen und institutionellen Komplexität, also der sozialen Komponente seines Einsatzes zuzurechnen. Davon zu unterscheiden ist die seiner technischen Komponente geschuldete technologische Komplexität, die sich maßgeblich während der algorithmischen Lernphase realisiert. Komplexität bei maschinellem Lernen ist in der Regel auf bestimmte mathematische Eigenschaften der Technologie zurückzuführen. Sie bedingt, dass die algorithmische Entwicklung von Modellstrukturen im Rahmen von Lernverfahren, und entsprechend die Funktionsweise der Modelle, im Detail schwer bis gar nicht verstanden werden, sowie dass es schwer bis unmöglich sein kann, den genauen Einfluss aller konkreten Korrelationen zwischen einem Inputdatensatz und der Prüfungsmerkmale eines elaborierten Modells auf die Generierung eines spezifischen Outputs zu identifizieren. Bedingt ist dadurch also ein *Nachvollziehbarkeitsverlust sowohl auf der Modell- als auch der Outputebene* maschinellen Lernens. Mangels sicherer Überwindungsmöglichkeiten bestimmt sich dessen rechtliche Bedeutung danach, ob er für das Recht problematisch ist, was teilweise zu bejahen ist.

Modellkomplexität führt dazu, dass eine Sicherheitsbehörde ihre eigenen Entscheidungsgrundlagen nur begrenzt nachvollziehen kann. Sie kann algorithmisch erzeugte Muster also weder inhaltlich bewerten noch als Ressource neuen Wissens verständnisorientiert anzapfen. Zu einer solchen inhaltlichen Nachvollziehbarkeit von Entscheidungsgrundlagen werden im Vorfeldbereich tätige Sicherheitsbehörden in der Regel jedoch weder durch konkrete gesetzliche Anforderungen noch durch ihren auf die Generierung praktisch verwertbaren Entscheidungswissens gerichteten gesetzlichen Auftrag angehalten, sodass Modellkomplexität im Ergebnis keine problematische Wirkung für das Recht und daher keine rechtliche Bedeutung zukommt. Zwar fallen Lernmodelle als Entscheidungsgrundlagen mangels Nachvollziehbarkeit als Anhaltspunkt für Rechtmäßigkeitskontrollen konkreter Entscheidungen weg, solche Kontrollen bleiben aber auf anderem Wege möglich. Diese These bestätigt auch die Untersuchung der Frage aus einer Perspektive der Verfahrensrationalisierung. Dabei zeigt sich, dass Modellkomplexität, wenn sie zur adäquaten Aufgabenbewältigung nicht nur fruchtbar, sondern auch notwendig ist, nicht als ein Rationalitätsdefizit betrachtet werden kann.

Outputkomplexität führt dazu, dass unklar ist, welche Daten aus einem Inputdatensatz für die Erzeugung eines Outputs inwieweit ursächlich waren. Infolgedessen bleibt unklar, welche die für einen bestimmten Output einschlägigen Korrelationen und Merkmale, und somit, was die tatsächlichen Gründe für die Erzeugung algorithmischer Verdachtsindizien sind. Eine solche inhaltliche Nachvollziehbarkeit zwecks der Verwertung von Indizien in Entscheidungskontexten wird im Sicherheitsrecht jedoch zumindest in Grundzügen vorausgesetzt, sodass der Outputkomplexität maschinellen Lernens insoweit eine problematische Wirkung für das Recht und eine rechtliche Bedeutung zukommt. Diese These bestätigt auch die Parallele zu anonymen Hinweisen, die insoweit zu den Verdachtsindizien elaborierter Lernmodelle ähnlich sind, als in beiden Konstellationen eine Sicherheitsbehörde ausschließlich aus einer nicht weiter befragbaren Quelle erfährt, dass eine konkrete Straftat von einer bestimmten Person potenziell begangen werden soll. Diesbezüglich fordert die Rechtsprechung eine inhaltliche Nachvollziehbarkeit zwecks normativer Verifizierung oder Verwerfung, die als Anforderung auch für algorithmische Outputs einleuchtet. Anderenfalls ist ihre operative Verwertung lediglich im Kontext nicht-eingreifender oder anlassunabhängiger Maßnahmen rechtmäßig und bleibt somit stark eingeschränkt. Unter Gleichbehandlungsgesichtspunkten erweist sich Outputkomplexität hingegen als unproblematisch, da eine Kenntnis konkreter Korrelationen und Merkmale für die Bewertung der Rechtmäßigkeit algorithmischer Differenzierungen nicht zwingend erforderlich ist.

Das Sicherheitsrecht ist bereits in der Lage, einen *Umgang mit Outputkomplexität* zu leisten. Seine gesetzlichen Tatbestände ermächtigen Sicherheitsbehörden zum Ergreifen von operativen Maßnahmen erst, wenn ihnen nachvollziehbare Informationsgrundlagen von bestimmter Substanz vorliegen. Die daraus resultierende Verwertungseinschränkung für inhaltlich nicht nachvollziehbare Outputs begründet eine rechtliche Bedeutung von technologischer Komplexität und stellt zugleich auch den rechtlichen Umgang damit dar. Sie wirkt zudem als Anreiz zum Einsatz von möglichst nachvollziehbaren Modellen, sowie von Output- und Modellnachvollziehbarkeitsansätzen. Zusätzliche rechtliche Mechanismen zum Umgang mit Komplexität erscheinen weder notwendig noch geboten.

6. Korrelationsbasiertes Wissen

Maschinelles Lernen ermöglicht die Generierung von Wissen, dessen Grundlagen – algorithmische Muster und Outputs – anhand der Analyse großer Datenmengen entstehen. Zugunsten der sicherheitsbehördlichen Arbeit mit solchen Wissensgrundlagen spricht allerdings vorerst nichts außer statistischer Signifikanz. Damit ist nicht ohne Weiteres eindeutig, ob sie die sicherheitsbehördliche Arbeit zurecht mitprägen. Dieses *Misstrauen in die Plausibilität* von Wissensgrundlagen schlägt entsprechend auch auf das darauf basierte Wissen und die darauf aufbauenden Entscheidungen durch. Das Rechtssystem baut auf der Grundannahme auf, dass jede Art von Wissen in Frage gestellt werden kann und Wissensansprüche gerechtfertigt sein müssen. Die rechtliche Bedeutung korrelationsbasierten Wissens bemisst sich entsprechend danach, inwieweit es die sicherheitsrechtlichen Ansprüche an Wissen irritieren kann. Ein solches Irritationspotenzial ist allein den sog. seltsamen Korrelationen anzuerkennen. Insoweit weist korrelationsbasiertes Wissen eine rechtliche Bedeutung auf.

Die sicherheitsbehördliche Arbeit mit Korrelationen als Wissensquellen wird in der Regel unter Hinweis auf *Kausalität* problematisiert. Im Kern wird die – bei Kausalität indes nicht immer zurecht unterstellte – eingeschränkte Möglichkeit bemängelt, die Plausibilität von auf Korrelationen gestütztem Wissen zu hinterfragen. In diesem Verlangen nach Hinterfragungsmöglichkeiten steckt ein Bestehen auf *Rationalität, bzw. Rationalisierbarkeit* von sicherheitsbehördlichem Wissen und Entscheiden. Diese Erkenntnis macht den Diskurs über Recht und Entscheidungsrationalität zum Ausgangspunkt für die Bestimmung (sicherheits-)rechtlicher Maßstäbe an Wissen.

Grundsätzlich können in ein und derselben Entscheidungssituation unterschiedliche Entscheidungen und Begründungen vom Recht als rational akzeptiert werden. Je komplexer die Entscheidungssituation, desto eher mangelt es an anerkannten und konventionellen Entscheidungswegen und desto höher ist entsprechend die Anzahl alternativer Entscheidungsergebnisse, die als rational gelten können. Das Verwaltungsrecht steht im Grundsatz jeglichem Wissen, das Rationalitätsstandards nicht ignoriert oder unterläuft, zunächst offen gegenüber. Konkrete Standards bzw. Anforderungen an rationales Wissen und Entscheiden stellt das Recht jedoch nicht auf, sondern setzt die *Einhaltung bereichsspezifisch vorhandener Rationalitätsstandards* voraus. Das rechtliche Versprechen exekutiver Entscheidungsrationalität verweist daher auf diejenigen Standards für plausible Entscheidungsgrundlagen und Entscheidungen, die im jeweiligen Bereich exekutivischen Handelns als solche etabliert und vom Rechtssystem anerkannt sind.

Die Betrachtung *sicherheitsbehördlicher Entscheidungssituationen* zeigt, dass kausale Schemata der Wissensgenerierung allenfalls in einfacheren Situationen der Gefahrenabwehr als Rationalitätsstandard gelten können. Je mehr der Aufgabenbereich zum Vorfeldbereich konkreter Gefahren in Richtung der vorbeugenden Prävention komplexer Delikte verlagert wird, desto weniger kann Kriminalität als Abfolge von Ursache-Wirkungs-Zusammenhängen wahrgenommen oder theoriebasiert modelliert werden. Kausalitätsbasierte Wissens- und Entscheidungsgenerierung kann in solchen Konstellationen im Vergleich zur korrelationsbasierten keine besondere Rationalität für sich beanspruchen.

Dies bestätigt zunächst der Abgleich zwischen den Erkenntnisinteressen der *korrelationskritischen kriminologischen Forschung* einerseits und der im Vorfeldbereich angesiedelten sicherheitsbehördlichen Tätigkeit andererseits. Maßgebliche rechtliche Rationalitätsstandards sind sinnvollerweise nicht höher anzusetzen als zur Erfüllung gesetzgeberischer Zwecke erforderlich. Der gesetzliche Auftrag von im Vorfeldbereich tätigen Sicherheitsbehörden erschöpft sich meistens in dem vorhersagebasierten Identifizierungsanteil der Kriminalitätsverhütung und setzt weder ein ursachenorientiertes Verständnis noch die Änderung von Kriminalitätsgeschehen im Sinne der systematischen Einflussnahme auf ihre Ursachen voraus.

Auch eine Parallele zu bereits etablierten und seitens des Sicherheitsrechts als funktional anerkannten *musterorientierten sicherheitsbehördlichen Praktiken* erweist sich für die Bestimmung rechtlicher Rationalitätsstandards instruktiv. Die Arbeit mit Mustern allgemein und – spezifisch im Vorfeldbereich – die datengetriebene Musterdetektion, sind für die sicherheitsbehördliche Praxis geradezu typisch. Das Recht hat sich zur Qualität des dabei produzierten Wissens bislang allenfalls mittelbar und eher zurückhaltend verhalten, aber hat sich diesem jedenfalls nicht verschlossen. Internationale Untersuchungen bisheriger Mustererstellungspraktiken zeigen ferner, dass diese einen nicht unerheblichen Anteil an sporadischen Erfahrungen, Trial-and-Error und Intuition verkörpern, und insofern auf Wissensgrundlagen aufbauen, deren Plausibilität ebenso nicht stets ausgiebig hinterfragbar und gut begründbar ist. Im Vergleich dazu beanspruchen algorithmische Wissensgrundlagen keine geminderte Rationalität.

Etwas anderes ergibt sich auch nicht aus einer Perspektive auf rechtliche Entscheidungsrationalität als *Begründungsrationalität.* Die Begründung einzelner sicherheitsbehördlicher Entscheidungen verkörpert einen Anspruch auf argumentative Plausibilität, der jedoch nicht allein mittels kausal aufgebauter und theoretisch belegter Argumentationsformen erfüllt werden kann. Im Gegenteil zeigt die Analyse sicherheitsrechtlicher Rechtsprechung, dass kein besonderes Augenmerk auf die Art der Fundierung von Entscheidungen gelegt wird. Unabhängig davon, ob Sicherheitsbehörden sich dabei von statistischen, theoretischen oder erfahrungsbasierten Überlegungen leiten lassen, betrachten Richter schlicht die Überzeugungskraft der einzelnen angeführten Gründe gemessen an den Umständen des Einzelfalls und treffen eine meist probabilistische Einschätzung über die Gesamtwahrscheinlichkeit einer Tatbegehung, bei der sie Gründe jeder Art berücksichtigen können. Diese im Wesentlichen *wissensneutrale Haltung des Sicherheitsrechts* wird jedoch irritiert, soweit *seltsame Korrelationen* als Gründe für das Ergreifen von Maßnahmen angeführt werden, da diese per se unplausibel und daher nicht überzeugend erscheinen. In solchen Fällen ist die Einführung eines Regimes der *mittelbaren Wissenshinterfragung* geboten, bei der die strukturierte und langfristige Beobachtung der Bewährung solcher Korrelationen zur Plausibilisierung herangezogen wird. Damit wird rechtlichen Rationalitätsansprüchen Rechnung getragen und zugleich das besondere Vorhersagepotenzial solcher Korrelationen ausgenutzt.

Begibt man sich bei der Suche nach rechtlichen Wissensmaßstäben schließlich auch auf *gleichheitsrechtliches Terrain*, um die dort vorhandenen Rationalitätsversprechen in Zusammenhang mit algorithmischen Wissensgrundlagen als Differenzierungsgrundlagen zu bringen, lässt sich das bisher Hergeleitete entsprechend beobachten. Rationalitätsbedenken kursieren auch hier um die nahezu dichotomische Gegenüberstellung von Kausalität und Korrelationen. Das Gleichheitsrecht bleibt gegenüber statistisch-fundierten Differenzierungsgründen zunächst jedoch offen. Zudem können bereichsspezifische Rationalitätsstandards für Differenzierungswissensgrundlagen nicht oberhalb derer für Wissensgrundlagen im Allgemeinen gesetzt werden, ohne dass Wertungswidersprüche entstehen.

Zum *rechtlichen Umgang mit seltsamen Korrelationen* ist die Installation eines Regimes der langfristigen und strukturierten Beobachtung, Reflexion und Revision von algorithmischen Wissensgrundlagen und darauf gestützten Entscheidungen geboten. Seine Grundlagen sichert die informationelle Begleitung der Entwicklungskontexte solcher Korrelationen. Im Rahmen eines solchen Wissensbeobachtungsregimes sollen Sicherheitsbehörden in möglichst fehlerfreundlichen Situationen von seltsamen Korrelationen Gebrauch machen dürfen, um ihr Vorhersagepotenzial schrittweise testen zu können.

II. Bedeutung für weitere sicherheitsbehördliche Einsatzkonstellationen

Freilich sind im Sicherheitssektor auch Einsatzkonstellationen maschinellen Lernens denkbar, bei denen die Ergebnisse der Untersuchung anders ausfallen könnten, denke man etwa an *raumbezogene* statt personenbezogene Prognosen,[1]

[1] Zu raumbezogenen Modellen als derzeit in Deutschlang vorwiegend zum Einsatz kommend, siehe *Trute/Kuhlmann*, GSZ 4 (2021), 103, 107.

oder an nicht lediglich entscheidungsunterstützende, sondern *entscheidungsbestimmende* Einsätze[2]. Einige der mit Nichtwissen zusammenhängenden Fragen würden sich in solchen Konstellationen nach wie vor auf die gleiche Weise stellen, etwa die an sich nicht mit der konkreten Einsatzkonstellation oder auch nur der konkreten Technologie zusammenhängenden Offenlegungsfragen.[3] Wiederum könnten Fragen algorithmischer Kompetenz von Systemoutsidern bei entscheidungsbestimmenden Einsätzen einen Bedeutungszuwachs im Vergleich zu entscheidungsunterstützenden Einsätzen erfahren. Inwieweit entscheidungsbestimmendes personenbezogenes predictive policing in Deutschland ein reales Szenario werden kann, könnte wiederum angezweifelt werden.[4]

Soweit sich die Wissensgrundlagen personenbezogener Ansätze *in Echtzeit fortlaufend selbst aktualisieren* und über die Zeit weitgehend kontrollfrei weiterentwickeln, dürfte Nichtwissen bei maschinellem Lernen größtenteils prävalenter und die damit zusammenhängenden rechtlichen Fragestellungen brisanter werden.[5] So sind etwa einige der hier analysierten datenschutz- und gleichheitsrechtlichen Fragen möglicherweise strenger zu beurteilen, sowie rechtliche

---

[2] Darunter sind Einsatzkonstellationen zu verstehen, bei denen die Technologie Rechtsfolgen für den Einzelnen im Wesentlichen ohne menschliche Beteiligung herbeiführen kann, etwa anhand des automatisierten Erlasses von Verwaltungsakten, vgl. auch *Braun*, in: Gola/Heckmann (Hrsg.), [3]2022, § 54 BDSG, Rn. 6. *Wieringa*, in: Hildebrandt/Castillo/Celis/Ruggieri/Taylor/Zanfir-Fortuna (Hrsg.), 2020, 1, 4, unterscheidet dabei weiterhin zwischen zwei verschiedenen Konstellationen: „Human-on-the-loop systems are monitored by human agents, but instead of the default being ‘no, unless consent is given’, this kind of system will proceed with their task unless halted by the human agent. Finally, there are human-out-of-the loop systems where no human oversight is taking place at all. We then speak of automated decision-making processes.“

[3] Wobei, soweit für raumbezogene Modelle allein ortsbezogene und nicht personenbezogene Daten verwendet werden, das Datenschutzrecht nach derzeitigem Stand als Anknüpfungspunkt für Offenlegungsüberlegungen wegfällt, vgl. auch *Rademacher/Perkowski*, JuS 60 (2020), 713, 719. Zum Personenbezug als Eröffnungsmerkmal des Anwendungsbereichs datenschutzrechtlicher Regulierung, *Broemel/Trute*, BDI 27 (2016), 50, 52. Jedenfalls aber ist bei Fragen algorithmischer Transparenz nach wie vor mit *Coglianese/Lehr*, Admin. L. Rev. 71 (2019), 1, 36, zu betonen: „In the end, the challenges in identifying and providing an optimal level of fishbowl transparency in a world of algorithmic governance are simply not unique to machine learning.“

[4] Dagegen spricht neben den hierzulande generell strengen Rechtsprechungslinien und gesellschaftspolitischen Ansichten zum Thema insbesondere, dass es europaweit grundsätzlich verboten ist, Entscheidungen, die eine nachteilige Rechtsfolge für die betroffene Person haben, oder sie erheblich beeinträchtigen, ausschließlich auf eine automatisierte Bewertung von Persönlichkeitsmerkmalen zu stützen, § 54 Abs. 1 BDSG, Art. 11 JI-RL. Siehe dazu auch *Rademacher*, AöR 142 (2017), 366, 386 f.

[5] Vgl. dazu etwa *Baur*, ZIS 15 (2020), 275, 282, der die normative Einhegung solcher Konstellationen für schwierig hält.

Steuerungsansätze weniger zurückhaltend auszugestalten, soweit Sicherheitsbehörden, anders als die PIU, maschinelles Lernen in Echtzeit lernen lassen würden. Auch derartige Einsatzkonstellationen erscheinen in Deutschland aktuell jedoch eher fernliegend.[6]

Setzen Sicherheitsbehörden, anders als die PIU, keine eigenentwickelten technischen Systeme, sondern *privatentwickelte Softwarelösungen* ein, ändern sich die bei Insidernichtwissen aufgeworfenen Steuerungsfragen. Es geht dann nicht mehr um die Frage, inwieweit rechtlich dafür gesorgt werden muss, dass Behörden ihre Entwicklungskontexte überschaubar und kontrollierbar gestalten, sondern darum, inwieweit dafür gesorgt werden muss, dass sie die Entwicklungskontexte ihrer Systeme überhaupt kennen. Zudem erscheinen Fragen der algorithmischen Kompetenz von Sicherheitsbehörden in dem Fall durchaus berechtigt, während solche Fragen bei einer innerbehördlichen Entwicklung der Software eine eher spekulative Natur aufwiesen. Diskussionswürdig erscheinen sodann auch ein Bedarf der Behördenbeteiligung am Systemdesign sowie personalrechtliche Fragen.[7] Innerhalb der Literatur werden für Konstellationen, in denen Behörden mit privatentwickelter Software arbeiten, zudem Datenschutz- und Legitimationsfragen erhoben,[8] die in verschiedenem Ausmaß auch mit der behördlichen Kenntnis oder Unkenntnis von Entwicklungskontexten zusammenhängen können.

Nichtwissensausprägungen, die stark mit den *bereichsspezifischen Modalitäten* eines Einsatzes zusammenhängen, so wie das im zweiten Teil der Arbeit analysierte komplexitäts- und korrelationsbedingte Nichtwissen, erfordern stets eine genaue, auf den spezifischen Einsatzkontext bezogene Auseinandersetzung mit ihrer rechtlichen Bedeutung. So mögen sich bei *Delikten mit einfacheren Verhaltensstrukturen*, die sich anhand von kleineren bzw. weniger komplexen Datensätzen modellieren ließen, Komplexitätsfragen auch gar nicht stellen, da sowohl die Modelle als auch ihre Outputs nachvollziehbar *und* vorhersagestark gehalten werden können. Auch mögen korrelationsbasierte Wissensgrundlagen in solchen

---

[6] Siehe dazu die auf empirischer Basis der in Deutschland zum Einsatz kommenden predictive policing Ansätze getroffene Einschätzung seitens *Thüne*, 2020, 217: „Unabhängig von der Frage, ob ein solcher Zustand erstrebenswert wäre, ist er aktuell schon aus technischer Sicht nicht gegeben: Im Rahmen der Interviewauswertung hat sich gezeigt, dass alle Systeme mehr oder weniger zeitversetzt arbeiten, was dem (noch) notwendigen Zwischenschritt der Datenaufbereitung geschuldet ist. Dieser Schritt beinhaltet zuweilen eine manuelle, d. h. ‚händische' Nachkontrolle und ggf. Korrektur derjenigen Daten, die durch die operativ tätigen Polizeibeamten in die Vorgangsbearbeitungssysteme eingegeben wurden."

[7] Vgl. *Rademacher/Perkowski*, JuS 60 (2020), 713, 717: „Selbst wenn der Staat den Einsatz dieser Systeme an gesteigerte Transparenzrechte gegenüber den [privaten] Unternehmen knüpft, heißt das nicht, dass er auch über das Personal verfügt, [sic] dass mit dieser Transparenz etwas anfangen kann."

[8] Siehe dazu die Nachweise in Kap. D. Fn. 18.

Fällen im Vergleich zu sonstigen verfügbaren Wissensgrundlagen anders hinsichtlich ihrer Plausibilität abschneiden, etwa weil gut belegte theoretische Annahmen sowie weitreichende, bewährte und ausgiebig hinterfragbare praktische Erfahrungssätze zu entsprechenden Delikten vorhanden sind. Insgesamt lässt sich die rechtliche Beurteilung von Nichtwissensfragen, die dergestalt eng mit den bereichsspezifischen Modalitäten einer sicherheitsbehördlichen Aufgabe zusammenhängen, kaum generalisieren.

III. Anschlussfähigkeit für sonstige behördliche Einsatzbereiche

Die Ausrichtung der Analyse der Forschungsfrage an einem spezifischen sicherheitsbehördlichen Einsatzbereich trug dem Umstand Rechnung, dass jeder Einsatz maschinellen Lernens beträchtliche bereichsspezifische Besonderheiten aufweist. Einzelheiten der Technologie hängen daher stets eng mit den Regelungsstrukturen und sonstigen Rahmenbedingungen eines spezifischen Einsatzkontexts zusammen. Die Berücksichtigung solcher Spezifika hat es ermöglicht, die mit Nichtwissen bei maschinellem Lernen zusammenhängenden Fragen präzise zu stellen und konkret zu beantworten. Ein Großteil der Ansätze und Erkenntnisse der Arbeit sind jedoch über den konkreten Referenzbereich behördlicher Tätigkeit hinaus verwertbar. Sie dienen im Wesentlichen der Beschreibung der Zusammenhänge zwischen Nichtwissen, maschinellem Lernen und dem Recht und weisen in dieser Hinsicht einen Anspruch der strukturellen Anschlussfähigkeit auf. In diesem letzten Teil der Arbeit geht es darum, dies am Beispiel einiger ausgewählter Einsatzbereiche zu veranschaulichen.

Auch über die in dieser Arbeit referenzierten Bereiche sicherheitsbehördlicher Tätigkeit hinaus werden die Potenziale maschinellen Lernens zunehmend erkannt. Entsprechend zeichnen sich in einigen anderen behördlichen Aufgabenbereichen gewisse Tendenzen ab, die ein genaueres Befassen mit den rechtlichen Implikationen der Technologie ermöglichen oder sogar nahelegen. Die im Laufe der Arbeit identifizierten Nichtwissensausprägungen und Ausgangsfragestellungen dürften für viele Einsätze der Technologie und in verschiedenen Kontexten, sowohl seitens Privater als auch seitens Behörden, grundsätzlich relevant sein. Insoweit gibt die Arbeit Impulse für eine systematische Herangehensweise der Rechtswissenschaft an den Nichtwissensgegenstand bei maschinellem Lernen. Allerdings dürften auch einige der Ansätze zur Bestimmung der rechtlichen Bedeutung von Nichtwissen jedenfalls für strukturell ähnlich gelagerte behördliche Einsatzbereiche weiterführend sein. Bereichsübergreifend instruktiv sind zuletzt auch die verschiedenen rechtlichen Mechanismen zum Umgang mit Nichtwissen.

Die Anschlusspotenziale der Arbeit werden in der Folge am Beispiel der Tätigkeit der Financial Intelligence Unit, des Falles des System Risk Indicator im Sozialhilfebereich, sowie des Einsatzes von Risikomanagementsystemen durch die Steuerbehörden genauer veranschaulicht. Anhand einer umrisshaften Beschreibung dieser Bereiche soll jeweils auf Ausschnitte behördlicher Tätigkeit hingewiesen werden, denen ein Potenzial für den Einsatz maschinellen Lernens innewohnt. Ziel ist, durch die Hervorhebung einiger ausgewählter Ähnlichkeiten und Unterschiede zu dem in dieser Arbeit referenzierten Technologieeinsatz Parallelen und offene Forschungsfragen aufzuzeigen.

1. Exemplarisch: Die Financial Intelligence Unit (FIU)

Die Zentralstelle für Finanztransaktionsuntersuchungen, auch Financial Intelligence Unit genannt, ist die zentrale Meldestelle zur Verhinderung, Aufdeckung und Unterstützung bei der Bekämpfung von Geldwäsche und Terrorismusfinanzierung, § 27 Abs. 1 GwG. Sie ist beim ZKA angegliedert, das seinerseits eine funktionale Einheit der GZD ist.[9] Ähnlich wie die PIU ist die FIU multidisziplinär besetzt, international vernetzt,[10] organisatorisch eigenständig und arbeitet unabhängig im Rahmen ihrer Aufgaben und Befugnisse, § 27 Abs. 2 GwG. Das ZKA ist für die Entgegennahme von Verdachtsmeldungen auch seitens der PIU zuständig und leitet diese, soweit einschlägig, der FIU weiter, sodass die Zusammenarbeit beider Zentralstellen im Rahmen der Verhütung von Geldwäsche und Terrorismusfinanzierung naheliegend ist.

Ähnlich wie die PIU ist die FIU zur Erfüllung ihrer Aufgaben auf die Weiterleitung von Daten und Informationen unter anderem seitens privater Akteure angewiesen, die gesetzlich dazu verpflichtet sind, Finanztransaktionen umfassend zu „screenen“, und verdächtige Vorfälle zu melden, § 43 GwG.[11] Im Unterschied zu der PIU ist die FIU jedoch mit bereits als „möglicherweise verdächtig“ ausgewiesenen Fällen befasst und darf von Verpflichteten auch unabhängig von einer Meldung zusätzliche, zur Erfüllung ihrer Aufgabe erforderliche Informationen einholen, § 30 Abs. 3 GwG. Insoweit arbeitet die FIU mit potenziell aussagekräftigeren und insbesondere – in ihrem Umfang nicht zwingend begrenzten – Datenkategorien. Die FIU nimmt Verdachtsmeldungen zu illegalen Finanztransaktionen und Zahlungsflüssen entgegen, analysiert, bewertet und verdichtet diese und leitet

---

[9] Siehe dazu bereits oben, B.II.5.b).

[10] Siehe dazu BMF, Erste Nationale Risikoanalyse 2018/2019, 39.

[11] S. auch *Rademacher/Perkowski*, JuS 60 (2020), 713, 717. Ein Strang der Forschung zum maschinellen Lernen befasst sich mit dem Einsatz der Technologie gerade zum Zwecke eines solchen „Screenings“ seitens Finanzdienstleistern, siehe dazu den besonders instruktiven Beitrag von *Canhoto*, J Bus Res 131 (2021), 441 ff.

„die tatsächlich werthaltigen Fälle“[12] anschließend an die zuständigen Stellen zwecks Aufklärung, Verhinderung oder Verfolgung weiter, soweit sie einen Zusammenhang mit Geldwäsche, Terrorismusfinanzierung oder einer sonstigen Straftat feststellt, §§ 28 Abs. 1, 30 Abs. 2 GwG. Ihre Analyse von Verdachtsmeldungen dient sowohl der Ermöglichung operativer Maßnahmen als auch der strategischen Identifizierung neuer Methoden der Kriminalität.[13] Zu diesen Zwecken ist sie nach § 29 GwG befugt personenbezogene Daten (auch zu statistischen Zwecken) zu verarbeiten und mit anderen Daten abzugleichen. Alle bei der FIU eingehenden Verdachtsmeldungen werden unmittelbar nach Eingang einer automatisierten Grundrecherche zugeführt,[14] im Rahmen derer die in den Meldungen enthaltenen Daten mit Datenbanken abgeglichen werden, um alle vorliegenden Erkenntnisse zielgerichtet zusammenzuführen.[15]

Die FIU kann als Wissensgenerierungseinheit im Sicherheitssektor mit dem Schwerpunkt der Geldwäsche und Terrorismusfinanzierung betrachtet werden. Ihre Tätigkeit erscheint zunächst an verschiedenen Stellen Voraussetzungen für einen produktiven Einsatz maschinellen Lernens bereitzuhalten, denke man nur an die Arbeit mit großen Datenmengen und die dabei vorhandenen Automatisierungstendenzen, und sogar -notwendigkeiten,[16] oder etwa an die Aufgabe der Typisierung von kriminalitätsrelevantem Wissen. Inwieweit im Rahmen der Tätigkeit der FIU tatsächliche Potenziale für den Einsatz der Technologie bestehen, hängt freilich von einer Vielzahl von Faktoren ab.[17] Entsprechend bleibt die sichere Abschätzung dieser Frage einer genaueren Befassung mit der Tätigkeit der FIU vorbehalten, ähnlich wie diese hier für die Tätigkeit der PIU vorgenommen wurde. In der Literatur zu maschinellem Lernen und Finanztransaktionsklassifikationen werden jedenfalls verschiedene hierfür einschlägige Einsatzkonstellationen diskutiert, darunter die Erstellung von Geldwäschemustern anhand von Lernmodellen zum Zwecke der Unterscheidung zwischen relevanten und weniger relevanten Verdachtsmeldungen.[18]

---

[12] BMF, Erste Nationale Risikoanalyse 2018/2019, 39.

[13] *Töpfer*, CILIP 120 (2019).

[14] BMF, Erste Nationale Risikoanalyse 2018/2019, 51.

[15] FIU, Jahresbericht 2020, 14.

[16] Zur Kritik, dass die FIU nicht mehr mit der Prüfung der zahlreichen Verdachtsmeldungen hinterherkommt, *Töpfer*, CILIP 120 (2019).

[17] Vgl. jedoch die stellenweise auf solche Potenziale hindeutenden Anmerkungen zur Tätigkeit der FIU bei *Baur*, ZIS 15 (2020), 275 ff.

[18] *Bellomarini/Laurenza/Sallinger*, Rule-based Anti-Money Laundering in Financial Intelligence Units: Experience and Vision, https://perma.cc/A5K8-EPLL, 2020, 5, m. w. N.: „most of the money laundering patterns, suspicious behaviours, and financial business rules can effectively be described with a KRR language like Vadalog, supporting full recursion, ontological reasoning, probabilistic reasoning, and machine learning models. We envision that some reasoning rules

Bei solchen und ähnlichen Einsatzkonstellationen maschinellen Lernens im Rahmen der Tätigkeit der FIU können ähnliche Fragestellungen wie die in dieser Arbeit behandelten entstehen und ließen sich anhand der analytischen Ansätze dieser Arbeit systematisch aufgreifen. Ihre Beantwortung bedarf einer tiefgehenden Befassung mit dem Sachbereich und unter anderem mit seinen politischen und institutionellen Arrangements, der vorhandenen technologischen Kapazitäten und Rahmenbedingungen, der geltenden rechtlichen, wie etwa datenschutzrechtlichen Ordnungen, der bestehenden Offenlegungs- und Geheimhaltungsinteressen, der Betroffenenrechte, der Steuerungspotenziale und Wissensansprüche.

2. Exemplarisch: Der System Risk Indicator (SyRI)

Der SyRI-Fall veranlasste die erste gerichtliche Entscheidung zu einem staatlichen Einsatz automatisierter Entscheidungsunterstützungssysteme auf europäischer Ebene.[19] Das streitgegenständliche System, der System Risk Indicator (niederländische Bezeichnung: Systeem Risico Indicatie [SyRI]), war ein technisches System der niederländischen Regierung, das auf regionaler und nationaler Ebene seitens vieler verschiedener Behörden zur Identifikation von potenziellem Steuer- und Sozialhilfebetrug verwendet werden konnte. Zu diesem Zweck verarbeitete das System eine Vielzahl an personenbezogenen Datenkategorien[20] und

---

are designed by financial analysts and domain engineers, while others are *learnt from data*, e.g., with *statistical relational learning* approaches." Siehe auch die UN-Initiative goAML zur Unterstützung von FIUs bei dem Einsatz der Technologie, https://perma.cc/VV63-TK2Y: „The development of future innovations will strive to involve, if technically and scientifically relevant, important applications of artificial intelligence (AI), geographic information system (GIS), machine and deep learning and big data and data analytics, and how financial technologies may improve transaction monitoring." Für einen Stand der Forschung zum Einsatz maschinellen Lernens zwecks unter anderem „behavioral modelling", „risk scoring" und „anomaly detection" zur Geldwäscheprävention, *Z. Chen/van Khoa/Teoh/Nazir/Karuppiah/Lam*, Knowl Inf Syst 57 (2018), 245 ff.; *Bellomarini/Laurenza/Sallinger*, Rule-based Anti-Money Laundering in Financial Intelligence Units: Experience and Vision, https://perma.cc/A5K8-EPLL, 2020, 10 f., m. w. N. Zu den Pilot-Projekten der Bundesregierung zum Thema künstlicher Intelligenz in der Finanzaufsicht, insbesondere der Teilgebiete wissensbasierter Systeme und Mustererkennungsanalyse, siehe BT-Drs. 19/10426, 13, Frage 15. Siehe auch die Antwort zu Fragen 19–19b über die Haltung der BReg zur Nutzung von künstlicher Intelligenz zur Erkennung von Finanzkriminalität und Verhaltensverstößen: „Wenn eine ausreichende Datenbasis zur Verfügung steht und [sic] rechtlichen wie organisatorischen Voraussetzungen für ihre Auswertung bestehen, haben technische Hilfsmittel wie der Einsatz von BDAI grundsätzlich das Potenzial, die Erkennung von Finanzkriminalität und Verhaltensverstößen effektiver und effizienter zu machen."

[19] So jedenfalls der mit dem Fall befasste Anwalt *Anton Ekker*, https://perma.cc/3FFZ-XEMV.

[20] Siehe dazu im Einzelnen Artikel 5a.1. des niederländischen SUWI-Gesetzes, abrufbar unter https://perma.cc/6ZGW-AMJ7: Beschäftigungsdaten, Bußgelder und Sanktionen, Steuer-

glich diese mit bestimmten Risikoprofilen ab.[21] Die Erstellung der Risikoprofile war, ähnlich wie die Mustererstellung der PIU, eine Praxis, für die der Einsatz maschinellen Lernens naheliegend war.[22] Im Ergebnis wurde der Einsatz des Systems für europarechtswidrig erklärt, im Grunde weil dieser „insufficiently transparent and verifiable“ war.[23] Die niederländische Praxis der automatisierten Betrugsprävention wurde allerdings insoweit teilweise fortgesetzt, als sie derzeit auf Gemeindeebene, mittels der Beauftragung eines Privatunternehmens mit der automatisierten Auswertung stattfindet.[24]

Der Einsatz von SyRI vermittelt in vielen Hinsichten den Eindruck einer dem PNR-System ähnlichen Einsatzkonstellation, bei der allerdings mit deutlich wei-

---

daten, Daten zu beweglichen und unbeweglichen Sachen, Handelsdaten, Gehäusedetails, Identifikationsdaten, Integrationsdaten, Compliance-Daten, Bildungsdaten, Angaben zur Rente, Wiedereingliederungsdaten, Verschuldungsdaten, Daten zu Leistungen, Zulagen und Subventionen, Genehmigungen und Ausnahmen.

[21] Zur genaueren Beschreibung der Funktion von SyRI siehe Bezirksgericht von Den Haag, Entsch. v. 5.2.2020, C-09-550982-HA ZA 18-388, Rn. 4.29. f. u. Rn. 6.62.: „During the data processing a risk model is used, which consists of predetermined risk indicators and which gives an indication of whether there is an increased risk of unlawful use of government funds and government schemes in the area of social security and income-dependent schemes, taxes and social security fraud or non-compliance with labour laws.“ Aus der Literatur siehe dazu *Hert/Lammerant*, in: van der Sloot/Broeders/Schrijvers (Hrsg.), 2016, 145, 151; *Wieringa*, in: Hildebrandt/Castillo/Celis/Ruggieri/Taylor/Zanfir-Fortuna (Hrsg.), 2020, 1, 14.

[22] Siehe dazu insb. die Entscheidung des Bezirksgerichts von Den Haag, Entsch. v. 5.2.2020, C-09-550982-HA ZA 18-388. So behaupteten die Klägerinnen, verschiedene Bürger und Bürgerrechtsorganisationen, dass „deep learning“ zum Einsatz komme, Rn. 6.45. f. Die niederländische Regierung verneinte dies, Rn. 6.48. Das Gericht versuchte diesbezüglich einen Mittelweg einzuschlagen, Rn. 6.51.: „The SyRI legislation furthermore leaves the option open that in the application of SyRI use is made of predictive analyses, ‘deep learning’ and data mining. The definition of risk model in the SUWI Decree does not preclude this. The SyRI legislation furthermore expressly provides for the option to adjust a risk model based on an evaluation, while new risk models with new indicators can also be developed. Therefore the court is of the opinion that the application of SyRI ‚is in line‘ with ‘deep learning’ and self-learning systems. To this extent the court endorses NJCM et al. This does not alter the fact that the court, considering the communications of the government members to the House of Representatives, accepts as a factual assumption that in the implementation of the SyRI legislation no use is made at this point in time of ‘deep learning’ and data mining in the application of SyRI, as argued by NJCM et al.“. Siehe auch Rn. 6.63.: „There currently are no indications of ‘deep learning’ or data mining or the development of risk profiles in the implementation of the SyRI legislation. However, the SyRI legislation does provide scope for the development and application of a risk model using ‘deep learning’ and data mining, and for the development of risk profiles.“ Rn. 6.82.: „Furthermore, there is room in the legal framework to adjust the risk model based on the feedback outcome.“

[23] Bezirksgericht von Den Haag, Entsch. v. 5.2.2020, C-09-550982-HA ZA 18-388, Rn. 6.7.

[24] Siehe dazu *Wieringa*, in: Hildebrandt/Castillo/Celis/Ruggieri/Taylor/Zanfir-Fortuna (Hrsg.), 2020, 1, 14. Siehe auch die Informationen auf der niederländischen Plattform „Schutz der Bürgerrechte“ unter https://perma.cc/7EH4-LPCV.

terreichenden Datenkategorien gearbeitet wurde. Die sichere Einschätzung der Einsatzkonstellation bleibt freilich einer genaueren Analyse der Regelungsstrukturen und gesetzlichen Rahmenbedingungen des Sachbereichs vorbehalten. Ein ähnlicher Einsatz maschinellen Lernens im Bereich der Sozialhilfeleistungen wird jedenfalls auch in weiteren europäischen Ländern beobachtet[25] und erscheint daher auch in Deutschland nicht fernliegend.

Der Fall SyRI wird als europa- und sogar weltweiter juristischer Präzedenzfall bezeichnet,[26] unter anderem weil es „wohl keines Hellsehers bedürfe“, um zu erkennen, dass es bei zukünftigen juristischen Verfahren immer wieder um die in seinem Rahmen problematisierten Fragen mangelnder Transparenz von Algorithmen gehen wird.[27] Dies sind im Wesentlichen Fragen nach der rechtlichen Bedeutung von Nichtwissen bei Algorithmen.[28] Das entscheidende Gericht war also erwartungsgemäß mit der bei maschinellem Lernen kaum vermeidbaren Nichtwissensthematik konfrontiert und musste sich mit Offenlegungsfragen,[29] Fragen eines fehlenden oder zureichenden Kontrollniveaus[30] und am Rande auch mit Wissensfragen[31] befassen. Es verblieb dabei aber größtenteils in einer

---

[25] Zu einem ähnlichen Einsatz in Großbritannien siehe https://perma.cc/WB5E-MV74. Zu einer umfassenden Untersuchung des Einsatzes künstlicher Intelligenz zur Sozialversicherungsbetrugsprävention mit mehreren Beispielen auf europäischer Ebene, s. Schlussbericht des Kantons Zürich vom 28.2.2021, Einsatz Künstlicher Intelligenz in der Verwaltung: rechtliche und ethische Fragen, 25, 28 ff., 55 ff.

[26] So etwa die im Auftrag des Europäischen Parlaments durchgeführte Studie seitens *Fuster*, Artificial Intelligence and Law Enforcement, Impact on Fundamental Rights, 2020, 39.

[27] *Laux*, Keine Strafverfolgung per Algorithmus, FAZ.NET, 28.2.2020, abrufbar unter: https://perma.cc/WU5S-8FVE.

[28] Die Nichtwissensproblematiken eines Einsatzes maschinellen Lernens im Fall von SyRI werden bei *van den Hoven*, Cross-Disciplinary Research in Computational Law 2021, 1, 1, 10 f. angesprochen.

[29] Bezirksgericht von Den Haag, Entsch. v. 5.2.2020, C-09-550982-HA ZA 18-388, Rn. 6.49., 6.65. f., 6.72., 6.82., 6.86 ff., 6.89., 6.95. Es wurden unter anderem die Geheimhaltungsinteressen der Behörden über das System, die Bestimmtheit der Gesetzgebung hinsichtlich der eingesetzten Technologien und ihren Implementierungsdetails und die gerichtliche Notwendigkeit der Einsicht thematisiert. Einiges wurde offengelassen. Soweit ersichtlich wurde eine Offenlegung nur für das Gericht, in-camera, welche den Interessen beider Seiten Rechnung tragen könnte, nicht erwogen.

[30] Bezirksgericht von Den Haag, Entsch. v. 5.2.2020, C-09-550982-HA ZA 18-388, Rn. 6.89.: „the SyRI legislation does not afford insight into the validation of the risk model and the verification of the risk indicators; the court consequently lacks such insight in these proceedings.“ Rn. 6.100.: „Unlike the State has argued, the sum total of the separate reviews carried out [by] the participants involved in the SyRI project cannot be definitely considered as a comprehensive review in advance. In this respect, too, the court also considers it relevant that the SyRI legislation does not provide insight into the functioning and validation of the risk indicators and the risk model.“

[31] Bezirksgericht von Den Haag, Entsch. v. 5.2.2020, C-09-550982-HA ZA 18-388, Rn. 6.87. f.: „the SyRI legislation in no way provides information on the factual data that can demonstrate the

datenschutzrechtlichen Perspektive verfangen und trug damit der bei dem Fall eigentlich angebrachten differenzierten rechtlichen Betrachtung sowohl der Technologie als auch der damit einhergehenden Nichtwissensthematik und ihrer rechtlichen Bedeutung unzureichend Rechnung.[32] Insoweit waren die Fragen, mit denen sich das Gericht befasste, für künftige juristische Verfahren zu maschinellem Lernen durchaus wegweisend, selbiges kann zum gerichtlichen Umgang damit jedoch nicht zwangsläufig gesagt werden.[33]

3. Exemplarisch: Die Risikomanagementsysteme der Steuerbehörden (RMS)

Der Einsatz von automationsgestützten Systemen zur Beurteilung der Notwendigkeit weiterer Ermittlungen und Prüfungen, sowie für eine gleichmäßige und gesetzesmäßige Festsetzung von Steuern und Steuervergütungen ist in § 88 Abs. 5 AO geregelt und findet bereits statt. Die sog. Risikomanagementsysteme der Steuerverwaltung werden unter anderem eingesetzt, um potenzielle Steuerverkürzungen und gezielte Betrugsfälle zu erkennen.[34] Von den RMS als unplausibel oder risikobehaftet identifizierte Fälle müssen von zuständigen Steuerbeamten manuell überprüft werden. Insofern mag das Verfahren der Steuerfestsetzung nach § 155 Abs. 4 Satz 1 Nr. 1 AO auch vollautomatisiert erfolgen dürfen, die in diesem Verfahren integrierte Risikoanalyse lässt jedoch keinen Raum für einen entscheidungsbestimmenden Einsatz maschinellen Lernens.[35] Vielmehr könnte das System Ermittlungsverfahren eines potenziellen Risikofalles lediglich unterstützen. Der Einsatz maschinellen Lernens zu diesen Zwecken wird im

---

presence of a certain circumstance, in other words which objective factual data can justifiably lead to the conclusion that there is an increased risk. […] The legislative history only provides a few examples of indicators that can indicate an increased risk and a potential hit. The State has failed to explain on which objectively verifiable information these examples are based."

[32] So versuchte das Gericht Aspekte der Technologie immer wieder ausgehend von einer datenschutzrechtlichen Perspektive zu adressieren, um überhaupt die Möglichkeit zu bekommen, über die Technologie zu urteilen, Bezirksgericht von Den Haag, Entsch. v. 5.2.2020, C-09-550982-HA ZA 18-388, Rn. 6.100.: „The risk model and the risk indicators are, after all, also of importance for the assessment whether, and if so, to what extent the data provision is necessary and thereby also for the overall effect on the private life of the comparison of the various data sets in SyRI." Dies überzeugt nur bedingt und wäre nicht notwendig gewesen, wenn das Datenschutzrecht als nur ein Aspekt der relevanten rechtlichen Implikationen der Technologie betrachtet worden wäre.

[33] Nichtsdestotrotz wird die Entscheidung des Gerichts, insbesondere in den Kreisen bürgerrechtlicher Organisationen, als großer Sieg der Bürgerrechte gegen die auf automatisierte Datenverarbeitung angelegten Strategien von Regierungen gefeiert.

[34] Siehe dazu im Detail *N. B. Binder*, in: Unger/Ungern-Sternberg (Hrsg.), 2019, 161, 167 ff.

[35] Ähnlich *N. B. Binder*, in: Unger/Ungern-Sternberg (Hrsg.), 2019, 161, 178, m. w. N.

deutschen Rechtsraum diskutiert und teilweise sogar vermutet.[36] In einigen europäischen Ländern erfolgt eine solche Risikobewertung bereits anhand maschinellen Lernens.[37] Innerhalb der Literatur zu maschinellem Lernen werden passende Einsatzkonstellationen für die Zwecke der Steuerverwaltung seit Jahren präsentiert.[38]

Im Unterschied zum Fluggastdatengesetz wird die Transparenzfrage im Kontext der RMS ausdrücklich adressiert, indem § 88 Abs. 5 Satz 3 AO eine Offenlegung von Einzelheiten der RMS unter den Vorbehalt der Gefährdung der Gleichmäßigkeit und Gesetzesmäßigkeit der Besteuerung stellt. Erwogen wird, dass diese Geheimhaltung neben der Unkenntnis von dem Einsatz der Technologie

---

[36] *N. B. Binder*, in: Wischmeyer/Rademacher (Hrsg.), 2020, 295 u. 300: „Although the technical details of risk management systems are kept secret, such systems are presumably based on artificial intelligence. […] It seems obvious to use AI in RMS given the large [sic] amounts of data that an RMS is required to process and given the different cross-references (e. g., between different tax types) that can thereby be established. An anomaly search based on machine learning is conceivable, for example. For reasons of efficiency, it seems plausible that an RMS is used to analyze the existing database based on a taxpayer's previous behavior and thus to forecast the taxpayer's future behavior." Zur Diskussion eines Einsatzes maschinellen Lernens im Zuge des Gesetzgebungsverfahrens zu § 88 AO siehe *L. Neumann*, 2016. Aus der Literatur zu den RMS siehe *Seer*, DStZ 2016, 605, 609; *Unger*, in: Unger/Ungern-Sternberg (Hrsg.), 2019, 116. Skeptisch zum Einsatz, *Maier*, JZ 2017, 614, 615.

[37] Zu den französischen „Fraud targeting and maximization of request value"-Tools, siehe https://perma.cc/5WPP-V8SZ: „The team of data scientists running CFVR uses a set of machine learning techniques for various fraud schemes. […] To identify fraud, CFVR analyses data from past controls or tries to find patterns in the behavior of businesses or households. The tools also rely on network analysis to find persons and businesses related to known fraudsters."

[38] Vgl. die Entwicklung eines Modells für die amerikanische Bundessteuerbehörde, durch das die öffentliche Verwaltung bei der Entscheidung, ob Personen ihrer Steuerpflicht nachkommen oder nicht nachkommen werden, unterstützt werden sollte, *J. Martin/Stephenson*, in: IRS (Hrsg.), 2006, 141 ff. In diesem Fall hatte der Entscheidungsbaum die Aufgabe, Datensets von Steuerpflichtigen in eine von drei Kategorien einzuteilen („wird nachkommen", „wird nicht nachkommen" und „nicht einschätzbar"). Dabei wurde der Entscheidungsbaumalgorithmus zunächst mithilfe von anderen Entscheidungsbaumalgorithmen konstruiert, welche größere Datensets analysiert und die wichtigsten Merkmale, auf die abzustellen ist, extrahiert haben. Dadurch wurde die Basis für die Konstruktion von einem neuen Entscheidungsbaum geschaffen, dessen Struktur nunmehr durch diese Merkmale bestimmt war. Zu halbüberwachtem Lernen zum Zwecke der Entdeckung von Steuererklärungsbetrug siehe *Castellón González/Velásquez*, Expert Systems with Applications 40 (2013), 1427 ff. Dabei handelt es sich um ein Vorhersagemodell, welches für die chilenischen Finanzbehörden entwickelt wurde, indem zunächst Verhaltensmuster innerhalb einer großen Datenbasis mittels unüberwachtem Lernen identifiziert wurden, die anschließend anhand überwachten Lernens in verschiedene Kategorien (gutes oder schlechtes Fiskalverhalten) gruppiert wurden. Zum Risikomanagement im Steuerbereich anhand maschinellen Lernens, vgl. auch *DeBarr/Harwood*, in: IRS (Hrsg.), 2004; *Perols*, AUDITING: A Journal of Practice & Theory 30 (2011), 19. Einen Überblick über verschiedene maschinelle Lernmodelle zur Bekämpfung von Steuerumgehungen geben *Roux/Perez/Moreno/Villamil/Figueroa*, in: Guo/Farooq (Hrsg.), 2018, 216 f.

unter anderem auch dazu führt, dass unklar bleibt, welche konkreten Datenkategorien innerhalb der RMS verarbeitet werden dürfen,[39] was eine Auseinandersetzung mit den rechtlichen Implikationen eines Einsatzes der Technologie erschweren könnte. Die RMS werden zudem auf europäischer Ebene anders als die meisten sicherheitsbehördlichen Einsätze künstlicher Intelligenz behandelt, soweit sie gemäß dem aktuellen Entwurf des AI-Acts nicht als „high-risk“ Systeme einzustufen sind.[40]

Im Kontext der steuerrechtlichen Risikomanagementsysteme werden bereits mehrere der in dieser Arbeit behandelten Fragen diskutiert und problematisiert, etwa die Unterscheidung zwischen theoriegeleiteten und lernenden Ansätzen,[41] Offenlegungspflichten und Geheimhaltungsrechte und daher im Wesentlichen algorithmische Transparenzfragen,[42] Bestimmtheitsfragen,[43] Fragen der konkre-

---

39 *N. B. Binder*, in: Unger/Ungern-Sternberg (Hrsg.), 2019, 161, 166 f.

40 Siehe AI-Act, COM(2021) 206 final, EG (38): „AI systems specifically intended to be used for administrative proceedings by tax and customs authorities should not be considered high-risk AI systems used by law enforcement authorities for the purposes of prevention, detection, investigation and prosecution of criminal offences.“

41 *L. Neumann*, 2016.

42 Transparenzforderungen bei ADM-Systemen, die Steuererklärungen nach Unregelmäßigkeiten durchsuchen, werden etwa bei *Zweig*, Analysen und Argumente, Konrad Adenauer Stiftung 2019, 1, 11 erhoben. Auf die in solchen Einsatzkonstellationen bestehenden behördlichen Interessen an einer Nichtoffenlegung wiederum hinweisend, *Kroll/Huey/Barocas/Felten/Reidenberg/Robinson/H. Yu*, U. Pa. L. Rev. 165 (2017), 633, 639 u. 658: „The process of deciding which tax returns to audit [...] may need to be partly opaque to prevent tax cheats. [...] Keeping aspects of a decision policy secret can help prevent strategic ‚gaming‘ of a system. For example, the IRS may look for signs in tax returns that are highly correlated with tax evasion based on returns previously audited. But if the public knows exactly which things on a tax return are treated as telltale signs of fraud, tax cheats may adjust their behavior and the signs may lose their predictive value for the agency.“ So auch *Martini*, 2019, 41: „Legt die Steuerverwaltung bspw. offen, ab welcher Höhe der Sonderausgabe ‚Spenden‘ ein Risikomanagementsystem im voll automatisierten Steuerverfahren anschlägt, eröffnet sie damit Wege, Kontrolllücken des Systems auszunutzen. § 88 Abs. 5 S. 4 AO verfügt daher, dass Einzelheiten der Risikomanagementsysteme nicht veröffentlicht werden dürfen. Das ist durchaus sachgerecht.“ So auch *Bull*, DVBl 2017, 409, Fn. 25. *L. Neumann*, 2016 erwägt wiederum, dass der Einsatz von lernenden Systemen eine größere Transparenz erlauben würde, als wenn theoriegeleitete Ansätze zum Einsatz kämen, da die Komplexität maschinellen Lernens und die laufende Anpassung der Systeme dazu führen könnte, dass die öffentliche Bekanntgabe der allgemeinen Architektur kein signifikantes Missbrauchspotenzial zur Folge hätte. Dass dies nicht unbedingt der Fall sein muss, wurde für den Einsatzkontext der Fluggastdatenverarbeitung bereits oben argumentiert, siehe Kap. D. Fn. 31.

43 Die Bestimmtheit von § 88 Abs. 5 Satz 3 AO wird etwa bei *N. B. Binder*, in: Unger/Ungern-Sternberg (Hrsg.), 2019, 161, 169 implizit kritisiert. *Papier/Möller*, AöR 122 (1997), 177, 187, haben allerdings bereits früh überzeugend argumentiert, dass die Bestimmtheit von Steuergesetzen, die Missbrauch vorbeugen sollen, zu Recht reduziert ist: „Ein besonderes Problem der Gesetzgebung, das die Bestimmtheitsanforderungen reduzieren kann, stellt die insbesondere bei Abgabengesetzen stark verbreitete Neigung der Normadressaten dar, gesetzliche

ten Ausgestaltung lernender Systeme und der Schwierigkeiten bei der Bestimmung angemessener Kontrollarrangements,[44] Dokumentationsfragen,[45] gleichheitsrechtliche Fragen,[46] technologische Komplexitätsfragen,[47] sowie Begründungsfragen[48]. Für ihre Strukturierung und Beantwortung kann an weite Teile der Ausführungen in dieser Arbeit angeschlossen werden. Allerdings stellen sich im Kontext der RMS auch weitere, hier bislang nicht adressierte Fragen, wie etwa nach dem Missbrauchspotenzial und den technologischen Herausforderungen bei der in § 88 Abs. 5 Nr. 1 AO vorgesehenen Zufallsauswahl von Fällen zur umfassenden Prüfung durch Amtsträger.[49]

Regelungen zu ‚umgehen'. Hier liegt es in der Natur der Sache, dass Normen wie § 43 AO, die dem ‚Missbrauch von Gestaltungsmöglichkeiten' entgegenwirken wollen, selber den Missbrauchstatbestand nicht absolut exakt ausformulieren können, weil sie sonst wieder umgangen werden könnten. Außerdem erscheinen aber auch die Bürger hier in ihrem Bedürfnis nach Rechtssicherheit und Vorhersehbarkeit staatlichen Handelns weniger schutzbedürftig. Die Anwendung der Vorschrift knüpft gerade an die nicht nur kalkulierbare und kalkulierte, sondern vom Bürger sogar bewusst herbeigeführte Inadäquanz zwischen Rechtsform und wirtschaftlichem Ziel ab. Den damit aus zwei Gründen reduzierten Bestimmtheitsanforderungen ist in diesem Fall damit genüge getan."

44 *N.B. Binder*, in: Unger/Ungern-Sternberg (Hrsg.), 2019, 161, 170ff., m.w.N. u. 180: „Die Art und Weise der Kontrolle wird sich zum einen an dem genannten Kontrollziel und zum anderen an den im Rahmen der RMS eingesetzten Technologien ausrichten müssen. […] Die größte Herausforderung des KI-Einsatzes im RMS stellt die Kontrolle dar." S. auch *Martini/Nink*, NVwZ – Extra 36 (2017), 1, 12f.

45 *Martini/Nink*, NVwZ – Extra 36 (2017), 1, 13.

46 *Martini/Nink*, NVwZ – Extra 36 (2017), 1, 9f.; *N.B. Binder*, in: Unger/Ungern-Sternberg (Hrsg.), 2019, 161, 178.

47 *N.B. Binder*, in: Unger/Ungern-Sternberg (Hrsg.), 2019, 161, 179. Allerdings könnten sich für die Zwecke der RMS auch weniger komplexe Modelle als leistungsfähig erweisen, soweit etwa die Strukturen der zu modellierenden Verhaltensmuster gut bekannt sind, vgl. dazu *Barocas/Selbst*, CLR 104 (2016), 671, 678: „Data mining works exceedingly well for dealing with fraud and spam because these cases rely on extant, binary categories. A given instance either is or is not fraud or spam, and the definitions of fraud or spam are, for the most part, uncontroversial."

48 *Martini/Nink*, NVwZ – Extra 36 (2017), 1, 11f.

49 Siehe dazu *Kroll/Huey/Barocas/Felten/Reidenberg/Robinson/H. Yu*, U. Pa. L. Rev. 165 (2017), 633, 654 u. 670: „The most intuitive benefit of randomness in a decision policy is that it helps prevent strategic behavior—i.e., ‚gaming' of a system. When a tax examiner, for example, uses software to choose who is audited, randomization makes it impossible for a taxpayer to be sure whether or not he or she will be audited. Those who are evading taxes, in particular, face an unknown risk of detection, which can be minimized but not eliminated, and do not know whether, or when, they should prepare to be audited. […] Poorly designed randomization can lead to unaccountable automated decisions. The decisionmaker could influence the supposedly random choices or could generate many sets of random values and then pick the set that gives its preferred outcome." Problematisiert wird die Zufallsauswahl der RMS bei *N.B. Binder*, in: Wischmeyer/Rademacher (Hrsg.), 2020, 295, 303.

G. Ausblick

Maschinelles Lernen ist vor recht kurzer Zeit, dafür jedoch überaus schnell in das Rampenlicht der Rechtswissenschaft geraten. Vieles ist hier noch im Fluss und bleibt spannend. Inwieweit die Vorteile der Technologie in der Praxis produktiv genutzt und ihre Nachteile vernünftig aufgefangen werden, hängt zu einem großen Teil auch davon ab, ob rechtliche Befassungen mit dem Thema dabei tief genug einsteigen um die tatsächlichen Herausforderungen differenziert genug herauszuarbeiten und die häufig beschworenen Scheinprobleme aus der Diskussion auszugliedern. Bevor dabei voreilig Lösungen präsentiert werden, erscheint es derzeit zudem angebracht, zunächst ein besonderes Augenmerk auf die Formulierung der richtigen Fragestellungen zu legen. Dafür lässt sich an vielen Stellen des staatlichen Aufgabenbereichs produktiv anknüpfen, unabhängig davon, ob die Nichtwissensproblematik, oder sonstige Aspekte der Technologie untersucht werden sollen. Die Verhütung von schwerer Kriminalität und terroristischen Straftaten, Geldwäsche und Terrorismusfinanzierung, Sozialversicherungs- und Steuerbetrug stellen bei einer Gesamtbetrachtung nur wenige Beispiele dar – ein kleiner Ausschnitt aus der staatlichen Aufgabenarchitektur, wo Potenziale für einen Einsatz der Technologie entstehen. Untersuchungen der rechtlichen Implikationen der Technologie müssen an keiner Stelle mit dem tatsächlichen Einsatz in einem spezifischen Bereich spekulieren. Soweit behördliche Handlungs- und Entscheidungspraktiken zunehmend auf die Arbeit mit Daten, auf Wissensgenerierung und Automatisierung ausgerichtet werden, und soweit ein Mindestmaß an Kodifizierung, also ein hinreichend anschlussfähiger Rechtsrahmen, der die Analyse von technologischen Ansätzen ermöglicht, vorhanden ist, hält ein Bereich grundsätzlich genügend Voraussetzungen für hypothesengestützte Annahmen eines Einsatzes und die Erforschung von damit zusammenhängenden rechtlichen Fragestellungen bereit. Ihren Input können solche Untersuchungen in der Regel auch aus der zunehmend wachsenden technischen Forschung zu maschinellem Lernen schöpfen, die sich mit den verschiedensten Einsatzkonstellationen befasst und passende Lernansätze vermehrt auch konkret präsentiert. Es bleibt zu hoffen, dass sich die Rechtswissenschaft diesem spannenden Forschungsbereich in den kommenden Jahren weiterhin und mit gebührender Aufmerksamkeit widmet.

Literaturverzeichnis

Adensamer, Angelika/Klausner, Lukas Daniel, Ich weiß, was du nächsten Sommer getan haben wirst, juridikum 2019, 419 ff.

Agrawal, Ajay/Gans, Joshua/Goldfarb, Avi, Prediction machines, Boston, Massachusetts 2018.

Albers, Marion, Die Determination polizeilicher Tätigkeit in den Bereichen der Straftatenverhütung und der Verfolgungsvorsorge, Berlin 2001.

–, Informationelle Selbstbestimmung, Baden-Baden 2005.

–, § 22, in: Voßkuhle, Andreas/Eifert, Martin/Möllers, Christoph (Hrsg.), Grundlagen des Verwaltungsrechts, 3. Aufl., München 2022.

Alison, Laurence/Goodwill, Alasdair/Almond, Louise/Heuvel, Claudia/Winter, Jan, Pragmatic solutions to offender profiling and behavioural investigative advice, Legal and Criminological Psychology 15 (2010), 115 ff.

Alpaydin, Ethem, Machine Learning, Cambridge 2021.

–, Maschinelles Lernen, 3. Aufl., Oldenbourg 2022.

Ananny, Mike/Crawford, Kate, Seeing without knowing: Limitations of the transparency ideal and its application to algorithmic accountability, New Media & Society 20 (2018), 973 ff.

Anastasopoulos, L. Jason/Whitford, Andrew B., Machine Learning for Public Administration Research, With Application to Organizational Reputation, Journal of Public Administration Research and Theory 29 (2019), 491 ff.

Appel, Ivo, Bedeutung außerrechtlicher Wissensbestände für das Management von Unsicherheit und Nichtwissen, in: Hill, Hermann/Schliesky, Utz (Hrsg.), Management von Unsicherheit und Nichtwissen 2016, 113 ff.

Argomaniz, Javier, When the EU is the „Norm-taker“: The Passenger Name Records Agreement and the EU's Internalization of US Border Security Norms, Journal of European Integration 31 (2009), 119 ff.

Arias, Enrique Desmond/Hussain, Nazia, Organized Crime and Terrorism, in: LaFree, Gary/Freilich, Joshua D. (Hrsg.), The handbook of the criminology of terrorism, Chichester, West Sussex 2017, 373 ff.

Ariyawansa, Chamath Malinda/Aponso, Achala Chathuranga, Review on state of art data mining and machine learning techniques for intelligent Airport systems, in: ICIM 2016 (Hrsg.), Proceedings of 2016 International Conference on Information Management: May 7–8, 2016, London, UK, Piscataway, NJ 2016, 134 ff.

Artkämper, Heiko/Schilling, Karsten, Vernehmungen, 5. Aufl., Hilden/Rhld. 2018.

Arzt, Clemens, Das neue Gesetz zur Fluggastdatenspeicherung – Einladung zur anlasslosen Rasterfahndung durch das BKA –, DÖV 2017, 1023 ff.

Arzt, Clemens/Müller, Michael W./Schwabenbauer, Thomas, G. Informationsverarbeitung im Polizei- und Strafverfahrensrecht, in: Lisken, Hans/Denninger, Erhard (Hrsg.), Handbuch des Polizeirechts: Gefahrenabwehr – Strafverfolgung – Rechtsschutz, 7. Aufl., München 2021.

Asmus, Hans-Joachim, Die Bedeutung des Verhältnisses von Theorie und Praxis bei der Polizei und welche Folgerungen für den Umgang mit Fehlern daraus gezogen werden können, in: Liebl, Karlhans (Hrsg.), Fehler und Lernkultur in der Polizei, Frankfurt 2004, 209 ff.

Augsberg, Ino, Einleitung: Ungewissheit als Chance – eine Problemskizze, in: Augsberg, Ino (Hrsg.), Ungewissheit als Chance: Perspektiven eines produktiven Umgangs mit Unsicherheit im Rechtssystem, Tübingen 2009, 1 ff.

–, Informationsverwaltungsrecht, Tübingen 2014.

–, Informationszugang und -weiterverwendung als gesellschaftliche Grundprinzipien, in: Dreier, Thomas/Spiecker gen. Döhmann, Indra/van Raay, Anne/Fischer, Veronika (Hrsg.), Informationen der öffentlichen Hand: Zugang und Nutzung, Baden-Baden 2016, 37 ff.

Aven, Terje/Renn, Ortwin, The role of quantitative risk assessments for characterizing risk and uncertainty and delineating appropriate risk management options, with special emphasis on terrorism risk, Risk Analysis 29 (2009), 587 ff.

Bäcker, Matthias, Kriminalpräventionsrecht, Tübingen 2015.

–, Transparenz von Datensammlungen der Sicherheitsbehörden, in: Dreier, Thomas/Spiecker gen. Döhmann, Indra/van Raay, Anne/Fischer, Veronika (Hrsg.), Informationen der öffentlichen Hand: Zugang und Nutzung, Baden-Baden 2016, 229 ff.

–, Big Data und Sicherheitsrecht, in: Hoffmann-Riem, Wolfgang (Hrsg.), Big Data – Regulative Herausforderungen, Baden-Baden 2018, 167 ff.

–, D. Polizeiaufgaben und Regelungsmuster des polizeilichen Eingriffsrechts, in: Lisken, Hans/Denninger, Erhard (Hrsg.), Handbuch des Polizeirechts: Gefahrenabwehr – Strafverfolgung – Rechtsschutz, 7. Aufl., München 2021.

Baldus, Manfred, Entgrenzungen des Sicherheitsrechts – Neue Polizeirechtsdogmatik?, DV 2014, 1 ff.

Barocas, Solon/Selbst, Andrew D., Big Data's Disparate Impact, CLR 104 (2016), 671 ff.

Barocas, Solon/Selbst, Andrew D./Raghavan, Manisch, The Hidden Assumptions Behind Counterfactual Explanations and Principal Reasons, SSRN Journal 2020.

Basu, Sugato/Banerjee Arindam, Mooney, Raymond, Semi-supervised Clustering by Seeding, in: Sammut, Claude (Hrsg.), Machine learning: Proceedings of the nineteenth international conference; University of New South Wales, Sydney, Australia, July 8–12, 2002, San Francisco, Calif. 2002, 19 ff.

Bäuerle, Michael, Strukturelle Grenzen von Steuerung und Kontrolle der Polizei in der Demokratie, vorgänge 204 (2013), 29 ff.

Baur, Alexander, Maschinen führen die Aufsicht. Offene Fragen der Kriminalprävention durch digitale Überwachungsagenten, ZIS 15 (2020), 275.

Behr, Rafael, Verdacht und Vorurteil. Die polizeiliche Konstruktion der „gefährlichen Fremden", in: Howe, Christiane/Ostermeier, Lars (Hrsg.), Polizei und Gesellschaft: Transdisziplinäre Perspektiven Zu Methoden, Theorie und Empirie Reflexiver Polizeiforschung, Wiesbaden 2019, 17 ff.

Belina, Bernd, Predictive Policing, MschKrim 99 (2016), 85 ff.

Benz, Arthur, Eigendynamik von Governance in der Verwaltung, in: Bogumil, Jörg/Jann, Werner/Nullmeier, Frank (Hrsg.), Politik und Verwaltung, Wiesbaden 2006, 29 ff.

Binder, Christina/Jackson, Verena, Wer ist Terrorist im internationalen Recht?, in: Kulick, Andreas/Goldhammer, Michael (Hrsg.), Der Terrorist als Feind?: Personalisierung im Polizei- und Völkerrecht 2020, 123 ff.

Binder, Nadja Braun, Algorithmic Regulation – Der Einsatz algorithmischer Verfahren im staatlichen Steuerungskontext, in: Hill, Hermann/Wieland, Joachim (Hrsg.), Zukunft der Parlamente – Speyer Konvent in Berlin: Beiträge zur Tagung der Deutschen Universität für

Verwaltungswissenschaften in Zusammenarbeit mit dem Innenausschuss des Deutschen Bundestages, Berlin 2018, 107ff.

–, Algorithmisch gesteuertes Risikomanagement in digitalisierten Besteuerungsverfahren, in: Unger, Sebastian/Ungern-Sternberg, Antje von (Hrsg.), Demokratie und künstliche Intelligenz, Tübingen 2019, 161ff.

–, Artificial Intelligence and Taxation: Risk Management in Fully Automated Taxation Procedures, in: Wischmeyer, Thomas/Rademacher, Timo (Hrsg.), Regulating Artificial Intelligence, Cham 2020, 295ff.

Biran, Or/McKeown, Kathleen, Justification Narratives for Individual Classifications, ICML 2014 AutoML Workshop 2014.

Boeckelmann, Lukas/Mildner, Stormy-Annika, Unsicherheit, Ungewissheit, Risiko, SWP-Zeitschriftenschau 2011, 1.

Borsdorff, Anke, in: Möllers, Martin H.W. (Hrsg.), Wörterbuch der Polizei, 3. Aufl., München 2018.

Böschen, Stefan/Schneider, Michael/Lerf, Anton, Zur Einführung: Das Ende des Mythos „sicheres Wissen"?, in: Böschen, Stefan/Schneider, Michael/Lerf, Anton (Hrsg.), Handeln trotz Nichtwissen: Vom Umgang mit Chaos und Risiko in Politik, Industrie und Wissenschaft, Frankfurt am Main 2004, 7ff.

Bouillon, Hardy, Kritik: Nichtwissen – Bestimmungen, Abgrenzungen, Bewertungen, EWE 20 (2009), 109ff.

Britz, Gabriele, Einzelfallgerechtigkeit versus Generalisierung, Tübingen 2008.

–, Der allgemeine Gleichheitssatz in der Rechtsprechung des BVerfG, NJW 2014, 346ff.

Broemel, Roland, Strategisches Verhalten in der Regulierung, Tübingen 2010.

Broemel, Roland/Trute, Hans-Heinrich, Alles nur Datenschutz?, BDI 27 (2016), 50ff.

Bröhmer, Jürgen, Transparenz als Verfassungsprinzip, Tübingen 2004.

Bryson, Joanna J./Theodorou, Andreas, How Society Can Maintain Human-Centric Artificial Intelligence, in: Toivonen, Marja/Saari, Eveliina (Hrsg.), Human-Centered Digitalization and Services, Singapore 2019, 305ff.

Buchholtz, Gabriele, Zwischen Positivismus und Postmoderne: Herausforderungen für das Recht im 21. Jahrhundert, RW 8 (2017), 96ff.

Bug, Mathias, Innere Sicherheit – digital und vernetzt, in: Röllgen, Jasmin (Hrsg.), SIRA: Sicherheit im öffentlichen Raum 2014, 45ff.

Bug, Mathias/Bukow, Sebastian U., Civil Liberties vs. Security: Why Citizens Accept or Reject Digital Security Measures, German Politics 26 (2017), 292ff.

Bull, Hans Peter, Polizeiliche und nachrichtendienstliche Befugnisse zur Verdachtsgewinnung, in: Osterloh, Lerke/Schmidt, Karsten/Weber, Hermann (Hrsg.), Staat, Wirtschaft, Finanzverfassung: Festschrift für Peter Selmer zum 70. Geburtstag, Berlin 2004, 29ff.

–, Grundsatzentscheidungen zum Datenschutz im Bereich der inneren Sicherheit: Rasterfahndung, Online-Durchsuchung, Kfz-Kennzeichenerfassung, Vorratsdatenspeicherung und Antiterrordatei in der Rechtsprechung des Bundesverfassungsgerichts, in: van Ooyen, Robert Christian/Möllers, Martin H.W. (Hrsg.), Handbuch Bundesverfassungsgericht im politischen System, 2. Aufl., Wiesbaden 2015, 627ff.

–, Der „vollständig automatisiert erlassene Verwaltungsakt" – Zur Begriffsbildung und rechtlichen Einhegung „E-Government", DVBl 2017, 409ff.

–, Der Individualrechtsschutz und die Freiheitlichkeit des Gemeinwesens. Zur Kritik verfassungsgerichtlicher Vorgaben für polizeiliche Kontrollen – am Beispiel der automatisierten Kennzeichenablesung 145 (2020), 291ff.

Burkhardt, Marcus, Vorüberlegungen zu einer Kritik der Algorithmen an der Grenze von Wissen und Nichtwissen, in: Friedrich, Alexander/Gehring, Petra/Hubig, Christoph/Kaminski, Andreas/Nordmann, Alfred (Hrsg.), Technisches Nichtwissen 2017, 55 ff.

Burrell, Jenna, How the machine 'thinks': Understanding opacity in machine learning algorithms, Big Data & Society 3 (2016), 1 ff.

Butz, Cory J. (Hrsg.), 2006 IEEE/WIC/ACM International Conference on Web Intelligence and Intelligent Agent Technology workshops, 2006, Los Alamitos, Calif. 2006.

Bzdok, Danilo/Altman, Naomi/Krzywinski, Martin, Statistics versus machine learning, Nature Methods 15 (2018), 233 ff.

Calliess, Christian/Ruffert, Matthias (Hrsg.), EUV/AEUV: Das Verfassungsrecht der Europäischen Union mit Europäischer Grundrechtecharta: Kommentar, 6. Aufl., München 2022.

Canhoto, Ana Isabel, Leveraging machine learning in the global fight against money laundering and terrorism financing: An affordances perspective, J Bus Res 131 (2021), 441 ff.

Caruana, Mireille M., The reform of the EU data protection framework in the context of the police and criminal justice sector: harmonisation, scope, oversight and enforcement, International Review of Law, Computers & Technology 33 (2019), 249 ff.

Castellón González, Pamela/Velásquez, Juan D., Characterization and detection of taxpayers with false invoices using data mining techniques, Expert Systems with Applications 40 (2013), 1427 ff.

Chan, Janet/Bennett Moses, Lyria, Is Big Data challenging criminology?, Theoretical Criminology 20 (2016), 21 ff.

Chander, Anupam, The Racist Algorithm?, Mich. K. Rev. 115 (2017), 1023 ff.

Chazette, Larissa/Schneider, Kurt, Explainability as a non-functional requirement: challenges and recommendations, Requirements Eng 25 (2020), 493 ff.

Chen, Zhiyuan/van Khoa, Dinh/Teoh, Ee Na/Nazir, Amril/Karuppiah, Ettikan Kandasamy/Lam, Kim Sim, Machine learning techniques for anti-money laundering (AML) solutions in suspicious transaction detection: a review, Knowl Inf Syst 57 (2018), 245 ff.

Christe-Zeyse, Jochen, Polizei und Theorie – Anmerkungen zu einem schwierigen Verhältnis –, Die Polizei 2005, 135 ff.

Clages, Horst/Zeitner, Ines, Kriminologie, 3. Aufl., Hilden 2016.

Cobbe, Jennifer, Administrative Law and the Machines of Government: Judicial Review of Automated Public-Sector Decision-Making, SSRN Journal 2018.

Coglianese, Cary/Lehr, David, Regulating by Robot: Administrative Decision Making in the Machine-Learning Era, Penn Law: Legal Scholarship Repository 2017, 1147 ff.

–, Transparency and Algorithmic Governance, Admin. L. Rev. 71 (2019), 1 ff.

Comiter, Marcus, Attacking Artificial Intelligence, Belfer Center Paper 2019.

Cormen, Thomas H./Leiserson, Charles E./Rivest, Ronald/Stein, Clifford, Algorithmen – Eine Einführung, 4. Aufl., Oldenbourg 2013.

Custers, Bart, Data Dilemmas in the Information Society: Introduction and Overview, in: Custers, Bart/Calders, Toon/Schermer, Bart/Zarsky, Tal Z. (Hrsg.), Discrimination and privacy in the Information Society: Data mining and profiling in large databases, Berlin, Heidelberg 2013, 3 ff.

DeBarr, David/Harwood, Maury, Relational Mining for Compliance Risk, in: IRS (Hrsg.), Research Bulletin: Recent Research on Tax Administration and Compliance 2004, 175 ff.

Deckert, Martina Renate, Folgenorientierung in der Rechtsanwendung, München 1995.

Deeks, Ashley, The Judicial Demand for Explainable Artificial Intelligence, CLR 119 (2019), 1829 ff.

Denninger, Erhard/Bäcker, Matthias/Lisken, Hans, B. Die Polizei im Verfassungsgefüge, in: Lisken, Hans/Denninger, Erhard (Hrsg.), Handbuch des Polizeirechts: Gefahrenabwehr – Strafverfolgung – Rechtsschutz, 7. Aufl., München 2021.

Desoi, Bernd Uwe, Big Data und allgemein zugängliche Daten im Krisenmanagement 2018.

Djeffal, Christian, Künstliche Intelligenz, HIIG Discussion Paper Series 2018.

–, Normative Leitlinien für künstliche Intelligenz in Regierung und öffentlicher Verwaltung, in: Mohabbat-Kar, Resa/Thapa, Basanta E.P./Parycek, Peter (Hrsg.), (Un)berechenbar?: Algorithmen und Automatisierung in Staat und Gesellschaft, Berlin 2018, 493 ff.

Döhler, Marian, 1.2 Hierarchie, in: Benz, Arthur/Lütz, Susanne/Schimank, Uwe/Simonis, Georg (Hrsg.), Handbuch Governance: Theoretische Grundlagen und empirische Anwendungsfelder, Wiesbaden 2007, 46 ff.

Domingues, Remi/Buonora, Francesco/Senesi, Romain/Thonnard, Olivier, An Application of Unsupervised Fraud Detection to Passenger Name Records, 2016, IEEE/IFIP Conference, 54 ff.

Drefs, Felix, Informationen über öffentliches Handeln – zur verfassungsrechtlich gebotenen Transparenz staatlicher Tätigkeit, in: Dreier, Thomas/Spiecker gen. Döhmann, Indra/van Raay, Anne/Fischer, Veronika (Hrsg.), Informationen der öffentlichen Hand: Zugang und Nutzung, Baden-Baden 2016, 89 ff.

Dreier, Horst (Hrsg.), GG: Kommentar, 3. Aufl., Tübingen 2015.

Dreyer, Stephan, Predictive Analytics aus der Perspektive von Menschenwürde und Autonomie, in: Hoffmann-Riem, Wolfgang (Hrsg.), Big Data – Regulative Herausforderungen, Baden-Baden 2018, 135 ff.

Dreyer, Stephan/Schulz, Wolfgang, Was bringt die Datenschutz-Grundverordnung für automatisierte Entscheidungssysteme? 2018.

Dullien, Thomas, Maschinelles Lernen und künstliche Intelligenz in der Informationssicherheit, DuD 42 (2018), 618 ff.

Dunson, David B., Statistics in the big data era: Failures of the machine, Statistics & Probability Letters 136 (2018), 4 ff.

Džeroski, Sašo/Panov, Panče/Ženko, Bernard, Machine Learning, Ensemble Methods, in: Meyers, Robert A. (Hrsg.), Encyclopedia of Complexity and Systems Science 2009, 5317 ff.

Egbert, Simon/Krasmann, Susanne, Predictive policing: not yet, but soon preemptive?, Policing and Society 30 (2020), 905 ff.

Egbert, Simon/Leese, Matthias, Criminal futures, London/New York 2021.

Ellis III, James O., Countering Terrorism with Knowledge, in: Chen, Hsinchun/Reid, Edna/Sinai, Joshua/Silke, Andrew/Ganor, Boaz (Hrsg.), Terrorism Informatics: Knowledge Management and Data Mining for Homeland Security, s.l. 2008, 141 ff.

Enders, Christoph, Verfassungsgrenzen der „drohenden Gefahr“, DÖV 2019, 205 ff.

Engel, Christoph, Rechtliche Entscheidungen unter Unsicherheit, in: Engel, Christoph/Halfmann, Jost/Schulte, Martin (Hrsg.), Wissen – Nichtwissen – Unsicheres Wissen, Baden-Baden 2002, 305 ff.

Enni, Simon/Assent, Ira, Learning by Design: Structuring and Documenting the Human Choices in Machine Learning Development, https://arxiv.org/abs/2105.00687, 2021.

Epping, Volker, Grundrechte, 9. Aufl. 2021.

Epping, Volker/Hillgruber, Christian (Hrsg.), BeckOK Grundgesetz, 54. Aufl. 2023.

Ertel, Wolfgang, Grundkurs Künstliche Intelligenz, 5. Aufl., Wiesbaden 2021.

Fährmann, Jan/Aden, Hartmut/Bosch, Alexander, Technologieentwicklung und Polizei: intensivere Grundrechtseingriffe auch ohne Gesetzesänderung, KrimJ 52 (2020), 135 ff.

Fehling, Michael, Das Verhältnis von Recht und außerrechtlichen Maßstäben, in: Trute, Hans-Heinrich/Gross, Thomas/Röhl, Hans Christian/Möllers, Christoph (Hrsg.), Allgemeines Verwaltungsrecht – zur Tragfähigkeit eines Konzepts, Tübingen 2008, 462 ff.

Fiedler, Tanja N., Die Einführung eines europäischen Fluggastdatensystems, Baden-Baden 2016.

Filstad, Cathrine/Gottschalk, Petter, Knowledge management in the police force, in: Örtenblad, Anders (Hrsg.), Handbook of research on knowledge management: Adaption and context, Cheltenham 2014, 69 ff.

Fink, Leonard, Big Data and Artificial Intelligence, ZGE 9 (2019), 288 ff.

Fischer, Sarah/Petersen, Thomas, Was Deutschland über Algorithmen weiß und denkt, 2018.

FRA, Opinion of the European Agency for Fundamental Rights on the Proposal for a Directive on the use of Passenger Name Record (PNR) data for the prevention, detection, investigation an prosecution of terrorist offences and serious crime (COM(2011) 32 final), 2011.

–, Twelve operational fundamental rights considerations for law enforcement when processing Passenger Name Record (PNR) data, 2014.

–, #BigData: Discrimination in data-supported decision making, 2018a.

–, Preventing unlawful profiling today and in the future,, Luxembourg 2018b.

Franzius, Claudio, § 4, in: Voßkuhle, Andreas/Eifert, Martin/Möllers, Christoph (Hrsg.), Grundlagen des Verwaltungsrechts, 3. Aufl., München 2022.

Frochte, Jörg, Maschinelles Lernen, München 2020.

Gausling, Tina, Künstliche Intelligenz und DSGVO, in: Taeger, Jürgen (Hrsg.), Rechtsfragen digitaler Transformationen: Gestaltung digitaler Veränderungsprozesse durch Recht, Edewecht 2018, 519 ff.

Gellert, Raphaël/Vries, Katja de/Hert, Paul de/Gutwirth, Serge, A Comparative Analysis of Anti-Discrimination and Data Protection Legislations, in: Custers, Bart/Calders, Toon/Schermer, Bart/Zarsky, Tal Z. (Hrsg.), Discrimination and privacy in the Information Society: Data mining and profiling in large databases, Berlin, Heidelberg 2013, 61 ff.

Germann, Barbara, Freiheit – Sicherheit – Unsicherheit, Baden-Baden 2021.

Géron, Aurélien, Hands-on machine learning with Scikit-Learn and TensorFlow, Sebastopol, CA 2022.

Gesellschaft für Informatik, Technische und rechtliche Betrachtungen algorithmischer Entscheidungsverfahren 2018.

Gilpin, Leilani H./Bau, David/Yuan, Ben Z./Bajwa, Ayesha/Specter, Michael/Kagal, Lalana, Explaining Explanations: An Overview of Interpretability of Machine Learning, in: IEEE (Hrsg.), 5th International Conference on Data Science and Advanced Analytics (DSAA) 2018, 80 ff.

Gless, Sabine, Predictive policing und operative Verbrechensbekämpfung, in: Wolter, Jürgen/Herzog, Felix/Schlothauer, Reinhold/Wohlers, Wolfgang (Hrsg.), Rechtsstaatlicher Strafprozess und Bürgerrechte: Gedächtnisschrift für Edda Weßlau, Berlin 2016, 165 ff.

Gola, Peter/Heckmann, Dirk (Hrsg.), Datenschutz-Grundverordnung VO (EU) 2016/678 Bundesdatenschutzgesetz, Kommentar, 3. Aufl., München 2022.

Goldenfeld, Nigel/Kadanoff, Leo P., Simple Lessons from Complexity, Science 284 (1999), 87 ff.

Goldhammer, Michael, Die Prognoseentscheidung im Öffentlichen Recht, Tübingen 2021.

Goldhammer, Michael/Kulick, Andreas, Der Terrorist als Feind?, in: Kulick, Andreas/Goldhammer, Michael (Hrsg.), Der Terrorist als Feind?: Personalisierung im Polizei- und Völkerrecht 2020, 7 ff.

Golla, Sebastian J., Lernfähige Systeme, lernfähiges Polizeirecht. Regulierung von künstlicher Intelligenz am Beispiel von Videoüberwachung und Datenabgleich, KrimJ 2020, 149 ff.

Grafenstein, Maximilian von, The principle of purpose limitation in data protection laws, Baden-Baden 2018.

Graulich, Kurt, E. Das Polizeihandeln, in: Lisken, Hans/Denninger, Erhard (Hrsg.), Handbuch des Polizeirechts: Gefahrenabwehr, Strafverfolgung, Rechtsschutz, 6. Aufl., München 2018.

Greenberg, Peter S., Drug Courier Profiles, Mendenhall and Reid: Analyzing Police Intrusions on Less Than Probable Cause, Am. Crim. L. Rec. 19 (1981), 49 ff.

Grosche, Nils, Fehlbarkeit von Wissen: Wissen über (Nicht-)Wissen und staatliche Entscheidungen, in: Münkler, Laura (Hrsg.), Dimensionen des Wissens im Recht 2019, 28 ff.

Guckelberger, Annette, Öffentliche Verwaltung im Zeitalter der Digitalisierung, Baden-Baden 2019.

Guidotti, Riccardo/Monreale, Anna/Ruggieri, Salvatore/Turini, Franco/Giannotti, Fosca/Pedreschi, Dino, A Survey of Methods for Explaining Black Box Models, ACM Comput. Surv. 51 (2019), 1 ff.

Gurlit, Elke, Das Spannungsfeld von Transparenz und Geheimhaltung im demokratischen Staat, in: Botha, Henk/Steiger, Dominik/Schaks, Nils (Hrsg.), Das Ende des repräsentativen Staates?: Demokratie am Scheideweg: The End of the Representative State? Democracy at the Crossroads: Eine Deutsch-Südafrikanische Perspektive: A German-South African Perspective, Baden-Baden 2016, 157 ff.

Gusy, Christoph, § 23 Die Informationsbeziehungen zwischen Staat und Bürger, in: Hoffmann-Riem, Wolfgang/Schmidt-Aßmann, Eberhard/Voßkuhle, Andreas (Hrsg.), Informationsordnung – Verwaltungsverfahren – Handlungsformen, 2. Aufl., München 2012.

–, Zur Gesetzgebungslehre der Sicherheitsgesetzgebung aus rechtswissenschaftlicher Sicht, in: Möllers, Martin H. W./van Ooyen, Robert Christian (Hrsg.), Jahrbuch Öffentliche Sicherheit 2016/2017, Frankfurt am Main/Baden Baden 2017, 338 ff.

Hagmayer, York/Fernbach, Philip M., Causality in Decision-Making, in: Waldmann, Michael (Hrsg.), The Oxford Handbook of Causal Reasoning, Oxford 2017, 495 ff.

Hahn, Peter, Künstliche Intelligenz und Maschinelles Lernen, HaMiPla 51 (2019), 62 ff.

Hahn, Ulrike/Bluhm, Roland/Zenker, Frank, Causal Argument, in: Waldmann, Michael (Hrsg.), The Oxford Handbook of Causal Reasoning, Oxford 2017, 475 ff.

Hälterlein, Jens, Epistemologies of predictive policing: Mathematical social science, social physics and machine learning, Big Data & Society 8 (2021), 1 ff.

Harrach, Sebastian, Neugierige Strukturvorschläge im maschinellen Lernen, Bielefeld 2014.

Härting, Niko, Zweckbindung und Zweckänderung im Datenschutzrecht, NJW 2015, 3284 ff.

Hayles, N. Katherine, Cognitive Assemblages: Technical Agency and Human Interactions, Critical Inquiry 43 (2016), 32 ff.

Henin, Clément/Le Métayer, Daniel, A framework to contest and justify algorithmic decisions, AI and Ethics 2021, 463 ff.

–, A Multi-layered Approach for Tailored Black-Box Explanations, in: Del Bimbo, Alberto/Cucchiara, Rita/Sclaroff, Stan/Farinella, Giovanni Maria/Mei, Tao/Bertini, Marco/Escalante, Hugo Jair/Vezzani, Roberto (Hrsg.), Pattern Recognition. ICPR International Workshops and Challenges, Cham 2021, 5 ff.

–, Beyond explainability: justifiability and contestability of Algorithmic Decision Systems, AI and Society 2021, 1397 ff.

Hermstrüwer, Yoan, Die Regulierung der prädiktiven Analytik:: eine juristisch-verhaltenswissenschaftliche Skizze, in: Hoffmann-Riem, Wolfgang (Hrsg.), Big Data – Regulative Herausforderungen, Baden-Baden 2018, 99 ff.

–, Artificial Intelligence and Administrative Decisions Under Uncertainty, in: Wischmeyer, Thomas/Rademacher, Timo (Hrsg.), Regulating Artificial Intelligence, Cham 2020, 199 ff.

Herold, Viktoria, Grenzen automationsgestützter Gesetzgebung, DÖV 2020, 181 ff.

Hert, Paul de/Lammerant, Hans, Predictive profiling and its legal limits: Effectiveness gone forever?, in: van der Sloot, Bart/Broeders, Dennis/Schrijvers, Erik (Hrsg.), Exploring the boundaries of Big Data, Amsterdam 2016, 145 ff.

Heumann, Milton/Cassak, Lance, Profiles in Justice? Police Discretion, Symbolic Assailants, and Stereotyping, Rutgers L. Rev. 53 (2001), 911 ff.

Hilbert, Patrick, Verwaltungsverfahren: Erkenntnisfunktionen und Richtigkeitsgewähr, DV 51 (2018), 313 ff.

Hildebrandt, Mireille, Smart technologies and the end(s) of law, Cheltenham, UK/Northampton, MA, USA 2016.

Hill, Hermann, Die Kunst des Entscheidens, DÖV 2017, 433 ff.

Hoffmann-Riem, Wolfgang, Wissen als Risiko – Unwissen als Chance: Herausforderungen an die Rechtswissenschaft, in: Augsberg, Ino (Hrsg.), Ungewissheit als Chance: Perspektiven eines produktiven Umgangs mit Unsicherheit im Rechtssystem, Tübingen 2009, 17 ff.

–, Methoden einer anwendungszentrierten Verwaltungsrechtswissenschaft, in: Hoffmann-Riem, Wolfgang (Hrsg.), Offene Rechtswissenschaft: Ausgewählte Schriften von Wolfgang Hoffmann-Riem mit begleitenden Analysen, Tübingen 2010.

–, § 10, in: Hoffmann-Riem, Wolfgang/Schmidt-Aßmann, Eberhard/Voßkuhle, Andreas (Hrsg.), Grundlagen des Verwaltungsrechts: Methoden, Maßstäbe, Aufgaben, Organisation, 2. Aufl., München 2012a.

–, § 33, in: Hoffmann-Riem, Wolfgang/Schmidt-Aßmann, Eberhard/Voßkuhle, Andreas (Hrsg.), Informationsordnung – Verwaltungsverfahren – Handlungsformen, 2. Aufl., München 2012b.

–, Innovation und Recht, Recht und Innovation, Tübingen 2016.

–, Artificial Intelligence as Challenge for Law and Regulation, in: Wischmeyer, Thomas/Rademacher, Timo (Hrsg.), Regulating artificial intelligence 2020, 1 ff.

Hoffmann-Riem, Wolfgang/Bäcker, Matthias, § 32, in: Voßkuhle, Andreas/Eifert, Martin/Möllers, Christoph (Hrsg.), Grundlagen des Verwaltungsrechts, 3. Aufl., München 2022.

Hoffmann-Riem, Wolfgang/Pilniok, Arne, § 12, in: Voßkuhle, Andreas/Eifert, Martin/Möllers, Christoph (Hrsg.), Grundlagen des Verwaltungsrechts, 3. Aufl., München 2022.

Hofmann, Hans, Bundespolizei, in: Oberreuter, Heinrich (Hrsg.), Staatslexikon: Recht, Wirtschaft, Gesellschaft: in 5 Bänden, 8. Aufl., Freiburg/Basel/Wien 2017.

Holzinger, Andreas, Explainable AI (ex-AI), Informatik Spektrum 41 (2018), 138 ff.

Horgan, John, Interviewing Terrorists: A Case for Primary Research, in: Chen, Hsinchun/Reid, Edna/Sinai, Joshua/Silke, Andrew/Ganor, Boaz (Hrsg.), Terrorism Informatics: Knowledge Management and Data Mining for Homeland Security, s.l. 2008, 101 ff.

Hüllermeier, Eyke, Maschinelles Lernen und Komplexität, in: Clemens, Christiane (Hrsg.), Komplexität und Lernen, Marburg 2001, 255 ff.

Hüttemann, Andreas, Ursachen, 2. Aufl., Berlin 2018.

Jaeckel, Liv, Gefahrenabwehrrecht und Risikodogmatik, Tübingen 2012.

–, Risiko und Katastrophe als Herausforderung für die Verwaltung, in: Pünder, Hermann/Klafki, Anika (Hrsg.), Risiko und Katastrophe als Herausforderung für die Verwaltung, Baden-aden 2016, 11 ff.

Jarass, Hans D., Charta der Grundrechte der Europäischen Union, 4. Aufl., München 2021.

Jarass, Hans D./Pieroth, Bodo (Hrsg.), Grundgesetz für die Bundesrepublik Deutschland: Kommentar, 17. Aufl., München 2022.

Johnson, Brin D., Applying Multilevel Models to Terrorism Research, in: LaFree, Gary/Freilich, Joshua D. (Hrsg.), The handbook of the criminology of terrorism, Chichester, West Sussex 2017, 244 ff.

Käde, Lisa/Maltzan, Stephanie von, Die Erklärbarkeit von Künstlicher Intelligenz (KI), CR 2020, 66 ff.

Kahl, Wolfgang, § 45, in: Voßkuhle, Andreas/Eifert, Martin/Möllers, Christoph (Hrsg.), Grundlagen des Verwaltungsrechts, 3. Aufl., München 2022.

Kahl, Wolfgang/Waldhoff, Christian/Walter, Christian (Hrsg.), Bonner Kommentar zum Grundgesetz, Heidelberg 2020, 207. EL.

Kaiser, Anna-Bettina, Wissensmanagement im Mehrebenensystem, in: Schuppert, Gunnar Folke/Voßkuhle, Andreas (Hrsg.), Governance von und durch Wissen, Baden-Baden 2008, 217 ff.

Kaiser, Günther/Schöch, Heinz/Kinzig, Jörg, Kriminologie, Jugendstrafrecht, Strafvollzug, 8. Aufl., München 2015.

Kaminski, Andreas, Die Krisis der europäischen Wissenschaften und die transzendentale Phänomenologie, in: Hubig, Christoph/Huning, Alois/Ropohl, Günter (Hrsg.), Nachdenken über Technik: Die Klassiker der Technikphilosophie und neuere Entwicklungen, 3. Aufl., Berlin 2013, 186 ff.

–, Gründe geben. Maschinelles Lernen als Problem der Moralfähigkeit von Entscheidungen, in: Wiegerling, Klaus/Nerurkar, Michael/Wadephul, Christian (Hrsg.), Datafizierung und Big Data, Wiesbaden 2020, 151 ff.

Kaminski, Andreas/Resch, Michael/Küster, Uwe, Mathematische Opazität. Über Rechtfertigung und Reproduzierbarkeit in der Computersimulation, in: Friedrich, Alexander/Gehring, Petra/Hubig, Christoph/Kaminski, Andreas/Nordmann, Alfred (Hrsg.), Arbeit und Spiel: Jahrbuch Technikphilosophie 2018, Baden-Baden 2018, 253 ff.

Kaminski, Margot E., Understanding Transparency in Algorithmic Accountability, in: Barfield, Woodrow (Hrsg.), The Cambridge Handbook of the Law of Algorithms 2020, 121 ff.

Kastner, Martin, in: Möllers, Martin H. W. (Hrsg.), Wörterbuch der Polizei, 3. Aufl., München 2018.

Kaufmann, Mareile/Egbert, Simon/Leese, Matthias, Predictive Policing and the Politics of Patterns, The British Journal of Criminology 59 (2019), 674 ff.

Kempny, Simon, Verwaltungskontrolle, Tübingen 2017.

Kießling, Andrea, Gefahraufklärungsbefugnisse in der Polizeirechtsdogmatik, VerwArch 2017, 282 ff.

Kischel, Uwe, Die Begründung, Tübingen 2003.

Kment, Martin/Borchert, Sophie, Künstliche Intelligenz und Algorithmen in der Rechtsanwendung, München 2022.

Knobloch, Tobias, Vor die Lage kommen: Predictive Policing in Deutschland 2018.

Koch, Heiner, Intransparente Diskriminierung durch maschinelles Lernen, ZfPP 7 (2020), 265 ff.

Koc-Menard, Sergio, Trends in Terrorist Detection Systems, JHSEM 6 (2009).

Kolliarakis, Georgios, Der Umgang mit Ungewissheit in der Politik ziviler Sicherheit, in: Jeschke, Sabina/Jakobs, Eva-Marie/Dröge, Alicia (Hrsg.), Exploring Uncertainty: Ungewissheit und Unsicherheit im interdisziplinären Diskurs, Wiesbaden 2013, 313 ff.

Kostov, Iva, Machine Learning and the Legal Framework for the Use of Passenger Name Record Data, in: Yayilgan, Sule Yildirim/Bajwa, Imran Sarwar/Sanfilippo, Filippo (Hrsg.), Intelligent Technologies and Applications, Cham 2021, 392 ff.

–, Die Fluggastdatenverarbeitung zu Sicherheitszwecken – Teil 1, GSZ 5 (2022), 267 ff.

–, Die Fluggastdatenverarbeitung zu Sicherheitszwecken – Teil 2, GSZ 6 (2023), 14 ff.

Kraft, Timm/Rott, Hans, Was ist Nichtwissen?, in: Duttge, Gunnar/Lenk, Christian (Hrsg.), Das sogenannte Recht auf Nichtwissen: Normatives Fundament und anwendungspraktische Geltungskraft, 2019, 21 ff.

Krasmann, Susanne, Die gesellschaftliche Konstruktion von Sicherheit, Berlin 2014.

Kremer, Carsten, Ungewissheit im Sicherheitsverwaltungsrecht, in: Augsberg, Ino (Hrsg.), Extrajuridisches Wissen im Verwaltungsrecht, Tübingen 2013, 195 ff.

Krenzler, Horst Günther/Herrmann, Christoph/Niestedt, Marian (Hrsg.), EU-Außenwirtschafts- und Zollrecht Band I, 20. Aufl. 2022.

Krieger, Tim/Meierrieks, Daniel, Armut, Ungleichheit, wirtschaftliche Schwäche? Empirische Evidenz und methodische Herausforderungen zum Zusammenhang von Ökonomie und Terrorismus, Vierteljahrshefte zur Wirtschaftsforschung 78 (2009), 29 ff.

–, How to Deal with International Terrorism, SSRN Journal 2014.

Kring, Markus, Big Data und der Grundsatz der Zweckbindung im Datenschutzrecht 2019.

Kroll, Joshua A./Huey, Joanna/Barocas, Solon/Felten, Edward W./Reidenberg, Joel R./Robinson, David G./Yu, Harlan, Accountable Algorithms, U. Pa. L. Rev. 165 (2017), 633 ff.

Küchenhoff, Benjamin, 23. Kapitel. Zollstraftaten, in: Bannenberg, Britta/Wabnitz, Heinz-Bernd/Janovsky, Thomas (Hrsg.), Handbuch des Wirtschafts- und Steuerstrafrechts, 5. Aufl. 2020.

Kugelmann, Dieter, Entwicklungslinien eines grundrechtsgeprägten Sicherheitsverwaltungsrechts, DV 47 (2014), 25 ff.

Kühling, Jürgen, Das „Recht auf Vergessenwerden" vor dem BVerfG – November(r)evolution für die Grundrechtsarchitektur im Mehrebenensystem, NJW 2020, 275 ff.

Kühling, Jürgen/Buchner, Benedikt (Hrsg.), Datenschutz-Grundverordnung BDSG Kommentar, 3. Aufl. 2020.

Kühling, Jürgen/Martini, Mario, Die Datenschutz-Grundverordnung: Revolution oder Evolution im europäischen und deutschen Datenschutzrecht, EuZW 2016, 448 ff.

Küppers, Günther, Komplexität – Eine neue Verschränkung von Wissen und Nicht-Wissen, EWE 20 (2009), 140 f.

Kuşkonmaz, Elif Mendos, Privacy and Border Controls in the Fight against Terrorism, Leiden/Boston 2021.

Ladeur, Karl-Heinz, Was leistet die Netzwerkanalyse für die Verwaltungswissenschaft?, in: Mehde, Veith/Ramsauer, Ulrich/Seckelmann, Margit (Hrsg.), Staat, Verwaltung, Information: Festschrift für Hans Peter Bill zum 75. Geburtstag 2011, 639 ff.

–, Recht – Wissen – Kultur, Berlin 2016.

–, § 21, in: Voßkuhle, Andreas/Eifert, Martin/Möllers, Christoph (Hrsg.), Grundlagen des Verwaltungsrechts, 3. Aufl., München 2022.

Ladeur, Karl-Heinz/Augsberg, Ino, Auslegungsparadoxien, Rechtstheorie 36 (2005), 143 ff.

LaFree, Gary/Freilich, Joschua D., Bringing Criminology into the Study of Terrorism, in: LaFree, Gary/Freilich, Joshua D. (Hrsg.), The handbook of the criminology of terrorism, Chichester, West Sussex 2017, 3 ff.

Law, John, Introduction: Monsters, Machines and Sociotechnical Relations, The Sociological Review 38 (1990), 1 ff.

Leenes, Ronald, 14.6 Reply: Adressing the Obscurity of Data Clouds, in: Hildebrandt, Mireille/Gutwirth, Serge (Hrsg.), Profiling the European Citizen: Cross-Disciplinary Perspectives, s.l. 2008, 293 ff.

Leese, Matthias, The new profiling: Algorithms, black boxes, and the failure of anti-discriminatory safeguards in the European Union, Security Dialogue 45 (2014), 494 ff.

Lepri, Bruno/Oliver, Nuria/Letouzé, Emmanuel/Pentland, Alex/Vinck, Patrick, Fair, Transparent, and Accountable Algorithmic Decision-making Processes, Phil. & Techn. (Philosophy & Technology) 31 (2018), 611 ff.

Linardatos, Pantelis/Papastefanopoulos, Vasilis/Kotsiantis, Sotiris, Explainable AI: A Review of Machine Learning Interpretability Methods, Entropy 23 (2020), 1 ff.

Linke, Christian, Digitale Wissensorganisation 2020.

Lipton, Peter, Causation and Explanation, in: Beebee, Helen/Hitchcock, Christopher/Menzies, Peter (Hrsg.), The Oxford handbook of causation, Oxford 2009, 619 ff.

Lipton, Zachary C., The Mythos of Model Interpretability, ACMqueue 16 (2018), 1 ff.

Löffelmann, Markus, Die Umsetzung des Grundsatzes der hypothetischen Datenneuerhebung – Schema oder Struktur?, GSZ 2 (2019), 16 ff.

Long, Duri/Magerko, Brian, What is AI Literacy? Competencies and Design Considerations, in: Bernhaupt, Regina (Hrsg.), Proceedings of the 2020 CHI Conference on Human Factors in Computing Systems, New York, NY, United States 2020, 1 ff.

Lucke, Jörn von, Smart Government auf einem schmalen Grat, in: Mohabbat-Kar, Resa/Thapa, Basanta E.P./Parycek, Peter (Hrsg.), (Un)berechenbar?: Algorithmen und Automatisierung in Staat und Gesellschaft, Berlin 2018, 97 ff.

Ludwigs, Markus, Kontrolldichte der Verwaltungsgerichte, DÖV 2020, 405 ff.

Lütz, Susanne, Policy-Transfer und Policy-Diffusion, in: Benz, Arthur/Lütz, Susanne/Schimank, Uwe/Simonis, Georg (Hrsg.), Handbuch Governance: Theoretische Grundlagen und empirische Anwendungsfelder, Wiesbaden 2007, 132 ff.

Maier, Moritz, Verfassungsrechtliche Aspekte der Digitalisierung des Besteuerungsverfahrens, JZ 2017, 614 ff.

Maillard, Jacques de/Hunold, Daniela/Roché, Sebastian/Oberwittler, Dietrich, Different styles of policing: discretionary power in street controls by the public police in France and Germany, Policing and Society 28 (2018), 175 ff.

Mainzer, Klaus, Zwischen Autonomie und Unheimlichkeit: Blinde Flecken im Machine Learning, in: Friedrich, Alexander/Gehring, Petra/Hubig, Christoph (Hrsg.), Autonomie und Unheimlichkeit 2020, 117 ff.

Mangoldt, Hermann v./Klein, Friedrich/Starck, Christian (Hrsg.), Grundgesetz Kommentar, Band I, 7. Aufl., München 2018.

Martin, Jane/Stephenson, Rick, Risk-Based Collection Model Development and Testing, in: IRS (Hrsg.), Research Bulletin: Recent Research on Tax, Administration and Compliance 2006, 141 ff.

Martini, Mario, Blackbox Algorithmus – Grundfragen einer Regulierung Künstlicher Intelligenz 2019.

Martini, Mario/Nink, David, Wenn Maschinen entscheiden … – vollautomatisierte Verwaltungsverfahren und der Persönlichkeitsschutz, NVwZ – Extra 36 (2017), 1 ff.

Maruhashi, Toru, Japan-EU Passenger Name Record Negotiations and Their Implications, in: Kreps, David/Komukai, Taro/Gopal, T. V./Ishii, Kaori (Hrsg.), Human-Centric Computing in a Data-Driven Society, Cham 2020, 100 ff.

Mast, Tobias, Staatsinformationsqualität 2020.

–, Ent- und Redifferenzierung von Entscheidungsherstellung und -darstellung im Digitalen – Zum Wesensunterschied menschlicher und maschineller Entscheidungsbegründung aus rechtssoziologischer Perspektive, in: Kuhlmann, Simone/DeGregorio, Fabrizio/Fertmann, Martin/Ofterdinger, Hannah/Sefkow, Anton (Hrsg.), Transparency or Opacity 2023, 141 ff.

Maunz, Theodor/Dürig, Günter (Hrsg.), Grundgesetz: Kommentar, München 2022.

Maurer, Hartmut, Rechtsstaatliches Prozessrecht, in: Badura, Peter/Dreier, Horst (Hrsg.), Festschrift 50 Jahre Bundesverfassungsgericht: Zweiter Band: Klärung und Fortbildung des Verfassungsrechts 2001, 467 ff.

McKendrick, Kathleen, Artificial Intelligence Prediction and Counterterrorism, Chatham House Research Papers 2019.

Mensching, Anja, Gelebte Hierarchien, Wiesbaden 2008.

Meyer, Stephan, Kriminalwissenschaftliche Prognoseinstrumente im Tatbestand polizeilicher Vorfeldbefugnisse, JZ 72 (2017), 429 ff.

–, Künstliche Intelligenz und die Rolle des Rechts für Innovation, ZRP 2018, 221 ff.

Mitchell, Melanie, Complexity, Oxford 2011.

Mitsilegas, Valsamis/Vavoula, Niovi, European Union Criminal Law, in: Hofmann, Herwig C. H./Rowe, Gerard C./Türk, Alexander H. (Hrsg.), Specialized Administrative Law of the European Union: A Sectoral Review, Oxford 2018, 153 ff.

Mittelstadt, Brent Daniel/Allo, Patrick/Taddeo, Mariarosaria/Wachter, Sandra/Floridi, Luciano, The ethics of algorithms: Mapping the debate, Big Data & Society 3 (2016).

Molnar, Christoph, Interpretable Machine Learning 2021.

Monroy, Matthias/Busch, Heiner, Umfangreiche Wunschzettel – EU-Datenbanken und Terrorismusbekämpfung, CILIP 112 (2017).

Morris, Nancy A., Methodilogical Advances in the Study of Terrorism: Using Latent Class Growth Analysis to Estimate Terrorism Trends, in: LaFree, Gary/Freilich, Joshua D. (Hrsg.), The handbook of the criminology of terrorism, Chichester, West Sussex 2017, 260 ff.

Möstl, Markus, Das Bundesverfassungsgericht und das Polizeirecht – Eine Zwischenbilanz aus Anlass der Urteils zur Vorratsdatenspeicherung –, DVBl 2010, 808 ff.

Möstl, Markus/Kugelmann, Dieter (Hrsg.), BeckOK Polizei- und Ordnungsrecht Nordrhein-Westfalen, 24. Aufl. 2023.

Mottini, Alejandro/Lheritier, Alix/Acuna-Agost, Rodrigo, Airline Passenger Name Record Generation using Generative Adversarial Networks 2018.

Mulligan, Deirdre K./Bamberger, Kenneth A., Procurement as Policy: Administrative Process for Machine Learning, Berkl. Tech. L. J. 34 (2019), 773 ff.

Müllmann, Dirk, Zweckkonforme und zweckändernde Weiternutzung, NVwZ 2016, 1692 ff.

Münch, Ingo von/Kunig, Philip (Hrsg.), Grundgesetz-Kommentar: Gesamtwerk in 2 Bänden, 7. Aufl. 2021.

Münkler, Laura, Expertokratie, Tübingen 2020.

Nassehi, Armin, Muster, Theorie der digitalen Gesellschaft, München 2019.

Nath, Shyam Varan, Crime Pattern Detection Using Data Mining, in: Butz, Cory J. (Hrsg.), 2006 IEEE/WIC/ACM International Conference on Web Intelligence and Intelligent Agent Technology workshops, 2006: 18–22 Dec. 2006, Hong Kong, China; proceedings, Los Alamitos, Calif. 2006, 41 ff.

Neuhaus, Ralf, § 61 Kriminaltechnik aus der Perspektive der Verteidigung, in: Müller, Eckhardt/Schlothauer, Reinhold/Knauer, Christoph (Hrsg.), Münchener Anwalts-Handbuch Strafverteidigung, 3. Aufl., München 2022.

Neumann, Linus, Einsatz von Risikomanagement-Systemen im Vollzug des Steuerrechts – Sachverständigenauskunft zum Entwurf eines Gesetzes zur Modernisierung des Besteuerungsverfahrens, 2016.

Nink, David, Justiz und Algorithmen, Berlin 2021.

Olsen, Henrik Palmer/Wiesener, Cornelius, Beyond data protection concerns – the European passenger name record system, Law, Innovation and Technology 13 (2021), 398 ff.

Orrù, Elisa, Legitimität, Sicherheit, Autonomie, Baden-Baden 2021.

Orwat, Carsten, Diskriminierungsrisiken durch Verwendung von Algorithmen 2020.

Ostermann, Gregor-Julius, Transparenz und öffentlicher Meinungsbildungsprozess 2019.

Papier, Hans-Jürgen, § 177 Rechtsschutzgarantie gegen die öffentliche Gewalt, in: Isensee, Josef/Kirchhof, Paul (Hrsg.), Handbuch des Staatsrechts der Bundesrepublik Deutschland: Band 8, Grundrechte: Wirtschaft, Verfahren, Gleichheit, 3. Aufl. 2010.

Papier, Hans-Jürgen/Möller, Johannes, Das Bestimmtheitsgebot und seine Durchsetzung, AöR 122 (1997), 177ff.

Pasquale, Frank, The Black Box Society, Cambridge, MA and London, England 2015.

Pedahzur, Ami/Martin, Susanne, Evolution of Suicide Attacks, in: LaFree, Gary/Freilich, Joshua D. (Hrsg.), The handbook of the criminology of terrorism, Chichester, West Sussex 2017, 339ff.

Pegarkov, Daniel D., National security issues, New York 2006.

Perols, Johan, Financial Statement Fraud Detection: An Analysis of Statistical and Machine Learning Algorithms, AUDITING: A Journal of Practice & Theory 30 (2011), 19ff.

Petri, Thomas, Ist Credit-Scoring rechtswidrig?, in: Sokol, Bettina (Hrsg.), Living by numbers: Leben zwischen Statistik und Wirklichkeit, Düsseldorf 2005, 111ff.

Pieper, Niels, Grundstrukturen des verfassungsrechtlichen Datenschutzes – Zum Schutz personenbezogener Daten durch die Grundrechte des Grundgesetzes bei Maßnahmen der Gefahrenabwehr, JA 2018, 598ff.

Pilniok, Arne, Governance im europäischen Forschungsförderverbund, Tübingen 2012.

Pitschas, Rainer, § 42, in: Hoffmann-Riem, Wolfgang/Schmidt-Aßmann, Eberhard/Voßkuhle, Andreas (Hrsg.), Informationsordnung – Verwaltungsverfahren – Handlungsformen, 2. Aufl., München 2012.

Plasek, Aaron, On the Cruelty of Really Writing a History of Machine Learning, IEEE Annals Hist. Comput. 38 (2016), 6ff.

Poljanšek, Tom, Die Vorstrukturierung des Möglichen – Latenz und Technisierung, in: Friedrich, Alexander/Gehring, Petra/Hubig, Christoph/Kaminski, Andreas/Nordmann, Alfred (Hrsg.), Technisches Nichtwissen 2017, 17ff.

Pollich, Daniela, Die Transformation kriminalsoziologischer Forschung in die Praxis am Beispiel der Polizei, in: Hermann, Dieter/Pöge, Andreas (Hrsg.), Kriminalsoziologie: Handbuch für Wissenschaft und Praxis, Baden-Baden 2018, 127ff.

Pravica, Sandra, Variablen des Unberechenbaren.: Eine Epistemologie der Unwägbarkeiten quantitativer Voraussageverfahren in Sicherheit und Militär, in: Friedrich, Alexander/Gehring, Petra/Hubig, Christoph/Kaminski, Andreas/Nordmann, Alfred (Hrsg.), Technisches Nichtwissen 2017, 123ff.

Price II, William Nicholson/Rai, Arti Kaur, Clearing Opacity through Machine Learning, Iowa L. Rev. 106 (2021), 775ff.

Pullen, Jennifer, Predictive Policing zwischen Gefahrenabwehr und Straftatenverfolgung, in: Simmler, Monika (Hrsg.), Smart Criminal Justice, Basel 2021, 123ff.

Rademacher, Timo, Predictive Policing im deutschen Polizeirecht, AöR 142 (2017), 366ff.

–, Predictive Policing als Herausforderung für das öffentliche Recht, in: Galetta, Diana-Urania/Ziller, Jacques (Hrsg.), Das öffentliche Recht vor den Herausforderungen der Informations- und Kommunikationstechnologien jenseits des Datenschutzes: Information and Communication Technologies Challenging Public Law, Beyond Data Protection, Baden-Baden 2018, 179ff.

Rademacher, Timo/Perkowski, Lennart, Staatliche Überwachung, neue Technologien und die Grundrechte, JuS 60 (2020), 713ff.

Radomski, Sabine, Ethikregeln für Künstliche Intelligenz – für die Revision geeignet?, in: Sowa, Aleksandra (Hrsg.), IT-Prüfung, Datenschutzaudit und Kennzahlen für die Sicherheit: Neue Ansätze für die IT-Revision, Wiesbaden 2020, 151 ff.

Reiling, Katharina, Der Hybride, Tübingen 2016.

Reimer, Franz: § 11, in: Voßkuhle, Andreas/Eifert, Martin/Möllers, Christoph (Hrsg.), Grundlagen des Verwaltungsrechts, 3. Aufl., München 2022.

Rich, Michael L., Machine Learning, Automated Suspicion Algorithms, and the Fourth Amendment, U. Pa. L. Rev. 164 (2016), 871 ff.

Röhl, Hans Christian, § 30, in: Voßkuhle, Andreas/Eifert, Martin/Möllers, Christoph (Hrsg.), Grundlagen des Verwaltungsrechts, 3. Aufl., München 2022.

Romero Morales, Dolores/Wang, Jingbo, Forecasting cancellation rates for services booking revenue management using data mining, Eur. J. Oper. Res. 2010, 554 ff.

Roux, Daniel de/Perez, Boris/Moreno, Andrés/Villamil, Maria del Pilar/Figueroa, César, Tax Fraud Detection for Under-Reporting Declarations Using an Unsupervised Machine Learning Approach, in: Guo, Yike/Farooq, Faisal (Hrsg.), KDD'18: August 19–23, 2018, London, United Kingdom, New York, NY 2018, 215 ff.

Russell, Stuart/Norvig, Peter, Artificial Intelligence, 4. Aufl., Harlow 2022.

Rüßmann, Helmut, Indizien, Kausalität und Wahrscheinlichkeit, in: Alexy, Robert/Koch, Hans-Joachim/Kuhlen, Lothar/Rüßmann, Helmut (Hrsg.), Elemente einer juristischen Begründungslehre, Baden-Baden 2003, 415 ff.

Rusteberg, Benjamin, Wissensgenerierung in der personenbezogenen Prävention: Zwischen kriminalistischer Erfahrung und erkenntnistheoretischer Rationalität, in: Münkler, Laura (Hrsg.), Dimensionen des Wissens im Recht 2019, 233 ff.

Sarre, Frank/Schmidt, Markis, § 1 Erstellung und Pflege von Software, in: Auer-Reinsdorff, Astrid/Conrad, Isabell (Hrsg.), Handbuch IT- und Datenschutzrecht, 3. Aufl., München 2019.

Schantz, Peter/Wolff, Heinrich Amadeus, Das neue Datenschutzrecht, München 2017.

Schenke, Wolf-Rüdiger/Graulich, Kurt/Ruthig, Josef (Hrsg.), Sicherheitsrecht des Bundes, 2. Aufl., München 2019.

Scherzberg, Arno, Wissen, Nichtwissen und Ungewissheit im Recht, in: Engel, Christoph/Halfmann, Jost/Schulte, Martin (Hrsg.), Wissen – Nichtwissen – Unsicheres Wissen, Baden-Baden 2002, 113 ff.

–, Rationalität – staatswissenschaftlich betrachet: Prolegomena zu einer Theorie juristischer Rationalität, in: Krebs, Walter (Hrsg.), Liber amicorum Hans-Uwe Erichsen: Zum 70. Geburtstag am 15. Oktober 2004, Köln/Berlin/München 2004, 177 ff.

–, Risikovorsorge durch Risikokommunikation: Die mangelnde Regelungsreife der Nanotechnologie und ihre Konsequenzen für das Recht, in: Hoffmann-Riem, Wolfgang (Hrsg.), Innovationen im Recht 2016, 203 ff.

Schmidt-Aßmann, Eberhard, Institute gestufter Verwaltungsverfahren, Vorbescheid und Teilgenehmigung: Zum Problem der Verfahrensrationalität im administrativen Bereich, in: Bachof, Otto/Heigl, Ludwig/Redeker, Konrad (Hrsg.), Verwaltungsrecht zwischen Freiheit, Teilhabe und Bindung: Festgabe aus Anlaß des 25jährigen Bestehens des Bundesverwaltungsgerichts, München 1978, 569 ff.

–, Das allgemeine Verwaltungsrecht als Ordnungsidee, Heidelberg 2006.

–, § 27, in: Hoffmann-Riem, Wolfgang/Schmidt-Aßmann, Eberhard/Voßkuhle, Andreas (Hrsg.), Informationsordnung – Verwaltungsverfahren – Handlungsformen, 2. Aufl., München 2012.

Schmidt-Aßmann, Eberhard/Kaufhold, Ann-Katrin, § 27, in: Voßkuhle, Andreas/Eifert, Martin/Möllers, Christoph (Hrsg.), Grundlagen des Verwaltungsrechts, 3. Aufl., München 2022.

Schneider, Jans-Peter, § 28, in: Voßkuhle, Andreas/Eifert, Martin/Möllers, Christoph (Hrsg.), Grundlagen des Verwaltungsrechts, 3. Aufl., München 2022.

Schoch, Friedrich, Außerrechtliche Standards des Verwaltungshandelns, in: Trute, Hans-Heinrich/Gross, Thomas/Röhl, Hans Christian/Möllers, Christoph (Hrsg.), Allgemeines Verwaltungsrecht – zur Tragfähigkeit eines Konzepts, Tübingen 2008, 543 ff.

–, Die Ambivalenz von Freiheit und Sicherheit, in: Gander, Hans-Helmuth/Riescher, Gisela/Poscher, Ralf/Würtenberger, Thomas/Perron, Walter (Hrsg.), Resilienz in der offenen Gesellschaft: Symposium des Centre for Security and Society, Baden-Baden 2012, 63 ff.

Schoch, Friedrich/Danwitz, Thomas von, Besonderes Verwaltungsrecht, 15. Aufl., Berlin 2013.

Schoch, Friedrich/Schneider, Jans-Peter (Hrsg.), Verwaltungsrecht, 43. Aufl., München 2022.

Schulte, Martin, Zum Umgang mit Wissen, Nichtwissen und Unsicherem Wissen im Recht – dargestellt am Beispiel des BSE- und MKS-Konflikts –, in: Engel, Christoph/Halfmann, Jost/Schulte, Martin (Hrsg.), Wissen – Nichtwissen – Unsicheres Wissen, Baden-Baden 2002, 352 ff.

Schulze-Fielitz, Helmuth, Rationalität als rechtsstaatliches Prinzip für den Organisationsgesetzgeber – Über Leistungsfähigkeit und Leistungsgrenzen „weicher“ Leitbegriffe in der Rechtsdogmatik, in: Kirchhof, Paul (Hrsg.), Staaten und Steuern: Festschrift für Klaus Vogel zum 70. Geburtstag, Heidelberg 2000, 311–330.

Schutt, Cathy/O'Neil, Rachel, Doing Data Science, Sebastopol, CA 2014.

Schützeichel, Rainer, Laien, Experten, Professionen, in: Schützeichel, Rainer (Hrsg.), Handbuch Wissenssoziologie und Wissensforschung, Konstanz 2007, 546 ff.

Schwabenbauer, Thomas, Heimliche Grundrechtseingriffe, Tübingen 2013.

Seaver, Nick, Knowing algorithms, Media in Transition 8 (2013), 1 ff.

Seer, Roman, Reformentwurf der Bundesregierung zur Modernisierung des Besteuerungsverfahrens – Ein weiterer Schritt in die kontrollierte Selbstregulierung des Steuervollzugs –, DStZ 2016, 605 ff.

Seidensticker, Kai/Bode, Felix, Predictive Policing in NRW, der kriminalist 2018, 22 ff.

Selbst, Andrew D., A Mild Defense of Our New Machine Overlords, Vand. L. Rev. En Banc 70 (2017), 87 ff.

Selbst, Andrew D./Barocas, Solon, The Intuitive Appeal of Explainable Machines, Fordham L. Rev. 2018, 1085 ff.

Sester, Monika, Lernen struktureller Modelle für die Bildanalyse 1995.

Sherer, James A./Sterling, Nichole L./Burger, Laszlo/Banaschik, Meribeth/Taal, Amie, An Investigator's Christmas Carol: Past, Present, and Future Law Enforcement Agency Data Mining Practices, in: Jahankhani, Hamid (Hrsg.), Cyber Criminology, Cham 2018, 251 ff.

Shokri, Reza/Strobel, Martin/Zick, Yair, On the Privacy Risks of Model Explanations, https://arxiv.org/pdf/1907.00164.

Silveira Marques, Antonio, Der Rechtsstaat der Risikovorsorge 2018.

Simitis, Spiros/Hornung, Gerrit/Spiecker gen. Döhmann, Indra (Hrsg.), Datenschutzrecht: DSGVO mit BDSG, Baden-Baden 2019.

Singelnstein, Tobias, Predictive Policing: Algorithmenbasierte Straftaprognosen zur vorausschauenden Kriminalintervention, NStZ 2018, 1 ff.

Smith, Brent L./Roberts, Paxton/Damphouse, R. Kelly, The Terrorists' Planning Cycle: Patterns of Pre-incident Behaviour, in: LaFree, Gary/Freilich, Joshua D. (Hrsg.), The handbook of the criminology of terrorism, Chichester, West Sussex 2017, 62 ff.

Somek, Alexander, Rechtliches Wissen, Frankfurt am Main 2006.

Sommerer, Lucia, Personenbezogenes Predictive Policing, Baden-Baden 2020.

Sommerfeld, Alisa, Verwaltungsnetzwerke am Beispiel des Gemeinsamen Terrorismusabwehrzentrums des Bundes und der Länder (GTAZ), Berlin 2015.

Solow-Niederman, Alicia, Administering Artificial Intelligence, S. Cal. L. Rev. 93 (2020), 633 ff.

Spiecker gen. Döhmann, Indra, Staatliche Instrumente zur Bewältigung von Nicht-Wissens-Szenarien und Selbst-Regulierung, in: Darnaculleta i Gardella, Maria Mercè/Esteve Pardo, José/Spiecker gen. Döhmann, Indra (Hrsg.), Strategien des Rechts im Angesicht von Ungewissheit und Globalisierung 2015, 43 ff.

–, Rechtliche Strategien und Vorgaben zur Bewertung von Nichtwissen, in: Hill, Hermann/Schliesky, Utz (Hrsg.), Management von Unsicherheit und Nichtwissen 2016, 90 ff.

Städler, Markus, Entwicklungslinien der Verwaltungspolitik, DÖV 2007, 469 ff.

Stark, Alexander, Interdisziplinarität der Rechtsdogmatik, Tübingen 2020.

Straßheim, Holger, Die Governance des Wissens, in: Schuppert, Gunnar Folke/Zürn, Michael (Hrsg.), Governance in einer sich wandelnden Welt, Wiesbaden 2008, 49 ff.

–, Netzwerkpolitik, Baden-Baden 2011.

Sullivan, Brandon A./Freilich, Joshua D./Chermak, Steven M., Financial Terror: Financial Crime Schemes Involving Extremists Linked to the American Far Right and al-Qaeda and Affiliated Movements, in: LaFree, Gary/Freilich, Joshua D. (Hrsg.), The handbook of the criminology of terrorism, Chichester, West Sussex 2017, 420 ff.

Symons, John/Alvarado, Ramón, Can we trust Big Data? Applying philosophy of science to software, Big Data & Society 3 (2016), 1 ff.

Tanneberger, Steffen, Die Sicherheitsverfassung, Tübingen 2014.

Teichmann, Fabian/Park, Elena Maria, Bekämpfung der Terrorismusfinanzierung in Deutschland, Liechtenstein, Österreich und der Schweiz, NK 30 (2018), 419 ff.

Thüne, Martin, Predictive Policing: eine interdisziplinäre Betrachtung unter besonderer Berücksichtigung polizeirechtlicher Implikationen 2020.

Töpfer, Eric, Was macht und darf der Zoll? – Eine Einleitung, CILIP 120 (2019).

Treusch, Oliver, Algorithmen, CON 28 (2016), 533 f.

Trute, Hans-Heinrich, Die Forschung zwischen grundrechtlicher Freiheit und staatlicher Institutionalisierung, Tübingen 1994.

–, Die Erosion des klassischen Polizeirechts durch die polizeirechtliche Informationsvorsorge, in: Erbguth, Wilfired/Müller, Friedrich/Neumann, Volker (Hrsg.), Rechtstheorie und Rechtsdogmatik im Austausch: Gedächtnisschrift für Bernd Jeand'Heur, Berlin 1999, 403 ff.

–, 2.5. Verfassungsrechtliche Grundlagen, in: Roßnagel, Alexander/Abel, Ralf Bernd (Hrsg.), Handbuch Datenschutzrecht: Die neuen Grundlagen für Wirtschaft und Verwaltung, München 2003, 158 ff.

–, Methodik der Herstellung und Darstellung verwaltungsgerichtlicher Entscheidungen, in: Schmidt-Aßmann, Eberhard/Hoffmann-Riem, Wolfgang (Hrsg.), Methoden der Verwaltungsrechtswissenschaft, Baden-Baden 2004, 293 ff.

–, Die konstitutive Rolle der Rechtsanwendung, in: Trute, Hans-Heinrich/Gross, Thomas/Röhl, Hans Christian/Möllers, Christoph (Hrsg.), Allgemeines Verwaltungsrecht – zur Tragfähigkeit eines Konzepts, Tübingen 2008, 211 ff.

–, Grenzen des präventionsorientierten Polizeirechts in der Rechtsprechung des Bundesverfassungsgerichts, DV 42 (2009), 85 ff.

–, Wissen – Einleitende Bemerkungen, in: Röhl, Hans Christian (Hrsg.), Wissen – Zur kognitiven Dimension des Rechts, Berlin 2010, 11 ff.

–, Zur Entwicklung des Polizeirechts 2009–2013, DV 46 (2013), 537 ff.

–, Big Data and Algorithm: Preliminary Notes from Germany, Journal of Law & Economic Regulation 2015, 62 ff.
–, Law and Knowledge, remarks on a debate in German legal science, Ewha J Soc Sci 32 (2016), 5 ff.
–, Rechtliche Herausforderungen der Digitalisierung, in: Bär, Christian/Grädler, Thomas/Mayr, Robert (Hrsg.), Digitalisierung im Spannungsfeld von Politik, Wirtschaft, Wissenschaft und Recht, Berlin, Heidelberg 2018, 313 ff.
–, On Knowledge and Law: The Role of Law in the Generation and Harmonisation of Knowledge, in: Horatschek, Anna-Margaretha (Hrsg.), Competing knowledges on a global scale – Wissen im Widerstreit, Berlin/Boston 2020, 103 ff.
–, Ungewissheit in der Pandemie als Herausforderung, GSZ 4 (2020), 93 ff.
–, Zur Entwicklung des Polizei- und Ordnungsrechts 2013–2019, DV 53 (2020), 99 ff.
–, § 9, in: Voßkuhle, Andreas/Eifert, Martin/Möllers, Christoph (Hrsg.), Grundlagen des Verwaltungsrechts, 3. Aufl., München 2022.
Trute, Hans-Heinrich/Denkhaus, Wolfgang/Basian, Bärbel/Hoffmann, Kendra, Governance Models in University Reform in Germany – From the Perspective of Law, in: Jansen, Dorothea (Hrsg.), New forms of governance in research organizations: Disciplinary approaches, interfaces and integration, Dordrecht 2007, 155 ff.
Trute, Hans-Heinrich/Denkhaus, Wolfgang/Kühlers, Doris, Governance in der Verwaltungsrechtswissenschaft, DV 2004, 451 ff.
Trute, Hans-Heinrich/Kühlers, Doris/Pilniok, Arne, 2.7 Rechtswissenschaftliche Perspektiven, in: Benz, Arthur/Lütz, Susanne/Schimank, Uwe/Simonis, Georg (Hrsg.), Handbuch Governance: Theoretische Grundlagen und empirische Anwendungsfelder, Wiesbaden 2007, 240 ff.
–, Governance als verwaltungsrechtswissenschaftliches Analysekonzept, in: Schuppert, Gunnar Folke/Zürn, Michael (Hrsg.), Governance in einer sich wandelnden Welt, Wiesbaden 2008, 173 ff.
Trute, Hans-Heinrich/Kuhlmann, Simone, Predictive Policing als Formen polizeilicher Wissensgenerierung, GSZ 4 (2021), 103 ff.
Trute, Hans-Heinrich/Pilniok, Arne, Governance und Verwaltungs(rechts)wissenschaft, in: Mehde, Veith/Ramsauer, Ulrich/Seckelmann, Margit (Hrsg.), Staat, Verwaltung, Information: Festschrift für Hans Peter Bill zum 75. Geburtstag 2011, 849 ff.
Tsoukala, Anastassia, Risk-focused security policies and human rights: the impossible symbiosis, in: Salter, Mark B. (Hrsg.), Mapping transatlantic security relations: The EU, Canada, and the war on terror, Milton Park, Abingdon, Oxon/New York 2010, 41 ff.
Ulbricht, Lena, When Big Data Meet Securitization. Algorithmic Regulation with Passenger Name Records, Eur J Secur Res 3 (2018), 139 ff.
–, Data mining für responsive Politikgestaltung, in: Klenk, Tanja/Nullmeier, Frank/Wewer, Göttrik (Hrsg.), Handbuch Digitalisierung in Staat und Verwaltung 2020, 1 ff.
Unger, Sebastian, Demokratische Herrschaft und künstliche Intelligenz, in: Unger, Sebastian/Ungern-Sternberg, Antje von (Hrsg.), Demokratie und künstliche Intelligenz, Tübingen 2019.
Unterreitmeier, Johannes, Das informationelle Trennungsprinzip – eine historisch-kritische Relecture, AöR 144 (2019), 234 ff.
van den Hoven, Emilie, Hermeneutical injustice and the computational turn in law, Cross-Disciplinary Research in Computational Law 2021, 1 ff.
Veale, Michael/Borgesius, Frederik Zuiderveen, Demystifying the Draft EU Artificial Intelligence Act, CRi 4 (2021), 97 ff.
Veale, Michael/Brass, Irina, Administration by Algorithm?, SSRN Journal 12 (2019), 1 ff.

Verhelst, H. M./Stannat, A. W./Mecacci, G., Machine Learning Against Terrorism: How Big Data Collection and Analysis Influences the Privacy-Security Dilemma, Sci Eng Ethics 26 (2020), 2975 ff.

Vesting, Thomas, Kein Anfang und kein Ende, JURA 2001, 299 ff.

–, Rechtstheorie, 2. Aufl., München 2015.

–, § 20, in: Voßkuhle, Andreas/Eifert, Martin/Möllers, Christoph (Hrsg.), Grundlagen des Verwaltungsrechts, 3. Aufl., München 2022.

Vogel, Paul, A "right to explanation" for algorithmic decisions?, in: Santosuosso, Amedeo/Pinotti, Giulia (Hrsg.), Data-driven decision making: Law, ethics, robotics, health, Pavia 2020, 49 ff.

Volkmann, Uwe, Die Verabschiedung der Rasterfahndung als Mittel der vorbeugenden Verbrechensbekämpfung, JURA 2007, 132 ff.

Voßkuhle, Andreas, Das Konzept des rationalen Staates, in: Schuppert, Gunnar Folke/Voßkuhle, Andreas (Hrsg.), Governance von und durch Wissen, Baden-Baden 2008, 13 ff.

Wachter, Sandra/Mittelstadt, Brent Daniel, A Right to Reasonable Inferences: Re-Thinking Data Protection Law in the Age of Big Data and AI, Colum. Bus. L. Rev. 2019, 494 ff.

Wagstaff, Kiri/Cardie, Claire/Rogers, Seth/Schroedl, Stefan, Constrained K-means Clustering with Background Knowledge, in: Brodley, Carla E. (Hrsg.), Machine learning: Proceedings of the eighteenth international conference, San Francisco, Calif. 2001, 577 ff.

Waltl, Dr. Bernhard, Erklärbarkeit und Transparenz im Machine Learning, in: Mainzer, Klaus (Hrsg.), Philosophisches Handbuch Künstliche Intelligenz, Wiesbaden 2020, 1 ff.

Walton, Douglas, Pragmatic and Idealized Models of Knowledge an Ignorance, American Philosophical Quarterly 42 (2005), 59 ff.

Wang, Xinran/Xiang, Yu/Gao, Jun/Ding, Jie, Information Laundering for Model Privacy, ICLR 2021.

Wehling, Peter, Rationalität und Nichtwissen, in: Karafyllis, Nicole C. (Hrsg.), Zugänge Zur Rationalität der Zukunft, Stuttgart 2002, 255 ff.

–, Im Schatten des Wissens?, Konstanz 2006.

–, Wissen und Nichtwissen, in: Schützeichel, Rainer (Hrsg.), Handbuch Wissenssoziologie und Wissensforschung, Konstanz 2007, 485 ff.

–, Wissen und seine Schattenseite: Die Wachsende Bedeutung des Nichtwissens in (vermeintlichen) Wissensgesellschaften, in: Brüsemeister, Thomas/Eubel, Klaus-Dieter (Hrsg.), Evaluation, Wissen und Nichtwissen, Wiesbaden 2008, 17 ff.

–, Nichtwissen: Bestimmungen, Abgrenzungen, Bewertungen, EWE 20 (2009), 95 ff.

Wehlkamp, Nils, Weiterverarbeitung zu anderen Zwecken: Praktische Kompatibilitätsprüfung bei Zwischenspeicherung für zweckfremde Datenanalysen, in: Taeger, Jürgen (Hrsg.), Den Wandel begleiten – IT-rechtliche Herausforderungen der Digitalisierung 2020, 215 ff.

Weinberger, David, Everyday chaos, Boston, Massachusetts 2019.

Wendel, Mattias, Das Bundesverfassungsgericht als Garant der Unionsgrundrechte, JZ 75 (2020), 157 ff.

Westermann, Eike, Legitimation im europäischen Regulierungsverbund, Tübingen 2017.

Wieringa, Maranke, What to account for when accounting for algorithms, in: Hildebrandt, Mireille/Castillo, Carlos/Celis, Elisa/Ruggieri, Salvatore/Taylor, Linnet/Zanfir-Fortuna, Gabriela (Hrsg.), FAT* '20: Proceedings of the 2020 Conference on Fairness, Accountability, and Transparency: January 27–30, 2020, Barcelona, Spain, New York, New York 2020, 1 ff.

Wild, Andreas/Jansen, Dorothea, 1.6. Netzwerke, in: Benz, Arthur/Lütz, Susanne/Schimank, Uwe/Simonis, Georg (Hrsg.), Handbuch Governance: Theoretische Grundlagen und empirische Anwendungsfelder, Wiesbaden 2007, 94 ff.

Williamson, Jon, Probabilistic Theories, in: Beebee, Helen/Hitchcock, Christopher/Menzies, Peter (Hrsg.), The Oxford handbook of causation, Oxford 2009, 185 ff.

Wischmeyer, Thomas, Regulierung intelligenter Systeme, AöR 143 (2018), 1 ff.

–, Artificial Intelligence and Transparency: Opening the Black Box, in: Wischmeyer, Thomas/Rademacher, Timo (Hrsg.), Regulating artificial intelligence 2020, 75 ff.

–, Künstliche Intelligenz und neue Begründungsarchitektur, in: Eifert, Martin (Hrsg.), Digitale Disruption und Recht: Workshop zu Ehren des 80. Geburtstags von Wolfgang Hoffmann-Riem, Baden-Baden 2020, 73 ff.

–, Predictive Policing: Nebenfolgen der Automatisierung von Prognosen, in: Kulick, Andreas/Goldhammer, Michael (Hrsg.), Der Terrorist als Feind?: Personalisierung im Polizei- und Völkerrecht 2020, 194 ff.

Wojnowska-Radzińska, Julia, Legitimizing pre-emptive data surveillance under the EU law: the case of the PNR Directive, Ruch Prawniczy, Ekonomiczny i Socjologiczny 83 (2021), 115 ff.

Wolff, Heinrich Amadeus/Brink, Stefan (Hrsg.), BeckOK Datenschutzrecht, 43. Aufl. 2023.

Wollenschläger, Burkard, Wissensgenerierung im Verfahren, Tübingen 2009.

Würtenberger, Thomas, § 69 Polizei- und Ordnungsrecht, in: Ehlers, Dirk/Fehling, Michael/Pünder, Hermann/Achterberg, Norbert/Axer, Peter (Hrsg.), Kommunalrecht, Haushalts- und Abgabenrecht, Ordnungsrecht, Sozialrecht, Bildungsrecht, Recht des öffentlichen Dienstes, 3. Aufl., Heidelberg/Hamburg 2013.

Wysotzki, Fritz, Maschinelles Lernen, at – Automatisierungstechnik 45 (1997), 526 ff.

Yu, Peter K., The Algorithmic Divide and Equality in the Age of Artificial Intellivence, Fla. L. Rev. 72 (2020), 331 ff.

Zahra, Shaker A./George, Gerard, Absorptive Capacity: A Review, Reconceptualization, and Extension, The Academy of Management Review 27 (2002), 185 ff.

Zarsky, Tal Z., Transparency in Data Mining: From Theory to Practice, in: Custers, Bart/Calders, Toon/Schermer, Bart/Zarsky, Tal Z. (Hrsg.), Discrimination and privacy in the Information Society: Data mining and profiling in large databases, Berlin, Heidelberg 2013, 301 ff.

–, Correlation versus Causation in Health-Related Big Data Analysis, in: Cohen, I. Glenn/Lynch, Holly Fernandez/Vayena, Effy/Gasser, Urs (Hrsg.), Big data, health law, and bioethics, Cambridge 2018, 42 ff.

Zednik, Carlos, Solving the Black Box Problem: A Normative Framework for Explainable Artificial Intelligence, Philos. Technol. 34 (2021), 265 ff.

Zheng, Yu-Jun/Sheng, Wei-Guo/Sun, Xing-Ming/Chen, Sheng-Yong, Airline Passenger Profiling Based on Fuzzy Deep Machine Learning, IEEE Trans Neural Netw Learn Syst 28 (2017), 2911 ff.

Zollner, Michael, Komplexität und Recht, Berlin 2014.

Zweig, Katharina A., Algorithmische Entscheidungen: Transparenz und Kontrolle, Analysen und Argumente, Konrad Adenauer Stiftung 2019.

Sachverzeichnis

Schriften zum Recht der Digitalisierung

Herausgegeben von
Florian Möslein, Sebastian Omlor und Martin Will

Der rapide voranschreitende Prozess der Digitalisierung macht auch vor dem Recht nicht Halt und stellt dieses vor grundlegende Herausforderungen. Vor diesem Hintergrund bietet die Schriftenreihe *Schriften zum Recht der Digitalisierung* (SRDi) ein Forum für grundlegende wissenschaftliche Arbeiten zu Rechtsfragen der Digitalisierung aus allen Rechtsgebieten. Die einschlägigen Phänomene der Digitalisierung wie etwa künstliche Intelligenz, Blockchaintechnologie oder Plattformökonomie lassen sich häufig nur bei angemessener Berücksichtigung der Bezüge zu anderen Wissenschaften wie etwa der Informatik, den Wirtschaftswissenschaften, der Philosophie oder der Politikwissenschaft verstehen. Der Fokus der Schriftenreihe liegt indes auf den juristischen Implikationen der Digitalisierung, die immer stärker zentrale Bereiche vor allem des Öffentlichen Rechts und des Privatrechts betreffen. Die Schriftenreihe steht gleichermaßen für Habilitationsschriften und herausragende Dissertationen sowie für Monographien offen.

ISSN: 2700-1288
Zitiervorschlag: SRDi

Alle lieferbaren Bände finden Sie unter *www.mohrsiebeck.com/srdi*

Mohr Siebeck
www.mohrsiebeck.com